编审委员会

编审委员会主任 储敏伟　刘子馨

编　　委 贺　瑛　陈霜华　沈明其　窦　然

　　　　　　黄锡光　徐笑丁　胡俊芳　查贵勇

　　　　　　张学森　曹　雷　葛　萍　蒋晓红

总 策 划 贺　瑛　王联合

上海市外贸经济教育高地建设项目

复旦卓越 21世纪国际经济与贸易专业教材新系

国际贸易地理

（第二版）

窦 然 主 编
潘 辉 副主编

International Economics & Trade

复旦大学 出版社

内容提要

本教材第二版在保持原有特色基础上，全面更新了各国的经济发展和对外贸易至2014年中期的数据及图表；更准确地反映了当今国际贸易与地缘经济变化的新格局。本书根据各国在世界贸易中的最新比重调整了部分国家在不同章节的排序，新增了区域贸易发展的最新动向。将第十四章"经济贸易特区"改为"自由贸易区"，并增加了"跨太平洋战略经济伙伴关系协议"（TPP）和"跨大西洋贸易与投资伙伴协议"（TTIP），帮助读者更好地把握由美国主导的两大超越WTO的区域贸易与投资伙伴关系的构建意图和对中国的影响。第二版的篇幅缩至第一版的80%，减轻了读者的负担，内容更为丰富和精练。

总　序

　　现代经济发展的实践表明,国际贸易是经济增长的强大推动力。第二次世界大战后,国际贸易的迅速发展在全球范围内引起了国际分工体系的革命性变革和福利分配格局的重组,极大地促进了经济增长。中国实行改革开放政策和加入世界贸易组织以后,加快了对外开放的步伐,外贸业务增长迅速,对外贸易对经济增长的贡献度不断提高,市场对外贸人才的需求急剧增加。

　　为了适应国际经济理论的不断创新与拓展以及外贸业务发展的需要,加快培养出更多掌握经济学理论知识、具有良好的外语基础、熟悉WTO的游戏规则、了解国际惯例、熟悉国际市场运作规则、具有浓厚的国际意识、掌握具体操作能力的国际经济与贸易专业应用型人才,必须从国际经济与贸易专业的课程体系、课程内容、教学方法、教材编写等方面进行探索和创新。

　　"复旦卓越·21世纪国际经济与贸易专业教材新系"教材编委会精心策划,在总结过去教材建设经验的基础上,结合应用型本科教育的特点,借鉴国内外经验做法,经过反复研究论证和撰写,推出了"复旦卓越·21世纪国际经济与贸易专业教材新系"。这套系列教材包括《国际结算》《国际贸易》《外贸实务》《国际运输与保险》《WTO规则与运作》《外贸英语函电》《单证实务》《国际服务贸易》《报关实务》《进出口商品检验》《国际商务谈判》《国际贸易专业英语》等15种。

　　这套系列教材同时作为上海市十大教育高地之一——外贸经济本科教育高地的标志性教材和国际经济与贸易专业人才培养的重要成果,具有"新、特、实、强"等特点。设计思路新颖,强调学以致用,突出"以学生为中心"的思想;力求创新写作体例和研究分析方法;观点内容着力体现前瞻性、前沿性、动态性,并做到深度和广度适宜。课程体系体现涉外经济类专业特点,采用中文和双语相结合的办法,凸显双语教学特色;注重实践性、实用性、可操作性,便于实践教学。编写教师的阵容庞大,起点高,教学经验丰富,研究能力强。

  我们希望,通过这套系列教材积极探索出一条国际经济与贸易专业教学改革的新路子,为国际经济与贸易学科在中国的发展做出贡献。由于我们的理论水平和对外贸易实务操作技能有限,这套教材会存在许多不足之处。希望通过这套教材的出版,与国际贸易学界、政界以及从事实务工作的同仁共同研究和探讨,进一步提高教材的编写水平,提高教学和科研质量。

丛书编审委员会
2014 年 2 月

第二版前言

本书作为"复旦卓越·21世纪国际经济与贸易专业教材新系"中体量最大的一部,出版5年来,受到国内众多高校相关专业师生的欢迎,作为编者,我们甚感欣慰。

这本《国际贸易地理》与当下其他大多数教材不同,未与任何科研资助项目挂钩,全凭编者对这门课程以及该学科领域的兴趣自发编写。有道是,凭兴趣而非为名利去做科研乃科研的最高境界。正因如此,我们在编写过程中,才不吝时间和精力,务求内容上精益求精,体例上大胆创新,构思上别出心裁,学术上兼收并蓄,知识上博雅新趣。例如,依据对国际地缘经济与政治的长期分析研究,我们在2008年编写此书第一版时便提出了"金钻四国"的概念,首次将南非纳入"金砖五国"的范畴。2011年4月,在中国三亚举行的第三次金砖国家领导人会议上,"金砖五国"(BRICS)的概念才正式面世。又如,我们研究了气候变化对国际经贸的影响,并将一些国家发展新能源和控制温室气体排放的做法反映在书中,让读者感受到国际绿色能源和节能减排的最新成果。

时隔5年,国际经贸领域发生了巨大变化,最突出的是源自美国的全球金融危机向实体经济的蔓延以及中国作为经济大国的进一步崛起。前者导致了各国经济、国际贸易和航运的多年停滞与衰退以及美国凭借量化宽松政策和"页岩气革命"使其经济率先复苏;后者表现为中国经济实力超过日本,成为仅次于美国的世界第二大经济体,对外贸易总额超过美国,坐上了世界贸易大国的头把交椅。由这两大因素催生了国际地缘经济格局的变化,并导致国际经济与贸易的发展进入缓慢而稳定的"巡航期"。因此,我们在编写第二版时,对本书作了全面的更新与修订,改动及新增内容占全书篇幅的80%以上。此次修订体现在以下几个方面:

1. 全面更新了各国、各地区的经济发展和对外贸易数据及图表。根据各国经济和对外贸易的最新变化,调整了相关国家的国内生产总值和人均生产总值、产业结构和各国主要贸易伙伴等数据,使之更符合国际贸易发展的新态势。

2. 调整了部分国家在不同章节的排序。根据各国在世界贸易中的最新比重,将第一版第五章"贸易强国(下)"中的法国、荷兰、意大利移至第四章"贸易强国(中)",并将第五章中的西班牙换成比利时;将第一版第四章中的加拿大和澳大利亚移至第五章。第七章也根据东盟成员的最新经济实力和对外贸易规模,调整了泰国、马来西亚、印度尼西亚和越南在章内的顺序。

3. 新增了区域贸易发展的最新动态。将第十四章"经济贸易特区"改为"自由贸易区",并增加了"跨太平洋伙伴关系协议(TPP)"和"跨大西洋贸易与投资伙伴协议(TTIP)",以帮助读者更好地把握由美国主导的两大超越WTO的区域贸易与投资伙伴关系的构建意图和对中国的影响。

4. 出于压缩篇幅的考虑,删除及合并了部分图表;压缩了各国经济贸易发展史以及对华经贸关系等的历史性陈述;删除了各国主要港口的进出口商品结构举例。删除、压缩和更新了部分专栏的内容。第二版的篇幅因此缩至第一版的近80%,减轻了读者的负担,内容却更为丰富和精练。

5. 本书主编利用出国访学和出境旅行的机会,5年中先后考察了美国和加拿大的诸多外贸港口和两大航运河流(密西西比河、圣劳伦斯河)、巴拿马运河、巴西的亚马逊河及热带雨林中的自由贸易区以及阿根廷、意大利、希腊和俄罗斯等国的多个贸易口岸,亲身体会全球金融危机对各国经济、贸易和国际航运的影响;并乘船到达南极大陆,实地了解温室气体排放对经济全球化的影响。编者将在这些地方的所见、所闻、所感润色到相关章节中,对某些普遍流行的观点予以纠正和澄清,提高了本书内容的可靠性和可读性。

编者相信,《国际贸易地理》第二版更好地反映了当今国际贸易与地缘经济变化的新格局,更有利于国际贸易地理课程的教学与建设,更有助于高等学校相关专业人才知识结构的更新和国际化视野的拓展。

本书第二版的修订由窦然主持。参加修订的编写人员分工如下:窦然负责第一、二、三、五、六、十三、十五章;阮一峰负责第四章;王春蕾负责第七、十四章;潘辉负责第八、九章;张继民负责第十、十一、十二章。窦然担任全书的总纂和总校订工作。在修订过程中,我们参阅了国家统计局、商务部、WTO、IMF公布的相关统计数据以及国内外同仁的研究成果、百度百科和维基百科相关资料和大量中外报刊信息资料,还得到北京大学、复旦大学、同济大学、上海交通大学、对外经济贸易大学、上海财经大学、东北财经大学、上海海事大学、上海社会科学院和国家发改委相关司处等单位和专家学者的大力支持,在此深表感谢。

最后,还要特别感谢复旦大学出版社副总经理、经管分社的王联合总编,在他的执著推动、不懈沟通、反复推敲和大力支持下,终于使本书的再版成为现实。

窦　然

2014年7月于上海

前　言

当年填报高考志愿时,国际贸易对我这个先在农村插队后又到县城务工多年的"土包子"来说,的确没有关于它的丝毫概念。大学的"启蒙"教育,很快使我明白了国际贸易对于正在改革开放的中国是何等重要!但怎么也没想到,对外贸易居然重要到占我国国内生产总值的70％左右!怎么也没想到,20多年后的中国,居然能成为世界排名第二的贸易大国!怎么也没想到,发端于美国华尔街的这场金融海啸,不仅摧垮了许多金融和实体产业巨头,也导致上千万在中国东南沿海地区从事加工贸易的白领雇员和农民工瞬间沦为失业者!

在经济全球化的今天,发生在地球上任何一个角落的事件,都可能以"蝴蝶效应"波及整个世界,继而不同程度地影响着我们每个人的生活、工作和家庭。面对纷繁的大千世界和跌宕起伏的世界经济,通过大学阶段几十门功课的研修,的确可以铺垫一个人在学科领域的基础知识,但更重要的是,在这个时期开拓纵横国际的视野,学会发现问题的能力,掌握分析问题的方法。而当年令我印象颇深的,是东北财经大学外贸系黄刚老师所教的《国际贸易地理》。他那娓娓道来、夹带着"几几乎乎"独特口头语的讲授解析,不断开阔着我的国际视野——诸如车轮上的美国被日本汽车大举进犯,浮在油海上的中东地区令西方爱恨交加,资源丰富的非洲却贫国林立,发达的法兰西竟是农业大国,全球享用的红白砂糖和香蕉、咖啡多出自拉丁美洲,还有那些往来有序的国际大洋航线,连通两洋的海峡运河,神出鬼没的马六甲海盗,终年不冻的北欧深水港湾……每每听得我心驰神往,既庆幸自己误打误撞地选择了外贸专业,也强化了日后亲历这个领域、探究国际经济奥秘的信念。

一晃许多年过去了,因工作关系使我有机会踏足五洲三洋的许多国家,多少圆了儿时"周游世界"的梦想。所到的地方越多,从事的业务越不同,就越深切地感到世界经济的奇妙,也越发激起研究国际经济的兴趣。天遂人愿。时隔20多年,我又回到了高校,终于有了编书的条件和资源。就像这本书的内容一样,我们这个编写团队的成员来自五湖四海、各行各业——有"海归"的经理人,有国内多所名校和社科院的经济学博士,有来自政府层面的人士,甚至还吸收了在校的学生参与。因为从不同的视角研究、分析和编写此书,可以把握各类读者的求知心理及兴趣,也能更好地满足广大财经类和物流、航运管理类专业学子的研修需要。

本书共分十五章,分别介绍了地理环境与国际贸易的关系,中国内地及中国香港、中国台湾的产业优势、经贸动态和口岸情况;世界各大贸易强国、新兴经济体、东盟、非洲和拉美主要国家的资源状况、商务习俗、经济特征、支柱产业、进出口商品结构、主要贸易伙伴和重要港口条件;石油、煤炭、粮食等大宗商品的产区分布与贸易流向;世界各主要枢纽港、国际大洋航线、主要国际运河和海峡、国际航空线和枢纽站、国际公路、铁路及内河运输、国际邮政和快递服务、国际集装箱多式联运等的发展情况。全书结构新颖,重点突出,特色鲜明;并且穿插大量经贸案例、背景资料、观点评论;章首有学习目的与要求,章尾有小结和思考题若干。相信这本寓知识性、实用性、可读性于一体的工具型教科书,对培养应用型、复合型及国际化的创新人才有所裨益。其读者群涵盖中国高校生、进修生、有一定中文基础的来华留学生和从事涉外经贸、物流、航运及旅游业的人士。若此书能给读者提供思辨的空间,带来会心的微笑,长记其中的细节,甚至对择业产生积极的影响,那将是编者莫大的荣幸!

本书的编写人员为窦然(第一章、第二章、第三章、第十五章)、佟大木(第四章、第六章)、阮一峰(第五章)、王春蕾(第七章、第十四章)、潘辉(第八章、第九章)、张继民(第十章、第十一章、第十二章)和傅铭敏(第十三章)。窦然担任本书主编并负责总纂和总校。在编写过程中,我们参阅了大量同类书籍、百科全书、中外报刊及网络资料,还得到复旦大学、同济大学、上海交通大学、东北财经大学、上海财经大学、上海海事大学、上海社会科学院、上海金融学院、国家发改委相关司处等单位和专家学者的大力支持和悉心指导,在此一并表示衷心感谢!

由于编者水平有限,书中难免存在错误与不当之处,敬请各位读者不吝赐教。

窦　然
2009 年 6 月于上海

目 录

总　序 ··· 1
第二版前言 ·· 1
前　言 ··· 1
第一章　地理环境与国际贸易 ·· 1
　　第一节　自然环境与国际贸易 ··· 2
　　第二节　人文环境与国际贸易 ······································· 10
　　第三节　产业分布与国际贸易 ······································· 17
第二章　中国对外贸易地理 ·· 24
　　第一节　中国内地 ··· 24
　　第二节　中国香港 ··· 45
　　第三节　中国台湾 ··· 55
第三章　贸易强国（上） ·· 65
　　第一节　美国 ·· 65
　　第二节　德国 ·· 81
　　第三节　日本 ·· 89
第四章　贸易强国（中） ·· 102
　　第一节　法国 ·· 102
　　第二节　英国 ·· 112
　　第三节　荷兰 ·· 118
　　第四节　意大利 ··· 126
第五章　贸易强国（下） ·· 136
　　第一节　韩国 ·· 136
　　第二节　加拿大 ··· 143
　　第三节　比利时 ··· 151
　　第四节　澳大利亚 ·· 158

第六章 金钻四国 … 168
- 第一节 俄罗斯 … 169
- 第二节 巴西 … 178
- 第三节 印度 … 187
- 第四节 南非 … 195

第七章 东南亚联盟主要国家 … 204
- 第一节 新加坡 … 205
- 第二节 泰国 … 211
- 第三节 马来西亚 … 216
- 第四节 印度尼西亚 … 222
- 第五节 越南 … 227
- 第六节 菲律宾 … 233

第八章 非洲主要国家 … 240
- 第一节 北非主要国家 … 241
- 第二节 东非主要国家 … 254
- 第三节 中西非主要国家 … 265

第九章 中南美洲主要国家 … 278
- 第一节 墨西哥 … 279
- 第二节 委内瑞拉 … 286
- 第三节 阿根廷 … 291

第十章 国际石油和天然气贸易 … 300
- 第一节 世界石油和天然气生产 … 301
- 第二节 国际石油和天然气贸易 … 305

第十一章 国际农产品贸易 … 317
- 第一节 国际农产品贸易概况 … 318
- 第二节 世界大宗农产品贸易 … 322
- 第三节 其他国际农产品贸易 … 333

第十二章 国际矿产品贸易 … 343
- 第一节 国际铁矿石贸易 … 343
- 第二节 国际煤炭贸易 … 350

第十三章 国际工业品贸易 … 356
- 第一节 国际轻纺产品贸易 … 357
- 第二节 国际机电产品及钢铁贸易 … 368
- 第三节 国际化学产品贸易 … 376

第十四章 自由贸易区 ... 382
第一节 自由贸易区概况 ... 383
第二节 欧盟 ... 393
第三节 北美自由贸易区 ... 395
第四节 亚太经济合作组织 ... 399
第五节 TPP与TTIP ... 401

第十五章 国际货物流通 ... 404
第一节 国际海洋运输 ... 404
第二节 国际陆上运输 ... 423
第三节 国际航空运输 ... 428
第四节 国际内河运输 ... 435
第五节 国际管道运输 ... 438
第六节 国际邮政运输与快递服务 ... 440
第七节 国际多式联运 ... 443

参考文献 ... 451

第一章 地理环境与国际贸易

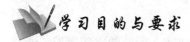学习目的与要求

1. 明白自然环境与国际贸易的关系；
2. 了解人文环境对国际贸易的影响；
3. 弄清生产分布与国际贸易的相互作用；
4. 懂得环境保护对国际贸易发展的直接和间接影响。

【开篇故事】 地理大发现

15世纪中叶，中西方贸易必经的土耳其和阿拉伯等陆路通道受阻，欧洲两个强势封建集权国家——葡萄牙和西班牙决定利用其濒临大西洋的有利条件，加上宫廷的重赏与组织，派出了许多远洋探险船队，以期开辟通往东方的海上新航路。

1488年，葡萄牙探险家巴托罗摩·迪亚士率船队沿大西洋东岸南下，穿越炎热的赤道，首次抵达南非的好望角，开启了欧洲至非洲南部的航线。1492年，意大利探险家克里斯多弗·哥伦布奉西班牙国王之命，率三只小船组成的船队向西横越大西洋，首次到达中美洲的巴哈马群岛、古巴和海地，却误以为到了东方的印度。这次后来被说成"发现新大陆"的跨洋之行，开辟了连接欧美的海上航线。1497年，瓦斯戈·达·伽马受葡萄牙国王的派遣，率领一支四艘船组成的船队经过好望角，首次从海上到达东非和印度，返航时载回大量香料、丝绸、宝石和象牙，开通了欧洲至东非和南亚的新航路。1519年，葡萄牙人费尔南多·麦哲伦率领由五艘船、265人组成的庞大探险队从欧洲出发，横渡大西洋，经过南美洲的合恩角，穿越太平洋、印度洋，绕过好望角，最终回到欧洲，由此完成了人类历史上首次环球航行。麦哲伦本人在1521年登陆菲律宾群岛时被当地土著人所杀，1522年其船队返回欧洲时仅剩一船10人。

15世纪末、16世纪初的"地理大发现"，打通了东西方贸易的海上航路，开辟

了新的世界原料产地与市场,极大地影响了国际分工格局的变化,为国际贸易大发展创造了条件。从一定意义上说,没有地理大发现,也就没有今天的国际贸易和经济全球化。

第一节　自然环境与国际贸易

一、地理位置

地理位置是指某一国家或地区、人或事物在地区上所处的空间区域。通过经线和纬线相交的坐标点,可以精确地确定事物在地球上的具体位置。就国际贸易而言,纬度的高低决定着气候的差异,因而影响了农产品的分布与流向;经度的不同造成东、西两个半球各国或地区日出日落的时差,会对国际商务谈判和交易时间的安排产生影响。地理位置的不同对一个国家或地区的经济发展水平、贸易中心地位以及交易成本高低有着很大影响。

1. 地理位置与经济发展水平

一个国家或地区所处地理位置的优劣,会对该国或地区的经济发展产生直接影响,这种因所处地理环境和国际经济与贸易的关系被称为地缘经济。从历史上看,地处内陆或荒漠干旱的国家,其经济发展水平一般落后于沿海或有着丰茂水土条件的国家。例如,位于非洲中部撒哈拉沙漠一带的几个内陆国家,因受可耕地稀少和气候炎热的制约,经济发展水平大大落后于其他国家和地区,长期被列在世界最贫穷国家的名单之上。日本虽然是个陆地资源有限的岛国,但凭借周边丰富的海洋资源和便利的航运条件,大力发展渔业、修造船业、高附加值电子产业和汽车制造业,在第二次世界大战后很快发展成为世界经济强国。

地理位置有利于一国经济发展最典型的例子是美国。位于北美洲大陆的美国,东临大西洋,西濒太平洋,在两次世界大战中始终远离欧亚大陆主战场;独立战争后,美国本土再没有发生过大规模战争,长期和平的环境保证了经济的健康发展。美国领土幅员辽阔,2/3 的面积属于平原和丘陵,适于农作物生长,为农业发展提供了有利的先天条件。美国北面接壤加拿大,这为其提供了丰富的原材料资源;南部与墨西哥相连,也为其提供了廉价的劳动力资源和投资市场。如此得天独厚的地理位置,是美国发展成为世界超级大国的重要先天条件之一。

2. 地理位置与国际贸易中心

绝大多数国际贸易中心的形成与其得天独厚的地理位置不无关系。地处中纬度、海陆交通便利,尤其是在江河入海口所形成的平坦地域,最有利于发展成为国际贸易和航运集散地。如位于长江入海口的中国上海(北纬31°)、地处尼罗河三角洲的埃及亚历山大(北纬32°)、位于达令—墨累河冲积平原的澳大利亚悉尼(南纬32°)、地处哈得孙河出海口的美国纽约(北纬41°)、位于莱茵河三角洲的荷兰鹿特丹和阿姆斯特丹(北纬52°)等城市,都是著名的国际贸易中心。还有一些国家的城市地处国际大洋航线要冲,如位于巴拿马运河口、拥有沟通太平洋与大西洋航运捷径的巴拿马城、地处苏伊士运河口、享有贯通红海与地中海并连接印度洋与大西洋优势的埃及赛德港、位于马六甲海峡东端、紧扼太平洋与印度洋之间最短通道上的新加坡以及东亚航线必经之路上的香港,都是凭借其特有的地理位置,由国际航运中心发展成为国际贸易中心的。

3. 地理位置与交易成本

在国际贸易成本的构成中,运输费用占相当比重。海洋运输相对于陆路和航空等其他运输方式而言,具有运量大、运费低的特点。因此,从一国的江河湖海港口城市,以船舶装载大批货物运往国外港口城市,运费远低于翻山越岭的陆路交通。于是,一些靠近国际航线的沿海城市或有入海口的大江大河沿岸中下游城市便逐渐发展成为进出口货物的集散地。例如,地处易北河下游的德国汉堡、与加拿大隔湖相望的美国芝加哥以及前面提到的荷兰鹿特丹、新加坡、中国香港、中国上海等,均是世界著名的国际转口贸易中心。依靠这些位于航运要冲、有广阔腹地的沿海沿江枢纽港转运货物,可节省很多费用和时间,尤其是在经济全球化的今天,这些拥有现代化设备的国际枢纽港,以其高效率的装卸速度和完善的货物保税存放或加工服务,大大降低了国际贸易的交易成本,也强化了这些港口城市在国际航运和国际贸易中的中心地位。

4. 地理位置并非一成不变的决定性因素

需要指出的是,地理位置的优劣并非某个国家或地区经济发达与否的决定性因素。在经济全球化时代,随着生产力和科学技术的发展以及国际政治态势的变化,某些地理位置并不优越的国家和地区也能跃居发达国家的行列。一个典型的例子是以色列。这个领土面积狭小、荒漠化严重又地处中东政治敏感地区的国家,正是依靠先进的温室无土栽培和滴灌技术,成为能向欧洲空运出口新鲜无公害蔬菜的农业强国!相反,曾受益于新航路的开辟,兴盛了多个世纪的南非开普敦和美洲最南端的蓬塔阿雷纳斯,因为苏伊士运河和巴拿马运河的开通,其国际贸易枢纽港的地位已分别被两条运河终端的赛德港和巴拿马城所取代。马六甲海峡是全球最繁忙的国际航道之一,但仅此一条水道仍嫌绕远,人们正谋划在泰国南部的克拉地峡开辟一条打通南中国海与印度洋之间的人工运河。一旦这条运河开通,将大大节省船舶绕经马六甲海峡的时间和费用,届时,新加坡港的重要性可能会被削弱,新的国际贸易中心很可能在克拉运河畔诞生。

5. 地理位置与信息化时代

在当今信息化时代,地理位置的重要性在一定程度上会被发达的互联网通讯和高速便捷的航空运输所削减。例如,德国的法兰克福虽然地处内地,但却是重要的国际航空运输中心。美国西部的"硅谷"原先并不发达,却因为在那里诞生了微软等一大批信息化高科技企业,成为推动世界经济高速发展的新策源地。随着航空工业的快速发展,众多航空公司加入国际航运竞争,越来越多内陆机场的使用和航线的开通,使过去昂贵的航空运输不再成为高不可攀的障碍。凭借航空运输当日即达或隔日必到的时间成本优势,越来越多价值较高、批量较小、时间要求较紧的国际贸易货物(包括样品和展品)转而采用空运完成,一些远离港口城市的内陆地区,也不再是国际贸易疏远的角落了。

由此可见,地理位置对经济发展水平、贸易运输成本和国际贸易中心地位有着重要影响,但不可将其绝对化。随着生产力和科学技术的高速发展,特别是互联网的广泛使用和国际空运方式的日益普及,地理位置的优劣已不再是一成不变的了。

二、气候条件

气候条件是指一个地区长期形成的具有一定规律和特点的天气状况。世界气候主要表现为地域性气候和季节性气候。地域性气候表现为热带气候、亚热带气候、温带气候、亚寒带气候和寒带气候,它决定着一个地区的物产种类及其出口品种、质量和数量;季节性气候主要表现为季风气候,它主要对农业、运输业和部分加工制造业产生影响。

1. 地域性气候对经济和贸易的影响

(1) 热带雨林气候。主要分布在赤道附近,如南美洲的亚马孙平原、非洲的刚果盆地、东南亚的马来半岛等。其特点是常年高温多雨,年均降水量超过2 000毫米,这里生长着茂密的热带森林,盛产各种热带经济作物,是世界木材、橡胶、咖啡、可可、油棕、香蕉的主产区,主要出口国有巴西、哥伦比亚、加纳、刚果、肯尼亚、马来西亚、印度尼西亚等国。

(2) 热带大陆气候(又称热带草原气候)。主要分布在热带雨林气候的南北两侧,如南美洲、非洲和澳大利亚。其特点是一年分干、湿两季,冬季为干季,降水稀少;夏季为湿季,降水丰沛。这一带草原广阔,适合牛羊生长,是世界牛羊肉和乳制品的主产区,主要生产国和出口国有阿根廷、巴西、乌拉圭、澳大利亚、新西兰、南非、肯尼亚和马达加斯加等。

(3) 热带季风气候。主要分布在南、北回归线之间的亚洲南部和西南部。其特点是气温高、湿度大、风雨多,旱季雨季分明,年均降水量在2 000毫米左右。这一带是世界稻米、甘蔗、胡椒和黄麻等热带作物的主产地,越南、泰国是稻米的主要出口国;印度、孟加拉是世界黄麻和胡椒的重要出口国。

(4) **热带沙漠气候**。主要分布在南、北回归线大陆一带,如非洲撒哈拉大沙漠、澳大利亚中西部和阿拉伯半岛。其特点是常年干热少雨,年均降水量不足100毫米,年均气温超过30℃,极端最高气温达57.8℃(1922年9月,利比亚的阿齐济耶)。农作物在这一带无法正常生长,但却适合放牧骆驼。埃及、也门、沙特阿拉伯、澳大利亚是骆驼的主产国和出口国。

(5) **亚热带地中海式气候**。主要分布在南北纬30°~45°一带的亚欧大陆西南端、非洲大陆北岸和南端以及北美洲西岸地区。其特点是冬季温和多雨,夏季炎热少雨,年均降水量约1 000毫米。葡萄、柑橘、油橄榄等经济作物很适合这种气候,其主产地和主要出口国有地中海周围的法国、意大利、西班牙、希腊、埃及以及南非的好望角、美国的加州和南美的智利等。

(6) **亚热带季风气候**。主要分布在亚欧大陆以及美洲大陆东岸南北纬30°~40°一带。其特点是冬季温和少雨,夏季炎热多雨,年降水量在800~1 600毫米,冬季刮偏北风,夏季刮偏南风,这种气候很适合粮食作物及水果生长,像中国秦岭-淮河以南、韩国和日本的南部以及美国的墨西哥湾沿岸都是稻米、小麦的主产区。

(7) **温带海洋性气候**。主要分布在南北纬40°~60°一带。其特点是冬季温和,夏季凉爽,年降水量超过1 000毫米,四季分配均匀,是世界畜产品、海产品和蔬菜、花卉的主产区,这类产品的主要出口国有欧洲西北部的荷兰、丹麦、比利时和美洲西部的美国(西雅图)、加拿大(温哥华)、智利以及大洋洲的新西兰等。

(8) **温带季风气候和温带大陆气候**。温带季风气候主要分布在中国华北、东北、朝鲜以及日本北部,其气候特点是冬季寒冷干燥、刮偏北风,夏季炎热多雨、刮偏南风。温带大陆气候主要分布在北纬40°~60°一带的亚欧大陆内部和北美洲大陆内部,其特点是冬季寒冷干燥,夏季炎热少雨,年降水量不足50毫米,年温差和日温差较大。这两种气候所覆盖的地区适宜种植小麦、玉米、棉花和瓜果,美国、加拿大、中国、法国、波兰、乌克兰等地处温带中纬度的国家是世界重要的粮食、豆类和瓜果的生产国和出口国。

(9) **亚寒带针叶林气候**。主要分布在北纬50°~70°一带的亚欧大陆和北美洲大陆的北部,其特点是冬季寒冷漫长,夏季凉爽短促,年降水量在250毫米左右,多为降雪。这一带生长着大面积的亚寒带针叶林,俄罗斯和加拿大是世界重要的木材及木制品生产国和出口国。

(10) **寒带气候**。主要分布在南北纬66°~90°一带的南北两极,其特点是终年被冰雪及浮冰覆盖,没有夏季,年平均气温北极低于零度,南极低于-25℃

(1983年7月测得极端气温达－89.6℃)。南北极海洋有丰富的鱼虾资源,海底和南极大陆拥有储量惊人的石油、天然气和铁矿石及有色金属矿藏。根据1961年6月通过的《国际南极条约》规定,南极不属于任何一个国家,其资源的开发只用于和平目的。

2. 季节性气候对经济和外贸的影响

季节性气候是指气温、降水和风向在一年中不同季节发生有规律的变化。气温的变化可分为春、夏、秋、冬四季;降水的变化可分为旱季(干季)和雨季(湿季);风向的变化表现为夏季以偏南风为主,冬季以偏北风居多。

季节性气候对经济影响最明显的是农业,其次是露天采掘业、运输业和仓储业,加工制造业也会不同程度地受到季节变化的影响。具体表现在以下几方面。

(1) 对农产品的影响。风调雨顺的季节变化有利于粮食、棉花等农作物的丰产丰收,正常的光照与温差能确保粮食作物颗粒饱满,蔬菜翠绿、富含营养,瓜果成熟、含糖量高,好品质的农作物可以在国际市场上卖得好价。反常气候所造成的飓风、雷暴、冰雹、洪涝、干旱、雪灾或气温偏高或偏低、降水偏多或偏少都会不同程度地影响农作物的产量和品质,反映在国际现货和期货市场上的报价也会随之波动。

(2) 对工业的影响。季节性气候所出现的恶劣天气,如飓风、洪水、强雷暴或雪灾,会危及采油业、露天采矿业、运输业、通讯业,甚至加工制造业。2012年10月底,飓风桑迪重创了美国东部经济最活跃、人口最密集的地区,6 000万人受影响,金融市场停摆两天,美国汽油、柴油供应量骤减,国内油价大涨,并带动国际市场原油期货价格一度大幅攀升,进而导致工业生产成本及运输成本的上涨,国际市场各种商品的价格也不同程度地受到波及。恶劣气候所呈现的"蝴蝶效应"由此可见一斑。

(3) 对国际贸易物流的影响。突发的极端季节性气候也会影响进出口货物的流转环节。季风引起的洪水和海啸可能冲毁或淹没公路、铁路、机场和仓库;闷热潮湿的梅雨季节易使进出口商品受潮、霉变或腐烂,甚至可能出现商标脱落、金属件锈蚀的情况;冬季的强寒流会造成鲜活商品冻伤或冻死,甚至导致某些地处温带的不冻港突然封冻,外贸船舶无法进出港,造成不应有的损失。例如,2013年8月发生在中国京广线的特大洪灾,导致铁路、公路运输中断,数十万人滞留,造成工厂停工和运输受阻,严重影响了出口交货的数量和时间。

(4) 对消费市场的影响。季节性气候的某些反常现象既可能造成贸易损失,也可能带来意外商机。例如,全球气候变暖使北方居民减少了对羽绒衣、防寒靴帽和手套的消费,使此类商品库存积压,但却增加了对室内空调机的需求,给家电商带来商机;用惯煤炭壁炉取暖的欧美家庭纷纷放弃真火壁炉,"火焰"逼真、造型典雅、带有温控开关的电子壁炉取而代之成为新宠;中国华北地区日益严重的雾霾带动了空气净化器和防 PM2.5 口罩的持续热销;大面积绿化和美化环境的一个负面影响是导致春季花粉浓度增加,善于捕捉商机的商人将提早进口的相关防护用品及时投放市场,因而赚了大钱。

三、自然资源

自然资源是指存在于自然界中人类可以利用的各种要素和条件。自然资源可分为有形资源(如土地、水体、矿产、动植物等)和无形资源(如阳光、风力、地热、潮汐等)。自然资源具有可用性、整体性、变化性、空间分布不均匀性和区域性等特点。自然资源是人类赖以生存和发展的物质基础和财富源泉,是当代国际贸易大宗交易的主要标的,更是人类社会可持续发展的重要保障。

1. 土地资源

世界土地面积为 1.49 亿平方千米,占地球表面的 29.2%[①],但耕地只占世界土地总面积的 11%,草原占 23.5%,森林和林地占 30.5%。土地资源丰富的美国、加拿大、巴西、澳大利亚是世界粮食主要出口国;拥有大片牧场的巴西、澳大利亚是世界肉类重要出口国;森林广阔的加拿大、俄罗斯、巴西是世界木材及其制品的主要出口国。值得重视的是,全球荒漠化土地面积超过 3 600 万平方千米,而且正以每年 5 万~7 万平方千米的速度扩展;此外,全球化导致城市化速度加快,也侵占了大量耕地。耕地面积的减少是国际粮价走高的原因之一。

2. 水资源

地球上水的面积占 70.8%,但几乎都是海洋,淡水资源仅占地球总水量的 2%左右,可被人类利用的淡水总量只占地球总水量的十万分之三,占淡水总蓄量的 0.34%。目前,世界上超过 1/2 的陆地面积,遍及 100 多个国家和地区缺水,逾 20 亿人饮水困难。水荒也将成为全球粮食危机的导火索。而人类正以每 15 年增加 1 倍的淡水需求消耗着水资源。人类今天的淡水消耗量已占全球可用淡水的 54%。水资源匮乏和污染严重制约了一些国家或地区的经济发展和人民生活的改善,有些国际争端看似领土之争,实际上是淡水资源之争。于是,一些水资源丰富的国家纷纷做起了向水资源缺乏或遭污染的地区出口瓶装水的生意;海水淡化设备也已列入某些沿海缺水国家常年采购的货单;更有甚者,某国际公司还谋划将漂离南极的冰山拖往中东出售牟利。

3. 矿产资源

地球上矿产资源达 3 300 多种。人类目前使用的 95%以上的能源、80%以

---

① 维基百科:地球。

上的工业原材料和70%以上的农业生产资料都来自矿产资源。

（1）金属矿产。分为黑色金属和有色金属两种。黑色金属包括铁、锰、钒、钛等；有色金属是指铝、镁、铜、铅、锌、金、银等。澳大利亚、巴西、印度等是世界铁矿石的主要出口国；智利、赞比亚、秘鲁、扎伊尔等是铜的主要出口国；俄罗斯、南非、加拿大、巴西等是黄金的出口大国，中国是钨、锌的最大出口国。

（2）非金属矿产。包括金刚石、石墨、硫、硅、水晶、滑石、石棉、云母、宝石、玉石、玛瑙、石灰岩、石英砂、陶瓷土、耐火黏土、大理岩、花岗岩、钾盐、硼矿、磷矿等数十种。例如，南非和俄罗斯是金刚石（钻石）的主要出口国；中国是稀土等非金属矿产的主要出口国之一。

（3）能源矿产。分为固体的煤、液体的石油和气体的天然气等三种形态。

煤是世界蕴藏量最多的能源矿产，已探明的煤炭储量约为100万亿吨。主要分布在美国、俄罗斯、中国、印度、澳大利亚、南非、乌克兰、哈萨克斯坦、波兰和巴西等国。俄罗斯、印度、澳大利亚、乌克兰、巴西是世界煤炭的主要出口国。

石油是世界运用最广泛的液体能源，全球已探明的原油储量为1万亿桶，主要分布在美国、俄罗斯、阿拉伯半岛、南美和北非部分国家。俄罗斯、沙特阿拉伯、伊朗、科威特、尼日利亚、委内瑞拉等是主要石油出口国；中国、美国、日本、韩国以及西欧等国为石油主要进口国。

天然气是地下蕴藏的气体能源，全球已探明储量超过120万亿立方米，主要分布在上述产油地区。而页岩气是赋存于页岩中的非常规天然气，其开发利用将有可能改写世界能源格局。俄罗斯、加拿大、挪威、卡塔尔、文莱、尼日利亚、阿根廷等为天然气的主要出口国。美国为页岩气的主产国。

按照目前全世界对化石燃料的消耗速度计算，可供人类使用的时间大约为：石油还有50年，天然气100年，煤炭不到200年。随着石油、天然气等能源消费需求的逐年递增以及资源的逐步枯竭，加上国际游资不断炒作，国际市场原油和天然气价格暴升暴跌，例如，国际油价从2004年的40美元/桶一路飙升至2008年7月的147美元/桶，4年暴涨3.5倍，但半年之后又被"打回原形"，现基本徘徊在100美元/桶左右。

4. 森林资源

森林是大自然赐予人类的最宝贵的财富，有"绿色金子"之称。21世纪初，世界森林面积约38.6亿公顷，森林覆盖率约29.7%。针叶林和阔叶林分别占总面积的1/3和2/3。随着人口增长导致的毁林变田及木材消费的增加，世界森林面积正迅速减少，每年约减少1 130万公顷。森林面积减少所导致的荒漠化和气候变暖等问题开始受到国际社会的重视，一些国家已停止木材的出口，俄罗斯、加拿大和巴西等是目前木材的主要生产国和出口国。

5. 海洋资源

海洋占地球表面的 70.8%。国际贸易的起源与发展离不开海洋,即使是在航空和铁路运输日益发达的今天,海洋运输仍占国际贸易货运量的 80% 以上。国际贸易大宗货物(尤其是石油、铁矿石、粮食)以及大批量集装箱运输主要是靠海运完成的。

海洋中蕴含着丰富的水产资源。世界四大渔场——北海道渔场、纽芬兰渔场、北海渔场和秘鲁渔场是鱼虾类海产品的主产地,周边的日本、墨西哥、挪威、芬兰和秘鲁等国是海水鱼类的主要出口国。

在淡水资源日益稀缺的今天,借助高科技已使海水淡化成本显著降低,中东波斯湾沿岸几个产油国的淡水主要来自海水淡化。另外,通过生物基因改造,科学家已经开发出适应海水浇灌的蔬菜瓜果。可以预期,海水资源的大规模有效利用将是 21 世纪商机无限的新领域。

6. 绿色能源

绿色能源(Green Energies)泛指能与生态环境友好相容的能源,具体是指既无污染又可无限使用的自然界中可再生能源(如生物能)与清洁能源(如太阳能、地热能、风能、潮汐能等)。由于科技水平、制造成本和不恒定获取的限制,目前,绿色能源尚不到人类使用能源的万分之一。然而,随着化石能源的日趋枯竭,绿色能源将是 21 世纪重点开发并得到广泛应用的新型能源。

【专栏】 发展绿色能源的四大好处

(1) 有助于缓解环境污染。逐步加大绿色能源替代石油、煤炭等化石能源的比重,有助于减少二氧化碳、二氧化硫等温室气体的排放,既可以使空气更洁净、环境更美好,又可以缓解全球气候变暖所导致的气象灾害及其对工农业生产的长远威胁。

(2) 有利于国家的能源安全。许多发展中国家和地区,尤其是像中国这样的发展中大国,过多依赖石油进口往往会受制于人。而取之不尽、用之不竭的绿色能源是石油的最佳替代品,增加绿色能源的使用,可以降低这些国家对国际石油市场的依赖。

(3) 有助于贫困国家和地区的发展。一些偏远贫困国家和地区,往往因缺乏传统能源,加上交通不便,经济发展缓慢。昂贵的燃料的运输成本(无论是管道还是车运)阻碍了当地的发展。而联合国通过采购绿色能源设备(如风力发电机或太阳能蓄电池)援助给这些地区,可以帮助当地人民改善生活,发展经济,摆脱贫困。

(4) 有利于人类社会的可持续发展。传统的化石资源毕竟会越采越少,成本和价格也会越来越高,何况对这类燃料的使用还会恶化环境和损害健康。开发和普及绿色能源并最大限度地替代化石能源,可以彻底摆脱传统能源的羁绊,以确保人类社会可持续地长远发展。

中国在绿色能源方面起步较晚,但近年来发展速度极快。以风力发电为例,2010年,中国已超过美国和德国,成为世界第一风电大国。中国在新疆、内蒙古、甘肃、江苏、辽宁、山东、广东、上海等内陆和沿海省市已建或将建逾千座风电场。到2020年,中国风电装机容量将达2.5亿千瓦,约占全国发电量的1.5%。在风力涡轮机制造方面,中国也已取代美国,成为全球风力涡轮发电机最大的生产国和出口国。

第二节 人文环境与国际贸易

人文环境通常包括人口、民族、语言、政治、宗教以及国际关系等。人文环境带有明显的地域特点,不同的人文环境对经济贸易有着不同的影响。正是这种差异化的影响,导致生产成本的差异化、产品的差异化和需求的差异化,这种差异化恰恰是国际贸易发生的基础和流向。

一、人口、民族、语言

1. 人口因素与国际贸易

在分析人文环境对国际贸易的影响时,应始终把握三点:一是人的两重性对经济和贸易的影响,二是人口数量和质量的变化对经济和贸易的影响,三是人口分布对经济和贸易的影响。

(1) 人的两重性。人不仅是生产力的重要提供者,即物质资料的生产者,同时也是生产成果的享用者,即物质资料的消费者。生产力发展所导致的国际分工是国际贸易的基础。不同国家或地区的人们所生产的差异化产品,可以满足彼此间差异化的需求。显然,在技术水平相同的情况下,人口越多,所能创造的生产成果就越多,同时,所消费的生产成果也就越多,其结果是稀释了所创造出来的物质财富。例如,中国是人口大国,因而很自然地成为劳动密集型产品的生产和出口大国;同时,人口众多的中国在粮食、建材、能源等方面的消费量也在全世界名列前茅,因此成为全球粮食、建材和石油的进口大国之一。2013年的中国GDP(Gross Domestic Product,国内生产总值)虽然位列世界第二,但人均GDP却在80名之后(表1-2-1)。因此,中国要想成为一个真正的经济强国,尚有很长的路要走。

表 1-2-1 2013 年全球 GDP 排名前 20 位国家

名次	国别	GDP(亿美元)	人均 GDP(美元)	人均 GDP 排名
1	美国	16 197.96	52 839	6
2	中国	91 849.97	6 767	86
3	日本	59 973.2	41 150	18
4	德国	33 733.3	41 513	22
5	法国	25 656.2	44 730	20
6	英国	25 320.5	40 879	24
7	巴西	25 038.7	12 913	53
8	印度	21 172.8	1 414	146
9	俄罗斯	21 090.2	14 247	48
10	意大利	19 538.2	35 435	26
11	加拿大	18 391.4	52 364	10
12	澳大利亚	15 980.7	67 742	5
13	西班牙	13 111.2	30 315	28
14	韩国	12 340.4	25 189	32
15	墨西哥	12 102.3	9 489	58
16	印度尼西亚	10 068.9	3 499	115
17	土耳其	8 389.73	10 666	64
18	荷兰	7 670.96	47 651	14
19	沙特阿拉伯	6 825.83	31 022	27
20	瑞士	6 165.95	80 276	4

资料来源：IMF："Date and Statistics"，2014 年 1 月 23 日；人均 GDP 数据部分取自百度和维基百科。

(2) 数量和质量变化。据联合国发布的统计数据显示，2012 年全球人口已达 70.57 亿，并以平均每年净增 5 800 万的速度增长，到 2050 年时将达 92 亿。而据菲律宾国际水稻研究所的一项报告指出，地球可以养活的人口上限是 83 亿[①]。相比过去 50 年，世界人口的增速虽然已基本稳定和减缓（表 1-2-2），但人口绝对数量的扩大已经带来了粮食、住房、教育、就业、医疗、养老等一系列严重问题。而有限的土地和其他各种不可再生的自然资源也已承受不了人口扩大对其的依赖和需求。这种矛盾反映在国际市场上则是粮价和各种原材料价格的持续攀升。人口数量的增长并没有导致人口质量的同步增长，这表现为受教育者的比例下降和人口老龄化严重。新增人口绝大多数集中在贫穷的发展中国家，教育的缺失导致有技能的劳动者不足；到 2050 年，全球 60 岁以上的老年人将超

---

① 日本《经济学人》周刊，2009 年 5 月 12 日。

过20亿，老龄化将影响经济的发展格局和水平。

表 1-2-2 世界每增加 10 亿人口的时间

年份	人口数	所用时间
1800	10 亿	100 多万年
1930	20 亿	130 年
1960	30 亿	30 年
1975	40 亿	15 年
1987	50 亿	12 年
1999	60 亿	12 年
2012	70 亿	13 年
2025	80 亿	13 年
2050	90 亿	25 年

资料来源：竺仙如：《国际贸易地理》，中国商务出版社，2025、2050 年为预测数。

(3) 人口分布不均衡。世界人口的 80% 以上集中在发展中国家，发达国家只占 20%。庞大的人口压力导致发展中国家在食物、教育、就业、住房、医疗等方面的严重不足，一方面滞缓了经济的健康发展，另一方面庞大的人口基数稀释了社会财富，导致人均收入偏低。发达国家无论在劳动生产率、经济实力、科技水平、人均收入等方面均大大领先于发展中国家，因而在国际商品进出口贸易的规模和价格上始终占主导地位。

2. 民族因素与国际贸易

全世界共有 2 000 多个民族，分布在 223 个国家和地区。不同的民族由于历史的原因，有各自不同的传统文化和宗教习俗，也可能存在隔阂与冲突，从事国际贸易时，必须尊重不同民族的风俗习惯，避免引发不必要的误解与冲突。

(1) 民族关系。有些民族之间长期存在尖锐的冲突，有些民族之间矛盾虽不明显，但却容易因某些敏感问题处理不当而影响彼此间的贸易关系。因此，在有民族冲突问题的国家或地区从事进出口和转口贸易时，要特别注意，若利益攸关、非冒其险的话，应加保战争险等特殊险种。

(2) 颜色好恶。各民族都有自己的色彩偏好，有的会截然对立。例如，汉民族将红色视为喜庆、吉利、好运的象征，因此，华贵的衣着和商品包装常常是红色的；而西方许多民族却恰恰相反，视红色为血腥、损失和不吉的象征。最有趣的是，全世界除中国内地以外，都将股票、外汇、期货行情下跌标志为红色，上涨标志成绿色。再如，东方不少民族讨厌黑色，将其当成晦气、不吉的象征，物品很少以黑色包装；而欧洲一些民族则把黑色视为华贵、高雅的象征，某些高档商品特别用黑色包装，英国皇家甚至将某款黑色版的豪华轿车钦定为王室专用车。因此,在国际贸易商品的主体色、包装色以及图案上,要特别注意不同民族的禁忌和偏好,选对路将有利于贸易,如果弄反了,不但影响生意,还会造成不良后果。

(3) 商品禁忌。在国际贸易商品(尤其是食品)的进出口过程中,千万不能忽视不同民族各自不同甚至相互矛盾的嗜好和禁忌。例如,印度民族视牛为圣物,西方民族视狗为朋友,因此,前者绝对不会出口牛肉食品,后者绝对不会接受狗肉贸易,但他们却都喜爱吃猪肉;而阿拉伯民族绝对禁吃猪肉,也不接受外形丑恶和不洁之物,如甲鱼、螃蟹等,更不吃已死的动物,向其出口牛羊肉或家禽等动物食品,一定要出具活杀的证明。朝鲜民族酷爱狗肉,一般不吃油腻和过甜的东西,也不爱吃鸭子、羊肉和肥猪肉;日本民族除了不太喜欢吃羊肉、鸭子和肥猪肉,绝不接受动物内脏。因此,在与各国贸易时应特别注意其民族习惯。

在交易方式、贸易对象、货物产地、交往礼节、谈论话题等方面,各民族也都有各自的传统方式和特殊禁忌,在国际贸易交往中均要认真对待,事先做足功课,以免发生不必要的误会和麻烦。

3. 语言因素与国际贸易

语言是人类交际的重要工具。据德国出版的《语言学及语言交际工具问题手册》,世界上已查明的语言有 5 651 种。但其中有 1 400 多种不被承认是独立的语言,或正在衰亡,只有很少一部分人使用。有些通用的语言逐渐变为别的民族或国家的交际用语,如西班牙语、英语、法语等。世界上还有 1/2 的语言没有相应的文字。

(1) 全球使用最多的语言。世界上使用人口逾 100 万的语言只有 140 多种,其中,说汉语的人口最多,约占世界人口的 46%。其次是西班牙语,以其为母语和官方语言的人口约 3.4 亿。英语是世界第三大语种,全球有 3.2 亿人讲英语,并且是 26 个国家和地区的官方语言。全球说英语的国家和地区多达 172 个,世界上 70%以上的邮件是用英文书写的,全球广播节目中的 60%是用英语进行的,全世界大部分科技资料是用英文发表的,绝大部分国际会议以英语作为第一语言,因此,英语是世界最广泛使用的语言。国与国之间使用较多的还有德语、法语和俄语。汉语、西班语、英语、德语、法语、俄语这六种语言均为联合国指定的工作语言。值得一提的是,随着中国经济高速发展以及国际影响力的扩大,世界上越来越多的人开始学习汉语,孔子学院遍布许多国家和地区。需要注意的是,汉字在中国内地已改为简化字,但在大陆之外仍以繁体字为主。

(2) 国际商务活动中最常用的语言。国际贸易交往中使用最多的是英语,绝大多数商业函电、合同、说明书等是以英语打印的。而在有些国家和地区,如法国、加拿大的魁北克以及一些非洲国家,法语则更受青睐,而且,用法语拟订的商业合同素以严谨著称,不易发生语义上的分歧和争议。除西班牙外,西班牙语也是南美洲 20 多个国家和地区的官方语言和欧、亚、非、美洲 12 个国家或地区的常用语言;俄语通行于俄国、东欧和亚洲约二十几个国家和地区;德语则是德国、奥地利和瑞士的官方语言,也在欧洲和非洲约 10 个国家的部分地区使用。

(3) 同种语言的不同方言。以英语为例,即便母语同为英语,各国甚至一个国家内不同地区也各有特色。正统的英语是伦敦牛津口音,但现在较为流行的是美式英语,加拿大英语和美式英语非常接近但也略有不同。英国英语、澳大利亚英语、新西兰英语发音比较接近,但与美国和加拿大的美式英语有着明显的区别。例如,美式英语把 Tomato(西红柿)发音成[tə-mei-tou],但英式英语发音则为[tə-maː-tou],这仅是不同英语母语地区口音上的差异,一般不会引起歧义。但有些非英语母语国家的人的英语口音差异较大,交往时须格外用心去听,弄清其确切意思。

二、地缘政治、宗教、国际关系

1. 地缘政治与国际贸易

地缘政治(Geopolitics)的概念最先由瑞典地理学家鲁道夫·克节伦(Roudolf Kjellen)提出①。他认为,地缘政治是指国家所处的地理环境与国际政治的关系。地缘政治理论则是指国家或地区在处理国际事务时,因地理位置、面积大小、人口多少、资源配置、民族宗教等因素所考虑的政治制衡手段及方法。全世界 200 多个国家和地区按发展程度可大体分为发达国家和发展中国家。由于地理、历史、民族、宗教、资源配置、发展速度等方面的原因,国与国、地区与地区之间存在着错综复杂的战略关系和政治矛盾,这些关系和矛盾往往表现为国与国、地区与地区之间不同程度的联系和冲突,并对世界经济和国际贸易产生直接或微妙的间接影响。

(1) 超级大国对世界资源和市场的控制。美国以其辽阔的领土、众多的人口、丰富的资源,并仰仗发达的经济、科技、军事实力,成为世界上唯一的超级大国。2013 年美国的 GDP 为 16.19 万亿美元,占全球 GDP 的 23%(当年全世界的 GDP 约为 72 万亿美元)。美国是全世界最大的商品进口国,为了满足国内庞大的消费需求和维持世界强国的地位,美国注重强化对世界重要战略资源的控制,某种程度上加剧了地区紧张局势。

(2) 资源类国家战略地位加强。近年来,世界经济的高速发展以及资源的日益短缺导致各种自然资源的价格不断攀升。例如,石油价格的上升使中东地区、非洲和拉美部分国家成为世界各国关注的热点地区。一方面,这些国家因拥有重要的战略资源而强化了自己对其他国家的话语权;另一方面,因各种势力争

---

① 帕特里克·奥利沙文:《战争地理学》,解放军出版社 1988 年版。

相涉足这些地区，也容易引发利益冲突。这两种情况都会影响这些地区与其他国家的政治关系和贸易格局。

（3）地区关系影响国际贸易的发展。各国及地区之间因资源掌控、经济发展以及利益分配上的不平衡往往会通过种族问题、领土问题反映出来。例如，个别非洲国家之间或其内部爆发的种族冲突或多或少地与新发现的石油等资源有关；再如，某些相邻国家对边界或海岛主权的争端，往往在背后潜伏着对地下资源的控制因素；另外，国际恐怖主义的猖獗未必是什么意识形态分歧、人权观差异或领土问题所致，深层次的根源总是与经济利益的控制和分配有千丝万缕的联系。

【专栏】 20国集团

20国集团(Group 20，简称G20)由欧、亚、非、拉美、大洋洲20个国家的财政部长和中央银行行长于1999年12月16日在德国柏林举行的一次会议上创始的。G20并非正式的国际组织，而属于非正式的政府间论坛，其目的是促进工业化国家和新兴市场国家就国际经济、货币政策和金融体系的重要问题开展建设性和开放性对话，并为实质问题的讨论和协商奠定基础，以寻求合作并推动国际金融体制的改革，加强国际金融体系架构，促进经济的稳定和持续增长。G20还努力在透明的财政政策、反洗钱和反恐怖融资等领域率先建立统一标准。G20成员包括阿根廷、澳大利亚、巴西、中国、加拿大、法国、德国、印度、印度尼西亚、意大利、日本、韩国、墨西哥、俄罗斯、沙特阿拉伯、南非、土耳其、英国、美国和欧盟（由欧盟轮值主席国和欧洲中央银行行长代表欧盟参会）。为了确保20国集团与布雷顿森林体系的紧密联系，国际货币基金组织(IMF)总裁、世界银行行长以及国际货币金融委员会和发展委员会主席作为特邀代表也参与该论坛的活动。

2. 宗教因素与国际贸易

基督教、伊斯兰教和佛教被称为世界三大宗教，每个宗教又有多个教派，并且遍及世界各地。例如，基督教的主要分支有天主教、正教和新教等，信徒超过10亿人。天主教的中心在世界上最小的国家梵蒂冈，主要分布于南欧、美洲各国；正教（或称东正教）以俄罗斯和东欧国家为主；新教（也称基督教）以北欧、北美、大洋洲为主，圣地在耶路撒冷。

伊斯兰教主要流传在西亚、北非、南亚、东南亚，圣地是麦加和麦地那，信徒约6亿人。佛教主要流传在亚洲，如日本、泰国、缅甸、斯里兰卡和中国（含喇嘛教），圣地在拉萨，目前信徒约3亿人。

（1）宗教地位与国际贸易。宗教对于许多国家和地区往往有着很大影响。有的国家是政体与宗教合一，宗教教义成为国家法律的依据。例如，在中东一些国家进行对外贸易时，遵循的不是常用的国际贸易惯例，而是《可兰经》教义。

（2）宗教关系与国际贸易。因宗教引发的国际争端也会使经济和贸易受到影响。例如,有些地缘紧邻的国家,往往因宗教摩擦引发国际冲突,彼此间互不交往,更没有贸易关系。有些存在宗教和民族冲突的国家,为了强化各自的实力,往往也是军火物资的进口大国。

(3) 宗教习俗与国际贸易。宗教作为一种社会意识形态,对人们的生活和消费习惯有着极大影响。一方面,务必在交易中充分尊重各种宗教的差别和禁忌,例如,切忌将猪肉食品销往伊斯兰国家;另一方面,应该把握宗教节日带来的商机,例如,基督教国家庆贺圣诞节需要大量礼品和装饰品,及早洞悉商品的流行嗜好并备足货源,往往可以赢得市场先机。

3. 国际关系与国际贸易

(1) 发达国家在国际经贸中占主导地位。发达国家主要是指北美洲的美国、加拿大和欧洲的德国、英国、法国、意大利、西班牙、葡萄牙、瑞士、荷兰、比利时、卢森堡、挪威、瑞典、芬兰以及亚洲的日本、以色列和大洋洲的澳大利亚、新西兰。这些国家经济发达、科技先进,人均 GDP 很高。被称为"富人俱乐部"的七国集团(Group 7)包括美、日、德、英、法、加、澳等国,是发达国家中经济、贸易实力最强的国家,其人口仅占全球人口的 11%,GDP 和进出口贸易却分别占世界的 65% 和 80%,在世界经济和国际贸易中占主导地位。发达国家在社会制度、价值观念上与美国相近,彼此结成互利的经贸合作伙伴关系(如欧盟内部取消贸易关税、投资及劳动力国际流动限制,对外则保持统一的贸易壁垒);但又出于维护各自国家利益的考虑,在经济和贸易关系上也存在不同程度的矛盾。

(2) 新兴工业化经济体(NIEs)的崛起。新兴工业化国家和地区主要是指"亚洲四小龙"、巴西、墨西哥等。国际上也把近年来经济快速发展的中国、俄罗斯、印度、巴西和南非称为"金砖五国"①,本书出于编排需要,将中国单列为一章,另将以大宗矿产资源出口而迅速发展起来的俄罗斯、巴西、南非、印度称为"金钻四国"。实际上,从综合经济实力及人均 GDP 角度看,新加坡、韩国、南非等已经跨入了发达国家的门槛而被称为"准发达国家";中国和印度虽然总体经济和进出口贸易规模较大,个别领域甚至领先于部分发达国家(如中国的航天工程和印度的软件工程等),但人均 GDP 仍然落后于广大发展中国家和地区,因此,经济发展的任务还相当艰巨,贸易发展的空间也相当广阔。

(3) 发展中国家呈现多元化发展。发展中国家主要分布在亚、非、拉美和大洋洲,其特点是数量庞大、人口众多、资源丰富、地理位置重要。一些发展中国家利用自己在劳动力成本和自然资源上的优势以及国际原材料市场价格上涨的机

---

① 本编者在 2008 年第一版编写过程中,研究了南非的情况,将其纳入"金砖五国"的概念范畴。两年后,国际上也将南非列入"金砖五国",首次有南非参加的"金砖国家"领导人会议于 2011 年 4 月在中国三亚举行。

遇,发展加工贸易和资源出口贸易,改变了落后面貌。一些发展中国家(如沙特、阿联酋等)凭借石油出口换来巨额外汇收入,大力发展国际会展业、高档房地产业和观光旅游业,人均收入已经超过许多发达国家;一些发展中国家大力发展绿色农业,如巴西、墨西哥等,成为世界粮食及生物燃料的出口大国;还有一些转型国家,如越南、蒙古等,通过市场化改造,经济也出现了"起飞";当然,也有众多发展中国家由于地理位置、资源劣势以及各种内忧外患等因素,仍处在贫困或极端贫困状态。为了改变弱势状况和维护自身利益,许多发展中国家结成区域性经贸同盟(如东南亚联盟、拉美共同市场)或与发达国家结成经贸合作联盟(如北美自由贸易区、东盟10+3等),以实现优势互补、扩大出口、带动经济发展的目的。

第三节　产业分布与国际贸易

产业分布是指工业、农业和科技生产力在不同地区的选择与配置。发生于18世纪中叶至20世纪中叶的三次产业革命,极大地推动了世界经济的发展。以大机器生产为代表的第一次产业革命促进了世界市场的形成;以电气化为代表的第二次产业革命促进了国际分工和国际贸易的发展;以原子能、计算机和空间技术为代表的第三次产业革命导致产业结构发生重大变化,产业分布开始发生转移,国际贸易内涵、规模等均发生重大变化。20世纪70、80年代至今,以信息技术、互联网、新材料和生物工程为代表的第四次产业技术革命,使国际分工的格局、国际贸易的主体和国际贸易地理方向发生新的重大变革。

全球产业分布决定着国际贸易地理方向。国际贸易地理方向也称国际贸易地区分布(International Trade by Region),它反映了世界各洲、各国或各个区域集团在国际贸易中所占的地位。计算各国在国际贸易中的比重,既可以采用各国进、出口额分别在世界进、出口总额中的比重,也可以采用各国的进、出口总额在世界贸易总额中的比重加以说明。由于对外贸易是一国与别国之间发生的商品交换,因此,把对外贸易按商品分类和按国家分类结合起来分析,即把商品结构和地理方向的研究结合起来,可以考察一国出口中不同类别商品的去向和进口中不同类别商品的来源,这是国际贸易地理研究的重点内容之一。

一、工业分布与国际贸易

1. 世界产业分布的变化

(1) 第二次世界大战前的世界工业重心。前两次产业革命形成了西欧和北美两大工业带,而原先欧美的殖民地和半殖民地则成了向宗主国供应工业原材料和粮食的基地。19世纪70年代,英国是世界制造业的重心和工业品的输出地;19世纪80年代,美国超越了英国,成为世界第一大工业国;20世纪初,德国也超过了英国,并位居世界工业国第二位。这期间世界工业品的产地和输出地主要集中在英国中部、美国东北部、德国鲁尔区、法国洛林及阿尔萨斯等几个工业高度发达的地区;众多发展中国家则形成单一产业发展的经济模式。例如,钢铁主要集中在德、法、美,造船集中在英、美,汽车制造和化工集中在德、美等国;而拉美则生产橡胶和香蕉,西非主产咖啡和可可,南非生产黄金和铜,东南亚主产锡和橡胶,埃及和印度生产棉花。第一次世界大战后苏联诞生,倚仗中央集权和计划经济的优势,苏联工业超过德、英,跃居世界第二位,全球形成两大经济体并存的格局。

(2) 第二次世界大战后的世界工业重心。美国确立了世界经济的霸主地位,其成为全球最大的工业品出口国和原材料进口国。20世纪60年代前后,日本和西欧崛起,成为美国之后的第二大和第三大工业品输出地区以及原材料和能源输入地。东欧各国、中国等一些国家先后走上社会主义工业化道路,社会主义国家之间的工业品及原材料贸易成为一种特殊区域内的国际贸易。这期间的世界工业重心及工业品输出地主要是美国、苏联、日本和西欧共同体。例如,美国和日本成为世界最大的汽车制造中心和输出国,日本的造船业、电子业也升至世界前列,德国是世界最重要的精密机器和高级汽车生产和出口国,美国在飞机制造、航天领域和军事工业方面占据绝对领先地位,并且是此类产品的输出大国。原先一大批殖民地和附属国独立后努力发展本国民族工业和出口加工业,改变了原先的单一经济模式,"亚洲四小龙"等新兴工业化国家和地区相继诞生,承接了发达国家转移下来的劳动密集型产业,成为工业品的重要输出地。

(3) 20世纪80年代后的世界工业重心。高新技术的发展和劳动力成本的提高加快了发达国家向发展中国家转移传统工业部门的步伐,发达国家成为高科技产品的生产中心和输出地,原先集中于美国、日本、西欧和苏联的劳动密集型产业开始分散到众多发展中国家和地区。中国内地的改革开放以及一些计划经济国家向市场化转型,形成了一批像中国、印度和巴西等新的制造业中心和工业品输出国。苏联的解体削弱了原先强大的制造业实力和工业品出口能力。美国、欧盟的高新技术及现代服务业的快速发展,使重化工业和加工制造业的重心向新兴经济体及其他发展中国家倾斜,部分国家的主权评级稳步上升,全球产业分布呈现出一种此消彼长的新格局。

第一章 地理环境与国际贸易

【专栏】 主权评级

主权评级是由国际权威信用评级机构——标准普尔信用评级也根据全球各经济体政府承担的债务状况和偿还能力所做的一个评价指标,包括长期主权评级(称政府评级)和短期政府评级。标普的做法是:将某个经济体的债务偿还能力分为9个等级,分别是AAA、AA、A、BBB、BB、B、CCC、CC、SD/D,等级越靠前,偿还能力越高。其中,AA级至CCC级还可以加上加减号和阿拉伯数字,表示在评级分类中的相对强度。举例来说,标普给A级的界定是:政府偿债能力较强,但相对于较高评级的债务/发债人,其偿债能力较易受外在环境及经济状况变动的不利因素影响;BBB级则表示:政府目前有足够的偿债能力,但在恶劣经济条件或外在环境下,其偿债能力可能较脆弱。标普的评级可作为国际投资者的投资参考,并对该经济体的金融机构评级有牵制作用。

2. 国际贸易商品结构的变化

国际贸易产品结构的变化主要表现为初级产品比重下降、工业制成品比重上升和高技术产品比重也相应提高。具体表现为以下四个方面。

(1) 机电产品贸易比重大幅上升。机电产品包括机械设备、电气设备、运输工具、电子产品、家用电器、仪器仪表等及其零部件。1963年机电产品出口占全球出口总额的25.1%,2012年已达到64%[①]。机电产品比重的扩大说明专业化分工与协作程度加深,出于比较利益的考虑,发达国家倾向于生产和出口科技含量较高的成品或零部件,进口相对成本较高的成品或零部件。发展中国家与发达国家之间在制成品生产上的垂直分工也扩大了机电产品的贸易量。

(2) 化工产品贸易比重位居第二。化工产品包括化工原料、农药化肥、合成药品、化学试剂及催化剂、高分子聚合物、日化产品等。1963年化工产品出口占全球贸易总额的6.1%,2013年占15%[②]。科技水平的不断提高,使各种新型合成材料和产品的开发成为可能,如能治疗疑难杂症的合成药物、低毒无害的化肥农药等,极大地满足了工农业生产发展和人民生活水平提高的需要,同时也使各种化工产品贸易的规模越来越大、品种越来越多,未来所占贸易总额的比重还会不断扩大。

(3) 钢铁、有色金属、纺织服装等产品的贸易所占比重减少。2012年全球钢铁出口所占贸易比重为2.6%,有色金属为2%,纺织服装为3.8%[③]。

(4) 进入21世纪,高技术产品的贸易比重呈现明显上升后平稳发展的态势,部分工业化阶段的发展中国家和地区的高技术产品出口在其总出口中所占比重甚至高于发达国家。发达国家增加对外投资和向发展中国家和地区转移劳

---

①②③ "International Trade and Market Access Data", http://www.wto.org/.

动密集型的高技术产业,导致部分工业化阶段的发展中国家和地区高技术产品出口比重上升。例如,美国高技术产品出口占比约为30%,与中国(30.6%)和韩国(32.3%)几乎相当,甚至低于马来西亚(54.7%)、新加坡(56.6%)和菲律宾(71%)。但从总的绝对值看,发达国家仍然占优。

3. 贸易流向的变化

产业分布的变化导致工业品贸易的地域结构及流向发生相应变化。这些变化主要表现在以下三个方面。

(1) 发达国家之间的贸易超过了它们与发展中国家的贸易。第二次世界大战前,国际贸易中工业品的贸易主要集中于发达国家与发展中国家之间的垂直贸易,即发展中国家向发达国家输出工业原料,发达国家向发展中国家输出制成品。但随着发达国家之间专业化分工的加强以及高附加值产品比重的上升,发达国家之间的贸易额普遍超过与发展中国家之间的贸易。据统计,欧盟主要成员国对其他发达国家的出口超过70%,加拿大超过90%,美国也在50%以上。

(2) 区域集团内部的贸易增长迅速。出于自然资源禀赋差异、地缘政治及发展水平相近等因素的考虑,一些国家结成关税排他性的区域贸易联盟,联盟内部贸易互免关税,使得区域联盟内的贸易迅速增长。例如,欧盟内部成员的相互出口占总出口额的63.2%[①];北美自由贸易区内的贸易占53.8%。发展中国家区域性组织也积极开展区域内贸易,例如,2009年东南亚联盟内的出口额占其总出口额的17.1%[②]。

(3) 工业制成品的流向发生逆转。因劳动力、土地租金、治理污染等形成的综合成本压力,迫使诸多传统工业从发达国家转移到发展中国家。发展中国家凭借其地广人多的优势条件,大力发展出口加工业,既提高了本国的经济发展水平和就业水平,也使得世界工业中心转移到发展中国家,发达国家反而成为工业制成品的主要进口国。

4. 贸易主体的变化

20世纪末期,国际贸易领域最大的变化是贸易主体的改变。跨国公司已成为国际贸易和国际投资的主角。目前跨国公司的数量超过7万家,分布在世界各地的分支机构约85万家,跨国公司控制着全球生产总值的50%、国际贸易总量的70%、国际技术贸易的80%、国际投资的90%以及技术转移的95%。跨国公司通过输出资本,建立海外子公司,从事国际化研发和生产,将国际贸易变成其"内部贸易",以便最大限度地降低成本和风险,达到强化竞争力和利润最大化的目的。

---

① 商务部:欧盟内部贸易增长10.1%,2012年3月29日。
② "Intra-and extra-ASEAN trade", http://www.aseansec.org/stat/Table18.xls。

二、农业分布与国际贸易

世界各国工业化和城市化步伐的加快导致全球农业用地不断被侵蚀。全球耕地的减少伴随世界人口的增长,完全改变了世界农业格局和农产品的贸易流向,各国经济发展和生活水平的提高也使农产品的贸易结构悄然发生变化。

1. 产业分布和贸易流向的变化

第二次世界大战前,世界各国为了维持民生需求,粮食出口数量均十分有限。第二次世界大战后,世界粮食的主产地(特别是出口国)发生了很大变化。最突出的一点是原先一大批出口粮食的发展中国家变成粮食净进口国,而一些发达的工业化国家反而成为粮食的主产地和出口大国。例如,印度和中国曾是粮食的净出口国,但现在因人口增长而不得不每年进口大量粮食;原先严重依赖粮食进口的西欧,自20世纪80年代起,由于科技进步、农业补贴政策和人口负增长等因素,粮食从净进口变为净出口;另外,几个主要发达国家——美国、法国、荷兰、澳大利亚和加拿大均为世界主要的粮食净出口国。

2. 农产品贸易所占比重下降

由于各国对本国农业实施保护,世界农产品的贸易开放程度远远落后于工业品。1950~2010年,全球工业品平均关税从40%降至4%,而农产品关税仍维持在40%~50%。同期,制造品的贸易额增长了近18倍,而农产品的贸易额增长幅度不足6倍。农产品在世界货物贸易中的比重呈下降趋势(见图1-3-1)。

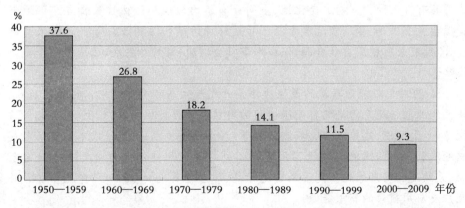

资料来源:根据 www.wto.org 相关数据绘制。

图1-3-1 1950~2009年世界农产品贸易占全球贸易总额比重变化

自2002年起,国际市场初级商品行情走强,农产品价格明显上升,但比起大幅攀升的有色金属和能源价格,仍相对疲软,以致农产品在国际贸易中的地位进一步降低。2008年,农产品价格大幅上涨,粮食、油料等大宗农产品价格升至近30年来的最高位,随后因金融危机出现暴跌,回落30%~50%不等①。排除极端突发情况,农产品在全球货物贸易中所占比重仍不到一成。

3. 产品结构的变化

近10年来,世界各种农产品的贸易额占农产品贸易总额的比重开始出现变化,粮食比重呈下降趋势。贸易量较大的农产品包括畜产品、水产品、粮食、水果、蔬菜、植物油籽和油、食糖、花卉、棉花,其中,畜产品、水产品和粮食贸易占贸易总额的40%左右。但随着各国经济发展和人均收入的提高,在世界农产品贸易中,粮食等大宗农产品所占比重呈缓慢下降趋势,食用油、水果、水产品及花卉、坚果等非基本生活需要的农产品所占比重逐渐上升。

本章小结

1. 一个国家或地区所处地理位置的优劣,会对该国或该地区的经济发展水平、贸易运输成本等有重要影响。绝大多数国际贸易中心的形成与其得天独厚的地理位置有很大关系。但也不能将地理位置绝对化。随着生产力和科学技术的高速发展,特别是互联网的广泛使用和国际空运方式的日益普及,地理位置的优劣并非一成不变的决定性因素。

2. 自然资源是人类赖以生存和发展的物质基础和财富源泉,是当代国际贸易大宗交易的主要标的,更是人类社会可持续发展的重要保障。自然资源包括土地、水体、矿产、动植物等有形资源和阳光、风力、地热、潮汐等无形资源。自然资源具有可用性、整体性、变化性、空间分布不均匀性和区域性等特点。但地下资源毕竟有限,大量消费这类资源已导致环境污染和温室效应等严重后果。能否合理、有效地利用自然资源,保证人类社会健康、可持续发展,已成为一个重大战略课题。

3. 应对化石能源危机的最佳办法是开发与生态环境友好相容的绿色能源。绿色能源包括既无污染又可无限使用的自然界中可再生能源(如生物能)与清洁能源(如太阳能、地热能、风能、潮汐能等)。由于科技水平、生产成本和不恒定获取的限制,目前,绿色能源的利用率尚不到人类使用能源的万分之一。随着石油、天然气和煤炭等化石能源的日趋枯竭,绿色能源将是21世纪重点开发并具有广泛应用前景的新型能源。

4. 在分析不同国家和地区的人文环境对于其经济发展水平和对外贸易的影响时,必须着眼于该国或该地区的人口、民族、语言、政治、宗教以及国际关系

---

① 田维明:世界农产品需求演变趋势及对农业发展的含义[J].农业经济展望.2010(2).

等因素。不同的人文环境带有明显的地域特点,正是这种差异,导致各地区生产成本的差异化、产品的差异化和需求的差异化,这也恰恰是国际贸易发生的基础和贸易流向的归宿。

5. 20世纪七八十年代开始的新一轮科技革命,使全球产业分布和国际贸易地理方向发生了显著变化,主要表现为:新兴工业化国家和地区的经济腾飞,制造业中心向劳动力成本和土地成本低的发展中国家转移,区域性经济集团内部贸易的加强,发展中国家成为工业品的主要出口方和农产品的主要进口方,发达国家成为工业品的主要进口方和农产品及高科技产品的主要出口方,这种趋势还将继续下去。

思考题

1. 一个国或地区的经济贸易发展水平是否取决于其所处的地理位置?为什么?
2. 为什么说自然资源是世界财富的源泉和人类社会可持续发展的重要保障?
3. 绿色能源有哪些种类?它能否取代化石能源成为人类社会可持续发展的永久保障?
4. 人文环境中对国际贸易产生影响的因素有哪些?试举例说明。

第二章 中国对外贸易地理

学习目的与要求

1. 认识中国大陆自然条件中各种因素与对外贸易的关系;
2. 了解中国发展对外贸易的国情原因及主要进出口地理方向;
3. 熟悉中国主要外贸口岸;
4. 认识香港成为国际贸易、航运、金融中心的独特地缘优势;
5. 了解台湾外向型经济的特点及两岸经贸状况。

第一节 中国内地

【开篇案例】 "Made in China"含多少"中国成分"?①

中国出口规模之大和渗透角落之广令世人惊讶。物美价廉的中国商品已经改变了发达国家和发展中国家的生活方式,也引起一些外国人的担心——他们自己的工作机会流失到了中国。以 APPLE 公司的 iPod 为例,原先在美国生产的 iPod,如今转到中国组装。中国向美国每出口一只 iPod,对美出口额就会增加 150 美元,似乎这 150 美元全部进了中国的口袋。但实际上,中国组装厂仅获得 4 美元的增加值,其余 146 美元则归以美国为主的研发和设计部门以及精密零部件生产和营销部门所有。这说明,中国出口的增长非但没有排挤其他国家的生产者,反倒是促进了全世界协作部门的发展。如果这仅是极端的个案,那么,专家的调查统计就更能说明问题。

美国经济学家库普曼对中国 61 个行业的出口商品统计表明,最近 10 年来,"外国份额"(进口外国材料所占比重或曰外国增加值)在中国出口产品中的比重

---

① 本案例内容摘自"什么是中国制造",俄罗斯《权力》周刊,2008 年 8 月 2 日。

平均一直超过50%。具体来说，在13个高科技行业出口的机电产品中，"中国成分"不到50%，这些行业占中国全部工业品出口的44%；在另外15个化工、钢铁、造纸行业中，虽然出口产品中的"中国份额"为51%~65%，但这些行业仅占中国全部工业品出口的22%；其余33个出口品中"中国份额"含量颇高的行业，其出口额还不到中国全部工业品出口总额的1/3。统计也表明，外资企业是中国工业品出口的主要来源。

当然，这并不意味着中国工业只会组装和加工外国的零部件和原材料，中国厂家正在掌握新的行业。例如，在汽车工业中，"中国份额"已占67.6%。但无论如何，世界其他国家应该意识到，当购买"中国制造"的商品时，并不一定会打击本国的工业。

全称：中华人民共和国(The People's Republic of China)
面积：960万平方千米。
人口：13.6亿(2014年)。
首都：北京(时区：东8区)。
货币：人民币(CNY)。
国花：牡丹、梅花(未定)。
节日：全年法定节假日共11天：元旦1天；春节3天；清明节1天；5月1日劳动节1天；农历5月5日端午节1天；农历8月15日中秋节1天；10月1日国庆节3天。

一、自然条件

1. 地理位置

中国是世界上国土面积第三大的国家。大陆地势西高东低，东濒太平洋，西南有世界最高的喜马拉雅山脉，8 844米的珠穆朗玛峰是世界最高峰。入海口在太平洋的长江为中国第一大河、世界第三大河，也是全球水运最繁忙的河流之一。中国内地海岸线全长1.8万余千米，岛屿海岸线长1.4万千米，有6个海上邻国——韩国、日本、菲律宾、文莱、马来西亚及印度尼西亚；陆上国界线全长2万多千米，有14个陆上邻国——朝鲜、俄罗斯、蒙古、哈萨克斯坦、吉尔吉斯斯坦、塔吉克斯坦、阿富汗、巴基斯坦、印度、不丹、尼泊尔、缅甸、老挝和越南。

2. 自然资源

(1) 土地资源。中国内地2/3的面积为山地，1/3的面积是平原。草原约占全国土地总面积的37.4%，耕地占10.4%，林地约占12.7%，其余为沙漠、戈壁、高寒荒漠、冰川和永久积雪及荒山、荒地。中国现有耕地面积约 18 亿亩,人均耕地不足 1.4 亩①,面积仅为世界平均值的 27％,是全球人均耕地面积最少的国家之一。从 20 世纪 90 年代中期至 2008 年,中国每年平均净减少耕地 1 250 万亩。耕地的减少压缩了粮食增产的空间,因此,尽管中国是世界产粮大国,但仍然需要每年进口粮食和饲料,以填补缺口。

(2) 能源资源。中国已探明的煤炭储量逾 1.5 万亿吨,少于美国、俄罗斯,居世界第三。中国煤炭年产量占世界的 48.3％,但以自供为主,占国内能源消费的 70％②。按采储比(储量/年开采量)推算,中国为 35 年,欧盟为 105 年,印度为 106 年,美国为 241 年;水力蕴藏量也居世界第一位,在主要江河上均建有大型水电站,但水电仅占国内能源消费的 5.4％,开发潜力很大;石油及天然气已探明的储量分别为 40 亿吨和 4.7 万亿立方米,分别居世界的第 13 位和 15 位③。2013 年,中国首次超过美国,成为世界第一大石油进口国,石油对外依存度超过 60％。

(3) 矿产资源。中国是世界上矿产种类多、分布广、储量大、大部分矿产资源能够自给的少数国家之一。已探明的矿种约 150 种,其中,有色金属钨、锑、锡、汞、钼、锌、铜、铋、钒、钛、稀土、锂等占世界前列。例如,钨储量为世界各国总储量的 3 倍多;稀土占世界总储量的 1/2 以上;锑占世界储量的 44％,中国是这三种金属的最大出口国;铁和锰的储量虽均占世界第三位,但多为贫矿,因此,仍需进口;此外,非金属矿中的磷镁矿、硫铁矿和稀土矿也居世界首位,磷矿居第二位,石棉等居世界前列,中国是这些非金属矿产资源的主要出口国。

(4) 水资源。中国水资源约为 2.32 万亿立方米,占世界水资源总量的 7％,居第六位。中国河川平均径流量相当于世界径流总量的 5.8％,有着丰富的水电资源。但中国人均淡水资源只有 2 200 立方米,仅为世界人均占有量的 1/4④,居世界第 119 位,是全球 13 个最贫水的国家之一。

(5) 森林资源。中国现有森林面积 1.95 亿公顷,覆盖率约 20.4％,森林蓄积量 137.2 亿立方米;其中,人工林面积 0.61 亿公顷(约 9 亿亩)⑤,居世界首位。

(6) 生物资源。中国生物资源非常丰富,种子植物达 3 万种,仅次于巴西和马来西亚,居世界第三位,其中,可作为食料、药材、纤维和工业原料的经济植物就达 2 411 种。水产资源中鱼类 3 862 种,其中,海洋鱼类约占 60％,其余为淡水

---

① 百度百科:耕地。中国法制网:过去 12 年中国耕地面积减少 1.25 亿亩,2011-03-24。
② 维基百科:http://en.wikipedia.org/wiki/coal,2014-03。
③ 王涛:中国油气论坛天然气专题研讨会开幕词,www.chinanews.com/cj/cyzh/news/2008。
④ 马凯:"贯彻和落实科学发展观　大力推进循环经济发展",http://www.sdpc.gov.cn。
⑤ 国家统计局:年度数据"森林资源"http://data.stats.gov.cn/workspace/index?m=hgnd。

鱼类。此外,还有甲壳类、贝类和海藻类生物等。脊椎动物6 347种,占世界的14%,其中,属于中国特有的脊椎动物有667种[①]。

中国自然资源有两个特点。

一是总量大但人均占有量低。例如,中国土地面积居世界第三,但人均不足1公顷(世界人均为3公顷);耕地面积列世界第四,但人均只有1.43亩,仅为世界平均水平的40%;地表水径流总量人均不足2 700立方米,只有世界平均值的25%;草场资源居世界第二,但人均才0.35公顷,仅为世界人均量的46%;森林蓄积量为世界第五,但人均蓄积量为9.048立方米,仅为世界人均量的1/8;45种主要矿产资源储量虽居世界第三,但人均占有量不到世界平均水平的一半。因此,中国每年需进口部分粮食、木材、石油和金属矿石等重要资源。

二是分布广但很不平衡。例如,中国水资源分布南多北少,因此,南方易患水灾,北方易遭干旱,严重威胁农业稳产和高产;近80%的煤分布在北方,10%在西南地区,而江南8省只占2%;石油探明储量的98%在北方;天然气的90%在新疆和四川;占世界第一、二位的钨、锡、锑、锌、汞、铅等主要蕴藏在中东南部的滇、黔、桂、湘、赣、粤6省。这种自然资源分布的不平衡性,加重了国内交通运输负担,也使初级产品的国内销售成本和国际出口成本显著增加。

3. 气候特征

中国大部分地区位于北温带和亚热带,属于东亚季风气候。气候特点为:冬季寒冷干燥,南北温差很大,最多可达40℃以上;夏季高温多雨,南北温差小,但也会出现西北最高气温超过南方10℃的情况[②]。这种气候使中国大部分地区四季分明,有利于小麦、玉米、大豆等粮食作物的生长和成熟,也可以增加苹果、葡萄等水果的甜度,保证了这类水果的出口品质及价格。南方湿热的气候适合一年两至三季种植水稻,中国大米连续30多年自给有余,并略有出口。另外,夏季东南沿海地区易受台风影响,对水稻、蔬菜、瓜果等农作物的生产以及港口装卸和国际贸易运输有一定威胁。

4. 人口与民族

中国总人口达13亿,是世界上人口最大的国家。全国56个民族分别是汉、蒙古、回、藏、维吾尔、苗、彝、壮、布依、朝鲜、满、侗、瑶、白、土家、哈尼、哈萨克、傣、黎、傈僳、佤、畲、高山、拉祜、水、东乡、纳西、景颇、柯尔克孜、土、达斡尔、仫佬、羌、布朗、撒拉、毛南、仡佬、锡伯、阿昌、普米、塔吉克、怒、乌兹别克、俄罗斯、

---

① 中国生物资源,http://www.360doc.com/content/13/1005。
② 中央气象台"新疆连续拉响高温警报"报告:"新疆吐鲁番盆地2008年8月2日最高气温达45℃。"

鄂温克、德昂、保安、裕固、京、塔塔尔、独龙、鄂伦春、赫哲、门巴、珞巴、基诺。汉族约占总人口的91.6%。多民族的构成使各地区的产品富有鲜明的民族特色，极大地丰富了进出口商品的种类；有些民族与周边国家和地区的民族相同，地域接壤，对了解这些国家和地区的风俗习惯和市场需求以及扩大边境贸易有很大帮助。

【观点】 人口红利与中国经济

人口红利是指一个国家的劳动年龄人口占总人口比重较大，抚养率比较低，为经济发展所创造的有利人口条件。人口红利越丰裕，整个经济越呈现出高储蓄、高投资和高增长的局面。但"红利"与"债务"是相对应的，在享受人口红利丰厚回报若干年之后，可能会面对人口负债——被抚养的老龄人口多于劳动年龄人口。美国传统基金会亚洲研究中心研究员德里克博士于2008年8月21日撰文认为，过去30年来，中国人口是支持其经济增长的主要原因之一。然而，这种支持很快会变弱，中国将开始步入增长放缓的转型期。未来10年，随着中国人口增幅下降，用工压力会增加。2020年后，中国将有1.35亿劳动力逐渐步入老年，劳动力储备必然出现缺口，中国实际上会陷入劳动力不足的状况，中国经济增长长期依赖的出口竞争优势将减弱。2030年后，曾带动经济增长的净劳动人口将转而起到负面作用。届时，中国城镇地区很可能已达到世界中等收入水平，甚至趋向富裕，但农村地区仍就贫困。由于人口是经济长期发展的核心要素，中国很快会告别由人口红利为经济增长提供支持的模式。在如GDP等宽泛的指标上，中国可能超过美国，但1979~2009年的发展趋势未必能在2009~2039年延续。

（编译自："Heritage Foundation Leadership for America's"，www.heritage.org，2008年8月21日）

5. 语言文字

通用语言为汉语。实际使用的语言达80多种，分属汉藏、阿尔泰、南亚、南岛、印欧语系以及朝鲜语和京语；汉语又可分为北方话（以北京话为代表，占71%）、吴语（以上海话为代表，占8%）、粤语（以广州话为代表）、闽南话（以福州及厦门话为代表）、客家话（以广东梅县话为代表）、湘语（以长沙话为代表）、赣语（以南昌话为代表）七大方言区。各个方言区的语音语法差异很大，不同地区之间甚至无法用言语沟通。曾有一个打算来华做生意的美国人，跟一位移民到洛杉矶的广州人学了半年汉语，不料当他到了北京后，根本听不懂当地中国人说的汉语，当地人也听不懂他说的汉语，原来，他学会说的汉语竟是广东话！中国文字有汉字（全国通用）、蒙古文、藏文、维吾尔文、朝鲜文等40种文字。对于绝大多数外国人来说，能说汉语中的普通话和读写汉字，基本上可以走遍全中国了。而那些既懂英语，又会说某种与中国接壤国家民族语言（如俄语、维吾尔语、蒙古语、朝鲜语、阿拉伯语等)的中国人,其言语优势对开展国际贸易会有很大帮助。

6. 宗教

中国是个多宗教的国家,佛教、伊斯兰教、基督教和天主教占有重要地位。国内各种宗教信徒有1亿多人[①],约占全国人口的7.7%,其中,佛教徒占大多数,其次是伊斯兰教徒、基督教徒和天主教徒。天主教、基督教在欧美和其他地区、佛教在日本和东南亚、伊斯兰教在亚非几十个国家中有广泛的社会影响,有的宗教还在一些国家中被奉为国教。因此,从事国际交往的非宗教人士,有必要了解和掌握各种宗教的特点,尤其是一些禁忌和偏好。本节中的"北京冻鸭索赔案"反映的正是因为不熟悉宗教禁忌给出口造成损失的教训。

【案例】 北京冻鸭索赔案

若干年前,中国某土畜产进出口公司与科威特一客户成交北京冻鸭一批。合同主要条款是:"一级北京冻鸭,带头、翼、蹼、无毛,每只最小2公斤,分700只纸板箱装、内衬聚乙烯透明胶袋,共10吨;总值CIFC2%科威特2 415英镑"。合同中还有一条附注:"需由中国伊斯兰教协会出具证明,保证该批鸭子是按穆斯林习惯在伊斯兰教仪式下用刀屠宰。"

货物如期到达目的港。不料,买方发来电报称:"该批北京冻鸭并非按穆斯林方式宰杀,要求退货。"买方公司还对中方提供伊斯兰教协会虚假证明的行为表示非常遗憾,称此事已严重伤害其民族情感,并破坏了彼此间良好的商业关系。中方公司感到事态严重,立即进行调查,发现问题出自外销员忽视宗教禁忌。该外销员未认真了解穆斯林所信奉的伊斯兰教有关杀生的规定,而自以为是地让屠宰场采用世界最先进的禽口进刀切断喉管放血法宰杀鸭子,家禽外观无任何刀口。但穆斯林的规矩是在杀生时,请阿訇诵读伊斯兰教《可兰经》,宰杀时须从家禽脖子外切断血管和气管,既表达了对动物的尊重,也说明家禽是活杀的。因为伊斯兰教告诫穆斯林毋食死亡的动物,以避免污秽染病。但该外销员贪图省事,凭关系从中国伊斯兰教协会当地分会处开具了鸭子屠宰方法的不实证明,结果酿成大错!后来,中方通过驻外使馆商务参赞出面协调,冻鸭虽然最终被辗转运回,但必须全额赔偿对方损失,并且白搭了往返运费、保险费和仓储费。

(本案例选自外贸部《进出口案例集》1980年6月)

上述案例中,中方公司虽然在经济上遭受了不小的损失,但更糟糕的是造成了非常恶劣的国际影响。可见,是否了解国外的相关宗教禁忌,不但攸关一笔生意的成败,更会对企业商誉乃至国家声誉产生深远影响。因此,在国际交往中,千万不可忽视民族和宗教问题。

---

① "中国宗教信仰自由状况",http://www.chinareligion.cn。

二、经济概况

1. 在世界经济中的地位

1949年中华人民共和国成立之后将近30年间,经济发展经历了几次大的迟滞和波折:外部阻力是遭到西方国家长达20多年的贸易禁运;内部消耗是极"左"政治运动的连番折腾,导致经济发展严重滞后。1978年年底开始改革开放,中国经济由此走上快速发展的轨道。2001年,中国加入WTO,加快了中国经济与世界经济全方位接轨的步伐,带动了国民经济的全面起飞。

(1) 世界第二大经济体

2013年,中国经过修订的国内生产总值(GDP)达到9.18万亿美元,成为仅次于美国的世界第二大经济体,占全球GDP总额的比重也从2007年的6%提高到2013年的12%[1]。2013年12月底,中国外汇储备已达到3.82万亿美元[2],超过第二大外汇储备国日本近三倍。

中国经济近些年的高速发展,很大程度上受益于2001年中国加入世界贸易组织后对外贸易和对外投资的快速增长。中国加入WTO之前的2000年的GDP为10 800亿美元,名列世界第七。入世后,中国以平均每年约10%的增长速度,先后超过意大利、英国、法国、德国和日本,跻身世界第二经济大国,这不能不说是世界经济史上的一个奇迹!中国依靠扩大出口,有了巨额外汇储备,这一方面意味着国力强大,有能力抵抗各种国际金融风险;但另一方面,过量的外汇储备也有隐忧。由于前几年美国经济持续下滑导致美元不断贬值,对人民币的贬值幅度超过30%,由此造成的汇率蒸发损失相当巨大。

【观点】 中国是全球最大经济体吗?

世界银行2014.4.29发布的"国际比较项目"报告显示,按购买力平价计算,中国在2014年某个时点超过美国,成为世界最大经济体。世界银行认为,作为对真实生活成本的估计,运用购买力平价法比较不同经济体的规模,比运用变化无常的汇率法更为理想,因为汇率很少能反映出商品与服务的真实成本。

英国《金融时报》网认为,在一个缺乏透明度的大国,由于基础数据质量失真扭曲,衡量经济的真正规模非常困难。学者杰里米·华莱士在《英国政治学杂志》发文指出,中国

---

[1] 国际货币基金组织(IMF):《世界经济展望》,2014年4月。
[2] 中国人民银行网站,http://www.pbc.gov.cn。

某些官员经常会面临虚报增长数据的压力,导致GDP统计数据不大可靠。通过研究中国的GDP和电力数据及消费模式之间的关系,便可发现其中不一致的地方。

美国欧亚集团分析师在《外交政策》双月刊发文指出,中国GDP无论是按市场汇率计算的9万亿美元还是按购买力平价计算的14万亿美元,丝毫不能说明中国的经济、社会和政治情况,中国人更关心从医疗健康、子女教育和养老到食品、牛奶和饮水安全等社会问题。

联合国《人类发展指数报告》指出,中国在全球187个国家中排第101,美国位列第三,尽管中国在2013年超越美国,成为全球第一货物贸易大国,且拥有2 000多亿美元的国际收支经常项目顺差,而美国则存在巨额逆差。

法国《世界报》引述《彭博商业周刊》专访认为,购买力平价所假设的是世界各国实行统一价格,这显然不是我们生活的现实世界。美国人口仅占全球的5%,却拥有20%的GDP。作为强国,除了经济还有其他因素要考虑,如教育水平、环境质量、国民健康、军事装备、货币储备、科研机构和高级人才以及民主和公民自由等。

《金融时报》网另一篇文章也指出,一国境内跨国公司总部的数量、大学的科研水平、全球储备货币的控制能力以及军事实力也能说明问题。美国有加印美元的终极保单,而中国持有的外债主要是美元。美国的国防预算是中国的三倍,军力远强于中国。

美国《财富》双周刊网文章指出,对于在中国做生意的人来说,有两件事比其他都重要:一是人均收入,二是整体竞争力。这两方面中国远远落后于美国。

美国密歇根大学研究人员称,基尼系数是衡量收入分配差距状况的重要指标。目前,中国的基尼系数约为0.55,美国为0.45,而经济学认为0.4是基尼系数的警戒线,超过则预示着潜在的社会不稳定,中国如今是全世界贫富差距最大的国家之一。中国的社会服务水平及普及度(如卫生、养老、失业救济等)远低于美国。中国一位高层决策顾问也认为,从人均角度看,中国依然是非常贫穷的国家。

《华盛顿邮报》网以"大家都放松一下:中国经济规模只是美国的一半"为题指出,计算GDP的标准方法不用购买力平价来换算是有道理的:中国不能根据购买力平价去买导弹、军舰、苹果手机和德国汽车,他们必须按当前汇率来付款。所以,无需烦恼,美国仍是全球第一,至少眼下如此。

(根据2014年5月1日~5月7日英国《金融时报》、美国《华盛顿邮报》、《财富》双周刊、《外交政策》双月刊、法国《世界报》、日本《外交学者》网站和德国新闻社文章汇编)

(2) 仍属于低收入国家

虽然中国已是世界第二大经济体,但从人均收入来看,中国仍属于低收入国家。2013年,中国的人均收入为6 767美元,与欧、美、日等发达国家人均四五万美元以上的收入相差巨大,位列世界80多个国家和地区之后。事实上,由于中国内地城乡之间、行业之间、沿海与内地之间、东西部地区之间的发展很不平衡,因此,中国目前仍属于发展极不平衡的低收入发展中国家。

2. 产业结构概况

中国的产业结构存在明显的多层次差异。从第一产业到第三产业,从靠天吃饭的原始农业到机械化、自动化的大农业,从家庭手工业到最现代化的高新技术产业,均在中国同时并存,在相当长的历史时期内有着广阔的发展空间。2013年,中国内地第一、第二和第三产业占 GDP 比重分别为 10%、43.9% 和 46.1%[①];这说明,中国已从一个传统的农业国转变为一个工业化国家,但第二产业比重偏大,第三产业增速虽然较快,但比重仍偏小,尚未达到发达国家服务业占 70%~80% 的水平。

3. 支柱产业

从行业产值分类比重上看,中国内地以下七大产业约占 GDP 的 86.4%[②],其中:

(1) 制造业占 GDP 36.9%;
(2) 房地产业和建筑业占 GDP 12.7%;
(3) 农业(含林、牧、副、渔)占 GDP 10%;
(4) 批发零售业占 GDP 9.8%;
(5) IT 产业占 GDP 6.3%;
(6) 金融业占 GDP 5.9%;
(7) 交通运输业占 GDP 4.8%。

中国的第二和第三产业对 GDP 的贡献率分别为 48.7% 和 45.6%[③]。第二产业以制造业、建筑业和交通运输业为主。制造业中,通信电子、化工医药、纺织服装、通用及专用设备、交通运输设备和电气机械为中国的重要工业产业,中国外贸产品出口也主要来自这 6 个产业。

从消费、投资、出口这三大需求对 GDP 增长的贡献率情况看,2013 年,中国的消费为 50%,投资为 54.4%,出口为 -4.4%。而欧、美、日等发达国家,消费对 GDP 的贡献率普遍在 70% 以上,出口的贡献率一般在 10%~18%。虽然中国的内需消费对 GDP 的贡献率有所上升,但仍有很大上升空间。而中国经济高速发展长期以来是以扩大投资拉动的,其利是有利于维持就业,其弊是容易导致通货膨胀。更何况,巨额资金投资于房地产,会对正常消费产生"挤出效应",并不利于经济的可持续发展。

---

① 国家统计局年度统计数据,http://www.stats.gov.cn/tjsj/zxfb/20140121_502731.html。
② 国家统计局:"按行业分全部国有及规模以上非国有工业企业主要指标",2013 年。
③ 国家统计局:"中国第一、二、三产业对国内生产总值的贡献率",2012 年。

三、对外贸易

1. 对外贸易规模

2001年12月21日,中国加入WTO(世界贸易组织),原先其他国家对中国出口产品实施的高关税壁垒和数量限制开始降低和取消,中国的出口有了突破性的增长。与此同时,由于进口关税率的下调及与对外资来华限制的进一步放宽,使中国成为全球吸引外资最多的国家之一。国外企业看中的是中国廉价的劳动力和土地租金,纷纷在华投资建厂,进口原材料和零部件进行加工组装,然后将工业制成品出口到国外。对内而言,这些"三资企业"的出口额已占据中国总出口的半壁江山;对外来说,大量物美价廉的"Made in China"商品涌向各国市场,也为中国带来"世界工厂"的绰号。

(1) 外贸依存度

外贸依存度又称外贸系数或贸易密度,是指一国在一定时期内(通常是1年)商品进出口总额占该国GDP的比重,它是衡量一国外向程度的基本指标,通常用来说明一国经济发展对国际贸易的依赖程度。另外,还可以分别用出口额和进口额占GDP的比重来计算一国出口依存度和进口依存度。2013年,中国GDP总值为91 849.9亿美元,进出口总额为41 600亿美元[1],外贸依存度为45.3%,比2007年时的64%下降了近19个百分点。这说明中国经济发展对国际贸易的依赖程度已开始向较为合理的水平回归。

一个国家或地区的外贸依存度高低,通常取决于以下几个因素[2]:

一是国内经济规模。内部经济规模和市场小的国家或地区,外贸依存度较高,如新加坡的外贸依存度高达约300%;而人口、资源、市场等内部经济规模较大的国家,外贸依存度相对较低,如美国和日本的外贸依存度仅为10%~20%。可见,国内经济规模与外贸依存度成反比关系。

二是国家或地区所处发展阶段。经济发展初级阶段的基本特点是自给自足,外贸依存度不高;进入工业化发展中级阶段,对进口设备和原材料以及出口换汇的需求都很大,外贸依存度相对就高;到了完成工业化发展的高级阶段,资本、高新技术输出和服务贸易是其优势所在,商品进出口占GDP的比重自然会下降,外贸依存度通常也不会太高。

三是国内政策导向。如果政府实施的是鼓励出口的外向型政策和措施,外

---

[1] WTO秘书处:"2013年中国进出口总额首次超过4万亿美元",2014年2月28日。
[2] 温耀庆:《中国外经贸热点问题研究》,上海交通大学出版社2005年版。

贸依存度通常较高,如20世纪70、80年代的韩国、20世纪90年代至本世纪初的中国均实施了鼓励出口的外向型经济政策,韩国的外贸依存度最高达到90%以上;而美国、日本立足于本国市场,外贸依存度不高。

四是参与经济全球化的程度。当一国或地区的相当一部分制造业成为跨国公司全球产业链中的一环或几环时,其外贸依存度必然较高。

五是国内就业压力的大小。在国内消费不足的情况下,扩大出口可以带动生产,有利于扩大就业。

表 2-1-1　中国外贸依存度和出口依存度变化　　　　单位:亿美元

年份	GDP	进出口总额	出口额	外贸依存度(%)	出口依存度(%)
2000	10 800.3	4 742.9	2 492.0	43.9	23.1
2005	2 2350.0	14 219.1	7 619.5	63.6	34.1
2007	33 737.0	21 738.0	12 180.0	64.4	36.1
2010	58 786.0	29 740.0	15 777.5	50.6	26.8
2013	91 849.9	41 600.0	22 096.0	45.3	24.1

资料来源:根据国家统计局网站2014年2月24日和WTO公布的数据编制。

从表2-1-1所显示的中国的外贸依存度和出口依存度变化情况看,自20世纪80年代末至今,中国外贸依存度总体呈先升后降趋势,恰好印证了上述五个因素的作用。中国虽然是一个大国,但由于人均资源匮乏和人均收入很低,经济发展不得不依赖大规模的原材料进口和制成品出口;中国经济发展真正开始提速的时间始于20世纪90年代初期,高速发展和进口猛增导致高外贸依存度;中国政府长期实施了鼓励出口的优惠政策,如低估本币汇率、扩大出口退税、提供优惠贷款等,使出口在GDP中的比重持续上升;中国对全球化采取积极的姿态,尤其是加入WTO后,中国尝到了融入全球化带来的好处——市场的扩大,大规模地接纳跨国公司转移来的产业,把自己变成"世界工厂",使进出口规模同时放大,外贸依存度因此攀升。另外,维持出口高速增长、保持因消费不足而下滑的就业率,也是中国政府考虑的重要因素。因为"中国出口每波动一个百分点,将影响国内18万至20万人的就业"[1]。

当然,过高的外贸依存度易使国际市场价格波动较快地传导进国内,在价格持续攀升时造成输入性通货膨胀。尤其是当关系国计民生的大宗初级产品(如原油、粮食、铁矿石等)的对外依存度较高时,会导致上游产业生产成本上升,进而推高下游产品的出厂价格,造成国内物价普遍上涨。另外,由于国内企业低价竞争,加上国内外产品技术检测标准存在差异,以及部分不法厂商勾结某些地方

---

[1] 中华人民共和国商务部部长陈德铭在第103届广交会上的讲话,商务部网站2008年4月29日。

政府官员降低标准,甚至弄虚作假,也会导致部分出口产品出现严重的质量问题,从而招致反倾销调查和产品召回。

随着国内收入水平的提高,内需不断扩大,中国的外贸依存度自2008年起逐年下降。2013年,中国的外贸依存度为45.3%,已降至加入WTO前的水平。

(2) 全球贸易排名

1987年,中国对外贸易总额仅为206.4亿美元,列世界第34位。自2001年11月中国加入WTO后,货物进出口连年快速增长。2001年,中国货物进出口总额为5 096.5亿美元,2004年突破万亿美元大关,2007年进出口总额突破2万亿美元,2011年突破3万亿美元,2013年超过4万亿美元[1],达4.16万亿美元(其中,出口额2.21万亿美元,进口额1.95亿美元),是2001年的8倍。中国的进出口排名也逐年上升:2002年超过英国,升至第五位;2003年超过法国,升至第四位;2004年超过日本,升至第三位;2009年超过德国,升至第二位;2013年超过美国,成为世界第一贸易大国。

表2-1-2　2013年世界进出口贸易排行榜(前10名)　　　　单位:亿美元

排名	国家/地区	进出口总额	出口额	进口额
1	中　国	41 600.0	22 100.0	19 500.0
2	美　国	39 104.1	15 788.9	23 315.2
3	德　国	26 408.8	14 529.9	11 878.9
4	日　本	15 478.8	7 149.9	8 328.9
5	荷　兰	16 152.2	6 642.7	9 509.5
6	法　国	12 605.9	5 797.8	6 808.1
7	英　国	11 111.7	4 721.8	6 389.9
8	韩　国	10 752.1	5 596.3	5 155.8
9	中国香港	10 527.3	4 892.8	5 634.5
10	意大利	9 951.7	5 177.4	4 774.3

资料来源:根据WTO Statistics data及中华人民共和国商务部统计数据整理。

从贸易总额排名上看,中国虽然已经是一个贸易大国,但实际上,中国与贸易强国相比尚有差距,这表现为:

① 经济发达程度尚低。中国的人均GDP约为发达国家的1/10,国内地区之间、城乡之间、行业之间在发展程度上很不平衡,贫富差距较大,在资本、技术等综合经济实力上仍落后于发达国家[2],这在很大程度上制约了商品质量、款式

---

[1] 中华人民共和国海关总署:2013年中国进出口总值达41 600亿美元。2014年1月10日。
[2] 彭红斌:《论中国对外贸易的可持续发展》,北京大学出版社2005年版。

② 很难左右国际市场价格。中国虽然是某些大宗商品的主要买卖者,但却难以左右其市场价格,大多数情况下只能充当国际市场价格的被动接受者。如原油、铁矿石、粮食、飞机、大型机械设备、电子核心产品等的定价话语权仍掌握在发达国家或利益集团手中。

③ 出口产品的附加值较低。从中国出口商品的结构看,低附加值的劳动密集型产品比重较大,科技含量高的产品有限,即使有一些技术含量高的出口商品,要么核心技术仍掌握在发达国家手中,要么是外资企业生产的。

④ 带动贸易的对外投资规模有限。发达国家的进出口贸易在很大程度上依靠跨国公司对外投资带动,表现为全球设立生产基地、全球采购原材料、全球销售其产品。而中国缺少资本、技术和实力都雄厚的跨国企业,即便有少数企业走出国门,但缺乏整合全球资源的经验,加上非贸易因素的制约,贸易规模有限。

由此可见,中国的进出口总额虽然还会继续增长,甚至有一天可能超过美国,成为世界最大的贸易国,但由于上述问题并非短期内所能解决,因此,中国要想成为真正的贸易强国,仍有很长的路要走。

2. 进出口商品结构

据中国海关总署公布的数字,2013年,中国对外贸易总值达到4.16万亿美元,其中,出口2.21万亿美元,进口1.95万亿美元,贸易顺差2 597亿美元。

以2012年为例,当年中国出口总额为20 487亿美元[①],其中,初级产品出口1 005亿美元,占出口总值的4.9%;工业制品出口额19 483亿美元,占出口总值的95.1%。出口工业品中比重最大的是机电产品,总值达11 793.37亿美元,占工业品出口的56%。高新技术产品的出口额上升至6 011.63亿美元,占出口总值的28.6%。这说明中国出口产品的结构已发生质的变化,并向技术含量高、附加值高的方向转变。

在同期18 178亿美元的进口商品中,各类机电产品进口额为7 826亿美元,占进口工业品的43%,高新技术产品进口额为5 070.7亿美元,占进口总额的27.9%。值得注意的是,2012年,中国内地进口原油及成品油2.8亿吨,共计2 538.7亿美元,石油对外依存度达58%,为中国进口额第三位的产品,中国居美国之后为世界第二大石油进口国,2013年,中国超过美国,成为世界第一大石油进口国。铁矿砂是第四大类进口商品,达957.4亿美元。包括粮食在内的农产品是中国第四大类进口商品,2012年中国进口农产品539.74亿美元,其中,大

---

① 国家统计局:年度数据"对外经济贸易",http://data.stats.gov.cn/workspace/index?m=hgnd。

豆进口349.9亿美元①。中国城市化步伐的加快、大批农民放弃务农进入城市打工、农产品生产成本提高等因素,导致中国从原先的粮食净出口国变成粮食净进口国。汽车及零部件为第五大类进口商品,进口额为474.88亿美元。

3. 主要贸易伙伴

从中国对外贸易地理方向看,2013年,中国(除香港和台湾之外)前十大贸易伙伴分别是美国、日本、韩国、德国、澳大利亚、新加坡、巴西、荷兰、沙特和英国。中国的出口地理方向主要是美国、日本、韩国、德国、荷兰、墨西哥、英国、俄罗斯、加拿大和印度等;进口地理方向主要是韩国、美国、日本、澳大利亚、德国、沙特、阿拉伯、新加坡和巴西等(表2-1-3)。

表2-1-3 中国大陆(2013年)主要进出口贸易伙伴　　　　　　单位:亿美元

排名	国家/地区	进出口额	占中国大陆进出口(%)	出口额	进口额
1	中国香港	5 791.5	13.9	2 583.5	3 208.0
2	美　国	5 624.5	13.5	4 404.3	1 220.2
3	日　本	3 098.9	7.4	1 807.6	1 291.2
4	韩　国	2 289.2	5.5	830.5	1 458.7②
5	德　国	1 657.2	4.0	763.6	893.6
6	澳大利亚	1 364.4	3.3	454.5	909.9
7	中国台湾	1 194.6	2.9	424.5	770.1
8	新加坡	920.6	2.2	436.9	483.7
9	巴　西	833.6	2.0	373.0	460.3
10	荷　兰	814.6	1.9	705.0	109.7
11	沙特阿拉伯	801.9	1.9	183.6	618.3
12	英　国	758.8	1.8	577.3	181.5
13	加拿大	710.6	1.7	511.5	199.1
14	俄罗斯	683.3	1.6	516.9	166.4
15	墨西哥	677.9	1.6	613.2	64.7
16	印　度	659.5	1.6	513.9	145.6
17	马来西亚	644.5	1.5	337.4	307.1
18	泰　国	644.4	1.5	376.1	268.3
19	印度尼西亚	524.5	1.3	298.5	226.0
20	法　国	522.7	1.3	326.9	195.8

资料来源:根据中华人民共和国商务部《对外贸易国别报告》及海关进出口统计数据整理编制。

---

① WTO"农产品贸易统计表11.15"。

② 按照韩国国际贸易协会2014年3月2日公布的数据,2013年韩国对华出口额达5 597亿美元,超过美国和日本,为中国第一大贸易伙伴。该统计数系将经香港等地转口至中国大陆的金额包括在内所致。

结合进出口商品结构考察中国对外贸易主要地理方向可以看出,中国的服装、纺织品、自动化数字处理设备等工业制成品主要输往美国、欧洲等发达国家和部分发展中国家;家电、通用设备、化工产品、日用品等主要输往其他发展中国家和地区。而中国进口的大宗产品(如原油及成品油)主要来自中东国家、俄罗斯和部分非洲和拉美国家;进口的铁矿砂主要来自澳大利亚、巴西、印度等国家;进口的粮食主要来自美国、加拿大、澳大利亚、巴西、泰国等国家。值得注意的是,韩国已取代美国和日本,成为中国第一大进口商品来源地,涉及的主要商品是汽车及其零部件、包括移动电话在内的数码电子产品及其零部件、家用电器及零部件等。

4. 主要贸易协定

国际经济贸易协定是指包括多边贸易协定和区域贸易协定在内的贸易自由化和经济合作体制。多边贸易协定主要是指以 WTO 为代表的多边贸易规则和协定;区域贸易协定主要是指两个或两个以上国家或地区通过优惠贸易安排(PTA)、自由贸易区(FTA)、关税同盟(CU)、共同市场(CM)、经济共同体(EC)和经济同盟(EU)的方式,实现区域内商品及服务贸易自由化的规则和协议[①]。中国政府迄今成为多个贸易协定的成员国。加入多边或区域贸易协定,对扩大贸易、降低成本和强化成员之间的经济贸易合作有积极作用。

(1) 世界贸易组织

世界贸易组织(WTO)是一个通过关税减让谈判、处理贸易争端、协调贸易发展的全球性多边贸易体制。世贸组织正式成立于 1996 年 1 月 1 日,总部设在瑞士日内瓦,是具有法人地位的国际组织,其前身是 1947 年订立的《关税及贸易总协定》(GATT)。WTO 负责管理世界经济和贸易秩序,涵盖货物贸易、服务贸易以及知识产权贸易,其基本原则是非歧视贸易原则,包括最惠国待遇和国民待遇条款。WTO/GATT 通过"东京回合"、"乌拉圭回合"等一系列多边谈判,大幅度地降低了各国之间的贸易关税,极大地促进了国际贸易发展。中国于 2001 年 12 月 11 日成为 WTO 成员。俄罗斯于 2012 年 8 月加入 WTO。

(2) 东盟 10+1

东南亚联盟又称亚细安国家协会,成立于 1967 年 8 月 8 日,2003 年建立东盟自由贸易区(简称 AFTA),现有印度尼西亚、马来西亚、菲律宾、新加坡、泰国、文莱、越南、柬埔寨、缅甸等 10 个成员,人口 5 亿,面积 450 万平方千米,区内成员之间的贸易关税拟降至 0 到 5%。中国于 2002 年 11 月与东盟签署了《中

---

① 温耀庆:"区域经济与多边贸易体制的关系界定",《中国外经贸热点问题研究》,上海交通大学出版社 2005 年版。

国—东盟全面经济合作框架协议》(简称"东盟10+1"),到2010年建成中国—东盟自由贸易区,中国对东盟的93%产品进口实行零关税。

(3) CEPA

中国"内地与香港关于建立更紧密经贸关系的安排",即CEPA(见第二节"香港")。

(4) 中国—智利自由贸易协定

2005年11月18日,中国与智利签署自由贸易协定。智利是第一个与中国建立双边自由贸易区的南美洲国家。

(5) 中国—巴基斯坦自由贸易区

2006年11月24日,中国与巴基斯坦签署自由贸易协定。巴基斯坦是第一个与中国建立自由贸易区的南亚国家。

(6) 中国—新西兰自由贸易区

中国—新西兰自由贸易区谈判于2004年11月启动,于2008年4月7日正式签署,这是中国与发达国家签署的第一个全面的自由贸易协定,内容涵盖双边货物贸易、服务贸易和投资等诸多领域。2014年起,两国货币可不经美元折算而直接进行交易,新西兰元成为首个可与人民币自由兑换的西方货币。

(7) 中国—新加坡自由贸易区

中国—新加坡自由贸易区谈判于2006年8月启动,2008年10月,双方正式签署自由贸易区协议。中新自由贸易区涉及货物贸易、服务贸易和经济合作等多项领域。中国是新加坡第二大贸易伙伴。新加坡是中国第八大贸易伙伴、第七大外资来源和第二大劳务市场。

(8) 中国—秘鲁自由贸易区

2008年11月19日,中国与秘鲁签署自由贸易协定,秘鲁成为第二个与中国建立双边自由贸易区的南美洲国家。

(9) ECFA

中国大陆与台湾地区于2010年6月签订《两岸经济合作框架协议》,英文简称ECFA(见第三节"台湾")。

(10) 中国—冰岛自由贸易区

2013年4月15日,中国与冰岛签署自由贸易协定,冰岛成为第一个与中国设立双边自由贸易区的欧洲国家。

(11) 中国—瑞士FTA协定

2014年7月,瑞士成为第二个与中国设立双边自由贸易区的欧洲国家。

(12) 中国—韩国自由贸易协定

2014年12月,中、韩两国拟完成设立双边自由贸易区的谈判,签署自由贸易协定。

四、经济贸易特区

中国内地与国际贸易相关的经贸特区分为经济特区、出口加工区、保税区和自由贸易试验区四类。

1. 经济特区

中国的经济特区是改革开放的"试验田"和前沿阵地。特区以在区内减免关税及其他税负等优惠措施为手段，鼓励外商投资，引进先进技术和科学管理方法，以达到促进特区所在国经济技术发展的目的。1980年，经国务院批准，在深圳(2 020平方千米)、珠海(1 687.8平方千米)、厦门(1 565平方千米)和汕头(2 064平方千米)设立经济特区，1988年，又增加了海南省经济特区(33 920平方千米)。中国五个特区均对海外投资者在企业设备、原材料、元器件的进口和产品出口以及公司所得税税率、外汇结算和利润汇出、土地使用、外商及其家属随员居留和出入境手续等方面提供优惠条件，产品以外销为主。"三资"企业(中外合资经营企业、中外合作经营企业、外商独资经营企业)和"三来一补"(来料加工、来样加工、来件装配和补偿贸易)是中国特区最先采取的利用外资的主要方式，后来推广到全国。随着中国加入WTO，全国各省、市、自治区均开始加大对外开放的力度，纷纷设立经济技术开发区，不但提供更为优惠的税收减免政策，还提供更为低廉的土地、厂房和劳动力资源，加上原先特区一些优惠政策因与WTO规则相悖而被取消，五大经济特区除了区位优势外，对外商的吸引力已基本消失。

2. 出口加工区

2000年以来，中国先后设立了辽宁大连、天津新港、北京天竺、山东烟台、山东威海、江苏昆山、江苏苏州工业园、上海松江和金桥、浙江杭州、福建厦门杏林、广东深圳、广东广州、湖北武汉、四川成都、吉林珲春等60个出口加工区。出口加工区只能设在由国务院批准的经济技术开发区内，其功能仅限于产品外销的加工贸易，区内可设置出口加工企业及其相关仓储、运输企业。出口加工区内实行封闭式的海关区域管理模式，提供快捷的通关便利，实现出口加工货物在主管海关"一次申报、一次审单、一次查验"的通关要求。正因为出口加工区对当地经贸发展能带来诸多政策之外的利益，全国许多地区仍在积极向国家申报成立更多的出口加工区。实际上，由于管理水平、资金投入及其他各种人为因素的干扰，许多已经设立的出口加工区发展并不平衡。

3. 保税区

从1990年开始至今,中国已设立了15个保税区——上海浦东外高桥保税区、天津东疆保税港区、深圳沙头角保税区、深圳福田保税区、大连大窑湾保税区、广州保税区、张家港保税区、海口洋浦保税港区、厦门象屿保税区、福州保税区、宁波保税区、青岛保税区、汕头保税区、深圳盐田港保税区、珠海保税区。保税区也称保税仓库区,是一国海关批准注册、受海关监督和管理的可以较长时间存储商品的区域。保税区能便利转口贸易,增加有关费用的收入。运入保税区的货物可以进行储存、改装、分类、混合、展览,甚至加工制造,但必须处于海关监管之下。外国商品存入保税区,不必缴纳进口关税,并可自由出口,只需交纳存储费和少量管理费用,海关保留对其征收关税的权力,进入关境则须交纳关税。境内货物进入保税区,视同出境。2013年9月,上海设立"中国(上海)自由贸易试验区",外高桥保税区被纳入其中。保税区是中国除上海自贸区外开放度和自由度最大的经贸区域。

4. 中国(上海)自由贸易试验区

简称上海自贸区,是中国政府在上海浦东设立的区域性自由贸易园区。2013年8月经国务院批准设立,2013年9月29日正式开张。自贸区总面积28.78平方千米,涵盖外高桥保税区、外高桥保税物流园区、洋山保税港和浦东机场综合保税区等4个海关特殊监管区域。上海自贸区属于国际性和双边性,侧重国际金融,重点尝试国际贸易结算中心、融资租赁、期货保税交割功能、保税船舶登记、离岸国际账户、全球维修检测等十项功能。自贸区公布的"负面清单"包括18个行业门类、1 069个小类及139项管理措施,清单之外的领域,外商投资项目为备案制。上海自贸区是中国目前开放度和自由度最大的经贸特区。

五、主要外贸口岸

中国内地对外贸易口岸主要分为沿海口岸、内河口岸、陆路口岸和航空港。中国90%以上的外贸进出口是通过沿海口岸完成的。2013年,中国外贸货物吞吐量17.8亿吨,增长12.6%。港口集装箱吞吐量11 179万标准箱,增长21.5%。世界排名前30的集装箱港口中,有20个位于亚洲,其中,有8个是中国内地的港口。

1. 沿海口岸

(1) 宁波港。宁波港已跃升为全球第一大港、世界第三大集装箱港,也是新型的国际深水中转港之一。2013年,宁波港货物吞吐量8.09亿吨。宁波港地处中国内地海岸线中部和长江三角洲南翼,东有舟山群岛为天然屏障,北濒杭州湾,是华东地区重要的国际贸易口岸。宁波港是中国内地著名的天然良港,分老港、镇海港和北仑港三大港区,进港航道水深 18.2 米以上,25 万~30 万吨级船舶可趁潮进出港。宁波港共有 500 吨级以上生产泊位 60 多座,其中,有万吨级以上泊位 30 多座,最大靠泊能力有 20 万吨级矿石中转码头和万吨级液化码头。

(2) 上海港。上海港是世界最大的货物吞吐港和集装箱港之一。2013 年,上海港完成货物吞吐量 7.76 亿吨[①],位居世界第二;完成集装箱吞吐量 3 361.7 万 TEU[②],超过香港和新加坡,跃居世界第一大集装箱港。上海港还是中国最大的煤炭输入港。上海港的航班密度、航线数量、航线覆盖面、货船停泊艘次均列世界港口第一。

上海港位于中国 18 000 千米大陆海岸线的中部、扼长江入海口,地处长江东西运输通道与海上南北运输通道的交汇点,港区面积 3 618 平方千米[③],终年不冻。上海港进港主航道分为长江口的南港北槽航道和进吴淞口的黄浦江航道。长江口航道水深 8.5~12.5 米,吃水 10 米以上的船舶须乘潮进入。黄浦江航道自吴淞口至闵行全长 67.2 千米,80% 的航道水深 10 米,90% 的航道水深 8 米,有 9 个大弯、41 个小港或河汊口。江宽 450~750 米,深 8 米以上的航道宽仅 200~300 米。以吴淞口为界,上海港分内、外港两部分。内港可进 3.5 万载重吨的船舶,外港不限船舶长阔。港区主要码头泊位有朱家门煤码头、关港码头、宝山码头、民生码头、张华浜集装箱码头、外高桥新港区、洋山港区。其中,洋山深水港是中国最大的港口建设项目,2020 年前全部建成后,深水岸线达 10 千米,有泊位 30 个,集装箱年吞吐能力超过 2 500 万 TEU。

上海港目前已开通至日本、韩国、东南亚、澳大利亚、新西兰、波斯湾、地中海、欧洲、美洲、非洲等国家和地区 120 多个港口的集装箱班轮航线。

(3) 天津港。天津港是中国最大的人工港、第一大油品输入港、第二大能源输出港和中国北方最大的综合对外贸易口岸,2013 年,天津港货物吞吐量突破 5 亿吨,位列中国第三,集装箱吞吐量 1 301 万 TEU。天津港位于中国渤海湾西岸、海河入海口,由天津(北疆和南疆)、塘沽(海河)、新港(东疆)3 个港区组成,全港泊位 140 余个。其中,天津港航道水深 17.4 米,可进出 20 万吨级船舶,泊位水深 12~15 米。天津港北疆港区以集装箱和杂货作业为主,南疆港区以干散货和液体散货作业为主;位于海河口的塘沽港区以 5 000~7 000 吨级以下中小

---

① 《2008~2013 年中国港口行业市场研究咨询报告》,2014 年 5 月。
② Twenty-foot Equivalent Unit(20 英尺标准集装箱)的缩写。以长度为 20 英尺的集装箱为国际计量单位,也称国际标准箱单位。通常用来表示船舶装载集装箱的能力,也是港口吞吐量的统计和换算单位。例如,1 个 40 英尺长的集装箱就可以换算为 2 个 TEU。
③ 刘念:《物流地理》,机械工业出版社 2008 年版。

型船舶作业为主；东疆港区为天津港的新港区,规划面积为30平方千米,可停泊7万～10万吨级船舶。

（4）广州港。广州港是中国第四、世界第六大港口。2013年,广州港的货物吞吐量达到4.55亿吨。广州港地处珠江入海口和中国外向型经济最活跃的珠江三角洲地区中心地带,濒临南海,毗邻香港和澳门,东江、西江、北江在此汇流入海。通过珠江三角洲水网,广州港与珠三角各大城市以及与香港、澳门相通,由西江联系中国西南地区,经伶仃洋出海航道与中国沿海及世界诸港相连。广州港出海航道浚深至15.5米,可满足10万吨级船舶进出港口,实现了河口港到大海港的跨越。广州港分为内港、黄埔、新沙和南沙四大港区和珠江口锚地组成（南沙三期出海航道竣工后可达17米,满足15万吨级船舶进出）。拥有一批设施先进的大型集装箱、煤炭、粮食、石油和化工等专业化深水码头以及华南地区最大的滚装船码头。广州港属亚热带气候,年均气温21.8℃；温暖多雨,终年无雪；夏季间偶有台风袭击,但抵港风力一般在6至8级；年平均雾日5天。

（5）苏州港。苏州港是近年发展很快的新兴港口。2013年货物吞吐量达4.54亿吨,增速快于广州港。苏州港地处长江咽喉地带,背靠经济发达的苏州、无锡和常州地区,东南紧邻上海,是原先张家港、常熟港和太仓港的组合港,其中太仓港区岸线20.2千米,水深12.5米,5万吨级船舶可原地调头；常熟港区岸线8.5千米,水深11.6米；张家港港区岸线33千米,水深10.8米。

（6）青岛港。青岛港是仅次于上海、深圳的中国第四大集装箱运输港口。2013年港口完成货物吞吐量达4.5亿吨,居中国第六位。青岛港位于山东半岛南岸的胶州湾内,港内水域宽深,终年不冻,四季通航,港湾口小腹大,天然航道水深20～50米,港区由大港、中港和黄岛港组成。青岛港是晋中煤炭和胜利油田原油的主要输出港,也是太平洋西海岸重要的国际贸易口岸和海上运输枢纽。

（7）唐山港。唐山港毗邻京、津、冀城市群,依托曹妃甸循环经济示范区,以较快的增速跃升为中国第七大港口。2013年货物吞吐量为4.462亿吨,增速高达22.4%。唐山港分为曹妃甸港区、京唐港区和丰南港区,其中,曹妃甸港区位于一距海岸18千米的沙洲上,泊位水深10米,航道水深20～27米；京唐港区自然岸线19千米,规划岸线45千米,水深可靠泊5万～10万吨船舶；丰南港区岸线长23.5千米,2万吨级泊位6个,4万吨级泊位2个,5万～7万吨泊位4个。

（8）大连港。大连港是仅次于天津的中国第二大油品进口港。2013年大连港累计完成货物吞吐量4.08亿吨,位列中国第八。

大连港位于中国辽东半岛南端的大连湾内,三面环山,港阔水深,终年不冻,自然条件非常优越,是驰名中外的天然良港。大连港以东北三省为经济腹地,是东北的门户,也是东北地区最重要的综合性外贸口岸。大连港以其泊位最多、功能最全、进出港船舶最多和现代化程度最高四项全国之最构成中国最大的港口群。从大窑湾至老虎滩近百千米的海岸线上,平均每4千米就有一座港口,是中国目前港口密度最高的"黄金海岸"。大连港雾季为3~8月份,能见度小于1千米的雾日数,大连湾和大窑湾分别为31.6天和55天。全港共有航道7条。其中,大港航道水深10米;寺儿沟航道2条,水深9.5米;甘井子航道水深9.0米;香炉礁航道水深9.0米;鲇鱼湾航道水深17.5米;和尚岛航道水深9.1米。

(9) 营口港。营口港是中国东北地区仅次于大连的第二大商港,2013年吞吐量为3.3亿吨。营口港区位于浑河与辽河入海处,营口港现辖有营口老港和鲅鱼圈新港两个港区。鲅鱼圈新港区位于渤海辽东湾内,坐落在营口经济技术开发区,鲅鱼圈新港区航道水深13米,航道长13千米,港区水深浪小,营口老港航道水深17米,长27.6千米。鲅鱼圈港区位于冰情较严重的辽东湾东部,冰期从11月中旬至翌年3月初,平均冰冻期95天,严重冰冻期68天,实际结冰期84.5天。港区近海海域以流冰为主,近岸的浅水地带则为固定冰。老港区12月中旬至翌年3月中旬封冻期间停止作业。

(10) 日照港。日照港是中国第二大铁矿石进口港、第一大粮食、木片、镍矿进口港、第一大水泥出口港和第四大煤炭发运港。2013年货物吞吐量为3亿吨。日照港位于中国海岸线中部,东临黄海,北与青岛港,南与连云港毗邻,与日本、韩国隔海相望,港区湾阔水深,终年不冻,是名副其实的天然深水良港。港口有日照和岚山两大港区,是目前全国沿海港口吃水最深、后方堆场最大的集装箱码头之一;拥有国内最先进的木片和木材专业泊位及配套设备。

2. 陆路口岸

(1) 深圳湾口岸。是深圳与香港之间的最大陆路边境口岸,共117.9公顷,系在蛇口东角头填海而成,经深圳湾大桥与香港本土相连,港方的40公顷口岸租期至2047年。此口岸实行"一地两检",即在一座楼内,由中国内地和香港的边防、海关人员对货物和旅客分别进行检查。日均交通量为6万车次,通关时间为6:30~24:00。

(2) 皇岗口岸。位于深圳市,与香港落马洲隔河相对。背靠全球最大的加工生产基地——珠江三角洲地区,皇岗口岸因此成为中国最大、世界最繁忙的公路货运对外贸易口岸之一,日均过境货柜(集装箱)车超过4万辆,海关车辆验放仅需4~6秒/辆。

(3) 满洲里口岸。位于内蒙古、黑龙江与俄罗斯、蒙古的交界处,是中国最大的铁路对外贸易口岸和第二大公路对外贸易口岸。地处亚欧第一条大陆桥交通要冲,是中国环渤海港口通往俄罗斯等独联体国家和欧洲最便捷、最经济的陆海联运大通道,承担了中俄贸易60%以上的陆路运输。

(4) 二连浩特口岸。位于内蒙古与蒙古人民共和国边境,是中国对蒙古、俄罗斯最重要的铁路过境贸易口岸之一,年过境贸易货运量 3 000 万吨。主要进出口货物有木材、原油、天然气、化肥、铜矿粉、畜产品、服装、建材、粮食、蔬菜、水果、肉奶蛋等。

(5) 阿拉山口口岸。位于新疆博尔塔拉蒙古自治州境内,是中国西部地区唯一铁路、公路并举的国家一类口岸。是"新亚欧大陆桥"中国段西桥头堡(东起江苏连云港,西出新疆阿拉山口,终点为荷兰鹿特丹港,穿越中、哈、俄、白、波、德、荷兰等七个国家,全长 10 880 千米,比第一条亚欧大陆桥节省 1 100 千米)。

(6) 霍尔果斯口岸。地处新疆维吾尔自治区伊犁哈萨克自治州霍城县境内,与哈萨克斯坦共和国接壤,对应的哈方口岸也叫霍尔果斯,两口岸相距仅 1.5 千米。主要进出口货物有原油、天然气、车辆、有色金属、铁合金、化纤、木材等。

(7) 绥芬河口岸。是中国对俄贸易重要陆路口岸,位于黑龙江省绥芬河市,距俄远东最大的港口城市海参崴 230 千米,有一条铁路、两条公路与俄罗斯相通。绥芬河铁路口岸年货运通过能力约 2 000 万吨;绥芬河公路口岸年过货能力 200 万吨,是中俄边境最大的公路口岸。

第二节 中国香港

【开篇故事】 东方海外的传奇

东方海外是一家主营国际海运的香港公司,航线遍及亚、欧、北美、地中海、澳新等地。集团已成为包括航运、银行、保险、房地产、造船、石油及天然气等的综合性跨国集团。

1947 年,东方海外创办人董浩云创建首支商船队,成为第一艘抵达大西洋彼岸及欧洲的中国商船。1949 年起,他在香港以"金山轮船公司"名义不断开拓班轮客货运服务。第二次中东战争爆发期间,董浩云的大型船队得以扩张。20 世纪 60 年代初及越战期间,董浩云的船队再次得以扩张,成为世界级船王。1969 年,集装箱运输业兴起,"金山轮船公司"易名"东方海外货柜航运公司"。1979 年,董浩云在日本订购了世界上最大的 56.7 万吨超级油轮"海上巨人"号。1980 年 4 月,董浩云以 1.125 亿美元买下英国第二大航运公司——富纳斯公司,成为首个收购英国大公司的华人。

董浩云还热心教育事业。他斥巨资购买豪华邮轮将其建成一所海上大学并专设教育基金,资助从亚洲各大学选出的优秀华人学子在"宇宙学府"上就读。

1982年,董浩云去世,长子董建华执掌东方海外(国际)有限公司。1996年,董建华当选为首任香港特别行政区行政长官后,其胞弟董建成接任东方海外主席之职。集团现拥有"中国航运"、"金山轮船公司"、"东方海外货柜航运"三家航运公司,干货船、集装箱船、油轮、客船及散装船150艘,装载量2 500~8 063TEU的集装箱船队,以及适用于严寒冰区的加强型船舶和3艘高级豪华邮轮。东方海外集团已发展成为全球最具规模的集装箱运输和物流服务供应商之一,在全球超过60个国家设有230多家分支结构,与美国总统轮船(APL)、中国海运集装箱运输(CSCL)、马士基(Mearsk)、现代商船(Hyundai Merchant Marine)及商船三井(MOL)、环球集团等超级船公司并称为世界航运七巨头。

全称:中华人民共和国香港特别行政区(Hong Kong Special Administrative Region,简称 HKSAR)。
面积:1 104平方千米。
人口:721.9万(2013年)。
时区:东8区。
货币:港币(HKD)。
区花:洋紫荆花。
假日:全年法定节假日共17天:元旦1天,春节3天,清明节1天,复活节3天,5月1日劳动节1天,农历四月初八佛诞1天,农历五月初五端午节1天,7月1日特区成立纪念日1天,中秋节翌日1天,10月1日国庆节1天,重阳节1天,圣诞节两天。

一、自然条件

1. 地理位置

中国香港由三大部分组成:香港岛约78平方千米;九龙半岛约50平方千米;新界及262个离岛约共968平方千米,陆地总面积相当于上海市的1/6,然而管辖土地和水域总面积2 755.03平方千米,水域率约60%。香港已开发土地占25%,郊野公园及自然保护区面积占40%。新界北接广东省深圳市,南面为广东珠海万山群岛,西与澳门隔海61千米,北溯珠江130千米抵广州。

2. 自然资源

香港自然资源匮乏。矿藏仅有少量铁、铝、钨等,但无开采价值。香港食用淡水的60%以上依靠广东省供给。因邻近大陆架,海阔岛多,有得天独厚的渔业条件,具有商业价值的海鱼150多种,主要是红衫鱼、大眼鱼、黄花鱼和鱿鱼等。香港多山,林地覆盖率20.5%,草地和灌木地占49.8%,沼泽和红树湿地占0.1%,耕地仅占6.7%,鱼塘占2%,城郊区建设发展土地占16.8%。

3. 气候特征

香港属亚热带气候,夏天炎热且潮湿,温度在26℃～32℃;冬天凉爽而干燥,温度在15℃左右,5℃以下气温极少。香港平均全年雨量2 214毫米,多集中在8月份,1月份雨量最少。5～9月多雨,有时雨势颇大,易导致山体滑坡。6～9月是台风较多的季节,台风来袭时若悬挂8号以上风球,正常工作会受到影响。

4. 人口结构

香港人口密度达每平方千米6 539人,市区人口密度更是高达每平方千米2.1万人,堪称全球城市之最。香港人口中华人超过92%,绝大部分原籍广东。长居香港的外籍人士约为8%,其中,印度尼西亚人约16.5万,菲律宾人约16万,美国人、日本人、英国人和泰国人均为数万人。

5. 语言文字

以广东话(粤语)为主,英语颇流行。也有不少人说潮州话和上海话,新界土著居民多说客家话。香港回归后,普通话开始流行,政府和商务机构多鼓励应用通用汉语。文字为繁体汉字和英文。香港是一个东西方文化交汇的地方,中文和英文同为法定文字,法律文件则仍以英文为主。

6. 社会制度

1842年和1860年两次鸦片战争后,英国强迫清政府签订了《南京条约》和《北京条约》,香港岛和九龙半岛南端(界限街以南)先后被割让;1898年,英国再次强迫清政府签订《展拓香港界址专条》,强租界限街以北、深圳河以南的九龙半岛北部大片土地及附近230多个大小岛屿(后统称"新界"),租期99年,英国对香港实行殖民统治。1997年7月1日,中华人民共和国恢复对香港行使主权。香港仍保持资本主义制度、法律体系和原有生活方式不变,拥有除外交及国防以外的高度自治权。行政首长由选举产生,管治模式为行政主导制,实行行政长官和行政会议领导的管治体制和代议政制架构。根据基本法,2017年起,香港特区行政长官及立法会议员由普选产生。

7. 宗教与习俗

(1) 宗教。世界几大宗教在香港都有人信奉。华人主要信仰佛教和道教,有寺院、道观360多间;香港的基督教信徒超过30万人,教会在香港兴办学校、医院和社会服务中心等机构;香港的天主教徒将近30万人,教会也在香港办有学校、医院和社会服务中心。其他还有伊斯兰教教徒约5万人,其中,半数以上是华人,印度教教徒约1.2万人,以及少数锡克教和犹太教徒。

(2) 习俗。香港夏季写字楼、饭店的空调开得很凉,到写字楼会客或去酒楼用餐,不妨带件外套(条件好的餐厅或饭店也备有厚披肩供客人借用)。在较舒适的茶楼会友或聚餐,要预先订座。香港人多爱喝普洱茶或菊花茶,但北方人和外国人往往推荐带香味的茉莉花茶。中高档餐厅一般要加付10%以上的小费。使用有专职服务员的餐厅洗手间,需付2~5港币的小费,不然会被视为小气。

香港人信神佛和风水,喜欢带6和8字的"吉祥号码","2、3、8"颇受青睐,因在粤语中谐音为"易"、"生"、"发"。在禁忌方面,忌称丈夫或妻子为"爱人"(英语中"爱人"指的是"情人"),向香港人介绍自己的丈夫或妻子时,可称"先生"或"太太";忌对中、老年人称"伯父"、"伯母",而称"伯伯"、"伯娘";探望病人或亲友,忌送剑兰、茉莉、梅花,因为剑兰与"见难"谐音,茉莉和"没利"谐音,"梅"与"霉"、"没"谐音;在酒家、饭馆用餐,忌对伙计说"炒菜"、"炒饭",因为"炒"字有"解雇"(即炒鱿鱼)的意思;港人过年过节喜欢说"恭喜发财"、"万事如意",但别说"祝你快乐",因为"快乐"与"快落"(失败、破产的意思)谐音。香港人忌讳数字13、4。

香港是个华洋交融的地方。中西方民族、教派的各种风俗、节庆都在香港受到尊重和保护,有些甚至成为法定节假日。这种融洽的跨文化氛围,对于不同背景的各国人士来港工作定居、跨国商务机构在此设立地区总部,的确具有独特的吸引力。

二、经济概况

1. 在世界经济中的地位

19世纪60年代初,英国占领香港不久,便将其辟为自由港。港英当局实行"积极不干预主义"的经济政策。20世纪60、70年代,香港经济成功"起飞",与新加坡、韩国、中国台湾并称"亚洲四小龙"。1997年中国对其恢复行使主权后,香港仍作为单独关税区保留其自由港地位,继续实行低税率和政府少干预的经济政策,并借助内地改革开放带来的商业机遇和廉价劳动力及土地优势,将第二产业转移到珠江三角洲和中国内地其他地区,本地保留少量饰品、食品、中成药、眼镜等加工业,制造业产值仅占GDP的5%,香港已发展成为世界最大的转口贸易港,香港也因此连续十多年被国际著名评级机构评为全球最自由的经济体系。诺贝尔经济学奖获得者、美国经济学家米尔顿·弗里德曼[①]更是将香港视

[①] 米尔顿·弗里德曼(Milton Friedman, 1908~2006),20世纪最伟大的经济学家之一,自由市场经济的坚定捍卫者。1976年获诺贝尔经济学奖。曾多次访问中国。著有《自由选择》和《资本主义与自由》。

为自由经济的典范。

香港的第一产业基本消失。第三产业(即服务业)占GDP的93%。香港与服务贸易有关的主要行业包括旅游业、与贸易相关的运输服务、金融和银行服务及专业服务。2013年,香港本地GDP为3 028亿美元[①];人均GDP为38 797美元,超过西班牙、意大利、新西兰等发达经济体系以及欧盟的人均水平,全球排名第25位。2013年,在香港设立地区总部的外国公司达2 456个[②]。

2. 产业结构

(1) 对外贸易。香港进出口及相关批发、零售业产值占GDP的25.4%。香港凭借水深港阔、紧靠中国内地、地处国际航运要冲的优越地理位置以及自由港的特殊政策,拥有邻近国家和地区较难替代的区位优势。香港以转口贸易起家,在战后西方对华实行贸易禁运的20多年间转为发展加工贸易,成功地实现了经济"起飞"。中国内地实行改革开放政策后,香港利用内地的低成本优势,将制造业几乎全部转移到了内地,香港与内地形成"前店后厂"格局,成为全球成衣、钟表、玩具、电子等产品的主要出口地。

(2) 金融业。香港的金融业是伴随对外贸易而发展起来的,占香港GDP的27.4%。香港已形成包括银行体系、外汇市场、货币市场、证券市场、债务市场、金银市场、保险业以及投资管理等金融运作系统。

① 银行体系。从国际结算金额看,香港是全球第15大银行中心。香港的银行体系有三大特点:一是不设官方中央银行,而由三家规模最大的商业银行(汇丰银行、渣打银行和中国银行)发行钞票;二是实行港币与美元联系汇率制,法定汇率为1美元兑换7.8港币;三是实行三级发牌制,2013年,香港有156家持牌银行、21家有限持牌银行和24家接受存款公司。香港共有来自31个国家和地区的201家银行或存款机构[③]。除存贷款之外,还从事包括贸易融资、公司财务、个人理财、证券及金银买卖等。香港的外资银行超过130家,其中的80多家属于全球100家最大银行;香港银行的业务中有60%以外币为结算单位。完善的银行体系和多元化的融资信贷服务,确保了香港对外贸易发展的需要。

② 保险市场。香港是全球最大的保险市场之一。香港现有注册的本地及境外保险公司155家,保险领域遍及进出口贸易、财产、人寿等各方面。

③ 外汇市场。香港是全球六大外汇市场之一,无任何外汇管制。香港是连接北美洲与欧洲时差的桥梁,与东京、新加坡、法兰克福、伦敦、纽约等国际金融中心形成相互关联的外汇交易市场,日均交易额逾2万亿美元。时差上衔接了世界各地外汇市场的营业时间,确保全球汇市每天近24小时都在开放,使国际

---

①②③ 香港经济报告,http://www.hkeconomy.cov.hk/chs/reports/index.htm。

贸易结算及外汇期货风险对冲能顺利进行,投资者也可以全天候在世界各地外汇市场进行交易。

④ 证券市场。香港股票市场为全球六大股市之一,也是亚洲第二大证券市场。2013年末,香港联交所主板市场上市公司达1 451家,创业板市场有192家公司,两板总市值愈3万亿美元。香港是中国内地企业最大的境外上市地,达797家,占香港上市公司总数的49%,市值占港股市值的57%[①]。香港联交所正与伦敦等国际主要交易所合作,为实现24小时环球股票交易创造条件。

(3) 房地产业。香港人多地少,是全球人口密度最大的地区,可谓寸土寸金。由于香港独特的区位和文化优势,中外人士纷纷在此安居乐业,也因此成为亚洲最多跨国公司设立地区办事处的城市,结果导致房价及租金节节攀升,堪称世界之最。以市中心最繁华地区的租金为例,铜锣湾商业区的铺面租金甚至超过日本东京的银座。香港政府采取土地批租的方式调节用地面积和楼价升降。房地产在当地GDP的比重仅次于进出口、金融,是香港第三大支柱产业。

(4) 旅游会展业。旅游会展业是香港的重要支柱产业之一。香港对除烟、酒和汽、柴油外的进口商品一律免征关税,使香港成为世界闻名的"购物天堂"。由于拥有历史与现代、东方与西方交融形成的独特人文环境和旅游景点,也使香港成为最受各国游客青睐的观光地之一。香港还是著名的国际会议中心和展览中心,每年举办几十场大型国际展览,最著名的有香港国际珠宝展、国际玩具展、国际电子产品展等。2013年,访港游客达5 430万人次,其中,从内地进入香港的旅客达4 070万人次,占75%。每天有40多班轮船、400多趟列车及5万多部旅客、货车穿梭于香港和内地。

(5) 咨询业。由于香港介于中、西方商贸交汇处,凭借熟悉中国和西方贸易惯例、法律体系、会计准则和文化差异优势,香港发挥了极佳的中介沟通作用,因此成为亚太地区重要的国际商贸、法律、会计和设计中心。香港在市场信息、公司资信、与上市融资相关的法律、会计安排以及平面、立体、时装、产品、建筑等设计方面提供专业而高水平的咨询服务,是香港服务业中成长最快的行业。

---

① 香港经济报告第三章:金融业,http://www.hkeconomy.gov.hk/tc/pdf/er.c。

> **【专栏】　失陷的避税天堂**
>
> 　　美国总统奥巴马推行的《禁止利用税收天堂避税法案》,既可以每年为美国政府带来最多高达 500 亿美元的额外税收,也击碎中国香港、新加坡、瑞士等的避税天堂地位。该法案规定,美国人士无论其在香港或其他所谓"避税天堂"的任何一家银行、投资公司开设账户,都必须每年向美国政府报告。而所有为美国人提供服务的银行,也都必须在被调查时向美国政府提供报告,否则,其与美国有关的业务就会受限。
>
> 　　包括中国香港、新加坡、瑞士、开曼群岛、百慕大、巴哈马、哥斯达黎加、英属维京群岛在内的 34 个国家或地区,均被美国列入离岸司法管辖区,若查实确有美国人士瞒报开户和投资,则被处以至少 10 万美元的罚金或罚没该账户金额的 50%(两者取其高者);若发现美国人士通过建立多个实体公司向同一家公司投资,则每个海外账户将被处以最高 100 万美元的罚款或判入狱。此法或迫使巨量资金抽离中国香港、新加坡和瑞士等"避税天堂"。
>
> 　　另外,经美国国会授权的《外国账户税收遵从法》自 2014 年起实施,全球各国银行须向美国国税局提交美国客户的详细账户资料,作为交换,美国银行也须向中、法、德等国政府提供来自这些国家客户的账户信息。此举主观上有助于美国堵塞税收漏洞,客观上有利于揭露贪腐行为。
>
> （《21 世纪经济报道》2009 年 2 月 20 日、路透社 2013 年 2 月 4 日）

三、对外贸易

　　进出口贸易是香港重要的支柱产业之一,香港 GDP 的 25.4% 来自对外贸易及相关的批发与零售。香港的外贸依存度高达 386.8%(2013 年),其中,出口依存度为 179.8%,进口依存度为 207%,这是典型的自由港贸易模式。2013 年,经陆运进出香港的外贸货值占 38.4%,经空运的货值占 37.4%,经海运的货值占 20.2%,经河运的货值占 2.9%[①]。

1. 占世界贸易的比重

　　香港进出口贸易名列全球第 9 位。2013 年,香港进出口总额为 10 527.3 亿美元[②]。其中,进口为 5 634.5 亿美元,出口为 4 892.8 亿美元。香港特别行政区为单独关税地区,香港与中国内地之间的贸易也须办理进出口报关,并列入香港对外贸易统计数据内。其进口额包括在香港留用的进口货物、作为转口用途的进口货物和再进口的香港产品;港产品出口是指出口货品为香港天然产品或在香港经过制造工序,以至基本原料的形状、性质、式样或效用被永久改变的产品,

---

① 香港特别行政区政府网站,http://www.censtatd.gov.hk/hkstat/sub/sp230_tc.jsp。
② 香港特别行政区政府网站,http://sc.info.gov.hk/gb/www.censtatd.gov.hk/hong_kong_statistics"对外贸易表"。

只占总出口的0.4%;转口货品是指曾经自外地输入香港再出口的货品,这些货品在香港并未经过导致其形状、性质、式样或效用永久改变的工序。

2. 进出口商品结构

(1) 进口商品结构。2013年,香港进口商品中,食品占11.5%;制成品占26.9%;原料及半制成品占21.5%;燃料占19.1%;化学品占14.3%[①]。作为全球最大的转口贸易港,香港进口额的3/4以上是要转口出境的。

(2) 转口商品结构。因为港产品出口仅占香港总出口的1.5%,98.5%的出口是转口,所以,只需分析香港的转口贸易结构即可说明问题。2013年,香港转口出境的商品总额为4 563亿美元,其中,食品占11.9%;制成品占31.7%;原料及半制成品占30.4%;燃料占1.1%;资本货物占9.8%[②]。可见,进口的食品和燃料基本被香港本地所消费,而消费品、原材料及半成品、资本货物是香港出口/转口的主体,各占1/3左右。

3. 外贸地理方向

(1) 进口地理方向。2013年,香港的十大主要进口来源地是中国内地、印度尼西亚、美国、日本、中国台湾、新加坡、越南、泰国、菲律宾、韩国,共占香港总进口的86.6%。其中,中国内地输入的货物占香港进口总额的40.5%[③]。

表2-2-1 香港2013年进出口十大地理方向

进口地理方向		出口地理方向	
国家/地区	占比(%)	国家/地区	占比(%)
中国内地	51.5	中国内地	53.8
美 国	10.0	美 国	9.2
日 本	4.2	日 本	4.0
印 度	2.6	印 度	2.3
德 国	2.2	德 国	2.1
中国台湾	2.0	中国台湾	2.0
韩 国	1.9	韩 国	1.8
越 南	1.7	越 南	1.8
英 国	1.5	英 国	1.5
新加坡	1.4	法 国	1.5

资料来源:根据香港特别行政区政府网站"2014年1月份对外商品贸易统计"换算编制。

(2) 出口地理方向。2013年,香港的主要出口地是中国内地、欧盟、美国、

[①] 香港特别行政区政府网站,http://www.hkeconomy.gov.hk 按1美元=7.8港元计算。
[②][③] 同上,2007至2013年港口货物统计。

日本、印度、中国台湾、韩国、新加坡，共占香港总出口的85.2%。其中，输往中国内地的货物占香港出口总额的54.8%，输往欧盟的占9.4%，输往美国的占9.3%，输往日本的占3.8%，输往印度的占2.3%，输往中国台湾的占2.2%，输往韩国的占1.8%，输往新加坡的占1.6%[①]。

4. 贸易协定

(1) 世界贸易组织。香港是1995年WTO成立时的创始会员(也是其前身GATT的成员)。1997年7月1日起，以"中国香港"的名义继续以单独成员身份参加WTO。

(2) 亚太经济合作组织。香港于1991年成为亚太地区经济合作及太平洋经济合作组织的成员。1997年7月1日起，以"中国香港"的名义继续以单独成员身份参加该组织。

(3) 内地与香港更紧密经贸关系安排(见CEPA)。

(4) 2010年，香港与新西兰签署自由贸易协定。

(5) 2011年，香港与欧洲自由贸易联盟国家(冰岛、列支敦士登、挪威、瑞士)签署自由贸易协议。

(6) 2014年，香港将与东南亚联盟签定自由贸易协议。

四、CEPA——香港与内地建立更紧密经贸关系安排

2003年6月，中央政府与香港特别行政区政府签署了《香港与内地建立更紧密经贸关系的安排》协议(即CEPA)，内容包括货物贸易、服务贸易和贸易投资便利化三部分，至2013年8月，内地与香港共签署了十项补充协议，其中，货物贸易部分规定，香港对输往内地的1700多种货物实行零关税。

在服务贸易方面，内地同意法律、会计、视听、建筑、分销、银行、证券、旅游、运输和个体工商户等10个领域在原有开放承诺的基础上，进一步放宽市场准入条件。允许港商以人民币支付进口货和让内地金融机构在港发行人民币债券；允许香港永久性居民中的中国公民在全国各地设立个体工商户，提供新5项服务，即种植业、饲养业、养殖业、计算机修理服务业以及科技交流和推广业。

2007年6月，内地与香港签署《CEPA补充协议四》，规定内地在28个服务领域推行40项开放措施，包括现有的银行、旅游、会展、医疗以及11个新加入的领域，包括社会服务、环境服务和公用事业。

---

① 香港特别行政区政府网站，http://www.hkeconomy.gov.hk 按1美元=7.8港元计算，2007至2012年港口货物统计。

2008年7月,内地与香港签署《CEPA补充协议五》,内地对香港进一步开放34项涉及服务业、贸易投资便利化及专业资格互认三个领域。在服务贸易方面,内地17个领域共采取29项具体措施,其中,对会计、建筑、医疗、人员提供与安排、印刷、会展、分销、环境、银行、社会服务、旅游、海运、航空运输、公路运输和个体工商户15个领域在原有开放承诺基础上,进一步采取简化审批程序、放宽市场准入条件、取消股权限制、放宽经营范围和经营地域等措施;新增加与采矿相关服务、与科学技术相关的咨询服务两个领域。

2009年,《CEPA补充协议六》新增"研发"和"铁路运输"两个服务贸易领域,香港银行可在广东设立分行。2010年,《CEPA补充协议七》扩大医疗与旅游业的开放范围。2011年的《补充协议八》允许香港保险公司在广东设立代理机构。《补充协议九》加强两地金融和贸易投资便利化,允许香港高校在内地设立培训机构。《补充协议十》涉及法律、金融基金、视听等28个领域、65项服务贸易措施。至2013年底,香港输入内地71.61亿美元货物受惠于CEPA;零关税货物比CEPA签署前增长了10倍。

五、贸易口岸

1. 海运

中国香港是世界三大天然良港之一,是远东航运中心和重要的国际商港。香港航运业发达,与120多个国家和地区的1 000个港口有航运往来。香港素以港口管理高效、港口费率低而闻名于世,在系船浮筒、船舶过驳、倒载作业、集装箱装卸方面水平极高。

2013年,以抵港船只计,远洋轮船为29 920船次,内河船只为15.73万船次(内河航船是指往返香港邻近水域,包括珠江、大鹏湾和澳门以及广东、广西其他与香港邻近水域相连的内陆水域的船舶);以吞吐量计算,香港港口货物吞吐量达27 605万公吨,其中,抵港货物达16 227万公吨,离港货物达11 378万公吨[①],同比增长8%。香港的货柜(集装箱)吞吐量仅次于上海和新加坡,是全球最繁忙的货柜港口,全年处理2 240万TEU。

香港水域内设有10条主要航道——东航道、红磡航道、中航道、油麻地航道、北航道、青洲北航道、南航道、西航道、马湾航道、汲水门航道以及两个分道——蓝塘海峡分道、东博寮海峡分道。共有维多利亚、香港仔、青山、长洲、大澳、西贡等15个港区,以维多利亚港区最大:港宽1.6~9.6千米,面积60平方千米,平均水深12米,潮

---

① 香港特别行政区政府网站:香港统计资料"运输、通讯及旅游"。

差小,有70多个可供远洋货轮停靠的浮轮,其中的60多个为防台风构造,最大浮轮可停泊长305米的超大型舰船(如航空母舰、苏伊士级集装箱船等)。

葵涌1~9号货柜码头位于维多利亚港区西北,面积85平方千米,共有9个货柜码头、24个泊位(其中的一个设有滚装船装卸设备),可停泊最大型的超巴拿马级和苏伊士级集装箱船。码头年处理能力超过1800万TEU,水深12.5~15.5米,集装箱船平均装卸时间仅为13.2小时。

青衣10号货柜码头位于青衣西南海滨,填海180公顷,兴建占地310公顷的十号货柜码头,并将该处的油库重新安置在新填海的土地上。有8个超过400米长的巨轮泊位,并可全天24小时运作。

2. 空运

香港大屿山赤腊角国际机场是世界最繁忙的机场之一,航线覆盖世界100多个城市,可供包括空客A380等超大型客货机起降。赤腊角机场拥有世界最大规模的空运货站。空运数量虽然仅为海运吞吐量的1.5%,但就金额而论,香港进出口及转口额的近40%是以空运方式完成的。

3. 陆运

(1) 落马洲口岸。香港最繁忙的陆路贸易口岸,对面与深圳皇岗口岸相连,日均过境货柜(集装箱)车逾4万辆,是香港唯一全天24小时无休的通关口岸。

(2) 文锦渡口岸。位于新界以北,有两座跨越深圳河的桥梁与深圳相连,口岸规模小于落马洲,日均通关客货车1万辆次,主要通关货物为鲜活商品。开放时间为7:00~22:00。

(3) 沙头角口岸。辅助性客货综合性口岸。位置较偏,口岸规模较小,日过车1500辆次,开放时间较短,每日7:00~20:00。

(4) 深圳湾口岸。位于香港鳌勘石,与深圳南山区东角头之间有一座全长5545米的公路大桥相连,是首个实施一地两检的口岸。整个口岸为填海建造,占地117.9公顷(其中,香港为40多公顷,深圳为70多公顷),为香港与深圳之间最大的陆路贸易口岸,规模为落马洲口岸的1.53倍,日均交通量约6万辆次,过境旅客6万人次。

第三节 中国台湾

【开篇案例】 "康师傅"的故事

"康师傅"是一个在大陆几乎家喻户晓的台湾品牌。

其实,"康师傅"的老板并不姓康,而姓魏。1959年,魏家在台湾彰化乡村办起了一家小油坊,起名"鼎新",原料从海外进口,产品贴别人的牌子,业务量不大。后来,魏家四兄弟和三姐妹继承父业,维持着中小企业的规模。1989年,四兄弟中的老幺魏应行受家人重托,经香港来到大陆,先期开发蓖麻油、清香油和蛋酥卷,3年赔掉8 000万新台币,差点打道回府。魏在大陆乘火车时发现,人们对他随身带的台湾方便面十分好奇,常有人围观甚至询问何处能买到。他敏锐地捕捉到这个潜在的市场商机,决定主攻大陆方便面市场。对这一行完全陌生的魏氏兄弟姊妹边干边学,不断改进适合大陆人口味的作料配方。1991年,他们在天津科技开发区注册了顶益食品公司,生产"康师傅"红烧牛肉面,定价走低端路线,每包方便面售价1.98元。为了迎合北方人的偏好,顶益决定用"师傅"这个显得专业和亲切的词,并让"师傅"姓"康",以塑造"健康美味的食品专家"形象。"康师傅"广告在中央电视台黄金时段一炮走红,中国大陆掀起抢购"康师傅"方便面的热潮。1992年第一碗"康师傅"出笼后仅半年,顶益的员工就从300多人猛增到近4 000人,生产线也扩大到天津以外的多个城市。"康师傅"从此成为大陆市场上卖得最火的方便面之一。

1996年,顶益(开曼)公司在香港联交所成功上市,从1997年到1998年,"康师傅"先后推出了菊花茶、冰红茶、绿茶和乌龙茶的系列瓶装饮料,销量及销售额市场占有率分别达到50.6%和52.3%。当"统一"、"娃哈哈"等竞争对手相继推出"鲜橙多"等果汁饮料后,"康师傅"则将注意力转移到物流连锁店领域,在上海成立了第一家乐购生活购物中心,目前,已拥有15家营运店,年营业收入超过两亿美元。"康师傅"还并购了德克士炸鸡连锁店,6年后达到370家餐厅,营业额逾13亿元。"康师傅"的传奇故事是成千上万家台资企业在大陆发展壮大的一个缩影。

面积:3.6万平方千米。
人口:2 338万(2014年2月)。
时区:东8区。
货币:新台币(TWD或NTD)。
节日:全年法定节假日共11天:元旦1天,农历除夕1天,春节3天,2月28日和平纪念日1天,清明节1天,5月1日国际劳动节1天,端午节1天,中秋节1天,10月10日辛亥革命日一天。

一、自然条件

1. 地理位置

台湾位于中国东南海面,包括台湾岛、澎湖列岛、绿岛、钓鱼岛、兰屿、彭佳屿、赤尾屿。台湾岛面积最大,为3.58万平方千米。丘陵和高山占台湾总面积的2/3以上。台湾山系位置在岛的中部偏东,形成东部多山脉、中部多丘陵、西部多平原的地形特征。最高峰玉山海拔3 952米,也是中国东部最高山峰。台湾岛位于环太平洋地震带和火山带上,地壳不够稳定,为地震多发区。

2. 自然资源

(1) 土地资源。耕地面积约占台湾土地面积的25%,且土地肥沃。农业盛产稻米,一年有二至三熟,米质好,产量高,故有"米仓"之称;主要经济作物是茶叶和蔗糖,以"冻顶乌龙茶"享誉中外,并有"东方糖罐"之称。蔬菜品种多达90余种,栽种面积仅次于稻谷。台湾水果种类繁多,主要有香蕉、菠萝、柑橘、木瓜、莲雾、杨桃、柚子、芒果、芭乐、火龙果和槟榔等。台湾有"兰花之乡"美誉,花卉产值相当可观。台湾的粮食、蔬菜、茶叶、蔗糖、水果可部分出口。

(2) 森林资源。森林约占台湾全境的52%,台北太平山、台中八仙山、嘉义阿里山是著名的三大林区,木材储量多达3.26亿立方米,树木种类近4 000种,其中,尤以台湾杉、红桧、樟、楠等名贵木材闻名于世,樟脑和樟脑油产量约占世界总量的70%,可大量出口。

(3) 渔业资源。台湾四面环海,海岸线总长1 600千米,由于地处寒暖洋流交界带,渔业资源极为丰富。台湾东部沿海岸陡水深,渔期终年不断;西部海底为大陆架的延伸,较为平坦,底栖鱼和贝类丰富,近海渔业、养殖业比较发达;另外,台湾的远洋渔业也很发达。有水产品出口。

(4) 水力资源。台湾有入海的大小河川达608条,且水势湍急,多瀑布,水力资源极为丰富。但水电资源仅占台湾能源总供给量的1.4%,因此有着极大的开发潜力。

(5) 矿产资源。台湾能源矿产贫乏,只有少量煤和天然气矿;北部火山岩地区及中央山脉有金、银、铜、铁等金属矿藏,但储量少、品位低。非金属矿资源却很丰富,如石灰石、大理石、白云石、云母、长石、滑石、石棉、硫黄等,尤以石灰石、大理石、白云石为最。

3. 气候特征

台湾地处亚热带海洋,冬季温暖,夏季炎热,雨量充沛,夏秋多台风暴雨,来袭时对经济生活(尤其是航运贸易)有较大影响。北回归线穿过台湾岛中部,北部属亚热带气候,南部为热带气候,年平均气温(高山除外)22℃,年降水量 2 000 毫米以上。

4. 民族结构

台湾是个多民族地区,主要有汉、蒙、回、苗和高山族等民族。其中,约 98% 是汉族。汉族人口中,以闽南人和客家人为两大分支。高山族是台湾少数民族的统称,占台湾人口的 2.1%,包括平地高山族与山地高山族两部分,具体细分为阿美族、泰雅族、排湾族、布农族、卑南族、鲁凯族、邹族、雅美族、赛夏族、达悟族与邵族等 14 族。长居台湾的外籍人数为 56.2 万人(2013 年底),约占台湾总人口的 1.8%,其中,越南人逾 10 万,占外籍人数的 24.5%,泰国占 22.6%,印度尼西亚人占 21%,菲律宾人占 20.2%,日本、美国等其他地区的人占 11.7%。

5. 语言文字

虽未规定官方语言,但实际上官方语言为国语(近似于大陆的普通话),使用中文繁体字;此外,台语(闽南语)和客家话也普遍使用。台湾人的识字率超过 96%,大多懂外语(如英语和日语等)。

6. 社会制度

台湾政制采用行政、立法、司法、考试、监察五权分立且相互制衡的形式。"国民大会"为台湾当局的最高权力机构;"立法院"为最高立法机关,权限很大;"行政院"为最高行政机关。

7. 宗教与习俗

(1) 宗教。世界一些主要宗教在台湾都有人信奉,被官方认可的宗教超过 15 个,其中,佛教、道教、儒教信徒占 93%,基督教徒占 4.5%,其他占 2.5%。

(2) 习俗。台湾汉族同胞的生活习惯和社会风俗与大陆基本相同,较好地保留着中华民族传统的许多美德。生活习惯则一般带有闽、粤地区的特征。在禁忌方面,勿将手巾送人,因台湾有"送巾,断根"之说;禁用扇子赠人,因扇子价廉易碎,且用毕即抛,故有"送扇,无期见"之说;勿拿剪或刀送人,不然有"一刀两断"、"一剪两断"的意思;禁以雨伞赠人,台语"伞"与"散"同音,易引起对方误解为与其"散伙";勿拿镜子送人,一因镜子易碎,"破镜难圆",二含嫌人丑陋(让人家拿镜子好好照照自己)的意思;别以钟(或粽子)送人(前者与大陆习俗一样),因与"送终"谐音,会引起对方反感;勿随便拿甜果(年糕)送人,因甜果易让受赠者联想家里发生丧事而不吉利;禁以鸭子赠人,因为台湾有"死鸭硬嘴闭"、"七月半鸭仔,不知死期"等俗语,令人有不祥之感。

二、经济概况

1. 经济规模

台湾经济在20世纪60年代初以前以农业为主,自1963年起,工业产值超过农业。由于岛内市场有限,20世纪60年代中期开始大力发展以进口原材料进行加工外销的劳动密集型产业,并以此带动台湾经济实现"起飞",成为"亚洲四小龙"之一;20世纪80、90年代,台湾产业开始"升级换代",主要发展电子工业、石化工业、金属冶炼和汽车工业;进入21世纪后,高科技工业成为拉动台湾经济的新型产业之一。2013年,台湾GDP为5 170亿美元,位列全球第25位;人均GDP为22 002美元,居全球39位、亚洲第9位,为"四小龙"之末。台湾经济已经完成了工业化的初级发展阶段,开始进入以服务业为主的后工业化时代。2013年,在台湾的产业结构中,农业只占GDP的1.4%,制造业占27.5%,服务业占71.1%[①]。

2. 产业结构

(1) IT产业。台湾电子信息产业以个人电脑、TFT-LCD面板(液晶显示屏)、计算机主板、集成电路板、移动电话、大规格单晶硅片等高科技产品的制造为代表,产量多年称雄世界。近20年来,部分劳动密集型电子产品的生产纷纷转到中国大陆,至今在大陆的台资企业达5万多家,台商及家属逾百万人。近年因生产成本升高,部分台湾企业将大陆的工厂转移至东南亚地区。但集成电路板、液晶显示器等的产量仍保持世界领先地位,产值仅次于美国、日本和中国内地,名列全球第四。

(2) 石油化学工业。台湾不产石油,仅有少量天然气,但凭借20世纪70、80年代打下的基础,大量进口石油和天然气发展炼油、化工业,现已成为世界第七大化学生产地,并在产值、公司和雇员数量上超过其他制造部门。

(3) 金属冶炼工业。台湾的金属冶炼工业主要以钢铁和铝为主。20世纪70年代,台湾金属冶炼业开始起步,并在80年代形成规模。炼钢原料全部依靠进口,其中的80%以上为废钢铁、废船体,因此拆船业很发达;炼铝业几乎完全被"台铝"集团垄断,铝制品工厂则多达上千家。

(4) 精密机械工业。台湾的精密机械工业主要分布在台北、台中两个县。20世纪90年代初,精密机械产品的产值已达到3.5亿美元。是台湾制造业中唯一保持连年增长的行业。所产的精密机械主要出口到东南亚地区。

---

① 维基百科:台湾经济。

(5) 汽车工业。汽车工业从 20 世纪 80 年代中期开始快速发展,现为台湾仅次于电力工业的第五大产业,年产汽车 40 万辆。产品以内销为主,有少量出口。主要汽车生产厂有国瑞、中华、裕隆、太子、福特六和等 5 家大公司,产量占 90% 以上。台湾汽车 70% 以上是由与丰田、本田等日本合资的企业生产的,与通用、福特、奔驰等美国和欧洲汽车公司合资的企业产量不到 30%。

三、对外贸易

1. 外贸规模

台湾属于海岛型经济,岛内资源稀少,市场狭小,经济发展严重依赖对外贸易。早期台湾出口以农产品(茶、糖、樟脑及米、糖)为主。由于先后推行进口替代和出口导向战略,1965 年后,工业产品出口已占首位,外贸也由逆差转为顺差。1979 年,台湾制定"十年经济建设计划",重点发展机械、电子、电机、运输工具产业。此后,出口的工业产品由轻工业到重工业再到高科技产品,每年为台湾赚取大量外汇。2013 年,台湾进出口额为 5 756 亿美元,排世界第 20 位。其中,出口额为 3 055 亿美元,进口额为 2 701 亿美元。截至 2013 年 1 月,台湾外汇储备达 4 000 亿美元,居中国内地、日本、俄罗斯之后的世界第四位。台湾的外贸依存度高达 121%,其中,出口依存度为 64%,进口依存度为 57%。这说明,台湾经济无论对出口或进口的依赖程度都很深,尤以出口为甚。

2. 进出口商品结构

(1) 出口商品结构。在台湾出口总额中,农产品仅占 0.16%。由于中国大陆向台湾开放水果市场,农产品因此成为近年同比增长最快的出口商品。工业制成品占台湾出口总值已上升到 99%,占出口总值 82% 的重化工产品出口增速较快,主要有电子及电器产品、塑胶制品、化工产品、汽车零部件、纺织品和金属等。

(2) 进口商品结构。在台湾进口总额中,工农业原材料占 76.5%,并呈连年递增趋势,农工原料包括麦类、大豆、饲料杂粮、木材、石油、废钢铁等。资本品占进口总值的 16%,比重逐年下降,某种程度上反映出台湾制造业对新增设备需求在减少。消费品占台湾进口总值的 7%。主要进口产品包括电子及电器、机械、石油、精密仪器、有机化工和金属。

3. 外贸地理方向

(1) 出口地理方向。中国内地已取代香港,成为台湾出口方向首位,占 26.6%,第二位的香港占 14.4%,美国占 11.6%,日本占 7.1%,新加坡占 4.2%,马来西亚占 2.2%,越南占 2.2%,泰国占 2.1%,菲律宾占 2%。

(2) 进口地理方向。在台湾主要进口来源地中,日本、中国内地、美国、韩国、沙特阿拉伯居前五位,分别占 20.8%、14%、10.4%、6%和 5%,基本上与资本产品、粮食、废钢铁和石油等产品相对应。所谓资本设备是一个笼统的概念,实际包括用于投资生产的机械设备以及军事装备等,美国和日本显然是这类商品的主要卖家。来自韩国、沙特阿拉伯、澳大利亚的进口增速较快。逆差主要来自与日本、韩国、沙特阿拉伯和澳大利亚的贸易。

四、出口加工区和科学工业园区

1966 年,台湾设立了高雄出口加工区,之后,又于 1971 年设立了台中、楠梓出口加工区。这三个出口加工区后来成为其他国家和地区规划加工区的样板,外汇收入占台湾同期出口总额的 70%。加工区投资以日、美及华侨企业为主,日资占 40%。直接就业达 8 万人左右(1979 年)。

20 世纪 70 年代中期,受石油危机、发达国家贸易保护主义、熟练工人不足及工资上涨、加工区外投资环境改善等诸多因素影响,导致台湾出口加工区吸引力减弱,在台湾出口总额中的比重大幅减少至 1982 年时的只占 7%,劳动密集型出口加工区日渐式微。

1980 年,台湾新竹科学工业园区正式对外招商。通过从海外引进尖端产业和招聘科技人员,共引进 150 家高科技企业。并通过台湾交通大学、台湾清华大学及产业技术研究所的产、学、研相结合方式,优先引进电子、电脑、精密机械、能源、生物化学、材料科学、航空机械和咨询服务业。科学工业园区的智力密集型产业压倒了其他国家同类园区。与老出口加工区不同,园区企业的 50%是美国资本,凸显其高科技性质。新竹科学工业园区对台湾产业的转型起了非常关键的作用。

五、两岸经贸关系

两岸经贸关系经历了以下几个阶段。

第一阶段:1980 年,大陆方面首先单方面向台湾产品开放市场,允许台湾工商企业来大陆投资。1988 年 5 月,台湾方面区分官方与民间,官方维持不接触、不谈判、不妥协,民间则渐次开放;同年 8 月,大陆煤炭首次转口运往台湾。1980 年代中后期,台湾民营企业开始通过间接渠道在大陆投资设厂,陆续将一些劳动密集型加工贸易产业转移到大陆。1997 年 4 月 17 日,厦门的"盛达轮"首航高雄港;4 月 24 日,台湾立荣海运公司的"立顺轮"从高雄直航厦门港。1997 年 10

月21日,台"交通部"正式开放干线船舶经高雄港延伸至第三地。1999年,国务院发布《中华人民共和国台湾同胞投资保护法实施细则》;2000年12月,外经贸部公布《对台湾地区贸易管理办法》,两岸投资与贸易得到进一步鼓励和规范,同月,台湾当局也允许贸易商船经金门、马祖与大陆通航。

第二阶段:2001年11月,两岸先后加入世界贸易组织(WTO),两岸经贸交往进入新阶段。台湾方面开始允许大陆货物进入出口加工区、工业园区、科技园区、保税区加工后再出口。2002年1月,台湾当局开放两岸直接贸易,允许双方直接签订贸易合同,台商可直接(而非此前经第三地)到大陆投资,开放台湾的外汇业务银行与大陆银行间办理通汇业务。2003年9月,台湾当局开放台方航空业者以"单向、中停港澳往返上海"的方式进行两岸货物运输。2005年5月,大陆方面允许台湾产的香蕉、芒果、椰子、枇杷等18种水果以零关税方式进入大陆市场销售。两岸之间的贸易额(含转口)已从1980年的3.1亿美元增加到2013年的1972.8亿美元;台湾与大陆贸易的顺差达到1160亿美元。1989年至2013年,台湾企业在大陆投资共计90 018个,累计金额达591.3亿美元[①],占大陆吸收外资总额的4.2%,其中不乏像上海的达丰、苏州的名硕电脑、深圳的富士康科技、昆山的丰达物流、天津的顶新以及遍布大陆七大区的统一食品等成功企业。

第三阶段:2010年6月,台湾与大陆签署《两岸经济合作框架协议》(ECFA),2010年8月,台湾立法机构通过该协议。《框架协议》旨在促进两岸货物贸易和服务贸易的自由化、投资便利化,减少和消除关税及非关税壁垒,减少和消除服务贸易的限制措施,建立投资保障机制,为两岸经济合作搭建一个制度化的平台。

六、主要贸易口岸

1. 高雄港

高雄港是台湾最大的综合性海港和世界第十大集装箱港。所在的高雄是台湾最大的拆船业基地、最大的石化基地、最大的炼油基地和最大的造船基地。高雄港货运进出量约占全台湾66%。2012年集装箱吞吐量为995万TEU,港口年吞吐量约5 000万~6 000万吨,可同时停泊200艘10万吨级巨轮。

高雄港设在台湾海峡南口的高雄湾内,海湾长18千米,宽1~1.5千米,入口宽仅100米,湾内港阔水深,风平浪静,有两个入海口门,进出港航道长18千

---

① 国务院台湾事务办公室:"历年两岸经贸关系统计数据",转引自商务部、海关总署历年统计报告。

米,航道和港区水域水深 11.3~16.0 米,可供 15 万吨级海轮进出,是天然良港。港内有 10 万吨级矿砂码头、煤码头、石油码头、天然气码头和集装箱码头。超级油轮系泊浮筒系泊 15 万吨级和 25 万吨级巨型油轮。锚地可泊 190 多艘船舶。港口设有百万吨级大型干船坞和两座 25 万吨级单点系泊设施。港口有营运码头 100 多座,其中,有万吨级以上深水码头 30 多座,码头前沿水深 10.5~16.0 米,可供近百艘万吨级船舶同时靠泊作业,其中,有集装箱码头 15 座,码头前沿水深 10.5~14.5 米。高雄港曾长期位居世界海洋货运第三大港,仅次于香港与新加坡,但由于受岛内政治纠纷影响以及韩国釜山、深圳盐田、上海洋山、宁波等周边港口的竞争,高雄港从连续 8 年世界第三大集装箱港降到第 13 位。

2. 基隆港

基隆港是台湾第二大港口,位于台湾岛北端的基隆市,是台湾北部重要的天然良港,也是海运辅助港——高价值货物进出口港和环岛航运枢纽港。以集装箱为主、散货为辅,并有数艘国际性大型邮轮固定弯靠。港口年吞吐量约 3 500 万~4 000 万吨,集装箱吞吐量 300 万 TEU。港区三面环山,水深 11.5 米;各主航道水深 10~26 米;港区泊位 68 个。5~6 号浮筒可系泊吃水 9.1 米以下的 6 000 吨~1 万吨船舶;6~7 号浮筒可泊吃水深在 9.4 米以下 1 万~1.5 万吨船舶;58 座码头中营业码头为 40 座。

3. 台北港

台北港于 2009 年 3 月正式投入运营,首期使用泊位两个,水深 15 米;二期再建 5 个深水泊位。台北港是两岸距离最近的口岸,随着装卸能力的提高,它将成为台湾与大陆之间最便捷的海运桥头堡。

本章小结

1. 中国自然资源有两个特点:一是总量大但人均占有量低,因此,中国每年需大量进口石油、金属矿石、粮食饲料、木材等重要资源;二是分布广但很不平衡,这就加重了国内交通运输负担,也使初级产品的国内销售成本和国际出口成本显著增加。

2. 2013 年,中国成为仅次于美国的世界第二大经济体,占世界 GDP 的 12%;中国外汇储备已达到 3.82 万亿美元(2013.12),但中国人均 GDP 水平并不高。

3. 中国外贸依存度已从 2007 年的 64% 降至 2013 年的 42.8%,经济发展对贸易依赖回归合理。外贸依存度高低取决于国内市场规模、发展阶段、政策导向、全球化程度及国内就业压力等因素。高外贸依存度使中国成为"世界工厂",这既促进了经济增长,也舒缓了就业压力。但高外贸依存度易使国际市场的价格波动传导进国内,在价格持续攀升时造成输入性通货膨胀。

4. 中国是世界第一大贸易体和第一大出口国。但中国与贸易强国相比,差距在于:经济发达程度尚低,难以左右国际市场价格,出口产品附加值较低,带动贸易的对外投资规模有待提高。因此,中国要成为贸易强国仍有很长的路要走。

5. 香港经济成功的原因主要包括自由港的优势地位、低税率和政府少干预的经济政策、内地改革开放带来的商业机遇、得天独厚的地理位置和港口条件、宽松高效的金融物流环境、东西方和谐交融的人文氛围和勤奋灵活的港人奋斗精神等。国际社会将香港评为自由经济的典范。另外,CEPA为香港经济带来发展空间。

6. 台湾属于海岛型经济,资源稀少,市场狭小,外贸依存度高达121%,台湾经济对国际市场的依赖程度极大。由于大陆方面对台实行宽松的贸易政策,两岸贸易额已超过千亿美元。台湾与大陆贸易始终保持巨额顺差。

思考题

1. 中国自然资源的主要特点有哪些?它们对中国对外贸易的地理方向有何影响?
2. 为什么在国际商务交往中不能忽视不同民族、宗教和地域文化方面的差异?
3. 中国外贸地理方向中为什么会出现若干对华出口远大于进口的国家和地区?
4. 为什么说中国还不是一个贸易强国?试举例说明。
5. 香港成为国际贸易和国际航运中心的地理因素有哪些?其转口港地位能否被上海取代?
6. 地缘政治因素是怎样影响台湾经济发展的?

第三章 贸易强国(上)

学习目的与要求

1. 熟悉美国的地理环境、经济概况及对外贸易特点;
2. 了解德国的地理环境、经济概况及对外贸易特点;
3. 了解日本的地理环境、经济概况及对外贸易特点;
4. 熟悉上述三个国家的主要对外贸易口岸。

第一节 美 国

【开篇案例】 美国会听证关注中国狗粮安全[①]

美国政府一份报告显示,最近几年,有 1 000 多条美国家庭的宠物狗死亡与从中国进口的宠物食品有关。美国国会行政部门中国委员会旋即召开听证会,听取联邦食品和药物管理局兽医中心副主任特蕾西·弗尔塔的应询报告。特蕾西说,自 2007 年以来,美国有 5 600 多条宠物狗经查明因吃了从中国进口的肉条而患病,其中,60% 出现肠胃问题,30% 出现肾脏或泌尿系统问题。之后,从这些宠物食品中检出用于制造塑料的三聚氰胺,此举导致商家全面召回相关商品。美国食品及饮用水观察机构的帕蒂·洛韦拉证实,在中国,三聚氰胺被有意添加到食品中,以提高蛋白质标记物氮的含量,从而通过检查。

2014 年,美国人的宠物食品消费额超过 226 亿美元,对于把宠物当作家庭成员的美国人来说,宠物食品安全非常重要。美国一些宠物商店已决定逐步停止进口和销售中国宠物食品。

对于美国国会来说,面临的更大问题是,要不要规定标记从中国进口的人用

---

① 法新社华盛顿 2014 年 6 月 18 日电。

食品。国会行政部门中国委员会副主席谢罗德·布朗强调:"美国人希望得到更放心的回答并要求看到更明确的标识,以便能放心地知道从中国进口的食品是安全的。"谢罗德敦促北京对其食品安全体系作出"明显的改进"。

全称:美利坚合众国(The United States of America,简称 USA)。
面积:982.66 万平方千米。
人口:3.15 亿(2013 年)。
首都:华盛顿(哥伦比亚特区)。
时区:美国分 4 个时区,如东海岸的纽约在西 5 区,比北京晚 13 小时;而西海岸的洛杉矶在西 8 区,比北京晚 16 小时。夏令时段为 4~10 月,需快拨 1 小时。
货币:美元(USD 或 $)。
国花:玫瑰。
国家格言:合众为一。
假日:全年法定节假日 13 天。元旦(New Year's Day)1 天,遇周末则周一补休;马丁路德金生日 1 天,1 月 15 日;总统日 1 天,2 月中旬周一;耶稣受难日(Good Friday)1 天,复活节之前的一个星期五;复活节星期一(Easter Monday)1 天,春分后第一个满月后的第一个星期一;阵亡将士纪念日 1 天,5 月份最后一个星期一;7 月 4 日美国独立日 1 天;9 月初的星期一 1 天,劳动节;10 月的第二个星期一,哥伦布日 1 天;11 月 11 日,退伍军人节 1 天;感恩节 1 天,11 月的最后一个星期四;12 月 25 日,圣诞节(Christmas Day)和 12 月 26 日节礼日(Boxing Day)共两天。一般来说,12 月下旬到 1 月上旬圣诞节和新年期间,不宜安排到美国的商务活动。

一、自然条件

1. 地理位置

美国位于北美洲中部,还包括北美洲西北部的阿拉斯加和太平洋中部的夏威夷群岛。北与加拿大接壤,南靠墨西哥湾,西临太平洋,东濒大西洋。内华达山脉最高峰海拔 4 418 米,中部平原可分为适合农业发展的东部平原和西部大草原。境内多大河,适合航运的有密西西比河、康涅狄格河、哈得孙河、哥伦比亚河及圣劳伦斯河等,其中,密西西比河长 6 262 千米,为世界第四大河。长达 22 680 千米的海岸线及众多入海大河为美国提供了许多天然外贸良港。

美国总面积相当于俄罗斯的一半。关于中美面积大小之争,事实是,中国领土总面积为9 596 960平方千米,其中,陆地面积9 326 410平方千米,水域面积270 550平方千米。因此,若比较土地面积,则中国大于美国,为世界第三;若算上水域面积,中国领土小于美国,列世界第四。

2. 自然资源

美国国土面积辽阔,且横亘两大洋之间,气候温和,是世界自然资源最为丰富的国家之一;土地、草原、森林资源均居世界前列,矿产种类多、储量大。

(1) 土地资源。美国中东部平原面积占本土面积的50%以上(是中国的5倍),可耕地面积为世界的1/10,为农业发展提供了很好的条件。地处高原、丘陵地带的西部加利福尼亚州,因濒临太平洋形成的地中海式气候,使其成为美国蔬菜水果的主产区。

(2) 水力资源。美国本土分为三大水系:落基山以东注入大西洋的河流为大西洋水系,主要有密西西比河、康涅狄格河和哈得孙河,最长的是密西西比河,为世界第四大河;注入太平洋的河流为太平洋水系,主要有科罗拉多河、哥伦比亚河、育空河等;中东部的五大湖群(苏必利尔湖、密歇根湖、休伦湖、伊利湖和安大略湖)总面积24.5万平方千米,被喻为"北美地中海",其中,密歇根湖属美国,其余四湖为美国和加拿大共有。苏必利尔湖为世界最大的淡水湖,面积仅次于里海而居世界湖泊第二位。

(3) 森林资源。美国森林面积约43.6亿亩,森林覆盖率达39.1%,占世界森林总面积的7.1%,居全球第四位,用材林蓄积量202亿立方米,因此是林产品大国。美国有超过17 000种本土的植物和树种,仅加利福尼亚州就有5 000种,从热带地区至北极都有植物分布。美国的植物是世界上最多样化的,最著名的有占用材量第一的黄衫(花旗松)、近百米高的红杉和逾百米的巨杉等,另外,还有数千种非本土的外来植物。

(4) 矿产资源。美国的矿产资源极为丰富。石油、煤、天然气、页岩气、铁矿石、磷酸盐、钾盐、硫黄等矿物储量均居世界前列。其他矿物有铝矾土、铅、铜、金、银、汞、铀、钼、镍、锌、铋、碳酸钾钨等。战略性资源(如钛、铬、锰、钴等)主要依靠进口。煤的探明储量为35 966亿吨。原油已探明储量为270亿桶,其中的1/4集中在南部的墨西哥湾一带。天然气的探明储量为56 034亿立方米。另据美国能源部估算,美国近海油田的石油储量180亿桶,天然气储量达76万亿立方英尺,两者潜在的总储量超过国内10年的消耗量[①]。

(5) 生物资源。美国本土有超过400种哺乳类、700种鸟类、500种爬虫类

---

① 《21世纪经济报道》,2008年11月28日。

和两栖类以及9万种昆虫。许多植物和动物都仅限于它们的分布区域,有些则濒临绝种的危险,例如,被称为"空中之狮"的国鸟——白头海雕(象征着力量、勇气和自由)现存数量约6 000只。

3. 气候特征

美国地跨寒、温、热三带,几乎有世界上全部的气候类型。本土多为温带和亚热带气候,佛罗里达半岛南端属热带气候;阿拉斯加为亚寒带大陆性气候;夏威夷为海洋性气候。中部草原有极端气候;东北部海岸春夏季有东北风暴,冬季有暴雪;西部加利福尼亚州多为地中海式气候,10月到次年4月有暴雨,其他月份几乎无雨;西北太平洋沿岸地区终年有雨,尤以冬春为最,但低海拔沿海地区冬季降雪不多。

4. 种族和语言

(1) 种族。美国是个典型的移民国家。2013年人口统计显示,36%的美国居民为少数民族[①],共有100多个民族的后裔,其中,欧洲裔占74.6%,拉美裔占16.1%,非洲裔占12.12%,亚裔占5%,印第安人及阿拉斯加人占1.42%,夏威夷人及其他太平洋岛人占0.18%(2008年)。华人约400万,占1.2%。美国黑人、拉美裔和亚裔等少数族裔总人口已达到1.007亿人(2006年7月)。

(2) 语言。美国虽然没有法定官方语言,但英语是事实上的国家语言。说英语的人占82.1%,说西班牙语的人占10.7%,说亚洲语言的人占2.7%。有28个州立法英语为官方语言;路易斯安那州的法语、夏威夷州的夏威夷语和新墨西哥州的西班牙语被法定与英语有平等地位。英语的使用人口为2.2亿,西班牙语的使用人口为2 970万,汉语的使用人口为250万,法语的使用人口为140万,塔加洛语的使用人口为130万,越南语的使用人口为110万,德语的使用人口为110万。

5. 社会制度

美国实行三权分立的政治体制,立法、行政、司法三部门鼎立,相互制约,不使任何权力占控制地位;行政权属于集国家元首和政府首脑职权于一身的总统,总统经间接选举产生,任期4年。美国各州均拥有立法权。

国会是最高立法机构,由众议院和参议院组成。两院议员由各州选民直接选举产生,期满全部改选。联邦最高法院有权宣布联邦和各州的任何法律无效。美国有多个党派,但在国内政治及社会生活中起重大作用的只有共和党(以象为标志)和民主党(以驴为标志),第三和第四大党分别为绿党和改革党。

---

① 维基百科:美国。

6. 宗教与习俗

（1）宗教。美国保障宗教信仰自由的权利，政府既不支持也不反对任何一种宗教。但宗教在美国政治中相当重要。全国51.3%的居民信奉基督教新教，23.9%信奉天主教，1.7%信奉摩门教，1.7%信奉犹太教，其他基督教派1.6%，佛教0.7%，穆斯林0.6%，信奉其他宗教的占2.5%，不信奉任何宗教的占4%。

（2）习俗。美国人大多生性开朗、乐于交际、不拘礼节，但登门拜访须事先约定。美国是一个时间观念很强的国家，各种活动都按预定时间开始，迟到是不礼貌的。美国人也有礼尚往来的习惯，但忌讳接受贵重的礼物。美国社会有付小费的习惯，凡是服务性项目均需付小费，旅馆客房服务等需付不低于1美元/日的小费，饭店吃饭结账时的小费一般为10%～15%。受邀赴宴到达后切勿急着找位置坐下，应尽量与主人及生熟客人寒暄周旋；入席通常是男、女或生、熟客人相互错开入座；吃饭时避免发出响声。美国人养成排队的习惯，购物、进餐、买票、上车等均按顺序进行，从不插队。美国人的思维方式是：喜欢与众不同（Like to be different），包容不同见解（Agree to disagree），一切开诚布公（Everything is above board）。美国人的信条是"忘记过去，展望未来"。不太愿意听人谈论个人或国家的历史。美国人把个人价值能否实现视为成功与否的重要标志，并认为工作是人的能力和价值观的体现。因此，从老板到普通员工都不会轻视体力劳动。不少成功人士甚至以开"皮卡"（能载货的轻型越野卡车）为荣。在美国的商业往来和日常生活中，E-mail、skype、AIM乃至Face book等因不受时空限制操作便捷已成为最实用和普遍的通讯手段。

美国人对颜色的偏好是：白色象征纯洁；蓝色和红色象征吉祥如意；也喜欢黄色，因为象征和谐；但不喜欢黑色，认为是肃穆和丧葬的象征。对于动物，多喜欢狗和白色的猫，厌恶蝙蝠（视为吸血鬼和凶神的象征）。对于数字，与其他西方人或基督教徒相似，忌讳"13"和"星期五"；也忌问他人收入、财产、年龄及婚姻（尤其是女性）等隐私问题。

二、经济概况

1. 经济规模

美国是当今世界唯一的超级大国。2013年，美国的GDP达16.724万亿美元，居世界首位。人均GDP为52 839美元，列世界第九（见表3-1-1）。美国经济体系兼有资本主义和混合经济的特征，政府对商业的管制程度低于其他发达国家，然而，宏观经济调控体制较为完善，手段也较为灵活，1933年和2008年，当美国出现经济危机时，政府也会大力度干预市场，暂时收购少数大型私营企业，以避免经济出现崩溃。

表 3-1-1　2005～2013 年美国 GDP 及占全球比重　　　单位：亿美元

年份	2005	2006	2007	2008	2009	2010	2011	2012	2013
GDP	124 389	131 527	139 800	143 300	142 587	146 578	150 877	162 400	167 242
占世界(%)	28.2	27.2	25.7	23.1	24.6	23.2	21.6	21.8	22.3
人均 GDP（美元）	49 916	43 883	46 280	45 594	46 381	46 844	48 147	49 802	52 839

资料来源：World Economic Outlook Database. April 2014.

美国的第一产业（农、林、牧、渔业）仅占其 GDP 的 1.5%，但其总产值占全球的 1/5；第二产业（制造业、能源产业、建筑业）占 GDP 的 20.4%，其信息技术、生物制药、汽车制造、宇航防务等产业均领先世界；第三产业（服务业）占 GDP 的比重达 78.6%，占全国就业人数的 78%，尤其是医疗、信息、金融、教育与科研、娱乐、法律、民航等方面均在世界上首屈一指。

2. 产业结构

钢铁、化工、汽车、电子、纺织曾是美国传统的五大支柱产业。随着科技进步和经济全球化的迅猛发展，劳动密集型的电子、纺织业已逐渐淘汰，钢铁、化工和汽车制造虽然仍具有相当实力，并在国际市场上占有一定地位，但它们在美国 GDP 中的比重和在国际市场上的竞争力已大为降低。新的支柱产业是以消费为主导的生物制药业、金融服务业、高科技产业和军火工业等，比重占美国 GDP 的 80% 以上，这些产业也对世界经济有着重大影响。

（1）农业。农业产值在美国产业结构中的比重仅占 1.5% 左右，但就战略地位而言，农业是美国经济安全的命脉，因此长期得到政府的补贴和保护。凭借优良的土地气候条件和先进的集约化生产方式，美国成为全球最大的农产品生产国和出口国，包括产量及出口量占世界第一的玉米、小麦和大豆以及棉花、肉类、乳制品、马铃薯、烟草和糖等。中西部平原地区的农业产量之大，使美国拥有"世界粮仓"的美誉。美国每年粮食的丰歉和出口量的波动对国际粮食市场都有举足轻重的影响。由于国际油价不断上涨，美国加大了玉米等粮食作物转化为燃料乙醇的数量，1/3 的玉米被用于乙醇燃料的生产[①]。此举虽然缓解了油价上涨带给美国的压力，但美国玉米出口量的减少导致国际市场玉米价格持续攀升，连带整个国际粮食市场行情迅速走高。美国农业对本国经济的重要性和对全球经

---

① 《参考消息》，"经济视点"，2008 年 3 月 3 日。

济的影响力由此可见一斑。

（2）医药。生物制药是美国产业发展速度最快、在 GDP 中所占比重增加最快的行业之一。很多人往往将 IT 视为美国最大的行业,实际上医疗及生物制药已成长为美国最大的产业,已占到 GDP 的 15%。由于基因技术和高分子及稀有合成金属材料的开发,使不断推出的新药及新医疗器材为企业带来巨额利润。一些大企业如辉瑞（Pfizer）、葛兰素史克（GSK）、安进（Amgen）、基因技术公司（Genetech）等的业绩年增长甚至高达 20%～40%。美国作为全球医药市场运转的发动机,其年销售额约占每年世界医药市场总额的 43%。

（3）IT。IT（信息技术）为美国第二大产业,包括电子和信息产品、电信、软件和数字内容业,占 GDP 的 11%。加州和马里兰州的"硅谷"、波士顿的"128 号公路"科技园以及纳斯达克（NASDAQ）市场是美国及世界高科技企业成长的摇篮。全球接近 80% 的高科技公司在纳斯达克证券市场上市。经历了本世纪初那场大起大落的洗礼之后,美国 IT 产业强劲复苏,目前已占全球信息产业总规模的 1/4。全球市值最大的软件巨头微软,芯片业巨头 Intel,网络提供商 facebook,多媒体提供商 Apple、搜索引擎 Google,电子商务巨头亚马逊等 IT 巨头都是各自领域的全球佼佼者。

（4）金融。美国金融业产值占 GDP 的 30%,包括银行、保险、证券、期货等,主要集中于纽约和芝加哥。金融服务出口额约占全球金融服务出口市场的 20%。美国有各类银行 8 500 多家,其中,高盛、摩根斯坦利、花旗等都是在全球影响力极大的金融集团。美国纽约证券市场和纳斯达克证券市场汇集了美国和全球上万家上市公司。金融衍生产品（Financial Derivative Products）层出不穷,最典型的是期权、期货、货币调期和贷款证券化（将贷款"打包"转卖给其他金融机构）等做法。

【专栏】 美国金融危机[①]

2007 年 4 月,美国两大次级抵押贷款公司破产,次贷危机迅速蔓延到全美乃至全球,由此引发世界金融危机。至 2012 年 1 月,美国已有包括美林、雷曼兄弟在内的 462 家银行倒闭,约 900 万人失业,房价"缩水"逾 1/3,美国人平均负资产达 5 万美元,1 000 多万家庭房屋易主,1 亿多张信用卡被作废。美国两大股市全线重挫,市值缩水超过 1/2。失业失房者发起声势浩大的"占领华尔街"运动。美国主权信用被降级。2009 年,美国政府推出"量化宽松"政策刺激经济发展。2010 年,美国经济弱势复苏。2011 年,美国股市恢复至危机前水平,2012 年,美国 GDP 连续三个季度增长。2013 年 7 月,美国总统宣称:美国回来了!

---

① 马克·赞迪:《美国回来了》,机械工业出版社 2013 年 8 月版。

(5) 航空航天。美国的航空航天产业是世界最强大的航空工业部门,也是美国国防工业的核心,约占美国工业总产值的 3.52%,其产品主要有民用飞机、直升机、通讯卫星、航天飞机以及飞机发动机和零部件等。航空航天业对美国贸易平衡贡献最大,仅这一个行业每年可带来 210 亿美元的贸易顺差。进入 21 世纪后,美国航空航天业开始受到来自欧洲、俄罗斯甚至中国的竞争和挑战,产值的增速出现下降,但依然可以保持其飞机制造及宇航工业的优势地位。

(6) 军火。除了非法的毒品外,军火可谓世界上最赚钱的商品。美国是世界最大的军火生产国和出口国。美国工业的主体由大约 4 200 家大型军火公司组成,其中,洛克希德·马丁、波音、雷神、诺思罗普·格鲁曼和通用动力公司并称美国军火生产的"五大金刚"。强大的军火工业不仅确保了美国超级大国的军事实力,也使美国成为世界最大的军火出口国。

(7) 汽车。美国是现代汽车产业的发祥地,曾被誉为"汽车王国"。但近 20 年来,美国汽车产业的产值在 GDP 中所占比重已降至 4% 以下。2013 年,美国汽车产量为 1 105 万辆,居中国(2 212 万辆)之后的世界第二位[1],从 2000 年占全球 25% 以上市场份额(1 740 万辆),下降到只占 12%。中国、日本、韩国等国家汽车产业扩张,加上本地工资成本上升、油价波动等诸多不利因素,导致美国三大汽车生产商——通用、福特、克莱斯勒相继关闭了在国内的众多工厂,合并了在欧洲的一些工厂。2008 年,全球首款纯电动敞篷跑车 Tesla Roadstar 诞生于加州硅谷的特斯拉公司。2010 年,特斯拉公司在纳斯达克上市。2013 年,特斯拉全球销量达 2.23 万辆,年营收超过 20 亿美元。美国新能源汽车再次领先于世[2]。

(8) 石化。美国是世界最大的石油生产国之一,石油化学工业也曾是美国的支柱产业。美国占世界总人口不足 5%,却消耗世界石油的 25%。美国拥有全球最大的战略石油储备,达 7.27 亿桶。美国曾立法禁止扩大开采本土及近海原油,陆上石油开采区分布在得克萨斯、路易斯安那、加利福尼亚和阿拉斯加等州,海上开采区集中在墨西哥湾一带,2013 年,美国石油供应量的 37% 来自进口[3],难怪美国将海外石油供给视为利益攸关的头等大事。而石油储量居世界第二位的伊拉克(仅次于沙特)约占全球已探明总储量的 10%,确保石油安全是美国在 1991 年和 2003 年两次发动伊拉克战争的重要诱因。石油成为地缘政治的焦点,它关系着美国经济的命脉。随着美国能源革命的开展,美国成为世界上

---

[1] 盖世汽车资讯:全球汽车产量统计,http://auto.gasgoo.com/News/2013。
[2] 百度百科:特斯拉。
[3] 英国金融时报网:全球能源地缘政治正重新洗牌,2014-02-20。

唯一实现页岩气大规模商业开采的国家,超过俄罗斯,成为天然气第一生产大国,并将出口液化天然气;2014年6月,美国允许得克萨斯州的两家石油公司出口原油,从而打破长达40年的原油出口禁令。美国石油与天然气出口将对世界地缘政治结构带来巨大影响。

【案例】 兵败优尼科

2005年6月23日,中国海洋石油总公司(China National Offshore Oil Corp.)提出以185亿美元全现金方式收购美国加州联合石油公司(Unocal Corp.简称优尼科公司)全部股份,此价高于美国雪佛龙—德士古公司(Chevron Texaco Corp.)提出的180亿美元的报价。优尼科虽然是美国第9大石油和天然气公司,但实际上,公司的油气产量还不到全美石油和天然气消耗量的1%,且主要在亚洲开采油气。尤尼科尽管规模不大,但在东南亚、墨西哥湾、里海等地区拥有不少优质油气储备,因此,对中国公司颇有吸引力。

考虑到能源的战略重要性,美国政府宣称,中海油并购总部在美国加州的优尼科必须获得美国外国投资委员会(CFIUS)的批准。这一委员会专门研究外国公司兼并行为是否会威胁到美国的安全。

美国国会经过辩论,最后决定阻止中海油等中国公司在美国的收购要约,因为"这可能危及美国的安全"。

2005年7月20日,优尼科董事会决定接受雪佛龙公司高于中海油的"新报价"。8月2日,中海油撤回收购优尼科的报价。中海油收购美国优尼科石油公司因政治干预而失败。

(本案例摘自新华网国际财经版,2005年8月3日)

三、对外贸易

1. 外贸规模

美国的对外贸易有三大特点:一是美国是全球第二大贸易体和第一大进口国。2013年,美国对外贸易总额达39 104.1亿美元[1],其中,出口额为15 788.9亿美元,占世界的8.8%,进口额为23 315.2亿美元,占世界的15.8%;二是外贸依存度不高。2013年,美国的外贸依存度为23.3%,实际上,美国的外贸依存度多年来保持在20%左右的水平,这意味着内需消费在美国经济中占主要部分;三是美国的商品贸易长期存在巨额逆差,服务贸易则有巨额顺差。2013年,美国货物贸易逆差高达7 526.2亿美元,服务贸易总额达11 323.1亿美元,其中,出口6 819.7亿美元,进口4 503.4亿美元,顺差2 316.3亿美元。

---

[1] http://www.wto.org/statistics.

2. 对外贸易商品结构

出口商品结构

从美国出口的大类货物看,制成品占 81.5%,食品饮料占 6.8%,燃料占 2.9%,矿物和金属占 2.7%,农产品仅占 2.3%。

(1) 农产品。美国是全球最大的粮食和原材料、饲料出口国。2013 年,美国农产品出口达到创纪录的 1 409 亿美元①,占世界农产品市场约 10%。出口的农产品包括小麦、玉米、大豆、谷类、棉花等。美国小麦出口占世界市场的 45%,大豆占 40%,玉米占 21%,均居世界首位,棉花产量占全球的 18%,居世界第三位。美国牛肉出口居世界第二位,并且是猪肉、冻鸡(18% 外销)的出口大国。美国农产品出口曾是弥补美国贸易逆差的重要产业,但近年来美国大力推广生物燃料以应对国际油价上涨,将玉米产量的 1/3 用于生产乙醇燃料。美国农产品出口占世界市场的份额逐年递减;与此同时,美国农产品进口量逐年递增,从 2006 年起,美国成为农产品净进口国。这种"汽车与人争'吃'粮食"的局面已造成全球巨大的粮食供应缺口,是导致国际粮价持续上涨的原因之一。

(2) 高科技产品。美国是世界高科技产品出口大国之一。高科技产品出口占美国工业制成品出口总额的 30% 以上②。美国的数据库、软件研发均居世界领先地位,并且是计算机、数据处理设备、软件、复合材料、特种化纤激光仪、陀螺仪、深水影像设备的主要出口国。但是,美国对往中国内地出口的高科技产品却严加控制,美国商务部规定 20 大类的科技产品严禁对华出口,包括激光器、光学纤维、贫铀、水下摄像机及推进系统、先进复合材料以及高科技通信器材等。美国还阻止欧盟、以色列向中国出口类似的高科技产品以及预警飞机等。

(3) 汽车及零部件。2013 年,美国小汽车和轻型卡车的出口量达 200 万辆,总值超过 1 000 亿美元③,占美国出口总额的 6.3%。其中的 1/2 出口到邻近的墨西哥和加拿大。由于美国是全球汽车制造成本最高昂的地方,汽车出口增速连续多年下滑。但近年来,美国扩大向欧洲、中国、东南亚的汽车出口数量,尤其是 SUV 整车及零部件的出口以及特斯拉等新能源汽车的出口,扭转了美国汽车制造业的颓势。

(4) 航空航天产品。航空航天产品占美国出口总值的 3.3%,2013 年的出

---

① 台湾经贸网:美国 2013 年农产品出口总额达 1 409 亿。
② 俞坤一、马翠媛:《新编世界经济贸易地理》,首都经贸大学出版社 2012 年版。
③ 中国行业研究网:2013 年美国汽车出口量将创新纪录。http://www.chinairn.com。

口值约为1 153.8亿美元。产品包括商用客货飞机、直升机、飞机发动机及零部件、通讯卫星及其发射、航天飞机搭载等。出口的飞机包括波音737、747、757、767、777及新开发的波音787梦幻型客机,并向日本、韩国、中东和欧洲等国家和地区出口军用飞机。为欧洲、日本、韩国等国家和地区提供卫星发射和航天飞机搭载服务。

(5) 军火产品。美国是世界头号军火生产和出口大国。2009～2013年,美国军火出口同比增长29%,保持在200亿～300亿美元/年的水平,占其出口总额的2.4%,占世界军火贸易总额的35.7%;在对空导弹、战机、军舰等出口方面,美国居世界首位,美国武器流向最多的是中东地区,其次是北非、亚洲、拉美、欧洲和加拿大。日本、韩国、以色列、阿联酋、伊拉克、阿富汗、东欧等世界热点地区的国家更是美国军火的主要买家。美、俄、法、英四国的军火出口总量已占到全球军火出口总额的71.6%[1]。

进口商品结构

(1) 能源、原材料及农产品。能源、原材料和某些农产品占美国进口总值的近1/2。这类产品包括石油、煤炭、天然气、钢铁及各种农产品。天然橡胶、锡、镍、钨、锑、锰等主要来自中国和东南亚国家;铁矿石、铝矾土、铜等来自澳洲和非洲国家。

(2) 工业制成品。工业制成品占美国进口总值的一半以上。其中,汽车主要来自日本、韩国和德国;机械设备、精密机床、汽车零部件、飞机等产品主要来自加拿大、墨西哥和欧洲;纺织品、服装、玩具、电子电器、家具、办公设备、固定电话、移动通讯产品、电脑及显示器、机床等主要来自中国和东盟。

3. 进出口贸易伙伴

(1) 对外贸易地理方向。美国的主要出口地区是北美洲、欧洲、亚洲、中南美洲和中东。2013年,加拿大占美国总出口的19%,墨西哥占14.3%,中国占7.7%,日本占4.1%[2]。美国的主要进口地区是亚洲、北美洲、欧洲、中南美洲、非洲和中东。2013年,中国占美国总进口的19%,欧盟占16.6%,加拿大占14.7%,墨西哥占12.4%,日本占6.1%。

(2) 主要贸易伙伴

---

[1] 瑞典斯德哥尔摩国际和平研究所(SIPRI)2013年研究报告。
[2] International Trade and Market Access Data: United States. http://www.wto.org.

表 3-1-2　美国(2013年)主要贸易伙伴及进出口额　　　单位:亿美元

主要出口去向				主要进口来源			
排名	国家/地区	金额	占比(%)	排名	国家/地区	金额	占比(%)
	总　值	15 788.5	100		总　值	22 668.5	100
1	加拿大	3 002.4	19.0	1	中　国	4 404.3	19.4
2	墨西哥	2 261.5	14.3	2	加拿大	3 320.8	14.7
3	中　国	1 220.1	7.7	3	墨西哥	2 804.5	12.4
4	日　本	651.4	4.1	4	日　本	1 385.3	6.1
5	德　国	474.4	3.0	5	德　国	1 146.4	5.1
6	英　国	473.5	3.0	6	韩　国	622.3	2.8
7	巴　西	441.1	2.8	7	英　国	526.2	2.3
8	荷　兰	426.5	2.7	8	沙　特	518.0	2.3
9	中国香港	424.5	2.7	9	法　国	453.2	2.0
10	韩　国	415.5	2.6	10	印　度	418.3	1.9

资料来源:商务部:《对外贸易·国别报告·美国》,2014-02-11。

表 3-1-2 为2013年美国出口和进口的主要贸易伙伴。它反映出以下几个特点:

- 北美自由贸易区的加拿大是美国最大贸易伙伴;
- 欧盟28国是美国第二大贸易伙伴;
- 中国内地是美国第三大贸易伙伴、第一大进口来源地和第三大出口市场;
- 墨西哥是美国第四大贸易伙伴;
- 日本是美国第五大出口市场和第五大进口来源地;
- 上述五大贸易伙伴分别占美国出口市场的61.7%和进口来源地的67.9%;
- 韩国因汽车和电子产品增加已成为美国第六大贸易伙伴;
- 委内瑞拉、沙特阿拉伯、尼日利亚、阿尔及利亚等产油国已占美国进口的6%;
- 东盟5个主要国家均是美国的重要贸易伙伴。

从贸易差额看,2013年,美国对中国内地的贸易逆差最大,为-3 184亿美元,占其全部对外贸易逆差的46.2%。其次是对日本,占10.6%。对德国的逆差占美国外贸总逆差的9.7%。

4. 贸易协定

(1) 北美自由贸易区。1992年10月,美国与加拿大、墨西哥签署《北美自由贸易协议》(NAFT)(详见"第四章第三节,加拿大")。美国曾打算在北美自由贸易协定的基础上,于 2005 年将其扩大为美洲自由贸易区(FTAA)。为了这个目标,美国在 2003 年 6 月与智利正式签署双边自由贸易协定。但由于地缘政治、发展水平、经济利益等方面的诸多因素难以协调,美洲自由贸易区如何建立仍在探索整合之中。

(2) 跨大西洋贸易和投资伙伴关系协定(TTIP)。在 2013 年 6 月举行的在 8 国峰会上,美国与欧盟共同宣布,双方将正式展开《跨大西洋贸易与投资伙伴关系协定》(TTIP)的谈判,并计划于 2014 年底完成谈判。美欧占全球 GDP 的 1/2,世界贸易的 1/3,每日贸易额达 27 亿美元,相互投资达 3.7 万亿美元。谈判一旦完成,将建成世界最大的自由贸易区,每年为欧洲带来 1 600 亿美元、为美国带来 1 250 亿美元的收入,全球经济将增长 4 200 亿美元。

【专栏】 悬而未决的美洲自由贸易区(FTAA)

1994 年,美国在美洲 34 国首脑会议中提出,在北美自由贸易区的基础上,于 2005 年 1 月建立世界上面积最大、包括南美洲 34 个国家在内、GDP 达 14 万亿美元、拥有 8 亿人口的美洲自由贸易区(Free Trade of American Area)。2003 年 11 月,FTAA 第 8 次部长级会议就美洲自由贸易框架协议取得共识,并重申最迟于 2005 年 1 月启动美洲自由贸易区。但由于南美国家的反对,美洲自由贸易区并未如期启动。

四、美、中经贸关系

中国已成为美国的第二大贸易伙伴、第一大进口来源地和第三大出口市场,2013 年,中美双边贸易总值达 5 620 亿美元[①]。中国是美国最大的贸易逆差来源国。当年美国公司在华盈利创下近 100 亿美元的纪录。

(1) 总体回顾。中美经贸关系已得到全方位强化,主要体现在贸易、服务、投资、经济技术合作等领域。中美贸易从 2002 年的 972 亿美元扩大到 2013 年的 5 000 多亿美元。按美国海关的统计,尽管两国贸易存在巨额逆差,但这期间美国对中国的出口增长是美国对世界其他地区出口增长的 5 倍,中国从美国第九大出口市场跃居第三大出口市场,中国还是美国棉花、玉米、大豆等重要农产品出口的最大市场。

---

① 美国《纽约时报》网站 2014 年 5 月 26 日报道。

【专栏】页岩气拉近美中生产成本

波士顿咨询公司抽取了25个国家的资料,这些国家占全球工业品出口近90%,然后根据工资水平、劳动生产率、能源价格和货币汇率四个指标对比分析,发表了《全球制造业的转移经济》报告,得出结论认为,从生产成本看,美国是继中国之后全球最具竞争力的国家。排在前十名的还有韩国、英国、日本、荷兰、德国、意大利、比利时和法国。美国的生产成本比除中国之外的其他9个国家低10%～25%,并将在2018年取代中国,成为全球生产成本最低的国家。成就美国大幅度降低生产成本的主要原因是从2005年开始的页岩气革命。10年来,它使美国的天然气价格降低了50%。而同一时期,美国蓝领工资水平仅上涨27%,其他24国的劳动工资平均上涨71%,中国蓝领工资的涨幅更是翻了两番。包括通用电气、福特、惠而浦、谷歌在内的很多美国公司,正考虑将早先转移到中国和其他地区的生产回归本土。

(《俄罗斯商业咨询日报》,"页岩气革命帮助美国赶上中国",2014年4月28日。)

(2) 商品结构。美国自中国进口的商品已从初级产品、技术含量低的劳动密集型产品为主逐步转变为机电产品占主导。美国从中国进口主要有机电产品、纺织服装、金属制品、家具、鞋靴、玩具等;向中国出口主要有汽车及零部件、数字音像、民用飞机、光学仪器、医疗设备、化工产品、棉花、大豆等。

(3) 服务贸易。与美中货物贸易逆差情况相反,在美中服务贸易中美国一直呈现顺差,并且逐步扩大。美国对中国出口的服务集中在教育、商务、通讯、金融、保险和专业服务等领域,从中国进口的服务则集中在运输和旅游领域。

(4) 投资领域。1978～2012年,美国对华投资项目累计达62 369个,实际投资701.9亿美元[①]。中国已成为美国企业海外利润的主要来源地之一。据中国美国商会调查显示,84%的美国在华企业盈利,77%的美国公司在华市场份额明显增长,25%的美国在华公司总收入超过1亿美元。与此同时,中国也加大在美投资,2013年,中国公司在美国的投资总额已达140亿美元[②]。

(5) 贸易摩擦。中美经贸关系的确存在着许多矛盾和摩擦,如贸易逆差、知识产权、人民币汇率、高科技产品出口等问题。产生这些问题的主要原因是,中、美两国在资源条件、要素成本、经济结构和消费水平等方面存在巨大差异。这种差异产生的互补性,导致两国间相互需求和依赖关系不断加深,两国人民也从这种依存关系中得到利益。倘若综合考虑服务贸易和投资领域,扣除美国制造业向中国转移、美国在华投资企业的贸易顺差等因素,两国经贸利益在总体上是大

---

① 商务部美洲大洋洲司:经贸合作情况,http://mds.mofcom.gov.cn。
② 美国《纽约时报》网站,2014年5月26日报道。

致平衡的。当然,由于看问题的角度不同,立场相异,特别是隐匿在贸易争端背后的产业失衡、利益转移、国家安全、大国战略等各种问题的纠结,所谓层出不穷的贸易争端,实际上是两国政治经济利益与实力的种种博弈,绝非一朝一夕所能解决。

五、主要贸易口岸

1. 新奥尔良(New Orleans)

新奥尔良是爵士乐的故乡。新奥尔良港是美国吞吐量最大的港口,位于美国南部的路易斯安那州东南部,密西西比河下游入海处,濒临墨西哥湾。港口年吞吐量达1.8亿吨,港内水深10~10.8米。港口夏、秋季易受墨西哥湾飓风影响。该港以大宗散货为主,美国出口的玉米、大豆和60%的小麦经此港输出。

2. 纽约(New York)

纽约是美国最大的城市,绰号"大苹果"。纽约港是美国第二大港口和第一大集装箱港,年吞吐量1.6亿吨。港口位于美国东北部哈得孙河口,东临大西洋。是世界天然深水港之一,冬季不冻,时有浓雾。有两条主要航道进出港:一条是位于哈得孙河口外南侧的恩布娄斯航道,长16千米,宽610米,深度13.72~30米,供南方和东方来船进出;另一条是长岛海峡和东河航道,水深18~33米,供北方来船进出。全港有16个主要港区:纽约市一侧有10个,新泽西州一侧有6个,故又称纽约-新泽西港(Port of New York & New Jersey)。全港深水码头线总长近70千米,有水深9.14米、12.80米的远洋船泊位400多个。

3. 休斯敦(Houston)

休斯敦港是美国的"太空城",更是美国第一大进出口贸易港,港口总吞吐量居全美第三位。港区位于美国南部墨西哥湾,距美国第四大城市休斯敦80千米。休斯敦港是美国最大的石油和小麦输出港,港区总长4 800米,泊位水深10.8~12米。港口地处亚热带,夏季热而潮湿,每年7至11月多飓风。

4. 芝加哥港(Port Chicago)

芝加哥是美国的期货中心,地处北美大陆的中心地带的五大湖区。芝加哥港靠近美国中西部地区的最大城市、美国第二大城市芝加哥,是美国农产品的重要集散地。港口位于在密执安湖南岸,年吞吐量超过8 000万吨。

5. 巴尔的摩(Baltimore)

巴尔的摩是美国国歌《星条旗永不落》的诞生地。巴尔的摩港为美国东海岸的重要港口,也是五大湖区、中央盆地与大西洋相连的重要出海口。港湾属河港,虽然距大西洋250千米,但港区纵深大、潮差小,泊位水深15米,航道水深

20米,水深条件优于新奥尔良港。因受大西洋暖流影响,该港冬季不冻。巴尔的摩港吞吐总量超过3 000万吨。滚装货、铝和糖的吞吐量名列美国港口之首,汽车的处理量也位列三甲。港口规划向滚装货、林产品、汽车和集装箱货发展,并与日本本田、美国福特、韩国现代和德国保时捷公司签订了长期挂靠协议。

6. 费城(Philadelphia)

费城的全称是"费拉德尔菲亚",意思是"City of brotherly love"(兄弟般爱之城)。港口位于美国东南部的重要工业中心、美国第四大城市费城的特拉华河畔,隔河与新泽西州的卡姆登相望,距河口约140千米。沿特拉华河有大规模港口设施,大型海轮可直达港区,为美国著名河港。全美造船和石油工业主要中心之一,也是钢铁、重型机械、电机、汽车、化工、服装、食品、印刷等工业基地。港区总长2 000米,泊位水深12.2米。费城国际机场是重要的航空运输枢纽,有5个航站,每个航站都有货运处以及火车站。

7. 波士顿(Boston)

波士顿又称"美国雅典"、"豆豆城"、"宇宙的中心"、"山上的城"。波士顿港是位于美国东北部大西洋沿岸的优良海港。这里夏季炎热潮湿,冬季寒冷、多风多雪。港区有两个集装箱泊位,总长518米,水深10.6~12.1米。

8. 迈阿密(Miami)

迈阿密的别称是"上帝的等待室"。迈阿密是美国第三大、世界第七大航空港,是著名的海滨旅游胜地。迈阿密港位于美国佛罗里达州东南部的滨海城市,是美国最繁忙的港口之一,主要处理南美洲和加勒比海地区的货物。港区沿比斯坎湾延伸19.2千米,宽13千米,港口水深港阔。

9. 底特律(Detroit)

底特律是美国四大汽车制造商——通用、福特、克莱斯勒和阿美利加公司所在地,是世界著名的"汽车城",汽车年产量约占全国的1/4。底特律港位于美国东北部的底特律河西岸,东濒圣克莱尔湖,与加拿大汽车城温莎隔河相望。五大湖的圣劳伦斯深水航道可进出远洋船只,是对加拿大贸易的最重要口岸之一。

10. 诺福克(Norfolk)

诺福克是美国最大的航母基地。诺福克港位于美国东部伊丽莎白河畔,扼切萨皮克湾咽喉。与朴次茅斯、汉普顿、纽波特纽斯三城隔河相望。与朴次茅斯、纽波特纽斯等组成的汉普顿罗兹港是美国大西洋岸同西印度群岛间的重要贸易港,也是世界著名的深水港之一。诺福克是美国最大的造船中心,并且是世界最大的煤炭输出港,有铁路通往阿巴拉契亚南部煤田。英国东英格兰有一个郡也叫诺福克,下辖南诺福克、北诺福克等7个市。

11. 洛杉矶(Los Angeles)

洛杉矶的西班牙语意思是"天使之城"。洛杉矶是美国西海岸的最大工业城市,是著名的飞机制造、导弹、石油、汽车、电子、化学、钢铁及印刷工业中心。洛杉矶港位于美国西南部加利福尼亚州西南沿海圣佩德罗(San Pedro)湾内,濒临太平洋东侧,是美国第二大集装箱港,并且是北美大陆桥圣菲铁路的西桥头堡(东桥头堡为濒临大西洋的费城)。港区最大水深15.2米,属亚热带地中海式气候,冬季不冻。

12. 圣弗朗西斯科(San Francisco)

圣弗朗西斯科又称旧金山或三藩市。位于太平洋与圣弗朗西斯科湾之间的半岛北端。是美国西部最大的工业中心和最大的油港,并且是美国第三大城市、旅游胜地及著名的"硅谷"所在地。港内有泊位100个,水深11.5~12.8米。这里为典型的凉夏型地中海式气候,四季如春。太平洋在这附近的潮流很冷,但港口冬季不冻。

13. 西雅图(Seattle)

西雅图的别称是"飞机城"、"航天城"。这里是美国航空、航天工业基地,是火箭、导弹及太空发射器的制造中心。西雅图港位于美国西北部,濒临太平洋西的胡安·德富卡(Juan De Fuca)海峡东南侧,是美国第五大集装箱港,也是美国本土距东亚最近的港口,集装箱泊位水深12.1米。西雅图港还是北美大陆桥——北太平洋铁路的西桥头堡(东桥头堡为纽约)。

14. 火奴鲁鲁(Honolulu)

火奴鲁鲁又称檀香山,因地处太平洋中心,绰号为"太平洋十字路口"。火奴鲁鲁是太平洋海、空交通的枢纽和重要港口。港口位于北太平洋夏威夷群岛中瓦胡岛的东南角,是一天然深水良港,火奴鲁鲁当地土语的意思是"避风港"。不远处的珍珠港是美军太平洋舰队司令部所在地,也是美国海、空军的主要基地之一。火奴鲁鲁港区面积22平方千米,可容10万吨级船舶进出,集装箱泊位6个,水深11米。

第二节 德 国

【开篇案例】 "新丝绸之路"振兴德国工业老城[①]

法兰克福是德国的金融中心,汉堡为德国的航运贸易中心,杜伊斯堡是德国

---

① 摘自西班牙《国家报》,2014-05-01。

的工业心脏。每周,有3列长达650米的"渝新欧列车"从中国重庆出发,装载着50多个集装箱,穿过6个国家,抵达1万多千米外的杜伊斯堡,将iPhone、HP笔记本和宏碁电脑零部件运往欧洲。杜伊斯堡是德国最大的河港,鲁尔河与莱茵河在此交汇,成为德国工业文明的发祥地。半个世纪前,杜伊斯堡曾经是德国最富裕的地方,但全球化和产业结构老化导致杜伊斯堡竞争力下降,高达14%的失业率远远超过德国6.8%的平均失业率,使该市长期陷入动荡和不安。如今,杜伊斯堡成为德国重要铁路枢纽,现代物流业代替老旧重工业,为工业心脏注入新活力,吸引了几十个国家的投资者前来投资,新兴产业带来就业岗位,大大缓解了就业压力。"渝新欧列车"的到来,使杜伊斯堡港口出现堆放如山的集装箱,这象征着杜伊斯堡凭借现代物流业,已跻身国际物流领域的一线阵营。

全称:德意志联邦共和国(The Federal Republic of Germany)。
面积:357 021平方千米。
人口:8 080万(2013年底)。
首都:柏林(Berlin)(东1时区)。
货币:欧元(EUR,代号"€")。
国花:矢车菊(又名蓝芙蓉、荔枝菊、翠蓝)。
国家格言:统一、正义和自由。
节日:全年节假日共13天。元旦(1月1日);纳粹受害者纪念日(1月27日);复活节(3月21日到4月25日之间春分月圆后的第一个星期日);天使星期一(复活节后的第一个星期一);劳动节(5月1日);耶稣升天节(Christi Hielfahrt),复活节后40日;圣灵降临节(Pfingstmontag),升天节后10日,复活节后50日;德国统一日(10月3日);圣诞节(12月25日)。一般来说,8月和12月下旬一直到1月上旬圣诞节新年期间,不宜安排到德国从事商务活动。

一、自然条件

1. 地理位置

德国位于欧洲大陆西部,东邻波兰、捷克,南接奥地利、瑞士,西接荷兰、比利时、卢森堡、法国,北与丹麦相连,西临北海与英国隔海相望,北临波罗的海与北欧国家隔海相望,是欧洲邻国最多的国家。地势北低南高,南部境内的阿尔卑斯山祖格峰海拔2 963米。主要河流有莱茵河(流经境内865千米)、易北河、多瑙河、威悉河、奥德河。

2. 自然资源

矿产资源主要有煤、钾盐、磷、铀、石墨、萤石、重晶石等。鲁尔区和萨尔区的东部分别是硬煤和世界最大的褐煤产区,硬煤的探明储量为 2 300 亿吨,可开采储量为 250 亿吨;褐煤的探明储量为 760 亿吨,可开采储量约 400 亿吨;钾盐分布在中部的汉诺威附近,约 130 亿吨;磷矿集中在南部波德平原;另有少量已探明的铁(16 亿吨)、石油(9 000 万吨)、天然气(约 4 000 亿立方米)等;东南部有少量铀矿。矿产仍主要靠进口。

水力资源充沛。最大的莱茵河水量稳定,适合航运与灌溉,并流经法国、德国、荷兰,注入与大西洋相连的北海;又因其通过美茵河与多瑙河相通,是德国内河及外贸运输的"黄金水道"。源自德国南部的多瑙河流经 9 国注入黑海,是德国联系西、中、南欧国家的重要国际水道。

森林资源较丰富。森林面积 1 073.3 万公顷(10.73 万平方千米),森林覆盖率为 30.7%。

3. 气候特征

德国地处大西洋和东部大陆气候之间凉爽的西风带,全年降水均匀,温差不大。冬季平原地区的平均气温为 1.5℃,山区的平均温度为 −6℃。7 月是全年气温最高的月份,自北部平原到南部山谷平均温度在 18℃～20℃。年降水量 500～1 000 毫米,山地降水多于平原。

4. 种族与语言

德国人口中的大多数为日耳曼族,有少数丹麦族、犹太族、索布族和吉普赛人。外籍人口约 750 万,占总人口的 9%,主要是土耳其人及东欧国家公民。德国移民数量愈 1 000 万,居世界第三位。城市人口占 80% 以上,但百万人以上的大城市很少。通用语言为德语,多数受过教育的人能讲英语、法语或者其他 1～2 种外语。

5. 社会制度

《德意志联邦共和国基本法》规定,德国是联邦制国家,外交、国防、海关、航空、邮电属联邦管辖。国家政体为议会共和制。联邦总统为国家元首。议会由联邦议院和联邦参议院组成。联邦议院行使立法权,监督法律的执行,选举联邦总理,参与选举联邦总统和监督联邦政府的工作等。联邦总理为政府首脑。联邦宪法法院是最高司法机构。德国的政党有德国社会民主党、绿党、基民盟、基督教社会联盟、自由民主党、民主社会主义党、德国共产党、共和党等。

6. 宗教与习俗

(1) 宗教。德国有 33.7% 的人信奉基督教新教,有 33.2% 的人信奉罗马天主教。忌讳"13"、"星期五"。喜欢数字"3"和"7"。

(2) 习俗。德国社会法制观念很强,十分尊重传统。德国人既极端自尊,又待人热情,并注重感情,循规蹈矩,讲秩序,重信誉,求实效。对于庄重高雅的黑色情有独钟(国旗色之一),也偏爱灰色(显得正统、严谨、和谐)。喜爱运动。商务活动有严格的时间表。人际交往非常重视礼节,忌讳四个人交叉握手或在交际场合进行交叉谈话,认为这两种做法很不礼貌。德国人穿着打扮庄重、朴素、整洁。饮食方面,德国人最爱吃猪肉,其次是牛肉,对猪肉制成的各种香肠百吃不厌;嗜好啤酒、葡萄酒和烈性酒;忌吃核桃。不宜向德国人赠送刀、剑、剪刀、餐刀和餐叉作为礼品;忌讳以褐色、白色、黑色的包装纸和彩带包装、捆扎礼品。与德国人交谈时,不宜涉及纳粹、宗教与党派之争;在公共场合窃窃私语被认为很不礼貌。非正式场合不必主动交换名片。

二、经济概况

1. 经济规模

德国是世界第四经济大国。早在第一次世界大战前夕,德国就建成了以重工业为主导的完整工业体系,成为仅次于美国的工业强国。工业化后的德国,为了突破狭小的国内市场和贫乏的资源制约,开始走上对外侵略扩张的道路,先后发动了两次世界大战。第二次世界大战后,德国经济完全崩溃,国家也分裂成东、西两部分。1990年10月,东、西德实现统一。德国是一个高度发达的工业国家,2013年,德国的GDP为3.55万亿美元,仅次于美国、中国和日本,经济实力居欧洲之首。人均GDP为44 010美元,居世界第22位。政府实行减少国家干预、充分发挥市场机制作用的政策。通过税制改革、鼓励个人投资、进一步非国有化、推动IT发展、调整经济结构等措施,以刺激经济复苏和稳定增长。服务业占GDP的71%,工业和农业分别占28%和1%。

2. 产业结构

(1) 汽车工业。汽车产业产值约占德国GDP的7.1%。如果说美国是现代汽车工业的发祥地,德国则是世界汽车的发源地。从1886年本茨发明第一辆汽车起,德国汽车一直以质量高和性能佳为世人称道。2013年,德国汽车产量572万辆,仅次于中国(2 212万辆)、美国(1 105万辆)和日本(963万辆)[①],位居世界第四。如果加上德国戴克公司旗下的美国克莱斯勒公司300万的年产量,德国企业全球汽车产量相当于世界总产量的20%。实际上,国外产量已经占德国企业全球产量的50%以上。德国境内汽车产量的71%供出口。德国汽车工业已

---

① 盖世汽车社区网:2013年全球十在汽车生产国,2014-03-02。

经超越了传统"出口工业"的概念,发展成为一种典型的"国际化产业"。虽然德国汽车产业的人均成本是欧盟中最高的,但产业净利润率也最高,达18.2%,高于法国和英国的15%以及匈牙利的16%。这反映出德国汽车以高端为主的特点。

(2) 电子工业。电子工业是德国发展最快的产业,年产值已超过机械工业,成为德国第二大产业,德国电子产业产值约占GDP的7.0%。德国电子工业拥有各类企业3 000多家,产品包括微电子、信息、通讯、光电、能源。电子工业的领军企业有著名的西门子、通用电气、博世、飞利浦等公司。其中,总部位于慕尼黑的西门子公司是德国电子工业最大的垄断集团,也是世界最大的电子电气公司之一。柏林电子展、汉诺威电子信息及通信技术博览会(CeBiT)等均为国际著名的电子商品博览会。

(3) 机械工业。机械工业是德国产业的强项,产值约占GDP的6.9%。产品包括机床、动力机械、印刷机械、冶金设备、农业机械、纺织机械、矿山设备、建筑机械、起重机械、精密仪器、光学仪器、木材与塑料加工设备等。机械产品出口占世界第一,占发达国家出口总量的20%以上。在44个机械制造门类中,德国领先的达26个,其中尤以精密机床、印刷机械、冶金设备、纺织机械以及木材和塑料加工设备为最。德国机械工业以中小企业居多,有企业6 000多家,年销售额仅次于汽车产业。机械工业中心多分布在汉堡、汉诺威、慕尼黑、法兰克福及纽伦堡地区。

(4) 食品工业。食品工业约占德国GDP的6%,是近年来发展较快的产业。德国的啤酒产量居世界首位。此外,德国的肉制品、乳制品、巧克力、饼干、葡萄酒等产业也十分发达,产品除满足国内需求外,有相当部分出口。2013年,德国食品出口额已经占到食品工业总产值的三分之一[①]。

(5) 化学工业。化学工业是德国原材料和生产资料中最重要的工业领域,在世界仍居于领先地位。德国化学工业产值约为GDP的5%左右。共有2 800多个化工企业,根据国际协议,德国的二氧化碳排放减少至1990年的排放水平。限制排放必然导致化学企业能源成本的提高,将严重影响德国石化工业的发展。

三、对外贸易

1. 对外贸易规模

德国是西方七国中对外贸易依赖程度最高的国家,外贸依存度高达76%。

---

① 环球网:德国食品工业三分之一销售额来自出口,2013-10-07。

2013年,德国对外贸易额为26 408.8亿美元,其中,出口14 529.9亿美元,进口11 878.9亿美元,贸易盈余达1.45万亿美元。德国是世界三大出口国之一,本国生产的工业产品1/2销往国外,1/3的就业人员直接与出口行业相关。德国出口的主要产品有汽车、机械产品、电气设备、运输设备、化学品、电子产品、钢铁、飞机、医疗设备、印刷设备和食品等。由于德国自然资源贫乏,除煤和钾盐外,原料和能源基本依赖进口,进口的产品主要有石油、机械、电器、粮食和服装。主要贸易对象是欧美工业国。

2. 对外贸易法规

德国对外经济贸易的法规主要有《对外经济法》和《对外经济法实施细则》。德国政府对企业和个人的对外经贸活动一般不直接干预,但下述情况例外:

① 为保证国与国之间协议规定义务的完成;

② 为防止或抵消外国采取的措施对德国经济的有害后果;

③ 为抵御来自国外有害的货币和资本流入;

④ 为防止或抵消外国采取不符合自由贸易的政策对德国的影响;

⑤ 为保证德国安全和世界和平,政府有权限制武器、弹药和有关设备、专利的进出口。

《对外经济法》还规定:

① 生活必需品的国内供应如果受到威胁,可以限制有关商品出口;

② 出于保护国内经济的需要,可以限制有关商品出口;

③ 为了保护国内利益,可以限制与国外的服务往来;

④ 为了保证国际收支长期平衡,可以调查与国外的资本往来;

⑤ 为了保持国际收支平衡,可以限制非境内人员在德国的资金和货币投放;

⑥ 可以限制非境内人员在德国建立企业或子公司、代表处;

⑦ 为防止来自国外的有害的货币和资本流入,可以限制境内人从境外借贷的一定比例(不超过50%),同时必须在一定时间内无息存放在德国联邦银行,名为"现款押金义务"。

3. 进出口商品结构

(1) 德国主要出口产品。机械设备及零部件(占17.5%);汽车及零配件(占17.3%);电子设备(占9.7%);塑料及其制品(占4.8%);药品(占5.1%);光学、摄影、医疗设备(占4.6%);燃料及矿物油(占3.1%);航空、航天器及其零部件(占3%)。

(2) 德国主要进口产品。石油及天然气(占14.8%);机械及零部件(占11.9%);电机电器(占10.5%);汽车及零部件(占8.2%);药品(占3.8%);塑料及制品(占3.7%);光学、摄影、医疗设备(占3%)[1]。

4. 主要贸易伙伴

德国的主要贸易伙伴是西方发达国家(尤其是欧盟成员)。从地区来看,德国81%的出口和79.4%的进口是与西方发达国家进行的。2013年,德国对欧盟27国的出口占其出口总额的56.7%,自欧盟的进口占其总进口的56.1%。

德国是发达国家中少有的外贸顺差国。从地区看,德国对主要区域性组织(除对东盟外)皆为顺差,其中,对欧盟27国的顺差约占其全部顺差的59.8%;从国别看,美国、西班牙、法国、英国、意大利和澳大利亚为德国的主要顺差来源国;德国的主要逆差来源是荷兰、中国、比利时、利比亚和日本等国(见表3-2-1)。

表3-2-1 德国(2013年)主要贸易伙伴及进出口额　　单位:亿美元

排名	主要出口去向			排名	主要进口来源		
	国家/地区	金额	占比(%)		国家/地区	金额	占比(%)
	总　值	14 529.9	100		总　值	11 878.9	100
1	法　国	1 319.7	9.1	1	荷　兰	1 541.8	13.0
2	美　国	1 177.5	8.1	2	法　国	893.8	7.5
3	英　国	947.1	6.5	3	中　国	763.6	6.4
4	荷　兰	908.0	6.3	4	比利时	725.1	6.1
5	中　国	893.6	6.2	5	意大利	631.4	5.3
6	奥地利	733.1	5.1	6	英　国	524.7	4.4
7	意大利	701.5	4.8	7	奥地利	513.9	4.3
8	瑞　士	617.6	4.3	8	波　兰	499.2	4.2
9	波　兰	559.5	3.9	9	美　国	486.0	4.1
10	比利时	552.5	3.8	10	瑞　士	479.1	4.0

资料来源:商务部:《对外贸易·国别报告·德国》,2014-03-31。

四、德、中经贸关系

德国是中国在欧洲最大的贸易伙伴。2013年两国贸易额为1 657.2亿美元,其中,中国对德国出口763.6亿美元,从德国进口893.6亿美元。中、德两国政府签署的主要经贸文件有1979年签署的《经济合作协定》和1982年签署的《技术合作协定》。这两个协定对两国之间的贸易及经济技术合作作出了明确的规范,确保了双边贸易和技术合作有序进行。1983年,中、德两国政府签署了

---

[1] 中华人民共和国商务部:《对外贸易·国别报告·德国2013》。

《投资保护协定》;1985年,两国又签署了《财政合作协定》和《避免双重征税协定》。目前,德国有20万以上的就业机会取决于对华出口。中国约15%的进口机械和近30%的进口汽车及汽车配件来自德国[1]。

德国在华投资主要涉及能源、交通、汽车制造、化工、通讯等生产领域。方式多以合资经营为主,德方投入的主要是制造技术和生产设备。

德国是中国在欧洲建立中资企业最多的国家。至2013年为止,中国在德国的中资机构、企业已超过1300家。近年来,德国政府放宽对外资涉足制造业领域的限制,中国华为、沈阳机床、三一重工等大型电子、机械企业已开始在德国投资生产。

五、主要贸易口岸

1. 汉堡(Hamburg)

汉堡是德国最大的港口,也是欧洲第二大集装箱港,位于易北(Elbe)河下游右岸,距入海口约120千米,濒临黑尔戈兰湾(Helgolander Bay)。2013年货物吞吐量为1.8亿吨,其中的56%为来自亚洲的货物;集装箱吞吐量约1200万TEU,其中的1/3是发往或来自中国的。单就港区而言,有800多年历史的汉堡港已发展成为世界上最大的自由港,港区有全球最大的仓储城。汉堡是德国的造船工业中心,此外,还有电子、石油提炼、冶金、机械、化工、橡胶及食品等产业。港口距机场仅15千米。

港区属温带海洋性气候,温和湿润,冬季多雨,年均最低气温1月份为-4℃,最高气温7月份为20℃。港内平均水深16米,平均潮差为2.8米。港区泊位350多个,每年进出港船舶1.9万艘。16平方千米的自由港是世界最大的港口免税区域,海关对进入自由港报关的货物均不作检查,也不征关税,港区内不规定货物的堆存期,只要支付装卸费和堆存费即可。汉堡港除元旦、国际劳动节(5月1日)和圣诞节(12月25日)外均可安排作业。

2. 不来梅港(Bremenhaven)

位于德国西北部威悉(Weser)河的下游,是德国第二大城市不来梅(Bremen)的深水外港,距不来梅60千米,距入海口20千米。不来梅港为德国第二大港,设有自由贸易区,也是欧洲重要的集装箱和汽车中转港。海轮可沿威悉河直达不来梅(河港潮差可达3.6米);而不来梅港靠近入海口,属海河口港,水深10.9~14.5米,河口锚地水深达20米,可停靠大吨位海轮。在约定"到岸

---

[1] "中国对德国经济越来越重要",德国《法兰克福汇报》,2008年7月30日。

价"时应注意两者的差别。

该港属温带海洋性气候,冬不冷夏不热,年均气温约13℃。不来梅港是德国最大的汽车进出口港、第二大纺织原料进口港,还是全球仅次于日本神户的棉花专业进口港。

3. 威廉港(Wilhelmshaven)

德国北部最大的石油进口港,有油管直通科隆。港口位于德国北部、不来梅港西侧的北海雅德湾内西岸,经运河向西与埃姆斯河口相通。当地工业有造船、机械制造、冶金、纺织等部门,是德国的渔业中心和游览、疗养(泥浴著名)地。港区最大吃水20米,潮差3.6米。全天24小时作业。但船舶不得在夜间进港;吃水超过16.8米的巨轮要候潮进港。内港有4个杂货泊位,岸线总长1 900米,吃水4~7.9米。有近20个油轮泊位,水深7.5~21米。威廉港还是德国主要海军基地。

4. 埃姆登(Emden)

德国第二大汽车出口港。港口位于德国西北角临北海的埃姆斯河口北岸,与荷兰相对。经多特蒙德-埃姆斯运河与著名的鲁尔工业区相连,是鲁尔区进出货物的重要通道(鲁尔区还可以经荷兰阿姆斯特丹进出口)。埃姆登是不来梅港的近邻,以每年出口100万辆汽车(无进口)的能力成为不来梅港在德国国内最大的"竞争对手"。该港设有自由贸易区。

5. 卢卑克(Lubeck)

又称吕贝克,是德国波罗的海沿岸的最大港口。13世纪后叶,接受"卢卑克法"的"波罗的海商贸协会"在此成立,汉萨同盟应运而生,卢卑克在德国最初统一及取得波罗的海霸权上具有重要地位。港口位于德国北部的特拉沃河畔,距波罗的海15千米,有运河连通易北河。港区最大吃水9.5米,无潮汐变化,中型海轮可直达。入港航道从河口的特拉沃明德至吕贝克,水深8.5~10米,有一座桥跨越航道,桥净空高度为21.94米,大船经过时可以打开。须强制引航。港内岸线总长1 880米,水深7~9.5米。

第三节 日 本

【开篇案例】 "肯定列表制度"与中国农产品对日出口[①]

2006年5月29日,日本正式实施针对进口农产品的《食品中残留农业化学

---

① 中华人民共和国商务部:《国别贸易报告》"肯定列表制度对中国出口日本蔬菜的影响",2007年。

品肯定列表制度》。该项制度涉及 300 多种农产品、796 种农业化学品(农药、兽药、饲料添加剂)和 53 862 个限量标准,几乎涵盖所有农业化学品的管理。

同年 7 月 18 日,日本又对肯定列表制度中原有农药残留标准进行调整。调整标准共 22 项,其中 4 项趋严的产品标准中,仅有一项涉及中国出口的蜂王浆产品。18 项标准放松的产品中,涉及中国的有 6 项产品,包括鳗鱼、鲫鱼、甲鱼、鳝鱼等及其加工品。根据肯定列表制度,每种食品、农产品涉及的残留限量标准平均为 200 项,有的甚至超过 400 项,如猪肉的检测项目由 25 个增加到 428 个,茶叶检测项目由 89 个增加到 276 个,大米检测项目由 129 个增加到 579 个。若按顺序检测每项标准,相关检测费用和漫长等待通关带来的成本激增使本来利润不高的中国农产品对日出口难上加难。

肯定列表制度实施后的第一个月,在不合格进口食品中,中国输日食品被检出 45 批次,其他国家则被检出 10 批次,而日本农产品进口来源第一大国美国却为零。此后,在肯定列表制度实施后的 6 个月中,日方共检出农药、兽药残留超标的农产品 364 批,其中,中国为 115 批,占 31.6%。由于对不合格食品均采取废弃或退货处理,中国企业因此蒙受很大损失。此后,日本部分进口商要求对来自中国的农产品采用先通关后付款的方式,将经营风险完全转嫁给中国出口企业。

全称:日本国。
面积:37.79 万平方千米。
人口:1.27 亿(2013 年 12 月 31 日)。
首都:东京(东 6 时区)。
货币:日元(JPY)。
国花:樱花、菊花。
节日:法定节假日:元旦 1 月 1 日(企业放假 5～7 天);建国日 2 月 11 日;樱花祭 3 月 15 日;夏日祭 8 月 15 日;春分(春季祭祖日)3 月 12 日;绿节(原昭和天皇生日)4 月 29 日;原昭和天皇生日盂兰盆会,农历 7 月 15 日(企业放假 7～15 天);月见节,农历 8 月 15 日;敬老节 9 月 15 日;秋分(秋季祭祖日)9 月 23 日;体育节 10 月 10 日;天皇诞生日 12 月 23 日;圣诞节 12 月 25 日;节礼日 12 月 26 日。

一、自然条件

1. 地理位置

日本是一个四面濒临海洋的岛国,自东北向西南呈弧状延伸。东部和南部为太平洋,西临日本海、东海,北接鄂霍次克海,隔海分别和朝鲜、韩国、中国、俄罗斯等国相望。日本国土总面积约相当于俄罗斯的1/45和中国的1/25。日本的国土由北海道、本州、九州、四国4个大岛和6 848个小岛组成。境内多山,山地和丘陵占总面积的71%,最高峰富士山海拔3 776米。日本位于太平洋火山地震带上,有160多座火山,其中的50多座是活火山;为世界上有名的地震区。平原主要分布在河流下游近海一带,多为较小的冲积平原。海岸线全长33 889千米。西部日本海一侧多峭壁,港口少;东部太平洋一侧多河流入海口,多天然良港。

【专栏】 四国岛上的方西瓜

世界各地西瓜的形状通常是圆形或长圆形的。如何把圆的西瓜放进冰箱以及怎样在切西瓜时不让它滚来滚去让消费者颇感为难。20世纪80年代,日本南部四国岛上有个聪明的瓜农,居然把圆形的西瓜培育成方的,既便于包装,又易于储藏,更能吸引消费者购买。其实,他的方法很简单:把正在成长的半大西瓜放到通气透光的方形的有机玻璃盒子中,使它根据盒子的形状生长。这种有机玻璃盒子的内部尺寸与普通冰箱的储藏格的空间大小相仿,成熟的方西瓜正好放进冰箱冷藏室的果菜盒内。方西瓜很快成为当地的一大特色产品,每年夏季,日本四国岛的方西瓜或被运往当地超市,或出口到世界各地。当然,平均每只82美元的高昂价格恐怕只有少数富有家庭和追求时尚的人才会买它,普通消费者顶多驻足看上几眼,满足一下好奇心罢了。

2. 自然资源

(1) 矿产资源。日本国土狭小,矿产资源贫乏。除有一些煤、锌储量外,几乎全部矿产依赖进口。

(2) 森林面积2 526万公顷,占国土总面积的66.6%,但总量不大,木材的55.1%依赖进口,是世界进口木材最多的国家之一。

(3) 水力资源。日本河流大多发源于中部山地,向东西两侧流入太平洋和日本海。河流短促湍急,水力资源丰富,水力发电量占总发电量的12%左右。

(4) 渔业资源。东部太平洋一侧自南向北均被日本暖流(又称黑潮)环绕、东北部形成千岛寒流(又称亲潮),西部日本海一侧是对马暖流和里曼寒流。在寒流和暖流交汇处,近海鱼类资源丰富,成为天然渔场。

3. 气候特征

日本四面环海,属温带海洋性季风气候,因受黑潮影响,终年温和湿润,冬无严寒,夏无酷暑。夏秋两季多台风,6月份多梅雨。北部1月平均气温-6℃,南部16℃;7月份北部平均气温17℃,南部28℃。年降水量700~3 500毫米,最高达4 000毫米以上。南部属亚热带季风气候;北部冬季降雪量大。

4. 种族与语言

日本的主要民族为和族;少数民族有琉球人、朝鲜人、华人和阿伊努族人。1.27亿人口的男女性别比为1∶1.05。近几十年来,日本出现严重少子化及老龄化现象。在所有发达国家中,日本的移民管制法规最为严格、苛刻。据统计,日本国内的外国人约占总人口的1.57%,远远低于其他工业发达国家5%～12%的水平。为了应对"少子化"问题,日本自2012年起实施"海外高级人才优待制度",按学历、职历、收入等给申请的外国人评分,达到积分的高级人才可举家搬迁到日本,并且在日本工作5年便可拿到永久居留的绿卡。

日语为通用语言;北海道地区有少量人会阿伊努语。少部分日本人会讲朝鲜语和汉语。日本人受教育程度很高,受过高等教育的人一般能讲英语,但发音明显受日语影响。

5. 社会制度

日本为君主立宪国,宪法订明"主权在民",天皇只具元首名义,并无政治实权。日本的政治体制实行三权分立:立法权归国会参众两院;司法权归裁判所(法院);行政权归内阁、地方公共团体及中央省厅。国家最高权力机构为国会。

6. 宗教与习俗

(1) 宗教。主要为神道教和佛教。信徒分别占信仰宗教人口的49.6%和44.8%。也有少数基督教和天主教徒。

(2) 习俗。因为信奉神道教和佛教的缘故,日本人多不喜欢紫色,认为紫色象征悲伤;也忌讳绿色,视为不祥之色。还忌讳3人一起"合影",认为中间被左右两人夹着,是不幸的预兆。日本人忌讳荷花,视荷花为丧花。探望病人时忌用山茶花及淡黄色、白色的花;不愿接受菊花或菊花图案的东西或礼物,因为这是皇室家族的标志;喜欢松、竹、梅、鸭子、乌龟等图案。语言上忌讳死的谐音数词"4"、"42"(后者的发音是死的动词形)和"13"。

日本人见面一般行30度至45度的鞠躬礼,鞠躬弯腰的深浅不同,表示的含义也不同,弯腰最低、也最有礼貌的鞠躬称为"最敬礼"(接近90度)。男性鞠躬时,两手自然下垂放在衣裤两侧;表示恭敬时,多以左手搭在右手上,放在身前行鞠躬礼,女性尤其如此。在国际交往中,日本人也习惯握手礼。名片交换礼节上应以地位低或者年轻的一方先给对方,并将名片正对着对方。在与日本人交谈时勿指手画脚,别人讲话时忌插话打断,不可打听日本人的年龄、婚姻、收入等隐私。饮食中一般不吃肥肉和猪内脏,也有人不吃羊肉和鸭子;忌讳用餐过程中整理自己的衣服或用手抚摸、整理头发;忌把筷子放在碗碟上面。送礼应成双成对;但送红包忌讳2万日元和2的倍数,一般送3万、5万或7万日元。礼品包装不宜采用黑、白、绿、红色,黑白色代表丧事,红绿色为不祥。用花色纸包装礼品为妥。谈判时,手抓自己头皮是愤怒和不满的表示。

二、经济概况

1. 经济规模

日本是仅次于美国的发达资本主义国家,是西方七国集团的成员之一。2013年的GDP为5.959万亿美元,仅次于美国和中国,名列世界第三位;人均GDP为46720美元,居世界第12位。值得注意的是日本的财政年度是从当年4月1日至次年3月31日。在此前后,日元汇率会出现先扬后抑的规律性波动。

日本在20世纪50~80年代实现了"轻工业—重化工业—第三产业"的转换升级,完成了由"贸易立国"到"技术立国"再到"文化立国"的转变,日本经济学家小岛清的所谓"雁行模式"即由此而来①。2012年,日本实施了以大胆的经济政策、机动的财政政策和刺激民间投资为中心的经济增长战略,此三大主轴被称为"安倍经济学",以带动日本经济的发展。

日本工业总产值约占GDP的40%。工业带中京滨、阪神、中京和北九州为四大传统工业区,以及北关东、千叶、濑户内海及骏河湾等新兴工业区。其中,尤以东京、名古屋和大阪-神户"都市圈"最为发达。日本经济在20世纪末受到信息网络热潮的推动,曾出现过短暂复苏。但随着网络神话的破灭和全球金融危机影响,日本经济在2002和2008年再受重创。

20世纪80年代中期,日美等国签署"广场协议",迫使日元大幅度升值,导致日本房地产和股市过度膨胀,房地产与金融等产业比重骤增,泡沫化的日本地产甚至到了东京的楼价相当于美国整个GDP的地步!1990年代,日本经济泡沫破灭,经济陷入20多年的低迷状况,被称为"失去的20年"。日本将未来可持续发展产业的重点放在技术创新、信息产业、老龄化社会服务和环保产业上。目前,第三产业约占日本GDP的68.1%;第二产业(钢铁、造船、机械、电子、宇航等)占GDP的30.2%;第一产业(水稻、蔬菜种植、渔业、矿业)约占GDP的1.7%。

---

① 张海东:《国际商务管理》第三版,上海财经大学出版社2009年版。

【专栏】 广场协议

20世纪80年代初,美国财政赤字和外贸逆差大幅增长。美国希望通过美元贬值增加产品的出口竞争力,以改善国际收支不平衡的状况。而80年代中期的日本已取代美国成为世界上最大的债权国,日本的产品充斥全球,日本资本在全世界疯狂"扫荡"。美国许多大企业和议员强烈要求政府干预外汇市场,让美元贬值,以挽救日益萧条的美国制造业。1985年9月,美、日、德、法、英财长及五国央行行长在纽约广场饭店(Plaza Hotel)举行会议,达成五国政府联合干预外汇市场的协议,使美元对主要货币"有秩序地"下调,以解决美国巨额贸易赤字。因协议在广场饭店签署,故又被称为"广场协议"(Plaza Accord)。协议规定,日元与德国马克应大幅升值,以挽回被过分高估的美元价格。

"广场协议"签订后10年间,日元平均每年升值5%以上。受日元升值的影响,日本股市每年以30%、楼市以每年15%的幅度增长,而同期日本名义GDP年增幅仅5%左右。1989年,日本政府开始施行紧缩货币政策,经济泡沫被戳破,日本的股价和地价短期内下跌50%左右,银行形成大量坏账,日本经济进入长达20年的衰退期。日元大幅升值对日本以出口为主导的产业产生很大影响。有专家认为,"广场协议"是日本经济陷入十多年低迷期的罪魁祸首;但也有专家认为,日元大幅升值为日本企业在海外进行大规模扩张提供了良机,也促进了日本的产业结构调整,最终有利于日本经济的健康发展。

2. 产业结构

（1）服务业。日本的服务业非常发达,尤其是银行业、金融业、航运业、保险业以及商业服务业占GDP最大比重,并居世界领先地位,东京既是日本最大的城市和经济中心,也是世界四大金融中心之一和五大外汇交易中心之一。日本的邮储银行、日本人寿保险、三菱联合金融控股、瑞穗金融集团、三井住友金融集团等均在全球金融界占有举足轻重的地位。东京证券交易所的年交易量和总市值均仅次于纽约证交所,居全球第二。

（2）电子业。日本的制造业发展速度极快,最具代表性的电子业尤其如此。以半导体为代表的日本电子产业和高科技著名制造商在全球占有重要地位,如索尼、松下、夏普、佳能、东芝、日立等公司,都是世界500强中的佼佼者。日本研发的机器人、液晶电视机、数码相机、专业及家用摄像机、移动转播设备等均享誉世界。

（3）汽车业。日本是全球第三大的汽车生产国,年产汽车900多万辆。其中,丰田、本田、日产、马自达和铃木等制造商因国内生产成本居高已不再将大量的国产汽车出口到全球,而是在世界许多国家和地区建立了合资或独资生产厂,在当地大规模生产日本品牌的汽车,甚至还返销回日本。

（4）IT业。日本信息技术产品制造业产值约2 000亿美元,信息服务产业销售额约为1 000亿美元，两者合计占全球信息产业产值的19%，仅次于美国。

【专栏】 安倍经济学

"安倍经济学"（Abenomics）是指日本第96任首相安倍晋三执政后所实施的一系列刺激经济增长的政策。《广场协议》迫使日元大幅升值，导致日本房地产和股市大起大落，整个国民经济经历了漫长的"失落的20年"。2012年底，日本政府发出重振经济的"三支箭"，即超宽松的货币政策、庞大的财政刺激措施和经济改革措施，具体包括：(1)通过扩大货币发行量，造成通胀预期，刺激消费和投资；(2)扩大政府举债规模，通过加大公共投资拉动经济增长；(3)加速日元贬值以刺激出口；(4)将企业所得税率从35%降至30%，并放宽对中小企业的管制等。

这一系列刺激政策确为日本经济注入了活力，GDP超预期提速，个人消费、住宅投资、就业和出口水平明显上升，股市升幅逾50%。尝到甜头的日本政府还积极向东盟推荐这一政策。由于欧美发达国家几乎不受日元贬值的负面影响，因此不仅默许其做法，深陷通缩的欧盟国家甚至还拟仿效其道。然而，日本政府将通货膨胀率目标提高至2%的货币政策已引发韩国、中国等的不满，韩日、中日企业在海外市场形成直接竞争局面。另外，日本最大资产管理公司中的几家对日本经济长期增长持怀疑态度，并预计日本企业收益将出现下滑，因为安倍的改革模式仍然没有解决日本人口老龄化且人口日益减少这一重大结构性问题。

三、对外贸易

1. 外贸规模

日本是世界第四大贸易国家。日本自20世纪50年代开始确立贸易立国和出口导向的发展方略。囿于国内资源和市场的限制，对外贸易始终是带动日本经济增长的发动机。日本的外贸依存度从2001年的18.4%上升到2013年的28.2%[1]，并维持在30%左右的水平。2013年，日本商品进出口贸易总额超过1.54万亿美元，其中，出口7 149.9亿美元，进口8 328.9亿美元。

日本近年来改变了长期保持贸易顺差[2]的状况，开始出现贸易逆差，且逆差幅度呈逐年扩大趋势。究其原因，一是经济疲弱导致出口竞争力下降；二是产业转型所致，将制造业大规模转移到海外，造成出口减缓；三是开始增加进口原先在本国生产的产品，如家电、汽车等；四是日元贬值导致进口燃料成本上升。

2. 进出口商品结构

(1) 出口商品结构。作为高附加值工业制成品出口大国的日本，出口商品

---

[1] WTO：International Trade and Market Access Data"Japan"，2014.
[2] 商务部网站：《国别贸易报告：日本》，2014-03-22。

集中在汽车及零配件、机械设备及零部件、电子设备及附件、光学照相及医疗设备、钢铁及其制成品等,该5类商品占其出口的65.3%,由此可见,日本出口产品的集中度很高。2007年,日本年度汽车出口量达655万辆,数量上超过美国[①],居世界第一,并创出21年来的数量新高。

(2)进口商品结构。矿产资源及能源短缺的日本进口的大宗商品为石油和天然气(占进口总值的33.8%)、金属及非金属类矿石(占3.9%),两者合计达37%;作为生产和消费大国,日本还需进口各种电气设备及其附件(11.6%)、机械设备及零件(7.5%)、光学及医疗设备(3%)、汽车及附件(2.5%)等。

3. 主要贸易伙伴

(1)主要出口市场。美国是日本的最大出口市场,也是顺差的主要来源;中国和韩国是日本第二和第三大出口伙伴。从表3-3-1可知,前十大出口市场已占到日本总出口的70%,其中,东亚及东南亚国家和地区就有7个,连同美国则占其出口方向的65.8%。这说明美国及亚洲(尤其是东亚和南亚)市场在日本出口贸易中占有十分重要的地位。

表3-3-1　日本(2013年)主要贸易伙伴及进出口额　　　　单位:亿美元

	主要出口去向				主要进口来源		
排名	国家/地区	金额	占比(%)	排名	国家/地区	金额	占比(%)
	总　值	7 149.9	100		总　值	8 328.8	100
1	美　国	1 324.3	18.5	1	中　国	1 807.6	21.7
2	中　国	1 291.2	18.1	2	美　国	697.9	8.4
3	韩　国	565.6	7.9	3	澳大利亚	509.9	6.1
4	中国台湾	416.3	5.8	4	沙　特	498.8	6.0
5	中国香港	373.6	5.2	5	阿联酋	425.2	5.1
6	泰　国	360.1	5.0	6	卡塔尔	369.9	4.4
7	新加坡	209.7	2.9	7	韩　国	358.6	4.3
8	德　国	189.4	2.7	8	马来西亚	297.8	3.6
9	印度尼西亚	170.4	2.4	9	印度尼西亚	288.9	3.5
10	澳大利亚	169.4	2.4	10	德　国	237.8	2.9

资料来源:商务部:《对外贸易·国别报告·日本》,2014-02-25。

---

① 2007年美国汽车及零部件出口值89.7亿美元,超过日本的36.4亿美元——中国汽车工业协会,2008年2月19日。

(2) 主要进口来源。中国是日本的最大进口来源国，来自中国的进口占日本全部进口的 20% 以上。美国则是日本的第二大进口贸易伙伴，占其进口总值约 8%。在十大进口来源地中，除美、澳、德外，其余 7 个均来自亚洲国家和地区，约占日本进口来源的 80% 以上。这说明日本经济十分依赖这些国家和地区的供给，如机电产品及其零部件、燃料和矿产资源等。

四、日、中经贸关系

1. 对华贸易

中国是日本的第一大贸易伙伴。早在 1978 年 2 月，中日双方就中国向日本出口原油和煤炭以及日本向中国出口技术、成套设备和建设器材达成为期 8 年的《中日长期贸易协议》，各自向对方出口 100 亿美元的商品。2013 年，中日双边贸易总值达到 3 099 亿美元，比 1979 年时 69.09 亿美元增加了 44 倍，中国是仅次于美国的日本第二大出口市场和最大的进口来源地。

2. 对华投资

截至 2013 年年底，日本在中国的实际投资累计超过 700 亿美元，是中国主要的外资来源之一。日本对中国的直接投资从最初的原料和食品等加工行业逐渐转向机电等制造业。日本的许多电器、机械设备等制造业企业纷纷将生产基地迁至中国，促进了中国家电、汽车等产业的成长。近年来，由于中日领土争端引发两国关系恶化，日本已减少对华投资，2013 年，有 76 家日本上市企业从中国撤资[1]，日本实际对华直接投资同比减少 4.3%，2014 年年初更锐减 43.6%[2]。

3. 中日贸易的几个特点

(1) 互为重要贸易伙伴。表 3-3-1 显示，中日互为重要贸易伙伴，日本从中国的进口占日本全部进口的 20% 以上。中国是仅次于美国的日本第二大出口市场，占日本全部出口的 18%。因受产业转移的影响，日本对美出口呈下降趋势，但对中国出口却保持快速增长。

(2) 贸易商品互补性强。日本对华出口以机械和电子产品为主；出口的车辆及其零附件以各类轿车、运动型多功能越野车(SUV)为主；另外，日本对中国出口的照相机、医疗设备等约占 10%。而从中国进口的商品中，机电产品占 44%，纺织服装及原料和鞋帽箱包等轻纺产品占 20% 以上。由此可以看出，两国贸易有着很强的互补性。

---

[1] 日本《每日新闻》：日本企业加速从中国撤资，2014-07-08。
[2] 日本共同社：日对华投资锐减 43.6%，中日关系恶化是主因，2014-03-19。

(3) 贸易逆差长期存在。日本对华贸易多为逆差,且呈现扩大之势。2007年,日中贸易逆差185.6亿美元,2013年则达516亿美元。仅机电产品一类,逆差高达291亿美元,加上轻纺家具等几类商品,构成了日中贸易逆差的主要部分。

4. 日中贸易摩擦问题

(1) 统计口径存在差异。中方统计的双边贸易差额并不大,但日方的统计却有巨大逆差。存在这种差异的原因是对经香港转口贸易的统计方法不同,日本经过香港转口进入中国内地的出口部分,中方计入了来自日本的进口项目,而日方却未计入对中国内地的出口项目。若将日本经香港转口进入中国内地部分与直接对华出口加在一起,大致与中方统计相当。

(2) 对华贸易壁垒增加。近年来,日本加强了对中国农产品的进口限制,主要有紧急进口限制措施和肯定列表制度。2006年5月,日本正式施行的《食品中残留农业化学品肯定列表制度最终草案》(简称肯定列表制度)设定了进口食品、农产品中可能出现的734种农药、兽药和饲料添加剂的近5万个标准,大幅抬高了进口农产品、食品的准入门槛,导致中国对日农产品出口下降。

(3) 问题产生的原因。一方面,日方强调实施苛刻的进口限制是为了保护国内农业和消费者健康。日本消费者理念发生转变,注重改善生活质量,并且越来越关注保护环境,而非像以往那样仅看重价格;另一方面,中国在农业生产上仍使用农药化肥,导致土壤污染、环境恶化,农产品药检容易超标;在政府管理上,认证体系滞后,对违法行为监管不力等。

(4) 解决问题的方法。规范农产品绿色基地建设,全面推行 ISO14000 等国际认证标准,提高农产品出口质量;充分利用 WTO 机制,加强对日方相关法律的研究;严明管理部门职责。日本则应恪守 WTO 的非歧视原则,真诚、合理地解决贸易摩擦问题。

五、主要贸易口岸

1. 神户(Kobe)

位于日本本州南部兵库县芦屋川河口西岸,濒临大阪湾西北侧,是日本最大的集装箱港口,也是世界十大集装箱港口之一,年吞吐量超过600万TEU。神户既是主要的国际贸易中心,又是日本最大的阪神工业区核心之一。神户港属半日潮港,有日潮不等现象,大潮升1.4米,小潮升1.1米。港口填海建造的人工岛,港岛及罗卡岛有桥梁与大陆连接。港区浮吊最大起重能力达200吨。码头最大可靠泊15万载重吨的船舶。谷物装卸效率每小时可卸1 500吨。港岛码头集装箱泊位最大水深16米;摩耶港区集装箱泊位最大水深11.9米。

2. 横滨(Yokohama)

位于本州东南部神奈川县东部沿海,濒临东京湾西侧,北与川崎港相邻,是日本第二大港口,也是世界亿吨大港之一,还是世界十大集装箱港口之一。横滨是日本第三大城市,为京滨工业区的核心之一,工业产值仅次于东京和大阪,居日本第二位。主要工业有钢铁、造船、炼油、汽车、化工、电机电器和食品加工等。该港属半日潮港,大潮升1.9米,小潮升1.4米。这里有日本最大的集装箱码头,可靠泊第四代大型集装箱船。

3. 大阪(Osaka)

位于本州西南沿海的中岛川与大和川河口之间,濒临大阪湾的东北侧,是日本五大集装箱港口之一。港口所在的阪神工业区是日本轻重工业的核心,工业产值仅次于东京,居日本第三位,主要工业有石油化工、钢铁、金属加工、运输机械及电机等。港口为海湾河口港,属半日潮港,且潮差不等,大潮升1.4米,小潮升1.1米。港口分为北港、内港及南港3个港区。港区主要码头泊位最大水深12米,浮吊最大起重能力达350吨。码头最大可靠泊3.5万载重吨的船舶。拥有日本最大的蔬菜水果输入码头。大船锚地最大水深达14米。

4. 名古屋(Nagoya)

位于本州东南部爱知县西部沿海伊势湾的西北侧,是日本五大港口之一,属于海湾港。名古屋为日本三大批发商业中心之一,也是一个综合性的工业城市,是中京工业区的核心。主要工业有毛纺、陶瓷、木材加工、汽车、钢铁、机械、金属加工、精密仪器、化学工业等,工业规模居世界第四位。日本最大的丰田汽车城就在市区东南约20千米,汽车出口占全国的30%。该港每年4~6月为海雾最盛期。属半日潮港,大潮升2.4米,小潮升1.8米。港湾口有半岛和小岛为屏障,湾内风平浪静,是一个得天独厚的优良深水港口。港区泊位最大水深10~12米。集装箱码头最大可靠泊5万载重吨的集装箱船舶。在伊势湾海上泊位可泊20万载重吨的大型油船。港口能承接各种类型船舶的修理业务。

5. 川崎(Kawasaki)

位于神奈川县东北部多摩川入海的东京西岸。川崎现为全国最大重工业城市之一,以钢铁、石油、石油化工、造船等工业著名,与东京和横滨区连成一片,形成京滨工业地带。是日本摩托车、化工产品的重要出产地。港口主要为当地工业服务,港区有70多个泊位,最大可停靠25万吨级油轮及散货船。

6. 东京(Tokyo)

位于本州东南沿海千叶县西部,濒临东京湾西北岸,港口作为日本首都的门户,与川崎和千叶两大重要港口相连,是国内、海外各地运输的节点。东京临海公路经由中央防波堤外侧新生地和新海面处理场,将青海集装箱码头与大井码头相连接。港口码头岸线总长15千米,水深9~10米。

7. 千叶(Chiba)

位于本州东南沿海千叶县西部,濒临东京湾的东北侧,是日本最大的工业港口。主要工业有石油、钢铁、电力及石油化工等。该港属亚热带季风气候,夏季盛行东南风,冬季盛行西北风。最高气温达38.3℃,最低气温为-6℃。5~8月为多雾月份。全年平均降雨量约1 500毫米;属半日潮港,大潮升2米,小潮升1.5米。港区码头岸线长132千米,港区泊位最大水深为18米,装卸设备中浮吊最大起重能力600吨,港区最大可靠泊25万载重吨的大型油船。外贸集装箱码头岸线长为240米,水深达12米,可靠泊3万载重吨的集装箱船。港口可承接船舶的各种修理,拥有较大的干船坞,可容纳50万吨级的船舶。

 本章小结

1. 美国是当今世界唯一的超级大国。其GDP和进口额居世界首位,进出口总额仅次于中国,居世界第二位。美国经济体系兼有资本主义和混合经济的特征,政府对商业的管制程度低于其他发达国家,然而,宏观经济调控体制较为完善,手段也较灵活。

2. 美国新的支柱产业是以消费为主导的生物制药业、金融服务业、高科技产业和军火工业等,这些产业也对世界经济有着重大影响。

3. 农业产值在美国产业结构中的比重仅占1.5%左右,但美国却是全球最大的农产品生产国和出口国,美国每年粮食的丰歉和出口量的波动对国际粮食市场都有举足轻重的影响。

4. 美国外贸的三大特点是:美国是全球第二大贸易体,但外贸依存度仅为20%左右,进出口长期存在巨额逆差;美国是世界第三大出口国、第一大进口国;美国服务业十分发达且呈巨额顺差。

5. 中国是美国的第二大贸易伙伴、第一大进口来源地和第三大出口市场。中国是美国最大的贸易逆差来源国。中美经贸关系存在机电产品贸易、贸易逆差、知识产权和人民币汇率等问题。原因是中、美两国资源条件、要素成本、经济结构和消费水平等方面存在差异,也包含理念相异等因素。在贸易争端背后,实际上是两国政治经济利益与实力的博弈。

6. 德国是高度发达的工业国家,国内生产总值仅次于中国、美国和日本,为世界第四大经济体,经济实力居欧洲之首。德国的服务业在经济中占主导地位;第二产业占GDP近28%;第一产业仅占GDP的1%。第二产业中的汽车、机械、电子、化工、食品工业是其出口的支柱产业。

7. 德国是西方七国中对外贸易依赖程度最高的国家之一,外贸依存度接近38%。德国是世界第二大商品出口国,本国生产的工业产品的1/2销往国外,1/3的就业人员直接与出口行业相关。主要贸易对象是西方工业国。

8. 德国是中国在欧洲最大的贸易伙伴,但德国对华投资占其对外投资比重较低。相反,德国却是中国在欧洲建立中资企业最多的国家。

9. 日本是仅次于美国的发达的资本主义国家,是西方七国集团的成员之一。国内生产总值仅次于中国和美国,名列世界第三位。日本服务业非常发达,尤其是银行业、金融业、航运业、保险业以及商业服务业,均居世界领先地位。东京是全球四大金融中心之一,是五大外汇交易中心之一。

10. 日本是世界第四大贸易国家。日本自20世纪50年代开始确立贸易立国和出口导向的发展方略。对外贸易始终是带动日本经济增长的发动机。日本外贸依存度近年来呈递增态势。日本长期保持贸易顺差的状况正出现改变,对外贸易开始出现逆差,并有逐年扩大之势。

思考题

1. 美国超级大国的强势地位与其所处的地理位置有何关系?
2. 农业产值仅占美国GDP的1.5%左右,但为何美国粮食出口量的波动能对国际粮食市场有举足轻重的影响?
3. 中国是美国的第二大贸易伙伴,同时也是美国最大的贸易逆差来源国。中美贸易摩擦主要表现在哪些方面?产生问题的主要原因是什么?双方应各自做出哪些努力来加以解决?
4. 为什么德国是西方国家中少有的外贸依存度最高的国家之一?德国的主要贸易对象为什么是西方工业国?
5. 德国对华投资与两国间的重要贸易伙伴关系极为不相称的原因何在?
6. 为什么日本长期保持贸易顺差的状况会发生改变?原因是什么?

第四章 贸易强国(中)

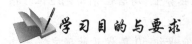 学习目的与要求

1. 熟悉法国的地理环境、经济概况及对外贸易特点;
2. 了解英国的地理环境、经济概况及对外贸易特点;
3. 认识荷兰的地理环境、经济概况及对外贸易特点;
4. 了解意大利的地理环境、经济概况及对外贸易特点;
5. 熟悉上述四个国家的主要对外贸易口岸。

第一节 法　　国

【开篇案例】 法国奢华品牌卡地亚的在华战略①

已经有160多年历史的世界顶级法国珠宝和名表品牌卡地亚2008年宣布,其在中国的品牌店数量已从14个扩大到24个。卡地亚在中国市场拥有相当大的高级白领消费群。其在中国内地和香港的销售额增长25%,达2.76亿欧元,占整个品牌总体销售额的12%。鉴此,在中国再增设10个品牌专卖店。除了重点发展北京等市场成熟的主要城市外,还把目标锁定在一些经济发展迅速的二、三线城市,使得一、二、三线城市同时发展。该公司认为中国的奢侈品市场潜力巨大,将超越日本成为世界第一大奢侈品消费市场。而卡地亚就是看准这一点,在中国市场的发展上倾注了更多的精力。据安永会计师事务所发布的《中国:新的奢华风潮》报告称,中国的奢侈品市场年增长率为20%;自2010年起,中国超过2.5亿消费者有能力购买奢侈品;2015年后的年增长率为10%,届时,销售额将超过115亿美元,奢侈品消费总量将占全球的29%。

---

① 摘自中国驻法国大使馆网站及相关新闻报道。

全称:法兰西共和国(The Republic of France, La République Franç-aise)。
面积:551 602平方千米。
人口:6 662万[①](2013年)。
首都:巴黎(Paris)。
货币:欧元(EUR)。
国花:鸢尾花。
国家格言:自由、平等、博爱。
节日:7月14日国庆节;5月30日民族英雄贞德就义纪念日;11月1日停战节(1918年);5月8日反法西斯战争停战日(1945年)。

一、自然条件

1. 地理位置

法国面积为55.16万平方千米。位于欧洲西部,与比利时、卢森堡、瑞士、德国、意大利、西班牙、安道尔、摩纳哥接壤,西北隔拉芒什海峡与英国相望,濒临北海、英吉利海峡、大西洋和地中海四大海域,地中海上的科西嘉岛是法国最大岛屿。地势东南高西北低。平原占总面积的2/3。主要山脉有阿尔卑斯山脉、比利牛斯山脉、汝拉山脉等。法意边境的勃朗峰海拔4 810米,为欧洲最高峰。河流主要有卢瓦尔河(1 010千米)、罗纳河(812千米)、塞纳河(776千米)。

2. 自然资源

铁矿蕴藏量约10亿吨,但品位低、开采成本高,于1997年关闭最后一座铁矿,所需铁矿石完全依赖进口。煤储量几近枯竭,2004年已关闭所有煤矿。有色金属储量很少,几乎全部依赖进口。能源主要依靠核能,水力和地热资源的开发利用比较充分。森林面积约2 300万公顷(含海外属地),覆盖率约30%,人均拥有绿化面积0.36公顷。

3. 气候条件

西部属海洋性温带阔叶林气候,南部属亚热带地中海式气候,中部和东部属大陆性气候。平均降水量从西北往东南由600毫米递增至1 000毫米以上。1月平均气温北部1℃～7℃,南部6℃～8℃;7月平均气温北部16℃～18℃,南部20℃～23℃。

4. 种族与语言

法国6 662万人口中有400万外国侨民,其中,有200万人来自欧盟各国,移民人口达到490万,占全国总人口的8.1%。通用法语。人口密度每平方千

---

① 法国国家统计局。

米100人。人口自然增长率为4.6‰。法兰西人约占90%，还有布列塔尼人、巴斯克人、科西嘉人等。

5. 社会制度

总统是国家元首和武装部队统帅，任期5年，由选民直接选举产生。总统有权任免总理和批准总理提名的部长；主持内阁会议、最高国防会议和国防委员会；有权解散议会；可不经议会将某些重要法案直接提交公民投票表决。在总统不能履行职务或空缺时，总统离职期间由参议院议长代行总统职权。议会由国民议会和参议院组成，拥有制定法律、监督政府、通过预算、批准宣战等权力。法国总统在政府或参议院、国民议会的建议下，可将所有事关公共权力组织、法国经济或社会政策的改革方案交由公民投票表决。爱丽舍宫为总统府，马提翁宫为总理府，国民议会在波旁宫。

6. 宗教与习俗

（1）宗教。居民中90%信奉天主教，另有约400万穆斯林及少数新教、犹太教、佛教、东正教徒。

（2）习俗。法国人热情开朗，初次见面就能亲热交谈，而且滔滔不绝。法国人讲究服饰美，特别是妇女穿得非常时尚，特别喜欢使用化妆品，光口红就有早、中、晚之分，是世界上最爱打扮的妇女。

法国是世界上最早公开行亲吻礼的国家，也是使用亲吻礼频率最多的国家。和法国人约会必须事先约定时间，准时赴约是有礼貌的表示，但不要提前。送鲜花给法国人也是很好的礼品。法国人在公共场所不能有懒散动作（如伸懒腰、打哈欠等），不能大声喧哗。

法国的烹调世界闻名，用料讲究，花色品种繁多，口味香浓味原，鲜嫩味美，注重色、形和营养。法国人烹调时用酒比较重，肉类菜烧得不太熟，如鸭子三四分熟就行。有的肉最多七八分熟，牡蛎一般都喜欢生吃。配料喜欢用蒜、丁香、香草、洋葱、芹菜、胡萝卜等。法国人不喜欢吃辣的食品。

法国人忌讳送菊花和黄色的花，认为是葬礼和不忠诚的象征。忌黑桃图案，认为不吉祥；讨厌墨绿色（第二次世界大战期间德国纳粹军服色）；视仙鹤图案为蠢汉和淫妇的象征。不送香水或化妆品给恋人和亲属之外的女人，以免被视为过分亲热或图谋不轨。

二、经济概况

1. 经济规模

法国是最发达的工业国家之一，是欧盟成员国。2013年，法国的GDP为

2.86万亿美元,仅次于美、日、中、德、英,居世界第六位;人均GDP 4.47万美元。法国的产权的基本形式是私有制,但国有经济成分在西方发达国家中几乎是最高的,奉行自由贸易政策。

工业占法国GDP的26%左右,其中,制造业为16%,建筑业为4%,能源业为3%。法国政府控制了如航天航空、国防、汽车、能源和电信等主要行业。核电设备能力、石油和石油加工技术仅次于美国,居世界第二位;航空和宇航工业仅次于美国和俄罗斯,居世界第三位。钢铁、纺织业居世界第六位。农业约占国内生产总值的5%,食品是法国外贸顺差的主要产品之一,出口额仅次于美国,居世界第二位,占世界市场的10%左右。服务业占国内生产总值的70%以上。

2. 产业结构

(1)能源业。法国能源自给率为50%,与德国持平,远高于意大利和日本,这主要得益于核电的发展。法国是美国之后的世界第二大核电国。核电占全国发电量的75%左右。有丰富的水电和风能资源,森林资源居欧洲首位。在光电或热源太阳能方面已拥有成熟的技术。法国可再生能源产量占欧洲的20%,能满足全国12%的能源消费需要。

(2)农业和农副食品加工业。法国是欧盟第一大农业生产国,位居德国之前;也是世界第二大农副食品出口国,位居美国之后。尽管农业人口只占全国劳动力的6%,对国内生产总值的贡献仅为2%,但它却是法国最具出口活力的领域之一,2012年出口额达787亿美元左右。农副食品加工业是第三大就业行业。此外,农副食品加工业还是一个外向型程度很高的市场,每年的贸易顺差超过80亿欧元。葡萄酒和白兰地等烈性酒在出口商品中名列榜首,其次是乳制品和粮食出口。

(3)制造业。法国的制造业紧随美国、日本和德国之后,居世界第四、欧洲第二。制造业提供了22%的就业机会,投资占40%,制造业产品80%用于出口。目前,法国企业及其在本土以外有2万多个子公司,雇佣员工逾350万人。由外国集团(主要是美、德、荷、英等国集团)控制的法国本土企业雇佣了全国30%的员工,实现了法国工业33%的营业额。

冶金工业钢产量居世界第12位和欧洲第四位。纺织和服装业雇佣着25.4万名员工,产品有1/3供外销,但仍然存在贸易逆差。化工(包括医药工业)使法国成为美国、日本、德国和中国之后的世界第五强国。化工产品和药品排名世界第三。生物技术工业发达。汽车工业越来越把生产活动集中在设计、组装上,而把其他大部分职能外包出去。著名的法国汽车品牌有雷诺、雪铁龙和标致。

以航空航天业为代表的尖端工业为法国提供了占整个工业20%的就业机会。法国的航空制造和宇航业及军备工业十分发达。法国企业采取与外国同行联合的道路,如"空中客车计划"就是法国与德国、英国和西班牙合作的结晶。空中客车公司和支线运输机制造公司制造的是民用飞机;达索工业公司专于军用飞机,如幻影、阵风等战斗机及商用飞机;斯奈克玛与美国通用电气公司合作生产喷气发动机和螺旋桨发动机。以阿丽亚娜空间计划为主的法国航天工业,得益于15个国家参与的国际合作,可将6吨载荷送入轨道。宇航产品50%出口。法国是世界第五大军备出口国。2013年法国武器出口额达90.45亿美元[1],品种包括战斗机、装甲车、主战坦克、舰艇和军事卫星等。

(4) 银行和保险业。银行业务对GDP的贡献近4%。法国有银行、信贷社1500家左右,银行服务网点约2.55万个(不包括邮政系统的1.7万个邮储网点)。巴黎金融交易所是一个汇集各种资本的综合市场,从当天投资到最长期限投资的都有,任何单位都可以在此交易。股票市场和债券市场是世界最大市场之一。巴黎交易所拥有一个活跃的衍生品市场,或买卖双方自愿成交,或在有组织的市场上进行交易,如法国国际期货市场(MATIF)和巴黎拆借市场(MONEP)。对于股票和资本的国际流通,巴黎交易所无任何技术性、税务或法规方面的障碍。巴黎交易所的股票市值现位居世界第五,名列纽约、东京、伦敦和法兰克福之后。法国保险业居世界第四,有600余家法国保险公司。占主导地位的有安盟保险集团(GROUPAMA)、法国综合保险集团(AGF)和安盛集团(AXA)等。

(5) 零售业。法国零售业拥有员工近250万,有特大型超市1120家,是全球超市业最发达的国家之一。法国超市零售的食品占食品零售总量的60%,非食品类占30%。家乐福、欧尚和普莫德集团(PROMODES)等大集团占该领域主导地位。另外,邮购、电话电视购物等新型零售形式发展迅速。

(6) 旅游业。法国作为世界第一旅游大国,每年吸引全球游客约9000万人次,约占世界游客总数的十分之一。但法国的旅游收入低于美国、西班牙和意大利,约占2000亿美元,位居世界第四,占法国GDP的7%左右。著名景点有巴黎圣母院、埃菲尔铁塔、蓬皮杜文化中心、罗浮宫、蒙玛特尔圣心大教堂和卢尔德圣母院。

(7) 运输业。法国拥有世界最密集和效率最高的交通网。每百平方千米有公路146千米和铁路6.2千米。20年多来,法国的高速铁路迅猛发展,先是国内铁路高速化,并逐渐发展到与邻国铁路网相互衔接(如开往伦敦的区间列车)。法航是欧洲第一大航空公司和世界第三大航空公司,国际货物空运量位居世界第四,并且是世界第二大空客服务提供商,它与荷兰航空公司(KLM)合并为法

---

[1] 法新社巴黎2014年6月16日电:2013年法国武器出口增至67亿欧元。

航-荷航(Air France-KLM)集团,成为全球营业额最高的航空集团。

三、对外贸易

1. 对外贸易规模

法国是全球第五大贸易大国,其排名仅在中国、美国、日本和德国之后。2013年,法国进出口总额达12 605.9亿美元,其中,进口额为5 797.8亿美元,出口额为6 808.1亿美元,贸易逆差达1 010.3亿美元。法国的外贸依存度为45.24%。近年来,法国政府把促进出口作为带动经济增长的主要因素,在保持和扩大原有国际市场的同时,积极开发拉美、亚太等地区的新市场。

法国进口商品主要有能源和工业原料等,出口商品主要有机械、汽车、化工产品、钢铁、农产品、食品、服装、化妆品和军火等。对外贸易的71%在欧盟内部进行。美国是法国在欧盟之外的最大贸易伙伴。

2. 对外贸易政策

作为欧盟的重要成员国之一,法国除了制定不违背欧盟共同利益的单独的贸易法规外,还必须同其他成员国一样遵循欧盟共同的对外贸易政策。

法国政府对于外贸的管理一般是采用间接干预的行政手段,但有时也通过颁布法律、法令和对进出口商的通告,进行直接干预。

(1) 进口贸易管理。法国作为欧盟成员国,执行的是欧盟对外贸易法规和管理制度,但涉及进口商品的技术和安全标准,则先将欧盟有关指导性规定转换成本国法规后再执行。对于一些特殊商品的进口,法国则根据《罗马条约》第36条款的规定,继续实施本国的有关进口管理措施。

(2) 出口贸易管理。法国政府根据欧盟制定的共同外贸政策和规定以及在国际组织和协议中承担的义务,制定具体的外贸政策措施和行政法规,对企业的贸易活动实行监管。例如,在鼓励出口的政策下,一般商品都可以自由出口(仅对少数产品施行出口管理);又如,对农产品的出口补贴管理和对军事装备、高技术产品和核技术设备的出口进行特别管理。法国还根据各时期国内外经济及市场形势,不断采取促进出口的措施。法国税法规定,对出口货物实行零税率,已纳税的,可以退税。关于零税率的操作,法国采取以免税购买方式为主、先交税后抵扣为辅的做法。法国的出口退税制度在国家财政预算中不单列指标管理,而是根据企业的类型,采取免税和退税两种方式进行管理。

(3) 外贸出口保险。法国外贸保险公司(COFACE)成立于1946年,对本国外贸出口进行保险。其双重职能是既自营保险业务,又为国家支持的出口或投资提供服务,两者在财务上完全分开,后者直属经济财政和工业部管理。法国出口的20%～25%由该公司提供担保。1994年,法国外贸保险公司实施私有化,但为了继续支持出口企业(尤其是中小企业),该公司在16个国家设立了代表处、子公司或分支机构,并间接地通过"信贷联盟"组织与当地公司建立了合作关系。此外,中长期信贷保险部自1995年以来提供了相当数量的项目贷款担保,这是法国外贸保险公司为出口服务的最主要内容,其运作高度透明,但中长期信贷保险的决定权在经济财政和工业部授权的出口信贷与保险委员会。

(4) 鼓励出口政策

- 发展出口优惠贷款。出口企业制订一个发展出口的3年或5年计划,经当局指定的银行审核认为可行后,该银行给企业提供一笔数量可观的利率优惠的贷款,对企业进行支持。

- 用发展援助推动出口。法国利用资本输出带动商品输出。法国政府对有法国企业参与竞争的项目通过赠款或政府长期优惠贷款和出口信贷相结合的混合贷款进行支持,增强法国企业的国际竞争能力。

- 强化出口产品质量。1993年7月22日,欧洲共同体理事会通过了93/68号指令,简化和协调在相关产品上加贴符合欧共体技术法规对技术产品有关安全与卫生健康要求的"CE"标志的若干指令。"CE"标志能证明产品符合欧共体技术法规的要求,可保证产品在欧洲市场内自由流通。法国商检机构严格遵循欧共体的标准,甚至有过之而无不及,因而法国的商品一般都符合共同体的质量标准,这为法国商品的出口提供了可靠的保证。

- 充分发挥中介组织的作用。法国的一些中介组织(如半官方机构的法国企业国际发展署)肩负着促进法国对外贸易的职责,它主要是向法国外贸企业(特别是出口商)提供国外市场情况,以推动工农业产品的出口。

【专栏】 欧盟贸易政策

欧盟按政治经济体制、地理区域、历史因缘以及与欧盟的关系等将世界各国划分为五类,即欧洲自由贸易区国家、洛美协定国家(即非洲、加勒比海与太平洋地区国家)、地中海沿岸国家、其他世界贸易组织成员国家和"国营贸易国家"(也称中央计划经济国家)。欧盟对来自前四类国家的进口(农产品和纺织品除外),除有损于安全、健康、道德的商品以及被保护的稀有和濒临绝种的动植物外,一般均给予优惠关税和不受数量限制的待遇。而对于来自"国营贸易国家"的进口,则采取严格管制、数量限制和高关税政策。自1989年年底以来,随着计划经济的苏联和东欧国家体制发生巨变,欧盟与许多东欧国家签订了联系国协定和建立了不同层次的经济协约关系,取消或将分阶段取消从这些国家进口的数量限制。中国成为少数几个受欧盟进口数量严格管制以及动辄被施以反倾销措施的贸易对象之一。受欧盟共同贸易政策的约束,各成员不能单独与盟外第三国签订贸易协定。

3. 进出口商品结构

2013年,在法国出口的大类商品中,机电产品、运输设备、化工产品等三项分别占其出口总额的19.1%、18.3%、16.2%,植物类产品成为近年出口增长最快的大类产品。在法国进口的大类商品中,机电产品、矿产品、运输设备分别占其进口总额的15.9%、16.8%、13.3%,合计占比46%。

4. 主要贸易伙伴

从国别来看,德国、比利时和意大利分别是法国第一、二、三大贸易伙伴(表4-1-1);美国是六大贸易伙伴;中国是第八大贸易伙伴。从区域市场来看,2013年,法国与欧盟27国的内部贸易占法国贸易总额的62%,其中,出口占59%,进口占68%。亚太经合组织、北美自由贸易区、石油输出国组织分别占法国外贸总额的19%、6.5%和4.3%。实际上,法国的对外贸易伙伴主要集中在OECD发达国家,占其总贸易的75%。

表4-1-1 法国(2013年)主要贸易伙伴及进出口额　　单位:亿美元

排名	主要出口去向			排名	主要进口来源		
	国家/地区	金额	占比(%)		国家/地区	金额	占比(%)
	总　值	5 797.8	100		总　值	6 808.1	100
1	德　国	936.4	16.2	1	德　国	1 299.9	19.1
2	比利时	444.6	7.7	2	比利时	758.6	11.1
3	意大利	405.7	7.0	3	意大利	502.1	7.4
4	英　国	394.5	6.8	4	荷　兰	495.5	7.3
5	西班牙	387.7	6.7	5	西班牙	448.9	6.6
6	美　国	357.6	6.2	6	美　国	350.9	5.2
7	荷　兰	234.9	4.1	7	英　国	327.0	4.8
8	中　国	195.7	3.4	8	中　国	326.9	4.8
9	瑞　士	173.3	3.0	9	瑞　士	193.1	2.8
10	俄罗斯	101.9	1.8	10	俄罗斯	136.3	2.0

资料来源:商务部:《对外贸易·国别报告·法国》,2014-02-25。

四、法、中经贸关系

法国是第一个与中华人民共和国建交的西方国家。1960年代中后期,双边年均贸易额为1.1亿美元,1970年代达到3.7亿美元,1980年代增至年均14亿美元,1990年代中期超过40亿美元,到2000年增至76.6亿美元。2013年,法中贸易额为522.7亿美元,其中,法国对华出口195.8亿美元,法国自中国进口

326.9亿美元,法方逆差131.1亿美元。在中国进口的9.2亿美元的欧盟葡萄酒中,法国占71.2%[①]。

中国是法国第八大贸易伙伴。法国还是中国技术引进的主要来源国之一,也是中国用现汇引进技术较多的国家。法国是中国在欧盟的第三大引资国(仅次于德国和英国),投资的领域涉及能源、交通、电信、环保、化工、汽车制造、金融保险、农业和食品加工、商品流通等。与此同时,中国企业从1980年开始也在法国设立子公司或者代表处,包括贸易、生产企业和服务类企业,涉及贸易、金融、电器、海运、空运、酒店等领域。近年来,一些中国企业和私人逐渐扩大在波尔多地区收购法国葡萄园和酒庄的规模[②]。中、法两国经济有着很强的互补性,两国经贸合作空间很大。

五、主要贸易口岸

1. 马赛(Marseille)

马赛港是法国和地中海沿岸的最大海港,是仅次于鹿特丹和汉堡港的欧洲第三大港。马赛港位于罗讷河入海口东侧的里昂湾内,是一个无潮差、无强流、无雾的天然良港。马赛是普罗旺斯-蓝色海岸大区首府和罗讷河省省府。马赛建于公元前6世纪的古希腊时代。现为全国炼油工业中心,制盐、铝矾土、煤炭、发电、冶金、造船、化工、直升机制造、纺织及食品加工等工业十分发达,还是全国最大的修船中心。

马赛港区分东、西两部,相距约40千米,共有泊位200个以上,年吞吐能力1亿吨左右。马赛港区内有八大港池、150多个泊位,其中吃水6～14米的船舶停靠的泊位130个,包括杂货泊位近60个、集装箱/滚装船泊位20多个,还有粮、油、煤、糖、木材等专用码头和近30个修船泊位。福斯港区是人工开挖的新港区,是油船、天然气船、矿石船和集装箱船等大型海运业的现代化港口,有输油管道通往阿尔萨斯、瑞士和德国的炼油厂。在福斯港的东侧还有布克港区,分布有20多个石油、天然气、化工、煤炭、磷肥、食用油等泊位,水深8～12米。

2. 波尔多(Bordeaux)

波尔多位于该国西南的纪龙河下游沿岸,距河口90多千米。港口分布有6

[①] 法国《世界报》:欧洲葡萄种植者准备向中国转让专有技术,2014-03-23。
[②] 香港《南华早报》网2014-05-30报道道:"中国富人抢购更多法国葡萄园。法国波尔多地区有8 000个葡萄种植园,其中约5%为外国投资者所有。短短5年时间,属于中国人的葡萄园从3个增至83个,另有30笔交易背后也是中国富人。"

个港区。主要干货港区有3个,港市北部河道两岸计有水深7.0~9.0米的顺岸泊位39个;河道左岸港池内还有水深6.5米的泊位20个,该港区主要用于近洋和沿海船装卸干货。巴森港区有21个泊位,低潮时水深9.5米,用于杂货、集装箱、磷肥装卸。下游岸线港区沿边水深9.5~11.0米,有10个泊位,用于重货、煤、木材、谷物等装卸,中部是滚装船泊位和修理船坞及修船码头,该港区为全港远洋干货船主要装卸港区。勒韦尔东(LE VERDON)港区位于纪龙河口左岸,港区北部有一石油突堤,两侧共有3个泊位,其中,东侧主泊位水深17米,有输油管与陆岸油库相连,南部为集装箱码头,水深12.5米,南北码头之间还有一滚装船泊位,是全港的深水港区。阿姆比斯港区主要装卸石油。

3. 尼斯(Nice)

尼斯位于法国东南部,濒临地中海,距巴黎933千米,为阿尔卑斯滨海省首府,是南部地中海沿岸第二大城市和著名的旅游度假胜地。东部是旧城和港口,西部是新城。工业主要有电子、机械、建筑、纺织、服装、印刷、食品、酒类和香水生产;还有欧洲最大的高新科技园区——索菲亚·安蒂波利斯(Sophia Antipolis)高新科技园区。冬季采用东1区标准时,夏季采用东2区标准时。港区最大吃水6.5米,潮差9.0米。盛行西南风。须强制引航。工作时间8:00~18:00。无干船坞、牵引和排污设施。港口入口处宽70米,水深9米。港口有15个泊位,其中,有杂货泊位9个,有滚装泊位6个,前沿水深5.5~6.5米。

4. 鲁昂(Rouen)

鲁昂位于法国西北塞纳河下游北突的西起第三河曲处,水路距河口约115千米,最大吃水11.5米的远洋船能候潮入港。陆路西距勒阿弗尔约80千米,距巴黎约1.5千米。港区分布在城西南市桥以下的河道顺岸港池包括达尔塞港池和石油港区在内,总计100多个泊位。集装箱码头有4处,计7个泊位,分布在北岸的圣杰尔维斯港池和南岸的鲁昂奎恩维尔杂货港区等地;另有滚装船泊位4个。是法国主要粮食出口港之一,附近为法国主要产粮区。

5. 里尔(Lille)

里尔是法国北方重要城市,是诺尔-加莱大区的首府和法国的重要工业区之一,早先以冶金和纺织业为主,现已发展成综合工业基地,铁路器材产量占全国总产量的50%,印刷业居全国第二位,机械制造位居全国第三位。是欧尚(AUCHAN)大型超市的发源地。诺尔-加莱大区交通发达,有港口3个,高速公路可通往欧洲7个国家的首都。里尔机场为重要的国际机场。诺尔-加莱大区的对外贸易居法国第三位,仅次于巴黎大区和罗纳-阿尔卑斯大区。

6. 南特(Nantes)

南特位于爱特河和卢瓦尔河的交汇处,是卢瓦尔河-大西洋省的省会。公元前58年,南特开始形成商业港口。南特的航空、造船、武器、机械制造、电器和电子制造、铸造、金属加工、塑料加工、能源、化学、木材工业等非常发达;还有仅次于罗浮宫的法国第二大绘画博物馆等7个大博物馆。南特-圣-纳扎尔港是继马赛、勒·阿弗尔和敦刻尔克之后的第四大港,备有法国最大的木材和动物饲料装卸码头,还有石油和天然气专用码头。

第二节 英 国

【开篇案例】 人民币实现对英镑直接交易[①]

中国外汇交易中心宣布,自2014年6月19日起,正式启动人民币对英镑直接交易,不需再使用美元作为媒介。国际上普遍认为,这是中国推动人民币国际化的又一步。中国早就开始了与美国进行直接货币交易。近年来新增了人民币与日元、澳元、新西兰元、加拿大元、俄罗斯卢布和马来西亚林吉特的直接交易。此番开启与全球最主要货币之一的英镑的直接交易,将促进中国与英国之间的双边贸易和投资,便利人民币和英镑在贸易投资结算中的使用。英国一直希望伦敦成为欧洲的人民币离岸交易中心,而伦敦的竞争对手是法国巴黎。中国人民银行宣布授权中国第二大银行——中国建设银行的一个子公司担任伦敦人民币业务清算行。中国一直积极推进人民币在国际上的使用,并采取措施推动利率市场化,尽管人民币离完全可兑换仍然很遥远。

与此同时,英国内政部宣布,从2014年8月起,简化对中国游客的签证手续。过去,因英国签证繁琐,90%到欧洲旅行的中国游客与英国擦肩而过,其中,80%的人将旅行目的地转向德国和法国。英国简化中国游客签证申请程序以后,每年将为英国增加至少130万中国游客。中国公民可从网上同时申请申根签证和英国签证;持有爱尔兰签证的中国游客可免签入境英国,持有英国签证的中国游客也可免签进入爱尔兰;此外,英国还对中国的商务人士提供24小时"特别优先"签证服务。

全称:大不列颠及北爱尔兰联合王国(The United Kingdom of Great Britain and Northern Ireland)。

面积:24.36万平方千米。

人口:6 277万(2013年)。

---

① 法新社上海2014年6月18日电。

首都:伦敦(时区:中时区,比北京晚8小时)。
货币:英镑(GBP)。
国花:玫瑰花。
国家格言:天有上帝,我有权利。
节日:全年法定节假日共8天。元旦,1月1日;耶稣受难日,复活节之前的一个星期五;复活节星期一,春分后第一个满月后的第一个星期一;5月初公共假期,5月份第一个星期一;春天公共假期,5月份最后一个星期一;夏天公共假期,8月份最后一个星期一;圣诞节,12月25日;节礼日,12月26日。政府机构和企业均另有带薪休假制度。

一、自然条件

1. 地理位置

英国简称联合王国(The United Kingdom)或英国(Britain)。这个位于欧洲西部的岛国,由大不列颠岛(包括英格兰、苏格兰、威尔士)以及爱尔兰岛东北部的北爱尔兰和一些小岛(海外领地)组成。英国本土隔北海、英吉利海峡与欧洲大陆相望,陆界与爱尔兰接壤。11 450千米的海岸线造就了英国诸多的天然良港,有利于发展海上对外贸易。因此,英国一直以来都是以对外贸易立国的。

英国领土全境分为英格兰东南部平原、中西部山区、苏格兰山区、北爱尔兰高原和山区四部分。泰晤士河与塞汶河是英国最为重要的两条河流,流经伦敦的泰晤士河具有重要的经济意义。

2. 自然资源

英国是欧盟能源资源最丰富的国家,主要能源有煤、石油、天然气、核能和水力等。硬煤总储量1 700亿吨;已探明原油储量大约50亿桶,大多分布在北海区域。英国是目前欧盟最大的原油生产国和天然气的最大生产国和输出国。

英国的非能源资源并不丰富,主要工业原料依赖进口。铁的蕴藏量约为38亿吨;西南部康沃尔半岛有锡矿;在柴郡和达腊姆蕴藏着大量石盐;斯塔福德郡有优质黏土;康沃尔半岛出产白黏土;奔宁山脉东坡可开采白云石;兰开夏西南部施尔德利丘陵附近蕴藏着石英矿。

3. 气候特征

英国属于温带海洋性气候,终年温和湿润。夏季最高气温不超过32℃,冬季最低气温不低于-10℃。夏秋冬季多雨雾,秋冬尤甚,因此,伦敦素有"雾城"之称。英国年平均降水量约1 000毫米。每年2月至3月最为干燥,10月至来年1月最为湿润。

4. 种族与语言

英国主要有四个民族,即英格兰人、苏格兰人、威尔士人和北爱尔兰人。英格兰人为主要民族,约占英国人口的85%。苏格兰人、威尔士人和北爱尔兰人是原大不列颠岛土著居民凯尔特人的后裔。官方及通用语言为英语。

5. 社会制度

英国的政体为君主立宪制。国王是国家元首,但实权在内阁。议会是最高立法机构,由上院和下院组成。政府实行内阁制,由国王任命在议会选举中获多数席位的政党领袖出任首相并组阁,向议会负责。

6. 宗教与习俗

(1) 宗教。英国居民多信奉基督教新教,主要分为英格兰教会(也称英国国教圣公会,其成员约占英国成人的60%)和苏格兰教会(也称长老会,有成年教徒66万)。另有天主教会和佛教、印度教、犹太教及伊斯兰教等较大的宗教社团。

(2) 社交礼仪。英国人初次认识时,一般都以握手为礼,不像东欧人那样常常拥抱。随便拍打客人被认为是不礼貌的。英国人经常谈论的话题是天气。女士优先是一个人人皆知的行为准则。菊花在任何欧洲国家都只用于万圣节或葬礼,一般不宜送人。白色的百合花在英国象征死亡。其他的花都可送人。

(3) 服饰礼仪。英国人注意服装,往往以貌取人,仪容仪态尤需注意。英国人讲究穿戴,从事商务活动尤其要衣冠楚楚。

(4) 餐饮礼仪。英国对饮茶十分讲究,各阶层的人都喜欢饮茶,尤其是妇女嗜茶成癖。在正式的宴会上,一般不准吸烟。进餐时吸烟被视为失礼。

(5) 习俗禁忌。由于宗教的原因,英国人非常忌讳"13"这个数字,认为这是个不吉祥的数字。日常生活中应尽量避免"13"这个数字,用餐时,不准13人同桌,如果13日又是星期五的话,则认为这是双倍的不吉利。山羊和孔雀被视为不祥之物,公鸡的图案也不受欢迎。

二、经济概况

1. 经济规模

英国是世界经济强国之一,2013年国内生产总值为2.49亿美元,位居世界第6位(居美、中、日、德、法五国之后),在欧盟中仅次于德国和法国。人均国内生产总值为44 730美元,位居世界第20位。英国是世界上经济私有化程度最高的国家之一,私有企业是英国经济的主体①。

农业仅占英国 GDP 的 1%,但能够满足全国粮食需求的 2/3 左右。英国的私营农场规模大约是欧洲平均规模的 4 倍。制造业产值占 GDP 的 13%。服务业产值占 GDP 的 3/4,主要包括金融保险业、零售业、旅游业和商业服务业(提供法律及咨询服务等)等。

2. 产业结构

(1) 能源工业。英国能源资源丰富,石油、天然气和煤炭的储量和产量在欧盟中均居首位。英国石油工业产值占 GDP 的十分之一,并带动英国整个工业的发展。北海油田的开发使昔日经济相对落后的苏格兰地区加快了发展。英国拥有英荷壳牌石油公司(Royal Dutch Shell Group)、英国石油公司(BP)和英国天然气公司(BG)等世界著名能源公司。

(2) 航空航天业。英国的航空航天产业具有较高的研发及制造水平,占全球市场份额大约为 13%,仅次于美国。英国能生产民用和军用的各种类型飞机、飞机发动机、气垫船、导弹、卫星等,是世界第五大军火商。罗尔斯-罗伊斯飞机发动机公司生产的发动机性能优越,被空中客车公司和波音公司等多家飞机制造公司所采用。

(3) 电子工业。英国的电子产业在研发设计等高端领域具有较强优势,特别是在半导体集成电路设计、嵌入式系统芯片技术、第四和第五代移动通信技术、射频技术、天线设计、数字无线电和混合信号设计等领域,均居世界前列。据英国贸工部报告,英国半导体设计产业的营业收入和公司总数均占全欧洲的 40%。

(4) 生物制药业。英国是世界五大药业强国之一。生物技术产业的销售收入占整个欧洲生物技术产业销售额的 29% 左右。英国药品出口额甚至超过美国,成为世界第一大药物出口国。英国两个最大的医药公司(葛兰素史克和阿斯利康)也在世界上最成功的医药公司之列。

(5) 旅游业。英国是仅次于美国、西班牙、意大利和法国的世界第五大旅游国,旅游业是英国最重要的经济部门之一,产值占国内生产总值的 5%。

(6) 金融业。英国的金融市场非常发达。伦敦与纽约、东京、香港、法兰克福等金融中心在时间上形成接力互补,同为当今世界上最重要的国际金融市场。伦敦在跨国银行借贷、外汇交易、场外金融衍生品交易、国际债券发行、基金管理等国际金融市场中处于支配地位,同时也是世界最大的保险市场、全球领先的黄金现货交易市场、船舶贷款市场和非贵重金属交易中心,并拥有数量最多的外国

---

① 维基百科:英国。

银行分支机构和办事处。英国的主要银行有巴克莱银行、劳埃德 TSB 集团、苏格兰哈里法克斯银行和苏格兰皇家银行等。英国的保险市场居欧洲第一、世界第三,仅次于美国和日本。伦敦的保险市场是世界上最重要的大规模风险(如航空险、海事险、石油及天然气钻探设备保险)和再保险业务中心。伦敦金融市场上四分之三的公司为外资企业,而超过一半的业务由伦敦劳合社[①]完成。

三、对外贸易

1. 外贸规模

英国是以对外贸易立国的国家。对外贸易在英国国民经济中占有重要地位,英国的外贸依存度基本保持在 45% 左右的水平。早在 19 世纪 70 年代,英国的出口贸易就占世界的 25%,居世界第一位。第二次世界大战前后,随着英国经济实力的下降,英国的对外贸易在世界所占比重不断下滑。2013 年,英国商品进出口总额为 11 111.7 亿美元,在世界贸易中所占的比重不到 4%,居世界第七位。其中,出口额 4 721.8 亿美元,进口额 6 389.9 亿美元,贸易逆差 1 668 亿美元。虽然英国有形贸易常年逆差,但由于英国的服务业发达,无形贸易却长期保持顺差。然而,英国无形贸易的顺差并不能弥补有形贸易的逆差。

表 4-2-1 英国(2013 年)主要贸易伙伴进出口额　　　　单位:亿美元

主要出口去向				主要进口来源			
排名	国家/地区	金额	占比(%)	排名	国家/地区	金额	占比(%)
	总　值	4 721.8	100		总　值	6 389.9	100
1	美　国	624.9	13.2	1	德　国	889.8	13.9
2	德　国	481.8	10.2	2	中　国	577.3	9.0
3	荷　兰	373.6	7.9	3	荷　兰	534.3	8.4
4	法　国	352.5	7.5	4	美　国	530.5	8.3
5	爱尔兰	283.7	6.0	5	法　国	405.2	6.3
6	比利时	213.0	4.5	6	比利时	312.3	4.9
7	中　国	181.5	3.8	7	挪　威	253.8	4.0
8	西班牙	132.2	2.8	8	意大利	244.5	3.8
9	意大利	131.7	2.8	9	西班牙	190.6	3.0
10	瑞　士	116.0	2.5	10	爱尔兰	186.9	2.9

资料来源:商务部:《对外贸易·国别报告·英国》,2014-03-05。

---

① 劳合社(Lloyd's)是英国最大的保险组织。劳合社本身是个社团,更确切地说,是一个保险市场,与纽约证券交易所相似,只向其成员提供交易场所和有关的服务,本身并不承保业务。

2. 进出口商品结构

英国主要出口机电产品与运输设备、化工产品、矿物燃料、钢铁及有色金属、食品、光学仪器等。英国主要进口产品为机电产品、矿物燃料、汽车及其零件、化学品、食品、纺织品、钢铁和塑料等。

3. 主要贸易伙伴

英国在20世纪70年代以前的贸易伙伴主要是英联邦国家,因为它们之间曾是宗主国与殖民地、半殖民地的关系,享有特惠制关税优惠及其他自由贸易安排。但自1973年英国加入欧盟后,其主要贸易伙伴逐渐转变为欧盟成员国。现在,英国最主要的贸易伙伴为德国、中国、美国、荷兰和法国(参见表4-2-1),而美国是英国最大的盟外西方贸易伙伴,中国是英国最大的盟外发展中国家贸易伙伴。

四、英、中经贸关系

1950年1月,英国政府宣布承认中华人民共和国。1972年3月13日,中、英两国正式建交。英国是欧盟最大的对华投资国和第三大对华贸易伙伴。据英国海关统计局数据,2013年,中、英双边贸易额为758.8亿美元。其中,英国对中国出口181.5亿美元,仅占英国出口总额的3.8%,中国在英国出口贸易伙伴中从2006年的第14位升至2013年的第7位;英国从中国进口577.3亿美元,占英国进口总额的9.0%,是仅次于德国的第二大进口来源国。

中国的机电产品在英国占有一定市场份额。中国的劳动密集型产品也占优势,是英国纺织品、家具玩具、鞋伞箱包的最大来源地。

五、主要贸易口岸

1. 伦敦(London)

伦敦港跨泰晤士河,距入海口88千米,是英国的最大港口,也是世界著名港口之一。伦敦港包括皇家码头区、印度码头区、米尔沃尔码头区和蒂尔伯里码头区,水深11.5～14.6米,平均潮差为大潮5.2米,小潮3.4米,秋、冬季常有雾。大量的封闭式港池群是伦敦港的一大特色。伦敦的航空运输也十分发达,有希思罗和盖茨维克等四个机场。

> **【专栏】 加拿大的伦敦市**
>
> 　　加拿大也有个城市叫伦敦(London)，它位于加拿大最南端的多伦多市南边，距多伦多仅1个半小时车程，离美国底特律市也很近。加拿大的伦敦市有人口约32万，虽然居安大略省第五位，但在与美国交界的伊利湖(Lake Erie)地区，伦敦却是一个很重要的城市。全加拿大最大的一所大学——安大略西部大学(The University of Western Ontario)就坐落在加拿大伦敦市。这个城市之所以与英国首都同名，是因为早年英国移民在把家搬到加拿大的同时，也把许多英国地名带到了加拿大。更有趣的是，在加拿大伦敦市内，有一条小河也叫泰晤士河(Thames River)，有一个公园也叫海德公园(Hyde Park)，有一条主要街道也叫牛津街(Oxford Street)！

2. 利物浦(Liverpool)

　　利物浦处于英格兰西北部默西河口，濒临爱尔兰海，是英国历史最悠久的港口之一，也是英国仅次于伦敦的第二大深水海港。利物浦是英国重要的船舶修造中心，修造厂和大型船坞主要分布在港区内侧。

　　利物浦的码头区总长达11千米，有50多个可供各国船只停泊的作业码头。利物浦港占全国对外贸易的四分之一，输出居英国首位。该港每年4～9月份多海雾，持续时间为6～10小时，最长可达2～3天。平均潮差为高潮8.3米，低潮4.2米。该港重吊设施的最大起重能力达1 000吨。

3. 南安普敦港(South Ampton)

　　南安普敦港位于英国南部特斯特河与伊钦河口的汇合处，濒临英吉利海峡北侧的索伦特海峡内，是英国主要大港之一，也是横渡大西洋的邮船码头。距伦敦约100千米，有铁路与公路相连。它是全英最大的修船造船中心之一，拥有较大的干船坞。主要工业有飞机制造、电机、电缆、炼油、汽车、塑料、合成橡胶及食品等。

　　该港气候温和湿润，多阴雨云雾，冬季尤甚。平均潮差为大汛高潮4.5米，小汛低潮为2米。FAWLEY油码头最大可靠泊10万载重吨的油船。该港大船锚地水深达23米。

第三节 荷　　兰

【开篇案例】 华为与KPN合作共建3G核心网[①]

　　荷兰皇家电信(KPN Telecom N.V.)于2006年3月宣布与中国华为集团

---

① 由中国驻荷兰大使馆提供。

签署协议,华为将作为 KPN 荷兰移动公司唯一的核心网设备供应商,与 KPN 荷兰移动公司合作共建覆盖荷兰全国的 3G 核心网。根据协议,华为将提供全套的电路域核心网和分组域核心网。

KPN Telecom N. V. 是荷兰最大的移动以及固网运营商,全球运营商排名第 16。KPN 在德国(E-Plus)和比利时(BASE)拥有移动网络,同时拥有最大的泛欧光纤网络(Eurorings,固网的国际部分),覆盖西欧全境的 20 多个国家。KPN 是欧洲电信市场的领先者,营业额在欧洲排名第七位,被评为全球最值得投资的十大电信运营商之一。KPN 荷兰移动公司的首席运营官 Marco Visser 评价说:"凭借华为创新的解决方案,KPN 可以向移动用户更快、更好地提供 HSDPA 业务,提高网络的运行维护效率。"华为是全球 3G 的主要供货商之一,已经获得 24 个 WCDMA 商用合同。华为分组域核心网已服务全球 4 000 万用户,出货量排名全球第二。由于坚持围绕客户需求进行创新的原则,华为 3G 通过客户化的创新的解决方案,逐渐赢得欧洲主流移动运营商的尊敬和信任。

全称:荷兰王国(The Kingdom of the Netherlands, Koninkrijk der Nederlanden)。
面积:41 528 平方千米。
人口:1 682 万(2014 年)。
首都:阿姆斯特丹(Amsterdam);政府所在地海牙(The Hague)。
货币:欧元(EUR)。
国花:郁金香。
国家格言:坚持不懈。
节日:1 月 1 日新年;1 月 6 日主显节;耶稣受难日;复活节;4 月 30 日女王日(系已故王太后朱丽安娜生日,即国庆日);5 月 4 日解放日(第二次世界大战期间盟军解放荷兰日);耶稣升天节;神圣降临节;施洗约翰节(2 天);10 月 31 日万圣节;12 月 6 日独立日;12 月 24~26 日圣诞节。

一、自然条件

1. 地理位置

荷兰位于欧洲西部,东面与德国为邻,南接比利时,西面和北面濒临北海,地处莱茵河、马斯河和斯凯尔特河三角洲,海岸线长 1 075 千米。境内河流纵横,主要有莱茵河、马斯河。西北濒海处有艾瑟尔湖。其西部沿海为低地,东部是波状平原,中部和东南部为高原。"荷兰"在日耳曼语中叫尼德兰,意为"低地之国",因其国土有一半以上低于或几乎水平于海平面而得名。由于地低土潮,荷兰人接受了法国高卢人发明的木鞋,并在几百年的历史中赋予其典型的荷兰特色。

为了生存和发展,荷兰人长期与海搏斗,围海造田,竭力保护原本不大的国土,避免在海水涨潮时遭"灭顶之灾"。早在13世纪,荷兰人就筑堤坝拦海水,再用风动水车抽干围堰内的水。几百年来,荷兰修筑的拦海堤坝长达1 800千米,增加土地面积60多万公顷。如今,荷兰国土的20%是人工填海造出来的。镌刻在荷兰国徽上的国家格言"坚持不懈"恰如其分地刻画了荷兰人民的民族性格。

2. 自然资源

荷兰的自然资源非常贫乏,但地下天然气储量丰富。自2005年起,荷兰开采出的天然气不仅自给有余,还能部分出口。

3. 气候条件

荷兰属海洋性温带阔叶林气候。沿海地区夏季平均气温16℃,冬季3℃;内陆地区夏季平均温度17℃,冬季2℃。全国年平均降水量797毫米。

4. 种族与语言

荷兰人口中的90%以上为荷兰族,此外还有弗里斯族。官方语言为荷兰语,弗里斯兰省讲弗里斯语。

5. 社会制度

现行《宪法》颁布于1814年3月29日,1848年修改。规定荷兰是世袭君主立宪制王国,立法权属国王和议会,行政权属国王和内阁。还规定了议会的具体职权及组成。枢密院为最高国务协商机构,主席为女王本人,其他成员由女王任命。议会由一院和二院组成。二院拥有立法权;一院有权同意或拒绝批准法案,但不能提出或修改法案。两院议员任期均为4年,但改选不在同一年进行。

6. 宗教与习俗

(1) 宗教。荷兰人口中,天主教徒占37.5%,基督教新教徒为31.6%。

(2) 习俗。荷兰人在官方场合与客人相见时,一般惯行握手礼。与一般朋友相见时,大多惯施拥抱礼。在与亲密好友相见时,有人也施吻礼(一般是亲吻双颊)。

二、经济概况

1. 经济规模

2013年,荷兰的GDP约为8 380亿美元,人均GDP 5.98万美元。荷兰是西方十大经济强国和外贸强国之一。

荷兰以围海造田举世闻名。12世纪以来,荷兰共围垦土地7 125平方千米,占其总面积的 1/5。荷兰素有"欧洲门户"之称，水、陆、空运输网络发达。拥有欧洲第一大港——鹿特丹港和欧洲第四大机场——阿姆斯特丹斯希波尔机场，其港口吞吐量占欧洲总量的 40%，并承担欧盟跨界运输的 35%。

荷兰服务业占 GDP 的 74%，吸纳了全国 70% 的就业人员。阿姆斯特丹斯希波尔机场为欧洲第三大空运货港。荷兰港口吞吐量占欧洲总量的 40%，并承担欧盟跨界运输量的 35%。

工业在 GDP 中约占 23%，占就业人数的 25%；化学工业、食品工业和机械制造业是荷兰工业的三大支柱，其工业制成品的 80% 供出口。荷兰是欧洲最大的天然气出口国，年产 800 亿立方米。石油制品、化工产品、电子电器产品、纺织机械、食品加工机械、港口设备、运输机械、挖泥船、温室设备和技术等在世界市场有较强的竞争力。荷兰拥有联合利华集团(Unilever)、Heineken 啤酒公司、壳牌(SHELL)、飞利浦等世界著名的跨国公司。

农业约占 GDP 的 3%，占就业人数的 5%。以高度集约化和优质高产著称。畜牧业占其农业总产值的 55%，园艺业占 34.7%，种植业占 10%。农产品的 60% 以上出口，是世界第三大农产品净出口国。主要出口农产品有蛋、奶、肉、蔬菜、花卉、土豆等。蘑菇、鲜花、奶酪和土豆种子的出口量居世界第一。荷兰每年的花卉出口超过 50 亿欧元，占国际花卉贸易的 60%，占欧洲市场的 70%。荷兰拥有世界最大的鲜花拍卖市场——阿斯梅尔鲜花拍卖市场和最大的种子公司——Cebeco 公司。

2. 支柱产业

(1) 农业。荷兰农业高度集约化，荷兰农业年产值 450 亿欧元。在农业的构成中，畜牧业占 43.8%，园艺业占 39.5%，种植业占 9.2%，大田作物占 7.5%。荷兰农产品和食品出口额超过 500 亿欧元，仅次于美国、法国，为世界第三大农产品出口国。重要的出口农产品有花卉、肉类、乳制品、蔬菜、土豆等。蘑菇、鲜花、奶酪和土豆种子的出口量居世界第一。荷兰农业人均耕地在欧盟中最少，仅 0.126 公顷（约合 1.89 亩），但其农业劳动生产效率高，与国内平均劳动生产效率之比达到 0.93，明显地高于其他欧盟国家。

(2) 花卉业。荷兰是世界花卉生产与销售举足轻重的国家。在荷兰，尽管花卉和观赏植物栽培仅占全国园艺种植面积的 4% 左右，但玻璃温室花卉种植的面积极大。每年花卉产业可创造 50 亿欧元的价值，约占荷兰园艺总产值的一半。随着规模化经营的逐渐发展和由生产大众市场产品到生产名贵花卉和观赏植物的转变，花卉产值还会进一步增长。目前，荷兰生产的花卉至少 70% 用于出口，其花卉插条和种苗遍及世界所有花卉生产国家，并且成为世界花卉交易中心和花卉生产原材料中心。荷兰花卉产业的特点主要表现在专业化、规模化、机械化、自动化和现代化等方面。

【专栏】 荷兰花卉产业扫描

荷兰专业化的花卉和观赏植物多由家庭农场生产,农场主起主导作用。种植者通常并不直接销售产品,而是以成员身份参加这家或那家花卉拍卖市场,这使种植者完全从销售中解脱出来,可以集中精力从事生产。专业化的生产细化到专业种植某一种作物或是某一种作物的一个品种,使生产得到最大优化;专业的原料及育种公司、玻璃温室公司、运输公司、栽培用土等公司可以为花卉农场主提供个性化的服务。

荷兰的花卉和观赏植物生产规模很大。玻璃温室的现代化程度不仅使气候、光照因素达到最合理的组合,还可实现供热和冷却系统、灌溉系统和气候控制系统自动工作。花卉生产的广泛专业化使生产过程中的很多方面实行机械化。温室内部运输和切花加工由计算机控制实行机械操作。每天都有成吨的鲜花和观赏植物从亚洲、非洲和南美洲运往荷兰的拍卖市场,而由荷兰本地出产的花卉和各种观赏植物也是通过拍卖市场由荷兰发往世界各地。也就是说,世界园艺产品有很大一部分是经荷兰的花卉拍卖市场才到达消费者手中的。良好的市场机制和销售体系奠定了荷兰作为世界园艺交易、中转枢纽的地位,并使荷兰花卉业在国际花卉市场起着举足轻重的作用。事实上,拍卖市场是种植者的合作社,种植者是拍卖市场的所有人。参加某一拍卖市场意味着种植者必须将其全部产品经拍卖实现市场销售。

(3) 化工业。荷兰的石油化学工业位列世界前茅。以营业额计,荷兰的石化工业在欧洲排名第七,在世界上则位列第九,是全球第五大石化产品输出国。全年总产值约310亿美元,占全国工业总产值的比重约为18%,其产品的80%均出口至国外。荷兰发展石化工业的先天优势包括有充沛的天然资源——煤、天然气、石油和海盐等。石化工业巨人包括Shell、Akzo和DSM等大公司落地荷兰,此外,荷兰还铺设有石油、天然气和工业气体的输送管线网络,欧洲石化产品非自用储存能量中约有1/3分布在荷兰境内。荷兰鹿特丹是欧洲最主要的石化产品运输港之一,由于在地理位置上邻近欧洲各主要工业中心,因此,从这里上岸的石化产品都能很快地运送到汽车业、电子业和包装业等重要客户的手中。

(4) 信息技术业。荷兰凭借电子商务、通信和外包,迅速成为全球有线网络最发达的国家之一[1]。荷兰消费者的互联网访问量在西欧地区是最高的。由于荷兰较早普及应用互联网,加上其作为主要传输中心的地位,该国已成为欧洲电子商务世界中最强大的一员。

(5) 物流业。全球物流业发展方兴未艾,被称为继劳动力、自然资源之后的

---

[1] 《经济学人》(*Economist Intelligence Unit*)出版的《电子化程度排名报告》,2008年10月。

"第三利润源"。荷兰转口贸易占其出口总额的一半以上,在欧洲名列前茅。荷兰高度发达的现代物流业产值占 GDP 的 30%,为国民经济的支柱产业。欧洲 70% 的物流分拨中心落户荷兰,美国和亚洲企业在欧洲一半以上的第三方物流业务由荷兰包揽。荷兰物流业发展的主要原因有以下几点:一是地理位置优越,交通发达;二是政府高度重视,大力扶持;三是科技水平较高,走专业化发展道路;四是金融服务发达,配套产业完善。

三、对外贸易

1. 对外贸易规模

荷兰为外贸强国之一。2013 年进出口总额 12 552 亿美元,其中,出口 6 643 亿美元,进口 9 510 亿美元,约占世界贸易总额的 6%,排世界第八位和欧洲第五位。在荷兰经济中,80% 的原料依靠进口,60% 以上的产品供出口。80% 的对外贸易在欧盟内进行。进口主要是工业原料、原油、半制成品和机械等;出口主要是石油制品、电子产品、船舶和农产品等。

2. 进出口商品结构

根据 2013 年的统计,荷兰前三大进口商品类别是矿产品、机电产品、化工产品,分别占进口总额的 26.3%、23.7% 和 10.9%。同一时期,荷兰前三大出口商品类别是机电产品、矿产品、有机化学品等,分别占出口总额的 24.5%、20.2% 和 12.9%。

表 4-3-1　荷兰(2013 年)主要贸易伙伴及进出口额　　　　单位:亿美元

主要出口去向				主要进口来源			
排名	国家/地区	金额	占比(%)	排名	国家/地区	金额	占比(%)
	总　值	6 642.7	100		总　值	9 509.5	100
1	德　国	1 498.8	22.6	1	德　国	836.4	14.2
2	比利时	818.5	12.3	2	中　国	704.9	11.9
3	法　国	534.6	8.1	3	比利时	491.9	8.3
4	英　国	523.0	7.9	4	美　国	373.7	6.3
5	意大利	248.8	3.8	5	俄罗斯	359.5	6.1
6	美　国	216.5	3.3	6	英　国	353.2	6.0
7	西班牙	172.7	2.6	7	法　国	232.3	3.9
8	瑞　典	135.6	2.0	8	挪　威	159.2	2.7
9	波　兰	133.7	2.0	9	日　本	129.5	2.2
10	中　国	109.6	1.7	10	意大利	106.5	1.8

资料来源:商务部:《对外贸易·国别报告·荷兰》,2014-04-11。

3. 主要贸易伙伴

如表 4-3-1 所示,荷兰前五大出口贸易伙伴是德国、比利时、法国、英国、意大利,这 5 个国家相加占总出口额的 60%。荷兰前五大进口贸易伙伴是德国、中国、比利时、美国、俄罗斯,这 5 个国家相加占总进口额的 50%。

四、中、荷经贸关系

1. 中荷双边贸易

中、荷两国贸易往来最早始于 17 世纪初期。中荷贸易额从 1983 年的 2.7 亿美元发展到 2013 年的 814.6 亿美元,30 年间增长 301 倍。荷兰对华出口 109.6 亿美元;自中国进口 705 亿美元。双边贸易占荷兰对外贸易总比重的 6.5% 左右,荷兰有巨额逆差。

就进口商品结构而言,双边贸易中初级产品比重逐渐下降,工业制品贸易量增长较快。机电类产品是双方的主要出口产品。据荷兰国家统计局统计,2006 年荷兰从中国进口的主要商品有机电类产品(占比 67.8%)、日杂用品(19.06%)、手工艺品和玩具(6.83%)、制造加工品(6.31%)、纺织服装鞋帽(5.90%)。

就出口商品结构而言,荷兰向中国出口的主要商品包括机电类产品(占比 29%)、矿产品(占比 15.6%)和金属制品(占比 12.5%)等。

2. 投资合作

自 2000 年起,荷兰对华年均投资额约 2 亿欧元,成为中国协议外资的重要来源国。荷兰在中国投资项目超过 2 000 多个,制造业主要投资领域有采矿、石油和化工;服务业主要投资领域有银行、保险、IT 和运输。

中国对荷投资尚处于发展阶段。从行业类型看,贸易类公司占多数,此外还有运输、保险、商检、法律、IT 等公司,如中国会展中心、华为荷兰公司(传输网络供应商)、杜邦单丝欧洲有限公司(与当地合资的境外加工贸易企业)、欧中电力(可再生能源开发投资)等。其他公司还有中兴通讯荷兰公司、中远荷兰公司、中国海运(荷兰)代理有限公司、比亚迪欧洲有限公司等。

五、主要贸易口岸

1. 鹿特丹(Rotterdam)

鹿特丹位于荷兰西南部莱茵河口地区新马斯河两岸,距北海 28 千米,是荷兰第二大城市。自 1961 年鹿特丹跃居世界第一大港后雄踞榜首 42 年。荷兰一些大的公司(如联合利华、壳牌等)均在此设有总部和分部。鹿特丹与上海于

1979年11月建立友好城市关系。

鹿特丹是莱茵河流域的进出门户,又是西欧的商品集散中心,也是欧洲最大的集装箱港口。主要工业有炼油、造船、石油化工、钢铁、食品和机械制造等。该港属温带海洋性气候,平均潮差为大汛1.7米,小汛1.5米。

鹿特丹港区最大水深为23米,冬季不冻,常年不受风浪侵袭。港区主要码头泊位有:杂货泊位24个,最大水深16米;散货泊位16个,最大水深21.3米;集装箱泊位26个,最大水深18米;油码头泊位40个,最大水深21.5个。矿石码头可以接纳8万载重吨的散装船;谷物码头最大可泊20万载重吨的船舶;煤码头日装卸量提高到15万吨(年吞吐能力达3 500万吨),码头泊位停靠能力的最大吃水深度达24米;散货码头是世界上最大的散运和堆储码头,可容纳最大27万载重吨的船舶,卸速每小时达1.1万吨,装速每小时达1.4万吨。最大的石油码头可停靠超过5万载重吨的超级油船,并有直径101.6~406.4毫米的输油管。该港有世界上最大的"ECT-DELTA"集装箱码头,4个泊位前沿水深15米,可接纳第五代集装箱船进行装卸,效率每小时可达50~60箱。

鹿特丹港作为国际商品集散中心,承担着美国向欧洲出口货物的43%和日本向西欧市场出口货物的34%的中转任务。德国经过鹿特丹的进出口货物几乎超过了其国内港口的总吞吐量。以鹿特丹为中心、半径为500千米的范围内,用24小时便可将货物运至包括荷兰全境、比利时全境、巴黎在内的法国北半部和德国北部等地区。从鹿特丹到欧洲各大城市之间都有定期的集装箱列车,还可进行铁路、公路间的集装箱联运。鹿特丹还可利用以莱茵河和马斯河为中心,向四面八方延伸的内河水路网进行驳船运输,其优点是:①运费比铁路运输低10%,比公路运输便宜30%;②发运、到达时间较准,不受气候限制。

2. 阿姆斯特丹(Amsterdam)

阿姆斯特丹是荷兰的首都、第一大城市和第二大港口。阿姆斯特丹位于荷兰西北部,濒临爱塞尔湖,西部通过北海运河与北海相接,有700余年的历史。其钻石加工和呢绒制造业闻名于世,是当年著名的东印度公司、西印度公司的所在地。市区运河纵横,总长150千米的102条运河把城市分割成90多个岛屿,由1 286座传统拱桥和现代化开合桥相连,用16座水闸调节水位,素有"北方威尼斯"之称。运河上,3 000余座"船屋"点缀其间,成为都市一景。

目前,阿姆斯特丹市仍然是荷兰最重要的工业、商业和金融中心。这里既有造船业、食品加工业、服装加工业、印刷业等传统工业,也有化学工业、电子工业等现代经济部门,并有若干全国性的科研机构。阿姆斯特丹市还是荷兰重要的文化艺术中心,有珍藏着世界著名油画大师伦勃朗等人传世之作的国立博物馆以及近代世界著名画家凡·高的绘画博物馆。全市各种博物馆、展览馆40余处。阿姆斯特丹市与北京市结有友好城市关系。

阿姆斯特丹港与鹿特丹港一水相隔,其容量仅仅用了不到五成。阿姆斯特丹港拥有独特的凹进泊位,可以双面卸货,有850个冷冻箱专用配电装置,300万标箱吞吐量,24小时的水运和公路运输,能快速通关。

第四节 意 大 利

【开篇案例】 意大利的"一区一业"[①]

意大利经济有一个显著特点,就是中小企业十分发达。意大利制造业企业中有99.87%为中小企业,在发达国家中首屈一指。而且,意大利中小企业的竞争力比较强,行业涉及机器制造、纺织和服装、制革和制鞋、金银首饰、家具制品、玻璃制品、卫生陶瓷、大理石制品等,这些是意大利出口创汇的主要行业。

近年来,由于经济全球化的发展,意大利中小企业的国际竞争力有所减弱,传统产业中的纺织业与制鞋业受到了来自亚洲国家的冲击。为了应对挑战,意大利政府对中小企业实行特殊的税收优惠政策,并借助征信系统有效地解决了中小企业贷款难的问题。另外,对于相互依赖程度较高的中小企业,意大利政府鼓励它们通过相互参股形成企业集团。意大利政府还发展中小企业专业区,以"一区一业"的形式存在。即以某种产品为纽带,中小企业形成产、供、销和配套服务一条龙的网络化生产模式,集中于某个专业区的中小企业群,在总体上可以达到一家大型企业所能达到的效率水平。如科莫地区发展丝绸业、卡尔比和普拉托发展纺织服装业、萨索罗发展陶瓷业、木拉诺发展玻璃制品业、卡拉拉发展大理石业、乌迪尼斯发展家具制造业等。每个区内的中小企业、商贸机构和专业化的技术中心(包括专业学校)三者相互依存、相辅相成,形成了产、研、贸三位一体的产业组织体系。在体系内交流市场信息,进行技术研发,开展培训活动,监测质量水平,协调企业关系。这种做法在很大程度上避免了不正当竞争行为,也给中小企业的稳定发展提供了一个良性运转平台。

全称:意大利共和国(The Republic of Italy)。
面积:24.36万平方千米。
人口:6 104.9万(2013年)。
首都:罗马(时区:东1区)

[①] "小企业玩转大市场",《新财经》2007年第9期。

货币:欧元(EUR,代号"€")。
国花:雏菊。
节日:全年法定节假日12天。元旦1月1日;主显节1月6日;复活节3月22日到4月25日之间春分月圆后的第一个星期日;天使星期一复活节后的第一个星期一;解放日4月25日;劳动节5月1日;国庆节6月2日;圣母玛丽亚升天日8月15日;万圣节11月1日;圣母无罪受孕日12月8日;圣诞节12月25日;圣斯特法诺日12月26日。

一、自然条件

1. 地理位置

意大利位于欧洲南部,领土以自欧洲大陆延伸入地中海的靴子型的亚平宁半岛为主,还包括撒丁岛和西西里岛等附近一些岛屿。东、西、南三面临亚得里亚海和地中海。陆上邻国有法国、瑞士、奥地利、斯洛文尼亚、摩纳哥。其境内还有两个袖珍国——圣马力诺和梵蒂冈。

意大利境内4/5为山丘地带,有阿尔卑斯山脉和亚平宁山脉。意、法边境的勃朗峰海拔4810米,居欧洲第二。最大河流是波河,较大湖泊有加尔达湖、马焦雷湖和科莫湖等。

15世纪末地理大发现以前,意大利是当时的世界贸易中心。地理大发现后,世界海上贸易的通道转向大西洋沿岸,意大利的贸易地位逐渐衰退。但1869年苏伊士运河开通后,欧亚贸易往来密切,意大利处于地中海航道的优势重新显露出来。随着阿尔卑斯山铁路、公路的修建,亚平宁半岛也成为欧洲与非洲往来最便捷的"路桥"。

2. 自然资源

意大利资源贫乏。非金属矿产资源主要有大理石、汞、硫黄等,金属矿有少量的铅、铝、锌和铝矾土等。本国石油和天然气产量只能满足大约4%和22%的市场需求。煤炭、铁矿石、石油、天然气等主要能源和工业原料依赖国外进口。水力和地热资源比较丰富。能源类产品是意大利最容易导致逆差的项目,如果不包括能源进出口,则意大利对外贸易多呈顺差。

3. 气候特征

意大利大部分地区属亚热带地中海式气候,适宜葡萄、柑橘、油橄榄等经济作物生长,因此,意大利是世界上重要的农业生产国之一。北部波河平原属温带大陆性气候,夏季炎热,冬季温凉,适宜农作物生长。年平均气温1月份2℃~10℃,7月份23℃~26℃。年平均降水量500~1000毫米。

4. 种族与语言

意大利居民中的94%为意大利人,外来移民形成新的少数民族,有罗马尼亚人、阿尔巴尼亚人、摩洛哥人和中国人等。意大利的外来移民已达428万,占人口的6.9%。官方语言为意大利语,个别地区讲法语和德语。

5. 社会制度

意大利宪法规定,意大利是一个建立在劳动基础上的民主共和国。总统对外代表国家,由参、众两院联席会议选出。总理由总统任命,对议会负责。议会是最高立法和监督机构,由参议院和众议院组成。

6. 宗教与习俗

(1) 宗教。天主教为意大利第一大宗教,大约有87%的意大利人信奉天主教。梵蒂冈位于意大利首都罗马,每年有大量的教徒来此朝圣。近年来,随着北非、罗马尼亚、阿尔巴尼亚和中国移民人数的增加,导致意大利境内的穆斯林、犹太教和佛教的教徒迅速增加。

(2) 社交习俗。在意大利,女士受到尊重,特别是在各种社交场合,女士处处优先。宴会时,要让女士先吃,只有女士先动刀叉进餐,先生们才可用餐。进出电梯时,要让女士先行。应邀到朋友家做客时,特别是逢年过节,应给主人带点礼品或纪念品,礼品的包装要讲究。但千万不要送手帕,意大利人认为,手帕是亲人离别时擦眼泪的不祥之物。改送丝巾则会收到意想不到的好效果。意大利人热情好客,也很随便,但时间观念不强,常常失约或晚点。

(3) 餐饮习俗。意大利人用餐以意式面和法式菜为主,也喜欢中国饮食。意大利人很重视餐桌礼仪。一般在吃饭前喝开胃酒,席间视菜定酒,吃鱼时喝白葡萄酒,吃肉时用红葡萄酒,席间还可以喝啤酒、水等。饭后饮少量烈性酒,可加冰块。意大利人很少酗酒,席间也没有劝酒的习惯。

(4) 禁忌。意大利人喜欢绿色和灰色,忌紫色,也忌仕女像、十字花图案。意大利人对自然界的动物有着浓厚的兴趣,对狗和猫异常偏爱。

二、经济概况

1. 经济规模

意大利是世界第七大经济体和欧洲第四大经济体,仅次于美国、中国、日本、德国、英国和法国。2013年,意大利的GDP 20 718.68亿美元,虽比2012年略有回升,但仍处于2000年以来的底部水平,人均GDP为33 860美元[①]。意大利

[①] 世界银行:世界发展指标"意大利"。http://data.worldbank.org/country/italy。

近年经济不断下滑,几度处于被欧盟救助的边缘,2013年开始有所好转。

意大利国家参与制企业在整个经济中占有重要地位。最大的三家国有企业集团是伊利、埃尼和埃菲姆,产值约占全国工业总产值的1/3,经营范围涉及钢铁、造船、机械、石油、化工、军火等部门。意大利的中小企业十分繁荣,并在世界上享有盛誉,有"中小企业王国"之称。由于面临来自中国及其他新兴亚洲国家的竞争,意大利的中小企业正采取技术升级和转移的手段加以应对。

2. 产业结构

(1) 农业。意大利的农业发达。农场以中小型为主,且多集中在北方。波河平原冬暖夏热,十分适宜小麦、玉米、稻米等粮食作物的生长。而亚平宁半岛为典型的地中海式气候,冬暖夏热,是葡萄、柑橘、蔬菜的重要生长区。

意大利生产的西红柿、土豆、菜花等众多品种出口到欧盟各国。蔬菜种植主要在亚平宁半岛的南部和西西里岛等地。

意大利的葡萄种植极为广泛,是世界上的主要葡萄生产国之一,其产量占世界总产量的1/5。意大利是葡萄酒的故乡,是世界第一大葡萄酒生产国和消费国,是世界第二大葡萄酒出口国[①],在国际葡萄酒贸易总额中约占1/4。

油橄榄是意大利的主要油料作物,其产量占世界总产量的1/4,是世界上三大橄榄生产国之一(意大利、西班牙、希腊)。

(2) 机械制造业。主要包括汽车、家电、船舶等行业。汽车工业基本上被菲亚特集团所垄断,其产量约占全国总产量的85%。意大利的豪华轿车品牌,如法拉利、兰博基尼、蓝旗亚、玛莎拉蒂、阿尔法·罗密欧和帕加尼等,以其不菲的身价,享誉世界。家用电器工业产品种类齐全,质量上乘,出口量大。意大利的船舶业主要分布在亚平宁半岛东西海岸和西西里岛。意大利的机械工业主要集中在米兰—都灵—热那亚工业三角地带。

(3) 食品工业。意大利的食品工业是一个自动化程度非常高的部门,大部分集中在北方地区。意大利生产的面点、甜点、巧克力和葡萄酒等产品均享有极高的国际声誉。

(4) 纺织、服装、制鞋工业。纺织工业是意大利历史最悠久的工业,至今纺织工业在意大利仍占有重要地位。意大利纺织工业技术水平高,产品质量好。纺织工业主要分布在以米兰为中心的伦巴第地区和以都灵为中心的皮埃蒙特地区。东北部的威尼斯纺织工业也很发达。

与纺织工业密切相关的意大利服装业十分发达,其生产的服装以款式新、种

---

① 葡萄酒按酿造工艺分旧世界葡萄酒和新世界葡萄酒,前者主要采用传统的橡木桶酿制,以法国、意大利和西班牙葡萄酒为代表;后者采用现代工艺和大型不锈钢桶酿制,以美国、澳大利亚、南非葡萄酒为代表。

类全、质量好而在国际市场上有很好的口碑，丝绸服装主要集中在科莫，时装多集中于卡尔比和普拉托。意大利服装生产规模甚至超过法国，居欧洲首位。

意大利的制革、制鞋工业发达，素有"制鞋王国"之称。制鞋厂均为中小企业，产品大部分供出口。由于受到来自中国产品的竞争，意大利制鞋工业景况微妙，但高档名牌鞋仍受青睐。

【专栏】 意大利的皮鞋与时装

皮鞋制造业在意大利有悠久的历史，尤其以高档皮鞋享誉世界，就连意大利的版图也颇像一只皮靴，故被称为"皮靴之国"。意大利商会主席卡拉透露，2006年，意大利生产了3.5亿双鞋，总值为81.7亿欧元，出口3.22亿双鞋，价值67.8亿欧元。其中，向以鞋类产销数量称雄的中国出口就达15万双，价值超过500万欧元。数量和价值的反差凸显了两国制鞋业的互补性。中国进口的皮鞋中有72%是意大利生产的。在中国市场上的意大利皮鞋以高端品牌居多，如恺撒、安东尼奥牌的皮鞋，动辄就要1 000～3 000元人民币一双，华伦天奴牌皮鞋一双至少在4 000元左右，销量都相当不错。

意大利纺织服装出口额在全球排名第二，高档时装则排名第一。意大利生产的皮鞋、服装是经典、高雅、时尚与品质的标志，米兰风格是时尚代表之一。意大利的纺织服装产品以其独到的设计风格、高质量面料和尖端加工工艺享誉世界。在顶级服装领域，意大利产品几乎控制全世界市场的20%，市值达465亿欧元。意大利的皮鞋、时装主要销往美国和日本。

(本案例根据《新财经》2007年第9期"小企业玩转大市场"整理)

(5) 化学工业。意大利的化学工业居世界前列，其生产规模仅次于美国、日本、德国、法国和英国，居世界第六位。所炼成品油通过输油管道输往瑞士和德国。化学工业主要集中在西北地区，米兰是最主要的基地。

(6) 建筑业。意大利的水泥产量居世界第三位；大理石质地优良，产品出口世界各地；瓷砖、贴砖等建筑材料在国际上也有相当好的口碑。

(7) 旅游业。意大利是被联合国教科文组织授予自然和人类文化遗产最多的国家，旅游业是意大利第三大外汇收入来源。据世界旅游组织统计，2013年到意大利旅游的国外游客达4 400万人次，给意大利带来约2 700亿美元的外汇收入，仅次于美国和西班牙，为世界第三旅游大国。

三、对外贸易

1. 外贸规模

对外贸易是意大利经济的主要支柱。意大利缺乏生产原料，且国内市场较小,因此,其经济发展极需进口资源和占领国外销售市场。2013年,意大利进出口总额9 951.7亿美元,其中,出口总额5 177.4亿美元,进口总额4 774.3亿美元,贸易顺差约为403亿美元(见表4-4-1)。

表4-4-1　意大利(2013年)主要贸易伙伴及进出口额　　　单位:亿美元

主要出口去向				主要进口来源			
排名	国家/地区	金额	占比(%)	排名	国家/地区	金额	占比(%)
	总　值	5 177.4	100		总　值	4 774.3	100
1	德　国	640.2	12.4	1	德　国	702.8	14.7
2	法　国	556.8	10.8	2	法　国	401.2	8.4
3	美　国	357.6	6.9	3	中　国	306.9	6.4
4	瑞　士	270.5	5.2	4	荷　兰	274.4	5.8
5	英　国	257.6	5.0	5	俄罗斯	266.4	5.6
6	西班牙	225.2	4.4	6	西班牙	214.5	4.5
7	比利时	149.2	2.9	7	比利时	196.8	4.1
8	俄罗斯	143.1	2.8	8	美　国	152.8	3.2
9	土耳其	132.4	2.6	9	瑞　士	139.3	2.9
10	中　国	130.3	2.5	10	英　国	126.9	2.7

资料来源:商务部:《对外贸易·国别报告·意大利》,2014-04-08。

1995～2003年,意大利对外贸易一直保持顺差,但自2004年起至2011年,意大利商品贸易首次出现了6年的逆差。其原因主要是近年来欧元坚挺、国际原油、铁矿石等大宗商品价格上涨、国内生产效率不高以及来自新兴工业国家的竞争,导致意大利的外贸受到严重影响。不过,自2012年起,意大利的进出口贸易又恢复了顺差局面,顺差主要来自对美国、瑞士和法国的贸易。意大利的服务贸易多年来一直保持比较均衡的态势。

2. 进出口商品结构

意大利出口的前五大类产品是机电产品(占25.4%)、贱金属及制品(9.9%)、化工产品(9.8%)、汽车(9.3%)、纺织品及面料(7.0%)。另外,食品饮料及葡萄酒(4.8%)、皮鞋箱包(2.8%)也在前十大出口商品之列。

主要进口产品是矿物产品及燃料油(占20.8%)、机电产品(15%)、化工产品(12.5%)、贱金属及制品(9.1%)、车辆(7.7%)、塑胶及纺织品(各占5.4%)。

意大利是世界第六大军火出口国。但比军火更著名的意大利出口商品是名牌时装(乔治·阿玛尼、华伦天奴、范思哲、贝纳通、普拉达等)、食品(费列罗、百味来、百加得、金巴利、帕玛拉特)、豪华跑车(法拉利、玛莎拉蒂、兰博基尼、篮旗亚、阿尔法·罗密欧等)及游艇(法拉帝、阿兹慕特)等。

3. 主要贸易伙伴

意大利的主要贸易伙伴是欧盟,与欧盟国家间的贸易超过其对外贸易总额的50%以上。而盟外的主要贸易伙伴有美国、中国、利比亚、俄罗斯等。近年来,意大利还积极拓展中东欧、中东、地中海和远东等新兴市场。当然,其主要贸易对象仍是德国、法国、英国和美国等发达国家。

从出口看,意大利的主要出口目标国是欧盟成员国,2013年,对欧盟27国的出口占出口总额的53%[①]。其中,主要出口目标国是德国、法国、美国、瑞士和英国(见表4-4-1)。

从进口看,意大利的主要进口来源国也是欧盟成员国,2013年,从欧盟27国的进口占其进口总额的54.1%,其中,德国是意大利最大的进口来源国。其次是法国、中国、荷兰和俄罗斯。

2013年,意大利前五大逆差来源地依次是中国、荷兰、俄罗斯和利比亚,顺差主要来自美国、法国、瑞士、英国和土耳其。

四、意、中经贸关系

意大利是中国在欧洲的重要贸易伙伴之一。2005年,中国商务部和意大利生产活动部签署了《中小企业合作备忘录》。

1970年两国建交时,双边贸易额仅为1.2亿美元,2013年,两国贸易额为246亿美元[②],达历史最高水平。其中,中国向意大利出口160亿美元,仅次于德国和法国,为意大利第三大进口来源地;中国从意大利进口86亿美元,列意大利第十大出口市场。意大利对中国的贸易逆差虽然最大,但因中国加大了豪车、葡萄酒和时尚名牌产品的进口,逆差呈逐渐下降趋势。

意大利从中国进口的商品主要是纺织原料及其制成品、机电产品、箱包、普通钢材、玩具等;对中国出口的主要是机械设备、钢铁及其制品、贵金属及其制品、化工产品、时装、家具、皮鞋等。

五、主要贸易口岸

1. 热那亚(Genova)

热那亚是意大利最大的海港,位于意大利亚平宁半岛西北海岸的热那亚湾

---

①② 商务部:《对外贸易·国别报告·意大利》,http://country report.mofcom.gov.cn,2014-04-08。

顶端,濒临利古里亚海的北侧。热那亚是全国造船工业中心,又是意大利的主要炼油中心之一,有输油管道通往瑞士和德国等中欧国家。

该港平均潮高为高潮时 0.3 米,低潮时 0.1 米。泊位水深 7.4~14 米。港区由老港、新港和油港三部分组成,岸线总长约 30 千米,可停靠 200 艘船只,油码头最大可靠泊 25 万载重吨的大型油船。

2. 的里雅斯特(Trieste)

的里雅斯特位于意大利东北沿海威尼斯湾内的里雅斯特湾东岸,濒临亚得里亚海的北侧,接近斯洛文尼亚共和国的边界。是意大利的第二大海港。该港西距威尼斯港约 62 海里,南距克罗地亚共和国的里那卡港约 110 海里。该港不仅具有得天独厚的自然环境及深水港区,而且引以为豪的是具有处理货物的优良技术和经验。该港共包括六个港区,码头岸线总长 7 000 米,最大水深约 17 米。石油码头最大可停靠 20 万载重吨的大型油船。大船锚地在防波堤之西,水深达 20 米。

3. 塔兰托(Taranto)

塔兰托位于意大利东南部,濒临伊奥尼亚海,处于塔兰托湾北部。该港潮差仅 0.3 米。港区分为商业港区和工业港区。其中,商业港区有泊位 3 个,岸线长 550 米,最大水深为 10.8 米;工业港区有泊位 32 个,岸线长 4 690 米,最大水深为 26 米。矿石码头最大可停靠 20 万载重吨的大型船舶。

【专栏】 西班牙人和巴塞罗那港

西班牙人热情、浪漫、奔放、好客、富有幽默感。西班牙的午餐一般在 14:00~16:00,晚餐一般在 21:00~23:00。西班牙人喜爱户外活动,对足球、登山及自行车等运动情有独钟。西班牙的斗牛、弗拉门戈舞闻名于世。西班牙人喜欢在圣诞节前相互送礼。很注重赠送礼品的包装,并有当面拆包赞赏的习惯。西班牙人赴约通常会晚到一会儿,餐桌上一般不劝酒,任何场合不敬烟。西班牙的节日丰富多彩,每年全国性和地方性的节假日约 200 多个。安东尼·高迪是巴塞罗那人的骄傲,他在巴塞罗那等城市设计的建筑,造型似梦,色彩如幻,有 7 处被联合国教科文组织列入世界文化遗产名录。西班牙是世界第二旅游大国,年观光客达 5 800 万人次,年观光收入仅次于美国,达 7 650 万美元。

巴塞罗那港位于西班牙河口东岸,地中海西北侧,是西班牙最大的海港和欧洲最繁忙的国际贸易港口之一。港区水域面积约 300 公顷,平均潮差约 0.3 米;露天堆场面积约 4.5 平方米,粮谷库容约 18.7 万吨,油库储存量达 35 平方米;浮吊最大起重能力达 160 吨,输油管道直径为 101.6~406.4 毫米。

 **本章小结**

1. 法国是世界主要的贸易强国之一，其旅游业、电信业、能源业、交通运输业、武器工业、农业等在国际贸易中具有很强的竞争优势。中法贸易近年来发展很快，中国已经是法国的第八大贸易伙伴和欧盟以外的第二大贸易伙伴，仅次于美国。中国从法国的技术引进在中法贸易中占据很重要的地位。

2. 英国位于欧洲西部的大不列颠岛及爱尔兰岛东北部，地理位置优越。英国的经济规模居世界第五位，在欧盟中仅次于德国。英国是欧盟中能源资源最丰富的国家，主要能源有煤、石油、天然气等。因原油已探明储量的减少，英国已从石油净出口国变为石油净进口国。

3. 英国的服务业非常发达，主要包括金融保险业、零售业、旅游业和商业服务业等，其中，商业、金融业和保险业发展较快。英国的对外贸易中货物贸易常年逆差，但服务贸易长期保持顺差。其主要的贸易伙伴已经由20世纪70年代前的英联邦成员国转变为欧盟成员国。

4. 英国是欧盟的最大对华投资国和第三大对华贸易伙伴。然而，英国对中国的出口仅占英国出口总额的1.4%；英国从中国进口占英国进口总额的6.5%，英中贸易在其整个进出口中所占比重小但逆差大，这或多或少地从一个侧面反映了两国经贸及政治关系的密切程度。

5. 荷兰国内市场容量有限，但海运业和造船业发达。荷兰的高科技业、农业、花卉业具有较强的竞争力。

6. 意大利缺少矿产资源，工业具有出口加工性质。中小企业十分发达，政府以"一区一业"的形式发展中小企业专业区，即以某种产品为纽带，中小企业形成产、供、销和配套服务一条龙的网络化生产模式，集中于某个专业区的中小企业群，在总体上可以达到一家大型企业的效率水平。在意大利的出口商品中，中小企业生产的产品占70%。

7. 对外贸易是意大利经济的主要支柱。虽然汽车、机械产品、化工产品、家庭用品、航空及防务产品、枪械等是其主要的出口产品，但这个国家更著名的出口商品是名牌服装、精美食品、豪华跑车和游艇等时尚领域的奢侈品牌。如乔治·阿玛尼、范思哲、普拉达等名牌服装以及费列罗、百味来、金巴利等名牌食品和法拉利、玛莎拉蒂、兰博基尼等豪华跑车。意大利是欧盟中重要的农产品生产国和出口国，蔬菜、葡萄酒在国际市场上占有重要地位。

 **思考题**

1. 法国是一个缺乏自然资源的国家，因此核能工业、旅游业、高级食品和农产品业成为

法国的支柱产业。请问这种产业发展战略对中国有什么启发？
2. 英国的经济贸易发展水平是否取决于其所处的地理位置？为什么？
3. 英国虽然是欧盟成员国，但却没有接受欧元货币，你认为主要原因是什么？
4. 荷兰20%的土地来自"围海造田"，海运业是荷兰的支柱产业。除此之外，你还能举出哪些海洋对荷兰经济影响的例子？
5. 意大利的"一区一业"及名牌时尚产品发展战略分别对中国有何启示？

第五章　贸易强国(下)

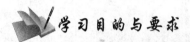

> 1. 掌握韩国的地理环境、经济概况及对外贸易特点；
> 2. 熟悉加拿大的地理环境、经济概况及对外贸易特点；
> 3. 认识比利时的地理环境、经济概况及对外贸易特点；
> 4. 了解澳大利亚的地理环境、经济概况及对外贸易特点；
> 5. 熟悉四个国家的主要对外贸易口岸。

第一节　韩　国

【开篇案例】"来自星星的你"①

　　韩国既是世界贸易强国，也是世界第十大文化输出国。韩国特别看重以文化传播助推贸易发展，早在1999年，韩国便确立了"文化立国"的发展战略。2013年，韩国文化创意产业产值达855亿美元，同比增长4.9%。其中，出口50.9亿美元，同比增长10.6%。2008～2012年，韩国文化创意产业出口年均增长率达18.5%，被称为韩国的新经济力量。例如，电视剧《大长今》的热播，在全亚洲掀起了韩国美食热潮，带动了韩国食品出口的快速增长。2013年年底的韩剧《来自星星的你》更是将"韩流"经济推向前所未有的高度。都教授和千颂伊全方位地秒杀衣食住行各个方面，从饮食、服装、美容化妆品、电子产品到旅游、户外乃至家居用品，只要是能和剧中主人公沾边的，都成为热销商品。韩国的一份研究报告指出，韩国文化创意产业出口每增加100美元，就会带动韩国产品出口增加412美元，尤以IT产品、服装、食品和化妆品的出口增速最快，后者在

---

① 摘编自 CCTV-1《朝闻天下》："韩流"文化助推韩国经济，2014-07-02。

2008~2012年期间的年均销售增长率高达30%。以软实力推动硬实力,"韩流"为其他产业带来的经济效益远远超出"韩流"文化出口本身的价值。美国《华尔街日报》评论称,以韩国影视、流行音乐为代表的"韩流"文化,已成为韩国企业国际投资和对外谈判的最大助力。

全称:大韩民国(Republic of Korea)。
面积:9.96万平方千米。
人口:5 022万(2013年)。
首都:首尔(Seoul)(东9时区)。
货币:韩元。
国花:木槿花。
国家格言:使广大人民得益。
节日:除农历中的传统节日外,还过以下的法定节假日:1月1日元旦,两天公众假期;3月1日独立运动纪念日(为1919年抗日独立运动纪念日);4月5日植树节;5月5日儿童节;6月6日显忠日(向阵亡将士献祭);7月17日制宪节(纪念1948年通过大韩民国宪法);8月15日光复节(1945年从日本35年的殖民统治中解放出来,标志着1948年大韩民国的建立);10月3日开天节(传说中檀君于公元前2333年建立韩国的日子);12月25日圣诞节。

一、自然条件

1. 地理位置

位于亚洲大陆东北朝鲜半岛的南半部。北部以军事分界线(北纬38℃线)与朝鲜民主主义人民共和国相邻。其余三面被黄海、朝鲜海峡和日本海所环抱。面积9.96万平方千米。韩国多丘陵和平原,约70%是山区,地势比半岛北部低。丘陵大多位于南部和西部。西部和南部大陆坡平缓,东部大陆坡很陡,沿西海岸河流沿岸有辽阔的平原。

2. 自然资源

矿产资源较少,已发现的矿物虽然有280多种,但其中有经济价值的仅50多种。有开采利用价值的矿物有铁、无烟煤、铅、锌、钨等,但储量不大。由于自然资源匮乏,主要工业原料均依赖进口。

3. 气候特征

韩国属温带的东亚季风气候。6月到9月的降雨量为全年的70%。年均降水量约为1 500毫米,降水量由南向北逐步减少。冬季平均气温为零度以下。夏季8月份最热,气温为25℃。3、4月份和夏初时易受台风侵袭。

4. 人口、种族与语言

全国人口为5 022万(2013年),全国为单一民族,通用韩国语。

5. 社会制度

韩国现有1个特别市首尔(旧译"汉城")和9个道。

1987年10月,全民投票通过的新《宪法》,新《宪法》规定,韩国实行三权分立、依法治国的体制。总统是国家元首和全国武装力量司令,在政府系统和对外关系中代表整个国家,任期5年,不得连任。总统是内外政策的制定者,可向国会提出立法议案等;同时,总统也是国家最高行政长官,负责各项法律法规的实施。国务总理由总统任命,但须经国会批准。国务总理有权参与制定重要的国家政策。总统无权解散国会,但国会可用启动弹劾程序的方式对总统进行制约。韩国实行一院制。国会是国家立法机构,任期4年。《宪法》赋予国会的职能包括制定法律、批准国家预算、制定外交政策、对外宣战以及弹劾总统的权力。韩国法院共分大法院、高等法院和地方法院三级。大法院是最高法庭,负责审理对下级法院和军事法庭作出的裁决表示不服的上诉案件。大法官由总统任命,国会批准。大法官的任期为6年,不得连任,年满70岁必须退位。

6. 宗教与习俗

(1) 宗教。韩国50%左右的人口信奉宗教,主要是基督教和佛教等。

(2) 习俗。韩国人讲究礼貌,待客热情。见面时,一般用咖啡、不含酒精的饮料或大麦茶招待客人,有时候还加上适量的糖和淡奶。客人必须接受这些茶点。韩国人饮食总体上较为清淡,但却喜欢吃辣味泡菜,也有吃狗肉的习惯(西方人对此颇反感)。韩国人初次见面时,经常交换名片。韩国很多人养成了通报姓氏的习惯,并和"先生"等敬称连用。韩国人一半以上的居民姓金、李、朴。在韩国洽谈业务,往往选择宾馆的咖啡室或附近类似的地方举行。大多数写字楼都有一套会客用的舒适的家具,在建立密切的工作关系之前,举止合乎礼仪是至关重要的。韩国人注重服饰,男子穿西服、系领带,女士着西式裙装。

二、经济概况

从1960年代初开始,韩国经济持续高速增长,人均国内生产总值从1962年的87美元增至1996年的10 548美元,创造了"汉江奇迹"。1996年,韩国加入有"富国俱乐部"之称的经济合作与发展组织(OECD)。1997年,韩国经济受到亚洲金融风暴的严重冲击,举国百姓捐钱捐金支持政府挽救经济。1998年,韩国开始推行企业、金融、公共部门和劳动关系四大改革,很快地摆脱了金融危机。2001年8月,韩国提前还清国际货币基金组织(IMF)的全部贷款,结束了IMF监管体制。

1. 经济规模

2013年,韩国国内生产总值达12710亿美元,人均国民收入为24329美元,连续5年保持全球第15大经济体的地位。2008年2月,韩国政府提出"747计划",即年均经济增长率达到7%,10年内实现人均收入4万美元,10年内使韩国发展成为世界第七大经济强国。

韩国的产业结构主要有以下几个特点。服务业和制造业比重不断上升、农林渔业比重日益降低。重化工在制造业中占较大比重,尤其是造船、石化、汽车、电子等行业发达并在世界范围内具有较高的市场占有率和影响力。经济发展对国外市场和资源依赖程度高,贸易依存度高达60%以上。随着的多年发展,国内市场接近饱和,国内劳动密集型产业正逐步向中国等国进行转移。大企业作用举足轻重,三星、LG、SK、现代等大企业集团数量虽少,但创造的价值在国民经济中所占比重超过60%。例如,2013年,韩国三星电子在世界500强中位列第14,超过日本所有的电子产业巨头——日立(第54)、松下电器(第83)、索尼(第94)、东芝(第126)[①]。

2. 产业结构

(1) 汽车业。虽然韩国的汽车制造历史很短(仅50多年),但如今它已经发展成为世界第五大汽车制造国和第六大汽车出口国。在汽车工业起步初期,韩国仅仅是将从美、日进口的汽车零部件组装为成品;如今,韩国已经步入了世界先进汽车制造大国之列。1990年代,韩国已经能够生产出众多具有本国特色的车型,不仅展示出了它在汽车设计、产品性能、生产技术方面的雄厚实力,而且标志着韩国汽车产业走向成熟。2013年,韩国汽车产量达452万辆,几乎每个家庭拥有一辆。韩国汽车以优异的性价比越来越受到本国及海外用户的青睐。韩国汽车远销美国和欧洲,2013年出口308万台。2008年的世界金融危机也使韩国汽车业受到重创,第三大汽车企业双龙集团被迫申请破产保护,之后被印度公司收购。

(2) 造船业。韩国造船企业在政府的大力扶植下,建设了一批现代化的大型造船设施;进入21世纪,韩国造船业在规模继续扩大的基础上,在生产效率、产品档次和技术水平等方面又有了全面提升,成为世界造船强国。韩国的造船企业基本是在订单没有着落的情况下,就开始投入大笔资金进行基础设施建设。

---

① "世界500强排行榜",《财富》,2013年4月。

韩国造船厂都有自己的强项,例如,现代重工业公司以建造液化天然气运输船见长;三星重工业公司在建造海洋勘探船方面独占鳌头,在世界市场上占有60%的份额;大宇重工业公司在建造大型油船方面称雄,世界各地运营的大型油船中,大宇的油轮占10%。世界十大船厂中,韩国占了7个。自2003年以来,韩国一直保持着世界头号造船大国的地位。

(3) 钢铁业。作为韩国主导型产业的钢铁工业,在过去50年中一直保持高速增长,并在推动韩国经济的繁荣中做出了巨大贡献。近年来,韩国一直保持着世界第五大钢铁制造国的地位。1962年开始有钢铁产量统计时其粗钢生产仅为几十万吨,2013年粗钢产量达到6 600万吨,虽然产值占韩国国内生产总值和出口的比重显著下降,但在世界钢铁业多年持续保持位居第五位,排在中国、日本、美国和俄罗斯之后。

(4) 旅游业。韩国风景优美,有许多文化和历史遗产,旅游业较发达。每年访韩外国游客超过700万人次。全国有40多家国际标准饭店,其中部分已加入国际饭店预订系列。首尔的新罗饭店、乐天饭店、洲际饭店、朝鲜饭店、凯悦饭店、广场饭店、华克山庄饭店等被列入超豪华类别。主要旅游点有景福宫、德寿宫、昌庆宫、昌德宫、民俗博物馆、江华岛、板门店、庆州、济州岛、雪岳山等。

三、对外贸易

1. 对外贸易规模

韩国是世界第七贸易大国。2013年,韩国进出口总额为10 752亿美元,其中,出口5 596亿美元;进口5 516亿美元。

韩国经济之所能高速发展,主要是因为韩国采取了适合国情的外向型经济发展战略。此外,勤劳刻苦的国民性、较高的储蓄率和投资率以及对教育的重视均对韩国经济的快速发展做出重大贡献。

2. 对外贸易法规

《对外贸易法》是韩国政府管理和振兴对外贸易的基本法,与《外汇交易法》、《关税法》、《有关提高出口产品质量法》和为保护、扶植特定贸易的各项"振兴法"、与贸易有关的个别行政法规等构成了韩国对外贸易管理体制的基本框架。

根据韩国《政府组织法》,产业资源部负责总的贸易政策的制定和实施;外交通商部的通商交涉本部负责对外通商交涉;农林部、海洋水产部、文化观光部、建设交通部、情报通信部等行业管理部门负责制定和实施涉及其主管领域的具体商品的贸易政策;产业资源部下属贸易委员会负责对因外国商品进口所造成损害产业的救济。韩国除根据乌拉圭回合协议对部分农产品(60余种)进口实行数量限制外,一般商品均可自由进出口。韩国政府承诺逐渐解除对商品进口的限制,至2004年解除对最后一项商品——大米的进口限制后,实行完全贸易自由化。任何个人和企业均可自由从事对外贸易活动。只是为了便于通关和海关统计,鼓励性实施"贸易业固有编号制度",即鼓励从事外贸的企业到韩国贸易协会申领一个与企业对应的固定编号,在通关时填写。但药品、农药、有害化学物质、石油、香烟、人参、指定农水产品和外国期刊、电影等特殊商品进出口的经营,需依照相关法律获得许可后方能进行。

3. 进出口商品结构

韩国主要的出口商品为机电产品、运输设备和矿产品,2013年出口额分别占其出口总额的34.8%、19.8%和9.8%。包括石油在内的矿产品、机电产品和贱金属及制品是韩国进口的前三大类商品,2013年进口额分别占其进口总额的38.4%、23.2%和8.8%。

4. 主要贸易伙伴

2013年韩国对中国、美国和日本的出口位居前列,分别占韩出口总额的26.1%、11.1%和6.2%(见表5-1-1);来自中国、日本、美国进口额分别占韩进口总额的16.1%、11.6%和8.1%。贸易逆差主要来自日本和中东;顺差主要来自中国大陆、中国香港和美国。

表5-1-1 韩国(2013年)主要贸易伙伴及进出口额　　　单位:亿美元

主要出口去向				主要进口来源			
排名	国家/地区	金额	占比(%)	排名	国家/地区	金额	占比(%)
总　值		5 596.3	100	总　值		5 155.8	100
1	中　国	1 458.7	26.1	1	中　国	830.5	16.1
2	美　国	620.5	11.1	2	日　本	600.3	11.6
3	日　本	346.6	6.2	3	美　国	415.1	8.1
4	中国香港	277.5	5.0	4	沙　特	376.6	7.3
5	新加坡	222.9	4.0	5	卡塔尔	258.7	5.0
6	越　南	210.9	3.8	6	澳大利亚	207.8	4.0
7	中国台湾	156.9	2.8	7	德　国	193.3	3.8
8	印　尼	115.6	2.1	8	科威特	187.2	3.6
9	印　度	113.7	2.0	9	阿联酋	181.2	3.5
10	俄罗斯	111.5	2.0	10	中国台湾	146.3	2.8

资料来源:商务部:《国别贸易报告·韩国》,2014-02-25。

四、韩、中经贸关系

中、韩两国自1992年建交以来，双边贸易呈高速发展之势。1992年，两国的贸易额只有50亿美元。2013年末，中、韩两国的贸易额已达2 289.2亿美元。韩国在华设立的企业已超过3万家，实际投资额累计超过350亿美元。现代汽车、三星电子、LG电器等韩国大企业均在华有合资公司。中国已成为韩国的重要经贸伙伴、第一大出口市场、第一大进口来源和第一大投资对象。

五、主要贸易口岸

1. 釜山港（Busan）

釜山位于韩国东南沿海，东南濒朝鲜海峡，西临洛东（Naktong）江，与日本对马（Tsushima）岛相峙，是韩国最大的港口，也是世界最大集装箱港之一。釜山现为韩国海、陆、空的交通枢纽，又是金融和商业中心，有纺织、汽车轮胎、石油加工、机械、化工、食品、木材加工、水产品加工、造船和汽车等，机械工业尤为发达，而造船、轮胎生产居韩国首位，水产品的出口在出口贸易中占有重要位置。

该港属温带季风气候。年平均气温夏季为29℃～31℃，冬季为7℃～9℃。全年平均降雨量约1 500毫米。属正规半日潮港，潮差不大，大汛时不超过1.2米，小汛时仅0.3米。浮吊最大起重能力达100吨。装卸效率为煤每小时装600吨，装卸杂货每天1 000吨。该港每年停靠约2 000艘集装箱船，包括小到700～800TEU型船大到3 000TEU以上的集装箱船，码头可同时为4艘5万载重吨的大型集装箱船进行装卸作业，全年均可24小时作业，每天平均装卸4～5艘集装箱船。节假日如有特殊需要，可提前申请加班。该港能承接各种船舶修理，最大干船坞可容纳15万载重吨的船舶。

2. 仁川港（Incheon）

仁川港是韩国第二大港，是韩国西海岸的最大港口，也是韩国首都首尔的外港，相距不到40千米，为韩国政府经营，港口附近设有出口加工区。仁川市是韩国最大的经济中心，又是韩国北部进出口贸易中心。仁川港有规模广大的产业经济腹地，主要有炼钢、机械、汽车、造船、化工、电子、车辆制造、金属加工、石油及纺织等。

仁川港区有泊位33个，在其对外贸易货物吞吐总量中，中国占70%。仁川港不仅是木材、粮食的重要装卸港口，也是英国伦敦金属交易所的东北亚地区中心，该中心交易的金属种类有铜、铝、镍和钢材等，每年交易上百万吨。

仁川港的最大优势是靠近首尔,建有包括集装箱码头的自由经济区。迄今仁川港有17个码头泊位,可停靠8 000TEU的超大型船舶的集装箱船泊位,到2020年将增至23个。

仁川港最接近中国,因此,它欲争取成为规模最大的东北亚地区性集装箱枢纽港。仁川港集装箱吞吐量年均增速超过20%,远高于同期的釜山港(10.3%)和光阳港(-2.8%)。

3. 蔚山港(Wulsan)

蔚山港为韩国最大的重化学工业区港口。蔚山港与东北亚海运枢纽港釜山相邻,蔚山港的船舶接岸能力为90艘,占全国的19.3%;年吞吐量1.5亿吨。2011年,蔚山市建成年吞吐量3 000万吨、能同时容纳31艘轮船靠岸的新港,成为东北亚国际贸易主要中转港。

第二节 加 拿 大

【开篇案例】 加拿大油砂[①]

为了满足经济快速增长的需要,中国正在全球各地极力寻找石油供应资源,并在北美取得了战略性突破:中国海洋石油有限公司(简称中海油)以1.5亿加元(约合1.21亿美元)的价格,收购了加拿大少数人持股的MEG能源公司17%的股权,此举可能会让美国感到些许不安。

油砂矿的主要成分是砂石和沥青。几年前,沥青砂还被看做是成本昂贵的非传统能源资源。不过,随着技术的革新,加上油价不断走高,沥青砂重新受到人们的重视。专家认为,当国际油价高于每桶70美元时,开采油砂便可获利。美国能源部(Department of Energy of USA)在重新把沥青砂列为石油的一个来源后,将加拿大排在海外能源储备国名单中的第二位,仅次于沙特阿拉伯。

在油价不断飙升的情况下,中国与国际石油巨头们在争夺石油资源上展开了激烈的竞争,此次收购代表着中国在确保其长期能源供应方面的一次胜利。虽然收购交易本身不会对全球石油供应产生巨大影响,但由此可以看出,作为世界第二大石油消耗国,中国正在迅速采取措施在任何可能的地方寻找能源,以满足其经济发展的需要。从更长期看,中国为确保获得大量加拿大矿物燃料而采取的任何举措,都有可能重塑世界能源政治格局。

---

① 摘自《华尔街日报》中文网络版,2005年4月15日。

全称:加拿大联邦(Commonwealth of Canada)。
面积:998.46万平方千米。
人口:3 502.5万(2013年)。
首都:渥太华(西五区)。
货币:加拿大元(CAD)。
国花:糖槭(枫叶)。
国家格言:从大海到大海。
节日:法定节假日共计8天。元旦,1月1日;耶稣受难日,3至4月;维多利亚日,5月19日;国庆日,7月1日;劳动节,9月第一个星期一;感恩节,10月第二个星期一;圣诞节,12月25日;节礼日,12月26日。

一、自然条件

1. 地理位置

加拿大面积约998万平方千米,是世界上领土面积仅次于俄罗斯的第二大国家。加拿大位于北美洲北部,东临大西洋,西濒太平洋,西北部邻美国阿拉斯加州,东北隔巴芬湾与格陵兰岛相望,南接美国本土,北靠北冰洋达北极圈。海岸线约长24万多千米,是世界上海岸线最长的国家,难怪加拿大的国家格言是"Amari Usque Admare"(拉丁语:从海到海)。加拿大的地理位置十分有利于其经济发展。当世界经济以大西洋为中心时,它凭借大西洋西岸的港口发展贸易,带动经济增长;而当世界经济中心逐渐向环太平洋地区转移时,它又可以加入亚太经济圈,依靠太平洋西海岸的港口享受这一地区经济快速增长带来的好处。

加拿大幅员辽阔,南北相距4 600千米,东西宽5 500千米,横跨6个时区。地形分为三个南北方向的纵列带。东部为拉布拉多高原和阿巴拉契亚山脉;中部为大草原;西部为高大的科迪勒拉山系。

加拿大湖泊众多,主要有美、加共有的苏必利尔湖、休伦湖、伊利湖、安大略湖等。此外,加拿大还有众多的河流,主要包括马更些河、育空河和圣劳伦斯河等。所以,加拿大的淡水和水力资源丰富,拥有全世界大约1/7的淡水量。

2. 自然资源

加拿大地域辽阔,自然资源丰富,主要的资源有矿产、能源、森林、水利、鱼类等。是资源出口大国,其多种资源类产品在国际市场上占有重要地位。

加拿大矿产资源种类多、储量大。矿产有60余种,镍、锌、铂、石棉的产量居世界首位,铀、金、镉、铋、石膏居世界第二位,铜、铁、铅、钾、硫黄、钴、铬、钼等产量丰富。

加拿大蕴藏有丰富的石油、天然气、煤等重要能源资源，是传统能源大国，能源在其经济中一直占有重要地位。加拿大能源业产值占 GDP 的 6%；能源出口占出口总值的 19%。石油和天然气是加拿大最重要的能源资源，占整个能源生产结构的 74%。此外，加拿大还蕴藏着大量非常规能源资源（油砂和页岩气），已探明的油砂可采储量折合原油约 1 747 亿桶，仅次于沙特，居世界第二位。

加拿大森林资源极为丰富，森林覆盖面积达 440 万平方千米，产材林面积 286 万平方千米，分别占全国领土面积的 44% 和 29%，仅次于俄罗斯，居世界第二位。林业产品是加拿大重要的出口项目。

加拿大还拥有丰富的水产资源，盛产鳕鱼、鲱鱼、比目鱼、鲑鱼、毛鳞鱼、扇贝、蟹和龙虾等。其渔场大致分为三个区：一是大西洋渔场，这是加拿大最大的渔场，世界闻名的纽芬兰沿海渔场就位于该区；二是太平洋渔场，在捕捞数量与创造价值方面均小于大西洋渔场；三是内陆渔区，主要在五大湖和温尼伯湖。

3. 气候特征

加拿大大部分地区属大陆性温带针叶林气候。由于其领土几乎全部在北纬 49°以北，所以，气候寒冷是其突出特点。加拿大的大部分地区冬季漫长，一般从 11 月中旬到次年的 3 月中旬。有些地方冬季可长达 8～11 个月。一般而言，东部气温稍低，南部气候适中，西部气候温和湿润，北部为寒带苔原气候，北极群岛终年严寒。中西部最高气温达 40℃以上，北部最低气温低至 －60℃。

由于北部的严寒气候，加拿大只有 12% 的土地适合耕种。因此，加拿大的 3 000 万人口大多居住在气候温和、距离南部边界几百千米以内的狭长领土内，尤其是与美国接壤的湖群和圣劳伦斯地区，地势平坦、土地肥沃、物产丰富，是加拿大人口最稠密和工农业最集中的地区。

4. 种族与语言

加拿大地广人稀，人口密度为 3.2 人/平方千米。英裔居民占 42%，法裔居民约占 27%，其他欧洲人后裔占 13%，土著居民（印第安人、米提人和因纽特人）约占 3%，其余为亚洲、拉美、非洲裔等。其中，华裔人口已占加拿大总人口的 3.5%，成为加拿大最大的少数族裔。法裔居民主要居住在魁北克省。英语和法语同为官方语言，讲英语的约占全国人口的 1/3，讲法语的约占 1/4，来自各国的移民后裔也使用本民族的语言。

5. 社会制度

加拿大是英联邦国家之一，其政治制度为君主立宪和民主议会制。加拿大至今没有一部完整的宪法，主要由在各个不同历史时期通过的宪法法案所构成。国家元首为英国女王，由总督代表女王执掌国家的行政权。总督由总理提名，由女王任命。联邦议会是国家最高权力和立法机构，由参议院和众议院组成，参、众两院通过的法案由总督签署后成为法律。总督有权召集和解散议会。政府为内阁制,是执行机构。由众议院中占多数席位的政党组阁,其领袖任总理,领导内阁。名义上,总督享有所有行政权力和特权,但实际上,执行最高行政权力的是总理和内阁成员。

6. 宗教与习俗

(1) 宗教。加拿大宗教派别达 30 多个。其中,信奉天主教的人约占人口的 47.3%,信奉基督教新教的占人口的 41.2%,其余的人信奉路德教、浸礼会教、希腊东正教、犹太教、乌克兰天主教等。

(2) 社交礼仪。一般而言,在交际应酬中,加拿大人最大的特点是既讲礼貌,又无拘无束。加拿大人比较讲实惠,与朋友相处和来往不讲究过多的礼仪。送花不要送白色的百合花,在加拿大,白色的百合花只有在葬礼上才用。

(3) 服饰礼仪。在日常生活中,加拿大人着装以欧式为主。上班的时间,他们一般要穿西服、套裙。参加社交活动时往往要穿礼服或时装。在休闲场合,则讲究自由穿着,只要自我感觉良好即可。在加拿大,除了受宗教教规影响的少数村庄外,一般并无显著的色彩爱好。

(4) 餐饮礼仪。加拿大人对法式菜肴比较偏爱,并以面包、牛肉、鸡肉、土豆、西红柿等物为日常之食。从总体上讲,他们以肉食为主,特别爱吃奶酪和黄油。加拿大人重视晚餐。加拿大人极爱食用烤牛排,习惯在用餐后喝咖啡和吃水果。他们有喝白兰地、香槟酒的嗜好。加拿大人忌食虾酱、鱼露、腐乳以及怪味、腥味的食物和动物内脏。

(5) 习俗禁忌。加拿大人通常都很忌讳"13"这个数。在他们举行的宴会上,一般都是双数的席次。加拿大人不喜欢外来人过分地把他们的国家和美国进行比较,喜欢外来人谈有关他们的国家和人民的长处。送的礼品不可太贵重,否则,会被误认为贿赂主人。切忌送带有本公司广告标志的物品,他们会误认为不是通过送物品表达友谊,而是在做广告。

二、经济概况

1. 经济规模

加拿大是发达的资本主义国家,是西方七国集团的成员之一。2013 年,加拿大的国内生产总值达到 18 250 亿美元,世界排名第 11 位;人均国内生产总值为 52 871 美元。加拿大 70% 的外国投资来源于美国,美加互为最大的贸易伙伴,加拿大制造业中的许多大企业是美国跨国公司的子公司。

2. 产业结构

(1) 农业。虽然加拿大纬度高,冬季寒冷,生长期短,适宜耕地面积与永久性牧场只占全国面积的 9% 左右,但是人均耕地多,生产效率高且高度专业化,因此,加拿大属于农业非常发达的西方国家。

加拿大的种植业主要生产小麦、大麦、亚麻、油菜子、玉米、花卉和蔬菜等,其生产的各种谷物和油菜子有 2/3 供出口。加拿大是仅次于美国的世界第二大小麦出口国,所产小麦的 80% 供应国际市场。

加拿大森林资源丰富,全国森林覆盖面积 418 万平方千米,产材林面积 245 万平方千米,分别占陆地面积的 46% 和 27%。加拿大是世界上最大的木材、纸浆和新闻纸出口国,纸浆产量仅次于美国,居世界第二位,新闻纸产量占世界的 40% 左右。

加拿大中部是畜牧业最为发达的地区。凭借高效的管理、廉价的饲料、严格的检验制度和优良的种畜,加拿大畜产品在国际市场上有很强的竞争力。

加拿大又称"枫叶之国",枫液糖浆(Maple Syrup)是其特有产品。全球 70% 的枫糖集中在魁北克。

【专栏】 枫液糖浆

枫液糖浆(Maple Syrup)又称印第安糖浆。早在 1600 年前,北美的印第安人发现有些大枫树破口处流出来的黏液很甜,便在枫树干上钻洞、挖槽采集枫树液。

最常见的枫糖制品是枫糖浆。这种从树龄超过 40 年以上的糖枫树上采集的汁液非常珍贵,平均每 40 公升的枫树液只能提炼出 1 公升的枫糖浆。枫糖浆味道香醇,矿物质、钙、镁和有机酸成分远高于其他糖类,热量却比蜂蜜、蔗糖、果糖、玉米糖等都低(蜂蜜含糖量约 80%,砂糖含糖量达 99.4%,枫树糖浆含糖量仅 66%),能补充营养、瘦身美容,故深受西方国家消费者欢迎。

枫糖产品还有很多,如枫糖黄油、枫糖冻(气味芬芳,很适合涂在烤面包上,加上一点奶酪则更佳)、硬糖、砂糖、加枫糖的芥末酱、枫糖果酱、棉花糖等。加拿大有一道名菜叫枫糖煎三文鱼,先将三文鱼用胡椒粉和肉桂粉裹住、煎熟,配上绵绵的薯蓉和蔬菜丝,然后再淋上枫糖即成。菜里蛋白质、淀粉、维生素、纤维质一应俱全,而枫糖特有的树木清香则是这道菜萦绕不绝的灵魂。

(根据 http://www.bluemaple.ca 相关资料整理)

加拿大三面环海(大西洋、北冰洋和太平洋),内拥五大湖,是世界上最主要的渔业国之一,捕捞业和养殖业均很发达。三文鱼(也称鲑鱼),是加拿大闻名世界的水产品之一,最大的三文鱼体长达 8.5 米,重 1 吨。加拿大 75% 的渔产品出口,主要销往美国,其次是日本和欧洲。

(2) 采矿业。加拿大矿产资源丰富,目前,加拿大约有300多个矿在开采之中,生产60多种矿产品,产量和品种居世界第三位。加拿大的矿产品大部分销往国外市场,是世界最大的矿产品出口国。

加拿大的能源主要有石油、天然气、煤炭、水电、核能和木材等。其能源生产除满足本国需要外,还大量出口。煤炭出口大约占其煤炭产量的一半,电力有约10%输往国外。在出口的能源项目中,石油、天然气和电力几乎全部销往美国。日本是其第二大能源贸易伙伴,加拿大煤炭出口量的2/3销往日本。

(3) 制造业。制造业是加拿大仅次于服务业的第二大产业部门,主要包括机械、汽车、化工、木材加工、电子电器、航空航天、纺织、造纸和食品等行业。加拿大制造业中外资占有很大比重,因此,多以进口半制成品或零部件进行组装为主,产品出口的比重大。

加拿大铁矿资源丰富,有利于发展钢铁工业。钢铁企业主要分布在五大湖区,最大钢铁中心是汉密尔顿。汽车工业是第二次世界大战后的新兴部门,多为美国资本控制,主要零部件从美国进口,在加拿大组装。汽车组装厂和零部件生产厂也分布在五大湖沿岸,最大的汽车工业中心是与美国底特律隔河相对的温莎。造纸工业在丰富的森林资源基础上发展起来,在世界上占有重要地位,主要分布在魁北克省、安大略省和不列颠哥伦比亚省,最大的造纸工业中心是蒙特利尔。

三、对外贸易

1. 外贸规模

加拿大是世界上主要的贸易国家之一,出口一直是加拿大经济增长的主要驱动力。外贸依存度近年来保持在35%~50%左右,高于大多数发达国家平均20%左右的水平。2013年,加拿大进出口贸易总额达到9 198.7亿美元,其中,出口额为4 580.5亿美元,进口额为4 618.2亿美元,贸易逆差为37.7亿美元。

2. 进出口商品结构

相对于其他发达国家而言,加拿大出口商品中,初级产品占有重要地位,即农产品、林产品、渔业产品、能源产品以及其他初级产品所占比重较高。而进口商品中,初级产品比重较低,工业品、机械设备、汽车和消费品等制成品所占比重较高。这样的进出口商品结构在西方七大工业国中是独有的。2013年,加拿大出口的农、林、渔、矿产品总计1 902亿美元,占总出口的比重达40.9%;进口的工业品、机械设备、汽车和消费品共计3 375亿美元,占总进口的73%。

3. 主要贸易伙伴

美国是加拿大的邻国和最重要的盟国,两国在政治、经贸、军事等领域保持着密切关系。因此,加拿大对外贸易的地区分布很不平衡,70%以上的出口和50%以上的进口贸易是同美国进行的。尽管加拿大试图改变这种集中的贸易模式,但目前美国依然是其最重要的贸易伙伴国、最主要的出口市场和最重要的贸易顺差来源地(见表5-2-1)。

表5-2-1 加拿大(2013年)主要贸易伙伴及进出口额　　　单位:亿美元

主要出口去向				主要进口来源			
排名	国家/地区	金额	占比(%)	排名	国家/地区	金额	占比(%)
	总　值	4 580.5	100		总　值	4 618.1	100
1	美　国	3 472.4	75.8	1	美　国	2 406.4	52.1
2	中　国	199.1	4.4	2	中　国	511.5	11.1
3	英　国	136.7	3.0	3	墨西哥	259.4	5.6
4	日　本	103.8	2.3	4	德　国	149.5	3.2
5	墨西哥	52.7	1.2	5	日　本	133.3	2.9
6	中国香港	47.5	1.0	6	英　国	81.9	1.8
7	荷　兰	34.8	0.8	7	韩　国	71.3	1.5
8	德　国	33.9	0.7	8	意大利	56.4	1.2
9	韩　国	33.3	0.7	9	法　国	52.3	1.1
10	法　国	29.4	0.6	10	中国台湾	45.8	1.0

资料来源:商务部:《国别贸易报告·加拿大》,2014-03-25。

虽然美国是加拿大最为重要的贸易伙伴,但美、加两国间的贸易额占加拿大对外贸易总额中的比重却呈逐年下降的趋势。同时,加拿大与其他国家的贸易往来逐年增加。出口增长较快的目标市场主要有印度、荷兰、墨西哥、挪威、英国、德国、韩国,而进口增长较快的来源国主要有爱尔兰、阿尔及利亚、中国和马来西亚。

四、加、中经贸关系

自1970年10月13日中、加两国建交以来,双边贸易增长迅速,但出口额的增长幅度要远大于进口额的增长幅度,所以,加拿大对中国的贸易逆差逐渐拉大。

据中国海关统计,2013年,中加进出口贸易额为710.5亿美元。其中,加拿大对中国出口199亿美元;从中国进口511.5亿美元;加方贸易逆差312.5亿美元。中国继续维持加拿大第二大出口市场和第二大进口来源国的地位。

加拿大对华出口产品中,矿砂占15.1%,纸浆纸板占13.1%。油籽和饲料占11.4%。对华出口较多的还有木材、燃料油和动植物油等。

加拿大从中国进口最多的商品是电机设备和机械器具,分别占加拿大从中国进口总额的24%和20%。中国是加拿大自动处理设备、无线通讯设备、玩具、游戏用品、服装和鞋类最大的进口来源地。加拿大自中国进口的玩具占其全部玩具进口的80%。

五、主要贸易口岸

1. 温哥华(Vancouver)

位于加拿大西南部不列颠哥伦比亚省南端的弗雷泽河口,在巴拉德湾内,濒临乔治亚海峡的东南侧,是加拿大最大的港口,也是世界主要小麦出口港之一。在来港的船舶中,有80%～90%来自中国、日本及其他远东国家和地区。因此,温哥华素有加拿大通往东方的门户之称。

温哥华港为天然不冻的深水港。港区有内、外港之分。内港有7～15米水深的码头20多座,泊位60多个,码头线总长12千米有余。外港除海上锚地外,还有深水煤输出专用码头,位于内港正南约30多千米的罗伯茨滩,有一个长274米、低潮水深19.5米的20万吨级泊位。温哥华港现有25座码头,其中,散货码头17座,专用杂货码头5座,集装箱码头3座。该港货物吞吐量中的80%以上是散货,比较典型的有煤炭、硫黄、钾碱、粮食、石油化工产品和木屑等。专用杂货码头主要装卸森林产品,如锯木、胶合板、新闻卷纸、纸浆等。

2. 蒙特利尔(Montreal)

位于圣劳伦斯河中游与渥太华河交汇处附近,是加拿大第二大港。圣劳伦斯河上通五大淡水湖,下通圣劳伦斯湾,流长960千米,全线水深8.2米以上,万吨级海轮可直达五大湖区。蒙特利尔港以下航道水深10.9米以上,吃水10米的海轮可以到达,但受拉布拉多寒流影响,每年12月中旬至来年4月上旬为封冻期,不能通航。蒙特利尔是加拿大东部最大的交通枢纽,港区自上游维多利亚桥起,沿河西岸自西南向东北延伸约17千米,有50个码头,包括14个集装箱泊位在内总计有120多个泊位,部分是深水泊位。

3. 多伦多(Toronto)

多伦多是安大略省的省会,位于大湖区安大略湖西北岸。船只可由这里经圣劳伦斯河进入大西洋,为加拿大大湖区一重要港口城市。作为加拿大经济中心的多伦多是加第一大城市,接近美国东部工业发达地区,如底特律、匹兹堡和芝加哥等。汽车工业、电子工业、金融业及旅游业在多伦多经济中占有重要地位。高科技产品产量占全国的60%。港口最大水深8.23米。无潮汐变化。盛行西南风。航行季节根据圣劳伦斯航道开放和关闭的时间而定,湖船航行季节为3月底至12月底,海船为4月的第一个星期后至12月中旬。港区有14个杂货泊位、2个滚装/集装箱船泊位、5个糖浆泊位、3个动物油脂泊位和6个燃料油泊位和水深均为8.2米。

4. 哈利法克斯(Halifax)

位于北美东海岸新斯科舍半岛东南岸中腰,是世界上仅次于悉尼的第二大天然良港。哈利法克斯港拥有许多先天的自然优势,如保护极好的自然良港和靠近渔场和航线的优越地理位置,这些使它成为一个重要的贸易口岸。受暖流影响,哈利法克斯港为不冻的天然深水良港。有铁路、公路连接内陆经济中心,港外至圣约翰港542海里,至波士顿港391海里,经向风海峡至巴拿马科隆城2 300海里。共计23个深水泊位。港外还有可停靠11万吨级油轮的码头。

第三节 比 利 时

【开篇案例】 钻石之都的承诺

玛丽莲·梦露有句经典歌词:"钻石是女人最好的朋友。"欧洲第二大国际贸易港——安特卫普素有"世界钻石之都"的美誉。全球每10颗未切割的钻石,有8颗会经过安特卫普处理;世界上一半以上的抛光钻石也出自安特卫普。安特卫普每年的钻石交易总额约400亿美元,占比利时出口总额的7%。走在安特卫普的大街上,你常能遇到喜形于色的女游客:她每走几步,就把手伸出来端详一番,不用说,她肯定刚买了一枚钻石戒指;也有愁眉不展埋头狂按手机计算器的,她肯定是为想买心仪钻石的钱不够而犯难。难怪一家珠宝店门口的招牌上写着:"安特卫普只有两种女人——买到钻石的,还没买到钻石的。"人们之所以对安特卫普的钻石着迷,一是安特卫普钻石的切割工艺极为精湛,世界珠宝界有个名词叫安特卫普切割(Antwerp Cut),便由此而来。二是这里的每颗钻石都是受联合国保护的"非冲突"钻石,也就是说,商家卖钻石的钱绝对不会用在暴力、军事和恐怖活动上。你在安特卫普买钻石的同时,会拿到一份保证书,承诺你所支付的血汗钱不会被拿去干坏事。最厉害的是这里的钻石价格,要比世界其他地方便宜30%!了解了这一切,你能不对安特卫普的钻石动心?

全称:比利时王国(The Kingdom of Belgium)。

面积:30 528平方千米。

人口:1 111.9万(2013年)。

首都:布鲁塞尔(东1时区)。

货币:欧元(EUR)。

国花:虞美人。

国家格言:团结就是力量。

节日:比利时是欧盟成员国中法定节假日最多的国家,有1月1日新年;复活节(春分后第一次月圆之后的第一个周日及周一);5月1日国际劳动节;耶稣升天节(复活节40天后第一个星期四);圣灵降临节(复活节后第七个周日和周一);7月11日法兰德斯纪念日;7月21日国庆日;8月15日圣母升天节;9月27日瓦隆节;10月4日独立日(1830年);11月1日万圣节;11月11日第一次世界大战停战纪念日;11月15日国王日;12月25日圣诞节(26日也放假)。此外,还有盛装游行节(7月第三周)、火车节(10月4日)等。比利时三个语言区和不同的社区也分别有自己的节假日。

一、自然条件

1. 地理位置

比利时位于欧洲大陆西北部,与英国隔海相望。北邻荷兰,南接法国,东南临卢森堡,东与德国接壤。国土面积3.05万平方千米,分为三大区域:西部为沿海平原,中部为高原,东部为阿登山脉。西部平原地势平坦,有许多围海造出的洼地;中部为逐渐升高的平原,土地富饶,河流众多,也有一些洞穴和峡谷;东部的阿登山脉地势升高,最高的博特朗日山海拔694米,多森林。比利时的主要河流有流经图尔纳、根特和安特卫普的斯海尔德河、默兹河。

2. 自然资源

煤的蕴藏量约37亿吨,其中,有开采价值的储量约18亿吨。有少量的铁、锌、铅、铜等矿藏。森林及绿地面积约6 070平方千米,森林覆盖率约20%。由于自然资源缺乏,80%的原料依赖进口。

3. 气候条件

属温带海洋性气候,冬季温和,夏季凉爽、多雨。年均降水量700~900毫米,高原山地可达1 500毫米。1月平均气温0~3℃,7月平均气温14℃~19℃。

4. 种族与语言

比利时1 111万人口中,弗拉芒族占60%,瓦隆族占40%。比利时的官方语言有三种,即荷兰语、法语和德语。超过50%的比利时人讲荷兰语,其次是法语。虽然比利时人使用的荷兰语和法语都含本地方言,但与地道的荷兰语和法语并无交流障碍。

5. 社会制度

比利时实行世袭君主立宪的联邦制。国王为国家元首和三军最高统帅。国王与议会共同行使立法权,与政府共同行使行政权,但实际权力在政府,政府对议会负责。议会实行两院制,众议院行使立法权,参议院仅有立法建议和咨询权,只在修宪和国家体制改革方面才与众议院享受同等权力。比利时根据语言族群设立三个社区——荷兰语社区、法语社区和德语社区;同时设立了三个行政区——瓦隆区、弗拉芒区和布鲁塞尔首都区。社区与行政区既相互覆盖,又分工明确。

首都布鲁塞尔是900多个重要的国际机构所在地,包括欧盟总部和北约总部,有"欧洲首都"之称。

6. 宗教与习俗

(1) 宗教。比利时主要宗教为天主教,信徒占居民的75%,但仅有10%~20%的教徒定期参加弥撒。其他宗教包括伊斯兰教、基督教和犹太教。

(2) 习俗。比利时人的性格介于英国绅士风度与法国浪漫热情之间,既传统又不保守。见面时习惯拥抱和交替亲吻面颊。比利时人计划性较强,拜访会见均应事先约好。参加活动应提前5分钟到达。初次见面应着装整齐,以示尊重。握手应简捷有力。主动递名片时应说一下自己的名字,以便对方称呼。除非特别相熟,一般不宜直呼比利时人其名。语言、民族、宗教、政治都是很敏感的问题。在与比利时人会面前,务必弄清对方是讲荷兰语的弗拉芒人还是讲法语的瓦隆人,与前者讲法语或与后者说荷兰语,既尴尬,还可能造成对方反感,影响商谈结果。在不了解对方的民族和语言前,最保险的做法是讲英语。比利时以艺术、建筑、啤酒、美食和巧克力闻名于世,当地人也喜爱足球和自行车运动。与比利时人见面寒暄时,不妨以这些为话题。比利时人非常看重承诺,凡事切勿失信。比利时人喜欢鸽子和猫。送花忌送菊花。忌讳"13"、星期五,不喜欢蓝色和墨绿色。土豆和贻贝是比利时人的家常菜,中餐的粤菜和鲁菜也很受青睐。

比利时是继荷兰之后世界上第二个允许同性婚姻的国家,并准许已婚的同性伴侣领养小孩。

二、经济概况

1. 经济规模

比利时被称为欧洲首都,是最发达的工业国家和欧盟创始会员国之一。2013年,比利时的国内生产总值为5 079亿美元,人均GDP 45 687美元,次于美国、荷兰和部分北欧国家,高于德国、法国。比利时经济对外高度依赖,80%的原料靠进口,50%以上的工业品供出口。

2. 产业结构

(1) 制造业。化工和生命科学产业是比利时新兴的支柱产业,创造了9万多个就业机会和全国32%的出口。其他主要工业部门还有钢铁、机械、有色金属、纺织、玻璃、煤炭等行业。近年来,比利时风电产业发展迅速,对经济的拉动效应较其他产业平均值高50%。据预测,到2020年,比利时风电产业产值将达14亿欧元。

(2) 服务业。比利时的第三产业发展迅速,约占国内生产总值的近70%。服务业就业人数约347万人,占总劳动人口的78.2%。

(3) 旅游业。旅游业收入约占比利时国内生产总值的2%。比利时每年接待700多万游客,大多来自欧洲邻国。比利时的酒店入住率为71.5%。主要旅游点是阿登山区、北海海滨和布鲁塞尔市等。安特卫普是欧洲著名文化中心和世界最大的钻石交易中心,全城有1 600个钻石公司(主要是犹太人经营),还有各种与钻石有关的博物馆、享有世界声誉的皇家艺术博物馆和国家海运博物馆等。

(4) 农业。比利时的农牧渔业约占国内生产总值的0.6%。农业就业人口8.1万,约占总劳力的1.8%。农业用地面积约为136万公顷。

三、对外贸易

1. 对外贸易规模

国际贸易是比利时的经济命脉。国内生产总值约2/3来自出口,人均出口额为世界之冠,是德国的两倍和日本的五倍。2013年,比利时的进出口贸易总值为9 201.2亿美元,其中,出口4 694.3亿美元,进口4 506.9亿美元,贸易顺差187.4亿美元。比利时的出口优势来自其重要的地理位置以及高度技术化、多语言以及高效率劳动力。

2. 进出口商品结构

主要进出口商品结构相似是比利时外贸的一大特点。比利时的主要出口商品和进口商品均为为化工产品、矿产品和机电产品。2013年,化工产品、矿产品和机电产品的出口额分别占比利时出口总额的23.4%、13.5%和10.3%;化工产品、矿产品和机电产品的进口额分别占比利时进口总额的51.3%、18.5%和21.7%。比利时主要出口产品包括矿物燃料、药品、汽车、钻石(成品)、钢铁和纺织品等,其中,金属线、平板玻璃、钻石的出口量居世界前列。2011年,受全球钻石价格上涨影响,钻石出口占比利时总出口额的8.25%,主要出口到中国和印度。

主要进口商品包括化工产品、石油及各类矿产品、电子机械、钻石(未成品)、金属、粮食食品及饲料和纺织品等。

3. 主要贸易伙伴

比利时的最大贸易伙伴是欧盟成员国(见表5-3-1)。就国别和地区而言,2013年,比利时对德国、法国、荷兰和英国的出口额占出口总额的16.9%、15.6%、12.3%和7.5%;来自荷兰、德国、法国和美国的进口额占进口总额的20.5%、13.5%、10.6%和7.0%。比利时前五大顺差来源地依次是法国(258.1亿美元)、德国(185.6亿美元)、英国(115.1亿美元)、意大利(66.2亿美元)和印度(49.7亿美元);逆差主要来自荷兰(346.5亿美元)、爱尔兰(134.9亿美元)和中国(76.7亿美元)。

表5-3-1 比利时(2013年)主要贸易伙伴及进出口额　　　单位:亿美元

主要出口去向				主要进口来源			
排名	国家/地区	金额	占比(%)	排名	国家/地区	金额	占比(%)
	总　值	4 694.3	100		总　值	4 506.9	100
1	德　国	793.2	16.9	1	荷　兰	923.0	20.5
2	法　国	733.6	15.6	2	德　国	607.6	13.5
3	荷　兰	576.5	12.3	3	法　国	475.5	10.6
4	英　国	352.5	7.5	4	美　国	315.2	7.0
5	美　国	240.1	5.1	5	英　国	237.4	5.3
6	意大利	206.4	4.4	6	中　国	172.7	3.8
7	西班牙	112.8	2.4	7	爱尔兰	156.5	3.5
8	印　度	104.7	2.2	8	意大利	140.2	3.1
9	中　国	96.0	2.1	9	俄　国	131.9	2.9
10	卢森堡	79.7	1.7	10	日　本	94.8	2.1

资料来源:商务部:《对外贸易·国别报告·比利时》,2014-04-11。

四、比、中经贸关系

比利时是中国在欧盟的第六大贸易伙伴,中国为比利时在欧盟外仅次于美国的第二大贸易伙伴。2013年,比利时与中国双边货物进出口额为268.8亿美元,其中,比利时对中国出口96.0亿美元,自中国进口172.7亿美元;比利时贸易逆差76.7亿美元。中国是比利时第九大出口目的地和第六大进口来源国。化工产品是比利时对中国出口的主力产品,占对中国出口总额的近20%;运输设备是比对中国出口的第二大类商品,占对中国出口总额的17.0%。

近年来,比利时对中国出口的陶瓷玻璃、皮革箱包、食品饮料、烟草和动物产品呈现快速增长,同时,对中国出口的矿产品、纤维素浆纸张、贵金属及制品明显下降。比利时自中国进口的主要商品有机电产品、纺织品及原料和贱金属及制品,2013年,这三类产品合计进口占自中国进口总额的49.1%。中国在劳动密集型产品的出口上继续保持优势,纺织品及原料、家具玩具、鞋靴伞等轻工产品分别列比利时自中国进口大类商品(HS类)的第二位、第四位和第六位,在这些产品上,荷兰、德国、法国、意大利、土耳其、印度和越南等国是中国的主要竞争对手。

截至2013年8月底,比利时对华投资项目超过900个,实际投入13.2亿美元,向中国输出技术753项,主要涉及机械、城建、纺织、汽车和邮电等领域;中国企业在比利时的直接投资超过2.3亿美元,并成立投资基金,在移动通信、物联网、3G增值服务等领域开展投资合作。中国从比利时引进蓝白花牛、抗寒花卉等优良农业品种和马铃薯晚疫病防治技术。此外,比利时还通过欧盟平台积极参加中国应对雾霾天气的项目。

五、主要贸易口岸

1. 安特卫普(Antwerp)

安特卫普为仅次于鹿特丹的欧洲第二大港,是比利时第一大港。属于河港,有保税仓库。港口位于比利时北部斯海尔德河下游,西距入海口约90千米,入港航道平潮水深达14米,10万吨级海轮可以自由进出。安特卫普港兼具海港和河港之利,冬温夏凉,1月平均气温3.1℃,7月平均气温18℃,阴雨日达200天左右。该港至法国加来港127海里,至荷兰鹿特丹港117海里,至德国汉堡港383海里。有铁路、公路、河运通布鲁塞尔、列日等工商业城市。港区主要分布在河道右岸内陆水域,有大小港池20多个,有300个远洋泊位,其中有集装箱、滚装船、杂货泊位约80个,有油轮泊位20多个。安特卫普地处莱茵河三角洲的南翼,有发达的内河网与本国及欧洲的河网连接,还有发达的陆路交通网,有300多条公路的定期货运线和每天开出的100趟铁路列车,通往欧洲各国各大城市。西欧中心的港口位置和优越自然条件以及完善的港口设施,使其每年约有1 800艘国际货轮来此挂靠,对外连接着800多个港口。

2. 泽布鲁日(Zeebrugge)

泽布鲁日属于海港。位于比利时西北,濒临北海,是比利时第二大港。港区由布鲁日(Brugge)延伸到海边的泽布鲁日,中间有运河相连。该港与英国的哈里奇(Harwich)港之间有火车轮渡往来。距荷兰边界约10千米。布鲁日始建于15世纪,是比利时一个海运、商务和财务中心。现为欧洲大陆与英国联系的枢纽。布鲁日已成为一个能够装卸散杂货、集装箱、滚装船及大型油船的综合性港口,又是欧洲发展最快的港口之一。该港属温带海洋性气候,盛行西南风,冬暖夏凉。年平均气温最高7月份15～17℃,最低1月份约0～4℃。全年平均降雨量约900毫米。大汛潮差约5.2米,小汛潮差约3.2米。本港主要分为外港区和内港区。外港不设船闸,码头系填海而成,包括散货码头、集装箱码头、液体天然气存储码头及双层滚装码头等,岸线长10 797米,最大水深达20米,可靠泊15万载重吨的船舶。到内港区靠泊的船只需要通过船闸进入,有煤炭、矿石、农副产品及集装箱等码头,码头岸线共长3 500米。目前,已开通北欧、南欧、中东和远东的定期滚装班轮。该港还是比利时的主要渔港,年产量达2万吨。内河航道可驶8 000吨海船直达布鲁日城,并通过运河系统进入欧洲运河水网。该港在节假日中一般不工作,如果需要,可以加班,但须按特殊费率收费。

3. 根特(Gent)

根特属于河港,位于比利时西北部斯海尔德河与利斯(Lys)河汇合处,是比利时第三大港,有1 000多年历史。根特是比利时重要的铁路枢纽和全国最大纺织工业中心,还有汽车、钢铁、炼油、造船、石油化工、酿酒等工业。港口距荷兰边界仅16千米。该港属温带海洋性气候,盛行西风,冬暖夏凉,常年多雨。年平均气温最低1月为0～4℃,最高7月为15～18℃。全年降雨量约900毫米。无潮差。港区散货码头泊位水深13.5米,杂货码头泊位水深12.7米,集装箱码头泊位水深12.2米,油码头泊位水深13.1米,油码头可泊7万载重吨的油船,谷物码头可靠8万载重吨的船舶。

【专栏】 哪国富人交税多?

普华永道会计师事务所为20国集团整理出一份个人所得税排行榜。计算方法是根据各国税率,设定一名年收入逾40万美元的高薪人士,已婚并有两个子女(其中一个小于6岁),住房按揭贷款120万美元,扣除所得税和社保费后还剩多少。结果是:意大利50.59%;印度54.9%;英国57.26%;法国58.1%;加拿大58.13%;日本58.68%;澳大利亚59.3%;美国60.45%;德国60.61%;南非61.78%;中国62.05%;阿根廷64.02%;土耳其64.64%;韩国65.75%;印尼69.78%;墨西哥70.6%;巴西73.32%;俄罗斯87%;沙特96.86%。

比较高收入所得税率,还应考虑各国起征点的不同。英国45%的最高税率起征点是年薪25万美元;意大利43%的最高税率起征点是年薪12.5万美元;最高的是比利时,单身高薪人士收入的43%须交所得税和社保费,德国要交39.9%,最低的是墨西哥和智利,分别只交9.5%和7%。已婚有子女家庭的税率平均比单身无子女者低5.5%,而希腊已婚有子女家庭却比无单身子女者税多。

(BBC网站 2014-03-01)

第四节 澳 大 利 亚

【开篇案例】 必和必拓与宝钢的铁矿石谈判①

2008年7月4日,经过两周的谈判,全球最大资源性矿业公司必和必拓(BHP Billiton Ltd.)与中国宝钢集团(BAOSTEEL)达成了2008年铁矿石年度长期价格协议,涨幅与另一家铁矿石巨头——力拓的订货价格相同,高于世界三大铁矿石巨头之一的巴西的淡水河谷的成交价。至此,2008年度中澳铁矿石长期合同谈判全部结束,而多年以来铁矿石同一市场同一价格的惯例被打破。

根据双方达成的协议,必和必拓的纽曼粉矿、杨迪粉矿和纽曼块矿将在2007年价格基础上分别上涨79.88%、79.88%和96.5%。该价格适用于2008年4月1日起合同年度向宝钢交货的所有长期供货协议。这一价格与此前力拓6月23日与宝钢达成的价格一致。两家澳洲矿山企业都从这家中国钢厂取得了高于巴西淡水河谷的价格涨幅。2008年2月,宝钢与淡水河谷达成的价格是,该年度淡水河谷南部粉矿价格上涨65%,卡拉加斯粉矿上涨71%。

首钢表示,现行的国际铁矿石的谈判规则已经有27年历史,谈判规则包括"三对三"谈判机制、"首发与跟风"机制、"长期协议价"与"离岸价"同等涨幅。"三对三"谈判机制是国际铁矿石三大供应商(巴西淡水河谷、澳大利亚力拓、澳大利亚必和必拓)作为供方,与亚洲的新日铁、欧洲的钢厂代表、中国宝钢作为需方,所进行的"捉对谈判"。此机制规定,其中某一对谈判价格达成一致,其他各方都要遵守价格涨幅。而此次必和必拓铁矿石价"后来居上",完全有悖于传统的国际铁矿石谈判机制,因为它既没有"跟风",也没有与其他各方"同涨幅"。

全称:澳大利亚联邦(Commonwealth of Australia)。
面积:769.2万平方千米。
人口:2 400万 (2014年)。
首都:堪培拉(时区:东10区)。
货币:澳元(AUD)。
国花:金合欢。
节日:全年节假日共6天。元旦,1月1日;澳大利亚日(国庆日),1月26
　　　日;复活节星期五和复活节星期一,3月或4月;澳新军团日,4月25

---

① 《第一财经日报》2008年7月5日。

日;圣诞节,12月25日;节礼日,12月26日。

一、自然条件

1. 地理位置

澳大利亚位于南太平洋和印度洋之间,由澳大利亚大陆、塔斯马尼亚岛等岛屿和海外领土组成。这个世界上最小的大陆和最大的"岛"东濒太平洋的珊瑚海和塔斯曼海,北、西、南三面临印度洋及其边缘海,海岸线长36 735千米。澳大利亚东南方是新西兰,北方有巴布亚新几内亚、西巴布亚和东帝汶,印度尼西亚位于澳大利亚的西北方。澳大利亚位于南半球,面积769.2万平方千米,居世界第六,仅次于俄罗斯、加拿大、中国、美国和巴西。

澳大利亚约70%的领土属于干旱或半干旱地带,中部大部分地区不适合居住。大陆三分之一以上的面积被沙漠覆盖。澳大利亚是世界上最平坦、最干燥的大陆。中部洼地及西部高原均为气候干燥的沙漠。东南沿海地带丘陵起伏,水源丰富,土地肥沃,适于居住与耕种。除南海岸外,整个沿海地带形成一条环绕大陆的"绿带",正是这条"绿带"养育了这个国家。然而,澳大利亚内陆贫瘠干旱地带却蕴藏极为丰富的矿产资源,各种矿产为澳大利亚带来大量的财富。

墨累河和达令河是澳大利亚最长的两条河流。河流区域形成墨累-达令盆地,面积约100多万平方千米,相当于大陆总面积的14%。艾尔湖是靠近大陆中心的一个大盐湖,面积超过9 000平方千米,但长期呈干涸状态。

2. 自然资源

澳大利亚矿产资源丰富,是世界重要的矿产资源生产国和出口国,有"坐在矿车上的国家"之称。澳大利亚已探明的矿产资源多达70余种,其中,铝矾土、铅、镍、银、铀、锌、钽的探明经济储量居世界首位。澳大利亚是世界上最大的铝矾土、氧化铝、钻石、铅、钽生产国,黄金、铁矿石、煤、锂、锰矿石、镍、银、铀、锌等的产量也居世界前列。还是世界上最大的烟煤、铝矾土、铅、钻石、锌及精矿出口国、第二大氧化铝、铁矿石、铀矿出口国以及第三大铝和黄金出口国。

澳大利亚渔业资源丰富,捕鱼区水域比国土面积还多16%,是世界上第三大捕鱼区,有3 000多种海水和淡水鱼以及3 000多种甲壳及软体类水产品,其中,已进行商业捕捞的约600种。澳大利亚最主要的水产品有对虾、龙虾、鲍鱼、金枪鱼、扇贝、牡蛎等。

3. 气候特征

澳大利亚绝大部分位于热带和亚热带,温带面积很小。澳大利亚春季为9月至11月,夏季为12月至次年2月,秋季为3月至5月,冬季为6月至8月。

由于全国 35% 为沙漠地带,澳大利亚气候比较干燥。澳大利亚西部和中部属沙漠气候;北部半岛和沿海地区属于热带草原气候,是全国雨水最多的地区;东部新英格兰山地以南至塔斯马尼亚岛属温带阔叶林气候;在墨累河下游地区的半岛和沿海岛屿以及澳洲大陆的西南角属夏热干旱、冬温多雨的亚热带地中海式气候。

4. 种族与语言

澳大利亚人口密度为 2.8 人/平方千米,是世界上人口密度最小的国家之一。居民中的 70% 是英国及爱尔兰后裔,18% 为欧洲其他国家后裔,亚裔占 6%(其中,华裔占 3.37%),土著居民不到 1%。英语为通用语言,其次是意大利语、粤语、普通话、希腊语、阿拉伯语和越南语。

5. 社会制度

澳大利亚自 1901 年 1 月 1 日成为英国的联邦或自治领后,就沿袭了英国的君主立宪制。英国女王是澳大利亚的国家元首,由女王任命的总督为法定的最高行政长官。澳大利亚总督代表英国女王行使在澳大利亚联邦内的职权,但一般不拥有任何实际行政权力。总理是联邦政府中最主要的人物,由在议会中获得多数席位的政党领袖担任。联邦议会是澳大利亚的最高立法机构,由女王(由总督代表)和参、众两院组成。议会实行普选。政府一般任期 3 年。

6. 宗教与习俗

(1) 宗教。澳大利亚是一个宗教自由的国家,各种宗教信仰(包括基督教、天主教、印度教、犹太教、伊斯兰教和佛教等)都在这个国家并存。居民中有 70% 信奉基督教(其中,有 28% 信奉天主教,有 21% 信奉圣公会教,有 21% 信奉基督教其他教派),5% 信奉佛教、伊斯兰教、印度教和犹太教。非宗教人口占 26%。

(2) 社交礼仪。澳大利亚人奉行"人人平等"的信条,遵从"女士优先"的社交原则;谦恭随和,遵时守约;喜欢上酒店进行商务交谈,且边吃边谈,效率极高。澳大利亚人有个绝对无法通融的习惯,那就是每周日上午,一定要到教堂做礼拜。澳大利亚人从古至今,一直严守"周日做礼拜"的习惯。

(3) 餐饮礼仪。澳大利亚人在饮食上习惯以吃英式西菜为主,其口味喜清淡,忌食辣味菜肴,有的人还不吃酸味的食品。他们通常爱喝牛奶、咖啡,喜食牛羊肉、精猪肉、鸡、鸭、鱼、鸡蛋、乳制品及新鲜蔬菜和水果。

(4) 习俗禁忌。受基督教的影响,澳大利亚人对数字"13"与"星期五"普遍反感至极。他们不喜欢将本国与英国处处联系在一起。澳大利亚人对公共场合的噪声极其厌恶。在公共场所大声喧哗者,尤其是门外高声喊人的人,是最被人看不起的。因为兔子是外来物种,且在澳大利亚泛滥成灾,所以澳大利亚人很讨厌兔子,但喜爱当地的本土动物袋鼠和鸸鹋,并特别偏爱琴鸟。

> **【专栏】 黑天鹅事件**
>
> 黑天鹅事件(Black swan event)是指极难预测且很不寻常的事件,通常会引起市场连锁负面反应,甚至崩盘。17世纪之前,欧洲人都认为天鹅是白色的。但随着第一只黑天鹅在澳大利亚的珀斯被发现,这个不可动摇的信念崩溃了。黑天鹅的存在,寓意着不可预测的重大稀有事件,它完全在人的意料之外,却能改变现状。人类总是过度相信经验,而不知道一只黑天鹅的出现足以颠覆整个现实。黑天鹅事件有三个特点:一是其意外性,二是能产生重大影响,三是事后人们出于本性为其编造各种可解释可预测的理由。从"泰坦尼克号"沉没到"9·11"事件,从美国次贷危机到股市楼市崩盘,"黑天鹅"存在于社会经济生活的各个领域,无论是金融市场、政府决策还是日常生活,都逃不过它的"控制"。

二、经济概况

1. 经济规模

澳大利亚是一个后起的发达资本主义国家。2013年,澳大利亚的国内生产总值为15 250亿美元,全球排名第12位;人均国内生产总值为67 742美元。自20世纪90年代初起,澳大利亚经济已连续23年保持高增长、低通胀、低失业率的良好发展态势,是自1901年成立联邦以来历时最长的经济增长期。服务业、制造业、采矿业和农业是澳大利亚的四大主导产业,产值分别占GDP的83%、10%、5%和2.5%。尽管采矿业和农业在澳大利亚GDP中所占份额较小,但它们在澳大利亚出口总额中所占比重很大,农业和矿物的出口(包括加工过的产品)约占澳大利亚商品出口总额的73%。服务业对于澳大利亚经济增长起着重要的支撑作用,是该国增长较快的产业。服务业中最重要的部门是商业服务业和金融保险业。

2. 产业结构

(1)农业。澳大利亚农牧业发达,是世界上最大的羊毛和牛肉出口国,也是世界上第二大小麦出口国。农牧业用地约460万平方千米,占全国土地面积的57%,其中,可耕地面积约50万平方千米。主要农产品有小麦、油籽、棉花、蔗糖、肉类和羊毛等。小麦是主要的出口农产品,主要出口目标市场是亚洲国家。

(2)采矿业。澳大利亚是世界上重要的矿产资源生产国和出口国。澳大利亚是世界上最大的铝矾土、氧化铝、钻石、铅、钽生产国,黄金、铁矿石、煤、锂、锰矿石、镍、银、铀、锌等的产量也居世界前列。澳大利亚还是世界上烟煤、铁矿石、铝矾土、氧化铝、铅、钻石、锌、铀矿和黄金等矿产品的主要出口国。

澳大利亚的铁矿石具有埋藏浅、可露天开采、储量大、品位高等特点,含铁率大多在 50%~60%。所产铁矿石主要出口日本、中国、韩国、美国等国家,出口量居世界第一。澳大利亚的煤炭产量位居世界前列,而且本国消费量很少,大部分出口,是世界上最大的煤炭出口国。

(3) 制造业。澳大利亚的制造业发展缓慢,总产量、就业人数及利润等各项指标都呈下降趋势。在澳大利亚制造业中,占比重最大的部门是食品、饮料和烟草业,约占制造业总产值的 20%;其次是机械设备制造业;第三位是金属加工业,其他比较重要的还有石油化工、印刷出版等行业。

(4) 服务业。服务业是澳大利亚经济最重要和发展最快的部门。服务业的就业人数为 753 万人,占全国总就业人口的 75%。服务业中最重要的部门是商业服务业,约占 GDP 的 11.6%;其次是金融保险业,约占 GDP 的 6.8%。

【专栏】 控制牛羊放屁

为了对付全球气候变暖,澳大利亚农业部斥资 2 680 万澳元,用于减少家畜气体排放,澳大利亚有 1.2 亿只牛、绵羊和山羊等反刍类家畜,因食草导致肠胃气胀放屁所排放的甲烷占澳大利亚全国每年温室气体排放量的 12%左右,是澳大利亚第三大温室气体来源。研究证明,一头牛每年放的屁约相当于 1 500 千克碳。因此,研究人员拟改变家畜的饮食,通过化学或生物方法控制家畜肠胃的细菌,并采用选择性繁殖等遗传方法来减少甲烷的产生。实验证明,若整个畜牧行业给牛改喂亚麻籽、紫苜蓿等富含脂肪酸的饲料,可减少澳大利亚该行业 25%的温室气体排放量,这相当于每年停驶 125 万辆汽车。另一个替代方法是鼓励人们多吃袋鼠肉,因为袋鼠很少放屁,所排放的有害甲烷可以忽略不计。

(摘自法新社悉尼 2009 年 2 月 26 日、美联社考文垂 2009 年 6 月 22 日电)

三、对外贸易

1. 外贸规模

对外贸易是澳大利亚经济的重要组成部分,澳大利亚农产品的 70%、资源产品的 80%以及制造业的 18%用于出口。商品贸易额占 GDP 的比重十年来都围绕着 20%的水平上下波动。2013 年,澳大利亚商品进出口贸易总额 4 856.8 亿美元。其中,出口 2 529.6 亿美元,进口 2 327.2 亿美元,货物贸易顺差 202.4 亿美元。

2. 进出口商品结构

虽然澳大利亚是发达国家,但其对外贸易具有发展中国家的特点,即出口以农牧产品、矿产品等初级产品和粗加工制成品为主,进口以机械设备等深加工制成品为主。

（1）出口商品结构。2013年,在澳大利亚的出口产品中初级产品达到1 462.9亿美元,占货物出口总额的69.7%。澳大利亚前十大出口货物中全部属于初级产品,主要包括煤炭、铁矿石、非货币黄金、原油、铝矿砂、铝、天然气、牛肉、铜矿石、其他矿石、小麦等。其中,煤炭出口额占全部货物出口额的12.2%。

（2）进口商品结构。2013年,澳大利亚的进口产品中制成品为1 303亿美元,占货物进口总额的56%。澳大利亚前十大进口货物中除了原油、精炼石油、非货币黄金以外,有7个属于精加工制造品。前十大进口货物包括机动车、原油、成品油、计算机、医疗设备、电讯设备、黄金、货车、民用工程设备和航空器材等。其中,原油占总进口额的7.7%。

3. 主要贸易伙伴

澳大利亚与130多个国家和地区有贸易关系。其主要贸易伙伴为中国、日本、美国、韩国、新西兰和印度(见表5-4-1)。其中,中国、日本和美国是澳大利亚最主要的贸易伙伴。澳大利亚最主要的贸易逆差来源国是美国、德国和新加坡;最主要的贸易顺差来源国为中国、日本、韩国和印度。

表5-4-1 澳大利亚(2013年)主要贸易伙伴及进出口额　　　单位:亿美元

排名	主要出口去向			排名	主要进口来源		
	国家/地区	金额	占比(%)		国家/地区	金额	占比(%)
	总　值	2 529.6	100		总　值	2 327.2	100
1	中　国	909.9	36.0	1	中　国	454.5	19.5
2	日　本	454.6	18.0	2	美　国	238.1	10.2
3	韩　国	185.3	7.3	3	日　本	182.7	7.9
4	印　度	92.2	3.6	4	新加坡	125.9	5.4
5	美　国	89.1	3.5	5	德　国	110.3	4.7
6	新西兰	70.6	2.8	6	泰　国	109.9	4.7
7	中国台湾	69.8	2.8	7	韩　国	98.1	4.2
8	新加坡	54.2	2.1	8	马来西亚	91.3	3.9
9	马来西亚	50.5	2.0	9	新西兰	71.4	3.1
10	泰　国	47.9	1.9	10	英　国	59.8	2.6

资料来源:商务部:《对外贸易·国别报告·澳大利亚》,2014-02-13。

自2007年起,中国取代日本成为澳大利亚最大的货物贸易伙伴。澳大利亚对中国的主要出口商品为铁矿砂、羊毛、其他矿砂等;主要进口商品为电脑、通信设备、玩具、游戏及运动商品、家具、纺织服装等。澳大利亚对日本的主要出口商品为煤炭、铁矿砂、牛肉、铝、铜矿砂、原油等；主要进口商品为轿车、货运车、民用工程设备、黄金、精炼石油、橡胶轮胎。澳大利亚对美国的主要出口商品为牛肉、酒精饮料、医疗器械、肉类(除牛肉)等；主要进口商品为飞机及配件、电脑、民用工程设备、测绘仪器、药品、轿车、货运车等。澳大利亚对韩国的主要出口商品为原油、铁矿砂、煤炭、其他矿砂、牛肉、铝等；主要进口商品为轿车、通信设备、精炼石油等。

四、澳、中经贸关系

2003年，两国签订了中澳经贸合作框架协议，推动双边矿业、农业、服务业、投资、知识产权保护等16个领域的合作。2005年，两国启动中澳自由贸易区谈判，双边经贸关系一直保持着良好的发展势头。

2013年，中、澳双边货物进出口总额达1364.4亿美元，占澳大利亚货物贸易总额的28.1%。其中，澳大利亚对中国出口909.9亿美元，占澳大利亚出口总额的36%；从中国进口454.5亿美元，占澳大利亚进口总额的19.5%；对中国贸易顺差达到455.4亿美元，中国是澳大利亚贸易顺差的第一大来源。

【案例】 中铝入股力拓的得与失

2008年1月31日，中国铝业股份有限公司(简称中铝公司)以140.5亿美元收购澳大利亚矿业巨头之一——力拓矿业(Rio Tinto Plc)伦敦上市公司12%的股份，也相当于力拓伦敦公司和力拓澳大利亚公司总股份的9%。创下世界股票交易市场的最大金额交易纪录，中国企业首次成为国际矿业巨头的最大单一股东。

中国铝业(Chinalc)是全球第二大氧化铝生产商和第三大电解铝生产商。中铝此番收购行动让另一个对力拓公司觊觎已久的全球第二大铁矿石巨头必和必拓公司(BHP Billiton)措手不及，后者已提出全面收购力拓，但遭到全球所有钢铁企业的强烈反对。钢企普遍认为，一旦必和必拓成功收购力拓，世界80%海运贸易的铁矿石将由两家而不是三家公司掌控，这将会影响铁矿石定价。中铝的收购，则有助于化解这一潜在的危机。

早在2007年8月，中铝曾斥资8.6亿美元成功收购储量占世界第九(相当于中国国内铜储量的1/5)的秘鲁铜业的全部股权。秘鲁铜业是一家在加、美和秘三地上市的公司，中铝的收购也是中国公司第一次完成对海外三地上市大型铜资源公司的成功收购。

鉴于以往中国公司收购海外公司失败的教训，中铝此次不是独自出面，而是采取与美国铝业公司(Alcoa)合作，并以"突袭"的方式(又称"拂晓行动"，即在股市开盘的第一时间大量买进目标股)收购了力拓公司的股份。之所以这样做，可以避免不必要的政治干扰。因为，跨国收购除了要考虑经济因素，还需要考虑法律和政治等多方面因素，毕竟，很多国家的经济规则是用政治手段来制定的，限制中国企业走出去的条款还是五花八门。这些都是中铝不得不面对的困难。

> 2009年2月12日,中铝拟再向力拓注资195亿美元,以便中铝持有力拓股份增至18%。但是,中国这笔最大海外股权投资行动最终因政治因素而告流产——2009年6月5日,力拓撤销与中铝达成的195亿美元战略合作协议,并与必和必拓达成协议,后者出资58亿美元,组成各自持股50%的合资企业。
>
> (根据《中国证券报》2008年4月14日、新浪财经2009年6月5日相关报道整理)

澳大利亚为中国第八大贸易伙伴,中国是澳大利亚第一大贸易伙伴、第一大进口来源地、第一大出口市场。澳大利亚对中国的主要出口商品为铁矿砂、羊毛、其他矿砂等;主要进口商品为电脑、通讯设备、玩具、游戏及运动商品、家具、纺织服装等。

五、主要贸易口岸

1. 墨尔本(Melbourne)

墨尔本港位于澳大利亚东南部维多利亚州南部沿海的亚拉河口,在菲利普港湾北侧的霍布森斯湾内,是澳大利亚最大的现代化港口,也是重要的国际贸易港口。港区有散货码头、集装箱码头和油码头三种类型的码头。散货码头有23个泊位,岸线长4 416米,最大水深10.7米;集装箱码头有18个泊位,岸线长3 597米,最大水深13.1米;油码头有9个泊位,岸线长1 849米,最大水深11.8米。码头上有铁路线,油罐火车可直达码头。

墨尔本港是澳大利亚最繁忙的水上货运港口,每年处理全国38%的水路集装箱运输,在墨尔本的总贸易量中有大约62%实现了集装箱化。该港有四大国际集装箱码头:斯旺松码头,最大水深13.1米;维布码头,最大水深11.2米,主要装卸外贸集装箱;维多利亚码头,最大水深9.4米;阿普尔通码头,最大水深10.7米,用于集装箱和滚装货。大船锚地在离岸约0.6海里处,最大水深达15米。还有一个专门处理经加工过的石油产品的荷顿码头。

2. 悉尼(Sydney)

悉尼是澳大利亚最大的城市和重要港口,是新南威尔士州首府。位于澳洲大陆东南岸,东濒塔斯曼海,西接蓝山山脉东麓,北接布罗肯湾,南至哈金港。港湾总面积为55平方千米,口小湾大,是世界上著名的天然良港,是仅次于墨尔本港的澳大利亚第二大港。

港区在杰克逊湾南岸,离入海口8千米,低潮时主航道水深12.8米,可停泊吃水深10米的船,有120个泊位,设施现代化。悉尼港有定期往返于英国、加拿大、美国、日本、菲律宾和中国香港等地的旅游客船。

【专栏】 此悉尼非彼悉尼

阿根廷雕塑家罗扎内斯原打算到澳大利亚悉尼度假，不料从网上买的机票却把她送到了加拿大新英格兰省的悉尼市。她根本不知道世界上竟有两个悉尼！飞行途中，罗扎内斯从机舱内显示屏的飞行路线上就感觉有点不对劲，可她当时并没有注意。当飞机降落在加拿大悉尼机场后，机场入境处工作人员告诉罗扎内斯她已身在加拿大，而不是澳大利亚！但她很快接受了这一事实，并决定既来之，则安之。"我要在这里拍照片、写生，也许还能从这里得到艺术创作灵感呢。"她说，"我在这里过得很愉快，还交了几个朋友。"幸亏罗扎内斯不是去澳大利亚谈生意的商人，否则可就误大事啦！

（摘自埃菲社多伦多 2008 年 9 月 19 日相关文章）

3. 珀斯港（Perth）

珀斯港又称弗里曼特尔（Fremantle），是澳大利亚的三大港口之一。港口位于西澳大利亚州西南海岸的斯旺（Swan）河口，濒临印度洋的东侧，是西澳州首府珀斯市的外港，港口与珀斯市相距约 19 千米。当地工业有机械、汽车修配、化肥、水泥、木材及食品加工等，有全国最大的黄金熔炼厂。

该港属亚热带地中海式气候，盛行西南风。港口共有达尼丁（Dunedin）、查尔默斯（Chalmers）和雷文斯波恩（Ravensbourne）三个港区。

该港在运输成本和时间上的优势是：对那些自日本、中国内地及香港等亚洲国家和地区的对时间性要求很强的货物，可以用最近的航程、最短的时间将货物在此卸下，然后由铁路运往澳大利亚东部，此举比海轮直接运往悉尼和墨尔本节省 2～4 天。珀斯港的另一优势是：除劳动节、耶稣受难日、澳新联合军团日、联合野餐节及圣诞节外，其他节假日均可作业，但要收取加班费。

本章小结

1. 韩国是"亚洲四小龙"之一，第二次世界大战后迅速成为新兴工业化国家。在 1998 年的亚洲金融风暴中，韩国经济遭受了巨大冲击，但很快就完成了结构调整，并一跃成为贸易强国之一。韩国的汽车产业后来居上，以其高性价比享誉欧美。韩国的电子产业更超过日本，移动电话、平板电脑和液晶电视机畅销全球。韩国的文化产业也是带动贸易和对外投资的助推器，前景不可小觑。

2. 加拿大的农业和采矿业在国民经济中占有重要地位，是其主要的外汇收入来源。制造业主要有机械、汽车、化工、木材加工、电子电器、航空航天、纺织、造纸和食品等。加拿大制造业的一个特点是受美国资本控制程度较深，其制造业中许多大企业是美国跨国公司的子公司。初级产品在加拿大出口商品中占有更为重要的地位。进口商品中，机械设备、汽车和消费品等制成品所占比重较高。这样的进出口商品结构在西方七大工业国中是独有的。加拿大对外贸易的地区分布很不平衡,70%左右的商品贸易是同美国进行的,美、加互为最大贸易伙伴。

3. 加拿大丰富的油砂矿资源可能成为石油的另一个重要来源,因为加拿大的油砂矿折合的能源储备量仅次于沙特阿拉伯,位列全球第二,将来很有可能成为世界石油主产国和出口国之一。中国是加拿大第四大出口市场和第二大进口来源地,加中贸易一直为逆差。

4. 比利时是发达的工业国和欧盟创始国。人均GDP甚至高于同属欧盟的德国和法国。比利时经济非常依赖国际贸易,国民生产总值的2/3来自出口,人均出口是德国的两倍和日本的五倍。其出口优势得益于区位优势和多语言的劳动力。

5. 澳大利亚位于南太平洋和印度洋之间的澳洲大陆,是后起的发达国家。澳大利亚矿产资源极其丰富,是世界上重要的矿产品生产国和出口国,素有"坐在矿车上的国家"之称。虽然农业和采矿业在澳大利亚GDP中所占份额较小,但却是重要的出口产品,农业和矿物的出口约占澳大利亚商品出口总额的73%。澳大利亚是世界上最大的羊毛和牛肉出口国,也是世界上主要的铁矿石、煤炭、铝土矿的生产和出口国。

6. 中国是澳大利亚最大的贸易伙伴、第一大进口来源地、第二大出口市场。澳中贸易有一定逆差。近些年来,澳、中两国之间的进、出口贸易额均有较大幅度增长,尤其是澳大利亚的铁矿石、铝土矿、小麦对华出口增长迅速。澳、中之间紧密的贸易往来很大程度上影响着两国的政治经济关系。

思考题

1. 第二次世界大战后,韩国重点发展以钢铁、造船、汽车为代表的重工业,实现了经济的快速增长。但目前韩国经济的领头产业是信息业。请搜集相关材料,解释韩国经济是如何完成结构转型的。
2. 加拿大和澳大利亚都是农产品出口大国,为何却被列为发达工业化国家?
3. 比利时的人均出口高于德国和日本。请思考如何用所学的贸易理论解释这一现象。
4. 为什么第一产业(畜牧业、采矿业)发达的澳大利亚,服务业却占GDP主要地位?中澳之间的贸易往来对两国间的政治关系有何影响?

第六章 金钻四国

学习目的与要求

> 1. 了解俄罗斯的地理环境、经济概况及对外贸易特点;
> 2. 熟悉巴西的地理环境、经济概况及对外贸易特点;
> 3. 掌握印度的地理环境、经济概况及对外贸易特点;
> 4. 熟悉南非的地理环境、经济概况及对外贸易特点。

【开篇综述】 "金砖四国"与"金钻四国"由来

美国高盛投资银行的经济学家创造出"金砖四国"(BRICs)这个词,它是巴西(Brazil)、俄罗斯(Russia)、印度(India)和中国(China)这四个国家首个英文字母组合而成,由于"BRICs"发音与金砖(bricks)相似,故称为"金砖四国"。将这四个国家联系在一起的原因在于它们近年来经济增长速度令世人瞩目。按购买力平价计算,"金砖四国"对世界经济增长的贡献率已达50%。

而本章要讲的"金钻四国"与"金砖四国"既有关系,又略有不同。鉴于中国经济总量和贸易规模已跻身世界前两位,本书已在第二章单列详述。而从经济总量、发展速度、矿产资源等方面考量,俄罗斯、巴西、印度和南非更有相似性,尤其这四个国家是世界上拥有黄金、钻石、石油等资源的大国,黄金储量约占全球的90%,金刚石(天然钻石)储量接近世界的30%,石油储量超过世界的50%,战略地位非常重要,经济发展潜力极大。因此,本章将它们集结在一起,冠以"金钻四国"加以分析。

2011年4月,在中国海南三亚举行的第三次金砖国家领导人会议上,"金砖五国"(BRICS)的概念正式面世。中国、俄罗斯、印度、巴西和南非以其经济发展水平、资源影响程度的相似性和地缘政治的独特影响力,成为世界经济中不可忽视的力量。2014年7月,金砖国家开发银行成立,总部设在中国上海,启动资本为500亿美元,由五国均摊,另设1 000亿美元的储备基金,用于从国际金融市场获得融资及应对紧急情况。未来金砖国家开发银行还将向其他国家开放,但金砖国家始终控制该银行至少55%的股权。

第一节 俄 罗 斯

【开篇案例】 远东输油管的走向

"国家关系中,永恒的只有利益",这一国际商业的铁律反复在中俄石油管道谈判中得到赤裸裸的体现。

2002年12月,俄总统普京访华,签署《中俄联合声明》,同意铺设一条起点为俄罗斯安加尔斯克油田、终点为中国大庆的输油管道,2003年底动工,计划两年后贯通输油。正当这条有利于中国的"安大线"破土动工之际,俄收到一封日本密信,暗示如果莫斯科同意先修建日本提出的"安纳线"(安加尔斯克至俄远东港口纳霍德卡),日本保证每天购买100万桶西伯利亚石油。2003年1月10日,日本首相小泉飞抵莫斯科,与普京总统签署了《俄日能源合作计划》,决定修建石油流向日本的"安纳线"。对俄日的这一举动,中方当然不满。于是,俄罗斯当年3月提出一个折中方案:把计划建设的输油管在中俄国境附近分岔,分别建设通往中国和日本的两条支线,通往中国方面的支线优先开工。

然而,此后的4~7月,日本每个月派出首相或部长级官员往莫斯科游说,日本以75亿美元新油田开发费为诱饵,以地缘政治安全为理由,以提供石油开采技术为筹码,展开密集公关活动。果然,9月2日,俄以环保为借口,突然否决了"安大线",优先铺设"安纳线"。中国政府震惊之余才发现,原先中俄签署的不过是个意向性的买卖协议①,并不具备法律效力!

莫斯科在日本与中国之间权衡摇摆,意在获取最大利益,也出于能源战略安全制衡的考虑。"安纳线"几乎全线都在俄境内,俄罗斯既可稳操掌控权,又能使原油出口渠道多元化,从而保证了俄石油安全。由于俄罗斯和日本倾向于"北线"(从贝加尔湖北面铺管可直达纳霍德卡),而中国坚持"南线"方案("北线"会导致铺管费增加和输往中国的油价上涨,也担心支线易被随时断供,从贝加尔湖南面铺设油管可省800千米)。对于中方的不满,俄又提出将两线合二为一的折中方案,并决定先建"安大线"。后因俄罗斯举行国家杜马和总统换届选举等政治原因,加上中国新开辟了来自哈萨克斯坦和拉美的石油进口,对修建远东油管

---

① 国际输油管线合作协议通常包括管线建设、管线运营和原油购销合同三个部分,而中俄签署的只是其中的原油购销合同。——编者注

采取欲擒故纵之态,俄方开工进程一拖再拖,投资也大大超过预期。

全称:俄罗斯联邦(The Russian Federation)。
面积:1 709.82万平方千米。
人口:1.42亿(2014年)。
首都:莫斯科(东3时区)。
货币:卢布(RUB)
国花:向日葵。
节日:全年共有法定假日12天。1月1日～5日新年;1月7日基督诞生日;2月23日祖国保卫者日;3月8日国际妇女节;5月1日国际劳动节;5月9日反法西斯战争胜利日;6月12日俄罗斯日;11月4日人民统一日。

一、自然条件

1. 地理位置

俄罗斯是世界上领土面积最大的国家。俄罗斯位于欧洲东北部和亚洲北部,东濒太平洋,北临北冰洋,西接波罗的海芬兰湾,横跨欧亚大陆,东西最长9 000千米,南北最宽4 000千米。陆地邻国西北面有挪威、芬兰,西面有爱沙尼亚、拉脱维亚、立陶宛、波兰、白俄罗斯,西南面是乌克兰,南面有格鲁吉亚、阿塞拜疆、哈萨克斯坦,东南面有中国、蒙古和朝鲜,东面与日本和美国隔海相望。

俄罗斯地形以平原为主,地势东南高西北低。欧洲领土的大部分属于东欧平原,近五分之四的人口和大部分城市均在欧洲。乌拉尔山脉是欧洲和亚洲的主要分界线,山脉以东为俄罗斯的亚洲部分——西伯利亚地区,主要包括西西伯利亚平原、中西伯利亚高原和东西伯利亚山地。西南是大高加索山脉,最高峰厄尔布鲁士山海拔5 642米。

2. 自然资源

俄罗斯地大物博,自然资源丰富,种类多,储量大,自给程度高。森林覆盖面积8.67亿公顷,占国土面积的50.7%,居世界第一位。木材蓄积量800多亿立方米。天然气探明蕴藏量逾50万亿立方米,占世界探明储量的1/3,居全球第一。石油探明储量65亿吨,占世界探明储量的13%。煤蕴藏量2 000亿吨,仅次于中国,居世界第二位。铁蕴藏量居世界第一位。铝蕴藏量居世界第二位。金刚石储量2.5亿克拉,仅次于澳大利亚,居世界第二位,占世界8%。黄金储藏量仅次于南非、巴西和印度,居世界第四位。铀蕴藏量居世界第七位。

俄罗斯最大的煤矿位于库兹巴斯,最大的铁矿位于库尔斯克,最大的油田是秋明油田和第二巴库油田,乌连戈伊是世界上最大的天然气田。

俄罗斯的河流湖泊众多,水力资源丰富。主要河流有伏尔加河、鄂毕河、叶尼塞河、勒拿河等。其中,伏尔加河是欧洲第一大河。鄂毕河、叶尼塞河、勒拿河则位于西伯利亚地区,并向北注入北冰洋。主要湖泊有贝加尔湖、拉多加湖、奥涅加湖和里海。其中,贝加尔湖是世界上最深、蓄水量最大的湖泊。

俄罗斯的农业综合自然条件远不如同纬度的美国和加拿大,也不如西欧诸国。就热量、水分等气候条件综合分析,俄农业土地的生物潜力比美国低60%,比法国低55%,比德国和英国分别低40%和35%。俄东部地域永久冻土带广阔,自然条件严酷,不仅严重影响种植业发展,也对工业和城市建设及人口发展带来困难。

3. 气候特征

俄罗斯大部分地区处于北温带,气候多样,以温带大陆性气候和亚寒带针叶林气候为主。东欧平原西部气候较温和;西伯利亚地区冬季非常寒冷;北冰洋沿海为极地苔原气候。季节温差普遍较大,1月平均温度为－1℃到－37℃,7月平均温度为11℃到27℃。年降水量平均为150~1 000毫米。

4. 种族与语言

俄罗斯地广人稀,人口密度8.3人/平方千米,居世界第209位,人口分布极不均衡,西部发达地区为52~77人/平方千米,个别地方达到261人/平方千米;西部人口平均密度仅3.5人/平方千米;而东北部苔原带甚至不到1人/平方千米。这与开发历史及气候条件差异有关。俄罗斯的人口自然增长率为－5.90%,是世界上人口减少速度最快的国家之一。

俄罗斯全国有100多个民族,其中,俄罗斯族人占79.8%,主要少数民族有鞑靼、乌克兰、楚瓦什、巴什基尔、白俄罗斯、摩尔多瓦、日耳曼、乌德穆尔特、亚美尼亚、阿瓦尔、马里、哈萨克、奥塞梯、布里亚特、雅库特、卡巴尔达、犹太、科米、列兹根、库梅克、印古什、图瓦等。高加索地区的民族成分最为复杂,大约有40个民族在此生活。

俄语是俄罗斯联邦的官方语言,但各加盟共和国有权规定自己的国语,并在该共和国境内可与俄语一起使用。主要少数民族都有自己的语言和文字。

5. 社会制度

1993年12月25日,俄罗斯独立后的第一部《宪法》正式生效,宪法确立了俄罗斯实行总统制的联邦国家体制。俄罗斯联邦总统是国家元首,有权任命联邦政府总理、副总理和各部部长,主持联邦政府会议;总统是国家武装力量最高统帅并领导国家安全会议;总统有权解散议会,而议会只有指控总统犯有叛国罪或其他十分严重罪行并经最高法院确认后才能弹劾总统。

俄罗斯联邦议会是俄罗斯联邦的代表与立法机关。联邦议会由联邦委员会（上院）和国家杜马（下院）两院组成。俄罗斯独立后，由原先一党专政转变为多党林立，最大政党为统一俄罗斯党，第二大党是俄罗斯共产党，此外，还有俄罗斯自由民主党、祖国竞选联盟等10多个在野党派。

6. 宗教与习俗

（1）宗教。俄罗斯主要宗教为东正教，其次为伊斯兰教。俄权威社会调查机构抽样调查结果显示，俄居民中55%信奉宗教，其中，91%信奉东正教，5%信奉伊斯兰教，信奉天主教和犹太教的各为1%，0.8%信奉佛教，其余信奉其他宗教。

（2）习俗。在商务交往中，俄罗斯商务男士一般穿西服、系领带；女士穿着正规并化妆，以示对对方的尊重。其间不可将手放在口袋里，否则会被认为是小看对方。冬天与人握手要脱手套。约会迟到15分钟是正常的，30分钟内尚可接受；但新一代人越来越习惯准时赴约。坐时忌讳将腿叠起，尤其是女士。交往中应互换名片，上面要有俄文。无论到政府部门办事还是从事贸易，有当地朋友帮助会顺利得多，作为答谢，送一份礼品或礼金很有必要。

关于数字，俄罗斯人与中国人的偏好相反，喜欢单数而非双数。到俄罗斯人家做客一般送酒、巧克力、鲜花，当然，应送单不送双（只有参加葬礼才送双数鲜花）。生日是俄罗斯人最重要的日子，每逢生日，家人和同事都会送礼庆祝。

二、经济概况

1. 经济规模

前苏联曾是世界两个超级大国之一。苏联解体后，其主要继承者的俄罗斯仍是世界经济大国之一。1991年独立后的俄罗斯进行了以"私有化、自由化、西方化"为目标、以"休克疗法"为主要手段的经济改革。1999年末，普京出任总统后，主要解决了两个问题：一是使社会从无序和混乱走向有序和相对稳定；二是使经济从严重的危机状态中摆脱出来，开始走向复苏和增长。2007年，俄罗斯经济总量超过1990年解体前的苏联，2008年，俄罗斯GDP总量位居世界第八位，重回世界十大经济体。2013年，俄罗斯的GDP逾2万亿美元，位列世界第九大经济体；人均GDP达14 613美元，而其在1999年时的人均GDP仅为1 000美元。

俄罗斯经济能持续地保持快速增长主要得益于国内社会政治稳定和国际油价及原材料价格的持续坚挺。由于俄罗斯出口商品仍以能源和原料型商品为主,所以,国际市场大宗商品价格走高大大增加了俄罗斯的外汇收入,财政金融状况大为好转。俄罗斯外汇储备(包括黄金)超过3 000亿美元,仅次于中国和日本,居世界第三位。

2. 产业结构

(1) 燃料和能源工业。燃料和能源工业是俄罗斯经济的支柱产业,占整个工业生产总量约20%,近年来,在世界能源市场上的地位迅速上升,也是对外国投资者最具吸引力的投资领域。

俄罗斯石油资源主要分布在西西伯利亚、外高加索以及萨哈林岛和其附近的大陆架上。主要油田有秋明油田(西西伯利亚)及第二巴库油田(伏尔加、乌拉尔工业区)。其他油田还有季曼-伯朝拉油田、萨哈林油田和外高加索地区油田等。目前,俄罗斯只有俄罗斯石油公司一家属于国家完全控股的国有公司,其余如卢克石油公司、尤科斯石油公司、苏古尔特石油公司等都是私人股份制公司。

天然气工业是俄罗斯发展最快的行业。俄天然气资源主要分布在西西伯利亚、北部地区和乌拉尔地区。其中,仅西西伯利亚一个地区就蕴藏有全国60%的天然气资源。主要的天然气田是位于鄂毕河下游以东的乌连戈依气田,其次有梅德韦日耶、奥伦堡气田等。

【专栏】 谁是世界最大产油国?

总部设在巴黎的国际能源机构(IEA)宣布,2008年第一季度,俄罗斯凭借950万桶的原油日产量,超过沙特成为全球第一大产油国。根据IEA提供的数据,该年第一季度,沙特的原油日产量为920万桶,美国的日产量居第三,达510万桶。伊朗位居其后,日产量为400万桶。2008年首季,中国的原油日产量达到380万桶,为全球第五。居第六至第十位的分别是墨西哥、阿联酋、科威特、加拿大和委内瑞拉。

(新华网 www.xinhuanet.com "新华财经")

(2) 冶金工业。冶金工业作为机械制造业的基础行业,历来在俄罗斯占有举足轻重的地位。冶金工业目前仍是俄罗斯国民经济的主要支柱。俄罗斯冶金工业产值在工业总产值中所占比重为16%(其中,黑色冶金工业占10%),出口额占俄罗斯出口商品总额的17%(仅次于燃料能源产品的出口)。俄罗斯还大力开发高附加值冶金产品的出口潜力。黑色冶金工业的主要产品为成品轧材,包括型材和板轧材。

(3) 机械制造与金属加工业。机械制造业与金属加工业是俄罗斯工业中的传统强项。俄罗斯机械制造业和金属加工业的产值约占国内生产总值的18%。若将军工行业从事民用机械制造的部分计算在内,则整个行业的产值约占俄罗斯经济的1/4。俄罗斯机械制造工业的产品结构偏向重型化和军工化。俄罗斯约90%的机械制造企业实行股份制，国家控股的公司只占15%。

(4) 汽车工业及航空工业。俄罗斯汽车工业发展较早，具有较好基础。前苏联原有汽车生产企业约5 000家。苏联解体后，其中的半数企业倒闭转产，剩下约2 500家。目前，整个行业就业人员约14万人，年销售额约50亿美元，占俄罗斯国内生产总值1.5%。俄罗斯伏尔加汽车公司是俄最大的轿车制造厂，其产量约占俄罗斯小汽车产量的70%，年产74万辆拉达和日古力小轿车。近年来，外国汽车厂商纷纷在俄建厂组装生产汽车，以便合理躲避俄罗斯对进口轿车的关税，俄罗斯已开始对此加以限制。

俄罗斯的航空工业曾经可以和美国、欧盟等航空工业大国对抗，但苏联解体后该产业有些衰落。俄军用航空制造业还保持比较好的发展势头。与民用客机不同的是，俄罗斯战斗机在国际市场上颇有竞争力，例如，印度和中国等都是购买苏-27、苏-30、苏-35、米格-29、米格-31歼击机等的大户。俄罗斯是世界第二大军火出口国，出口额占世界军火市场的27%。

(5) 木材加工和造纸业。俄罗斯拥有世界上最为丰富的森林资源，林地总面积达12亿公顷，其中，森林覆盖面积为8亿公顷，占世界森林总量的25%。林木蓄积量超过800亿立方米，为全球总量的26%。木材主要产区分布于俄西北地区、伏尔加河沿岸、西伯利亚地区。纸浆生产集中于伊尔库茨克州和阿尔汉格尔斯克州，产量占全俄总产量的85%左右；纸张生产分布在卡累利阿共和国、科米共和国、下诺夫哥罗德州和彼尔姆州一带，约占全俄总产量的70%。目前，俄罗斯森工行业就业人数近100万人，行业年产值超过80亿美元，约占俄罗斯GDP的2.3%。俄罗斯绝大部分森工产品面向国外市场，年出口额逾45亿美元，约占俄罗斯出口总量的5%，是继天然气、石油、黑色金属和有色金属之后的第五大出口产品。

三、对外贸易

1. 外贸规模

俄罗斯于2012年正式成为WTO的第156个成员。俄罗斯经济对外贸的依赖性很大，其对外商品贸易占GDP的比重一直在40%～60%之间波动。由于俄罗斯的主要出口商品为能源和原料型产品，所以，国际市场上大宗商品的价格变动对其外汇收入有较大影响。

2013年，受国际市场能源和原料型商品价格低迷的影响，俄罗斯对外贸易同比下降10.2%，贸易顺差大幅收窄。俄外贸进出口总额为5 771.3亿美元，其中,出口2 901.3亿美元,进口2 870亿美元,实现贸易顺差31.3亿美元[1]。

表6-1-1 俄罗斯(2013年)主要贸易伙伴及进出口额　　　　单位:亿美元

主要出口去向				主要进口来源			
排名	国家/地区	金额	占比(%)	排名	国家/地区	金额	占比(%)
	总值	2 901.3	100		总值	2 870.0	100
1	荷兰	372.2	12.8	1	中国	516.9	18.0
2	土耳其	235.2	8.1	2	德国	355.3	12.4
3	乌克兰	218.4	7.5	3	美国	160.4	5.6
4	意大利	212.5	7.3	4	乌克兰	150.5	5.2
5	德国	202.4	7.0	5	意大利	138.4	4.8
6	中国	166.4	5.7	6	日本	131.6	4.6
7	英国	123.2	4.3	7	法国	119.4	4.2
8	拉脱维亚	101.1	3.5	8	韩国	98.4	3.4
9	日本	96.3	3.3	9	英国	78.8	2.8
10	美国	78.9	2.7	10	波兰	76.6	2.7

资料来源:商务部:《对外贸易·国别报告·俄罗斯》,2014-02-25。

2. 进出口商品结构

俄罗斯的主要出口商品是石油和天然气等矿产品、金属及其制品、化工产品、机械设备和交通工具、宝石及其制品、木材及纸浆、军火等,其中,燃料动力资源及其制成品的出口居于主导地位;主要进口商品是机械设备和交通工具、食品和农业原料产品、化工品及橡胶、金属及其制品、纺织服装类商品等,其中,机电产品的进口所占比重最大。2013年,俄罗斯出口军火达132亿美元[2],仅次于美国,位居世界第二。俄罗斯的苏-30、苏-35等高性能军用飞机在海外军火市场拥有极佳声誉,其S-300反导系统、大型军用舰艇等已成为国际市场新宠。

俄罗斯出口商品结构仍以能源和原料型商品为主。其中,燃料及能源产品在其出口中所占比重升至64.2%,出口规模达到1 862.6亿美元。有色金属及其制品和钢铁出口有所下降,木材及木制品出口继续保持增长。上述能源及原料商品出口合计占俄出口总额的75.4%。近年来,在俄政府实施鼓励机电产品出口政策的推动下,机电产品的出口有所改观,但在出口总额中的比重仍只有5.1%。

经济的快速发展带动了俄罗斯国内市场需求的扩大。在本国企业生产能力不足的情况下,进口商品成为填补俄市场空缺的唯一来源。2013年,俄罗斯全

---

[1] 中华人民共和国商务部网站2008年贸易报告"国别贸易·俄罗斯"。
[2] 俄新社2014年1月27日报道,"俄2013年出口132亿美元的武器,中国和印度是大户"。

年机电产品占俄进口总额的46.6%。居民实际收入水平的提高也扩大了对生活用品的需求,食品、纺织服装类商品、药品、塑料及其制品等进口保持增长。

3. 主要贸易伙伴

按俄海关统计,2013年,俄罗斯前五位的贸易伙伴依次为中国、德国、荷兰、乌克兰、意大利。其中,德国为俄罗斯在欧盟的最大贸易伙伴,中国为俄在亚洲的最大贸易伙伴,美国是俄在美洲的最大贸易伙伴,乌克兰为俄在独联体的最大贸易伙伴。

俄十大出口市场依次是荷兰、土耳其、乌克兰、意大利、德国、中国、英国、拉脱维亚、日本、美国、法国。其中,对荷兰的出口额占俄出口总额的比例为12.8%;对中国出口仅占5.7%。

俄罗斯的前十大进口来源国依次是中国、德国、美国、乌克兰、意大利、日本、法国、韩国、英国、波兰。其中,最大的进口来源国是中国,进口额占其进口总额的18%;德国占12.4%。

值得一提的是,欧洲国家是俄石油及其制品、天然气出口的传统区域,荷兰、意大利、德国是俄原油出口的三大对象国。俄成品油出口集中在荷兰、英国、意大利、瑞士和法国等国,2013年,俄对上述五国的成品油出口占同类产品出口总额的50%。

四、俄、中经贸关系

1949年10月2日,中国与前苏联建交。苏联解体后,1991年12月27日,中、俄两国在莫斯科签署《会谈纪要》,确认俄罗斯继承苏联与中国的外交关系。1996年,中、俄建立战略协作伙伴关系,双边贸易快速增长。中国现在是俄罗斯第六大出口市场和第一大进口来源地。

2013年,俄、中两国贸易总额达到683.3亿美元。其中,俄对华出口166.4亿美元,从中国进口516.9亿美元,俄贸易逆差350.5亿美元。俄罗斯曾多年保持对中国的贸易顺差,但2007年首次出现对华贸易逆差并逐年扩大。

俄罗斯对华出口仍以资源类商品为主。2013年,俄石油及矿产品在对华出口中居首位,占俄对华出口总额的51.7%,木材及木制品为俄对华出口的第二大类商品,占13.4%,化工产品占9.5%。

而俄罗斯从中国进口的机电产品及纺织服装类商品分别占45.5%和10%。随着俄居民收入水平的提高,俄市场对中国纺织服装、家具、玩具等各类消费商品的需求也大幅增加。目前,中、俄两国的进出口商品结构基本反映了各自经济结构的特征以及各自的国际比较优势,既满足了两国经济发展的需要,也提高了居民生活水平,充分体现了两国经济的互补性。

2014年5月,经过长达10年的谈判,中俄两国终于签署了长达30年的天然气合同,俄将从2018年起每年向中国提供380亿立方米的天然气,合同金额或高达4 000亿美元。这是在乌克兰危机和欧美对俄实施制裁的情况下,俄中两国经贸合作的新突破。与此同时,中国投资公司加大了在俄罗斯的投资规模,领域涉及基础设施建设、化肥和林业等,金额超过70亿美元[1]。

五、主要贸易口岸

1. 圣彼得堡（Saint Petersburg）

圣彼得堡位于俄罗斯西北沿海涅瓦河口南岸,在芬兰湾东端的涅瓦湾内,濒临波罗的海的东北侧,是俄罗斯西部的最大港口和第二大城市。该港属北温带大陆性气候,春季多雾。涅瓦河口在秋、冬季水位差较大,有西南大风时可达3.5米,一般在0.2～0.3米。全年通航。港口无潮汐。港区主要码头泊位49个,码头前沿水深6.5～11.5米。港口共分5个装卸区:第一装卸区为件货作业区,第二装卸区为木材作业区,第三装卸区为集装箱作业区,第四装卸区为煤炭、粮食、糖作业区,第五装卸区为原油作业区。该港自由贸易区包括出口加工区和保税区,旨在吸引西方投资者前往投资,除货物进口免税外,运出自由贸易区进入俄关境之前也不用交税。

2. 摩尔曼斯克（Murmansk）

摩尔曼斯克位于科拉半岛东北,临巴伦支海的科拉湾,为俄罗斯摩尔曼斯克州首府,是全俄最大的军港、最大渔港和北冰洋沿岸最大的商港,由此通往世界各地170个港口,年吞吐量1 000万吨,受北大西洋暖流影响,该港终年不冻。工业以鱼类加工、修船、木材加工和建筑材料为主。有吃水10.5米以上的大型深水泊位17个,年吞吐量超过1 000万吨。

3. 符拉迪沃斯托克（Vladivostok）

符拉迪沃斯托克(海参崴)是俄滨海边疆区首府,是俄远东太平洋沿岸最大的港口城市。位于俄、中、朝三国交界处,三面临海,为天然良港,还是俄太平洋舰队司令部所在地。工业有渔业、造船、工具、木材、食品、鱼类、肉类及牛奶加工业等,土产以鹿茸及人参最为著名。符港海陆空运输发达,距中国珲春市仅180千米,有直达莫斯科的铁路线,是西伯利亚大铁路的终点。金角港湾内水深10～20米,南有俄罗斯岛作天然屏障。但港口冬季结冰期长达100～110天(12

---

[1] 德国之声电台网:中国"填空"投资俄罗斯,2014年5月24日。

月上旬至翌年3月中下旬),须借助破冰船通航。夏、秋两季多雾,其中,6~8月平均雾日为一个半月,影响航船进出港。

第二节 巴 西

【开篇案例】 乙醇:带动巴西国民经济发展的战略产品[①]

巴西素有"世界粮仓"之称,大豆、糖、柑橘、牛肉等七种农产品的产量和出口量居世界第一。21世纪初,因受石油进口价格暴涨之苦,巴西开始调整农业结构,大力发展甘蔗种植业,以甘蔗为原料,提炼乙醇替代石油,使经济状况大为改观,巴西农民也因此迅速脱贫。巴西每年出口乙醇65亿升,赚取外汇30亿美元,成为世界第一大乙醇生产和出口国。巴西政府把进一步开发乙醇列为带动发展国民经济、保护环境、解决贫困问题、消除贫富悬殊差距的国家发展战略。

巴西国土辽阔,耕地面积达1亿公顷,牧场2亿公顷。巴西将甘蔗种植作为经济发展的战略选择,一是当地气候很适宜甘蔗种植;二是提炼乙醇的原料——甘蔗的能量优于石油,1吨甘蔗释放的能量相当于1.2桶石油;三是用甘蔗做原料的乙醇成本极低,每升仅0.19美元(美国用玉米提炼乙醇的成本为每升0.33美元,欧盟以小麦为原料提炼乙醇的成本为每升0.55美元),乙醇燃料价格仅为汽油的60%;四是乙醇属于绿色能源,不污染环境;五是甘蔗占耕地较少(仅占巴西耕地的1/20),对粮食生产和出口几乎没有影响。

全称:巴西联邦共和国(The Federative Republic of Brazil)。

面积:851万平方千米。

人口:20 103.3万(2013年)。

首都:巴西利亚(时区:西3区)。

货币:雷亚尔(BRL)。

国花:毛蟹爪兰。

国家格言:秩序和进步。

节日:全年共有17天公共节假日。1月1日元旦;2月份狂欢节(一周);3月或4月耶稣受难日;4月21日巴西民族独立运动日;5月1日国际劳动节;5月或6月圣体节;9月7日国庆节(即独立纪念日);10月12日圣母显灵节;11月2日万圣节(即亡人节);11月15日共和制纪念

[①] 根据《中国可持续能源记者论坛》2007年4月21日文献整理。

日;12月25日圣诞节。

一、自然条件

1. 地理位置

巴西国土面积851.49万平方千米,约占南美洲总面积的46%,是南美洲第一、世界第五大面积的国家,仅次于俄罗斯、加拿大、中国和美国。巴西位于南美洲东南部,北邻法属圭亚那、苏里南、圭亚那、委内瑞拉和哥伦比亚,西连秘鲁、玻利维亚,南接巴拉圭、阿根廷和乌拉圭,东濒大西洋。

巴西全境地形分为亚马孙平原、巴拉圭盆地、巴西高原和圭亚那高原。北部是圭那亚高原的一部分;中北部是亚马孙平原,面积约占全国的1/3;中部和中南部为巴西高原;南部为巴拉圭盆地。

2. 自然资源

巴西的自然资源非常丰富,是许多重要资源的供应国。

(1) 矿产资源。主要有铁、镍、金、铀、铝矾土、铅、锡、锰、石油、金刚石、铌、钽、铍等。其中,铁储量居世界第二位,已探明的铁矿蕴藏量为480亿吨,足以满足今后500年全世界对铁的需求(按目前的需求水平及预计的增长量计算);黄金已探明储量3.3万吨[1],仅次于南非的3.6万吨,居世界第二位;锰和铝的储量居世界第三位;铀居世界第四位。巴西是六大天然钻石生产国之一,因盛产宝石级大金刚石,被誉为世界"大金刚石之乡"。巴西已探明石油储量超过200亿桶,从而使该国石油储量在南美仅次于委内瑞拉[2],并有望进入世界十大石油国之列。

(2) 森林资源。巴西的亚马孙流域有茂密的热带雨林,森林面积约347万平方千米,森林覆盖率达41%[3]。木材积蓄量仅少于俄罗斯,居世界第二位。而且有很多经济树种,如红木、橡胶、漆树、棕榈等。巴西也是世界木材出口大国。

(3) 水力资源。河流主要有亚马孙、巴拉那和圣弗朗西斯科三大河系。亚马孙河全长6 751千米,横贯巴西西北部,在巴流域面积达390万平方千米,是世界上流程最长、支流最多、流域面积最广、水量最大的河流;巴拉那河系包括巴拉那河和巴拉圭河,流经西南部,多激流和瀑布,有丰富的水力资源;圣弗朗西斯

---

[1] 中华商务网 http://www.chinaccm.com,2005-12-09。
[2] 新华网 http://www.xinhuanet.com,2008年12月8日。另据《中国新闻网》2008年8月21日报道,巴西预测石油储量高达3 380亿桶,超过沙特阿拉伯的2 640亿桶。
[3] 《参考消息》:带你认识一个真实的巴西,2014-06-16。

科河系全长 2 900 千米,流经干旱的东北部,是该地区主要的灌溉水源。

3. 气候特征

由于赤道横穿巴西北部,所以,其领土的 80% 位于热带地区,最南端属亚热带气候。全年高温,降水充沛。北部亚马孙平原属赤道热带雨林气候,年平均气温 27℃~29℃。巴西高原属热带草原气候,分旱、雨两季,年平均气温 18℃~28℃。南部地区年平均气温 16℃~19℃。

4. 种族与语言

巴西的白种人占 47.73%,混血种人占 43.13%,黑种人占 7.61%,黄种人占 1.09%,印第安人约占 0.43%。

巴西曾受葡萄牙统治,延续以葡萄牙语为官方语言。但巴西的葡萄牙语深受印第安及非洲语言的影响,有些地名和动植物名称沿用了非洲方言。所以,巴西的葡萄牙语已经与发源地葡萄牙有很大差异。巴西人通常都听得懂基本的西班牙语,英文并不普遍。

5. 社会制度

巴西第一部宪法产生于 1882 年。1988 年 10 月 5 日颁布了新的宪法,规定总统由直接选举产生,总统是国家元首和政府首脑兼武装部队总司令。总统任期为 4 年,总统和各州、市长均可连选连任。国民议会由参议院和众议院组成,行使立法权,为国家最高权力机构。

6. 宗教与习俗

(1) 宗教。巴西 73.8% 的居民信奉天主教,可谓全世界最大的天主教国家。但是,近些年天主教在巴西的绝对统治地位逐渐减弱,福音派教会却有了很大的发展,而且"无宗教者"的人数在不断增长。

(2) 习俗。巴西是由欧洲人、非洲人、印第安人、阿拉伯人以及东方人等多种民族组成的国家,以葡萄牙血统的巴西人为主,因此,巴西人的习俗和葡萄牙、南欧的习俗非常相似。饮食上习惯以吃欧式西菜为主。人际交往有两大特点:喜欢有话直说;活泼好动,幽默风趣,爱开玩笑。巴西人在社交场合通常都以拥抱或者亲吻作为见面礼节,只有在十分正式的活动中,他们才相互握手为礼。此外,巴西人还有一些独特的见面礼,如握拳礼、贴面礼和沐浴礼。巴西的印第安人有邀请客人一起跳进河里洗澡的习俗,此乃对宾客最尊敬的礼节,而且洗澡次数越多,表示对宾客越尊重。女士之间相遇或女士遇到熟识的男士,则亲吻面颊;身份高的女士常伸出手,让人以吻手代替握手。

巴西人忌讳棕黄色,认为棕色、紫色象征悲伤,深黄色寓意绝望,深咖啡色会招来不幸。巴西人对时间和工作的态度比较随便,约会不太守时,常常迟到。与巴西人打交道时,主人不提起工作时,切勿抢先谈工作。巴西人在商务谈判时很注意自己的仪表、言谈和举止。饮食上以米饭为主食,喜欢在油炒饭上撒上番薯粉与花菜豆一起食用。巴西人愿意吃虾但吃鱼不多。周末聚会则喜欢把大块的肉放在火上烤着吃。

进入巴西市场要有耐心和恒心,往往先交朋友,后做生意。巴西商人习惯用L/C以外的托收付款方式,而且付货款时常常拖延;对于新客户采用D/P或D/A付款方式,需预收部分定金。

二、经济概况

1. 经济规模

巴西是发展中国家中经济发展较快的国家之一。1967~1974年,巴西经济创造了年均增长10.1%的"巴西奇迹"。20世纪80年代,因受高通货膨胀困扰,巴西经济出现停滞甚至严重衰退。从1990年开始,巴西向外向型经济模式转变,大力推进私有化。1999年初,巴西金融市场剧烈动荡,政府被迫放弃自1994年以来实行的与美元挂钩的固定汇率制,货币大幅贬值,经济受到重创。近年来,巴西政府采取稳健的经济政策,金融形势趋于稳定,随着国际原料市场回暖、外资流入加大,和生产恢复增长,巴西经济全面复苏。

巴西的经济结构接近发达国家水平,综合经济实力居拉美各国首位。服务业占GDP的比重和占就业人口的比重长期保持在60%左右。2013年,巴西国内生产总值为2.5万亿美元,居世界第6位。人均国内生产总值为1.23万美元。

2. 产业结构

(1) 农业。巴西的农业产值虽然仅占GDP的8%,却是创汇的主要部门之一。巴西有着世界上最大的可耕地储备和先进的农业科学技术,因而是世界主要的农产品生产国和出口国之一。咖啡产量居世界第一,有"咖啡王国"之称,为巴西重要的外汇来源;巴西也是世界上最大的甘蔗生产国和蔗糖出口国之一;巴西甜橙产量和浓缩橘汁出口量居世界之最。大豆、杂豆产量位居世界第二,大豆出口量仅次于美国,位列世界第二;玉米产量居世界第三位;稻谷产量居世界第七位。巴西是世界上第二大养牛国,2006年,巴西超过澳大利亚,成为世界最大的牛肉出口国;巴西鸡肉出口已连续多年超过美国,成为世界最大的鸡肉出口国。

(2) 采矿业。巴西矿产资源丰富,采矿业是巴西的重要经济部门,产值约占GDP的2%,是巴西重要出口部门之一。1992年,巴西实施国有企业私有化以后,采矿业主要掌握在私人企业手中。巴西的铁矿石储量仅次于俄罗斯,居世界第二位,已探明的铁矿蕴藏量为480亿吨,而且品位高,其中,铁矿石产量的80%供出口,其出口量约占世界铁矿石出口量的30%。巴西的铝土矿储量仅少于几内亚和澳大利亚,居世界第三位,铝矾土年产量1 000多万吨,约1/3用于原料出口。

> **【专栏】 淡水河谷**
>
> 　　巴西淡水河谷集团(CVRD)成立于1942年,是世界第三大矿业集团,也是世界最大的铁矿砂和球铁矿生产企业。1997年,巴西政府允许淡水河谷集团私有化后,公司盈利持续上升,经营规模逐步扩大。除传统的铁、铝、锰、黄金等矿产品外,淡水河谷还将业务拓展到铁路、水路运输、热力发电和金融证券等领域。淡水河谷在中国上海设有办事处,与上海宝钢在巴西合资开发铁矿砂项目。淡水河谷集团常年在巴出口企业排行榜中位居第一。
>
> 　　　　　　　(据中华人民共和国外交部网站 http://www.fmprc.gov.cn 相关资料整理)

　　(3) 制造业。巴西在第二次世界大战后通过引进外资实现制造业跨越式发展,但却具有发展不平衡和对外资依赖性强等特点。巴西的钢铁、汽车、造船等行业在世界享有盛誉,核电、通讯、电子、飞机制造等领域的技术水平也已跨入世界先进国家行列。巴西钢铁工业是在本国丰富的铁矿和锰矿的基础上发展起来的,体系完整,技术先进,配套齐全,炼钢与轧钢能力平衡。巴西钢铁年产量约3 000万吨,居世界第六位;每年出口钢铁1 200万吨,占全国钢材总量的40%。汽车工业产值占巴西GDP的比重约4%,占巴西工业产值的10%,年产量约200万辆,为世界第十大汽车生产国。巴西的汽车产业多为外资所控制。巴西大力发展以甘蔗提炼的乙醇为燃料的绿色能源汽车。目前,在圣保罗已建成世界最大的以甘蔗为原料的汽车用乙醇提炼厂。

　　1969年,巴西第一家航空器制造公司——巴西航空工业公司在政府主导下成立。如今,巴西航空业已跻身仅次于波音和空客的世界三大商用飞机制造商之列,成为世界支线喷气式客机的最大生产商,并且连续几年成为巴西最大的出口部门。巴西飞机主要销往美国以及英、法、意、摩洛哥、墨西哥、南非等40多个国家,占世界支线飞机近50%的市场份额。巴西空军50%以上的飞机采用巴西航空工业公司的产品,全球20多个国家的空军也是该公司的客户。巴西航空工业公司的主要军用机产品包括空中预警飞机、遥感飞机、海上巡逻/反潜作战飞机、"超巨嘴鸟"教练机和ALX轻型攻击机。

　　(4) 能源工业。巴西在能源利用方面的成就巨大。1970年之前,巴西基本上是依赖石油进口的国家,20世纪70年代和80年代的两次石油危机,迫使巴西大力研发使用替代能源。1975年,巴西利用其丰富的农业资源开始实施国家乙醇计划。80年代中期,巴西乙醇燃料利用达到高峰:每年生产的汽车中的3/4以上采用乙醇燃料发动机。21世纪初,国际油价进一步走高,巴西乙醇生产效率已经翻了三番,成本也从每升0.6美元降至0.2美元以下,乙醇燃料又大行其道。巴西生物能源比例已占全部能源的30%,而同期世界的生物能源应用比例仅为11%,加上水电和核电,巴西可再生能源比例已达44.7%,同期世界可再生能源应用比例仅为14%。

用甘蔗提取乙醇是目前巴西生物能源的主要构成部分,约占巴西全部能源的15%以上,巴西广泛使用乙醇燃料,缓解了石油价格危机。乙醇属于对环境无污染的清洁能源,实现了环境和生态的可持续发展。在此基础上,巴西加大了研发生物柴油的计划,即在矿物柴油中掺加5%的生物柴油。巴西生物柴油的主要原料是蓖麻、棕榈油、大豆、棉籽油、葵花油和玉米油等。

(5) 服务业。服务业对巴西的经济发展举足轻重。服务业占GDP的比重接近60%、占就业人口的50%以上。主要部门包括不动产、租赁、旅游业、金融、保险、信息、广告、咨询和技术服务等。其中,巴西银行系统非常发达、高效,而且覆盖面很广,是拉丁美洲国家里金融体系最发达的国家之一。此外,巴西也是世界十大旅游创汇国之一,每年2月中下旬的里约热内卢狂欢节及著名的桑巴舞会吸引全世界将近10万观众前往观看。

【专栏】 甘蔗——巴西第二大能源来源

2008年5月8日,巴西能源和矿业部下属的能源调查公司公布的研究报告显示,甘蔗及其副产品已经成为巴西排在石油之后的第二大能源来源。报告称,2007年,巴西第一大能源来源——石油及其副产品占巴西能源使用总量的36.7%,而甘蔗及其副产品在能源构成中占16%,超过水力发电所占的14.7%而成为巴西第二大能源来源。

甘蔗是巴西生产燃料乙醇的主要来源,2007年,巴西燃料乙醇的总需求为201亿升。政府强制在传统汽油中把乙醇燃料的比例从23%提高到25%,对乙醇的使用起到了很大的推动作用。此外,巴西完全使用乙醇作为燃料的汽车数量也增加了46%。

(新华网 http://www.xinhuanet.com. 2008年5月9日)

三、对外贸易

1. 外贸规模

第二次世界大战前,巴西是世界上重要的农产品等初级产品的出口国。20世纪60年代中期,由于经济发展内向化,对外贸易额一直徘徊在20亿~30亿美元。1980年开始,巴西采取"奖出限入"的政策,使对外贸易实现顺差。近年来,巴西政府对外贸政策作了重大调整。摈弃以高额关税限制进口的保护主义,对出口进行奖励和补贴,鼓励提高产品质量和加强出口竞争机制,宣布开放市场,减免多种商品进口关税。1999年雷亚尔对美元贬值后,巴产品出口迅速增加。

(1) 外贸规模。2013年,巴西外贸总额达4 818亿美元,其中,出口2 421.8亿美元,进口2 396.2亿美元,贸易顺差25.6亿美元。巴西外贸顺差主要得益于国际市场矿产品和农产品价格的上涨。但不可否认,巴西的飞机制造、软件开发等工业的国际竞争力不断提高,也是巴西在世界贸易中日趋活跃的支撑因素。

(2) 外贸依存度。巴西的外贸依存度为20%左右,这表明巴西的经济对国际市场的依赖程度已趋于合理。尤其是货物贸易差额也由1995年的70亿美元逆差转变为目前的顺差,说明巴西的出口能力得到了极大提高。

2. 进出口商品结构

(1) 出口商品。矿产品、农产品和食品饮料烟草是巴西的主要出口商品,2013年的出口额分别为537亿美元、361亿美元和303亿美元,占巴西出口总额的22.2%、14.9%和12.5%。机电产品、矿产品和化工产品是巴西进口的前三大类商品,2013年进口1 503亿美元,占巴西进口总额的62.7%。其中,矿物燃料进口额为457亿美元,占进口总额的19.1%。

巴西的贸易顺差主要源于农产品出口。据巴西农业部统计,2013年,巴西农产品出口达776亿美元,创历史新高。农产品是巴西外贸出口的主打产品,也是贸易顺差的主要来源。巴西出口的农产品集中在大豆、肉类产品、林产品、甘蔗产品、谷物、咖啡与茶、烟草、果蔬和皮革等9大类。

(2) 进口商品。矿物燃料为巴西大宗进口商品,2013年进口达456.9亿美元,占总进口的19%;机械产品占第二位,进口额为357.6亿美元,占15%;电气产品282亿美元,占11.8%;汽车及零部件进口达224.2亿美元,占9.4%;肥料和谷类饲料的进口额分别为88.8亿美元和31.1亿美元,后者增速高达31%[①],反映了巴西高速发展大豆、甘蔗等种植业和畜牧业对化肥和饲料的迫切需求。

3. 主要贸易伙伴

近年来,巴西出口目标市场呈不断扩张态势,除保持美国、欧盟和阿根廷等原有传统市场外,更向中国等亚洲和非洲国家扩展。目前,巴西已基本形成中国、美国、拉美和欧盟"四足鼎立"的贸易市场格局。

---

① 商务部:《对外贸易·国别报告·巴西》,2014-02-08。

表 6-2-1　巴西(2013年)主要贸易伙伴及进出口额　　　　单位：亿美元

主要出口去向				主要进口来源			
排名	国家/地区	金额	占比(%)	排名	国家/地区	金额	占比(%)
	总　值	2 421.8	100		总　值	2 396.2	100
1	中　国	460.2	19.0	1	中　国	373.0	15.6
2	美　国	246.5	10.2	2	美　国	360.0	15.0
3	阿根廷	196.1	8.1	3	阿根廷	164.6	6.9
4	荷　兰	173.2	7.2	4	德　国	151.8	6.3
5	日　本	79.6	3.3	5	尼日利亚	96.5	4.0
6	德　国	65.5	2.7	6	韩　国	94.9	4.0
7	委内瑞拉	48.5	2.0	7	日　本	70.8	3.0
8	韩　国	47.2	2.0	8	意大利	67.1	2.8
9	智　利	44.8	1.9	9	法　国	64.9	2.7
10	巴拿马	44.2	1.8	10	印　度	63.5	2.7

资料来源：商务部：《对外贸易·国别报告·巴西》，2014-02-08。

【专栏】　南方共同市场

南方共同市场(MERCOSUR)是拉美地区的区域性经济合作组织，由巴西、阿根廷、乌拉圭和巴拉圭等4个成员国以及智利和玻利维亚两个联系国组成，已成为世界第四大经济集团，合作范围还在向政治、外交领域拓展。

1991年3月26日，阿根廷、巴西、巴拉圭和乌拉圭4国总统在巴拉圭首都签署《亚松森条约》，宣布建立南方共同市场(简称南共市)。1995年1月1日，关税联盟开始生效。

南方共同市场成员国间绝大部分商品实行零关税自由贸易，共同对外关税则为23%。4个成员国之间的贸易额平均每年递增20%。1995年，南共市和欧盟签署框架协议，于21世纪初实现两集团间自由贸易。1998年4月，南共市还与安第斯共同体签署了框架协议，自2000年后实现两集团间的自由贸易。

四、巴、中经贸关系

1974年8月15日，巴、中两国建交。巴西目前是中国在拉美最大的贸易伙伴，中国是巴西的第一大进口来源国和第一大出口市场。

2013年，中巴双边贸易总额达到833.3亿美元，其中，巴西向中国出口460.3亿美元，自中国进口373亿美元，巴顺差87.3亿美元。

矿产品一直是巴西对中国出口的主力产品，2013年出口额为206.2亿美元，占巴西对中国出口总额的44.8%。农产品是巴西对中国出口的第二大类商品,出口额171.8亿美元,占巴西对中国出口总额的37.3%。巴西自中国进口的主要商品为机电产品、化工产品和纺织品及原料,2013年合计进口263.1亿美元,占巴西自中国进口总额的70.5%。纺织原料、家具玩具和箱包分别列第三、第七和第十位。

2009年2月,中国与巴西达成贷款换石油的协议,巴西同意按市价每日向中石化出售6万~10万桶原油、向中石油每天出售4万~6万桶原油;中国国家开发银行和中石化向巴西石油公司提供100亿美元的贷款,以帮助后者开发在巴西南海岸新发现的海底石油。

巴西先后对源自中国的电熨斗、扬声器、太阳镜、含或不含镜片的镜架、圣诞树等11种产品发起反倾销调查,并对产自中国的自行车轮胎、挂锁、大蒜等产品进行反倾销复审调查,品种之多、频率之密集,尤其引人注目。在相互市场和发达国家的市场上,发展中国家之间存在激烈的竞争,而巴西属综合实力较强的发展中大国,其国内弥漫的对"中国制造"的恐惧会对其他发展中国家产生一定的影响,它们可能效仿巴西,提出类似要求或采取类似的措施。因此,在处理与发展中国家的贸易摩擦时,中国政府和企业应以差异化策略应对。

五、主要贸易口岸

1. 桑托斯(Santos)

桑托斯港是拉丁美洲最大的港口。该港位于该国东南圣维森特岛东北侧,西北距圣保罗60多千米。港区主要码头线长约8千米,其中,国际杂货码头线4 070米,液货码头线1 512米,干散货码头线1 809米,集装箱码头线510米。该港共有64个泊位,吃水深度10.5~13米不等,可同时停靠50多艘海轮。该港出口值占全国2/3,进口值占2/5。玻利维亚和巴拉圭不少进口品由此中转。桑托斯港是世界最大的咖啡输出港。

2. 里约热内卢(Rio De Janeiro)

里约热内卢港曾长期为巴西第一大港。但20世纪80年代后期被桑托斯港超出。该港位于该国东南瓜纳巴拉湾西南岸,该湾腹宽口窄,风平浪静,为世界三大天然良港之一。里约热内卢港最大吃水15.2米。港区在跨海湾大桥西南端顺岸布局,全港岸壁码头线总长7 500多米,共50个泊位,既装杂货也装钢铁、集装箱等,集装箱船一般停靠港区南北码头,矿石、煤船停靠港区北部。油轮码头有8个泊位,能停靠1.5万~13.5万吨级船,位于港湾中小岛上。

第三节 印 度

【开篇案例】 IT业与印度经济[①]

印度基础设施落后,农业等传统产业发展缓慢,但高新技术产业却一枝独秀。知识密集型的IT产业、医药医疗产业及其相关服务业迅速发展崛起,成为带动印度经济起飞的龙头产业。印度经济起飞的原因何在?

其一,重视教育。印度教育体系发达,位居世界第九。印度承袭了英国殖民时期的教育体系,对高等教育投入大,学费低廉,大学全部采用英语授课,这让印度的计算机专业、管理专业和医学专业教育水平能够直接与国际接轨。目前,印度每年可培养出5万多名软件技术人员,印度软件工程师的人数正以每年50%以上的速度递增。美国硅谷有40%的软件开发人员是印度人,以至于印度被美国《商业周刊》称为"有着无穷无尽软件脑力储备的国家"。

其二,方针明确。已故印度总理甘地曾有一句名言:"印度已经错过了工业革命,决不可以再错过电子革命。"此后,历届印度政府都在奉行大力发展计算机产业的方针。20世纪80年代末,印度的信息技术产业产值不过几千万美元,而现在每年财政年度,印度IT产业的收入已突破360亿美元。信息技术产业产值已占到印度国民经济总产值的4.8%。

其三,近几年印度IT产业一直在以两位数的速度高速增长。印度凭借其英语和人才优势,将技术支持服务、研发和软件制造继续作为推动印度IT产业销售收入增长的核心动力。印度计划在2010年之前,使软件工业以年均26%～27%的速度增长,实现出口年收入600亿美元的目标。

全称:印度共和国(The Republic of India)。
面积:320万平方千米。
人口:12.1亿(2013年)。
首都:新德里(东5时区)。
货币:印度卢比(INR)。
国花:荷花。
国家格言:唯真理得胜。
节日:全年法定节假日共12天。1月1日元旦;1月26日印度共和日;1月

[①] 《深圳特区报》,2006年3月2日。

30日甘地逝世纪念日;2～3月湿婆神节;2～3月洒红节;3～4月拉玛节;3～4月马哈维那节;4月复活节;8月15日独立节;9～10月十胜节;10～11月灯节;12月25日基督教圣诞节。

一、自然条件

1. 地理位置

印度国土面积约320万平方千米(包括实际控制区)。印度面积居世界第七位。印度位于亚洲南部,大部分领土在印度半岛上,是南亚次大陆[①]最大的国家,东邻缅甸、孟加拉,北与尼泊尔、不丹、中国相接,西与巴基斯坦为邻。东临孟加拉湾,西临阿拉伯海,南濒印度洋。

2. 自然资源

(1) 矿产资源。印度矿产资源丰富,拥有云母、煤、铁、铝、黄金、铬、锰、锌、铜、铅、磷酸盐、石油等,其中,云母的产量和储量居世界之首,铁矿石产量居世界第四,铝土产量和煤产量均居世界第五位,黄金储量1.4万吨[②]。

(2) 水力与森林资源。印度的主要河流有恒河、布拉马普特拉河(上游为中国的雅鲁藏布江)、亚穆纳河、纳巴达河等。其中,恒河全长2 700千米,是印度最长的河流,流域面积为106万平方千米。印度森林覆盖率为16%。

3. 气候特征

印度领土大部分位于热带,除北部山区属高山气候和西北部塔尔沙漠为热带沙漠气候外,绝大部分属热带季风气候。气温因海拔高度不同而异,喜马拉雅山区年均气温12℃～14℃,十分凉爽;东部地区26℃～29℃,非常炎热。

年平均降雨量地区差异很大,阿萨姆邦的乞拉朋齐年降雨量高达1万毫米以上,是世界降水量最多的地区,西部的塔尔沙漠年降雨量不足100毫米。印度一年中分为旱、雨两季,夏天为雨季,冬季为旱季,降水少;夏季降水多,占年降水量的80%左右。

4. 种族与语言

印度是世界上仅次于中国的第二人口大国,有10个大民族和许多小民族,

[①] 南亚次大陆通指亚洲南部喜马拉雅山脉南侧直至印度洋的大陆地区。由于高大的喜马拉雅山脉把南亚同亚洲大陆主体隔开,东、西、南分别为孟加拉湾、阿拉伯海、印度洋,使南亚在地理上形成一个相对独立的地理单元,又因南亚大陆面积比一般大陆要小,故称为南亚次大陆。次大陆上有印度、巴基斯坦、孟加拉国、尼泊尔、不丹等国,不包括斯里兰卡、马尔代夫等岛国。

[②] http://www.reportbus.com,2007年7月31日"印度新的矿业政策有望推动黄金和钻石产量"。

其中,印度斯坦族占 46.3%,泰卢固族占 8.6%,孟加拉族占 7.7%,马拉地族占 7.6%,泰米尔族占 7.4%,古吉拉特族占 4.6%,坎拿达族占 3.9%,马拉雅拉姆族占 3.9%,奥里雅族占 3.8%,旁遮普族占 2.3%。

英语和印地语同为官方语言。约 30% 的人口使用印地语,但英语是全国性的通用语言,主要在政治和商业交往场合使用。还有其他 21 种地方性的官方语言以及登记在册的超过 1 600 种语言。

5. 社会制度

印度宪法规定,印度为联邦制国家,是主权的、社会主义的、世俗的民主共和国。采取英国式的议会民主制。总统为国家元首和武装部队的统帅,由联邦议会及邦议会组成选举团选出,每届任期 5 年。但总统的职责是象征性的,行政权力主要控制在以总理为首的部长会议,总统依照以总理为首的部长会议的建议行使职权。议会由联邦院(上院)和人民院(下院)组成,由选民直接选举产生,为国家主要立法机构。印度的政党主要有印度国民大会党、印度人民党、印度共产党等。

封建等级的种姓制度存在于印度教中,对伊斯兰教和锡克教也有不同程度的影响。种姓制度将人分为四个不同等级,即婆罗门、刹帝利、吠舍和首陀罗。婆罗门即僧侣,为第一种姓,地位最高,从事文化教育和祭祀;刹帝利即武士、王公、贵族等,为第二种姓,从事行政管理和军事;吠舍即商人,为第三种姓,从事商业贸易,全球 500 强中印度企业的董事长或首席执行官几乎都属该种姓;首陀罗即农民,为第四种姓,地位最低,从事农业和各种体力及手工业劳动等。还有一种被排除在种姓外的人,即"不可接触者"或"贱民",社会地位最低,备受歧视,绝大部分为农村贫雇农和城市清洁工、苦力等。印度宪法名义上虽已废除种姓制度,但该制度仍在印度的政治、经济、社会各方面起着作用。不同种姓之间不通婚。

6. 宗教与习俗

(1) 宗教。印度是一个宗教色彩非常浓厚的国家,宗教众多,几乎能在印度找到世界上所有的宗教,所以被称为"宗教博物馆"。全印有约 80.5% 的人口信仰印度教,其次是伊斯兰教,占 13.4%,其他主要宗教有基督教(2.3%)、锡克教(1.9%)、耆那教等。佛教起源于印度,如今在印度的影响力已逐渐式微,仅占总人口的 0.71%,但佛教的传播对印度周边国家却有相当大影响。

(2) 习俗。印度男子传统服装上衣是"古尔达"(长至膝盖的宽松衣服),下身是"托蒂"(缠在腰上垂至膝盖或脚面的宽幅白棉布),缠各种头巾。妇女穿的"纱丽"用一块长 6 米左右、宽 1.1~1.3 米的布料做成,从腰部缠起,最后披盖在肩上或蒙在头上,喜欢佩戴各式金、银或宝石首饰,甚至把首饰看得重于衣装。

饮食方面,信奉伊斯兰教的印度人不吃猪肉,虔诚的教徒不喝酒,但都喜欢辣味。北方受伊斯兰文化影响,以肉、谷物和面包为主;南方受印度教影响,以米饭和辛辣咖喱菜肴为主。甜食是印度人的嗜好,多达几十种。印度人用餐通常不使用餐具,而是用手进食。北方人用右手指尖捏食物吃,把食物碰到第二指关节以上是不礼貌的。南方人则用整只右手搅拌米饭和咖喱,并把它们揉成团状后食用。印度教徒最忌在同一食盘用餐。一起用餐时不能将手触及公共菜盘或老是为自己取食。吃饭和递东西只准用右手。就餐时常有一个公用的盛水器,喝水时不能用嘴唇接触盛水器,而要对准嘴往里倒。餐后会给客人一碗热水洗手。60%的印度城市人吃素,宴请印度人时必须确认对方的习俗。印度人爱喝红茶。牛被印度教徒视为"圣兽",印度教不准吃牛肉、穿牛皮鞋、戴牛皮带,却允许喝牛奶(印度的牛达3亿多头,为世界之最,但经济意义不大)。

印度民族讲究礼节,印度教徒见面和告别时多施双手合十礼,将双手举到脸部前,并互相问好祝安,这比握手显得高雅,但勿在双手合十时点头,那会被人嗤笑。如今男士见面或分别时握手已较普遍,但一般勿与印度妇女握手,而应双手合十,轻轻鞠躬。男人切莫触碰女性,也勿在公共场合和女性单独说话。印度人喜爱3、7、9数字,喜欢热辣的红色、真诚的蓝色、温暖的黄色、和平的绿色和宁静的紫色,黑、白和灰色被视为消极的不受欢迎的颜色。印度人喜欢荷花,但不喜欢玫瑰花。办公室和商业机关的写字台通常放在东北角或西南角。初访印度公司或政府机关时,宜穿西服并事先约定,尽量按时赴约。印度商人喜欢凭样交易,且急功近利,抠价很细,谈判较费时。注意避免谈论印度的赤贫、庞大的军费及外援等。

二、经济概况

1. 经济规模

印度独立后,经济有较大发展,农业由严重缺粮到基本自给,工业也已形成较为完整的体系。印度政府于1991年7月开始全面经济改革,放松对工业、外贸和金融部门的管制。1991年对于印度的意义就好像1978年之于中国。此后,印度国民经济进入发展快车道。印度政府不断深化改革,加速国有企业私有化,实行包括农产品在内的部分生活必需品销售自由化,改善投资环境,精简政府机构,削减财政赤字,实现了经济腾飞。2013年,印度GDP为18 558亿美元,是世界第十二大经济体;人均GDP为1 051美元。这表明印度经济总量虽然较大,但人均水平较低,人民的生活水平不高。2013年,印度服务业已占到GDP的55.6%,工业占26.3%,农业为18%。印度高科技服务业的发展对经济的拉动作用显著。印度依靠其在人才、语言方面的优势,大力发展 IT、医疗等服务业,有力地带动了整个服务业的发展。

2. 产业结构

(1) 农业。印度农业生产效率虽然低下,但可耕地面积大,仍然属于农业生产大国。

① 种植业。印度粮食作物基本自给。印度是世界上最大的油料作物花生、红花、蓖麻的种植国家及菜油、芥末主产国,种植面积占世界的 15%。印度是世界上最大的茶叶生产和消费国家(以红茶为主),约占世界产量的 27% 和交易量的 13%。茶叶出口占其产量的 25% 左右。印度是世界第六大咖啡生产国,年产量约 30 万吨,占世界 4%,80% 供出口。印度是第四大天然橡胶生产国,除满足国内需求外,并有部分出口。

② 畜牧业。印度牛的存栏数虽居世界前列,但印度人只喝牛奶,不吃牛肉,牛奶的产量世界第一。山羊和绵羊存栏数分别居世界第二和第三位。

③ 渔业。印度是世界第三大渔业国,淡水鱼产量居世界第二。印度渔业的就业人口在 1 100 万左右。发展渔业既可以提高收入和解决就业,还可以带动下游冷冻和食品罐头产业的发展。

(2) 制造业。

① 汽车工业。印度的汽车工业增长速度居世界第二位,仅次于中国。2009~2010 年,汽车产量增长了 26%,汽车出口增长了 36%。塔塔集团是印度最大的本土商业企业,旗下的塔塔汽车占有印度 60% 的市场份额,2004 年收购韩国大宇商务汽车公司,2008 年收购英国的捷豹、路虎两大豪华汽车品牌。

② 钢铁工业。印度拥有丰富的铁矿、锰矿和铬矿资源,其蕴藏量、产量和出口量均居世界前列。煤炭资源也很丰富,唯优质炼焦煤不足。而且上述几种资源在地理分布上互相毗邻,为发展钢铁工业、大型生产基地建设提供了优越的条件。印度主要的钢铁公司有私营的塔塔钢铁公司和国营的印度钢铁公司。

③ 化学工业。印度化学工业包括基础化学品、石化产品、化肥、颜料、各种化学气体及药品的生产,产值占制造业的 17.6% 和出口的 14%,化学工业的进口占总进口额的 8%~9%,产品从净进口变为净出口。其中,以制药部门增长最快,占全球药品销售的 8%,是世界第五大散装药生产国。

④ 纺织工业。是印度历史最久、规模最大的行业,其产出占 GDP 的 6% 左右,吸收了 3 500 万人就业。印度是世界第五大服装出口国,位列中国、土耳其、墨西哥和美国之后。目前,印度纺织业面临的主要困难是机器设备老化、基础设施不足以及过于严厉的劳工保护法。

⑤ 珠宝工业。印度是世界主要的毛坯钻石加工国,就业人数约 100 万,但

钻石原石依赖进口。印度占世界成品钻市场金额的60%、数量的82%。印度对钻石原石、切割和抛光钻石的进口关税均为零。印度每年进口毛坯钻石约100亿美元,成品钻出口达140亿美元。美国是印度珠宝出口的最大市场,占印度珠宝出口的29%。

(3) 服务业。由于印度拥有高学历劳动力、信息科技专长和流利的英语能力等优势,所以,印度经济能够选择以服务业为发展导向。印度服务业主要包括技术含量较高的IT、金融、医疗等服务产业。印度发展高科技服务业的主要模式是大力发展相关产业的国际外包。

① IT产业。是印度增长最快的部门,其中,软件产业在20世纪80年代至21世纪初一直保持着50%以上的年增长率。由于印度在IT人才方面优势明显,管理水平优良,服务质量高,因此,印度已成为全球IT产业的外包基地。印度掌握着全球2/3的IT外包服务业务,其中的将近一半集中在商业流程外包领域。

【案例】 2 000美元的小汽车与20美元的笔记本电脑

2008年,印度塔塔汽车公司推出一款世界最便宜的小汽车Tata Nano,每辆售价10万卢比,约合2 050美元或1.4万元人民币。2009年伊始,印度再次爆出令世人惊讶的消息:印度政府将支持一项"每个孩子一台笔记本电脑"(OLPC)的计算机普及计划,其核心是生产一款售价低至20美元的"孩子们的电脑"。这一创意由印度计算机科学家、原麻省理工学院媒体实验室主任尼古拉斯·内格罗蓬特提出,并很快得到印度政府的支持。该款"孩子们的电脑"价格远低于美国麻省理工学院设计的"100美元笔记本电脑",更低于台湾华硕在全球商业渠道推出的缩减版"上网本"EeePC,后者售价为200美元。这类没有硬盘驱动的简易型电脑被称为Netbook。印度在开发新产品方面注重应用普及化和价格亲民化的做法实在令人叹服。

(摘自"印度拟生产20美元笔记本电脑",英国《金融时报》2009年2月2日)

② 金融服务业。外包产业已经给印度的外汇收入和创造就业机会做出了巨大的贡献。金融服务业已经成为印度外包的主要领域。2013年,银行、金融服务及保险占印度外包产业的约40%,大部分外包业务来自美国,其次是欧洲。银行、金融服务及保险领域的外包服务包括客户支持、银行核心业务所需的软件及解决方案、像质押贷款数据处理类的各种银行流程、申请处理、验证、市场分析和财务报表分析等。

③ 医疗旅游业。印度私立医院技术雄厚,虽然对大多数印度人来说收费高昂,但对于欧美人来讲,同样的医疗水平,印度医院的收费一般只是欧美国家的十分之一。在印度接受"第一世界的服务"、享受"第三世界的价格"已经成为吸

引西方游客的法宝。在政府的支持下,印度旅行社与印度私立医院合作推出了配套旅游服务,医院、航空公司、政府、旅行社和汽车租赁公司联手,使到印度治病的外国人可以享受到治疗、康复、休养、旅游一条龙的服务,吃、住、行各类费用全部包括在内。

【专栏】 印度:发展道路与中国迥然不同

2008年12月,印度孟买发生了恐怖袭击事件。印度举国上下都对本国政府的无能反应感到愤怒和失望。印度的道路条件差、城市破败且总是断电,经济却在一直骄人地增长。这常令人不解。新加坡前总理李光耀曾提出一个耐人寻味的问题:为什么世界上其他国家将中国的崛起视作威胁,而把印度的崛起视作精彩的成功故事?答案是,印度是一个幅员辽阔、难以控制并且开放的民主国家。这里的种姓和宗教保守势力、占主导地位的自由主义者以及全球资本主义新势力每天会不断冒出各种想法,推动着印度经济的发展。中国人的成功故事是由高效的政府书写的。而印度之所以成为世界上增速第二的经济体,答案可能就在印度人常说的一句话里:"我们的经济是在夜里增长的,那时政府已经睡着了。"中国人和印度人都坚信,他们的国家在21世纪会变得更加繁荣。在中国,这种繁荣会由政府促成。而在印度,不管政府表现如何,这种繁荣都会出现,在这个过程中,恐怖袭击只是一个喧嚣、悲惨、最终却微不足道的插曲。

(摘自尔恰兰达斯:"不受束缚的印度",《纽约时报》2009年1月2日)

三、对外贸易

1. 外贸规模

2013年,印度货物进出口额达到7 800.3亿美元,其中,出口额为3 124.7亿美元,进口额为4 675.6亿美元。

近年来,由于进口增加、出口不振,印度贸易赤字日益严重,成为印度国际收支失衡的主要原因。

印度商品贸易占GDP比重由1995年的18.4%逐年增加到超过40%,表明印度的经济正呈现出口拉动型的态势,这是近年出现的新情况。

2. 进出口商品结构

印度的出口商品中,矿物燃料、珠宝及贵金属制品、车辆、化学品和机械设备占出口总额的46%,其中,矿物燃料占20%,珠宝贵金属占13.5%,车辆占出口总额4%,化工产品占3.9%。印度的出口呈两大特点,一是矿物燃料取代农产品升至第一位,二是除高档汽车外,多数制成品的技术含量和附加值较低。农产品出口额虽然降至第二位,但印度的大米出口量2013年达950万吨,仍保持世界第一。

石油是印度最主要的进口商品,占进口总额的39%,也是导致印度外贸逆差的主要原因。其他进口产品有金银(14.9%)、电器(6.4%)和机械(6.8%)。

3. 主要贸易伙伴

印度的主要贸易伙伴是中国、阿联酋、美国、沙特和瑞士(见表6-3-1)。2013年,印度的前五大出口目标市场依次是美国、阿联酋、中国、新加坡和香港。印度前五大进口来源国依次是中国、沙特阿拉伯、阿联酋、瑞士、美国。其中,美国是印度最大的顺差来源国,中国是印度最大的逆差来源国。

表6-3-1 印度(2013年)主要贸易伙伴及进出口额　　　　单位:亿美元

主要出口去向				主要进口来源			
排名	国家/地区	金额	占比(%)	排名	国家/地区	金额	占比(%)
	总　值	3 124.7	100		总　值	4 675.6	100
1	美　国	386.9	12.4	1	中　国	513.8	11.0
2	阿联酋	319.6	10.2	2	沙　特	364.1	7.8
3	中　国	145.5	4.7	3	阿联酋	333.0	7.1
4	新加坡	134.8	4.3	4	瑞　士	256.1	5.5
5	中国香港	129.6	4.2	5	美　国	225.5	4.8
6	沙　特	117.9	3.8	6	伊拉克	202.8	4.3
7	英　国	95.9	3.1	7	科威特	175.3	3.8
8	荷　兰	85.8	2.8	8	印度尼西亚	150.6	3.2
9	德　国	74.2	2.4	9	委内瑞拉	149.2	3.2
10	日　本	67.7	2.4	10	卡塔尔	145.1	3.1

资料来源:商务部;《对外贸易·国别报告·印度》,2014-03-25。

四、印、中经贸关系

1950年4月1日,中、印两国建交。中、印经贸关系是近些年中印关系发展变化最大的领域之一。中国是印度第三大产品输出国,中国是印度第一大进口来源国。印中贸易长期存在逆差。

印度向中国出口的五大类商品为棉花(占对华总出口的28%)、铜及制品(11.2%)、矿产品(11.1%)、有机化学品(6.5%)、矿物燃料(5.1%)。

印度自中国进口的五大类商品为机电产品、机械设备、有机化工品、文物制品及肥料,这五类产品占自中国进口总额的65.7%。

2005年前,印度对中国的贸易一直处于比较均衡的状态,甚至稍有顺差;但是2005年后,印度对华贸易逆差迅速拉大,这也导致了印度对中国的多种产品实施反倾销措施,以限制从中国进口产品的剧增。2014年,印中双方签署谅解备忘录,允许为两国的企业在对方国家建立工业园区。

五、主要贸易口岸

1. 孟买(Mumbai)

孟买是印度第一大城市,也是印度最大的港口。它位于印度西部,濒临阿拉伯海,是南亚大陆桥的桥头堡,为天然良港,也是印度海军的重要基地。孟买是全印度最大的棉纺织中心,皮革、化工、毛纺织、炼油、制药、机械和食品等工业也很发达。随着附近浅海油田的开发,又成为石油开采的后方基地。

该港属半日潮港,平均高潮为4.4米,低潮为0.8米。该港有6 000米宽的港内水域可供锚泊或过驳装卸。港区主要码头泊位有:散、杂货码头泊位25个,最大水深14米;集装箱码头泊位4个,最大水深11米;油码头泊位3个,最大水深10.6米。干散货码头最大可停靠7万载重吨的船舶,集装箱码头能靠第三代集装箱船。

2. 加尔各答(Kolkata)

加尔各答是西孟加拉邦首府,是印度第二大城市,位于恒河下游支流胡格利河畔,濒临孟加拉湾的北侧。是印度东部最大的港口和铁路、航空枢纽,在印度的工商业、金融、文化等方面占有重要地位。加城号称世界最大的黄麻加工中心,纺织、食品、机器制造和铁路机车等都很发达。加尔各答还是内陆国家尼泊尔、不丹的出口港。该港属半日潮港,平均大潮高4.9米,小潮为1.6米。码头最大可停靠8万载重吨船舶。有铁路线可直通码头。集装箱码头堆场面积达1.6万平方米,可同时堆放1 000个标准箱,并配有高速装卸集装箱吊。

第四节 南 非

【开篇案例】 南非矿业首次大罢工 铂金一天上涨10美元[1]

2007年12月4日,约25万名南非矿工举行大罢工,抗议矿井安全事故频发。这是南非20多年来首次全行业大规模罢工。

南非是全世界最大的铂金生产国,其中,铂金产量占世界的80%。同时,南非也是世界第一产金大国,年产黄金450吨左右,其金矿也被公认埋得最深,开

---

[1] 摘自2007年12月6日《上海证券报》。

采难度非常大。此次罢工导致不少矿业公司生产陷入停顿。由于铂金产量下降,导致铂金价格上涨。世界最大铂金生产商南非英美公司称,公司"绝大多数工人"已停工,公司预计将减产约 9 000 盎司铂金。据了解,仅南非英美公司的铂金产量就约占全世界的 40%。此外,金田公司三分之二的工人参加罢工。铂金产量居世界第二位的因帕拉铂金公司也受到罢工影响,预计减产铂金 3 500 盎司。矿业专家预计,罢工可能导致黄金减产 900 千克,铂金减产 590 千克。纽约铂金期货价格 12 月 4 日涨至每盎司 1 472.3 美元,比前一个交易日上涨 10.9 美元,创下一周内最高价。

矿业是南非最大的外汇收入来源,年出口收入愈 500 亿美元。随着全球黄金和铂金价格猛涨,矿主收入增加,但普通矿工的月工资依然较低。低工资、高伤亡率,加上社会贫富差距悬殊,南非的社会治安往往成为跨国公司投资所顾虑的因素。

全称:南非共和国(The Republic of South Africa)。

面积:122 万平方千米。

人口:5 970 万(2014 年)。

行政首都:茨瓦内(东 2 区)。

货币:兰特(ZAR)。

国花:帝王花。

国家格言:殊途同归。

节日:全年共有 14 天公共节假日。1 月 1 日新年;3 月 21 日人权日;耶稣受难日(复活节前的星期五);复活节(每年过春分月圆后第一个星期五至下星期一);家庭日(复活节后的星期一);4 月 27 日自由日;5 月 1 日国际劳动节;5 月 31 日独立日;6 月 16 日青年节;8 月 9 日妇女节;9 月 24 日传统节;12 月 16 日和解日;12 月 25 日圣诞节;12 月 26 日友好日。

一、自然条件

1. 地理位置

南非国土面积约 122 万平方千米。位于非洲大陆最南端,东、西、南三面濒临印度洋和大西洋。北与纳米比亚、博茨瓦纳、津巴布韦、莫桑比克和斯威士兰接壤,另有"国中之国"莱索托。位于开普敦东南 1 920 千米处大西洋上的爱德华王子岛及马里昂岛也为南非领土。南非地处两大洋间的航运要冲,好望角航线历来是世界上最繁忙的海上通道之一,有"西方海上生命线"之称。

2. 自然资源

南非矿产资源丰富,是世界五大矿产国之一。黄金、铂族金属、锰、钒、铬、钛和铝硅酸盐的储量均居世界第一位(黄金潜在储量有可能被巴西超过)、蛭石、锆居世界第二位,氟石、磷酸盐居世界第三位,锑、铀居世界第四位,煤、金刚石、铅居世界第五位。南非是世界上最大的黄金生产国和出口国。

3. 气候特征

大部分地区属热带草原气候,东部沿海为热带季风气候,南部沿海为地中海式气候。全境气候分为春、夏、秋、冬四季。12月到次年2月为夏季,最高气温可达32℃~38℃;6~8月是冬季,最低气温为-10℃至-12℃。年降水量由东部的1 000毫米逐渐减少到西部的60毫米,年均450毫米。

4. 种族与语言

南非基本分为非洲裔人、白人、有色人和亚裔四大种族,分别占总人口的79.4%、9.3%、8.8%和2.5%。非洲裔人主要有祖鲁、科萨、斯威士、茨瓦纳、北索托、南索托、聪加、文达、恩德贝莱9个部族,主要使用班图语。白人主要是荷兰血统的阿非利卡人(约占亚裔总数57%)和英国血统的白人(约占39%),语言为阿非利卡语和英语。有色人是殖民时期白人、土著人和奴隶的混血人后裔,主要使用阿非利卡语。亚裔人主要是印度人(约占亚裔总数的90%)和华人。

南非主要有11种官方语言,英语和阿非利卡语为通用语言。虽然将英语作为母语的人数并不多,但很多南非人能大致听懂英语。根据人口统计调查,南非的前五大语言分别是祖鲁语(30%)、科萨语(18%)、阿菲力卡语(14%)、斯佩迪语(9%)、英语(9%)。

5. 社会制度

南非是世界上唯一同时存在3个首都的国家:比勒陀利亚(现改为茨瓦内)作为行政首都,是南非中央政府所在地;开普敦作为立法首都,是国会所在地,也是全国第二大城市和重要港口;布隆方丹为司法首都,是南非司法机构的所在地。1994年4月,南非彻底结束了白人统治,保留了三权分立、国民议会、联邦制等重大制宪原则。

6. 宗教与习俗

(1) 宗教。南非居民主要信奉基督教新教、天主教、印度教、伊斯兰教和原始宗教。白人、大多数有色人和60%的非洲裔人信奉基督教新教或天主教;亚裔人约60%信奉印度教,20%信奉伊斯兰教;部分非洲裔人信奉原始宗教。

(2) 习俗。南非商人十分保守,交易方式力求正式。随时穿着保守式样的西装;拜访须先订约。当地人生意谈判喜欢直截了当,说话兜圈子易被人误解。南非人签约、交货、付款等做法偏于英国方式,常由决策人出面商谈,很少拖时间。南非商人十分守信,付款方式也很规矩。现金受出入境管制,仅限携 100 南非兰特,但外币不限,只要入关先申报数额,出关时可带回。出租车须另付 10% 小费,饭店、旅馆则将 10% 的服务费合计于账单内。其他服务视情形每次小费在 10%~25%。南非四季温暖,雨量不多。因与北半球季节相反,在 7、8 月间(冬天)仍应注意保暖。商务出访南非,应避开圣诞节、复活节和犹太节日,最好的时间在 2~5 月和 9~11 月(每年 12 月至次年 1 月、6~7 月为商人假期)。

南非白人以吃西餐为主,常吃牛肉、鸡肉、鸡蛋和面包,爱喝咖啡和红茶。而非洲裔人喜欢吃牛肉、羊肉,主食是玉米、薯类、豆类,喜欢熟食。在南非非洲裔人家做客,客人常被招待喝刚挤出的牛奶、羊奶或自制的啤酒,最好一饮而尽。当地人忌讳数字 13 和星期五,与当地人交谈忌说白人好话,勿指责非洲裔人的习惯,勿因对方家生男孩而祝贺,也不要评论非洲裔人部族或派别之间的关系及矛盾。

二、经济概况

1. 经济规模

南非作为世界新兴经济体的一员,是非洲经济发展水平最高的国家,国内生产总值占非洲国内生产总值的 20% 左右。2013 年,南非国内生产总值为 5 016.4 亿美元,居世界第 25 位;人均国内生产总值为 8 859 美元。

南非经济的一个重要特点是贫富差距悬殊,种族间收入差距明显。城乡、黑白二元经济特征显著。2/3 的国民收入集中在占总人口 20% 的富人手中。

2. 产业结构

(1) 农牧业。正常年份粮食除自给外还可出口。长期种族隔离统治使南非形成双重结构的农业经济:白人经营的农场依靠土地优势和先进的技术,成为南非农业的支柱,而广大黑人经营的农业则仅够维持生计。

南非生产的主要农作物有玉米、小麦、大麦、高粱、花生、葵花籽、甘蔗、土豆、烟草和多种水果。全国 36% 的可耕地种植玉米,21% 种植各类谷物。糖、玉米和水果是南非的主要出口农产品。农产品加工业是南非政府大力扶植的产业。国内糖产量的 50% 供出口。

由于境内多数地区适合放牧,南非的畜牧业发展较好。所需肉类 85% 自给。15% 畜产品主要从纳米比亚、博茨瓦纳、斯威士兰以及澳大利亚、新西兰等国家进口。

(2) 采矿业。南非目前已经探明储量并开采的矿物就有 70 多种,其中,黄金、铬、锰、铂族金属、钻石、钒、铝、硅酸盐等的蕴藏量居世界首位。此外,锆、蛭石、铀、锑、钛、金刚石、煤、萤石、石棉等也很丰富。南非的采矿业经过 100 多年的发展,采矿技术已经居于世界领先水平,特别是深井开采技术,已输出到澳大利亚、南美、加拿大和欧洲一些国家。

南非是世界上最大的黄金生产国和出口国。1970年,南非生产黄金曾达到1 000吨的最高纪录,现在年产黄金200～300吨[①],占世界黄金生产的10%。随着铂族金属市场需求扩大和南非黄金开采成本上升等原因,铂族金属已逐渐取代黄金成为最主要的出口矿产品。

南非还是世界上第四大钻石生产国,产量约占世界的9%。南非德比尔斯公司是世界上最大的钻石生产和销售公司,其营业额一度占世界钻石供应市场90%的份额,目前仍控制着世界粗钻石贸易的60%。

南非煤炭资源丰富,但缺乏石油和天然气,煤炭为南非提供了75%的能源需求。南非是世界上第六大煤炭出口国。

威特沃特斯兰德盆地是南非最重要的矿产地,南非黄金产量的98%产自这里。南非另一个重要的矿产地横贯西北省和玛布玛兰加省,蕴藏着包括铂和铂族金属、铬、钒、镍、萤石和红柱石等多种重要矿物。北开普省有世界上已探明储量最大的锰矿,储量为40亿吨。金伯利一带有闻名于世的钻石矿带。

(3)制造业。南非是非洲制造业最发达的国家,制造业产值占GDP的20%。钢铁工业是南非制造业的支柱。近年来,受国内需求旺盛的影响,南非汽车制造业增长迅猛。

三、对外贸易

1. 外贸规模

对外贸易在南非经济中占有重要地位,外贸依存度一直保持在40%～50%的水平。据南非国税局统计,2013年,南非货物贸易进出口1 838.3亿美元,其中,出口834.4亿美元,进口1 004亿美元,逆差169.6亿美元。

2. 进出口商品结构

初级产品是南非的主要出口产品。但在南非出口非洲其他国家的商品中,制成品占70%左右。2013年,南非贵金属及制品、贱金属及制品和矿产品出口合计占其出口总额的60%。其中,黄金、铂等贵金属及制品占出口总额的21.5%;贱金属及制品出口占比12.8%;矿产品出口占比25.6%;贵车辆出口占

[①] 据路透社约翰内斯堡2009年2月24日电:2007年,南非黄金产量世界冠军已让位给中国。2008年因电力短缺和罢工等影响,产量仅为220.127吨,落后于中国和美国,跌至86年来的最低点(1922年产量为218.031吨)。

出口总额的 9.6%。

南非主要的进口商品是机电产品、矿产品和运输设备。2013年,机电产品占进口总额的 25.1%;矿产品进口占 22.7%;运输设备进口占 10%;化工产品进口占 9%。其中,南非进口矿产品九成以上是原油和成品油,表明随着经济的持续发展,南非对外部能源的依赖性越来越强。

3. 主要贸易伙伴

从出口国别看,中国、美国、日本和德国是南非四大出口市场。2013年,南非对中、美两国的出口额分别占其出口总额的 13.6% 和 8.4%[①]。南非对日本和德国的出口额占南非出口总额的比重分别为 6.6% 和 5.2%。

中国和德国是南非的第一和第二大进口来源地。2013年,南非自中国进口 159.8 亿美元[②],占其进口总额的 15.9%;自德国进口 107.3 亿美元,占其进口总额的 10.7%。南非的第三至第六的进口来源国依次是沙特阿拉伯、美国、印度和日本,从这 4 个国家的进口额占南非进口总额的比重分别为 7.9%、6.5%、5.3% 和 4.1%。

2013年的数据表明,前五大逆差来源地依次是沙特阿拉伯、德国、中国、尼日利亚和印度,顺差首位金额高达 67.9 亿美元,但来源地不详;其次为赞比亚、津巴布韦和莫桑比克。

表 6-4-1　南非(2013年)主要贸易伙伴及进出口额　　　单位:亿美元

主要出口去向				主要进口来源			
排名	国家/地区	金额	占比(%)	排名	国家/地区	金额	占比(%)
	总　值	834.3	100		总　值	1 003.9	100
1	中　国	113.2	13.6	1	中　国	159.7	15.9
2	美　国	69.8	8.4	2	德　国	107.2	10.7
3	日　本	54.7	6.6	3	沙　特	79.6	7.9
4	德　国	43.7	5.2	4	美　国	65.4	6.5
5	英　国	32.9	4.0	5	印　度	53.6	5.3
6	荷　兰	31.6	3.8	6	日　本	40.7	4.1
7	印　度	29.2	3.5	7	尼日利亚	36.9	3.7
8	莫桑比克	28.4	3.4	8	英　国	33.3	3.3
9	赞比亚	27.3	3.3	9	泰　国	27.5	2.7
10	瑞　士	24.2	2.9	10	意大利	26.9	2.7

资料来源:商务部:《对外贸易·国别报告·南非》,2014-03-26。

---

① 中华人民共和国商务部网站"国别贸易·南非"2013 贸易报告,2014-03-26。
② 国家统计局、商务部:"对外贸易·国别报告·南非",2013-03-26。

四、南、中经贸关系

中国与南非于1998年1月1日建立外交关系。2000年,两国签署《中南关于伙伴关系的比勒陀利亚宣言》。

2013年,中南双边贸易额为273亿美元[①],其中,南非对中国出口113.2亿美元,自中国进口159.8亿美元,逆差46.6亿美元。中国为南非第一大贸易伙伴、第一大出口目的地和第一大进口来源地。

矿产品一直是南非对中国出口的最主要产品,2013年出口额为84亿美元,占南非对中国出口总额的74.2%。贱金属及制品是南非对中国出口的第二大类商品,占南非对中国出口总额的12.5%。南非自中国进口的主要商品为机电产品、纺织品和贱金属及制品,2013年合计进口102.7亿美元,占南非自中国进口总额的64.2%。此外,化工产品、家具玩具、鞋靴等轻工产品也为南非自中国进口的主要大类商品。

目前,中国已经成为南非最大贸易逆差来源国。从两国贸易结构看,南非对华贸易逆差的主要产品是机电产品、纺织品、家具、玩具和鞋靴类产品。

中南双边贸易严重不平衡已引起南非方面的重视。为消除对华巨额贸易逆差,南非主要采取了两方面措施:一是扩大对华出口,包括扩大南非优势产品的出口量、拓宽出口产品种类,同时提高初级产品的加工程度,提高出口产品的附加值。二是利用反倾销等手段,试图对中国出口南非的优势产品加以限制。

五、主要贸易口岸

1. 德班(Durban)

德班位于南非东部沿海德班湾的北侧岸,濒临印度洋的西南侧,又名纳塔尔港,是南非最大的集装箱港。它也是南非第三大城市,主要工业有化学、纺织、炼油、船舶修造、橡胶、制糖食品及汽车装配等,并拥有大型炼油厂、制糖厂及汽车修配厂等。德班港有防波堤围护,水域面积达16万平方米。平均高潮1.8米,低潮0.7米。共有60个泊位,大部分为深水泊位,集装箱泊位7个,最大水深12.8米。港内单点系浮最大可泊30万载重吨超级油船。港区有露天堆场可存20万吨货物,糖库容量达52万吨,集装箱堆场面积达102万平方米。

---

① 据南非国税局统计2014统计报告。

2. 开普敦(Cape Town)

开普敦位于南非西南沿海桌湾的南岸入口处,南距好望角52千米,濒临大西洋的东南侧。始建于1652年,是南非的立法首都,也是南非第二大城市和主要港口,是欧洲沿非洲西海岸通往印度洋及太平洋的必经之路。主要工业有酿酒、烟草、炼油、化工、皮革、造船及造纸等。本港有1 567米长防波堤。平均高潮1.8米,低潮0.3米。共有40多个深水泊位,码头可同时停泊深水海轮40多艘,有集装箱码头和滚装泊位。港区有装卸面积5万平方米,谷仓容量约3万吨,冷库容量为2.7万吨,集装箱堆场面积97万平方米,可存放4 858TEU。

本章小结

1. 俄罗斯横跨欧、亚两大洲,是世界上领土最大的国家。但其人口、主要城市及经济、政治中心都处于其国土的欧洲部分,西伯利亚地区由于地形、气候等原因人烟稀少。俄罗斯的矿产、森林、水力资源丰富,为其经济发展奠定了良好的物质基础。

俄罗斯工业较发达,工业以钢铁、机械、化工、采矿等重工业为主,农业和轻工业相对落后。石油、天然气等能源开采是国民经济的主要支柱。俄罗斯经济的快速增长主要是由石油、天然气等资源类初级产品出口拉动的。

在俄罗斯的对外贸易中,主要出口石油和天然气能源、木材、有色金属等初级产品;进口则为消费品和技术密集型产品。

2. 巴西是拉美地区国土面积最大的国家,也是经济最为发达的南美国家。水力、矿产等自然资源丰富,尤其是铁矿石储量很大。

巴西是世界上主要的农产品生产国和出口国,主要生产并出口咖啡、可可、棉花、蔗糖、橘汁、大豆、牛肉、鸡肉等产品。其工业体系完整,采矿、钢铁、飞机制造、生物能源等产业具有世界领先水平。巴西对外贸易主要出口农、矿产品,其中,农产品更是其贸易顺差的主要来源。巴西还是车用乙醇燃料的最大出口国。

3. 印度是南亚次大陆最大的国家。煤、铁、锰等自然资源丰富。印度农业单产很低,但基本可以实现自给。工业体系比较完整,主要有钢铁、化工(尤其是制药)、纺织、珠宝等部门。印度的经济增长主要是由高科技服务产业推动的。IT、金融服务、医疗旅游等行业给印度经济带来巨大活力,货物贸易逆差不断拉大,而服务贸易顺差增长迅速。

4. 南非是经济最为发达的非洲国家。南非经济的一个重要特点是城乡、黑白二元经济特征明显。矿产资源丰富,是世界五大矿产国之一。南非采矿业发达,深井开采技术尤为先进。南非是世界上最重要的黄金、铂族金属及钻石的生产及出口国。钢铁和汽车为制造业的主要部门。贵、贱金属及矿产品是南非最主要的出口产品。

 思考题

1. 俄罗斯的对外贸易结构有哪些特点？
2. 巴西农业与工业的发展现状及特点是什么？
3. 简述印度经济增长的驱动力量有哪些。
4. 南非采矿业的发展状况有哪些特点？

第七章 东南亚联盟主要国家

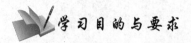学习目的与要求

1. 了解东南亚联盟主要国家的基本经济情况;
2. 明了东南亚联盟主要国家的对外贸易状况;
3. 掌握东南亚联盟主要国家的对华贸易状况;
4. 熟悉东南亚联盟主要国家的主要贸易口岸和港区;
5. 把握"10+3"自由贸易区的发展动向。

【开篇综述】 "10+3"的来历

东南亚国家联盟(Association of South East Asian Nations)简称东盟(ASEAN),其前身是马来西亚、菲律宾和泰国于1961年7月31日在曼谷组成的东南亚联盟。1967年8月,印度尼西亚、泰国、新加坡、菲律宾4国外长和马来西亚副总理在曼谷举行会议,发表了《东南亚国家联盟成立宣言》,即《曼谷宣言》,正式宣告东南亚国家联盟的成立。文莱于1984年、越南于1995年、老挝和缅甸于1997年、柬埔寨于1999年先后加入该组织,发展到目前的"东盟10国"。

20世纪90年代后期,在经济全球化浪潮的冲击下,东盟国家认识到启动新的合作层次、构筑全方位合作关系的重要性,决定开展"外向型"经济合作,于是,"10+3"合作机制应运而生。所谓"10+3",就是东盟10国与中国、日本和韩国3国在政治、经济、贸易等各方面进行广泛合作的机制,它起源于1990年马来西亚总理马哈蒂尔"东亚经济集团"(East Asia Economic Group)的设想,主张将东盟与中、日、韩3个大的经济体结合起来,取长补短,共同发展。1997~1998年东南亚金融危机之后,东盟各国普遍感到与相邻的经济大国加强合作的必要性和紧迫性。1999年11月,东盟10国和中、日、韩3国领导人在菲律宾首都马尼拉举行会议,发表了《10+3合作联合声明》。2000年,"10+3"合作框架初步建立,并陆续建立了外交、财贸、经贸、农林、劳工和旅游共六个部长级会议机制。

第一节 新 加 坡

【开篇案例】 新加坡的自贸区

1819年,英国人莱佛士登陆新加坡,将这一优良深水港辟为完全开放的港口。独立后,以自由贸易立国的新加坡依托地理位置优势,借助先进的基础设施、高效的物流系统、亲商的华洋环境和开放的外汇市场,以转口贸易发展出炼化、船舶修造、电子电器等优势产业。新加坡于1969年在裕廊码头设立第一个自由贸易区,以打造国际仓储物流中心,吸引各国商品来此中转、加工和运输。目前,新加坡由三个机构运营多个自贸区,其中,国际港务集团负责全岛主要码头货运;裕廊海港私人有限公司负责裕廊港自贸区;民航局负责樟宜机场自贸区。国外多数商品可以自由进出新加坡,但酒类、石油、烟草和机动车须缴纳关税。自贸区内的外国商品进入新加坡市场,均收取7%的消费税。

新加坡早在1989年就推出电子数据交换系统贸易网(Trade Net),与外贸相关的海关、税务、安全等35个政府部门的所有通关程序统一在Trade Net执行,只需一份电子文档,不到一分钟即可完成。而统筹港口管理的港口网(Port Net)整合简化了船舶进出、泊位、舱位安排、起重机布置、集装箱堆放等货物转运的复杂过程,每年可以处理2亿笔以上的交易,使新加坡成为全球最高效的贸易中心。伴随物流而来的资金流助推新加坡成为国际金融中心,众多国际金融机构为贸易活动提供授信、结算、证券、保险、租赁、衍生品交易等金融服务,使新加坡超过香港和东京,成为仅次于伦敦和纽约的全球第三大外汇交易中心。

全称:新加坡共和国(Republic of Singapore)。
面积:716.1平方千米。
人口:539.9万(2013年)。
首都:新加坡(东8时区)。
货币:新加坡元(SGD)。
国花:卓锦·万代兰(又称胡姬花)。
国家格言:前进吧,新加坡!
节日:全年共有法定假日10天:元旦(公历1月1日);春节(中国农历正月初一);耶稣受难日(3月21日);劳动节(5月1日);卫塞节(5月19日);独立日(新加坡国庆日8月9日);开斋节(伊斯兰教历10月1日);屠妖节(又称印度灯节,公历10月或11月);哈芝节(伊斯兰教历的 12 月 10 日);圣诞节(公历 12 月 25 日)。

一、自然条件

1. 地理位置

新加坡是位于东南亚马来西亚半岛最南端的一个热带城市岛国,地处太平洋与印度洋航运要道——马六甲海峡的出入口,面积 716.1 平方千米,北隔柔佛海峡与马来西亚为邻,有长堤与马来西亚的新山相通;南隔新加坡海峡与印度尼西亚相望。新加坡由一个本岛和 63 个小岛组成,新加坡岛占全国面积的 91.6%,地势低平,平均海拔 15 米,最高海拔 163 米。

2. 自然资源

新加坡面积不大,除了优越的地理位置、秀美的热带风光和丰富的海洋资源,几乎没有任何地下自然资源。这也决定了新加坡经济必须以商业为主,发展包括转口贸易、加工出口、远洋航运、旅游观光等第三产业。

3. 气候特征

新加坡属于典型的热带海洋性气候,常年高温多雨,年平均气温 24℃~27℃,年平均降水量 2 345 毫米,年平均湿度达 84.3%。

4. 种族与语言

新加坡 540 万人口中,有 370 万是新加坡公民和持"绿卡"的永久居民,其余为非居民。华人占 75.2%,马来人占 13.6%,印度人占 8.8%,其他种族占 2.4%,包括巴基斯坦人、斯里兰卡的泰米尔族人和西方人。新加坡是世界上人口最密的国家之一,每平方千米达 4 000 多人。

新加坡以英语、华语(汉语普通话、闽南话)、马来语、泰米尔语为官方语言,国语为马来语。大多数新加坡人都会使用英语和华语。

5. 社会制度

新加坡是英联邦成员国。新加坡宪法规定实行议会共和制。总统为国家元首,由全民选举产生,任期 6 年。总统委任议会多数党领袖为总理,实行总理内阁制。总统有权否决政府财政预算和公共部门职位任命,可审查政府行使内部安全法令与宗教和谐法令所赋予的权力以及调查贪污案件。总统顾问理事会受委托向总统提供咨询与建议。总统在行使某些职权(如主要公务员任命时)必须先征求总统顾问理事会的意见。总统和议会共同行使立法权。国会实行一院制,议员由公民投票选举产生,任期 5 年,占国会议席多数的政党组建政府。

6. 宗教与习俗

(1)宗教。新加坡是一个多宗教国家,主要有佛教、道教、伊斯兰教、基督教和印度教。马来人和巴基斯坦人多信奉伊斯兰教,印度人信奉印度教,而华人及斯里兰卡人多信奉佛教。

(2) 习俗。政府部门职员穿着要求较严格,忌穿奇装异服。新加坡人举止文明,尊重他人。坐姿端正规矩,不将双脚分开。新加坡人见客人时一般施握手礼。男女之间可以握手,但较恰当的方式是等妇女先伸出手来,再行握手。到新加坡从事商务活动的最佳时间段是3~10月,可避开圣诞节及华人的新年。当地工商界人士多讲英语,见面时要交换名片,名片可以用英文印制。在会谈时尽量不吸烟。新加坡人对挥霍浪费很反感,宴请对方勿过于讲究排场,尤其是在商务活动中,答谢宴会不宜超过主人宴请的水平,以免对方尴尬。马来人用餐一般用手抓取食物,在用餐前有洗手的习惯,进餐时必须使用右手。饮茶是当地人的普遍爱好。新加坡人忌数字7,不喜欢乌龟。严禁放烟花鞭炮。

二、经济概况

1. 经济规模

自1980年代初开始,新加坡加速发展资本密集、附加值高的新兴工业,大力投资基础设施建设,力求以最优越的商业环境吸引外来投资;以制造业和服务业作为经济增长的双引擎,不断提升产业结构。新加坡经济发展迅速,成果引人注目,与中国香港、中国台湾和韩国并称为"亚洲四小龙"。1990年代,新加坡尤为重视信息产业,在全岛投资兴建了"新加坡综合网";大力推行"区域化经济发展战略",加速向海外投资。2013年,新加坡国内生产总值为2 957.4亿美元,人均国内生产总值为54 776美元。

2. 产业结构

国际贸易、加工业、金融业和旅游业是新加坡四大经济支柱产业。

(1) 国际贸易。新加坡经济传统上以商业为主,转口贸易、加工出口、远洋航运等非常发达,是东南亚最大的海港、重要商业城市和转口贸易中心。

(2) 工业。包括加工制造业和建筑业。制造业产品主要包括电子产品、化学与化学产品、机械设备、交通设备、石油产品、炼油等部门,新加坡已经成为世界第三大炼油中心。而农业在其国民经济中所占比例不到1%,主要有花卉种植和水产业。粮食全部靠进口,蔬菜自产仅占5%,绝大部分从马来西亚、中国、印度尼西亚和澳大利亚进口。

(3) 金融业。金融服务为新加坡经济增长的龙头产业之一,是国际金融中心和外汇交易中心。旅游业是新加坡服务业的重要组成部分,也是其主要外汇收入来源之一。

新加坡一直以来都被持续评为"世界最具竞争力的国家"之一以及"世界最佳经商地点"之一。在世界银行(World Bank)和国际金融公司(International Finance Cooperation)发布的《全球营商环境报告》中,新加坡多年排名第一。

三、对外贸易

1. 外贸规模

新加坡是以贸易立国的国家,对外贸易在其经济中占有重要的地位。20世纪60年代,新加坡以转口贸易为主,当时,转口贸易占其出口总额的93.8%,主要从马来西亚、印度尼西亚、泰国等邻国进口锡、橡胶、咖啡、胡椒、棕油等产品,经加工转口至西方国家;同时,从欧、美、日进口机械设备和其他工业制成品,转口至东南亚国家。

1960年代中期以后,转口贸易地位逐步下降,本国生产的劳动密集型产品(如纺织品、服装、电子产品、金属制品、食品、塑料制品、皮革等)出口迅速上升。1970年代中期,新加坡本地产品出口已占其总出口量的60%。1970年代末,新加坡开始了"第二次工业革命",致力于出口产品的升级换代,资本、技术密集的高附加值产品出口比重迅速上升。1970年代也是新加坡对外贸易的高速发展时期,进出口贸易年均增长率分别达到24.6%和28.20%。经过30年的努力,新加坡对外贸易额从1965年的20.25亿美元增加到1994年的1 938亿美元,年平均递增17.03%。1990年代起,新加坡外贸更以年均20%左右的速度递增。2013年,新加坡进出口总值7 834.9亿美元,其中,出口4 103.7亿美元,进口3 731.2亿美元。新加坡外贸长期为顺差状态,外贸依存度高达300%左右。

2. 进出口商品结构

新加坡主要出口机电产品、矿物燃料、化工产品、光学、钟表、医疗设备等。其中,电机、电气、音像设备及其零部件占出口总额的43.9%,成品油及沥青等占17.4%。进口的主要商品是原油、石油产品、机械设备、电力设备、光学仪器等,其中,电机、电气、音像设备及其零部件占进口总额的25.4%,原油及石油产品占31.4%,飞机、核反应堆、锅炉、机械器具及零件占13.1%。

3. 主要贸易伙伴

新加坡一向采取被称为"门户开放"的分散贸易对象的政策,贸易伙伴遍布全球160多个国家和地区,主要出口国家和地区为马来西亚(占比12.2%)、中国内地(11.8%)、中国香港(11.2%)、印度尼西亚(9.9%)、美国(5.7%)、日本(4.3%);主要进口国家和地区为中国内地(11.7%)、马来西亚(占比11%)、美国(10.3%)、中国台湾(7.8%)、韩国(6.5%)、日本(5.5%)等。

表 7-1-1　新加坡 2013 年主要贸易伙伴及进出口额　　　　　单位:亿美元

主要出口去向				主要进口来源			
排名	国家/地区	金额	占比(%)	排名	国家/地区	金额	占比(%)
	总　值	4 103.7	100		总　值	3 731.2	100
1	马来西亚	499.2	12.2	1	中　国	436.9	11.7
2	中　国	483.6	11.8	2	马来西亚	408.4	11.0
3	中国香港	458.4	11.2	3	美　国	385.9	10.3
4	印度尼西亚	405.6	9.9	4	中国台湾	290.0	7.8
5	美　国	235.2	5.7	5	韩　国	240.5	6.5
6	日　本	176.3	4.3	6	日　本	203.9	5.5
7	韩　国	166.3	4.1	7	印度尼西亚	192.2	5.2
8	澳大利亚	157.6	3.8	8	阿联酋	165.4	4.4
9	中国台湾	153.0	3.7	9	沙　特	128.2	3.5
10	泰　国	151.8	3.7	10	德　国	108.7	2.9

资料来源:商务部:《对外贸易·国别报告·新加坡》,2014-03-05。

4. 关税特点

新加坡作为亚洲主要海运航线交点上的自由港,实行开放的进口政策,约 95% 的货物可以自由进入新加坡。仅对酒类、烟草(含卷烟)、糖制品和冰箱等实行特别关税率政策(从量税)。其他绝大部分进口商品实行从价税率,关税率仅为 5%,但汽车的关税率高达 45%。新加坡没有海关附加费用,但要征收 3% 的货物与服务的进口税,该税是按纳税价值(生产成本、保险费、运费和关税之和)而征收的。海关采用布鲁塞尔定价原则(Brussel Definition of Value,简称 BDV),对进口货物进行估价。税额一般包括 FOB 价格、运费、保险费、营销费(费率均为 1%)和佣金以及在销售和交货过程中产生的各项附加费用。

四、新、中经贸关系

新加坡与中国贸易合作由来已久,中国已成为新加坡的最大贸易伙伴。新加坡是中国轻纺、粮油、食品、土特产品出口的传统市场。近年来,新加坡从中国进口五金矿产、机电仪器产品及饲料呈增长态势,初级产品进口所占比重下降,机电设备有较大幅度上升。新加坡对华出口的主要商品有橡胶、石油化工产品、机电仪器产品等,其中,机电仪器产品有较大增长。中国现为新加坡第二大出口目的地和第一大进口来源地,新加坡方面为顺差。

五、主要港口

1. 丹戎帕加-凯佩尔(Tanjung Pagar & Keppel)

丹戎帕加-凯佩尔位于新加坡城之南。丹戎帕加是该港的主港区,也是最大的集装箱码头区,现有 13 个集装箱泊位,包括支线、滚装船和多用途泊位各一个。泊位线总长 3 433 米,码头水深 10~15 米,码头面积 121 公顷,堆场能力为 6 万 TEU,该码头可装卸 424 万 TEU、6 464 万吨。占该港年总吞吐量的 97%。

凯佩尔有 30 多个泊位,从 1991 年起部分改造为集装箱码头。原杂货码头只剩西码头的 12 个杂货泊位。此外,在该港区东西码头对岸的布拉尼岛建成新集装箱码头区,东西码头对岸的布拉尼岛也建成新集装箱码头区,共有 5 个干线泊位和 3 个支线泊位,码头前沿水深 11~14.6 米,新增能力 380 万 TEU。

2. 巴西班让(Pasir Pan-jang)

巴西班让港系 1974 年填海而成,原为沿海轮和载驳船码头,自丹戎帕加-凯佩尔港区改为集装箱码头后,部分业务转来此装卸,有 14 个泊位,包括 8 个沿海船泊位,最大水深 11.5 米,6 个深水多用途泊位,最大水深 15 米。2007 年,巴西班让港与日本邮船、川崎汽运组建合资公司,经营新加坡第一个汽车专用码头——新加坡亚洲汽车码头,将巴西班让的 2 个泊位改造成滚装船泊位。巴西班让码头扩建后,集装箱和滚装泊位达到 31 个。

3. 裕廊工业港(Jurong Industrial Port)

裕廊工业港位于该国西南外海的人工岛,紧靠裕廊工业区,原已在裕廊河西岸,泊位水深 8.4~12.7 米,可容纳 11 艘远洋轮停靠,为扩大该区的装卸能力,目前正在普劳达曼劳特岛新建港区,有 8 个多用途深水泊位,前沿水深 16 米。

4. 三巴旺港(Sembawang)

三巴旺港区在岛北,临柔佛海峡,有 6 个水深 9.7~11.4 米的泊位。

此外,新加坡西南部还有布孔岛(壳牌石油)、亚逸楂湾岛(埃索)、梅里茅岛(新加坡石油)、比实岛(莫比尔)等六大炼油厂的岸壁码头和海上泊位约 50 多个。新加坡港岸边最大能停靠 12 万吨级船只,海上最大能停靠 35 万吨级船只。炼油厂港区石油总装卸量达 8 449 万吨,约占新加坡港货运量的近一半。全港年进港船舶 4.5 万艘、4.83 亿总吨。集装箱总装卸 522 万 TEU,其中,约 45% 为中转。集装箱处理量为 635 万 TEU。进港船只总吨位和集装箱装卸量居世界前列,是世界上少数亿吨吞吐量大港之一。

第二节 泰　国

【开篇案例】 亚洲金融风暴

1997 年 7 月 2 日,就在香港回归中国的第二天,一场来势汹汹的亚洲金融风暴首先袭击泰国。很快,马来西亚、印度尼西亚、新加坡、日本和韩国等相继遭殃。专家在事后分析这场金融危机爆发的原因时指出,泰国等亚洲国家的金融市场存在巨大的内在隐患,这给了索罗斯等国际金融炒家乘虚而入的机会。

泰国经济与新加坡、马来西亚、日本和韩国类似,都依靠外向型发展实现"起飞"。为了更多地引进外资,刺激本国经济持续高速发展,泰国于 1992 年取消了对资本市场的管制,使短期资金的流动畅通无阻,这为外国投机商炒作泰铢提供了条件。由于外资大量流入,加上国内金融信贷过度膨胀,导致股市、楼市泡沫膨胀。为维持泰铢与美元的固定汇率制,泰国政府不断动用外汇储备弥补逆差,造成中短期债务增加。当还债高峰纷至沓来时,外资流出超过流入,国际炒家抓住泰国外汇储备难以应付而泰铢必将贬值的这一软肋,开始对泰国货币和证券市场夹击炒作,不但瞬间掏空了泰国的外汇储备,而且趁 7 月 2 日泰国被迫宣布放弃固定汇率制之际,凶猛打压泰铢和泰国证券期货市场,使泰铢当天兑换美元的汇率暴跌 17%,泰国股市、楼市随之土崩瓦解。

在泰铢骤跌的影响下,菲律宾比索、印度尼西亚盾、马来西亚林吉特相继成为国际炒家的狙击对象,一向坚挺的新加坡元也受到冲击。

这场源于泰国的东南亚金融风暴,终于演变为一场席卷亚洲和南美的金融危机。灾后许多国家和地区的经济几乎倒退了 10 年!

全称:泰王国(Kingdom of Thailand),简称泰国(Thailand,Thai)。
面积:51.3 万平方千米。
人口:6 875 万(2013 年)。
首都:曼谷(东 7 时区)。
货币:铢(THB)。
国花:睡莲(金莲花)。
国家格言:民族,宗教,国王。
节日:全年共有法定假日 9 天:元旦(公历 1 月 1 日);万佛节(泰历 3 月 15 日);宋干节(又称泼水节,公历 4 月 13 日至 15 日);佛诞节(公历 5 月 23 日);农耕节(每年 5 月份,具体日期由国王选定);国庆日(国王诞辰日,公历 12 月 5 日);水灯节(泰历 12 月 15 日)。

一、自然条件

1. 地理位置

泰国位于亚洲中南半岛中南部,东南临泰国湾(太平洋),西南濒安达曼海(印度洋),西北与缅甸接壤,东北与老挝交界,东南与柬埔寨为邻,疆域沿克拉地峡向南延伸至马来半岛,与马来西亚相接,其狭窄部分居印度洋与太平洋之间。

2. 自然资源

泰国自然资源丰富,主要有钾盐、锡、褐煤、油页岩、天然气以及锌、铅、钨、铁、锑、铬、重晶石、宝石和石油等。其中,钾盐储量 4 367 万吨,居世界第一,锡储量约 120 万吨,占世界总储量的 12%。页岩油储量达 187 万吨,褐煤储量约 20 亿吨,天然气储量约 16.4 万亿立方英尺,石油储量 1 500 万吨。森林总面积 1 440 万公顷,覆盖率 25%。

3. 气候特征

泰国为热带季风气候,全年分为热、雨、旱三季,年均气温 24℃～30℃。

4. 种族与语言

泰国是一个由 30 多个民族组成的多民族国家,其中,泰族占人口总数的 40%、老族占 35%、马来族占 3.5%、高棉族占 2%。此外,还有苗、瑶、桂、汶、克伦、掸等山地民族。泰语是泰国的国语。

5. 社会制度

泰国宪法规定,泰王国是以国王为国家元首的民主体制国家。泰国属大陆法系,以成文法作为法院判决的主要依据。司法系统由宪法法院、司法法院、行政法院和军事法院构成。泰国全国共有 76 个一级行政区,包括 75 个府(Changwat)与 1 个直辖市(首都曼谷)。

6. 宗教与习俗

(1) 宗教。佛教是泰国的国教,94% 以上的居民信仰佛教。此外,马来族信奉伊斯兰教,还有少数居民信奉基督教新教、天主教、印度教和锡克教。

(2) 习俗。泰国的风俗习惯和佛教关系密切。佛教为泰国人塑造了道德标准,使之形成了崇尚忍让、安宁和爱好和平的精神风范。外国人拜访宗教地点时,入寺庙前须脱鞋、脱帽,内有宗教聚会时不可进入。服装以干净为宜,但无袖衬衫和短上衣、高于膝盖的短裙及热裤等皆不适宜。泰国人欣赏良好的举止和幽默感,问候的方式是双手合十,置于胸前,然后礼貌地点头鞠躬。泰国人忌讳触碰人的头部,即使出于友善也不行。如果用脚指着某人或某物体更被视为很不礼貌的行为。泰式烹调有几百年历史,其东西方风味的有机结合,形成了独特的泰国饮食。泰国美食的特点是和谐,既口味辛辣,又较为清淡,并将水生动物、植物和草药作为主要配料,有些菜因添加新鲜草药,咖喱辣味强烈。

二、经济概况

1. 经济规模

20世纪60年代以后,泰国实行自由经济政策,其经济结构随着经济的高速发展出现了明显的变化。虽然农业在国民经济中仍然占有重要的地位,但制造业在其国民经济中的比重已日益扩大。制造业已成为国民经济中比重最大的产业,并且是主要出口产业之一。

泰国工业化进程的一大特征是充分利用其丰富的农产品资源发展食品加工及与其相关的制造业。主要工业门类有采矿、纺织、电子、塑料、食品加工、玩具、汽车装配、建材、石油化工等。1996年,泰国被列为中等收入国家。1997年亚洲金融危机后,泰国经济陷入衰退。1999年开始复苏,2013年,泰国国内生产总值为4 249亿美元,人均国内生产总值6 572美元。

2. 产业结构

(1) 工业。泰国的工业主要为出口导向型。主要工业门类有采矿、纺织、电子、塑料、食品加工、玩具、汽车装配、建材、石油化工、软件、轮胎、家具等。工业在国内生产总值中的比重不断上升。商用运输机械设备、纺织业、建材业、食品加工业、橡胶业增长迅速。

(2) 农业。泰国作为传统农业国,全国耕地面积为2 070万公顷,占全国土地面积的38%,农产品是外汇收入的主要来源之一,主要生产稻米、玉米、木薯、橡胶、甘蔗、绿豆、麻、烟草、咖啡豆、棉花、棕油、椰子果等。泰国还是世界著名的大米生产国和出口国,大米出口是泰国外汇收入的主要来源之一,出口额曾占世界市场稻米交易额的三分之一。此外,泰国还盛产分别被誉为"果中之王"和"果中之后"的榴莲和山竹。荔枝、龙眼、红毛丹等热带水果同样名扬天下。

(3) 渔业。泰国海域辽阔,海岸线长达2 705千米,泰国湾和安达曼湾是得天独厚的天然海洋渔场。另有总面积1 100多平方千米的淡水养殖场。泰国是世界市场主要鱼类产品供应国之一,也是仅次于日本和中国的亚洲第三大海洋渔业国,是世界第一产虾大国。全国从事渔业人口约50万人。

(4) 旅游业。旅游业是泰国外汇收入的重要来源之一。主要旅游点有曼谷、清迈、帕提亚、普吉岛、清莱(金三角)、苏梅岛等。年均外国游客到访1 500万人次,其中,东亚游客占55%,欧、美游客各占25%和8%。全年酒店入住率

70%。旅游收入超过 200 亿美元。

> **【专栏】 果中之"王"**
>
> 榴莲(Durian)为泰国及东南亚地区的特产水果,又名韶子、麝香猫果。印度、马来西亚、菲律宾、斯里兰卡、越南、缅甸及中国海南也有栽种。榴莲果实呈足球大小,果皮坚实,密生三角形粗刺,果肉淡黄,黏性多汁。初次食用时,其异常的气味可使许多人"望而却步";但自从吃了第一口后,就会被榴莲果肉那种特殊的回味和质感所吸引,甚至还会使人产生"流连忘返"的感觉,由此得名"榴莲"。榴莲果肉含有多种维生素,营养丰富,口味独特,素有"水果之王"的美称。
>
> 因气味特殊,榴莲不宜带上飞机。
>
> （摘自维基百科,http://zh.wikipedia.org/wiki/）

三、对外贸易

1. 外贸规模

第二次世界大战前,泰国是单一的农业国,几乎没有工业。20 世纪 60 年代以后,泰国分阶段实施鼓励工业发展的"进口替代"和"出口导向"战略,工业门类分布和生产能力不断扩展,对外贸易得到快速发展。1980 年代起,泰国大力引进技术密集型和附加值高的中轻型工业,同时加强农业基础投入,改进农业生产能力,继续维持泰国作为粮食出口国的地位。同时,出口产品由过去以农产品为主逐步转为以工业品为主。

泰国实行自由贸易政策,使对外贸易在泰国民经济中占有重要地位,保持较快增长势头,2013 年,泰国外贸总额 4 734.2 亿美元,其中,出口 2 251.8 亿美元,进口 2 482.4 亿美元,外贸逆差 230.6 亿美元。外贸依存度达 111.4%。

2. 进出口商品结构

泰国主要出口产品有机电产品、塑料橡胶和汽车及零配件等;主要进口产品则包括电子和工业机械、矿产品和金属制品等。商品结构变化呈如下特点:

(1) 农产品类出口的平均增幅远小于工业品。但这并未动摇泰国作为农产品出口大国的地位,目前,泰国是世界上主要的大米、橡胶、木薯、食糖、热带水果和海产品出口国之一。

(2) 农产品类出口比重逐步降低,工业品和矿产类商品出口比重稳步上升。1990 年代初期,泰国农产品、加工农产品和工业品在总出口额中所占比重分别为 20%、10% 和 67%,到 2013 年,上述三类产品的出口额所占比重分别为 10%、6% 和 84%。泰国已降为世界第三大大米出口国,2013 年出口大米 870 万吨。

(3) 生产资料、原材料及半成品、消费品进口比重基本保持稳定,燃料进口比重增幅大。1992~2013 年,泰国燃料进口增长近 7 倍,占进口比重也从 8% 增长到 20%。

3. 主要贸易伙伴

2013 年,中国继续为泰国第一大贸易伙伴。日本为泰国的第二大贸易伙伴,泰日双边贸易额 629 亿美元,日本继续是泰国第一大进口来源地和第三大出口目的地。受美国经济表现欠佳及美元贬值的影响,泰美双边贸易额为 374 亿美元,美国为泰国第二大出口市场。泰国与其他东盟 9 国的进出口贸易占其贸易总额的 57%,马来西亚、新加坡、印度尼西亚分别是泰国第四、第五和第六大贸易伙伴。

四、泰、中经贸关系

中泰于 2003 年签署《中泰两国政府关于在(中国—东盟全面经济合作框架协议)"早期收获"方案下加速取消关税的协议》,188 种农产品实行零关税。2013 年,泰中贸易额达 644.4 亿美元,其中,泰国出口 268.3 亿美元,进口 376.1 亿美元,中国成为泰国的第一大出口市场和第二大进口来源地。

泰国对中国出口主要有塑料橡胶、机电产品和化工产品,共占 67.8%;其次为粮食水果、矿产品和木材及制品,占 22.5%。从中国进口的机电产品占总进口的 50.4%,其次是金属、化工、汽车和纺织品,约占 35%。日本、美国、澳大利亚、马来西亚是中国的主要竞争对手。

五、主要贸易口岸

1. 曼谷港(Bangkok)

曼谷是泰国最大港口和第二大集装箱港。全国 97% 的外贸货物通过本港,老挝和柬埔寨的部分外贸货物也经此转口。港口位于泰国西南部湄南河下游两岸,濒临曼谷湾北侧。曼谷是东南亚第二大城市,也是泰国最大的工商业城市和世界著名的米市。曼谷承担全国 95% 的出口和几乎全部进口商品的装卸量。码头包括廉差邦港、宋卡深水港和普吉深水港等。该港属热带季风气候,盛行西南风,全年雾日平均 11 天,雷暴雨日年均 96 天。曼谷港为日潮港,平均潮差 1.4 米。港区主要由东、西两个码头组成,西码头停靠普通船,东码头以集装箱船为主。集装箱货运站 4 个。港区主要码头泊位最大水深为 8.2 米,由于水浅,只能靠泊 1 万载重吨的船舶及 500TEU 的集装箱船,因此,只有开往日本、中国香港、新加坡等的集装箱支线船能靠该码头,而开往欧洲的 2 000~3 000TEU

集装箱船要在港外锚地靠泊。大船锚地水深16米。除元旦和圣诞节外，均可以安排作业。

2. 林查班港(Laem Charbang Port)

林查班港位居泰国湾北部沿海，在泰国首都曼谷往南110千米、帕塔亚(Pattaya)海滩度假村以北15千米，是泰国港务管理局直属的深水国际贸易商港，为泰国设计吞吐量最大的集装箱港。其最大股东为迪拜世界港口(DP World)的林查班国际码头(LCIT)公司，拥有900米长的码头泊位，8台桥吊；香港和记黄埔港口集团(Hutchison Port Holdings)投资建设3 250米的码头岸壁，吃水深16米，处理能力达2 530万TEU。

3. 清盛口岸(Chiangsaen Port)

清盛口岸是泰、中、老、缅四国水路运输的枢纽，也是中泰边贸泰方最大的水路口岸。2007年，泰国扩建泰北湄公河清盛港2号码头，该码头比1号码头大40倍，吞吐量可达150万～250万吨。另外，泰国陆路有三条公路经邻国与中国南部相连，包括昆明—曼谷公路、湄公河4号桥等。

【案例】 中企"傲慢"惹恼缅甸村民

一家在缅甸经营铜矿的中国公司，因扩大采矿规模，占用更多土地，造成环境污染，并毁坏一座寺庙而引发当地村民抗议，村民们绑架了两名中方员工。闻讯赶来的防暴警察使用了催泪弹并鸣枪示警，很多僧人被白磷弹严重烧伤。经过紧张僵持后，村民被迫释放了所绑架的中方人员。但中国公司与当地村民的矛盾依然存在。缅甸村民向外国媒体抱怨说，与缅甸军方合资的中国企业，完全无视本地的宗教习俗，对村民反对铜矿扩张、减少环境污染、增加占地补偿的要求态度傲慢。近年来，在越南、泰国、印度尼西亚和马来西亚，正出现许多当地人与中国投资不和谐的情况，人们指责中资企业廉价掠夺自然资源、破坏环境，由此引发的矛盾有时相当激烈。该案例提示中国企业：由于国情不同，在外投资经营时，不能仅凭与东道国官方搞好关系，还须顾及底层百姓的切身利益。

(根据《纽约时报》网站托马斯·富勒2014-04-19发自曼谷的报道整理)

第三节 马 来 西 亚

【开篇案例】 马来西亚的经济区

马来西亚政府自2005年开始酝酿建立经济区的设想。第一个经济区——柔南位于马来半岛的最南端，与新加坡仅隔一条海峡，规划面积为2 217平方千米。马来西亚政府已决定在2006年至2010年的第九个国家发展计划期间为柔南经济区拨款13亿美元,用于加强基础设施建设和改善投资环境,还成立了柔南投资公司和柔南管理局,为投资者和商家等提供"一站式"服务。目前,已有约旦、阿拉伯联合酋长国和科威特的三家企业和机构在马来西亚分别与柔南投资公司签署协议,在柔南经济区初期投入近12亿美元,开展基础设施项目建设。2007年7月,马来西亚正式启动第二个经济区——北部经济走廊特区计划,在2015年前筹集并投入534亿美元,用于北部霹雳、槟榔屿、吉打和玻璃市州的经济开发,在目前以农业经济为主的这些地区大力发展物流、加工工业、高科技、教育以及旅游等产业。2007年10月底,马来西亚政府推出第三个经济区——东海岸经济区计划,开发半岛东海岸的吉兰丹、丁加奴和彭亨三个州以及柔佛州的丰盛港地区,总投资计划达到338亿美元。此外,马来西亚政府还计划推出涵盖马来西亚东部沙巴和沙捞越两个州的第四个经济区——东马经济区计划。这四个经济区发展计划共涵盖了马来西亚全国13个州中的10个州,除雪兰莪、森美兰和马六甲三个州和三个直辖市外,基本上都纳入了经济区的范围。推出这些经济区发展计划,是为了平衡整个国家的经济发展,全面提高国民生活水平。

全称:马来西亚联邦,简称马来西亚或大马(Malaysia)。
面积:32.9万平方千米。
人口:3 000万(2014年)。
首都:吉隆坡(东7时区)。
货币:林吉特(RM/MYR)。
国花:木槿花(扶桑花,又称大红花)。
国家格言:团结就是力量。
节日:全年共有法定假日12天:元旦(公历1月1日);春节(中国农历1月1日);卫塞节(又称佛祖节,公历5月月圆之日,相当于农历4月15日);劳动节(5月1日);现任最高元首诞辰(6月3日);先知穆罕默德诞辰日(伊斯兰教历3月12日);开斋节(伊斯兰教历10月1日,连放两天);独立日(公历8月31日);屠妖节(又名灯节,印度历8月14日,公历10月或11月);哈芝节(伊斯兰教历的12月10日);圣诞节(公历12月25日)。

一、自然条件

1. 地理位置
马来西亚位于东南亚的马来半岛,地处太平洋和印度洋之间,由13个州组成,面积33万平方千米。全境被南中国海分成东马来西亚和西马来西亚两部分。西马来西亚为马来亚地区,位于马来半岛南部,北与泰国接壤,西濒马六甲海峡,东临南中国海;东马来西亚为沙捞越地区和沙巴地区的合称,位于加里曼丹岛(Kalimantan Island)北部。

2. 自然资源

马来西亚拥有丰富的自然资源,橡胶、棕油、胡椒、可可和热带水果等的产量和出口量均居世界前列。马来西亚为世界第二大产锡国,每年锡产量维持在9万吨。石油储藏量约42亿桶(2002年),居世界25位;天然气储量2.48万亿立方米(2002年),居世界第14位。此外,还有铁、金、钨、煤、铝土、锰等矿产。盛产热带硬木。

3. 气候特征

马来西亚属热带雨林气候。内地山区年均气温22℃~28℃,沿海平原为25℃~30℃。

4. 种族与语言

在马来西亚的人口中,马来人占40.1%,其他原住民占27.3%,华人占25.3%,印度人占7.5%。马来语为国语,通用英语,华语的使用也较广泛。

5. 社会制度

马来西亚为英联邦成员国,实行联邦国会君主立宪制。最高元首为国家首脑、伊斯兰教领袖兼武装部队统帅,由统治者会议从马来西亚9个州的世袭苏丹中选举产生,拥有立法、司法和行政的最高权力以及任命总理、拒绝或同意解散国会等权力,每届任期5年。

6. 宗教与习俗

(1) 宗教。马来西亚是伊斯兰会议组织成员,以伊斯兰教为国教。其他宗教有佛教、印度教、基督教、拜物教等。

(2) 习俗。马来人见面时相互握手,然后双手触摸胸膛以示真诚。马来男士一般不主动与女士握手,除非女士主动握手。马来人认为左手是肮脏的,因此,在接、递物品时应用右手。马来人习惯用大拇指指人或指路,忌讳用食指,不跷二郎腿,不可用手抚摸小孩的头。马来人信奉伊斯兰教,忌食猪肉和禁酒,也忌讳印有动物或人像图案的物品。

二、经济概况

20世纪70年代前,马来西亚经济以农业为主,依赖初级产品出口。自20世纪70年代起,马来西亚大力推行出口导向型经济,电子业、制造业、建筑业和服务业均发展迅速。同时,实施马来民族和原住民优先的"新经济政策",旨在实现消除贫困、重组社会的目标。1980年代中期,由于受世界经济衰退的影响,马来西亚经济一度下滑。从1987年起,马来西亚经济连续10年保持8%以上的高速增长。

1991年,马来西亚政府提出"2020宏愿"的跨世纪发展战略,重视发展高科技,启动了"多媒体超级走廊"、"生物谷"等项目,旨在于2020年将马来西亚建设成发达国家。1997年,马来西亚受到亚洲金融风暴重创,货币大幅贬值,外汇储备几乎被消耗殆尽,经济发展倒退了10年[①]!之后,马来西亚通过稳定汇率、重组银行企业债务、扩大内需和出口等政策,经济取得了较快增长。

【专栏】 马哈蒂尔的震怒与反思

1997年9月27日,在香港召开的世界银行和国际货币基金组织年会上,马来西亚总理马哈蒂尔曾怒斥国际投机套利基金恶意阻击马来西亚货币,至少使马来西亚经济倒退了10年。客观地说,国际投机基金的确利用东南亚金融危机大获其利。但金融危机产生的根本原因,还是在于东南亚新兴市场国家在其经济蓬勃发展之际,忽视了短期债务过高、银行坏账过多、外汇储备有限等问题的加剧,放松了对金融领域的监管和风险的防范。后来,冷静下来的马哈蒂尔在总结这场危机的教训时沉痛地说:"我们忘记了日本和韩国的教训,当它们在追赶发达国家的时候,就发生了货币贬值的危机;我们也忘记了墨西哥的教训,它们的经济在欣欣向荣之际突然爆发了危机。当时,我们马来西亚人曾经嘲笑这样的忠告:我们的国家怎么会遭受墨西哥同样的命运呢?可是,仅半年时间,马来西亚货币就已贬值45.98%!"

(根据http://ibdaily.mofcom.gov.cn/yzjr.asp"亚洲金融危机10周年回顾"整理)

进入21世纪之后,马来西亚将重点转向农业等基础产业建设,带动乡村发展;积极推动消费和投资,把私营经济作为国家经济增长的新支柱;鼓励发展旅游、教育事业,实现经济发展的多元化。

另外,马来西亚政府还鼓励以本国原料为主的加工工业,重点发展电子、汽车装配、钢铁、石油化工、纺织品等行业。农业生产以经济作物为主,主要有橡胶、油棕、胡椒、可可、热带水果等,同时,稻米自给率达到76%。渔业以近海捕鱼为主,近年来深海捕捞和养殖业也有所发展。旅游业成为仅次于制造业的国家第二大外汇来源,主要旅游景点包括岛屿、沙滩、洞穴、高原、古老建筑和花园等。

2013年,马来西亚的GDP为3 400亿美元,人均GDP为11 122美元。马

---

① 参见本节"专栏:马哈蒂尔的震怒与反思"。

来西亚国内需求的强劲增长拉动该国经济增长。

三、对外贸易

1. 外贸规模

对外贸易在马来西亚国民经济中占有重要的地位。2013年,马来西亚对外贸易额为4 345.2亿美元,其中,出口2 284亿美元,进口2 061.2亿美元。2007年的外贸依存度约为148%。

2. 进出口商品结构

马来西亚主要的进口产品分三类,第一类是机械设备,包括金属产品、机械运输设备、电子仪器、重型机械和电信设备,约占进口总额的50%;第二类为原料、生产资料,包括电子元件、纺织品、塑料、机器零部件、石油、化肥、农药和食品,共占进口总额的26%;第三类是日常生活用品,包括摩托车、自行车、珠宝及食品,共占进口总额的24%。

初级产品(如天然橡胶和棕榈油)曾是马外汇收入的主要来源。近年来,马来西亚的制成品和石油出口不断上升,出口商品主要有电子和电器产品、石油、棕榈油、胶合板、木材、原木、天然橡胶、光学、照相、医疗设备及零件等。

3. 主要贸易伙伴

东盟其他伙伴国、中国、美国、日本、澳大利亚和中国香港一直是马来西亚的主要贸易伙伴。2013年,马来西亚出口产品主要销往新加坡、中国、日本、美国和泰国等国家和地区,新加坡是马来西亚的最大出口市场。中国、新加坡、日本、美国和泰国是马来西亚五大进口来源地,其中,中国占马来西亚总进口额的16.4%。

四、马、中经贸关系

中、马两国的经贸往来历史悠久。早在600多年前,明朝航海家郑和七下西洋,其中五次驻节马六甲,并以绸缎、布匹、陶瓷换取当地的犀角、象牙和香料。至今,马六甲人民还在当年郑和停靠过的岸边保存着郑和宝船的原型复制品。1974年两国建交后,经贸关系发展迅速。1985年,两国签订了第一个政府间协定——《避免双重征税协定》;1987年,两国签订《海运协定》;1988年,两国签订《政府间贸易协定》和《成立经济贸易联委会的协定》;1989年,两国签订《航空协定》,同年6月,两国通航。此后,两国陆续签订了《资讯谅解备忘录》、《科技合作协定》、《中国加入WTO双边协定》、

《互换货币协定》、《双边航空合作备忘录》、《服务贸易协定》以及《关于雇用中国劳务人员合作谅解备忘录》等。

据中国海关统计,2013年,中马双边贸易额为644.5亿美元,其中,马对华出口307.1亿美元,自华进口337.4亿美元,逆差30亿美元。中、马两国已经发展成为重要的贸易合作伙伴。目前,中国是仅次于新加坡的马来西亚第二大贸易伙伴。

五、主要贸易口岸

1. 巴生港(Port Klang)

巴生港是马来西亚最大的港口,是红海与马六甲海峡之间第一个集装箱货运港。该港濒临巴生河口,东距首都吉隆坡40千米,城市所需的生活用品和工业原料均通过本港进出。港口腹地广阔,河口有群岛屏蔽,分南、北两港,相距4.8千米。巴生港属半日潮港,平均潮差2.9米,北港对面深水锚地能同时停泊20艘海轮。有杂货(General Cargo)码头16个,水深11.5米;散货(Bulk Cargo)码头4个,水深10.9米;集装箱(Container)码头3个,水深13.4米;油码头(Oil Quay)2个,水深11.5米。拥有可靠泊第三代集装箱船的码头,每小时装卸速率为33.3只TEU,每天可操作800只TEU。巴生港集装箱吞吐量占该港年吞吐量的83.7%,排名世界第16位。

2. 丹戎帕拉帕斯港(Port of Tanjung Pelepas,PTP)

丹戎帕拉帕斯港是马来西亚第二大港口,吞吐量世界排名21位。丹戎帕拉帕斯港位于马来西亚半岛西南端的普拉宜河口,与新加坡港的距离仅40分钟车程。PTP港水深达25米以上,河港宽600多米,船舶有足够的调头余地。港区拥有6个360米长的泊位以及东南亚地区最大的可容纳11万TEU的集装箱及1400个冷藏箱的堆场,年装卸能力为450万TEU,每小时能装卸30~31个集装箱。该港提供低廉的港口使用费,例如,对马士基、长荣集团的港口收费只有新加坡的一半;为了吸引船公司,PTP港还将港口股份转让给船公司,例如,将30%的股份转让给马士基,允许其参与码头的经营管理,还将10%~20%的码头股份转让给长荣,因而成功地从马士基和长荣集团每年各获得180万TEU和120万TEU的货量。

第四节 印度尼西亚

【开篇故事】 印尼退出OPEC[①]

2008年5月28日，印度尼西亚能源部长在雅加达签署法令，宣布退出OPEC。

印尼是仅次于中国的亚洲第二大石油生产国，印尼石油产量居世界第20位，天然气产量居世界第10位。石油和天然气是印尼国民经济的支柱产业，占印尼政府收入的24%，油气出口占印尼出口总收入的15%。

1962年，印尼加入OPEC。1977年，印尼的石油产量达到顶峰。此后，印尼的石油探明储量和产量连年下降。日产量不足100万桶，国内石油消费的1/3需要进口，印尼从一个石油净出口国转变成净进口国。日益减少的石油储量，使印尼感到再待在OPEC已没有意义，于是，印尼政府退出了欧佩克。由于2004～2008年国际油价连年大涨，2008年，印尼政府的国内石油补贴超过100亿美元。当然，退出OPEC也可以为印尼节省200万欧元的年费。

全称：印度尼西亚共和国（The Republic of Indonesia），简称印尼。

面积：191.9万平方千米。

人口：2.38亿（2013年）。

首都：雅加达（东8时区）。

货币：印尼盾（IDR）。

国花：素馨（马拉丁）。

国家格言：求同存异。

节日：全年共有法定假日10天。1月1日元旦；开斋节（公历2、3月）间法定只放假1天，但实际上一般都要放假3天以上；5月1日国际劳动节；5月20日民族节；4月15日卫塞节（佛陀出生纪念日—月圆日）；8月17日国庆节；9月9日全国体育节；伊斯兰教历12月10日古尔邦节。

[①]《世界贸易组织动态与研究》，2008年7月。

一、自然条件

1. 地理位置

印尼位于亚洲东南部,地跨赤道,由太平洋和印度洋之间的17 508个大小岛屿组成,素称"千岛之国",其中,约6 000个岛屿有人居住。印尼处在环太平洋地震带中,是一个多地震的国家。境内有火山400多座,其中,活火山100多座。火山喷出的火山灰以及海洋性气候带来的充沛雨量使印尼成为全球土地最肥沃的地带之一。印尼各岛处处青山绿水,四季皆夏,誉为"赤道上的翡翠"。

印度尼西亚领海面积约是陆地面积的4倍。北部的加里曼丹岛与马来西亚接壤,新几内亚岛与巴布亚新几内亚相连。东北部面临菲律宾,东南部是印度洋,西南与澳大利亚相望。海岸线总长54 716千米。

2. 自然资源

印尼拥有丰富的资源。矿产主要有石油、天然气、煤、锡、铝矾土、镍、铜和金、银等。已探明矿产储量为石油500亿桶;天然气73万亿立方米,是世界上主要的液化天然气出口国之一;煤储量360亿吨,是亚太地区重要的产煤国和世界煤炭出口国。地热资源丰富,橡胶和椰子产量居世界第二位,棕榈油产量占世界需求量的2/5。森林面积为1.45亿公顷,占国土面积的74%。

3. 气候特征

印度尼西亚属热带雨林气候,年平均温度25℃～27℃。

4. 种族与语言

印尼是世界第四的人口大国,有100多个民族,其中,爪哇族占47%,巽他族占14%,马都拉族占7%。各民族通用印尼语,另有民族语言和方言约300种。

5. 社会制度

实行总统内阁制。人民协商会议为最高权力机构,人民代表会议为国家立法机构。印尼实行三权分立,最高法院和最高检察院独立于立法和行政机构。印度尼西亚分30个省、两个特别行政区和1个首都地区。

6. 宗教与习俗

(1) 宗教。印度尼西亚约88%的居民信奉伊斯兰教,是世界上穆斯林人口最多的国家,6.1%的人口信奉基督教新教,3.6%信奉天主教,其余信奉印度教、佛教和原始拜物教等。

(2) 习俗。忌讳用左手传递东西或食物。忌摸当地人孩子的头,认为这是缺乏教养和污辱人的举止。爪哇岛人最忌讳有人吹口哨。印尼人对乌龟很忌讳,认为它是一种讨厌的低级动物。伊斯兰教徒禁食猪肉及猪肉制品,忌酒。商务交往中,初次相识应交换名片。尽量避免与印尼人谈论当地政治和外国援助等问题。印尼人偏爱茉莉花,将其视为纯洁和友谊的象征。

二、经济概况

1. 经济规模

1997年,因受东南亚金融危机重创,印尼经济大幅衰退,货币贬值、通胀高企。为摆脱经济困境,印尼政府被迫向国际货币基金组织(IMF)求援。1999年,印尼经济开始缓慢复苏。

印度尼西亚2013年的GDP为8 674.6亿美元,人均国内生产总值为3 499美元。印尼经济曾创下1998年金融危机以来的最高增速,超过东盟四国(新加坡、马来西亚、菲律宾和泰国)和亚洲新兴工业化经济体(中国香港、韩国、新加坡和中国台湾)以及世界经济的平均水平。但印尼国内失业率仍高,贫穷人口占全国人口的13%。

2. 产业结构

(1) 制造业。印尼制造业占GDP的27.3%,工业发展的方向是加强外向型的制造业,主要部门有制造、采矿、纺织、轻工、加工业等。制造业已成为印尼最重要的支柱产业。

(2) 石油天然气工业。印尼是亚洲第二大石油生产国,石油矿产业占GDP的8.8%。由于成熟油田产量自然递减,印度尼西亚石油产量不断下降。印度尼西亚为亚洲最大的天然气生产国,居世界第10位。

(3) 农业。印尼农业占GDP的16.5%,从事农、林、渔业在内的农业人口约占全国总人口的55%。印尼是世界主要的稻米生产国和最大的大米输出国。

(4) 服务业。印尼的服务业占GDP的37.1%,其中,酒店餐饮业占GDP的17%,金融业占9.3%,交通通讯业占7%。另外,旅游业已成为印尼创汇的主要行业,约占GDP的3.8%。主要旅游点有巴厘岛、婆罗浮屠佛塔、印尼缩影公园、日惹皇宫、多巴湖等。

三、对外贸易

1. 外贸规模

对外贸易在印尼国民经济中占有重要的地位。随着石油资源日渐减少,印尼政府采取简化出口手续,降低关税,以推动非油气产品出口。亚洲金融危机导致1999年印尼进出口总额降至727亿美元。受国际市场需求增长和商品价格上涨的影响以及外国直接投资带动出口增长,印尼经济与贸易强劲复苏。2013年,印尼进出口贸易额为3 691.8亿美元,其中,出口1 825.5亿美元,进口1 866.3亿美元。印尼的外贸依存度约为42.5%。

2. 进出口商品结构

近十几年来,印尼的出口商品结构发生了很大变化。印尼是世界上最大的液化天然气(LNG)出口国,1982年曾占当年总出口的82%。随着制造业的发展,印尼工业制成品的出口份额逐步取代石油天然气产品,成为出口创汇的主要来源。

矿产品和动植物油是印尼的主要出口商品,2013年占印尼出口总额的31.5%和10.5%,但因国内产量增加和国际市场价格上涨,棕榈油出口仍增长显著。印尼现已成为亚州第二、世界第九大煤炭出口国。

机电产品和橡胶及其制品是印尼进口的第三和第四大类商品,2013年分别占印尼进口总额的5.7%和5.2%。

3. 主要贸易伙伴

印尼的五大主要贸易伙伴为中国、日本、美国、新加坡和韩国。2013年,印尼对日本、中国、新加坡和美国的出口额分别占印尼出口总额的14%、12.4%、9.1%和8.6%;自中国、新加坡、日本和马来西亚的进口额分别占印尼进口总额的16%、13.7%、10.3%和7.1%。

与世界上大多数发展中国家一样,印尼与世界发达国家之间的贸易互补性较强,依赖性也较大。例如,多年来印尼一直是日本石油天然气等资源性商品的主要供应国。

4. 自由贸易区

目前,印尼已建有100多个工业区,有些与自由贸易区相结合,形成了保税区。印尼现有10多个保税区,货物由印尼海关领域以外的地区进入保税区,不视为进口,也无须缴纳关税或其他出口税;供加工或再出口等用途进口的各种原料或成品可自由进入保税区,不受印尼国内禁止进口规定的限制;由印尼或印尼以外地区输往保税区的商品或原料,不论其用途是供直接消费还是在保税区内加工或暂时储存,其在印尼国内的货物税、增值税、关税及其他税收皆可免征;保税区内加工的产品,原则上以外销为主;凡经印尼政府核准在保税区内设立的企业,皆可享受进口关税、进口货物税、扣缴税及国内货物税等各项税收的减免优惠待遇。另外,企业以合并或股票上市的方式扩大规模,仍可享受减免资本货物及原料或辅料增值税的退税待遇。如果资本货物的产权被转让或用于其他用途,则不能享受该项免税或退税待遇。

四、印尼与中国经贸关系

印尼是世界上海外华人聚居最多的国家,人数多达 500 万。两国签订了《投资保护协定》《海运协定》《避免双重征税协定》,并就农业、林业、渔业、矿业、交通、财政、金融等领域的合作签署了谅解备忘录。2001 年底,双方将农业、能源和资源开发以及基础设施建设确定为经贸合作重点领域。印尼的主要贸易伙伴多为发达国家和地区,而中国是唯一的发展中国家。2013 年,印尼与中国双边贸易额为 524.5 亿美元,其中,印尼对中国出口 226 亿美元,自中国进口 298.5 亿美元;顺差为 11.1 亿美元。中国取代日本和美国成为印尼第一大贸易伙伴,保持着印尼第二大出口市场和第一大进口来源地地位。

矿产品一直是印尼对中国出口最多的商品。动、植物油为印尼对中国出口的第二大类商品,橡胶及制品、木浆列第三和第四位。此外,食品、饮料、烟草、鞋靴、伞、皮革制品、箱包等产品对中国出口增幅较大。

印尼自中国进口的主要商品为机电产品、贱金属及其制品和化工产品。农产品进口增长迅速。中国在机电产品、贱金属及其制品、化工产品、农产品、纺织品及其原料、家具、玩具、杂项制品等劳动密集型产品对印尼的出口上具有优势。日本、美国、法国、德国和韩国等国是中国的主要竞争对手。

五、主要贸易口岸

1. 丹戎不碌(Tandjungpriok)

丹戎不碌港是印度尼西亚首都雅加达的外港,是全国最大货运港和著名的加工出口区。港区位于雅加达东面 10 千米、滨爪哇海的雅加达湾,年货物进出口量占到印尼全国的 60% 以上,港内有 40 多个泊位,可停泊吃水 8~12 米的船只,有公路、铁路以及运河同市区连接。丹戎不碌港的年集装箱吞吐量为 600 万 TEU。

2. 苏腊巴亚(Surabaya)

苏腊巴亚(泗水)位于爪哇岛东北角,是印尼第二大城市,也是东爪哇省首府,位于 Mas River 河口,临马都拉海峡和泗水海峡,与马都拉岛相望。苏腊巴亚是爪哇岛东部和马都拉岛农产品的集散地。当地主要工业有造船、石油提炼、机械制造等。该港属热带雨林气候,盛行偏东风,年平均气温为 23℃~31℃。年雾日 4 天,雷雨日 74 天,年均降雨量 1 600 毫米左右。该港属全日潮港,平均潮差 1.8 米。有散、杂货码头 18 个,水深 9.5 米;集装箱码头两个,水深 10.5

米;油码头3个,水深12米。装卸效率为散货每小时20吨、包装货每小时27吨、杂货每小时20吨、机器和钢材每小时8吨。大船锚地水深为22米。节假日经港务局同意可以增加夜班。

3. 沙璜(Sabang)

沙璜港是一个湾颈港和自由港。该港位于苏门答腊西北角韦岛北岸的沙璜湾北岸进口处,濒临安达曼(Andaman)海南侧,扼马六甲海峡西北口,是交通和军事要地,有航空站。为苏门答腊西北部物资中转港及煤炭输出港,也是一个良好的避风港。该港属热带雨林气候,盛行东北风,年平均气温27℃~30℃。全年平均降雨量3 000毫米以上。该港属半日潮港,平均潮差0.9米。港区主要码头泊位有4个,最大水深10米。装卸设备有各种岸吊及拖船等。大船锚地水深达36米。

4. 三宝垄(Semarang)

三宝垄港位于印尼爪哇岛北海岸中部,濒临爪哇海的南侧,是印尼第四大城市及主要港口之一,是爪哇岛的农产品和手工业产品的集散地。当地工业以制糖为主。该港属热带雨林气候,夏天盛行南至西南风,冬季多西南风,年均气温约29℃,年均降水2 000毫米,常有雷雨出现。该港属半日潮港,平均潮差0.6米,水深9米,可以同时停靠3艘万吨级船舶。装卸效率:从船舶到驳船每工班每小时散货20吨,杂货12吨;从驳船到仓库每工班每小时散货18吨,杂货10吨。每天每工班可装200吨以上。大船锚地离岸约3海里,水深11米。

第五节 越 南

【开篇故事】 越南与外资

越南自1986年起实行改革开放,经济快速起步。但较先行一步改革开放的中国仍有一定距离。例如,百姓虽然收入增加,丰衣足食,中高档家电、摩托车、小汽车相当普及,但国家的一些公共设施建设(如公路、铁路等)还比较落后。外资对越南改善经济环境、引进先进生产技术和管理经验、解决就业问题起到了重要作用。具体表现在两方面。

一是积极争取外援。自1993年国际社会恢复对越援助以来,越南不断争取得到更多的外国政府和国际组织的低息贷款和无偿援助。

二是大力引进外资。进入21世纪以来,随着中国内地劳动力和用地成本的增加以及市场竞争的加剧,越南的比较优势地位得以显现。外国在越南的直接投资加速增长,一些外企甚至将在中国的生产基地转移到越南。在越总投资排名前5位的国家和地区依次是中国台湾、新加坡、日本、韩国和中国香港,占所有外资的60.6%。外资多集中于胡志明市、河内市、同奈省及平阳省。

目前,随着经济持续增长,越南城市居民的生活水平有明显提高;由于国际农产品和食品价格的提高,越南农村居民的生活也有所改善,全国贫困户和贫困地区的数量持续减少,不过,不同行业和地方劳动者的收入差距仍较大,腐败问题较严重,因领海争端导致中越关系紧张,对外资有一定影响,但越南总的经济发展潜力不可小觑。

全称:越南社会主义共和国(The Socialist Republic of Viet Nam)。
面积:331 210平方千米。
人口:8 971万(2013年)。
首都:河内(东8时区)。
货币:越南盾(VND)。
国花:莲花。
国家格言:独立,自由,幸福。
节日:全年共有法定假日9天;元旦(1月1日);春节4天(阴历一月初一至初四);雄王始祖忌日(阴历三月初十);南方解放日(4月30日);国际劳动节(5月1日);国庆节(9月2日)。

一、自然条件

1. 地理位置

越南位于中南半岛东部,面积33.12万平方千米,北与中国接壤,西与老挝、柬埔寨交界,东面和南面临南海。越南地形狭长,南北长1 600千米,东西最窄处仅为50千米,地势西高东低,境内四分之三为山地和高原,北部和西北部为高山和高原,中部长山山脉纵贯南北。主要河流有北部的红河和南部的湄公河。

2. 自然资源

越南矿产资源丰富,种类多样,主要有煤、铁、钛、锰、铬、铝、锡、磷等,其中,煤、铁、铝储量较大。近海石油资源丰富。越南有6 845种海洋生物,其中,鱼类2 000种,蟹类300种,贝类300种,虾类75种。森林覆盖面积约1 000万公顷。

3. 气候特征

越南地处北回归线以南,高温多雨,属热带季风气候。年平均气温24℃左右。年平均降雨量为1 500~2 000毫米。北方分春、夏、秋、冬四季;南方雨、旱两季分明,大部分地区5~10月为雨季,11月至次年4月为旱季。

4. 种族与语言

越南有 54 个民族。越族（中国称之为京族）占总人口的 87%，大量聚集在冲积三角洲和沿海平原地区。作为一个最大的同系社会群体，京族控制着国家的政治、经济，主导文化事业，对社会生活有着巨大影响。少数民族有华族（汉族）、岱族、傣族、芒族、侬族，人口均超过 50 万。汉族是越南最大的少数民族，总数约 100 万（占全国的 1.5%），其中，半数集中在胡志明市（占全市的 12%）。

主要语言为越南语（官方语言、通用语言、主要民族语言均为越南语）。

5. 社会制度

越南为共产党一党执政。越南宪法规定，越南社会主义共和国国家政权属于人民，越南要发展"社会主义定向"的市场经济。越南国会是国家最高权力机关。国家主席为国家元首，任期 5 年；国会常务委员会主席即国会主席，国会常务委员会为国会常务机构；政府是国家最高行政机关，总理和国家副主席由国家主席提名，经国会选举产生。

6. 宗教与习俗

（1）宗教。越南主要有五大宗教。佛教是越南最大的宗教，目前全国佛教徒约 5 000 万人，其中，又以信大乘佛教者居多；天主教为第二大宗教，目前有信徒约 300 多万，越南现在使用的拼音文字即是一位法国耶稣会传教士罗德（Alexandre de Rhodes）所发明；此外，还有基督教、高台教、和好教等。

（2）习俗。正式场合的越南城市男子多着西装，妇女穿花色窄袖长袍（越南女子的国服，上身束腰，下摆舒展，开衩至腰际，活动方便）。越南人十分讲究礼节。见了面要打招呼问好或点头致意。京族人不喜欢别人用手拍背或用手指着人呼喊。有些少数民族很好客，常用本民族最喜爱喝的酒和爱吃的生冷酸辣等食物待客，客人即使感到不合胃口，也要尽量吃，否则，会被认为是看不起主人。南方山区少数民族喜欢在节日喜庆时邀请客人一同喝坛酒，即轮流用管子从酒坛里吸酒喝，第一轮（即轮流吸的第一口）不能拒绝，否则，会被认为是扫兴、失礼。第一轮以后，如不想喝，可以双手抱拳向右肩举一举，表示谢谢不再喝了（吃饱饭时也是如此）。越南人喜欢嚼槟榔，槟榔也是当地赠送情人的信物。在越南，忌随意摸他人的头部（包括小孩）。南部高棉人忌用左手行礼、进食、送物和接物。越南人忌讳三人合影，不能用一根火柴或打火机连续给三个人点烟，认为这样不吉利。

二、经济概况

越南自 1986 年开始实行革新开放。1996 年，政府提出要大力推进国家工业化、现代化。2001年，越共九大确定建立社会主义定向的市场经济体制。2006年，越南正式加入WTO，并举办亚太经合组织（APEC）领导人非正式会议。越南不断完善市场经济体制，改善投资环境。但同时，越南经济也面临增长质量和效益低、产业结构调整尚未到位等制约因素。

1. 经济规模

2013年，越南的GDP为1 700.2亿美元，人均GDP为1 895.5美元，仍属于低收入发展中国家。外资已占越南社会总投资的15.8%，对GDP贡献率达16.2%，占出口额的19.8%（未含原油出口），占工业产值的37%，创造就业机会130万个。在越外资结构为：工业和建筑业5 745个项目，协议额501亿美元，占协议总额的60.2%；农、林、渔业933个项目，协议额44亿美元，占5.4%；服务业1 912个项目，协议额286亿美元，占34.4%。全球500强企业中，已有110家在越南落户，其中，106家企业在越南投资项目124个，协议额110.9亿美元，到位额85.9亿美元。

2. 产业结构

农业是越南国民经济中的支柱产业，农业人口约占总人口的80%，农、林、渔业产值144亿美元，增长3.41%，占GDP的20.2%。越南耕地及林地占国土总面积的60%。粮食作物包括稻米、玉米、马铃薯、番薯和木薯等，经济作物主要有水果、咖啡、橡胶、腰果、茶叶、花生、蚕丝等。

工业和建筑业是越南第一大支柱产业，占GDP的41.65%。主要工业部门有煤炭、电力、冶金、纺织等。

服务业已成为越南第二大支柱产业，占GDP的38.15%。服务业以旅游业最为突出，主要旅游景点有位于河内市的还剑湖、胡志明陵墓、文庙、巴亭广场以及位于胡志明市的统一宫、芽庄海滩、顺化古都、古芝地道和世界自然遗产下龙湾等。

三、对外贸易

1. 外贸规模

越南近年来积极发展对外贸易。2013年，越南年进出口总额为2 643亿美元，其中，出口总额1 319亿美元，进口总额1 324亿美元。

越南的外贸依存度极高，全年进出口总额相当于GDP的155%。高外贸依存度、高外债负担和低外汇储备使越南容易受到国际商品市场和国际金融市场动荡的影响。

目前，越南已完成东盟自由贸易区（AFTA, ASEAN Free Trade Area）框架下的降税进程，正在履行中国—东盟自贸区（CAFTA, China-ASEAN Free

Trade Area)和 WTO 框架下的降税承诺,关税水平持续下调,这在很大程度上促进了越南外贸规模的不断扩大。

2. 进出口商品结构

越南出口额较大的商品主要有大米(世界第二)、水果、煤、铁矿石、原油、纺织品、鞋类、水产品、木制品、电子及电脑产品等。进口额较大的商品主要有机械及机器配件、汽油、布类、纺织原辅料、成品钢、电子及配件、塑胶原料、汽车等。

3. 主要贸易伙伴

据越南贸易部统计显示,目前,越南已与全球 165 个国家和地区建立最惠国待遇和特别优惠贸易关系。其中,122 个国家和地区属于 WTO 成员,27 个国家和地区为欧盟成员,16 个国家和地区为非 WTO 成员。在上述国家和地区中,有 11 个国家与越南签订了特别优惠贸易协议,包括东盟 9 个国家、中国和韩国。产自这 11 个国家的商品出口越南,即使是未列入减税目录的商品,也可以享受协议规定的优惠税率。

越南五大贸易伙伴为欧盟、东盟、美国、中国以及日本。主要出口市场为欧盟、美国、日本、中国;主要进口来源地为中国内地、中国台湾、新加坡、日本、韩国。越南对华贸易中始终处于逆差的地位,对华贸易逆差是越南与世界各国和地区贸易中最大的逆差额。

四、越、中经贸关系

中国和越南是山水相连的邻邦。自 1991 年 11 月两国关系正常化以来,中越贸易合作关系得到了恢复和发展。1991 年,两国贸易额仅 3 000 万美元。2013 年,中越双边贸易额已达 502.1 亿美元,同比增长 22%。越南目前在中国与东盟贸易中居第五位,双边贸易额占中国与东盟贸易总额的 7% 左右。

2007 年 1 月 11 日,越南正式成为 WTO 的第 150 位成员。中国的产品、服务部门将获得更多的市场准入机会。随着越南市场环境的改善,如法律法规透明度的提高、对外资歧视性要求的取消等,越南市场对外资的吸引力也将进一步增强,并对中国劳动密集型产业构成实质性挑战。近年来,因南海主权争议,两国间的贸易关系出现混乱,原先从中国进口原料的企业不得不转从韩国等其他国家进口,导致成本上升。越南纺织服装协议要求旗下 1 000 多家企业会员寻找可替代中国的供货方。越来越多的越南企业出现缩小与中国贸易规模的动向[1]。

---

[1] 日本《富士产经商报》:南海问题促使越南摸索贸易对像多元化,2014 年 6 月 18 日。

五、主要贸易口岸

越南共有大小海港 266 个,其中,9 个为一次靠泊 5 万吨级船舶(中型船舶)或超过 3 000TEU 的集装箱船港口。

1. 胡志明港(Hochiminh)

胡志明市旧称西贡,是越南 5 个中央直辖市之一,也是越南的经济中心,越南南方最大的港口和交通枢纽。胡志明港位于湄公河三角洲的东北侧,南临南中国海,东南距入海口 80 千米。胡志明市拥有越南最大的内河港口,港区有 3 个码头,分别为 New Port(新港)、Cat Lai Port(泰来港)和 Vict Port(越南国际集装箱码头),有 10 多个泊位和 12 个江心浮筒泊位,泊位水深 8~11.2 米。

2. 海防港(Haiphong)

海防港为越南北部最大港口和直辖市,是首都河内的门户港。港口位于红河三角洲东北端、京泰河下游,临北部湾,为海湾河口港。港口形势险要,为越南军事要地。该港属热带季风气候,年平均气温约 21℃~27℃,年雾日 25 天。属半日潮港,高潮平均 2.6 米,低潮为 0.42 米。港区主要码头泊位有 30 多个,包括矿砂、煤炭、粮谷、集装箱等码头,最大水深约 9 米,码头可靠泊 4 万吨级船舶。

3. 岘港市(Danang)

岘港是越南中部一个现代化的港口,是越南 5 个直辖市之一,也是越南的重要军港之一。主要工业有制盐、纺织、橡胶、水泥、造纸等。郊区产稻米、橡胶、椰干、胡椒、龙虾、螃蟹等。岘港为越南著名天然良港之一,港阔水深,背山面海,形势险要。港区有 4 个港口,其中的 3 个为军港,各港口可停泊万吨级以上海轮。2012 年,岘港货物吞吐量超过 350 万吨。

4. 清水河口岸(Thanhthuy)

清水河口岸为越南与中国云南天保口岸相对接的陆路口岸。越南政府将其设为边境经济开发特区,内设商贸区、国际自由贸易区、展览商品交易、商贸旅游服务区、免税商场、过境转口出入区、保税仓库、海关监管区、加工制造组装生产区、国际交易交流会场和文化体育休闲娱乐区等。特区可从事进出口贸易、过境和转口贸易、工业加工生产活动、旅游和农林业加工等。该特区的优惠政策有:①土地根据租用年限,1~5 年 100% 免税费,5~10 年税费减 50%;在口岸投资的商家及项目投资者 1~5 年免个人及企业所得税,5~10 年减半;在口岸投资进行加工、生产、组装出口的 100% 免增值税。②保税区海关监管库的进出口物资 100% 免税。③在出入境方面,中、越两国边境公民持边境通行证、护照或者双方边防公安确认的有效证件,可在边境口岸出入境及居住 15 天;中、越两国公民在此特区内,持双方边防公安确认的证件,可多次出入;中、越双方边民持边境通行证或护照,可通过旅游公司办理相关手续进入内地参观旅游,免签证。

5. 芒街口岸(Mang Cai)

芒街为紧靠中国的陆路口岸。越南政府于1994年10月批准芒街为"口岸经济区",即自由贸易区。1996年,越南政府批准芒街撤镇建市,同时撤销海宁县,统一为新设立的芒街市管理,直属广宁省。芒街市重点发展贸易、旅游、加工三大支柱产业。目前,万家港已成为面向中国的中转港。芒街口岸向中国出口的主要商品是农产品、水产品、煤炭、手工艺品等;从中国进口的主要商品有氮肥、机械设备、汽车和摩托车零配件、日用品等。

第六节 菲 律 宾

【开篇故事】 国家英雄

在菲律宾,许多家庭选择由女孩子外出养家。目前,菲律宾已成为世界最大的劳工输出国之一,有超过800万的菲律宾人在海外打工,约占菲律宾总人口的十分之一。这些打工者中绝大部分是做佣人和护士,她们虽然平凡卑微,却在用自己勤劳的双手托起一个国家的脊梁。

这些漂泊海外的菲律宾女性,默默奉献着自己的汗水与青春。她们独身在外,有着许多辛酸和无奈:不能照顾父母、子女,夫妻感情也容易出现裂痕,甚至断送了自己的家庭。还有一些菲佣,会受到雇主的欺凌和不公平对待,但她们却乐观、勤劳地工作着,从而赢得了世界的认同和尊重。

在国外,她们的身份是佣人或护士,但对于祖国,她们却举足轻重。1997年初,菲律宾总统曾亲赴北京,请求中国政府在香港回归后保留10多万名菲佣在香港的工作权益。2013年,菲律宾海外劳工汇款总额超过225亿美元,占GDP的8%左右。国外菲佣的汇款已成为菲律宾重要而稳定的外汇收入。正因为如此,菲佣们被称为菲律宾的"国家英雄"。

全称:菲律宾共和国(The Republic of Philippines)。
面积:29.97万平方千米。
人口:9 770万(2013年)。
首都:马尼拉(Metro Manila),(东8时区)。
货币:菲律宾比索(PHP)
国花:茉莉花(桑巴吉塔)。

国家格言:为了天主、人民、自然和国家。

节日:全年共有法定假日9天。元旦(1月1日);圣周节(3月或4月);复活节(3月或4月);独立日(国庆)(6月12日);巴丹日(纪念二战阵亡战士)(4月9日);国家英雄日(8月的最后星期天);亡人节(11月1日);圣诞节(12月25日);英雄节(纪念国父黎刹殉难)(12月30日)。实际上,菲律宾还是世界上节日最多的国家之一,全国各民族大大小小的节日多达几百个,只不过并非每个族群都过而已。在首都马尼拉,1月份就有黑面拿撒勒耶稣节、卡拉寇节、耶稣圣婴节等。甚至中国的春节也被当地作为华人的法定节假日。

一、自然条件

1. 地理位置

菲律宾是东南亚岛国,位于亚洲东南部。北隔巴士海峡与中国台湾遥遥相对,南隔苏拉威西海、巴拉巴克海峡与印度尼西亚、马来西亚相望,西濒南中国海,东临太平洋。菲律宾共有大小岛屿7 107个,其中,2 400个岛有名称,1 000多个岛有居民。吕宋岛、棉兰老岛、萨马岛等11个主要岛屿占全国总面积的96%。2/3以上岛屿为丘陵、山地及高原,除吕宋岛中西部和东南部外,平原均狭小。菲律宾多火山,全国共有52座,其中,活火山11座,且地震频繁。菲律宾海岸线曲折,多优良港湾。

2. 自然资源

菲律宾自然资源丰富,矿藏主要有铜、金、银、铁、铬、镍等20余种。巴拉望岛西北部海域有石油储量约3.5亿桶。菲律宾的地热资源相当于20.9亿桶原油标准量。菲律宾森林面积1 585万公顷,覆盖率达53%,有乌木、檀木等名贵木材。水产资源丰富,鱼类品种达2 400多种,其中,金枪鱼居世界前列。水稻和玉米是菲律宾的主要粮食作物。椰子、甘蔗、马尼拉麻和烟草是菲律宾的四大经济作物。

3. 气候特征

菲律宾属季风型热带雨林气候,高温多雨,湿度大,米沙鄢群岛以北多台风,月平均气温24℃~28℃,年均降雨量2 000~3 500毫米。

4. 种族与语言

菲律宾是一个多民族国家,马来族占全国人口的85%以上,包括他加禄人、伊洛戈人、邦班牙人、比萨亚人和比科尔人等;少数民族和外国后裔有华人、印尼人、阿拉伯人、印度人、西班牙人和美国人,还有为数不多的原住民(土著)。菲律宾有70多种语言,国语是以他加禄语为基础的菲律宾语,英语为官方语言。

5. 社会制度

菲律宾宪法规定,实行行政、立法、司法三权分立政体。菲律宾实行总统制,总统是国家元首、政府首脑兼武装部队总司令,拥有行政权。总统由选民直接选举产生,任期6年,不得连选连任。最高立法机构由参、众两院组成。全国划分为吕宋、维萨亚和棉兰老三大部分。

6. 宗教与习俗

(1) 宗教。菲律宾国民约84%信奉天主教,4.9%信奉伊斯兰教,少数人信奉独立教和基督教新教,华人多信奉佛教,原住民多信奉原始宗教。

(2) 习俗。菲律宾人的姓名大多为西班牙语姓名,顺序为教名—母姓首字—父姓。与专业技术人员交往时,要称呼他们的职称(如工程师、建筑师、律师、教授等)。交谈时,要避免菲国内政治纷争、宗教、菲律宾近代史等话题。在菲律宾,收受或者赠送礼物不要当众打开,否则,客人会有被当众羞辱的感觉。菲律宾人忌讳数字13和星期五,忌讳左手传递东西或抓取食物。菲律宾人不爱吃生姜,也不喜欢吃兽类内脏和腥味大的东西,不习惯将鱼整条烹饪食用,不喝牛奶和烈性酒。菲律宾人认为红色是不祥之色;忌鹤和龟以及印有这两种动物形的图案。

菲律宾人天性和蔼可亲,善于交际,作风大方,商界会面宜穿保守式样西装,并事先预约时间。商务洽谈中,若对方提出无理要求,应明确回绝,不能暧昧含糊。去当地进行商务活动最好安排在1~3月和10~11月。圣诞节、复活节及中国农历新年(春节)期间不宜安排访问。

二、经济概况

菲律宾经济为出口导向型经济。1997年的亚洲金融危机对菲律宾造成较大程度的冲击,经济增速明显放缓。之后,新政府加大对农业和基础设施建设的投入,扩大内需和出口,国际收支得到改善,经济保持平稳增长。

1. 经济规模

2013年,菲律宾国内生产总值2 720亿美元,人均GDP为2 794美元。外国对菲律宾直接投资近年来持续增长,主要投资国为日本、美国、荷兰、德国、英国、瑞典,主要投资领域为制造业、服务业、房地产、金融中介、矿业和建筑业。投资热点为制造业、居民住宅、电力和IT服务业。其中,制造业和IT服务业大部分设在出口区、IT园。美国仍为菲律宾最大的投资国,其次为日本和荷兰。菲律宾接受外国援助主要来自日本、美国、西欧国家和国际金融组织。外国每年承诺给予菲律宾的各项援助约为 20 亿美元。

2. 产业结构

(1) 工业。工业产值占菲律宾 GDP 的 33%,制造业约占 GDP 的 24.3%。工业有食品、采矿、纺织、冶炼、汽车装配和化学等。刺绣工艺世界著名。

(2) 农业。农、林、渔业产值约占 GDP 的 20%,从业人口占总劳力的 37%。菲律宾热带农业发达,主要作物有稻、玉米、椰子、甘蔗、蕉麻、烟草、香蕉、菠萝、芒果等。1/3 以上稻田集中在吕宋岛中央平原。

(3) 服务业。服务业产值占 GDP 的 47%,从业人口占总劳力的 47.5%。旅游业是菲外汇收入重要来源之一,约占 GDP 的 2.25%。主要旅游景点有百胜滩、蓝色港湾、碧瑶市、马荣火山、伊富高省原始梯田等。

(4) 海外劳务。侨汇及海外劳务收入约 225 亿美元/年,占 GDP 的 8% 左右。从事海外劳务的菲律宾人(绝大部分是女性)超过 900 万,遍及世界各地。

三、对外贸易

1. 外贸规模

菲律宾是亚太经合组织成员国和东盟成员国,承诺推进区域自由贸易和到 2020 年消除贸易壁垒。据菲律宾国家统计局公布,2012 年,菲律宾对外贸易额 1 156.8 亿美元,其中,出口 539.8 亿美元,进口 617 亿美元,贸易逆差 77.2 亿美元,外贸依存度为 42.5%。

2. 进出口商品结构

菲律宾政府积极促进出口商品多样化和外贸市场多元化,优化进出口商品结构。非传统出口商品(如成衣、电子产品、工艺品、家具、化肥等)的出口额已超过矿产、原材料等传统商品出口额。其中,电子产品出口占出口商品的 50% 以上。主要出口产品为半导体、电动机械、铜棒(条)、精制糖、传送设备等;2013年,菲律宾农产品出口达 63.2 亿美元,同比增长 25.4%。椰干和椰油输出占世界首位,其中,仅椰油的出口额就达 9.5 亿美元[①];香蕉、芒果、大米、花卉、卡拉胶、木材、铁、铬等在世界市场上也较重要。菲律宾的主要进口产品为电信设备、电动机械、石油产品、日用消费品等。

3. 主要贸易伙伴

菲律宾的主要贸易伙伴是日本、美国、中国、新加坡和韩国等。2012 年,菲日贸易占菲对外贸易总额的 14%。菲美贸易占菲贸易总额的 12.5%。菲中贸

---

① 商务部驻菲律宾经商参处:2013 年菲律宾农产品出口增长 25%,2014-04-18。

易占菲律宾外贸总额的11%。菲律宾与新加坡、韩国的贸易分别约占其贸易总额的8%和6.3%。沙特阿拉伯、马来西亚、阿联酋等也是菲律宾的重要贸易伙伴。

4. 出口加工区

菲律宾有4个出口加工区,分别是巴丹(Bataan)出口加工区、马克坦(Macton)出口加工区、甲米地出口加工区和碧瑶(Baguio)出口加工区。这些出口加工区已成为与其他地区隔绝的独立小区域,区内企业使用进口原材料和半成品进行加工、组装和制造各种出口商品。投资者在这4个出口加工区可享受到一系列的优惠待遇,包括:首批入区企业免征所得税6年,其他企业免征所得税4年;对区企业进口的机器设备、原材料以及企业运行必需的商品免征关税;免除区内企业的进出口税及各种费用;区内企业不受当地政府法规的约束;免除向外国企业汇回利润征收的15%的税收;机器、设备、原料等免征进口关税;加速固定资产折旧;优先配给外汇等。

另外,除上述4个出口加工区以外,菲律宾近年来在原美军基地上建立了克拉克和苏比克经济特区,有关优惠政策类似4个出口加工区。

四、菲、中经贸关系

1. 贸易规模

双边贸易是菲、中两国经济合作的主要载体。两国建交时的1975年,进出口贸易额仅为6 500万美元。2012年,菲律宾与中国内地的贸易额达364.5亿美元,其中,对华出口196.8亿美元,自中国进口167.7亿美元,菲律宾顺差29.06亿美元。中菲贸易占中国与东盟贸易的9.1%,菲律宾是中国在东盟的第六大贸易伙伴。

2. 贸易结构

菲律宾向中国出口的主要商品有矿产品、铜、机电产品、微电子产品及光学医疗设备等。近年来,菲律宾对华出口电子产品、成品油、纸张等有较大增长,其中,电子类产品占对华出口总额的45%。菲律宾从中国进口的商品主要为塑料及制品、纺织品、钢铁、机械电子产品。

五、主要贸易口岸

1. 马尼拉(Manila)

马尼拉港位于吕宋岛西南的巴石河口两岸,濒临马尼拉湾东侧,是菲律宾最大的海港、菲律宾的首都和全国政治、经济、文化和交通中心。马尼拉港属于海湾河口港。马尼拉集中了全国半数以上的工业企业,主要工业有制糖、榨油、碾米、纺织、肥皂、印刷、食品加工、制药、卷烟等,还有卡车制造及小型钢厂等。该港属热带季风气候,盛行东北风。年雾日15天,夏、秋多台风。属半日潮港,平均潮差1米。该港有南港、北港及国际集装箱3个港区,主要码头泊位26个,最大水深12.5米。另有海上系船浮筒泊位6个,最大水深15米。

2. 苏比克港(Subic Bay)

苏比克港曾作为美国驻菲海空军基地,1992年后被辟为自由港。港口位于菲律宾吕宋岛西南部的一个海湾,距首都马尼拉110千米。港湾三面环山,人口处有岛屿屏障,是一座难得的天然良港。即使在台风季节,苏比克港内仍然风平浪静,其自然条件超过附近的新加坡、中国香港、基隆和高雄等港口。港区水深24~50米,可停泊世界上吃水最深的核动力航母、集装箱船、滚装船、散装货船、超级油船等。苏比克港凭借优越的自然环境和水深优势,相对于已经没有多少发展余地的新加坡等港口,更能吸引众多国际航运物流巨头来此落户。苏比克湾自由港现已发展成为一个吸引全球跨国公司落户的航运、贸易及商务中心。

本章小结

1. 新加坡经济传统上以商业为主,转口贸易、加工出口、远洋航运等非常发达,是东南亚最大的海港、重要商业城市和转口贸易中心,也是国际金融中心和重要的航空中心。独立后的新加坡政府坚持自由经济政策,建立了包括国际贸易、加工业、金融业和旅游业为主的新加坡四大经济支柱产业,与中国香港、中国台湾和韩国并称为"亚洲四小龙"。

2. 泰国的工业主要为出口导向型。作为传统农业国,农产品是泰国外汇收入的主要来源之一,主要生产稻米、玉米、木薯、橡胶、甘蔗、烟草、咖啡豆等。泰国还是世界著名的大米生产国和出口国,出口额约占世界稻米市场的三分之一。泰国也是仅次于日本、中国的亚洲第三大海产国和世界第一大产虾国。

3. 马来西亚政府提出"2020宏愿"的跨世纪发展战略,重视发展高科技,启动了"多媒体超级走廊"、"生物谷"等项目,旨在于2020年将马来西亚建设成发达国家。1997年,马来西亚成为亚洲金融风暴的"重灾区"之一,经济发展倒退了10年!之后,马来西亚通过稳定汇率、重组银行企业债务、扩大内需和出口等政策,经济取得了较快增长。

4. 越南的外贸依存度极高,全年进出口总额相当于GDP的155%,特别是进口依存度很高。高外贸依存度、高外债负担和低外汇储备使越南容易受到国际贸易和金融市场动荡的影响。

5. 印度尼西亚是世界最大的液化天然气（LNG）出口国，石油天然气出口曾占总出口的82%。近年来，印尼工业制成品逐步取代石油天然气，成为出口创汇的主要来源。印尼也是为亚洲第二、世界第九大煤炭出口国。

6. 菲律宾海外劳务收入占GDP的8%，全国有900多万人（主要是女性）在海外从事各种劳务工作。菲律宾经济规模居东盟第六位，外贸依存度为42.5%，椰干、椰油出口占世界首位。

1. 结合中国与东盟经济发展的特点阐述"10＋3"发展前景及可能出现的问题。
2. 新加坡的外贸依存度为什么那么高？试分析其原因。
3. 简述泰国对外贸易商品结构的变化特点。
4. 越南能否成为中国出口加工贸易的竞争对手？为什么？
5. 菲律宾的苏比克港能否赶超新加坡、香港、高雄等国际著名大港？为什么？
6. 菲律宾与中国在南海主权上的争议是否会影响双边贸易？为什么？

第八章　非洲主要国家

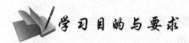学习目的与要求

1. 了解非洲地理、人文、资源、社会概况；
2. 熟悉非洲国家的主要进出口产品及重要贸易口岸；
3. 了解非洲主要国家的经济发展水平、产业构成及特点；
4. 分析中国和非洲相关国家开展国际经贸合作的发展前景。

【开篇综述】　阿非利加与中国[①]

世界第二大洲——阿非利加简称非洲，意为"阳光灼热的地方"。非洲大陆地跨赤道南北，西临大西洋，东临印度洋，北与欧洲隔地中海和直布罗陀海峡相望，东北以苏伊士运河和红海与亚洲相邻。面积达777万平方千米的撒哈拉沙漠是世界最大的沙漠；尼罗河全长6 670千米，为非洲第一、世界第二大河；维多利亚湖是非洲第一、世界第二大淡水湖。非洲石油储量约占世界总储量的12%；铁矿、铬矿约占世界的1/2；黄金矿占世界储量的2/3；铜矿、钠矿约占世界的1/4；金刚石储量达9亿克拉，占世界总储量的90%以上；磷酸盐储量有270亿吨，居世界第一位。森林面积占全世界森林面积的21%；全球最大的草原占世界草原总面积的27%。

由于历史上曾遭受欧洲的入侵和奴隶制买卖，加上连年战火不断，政权更迭频繁，民族、种族及宗教矛盾等因素的困扰，大部分非洲国家经济发展十分落后。非洲部分自然资源较为丰富的国家，凭借石油、天然气和矿产原料等的出口带动经济发展，但是，每当能源等基础资源价格剧烈波动时，都会使非洲经济的稳定增长受到影响。相当多的非洲国家对外资的依赖非常严重。

[①]　根据《日本经济新闻》2009年1月29日、《参考消息》2009年1月28日整理。

2000年,中国与非洲的贸易仅为100亿美元,而到2013年,中非贸易额达到2 102亿美元。廉价的中国产品大量涌入,既为当地百姓带来了实惠,同时又使非洲当地的产业受到影响,甚至出现个别抵制中国产品和伤害中国人的事件;中国在援建非洲大量工程的同时,输送去大批工人,这也引起当地人的疑虑。中国政府吸取教训,转而重视援助质量的改善,例如,中国加大了对非洲疾病防范等人道主义的援助,重点兴建医院、学校等公共设施。一些投资非洲的中国企业还在当地开展慈善活动,包括向孤儿提供帮助、尽可能地为当地创造就业机会等。2014年5月,中国总理访非时提出"三网"设想,拟帮助非洲国家建设高速公路、高速铁路和区域航空网络。但宗教激进分子和恐怖主义对中非贸易和投资构成的威胁仍然存在。

第一节 北非主要国家

一、埃 及

全称:阿拉伯埃及共和国(The Arab Republic of Egypt)。
面积:100.145万平方千米。
人口:9 455万(2013年)。
首都:开罗(Cairo)。
货币:埃镑(EGP)。
国花:蓝睡莲。
节日:元月7日科普特教圣诞节,4月25日西奈解放日,5月1日国际劳动节,7月23日埃及国庆日,10月6日埃及建军节。

(一) 自然条件

1. 地理位置

埃及地处非洲东北部,处于非洲和亚洲交界处。西与利比亚为邻,南与苏丹交界,东临红海并与巴勒斯坦、以色列接壤,北临地中海。苏伊士(Suez)运河流经其内,苏伊士运河是亚非的分界,沟通红海和地中海,所以,埃及是一个地跨两大洲的国家,其部分领土在亚洲。埃及是典型的沙漠之国,全境95%为沙漠。尼罗河(Nile River)两岸形成的狭长河谷和入海处形成的三角洲占国土面积的3.6%,是埃及最富饶的地区,聚居着全国96%的人口。

2. 自然资源

(1) 能源资源。埃及主要资源有石油、天然气等。已探明的储量为石油 11.87 亿吨，天然气 55 万亿立方米。

(2) 矿产资源。主要资源有磷酸盐、铁等，已探明磷酸盐约 70 亿吨，铁矿 6 000 万吨。1988 年又发现丰富的铀矿，其储量超过美国和俄罗斯铀矿储量的总和。此外，还有锰、煤、金、锌、铬、银、铝、铜和滑石等。

(3) 水资源。埃及有约 2 900 千米的海岸线。世界最长的河流尼罗河全长 1 350 千米，被称为埃及的"生命之河"。苏伊士运河扼欧、亚、非三洲交通要冲，沟通红海和地中海，连接大西洋和印度洋。

3. 气候特征

埃及全境干燥少雨。尼罗河三角洲和北部沿海地区属地中海型气候，年平均降水量 50～200 毫米，其余大部分地区属热带沙漠气候，炎热干燥，沙漠地区气温可达 40℃，年平均降水量不足 30 毫米。每年 4～5 月间常有"五旬风"，夹带沙石，使农作物受害。

4. 种族与语言

埃及绝大多数人生活在尼罗河两侧和三角洲，由阿拉伯人、科普特人、贝都因人、努比亚人等多个民族所构成。其中，阿拉伯人占全国居民总数的 87%。

埃及官方语言为阿拉伯语，在上层社会中懂英语和法语的人很多。

5. 宗教与习俗

(1) 宗教。伊斯兰教为埃及国教，该教信徒占全国总人口的 91%，基督教徒占全国的 7.5%，另有少量的犹太教徒。

(2) 习俗。按照埃及的商务礼俗，宜随时穿着保守式样西装。拜访须先订约。在埃及，持用印有阿拉伯文对照之名片会很有用。埃及商人经验丰富，但时间观念不强。星期六到下星期四是埃及人上班的时间，星期五是伊斯兰教的休息日。到埃及从事商务活动，最好于 10 月至次年 4 月前往。埃及的社交聚会比较晚，晚餐经常在 10 点半以后开始。与埃及人谈话时，要多赞美埃及有名的棉花和古老的文明，避免谈论中东政局。埃及人正式用餐时，忌交谈，忌饮酒，忌吃猪、狗肉、虾、蟹、动物内脏（除肝外）和鳝鱼、甲鱼等怪状的鱼。埃及人忌黑色与蓝色，忌带有星星图案的衣服和图案，忌猪、狗、猫、熊等图案，忌讳数字 13。

(二) 经济概况

1. 经济规模

埃及是非洲经济发展较好的国家之一，是非洲第四大产油国和炼油能力最大的国家。埃及的经济发展和外汇收入主要依赖石油、运河、侨汇和旅游等。2013 年 GDP 为 2 548 亿美元，人均 GDP 为 3 111.87 美元。

2. 产业结构

(1) 农业。埃及农业产值约占 GDP 的 20%,农村人口占全国总人口的 56%,农业从业人员占全国劳动力总数的 28%。主要农作物有棉花、小麦、水稻、玉米、甘蔗、水果、蔬菜等。在 20 世纪 50 和 60 年代,埃及曾是粮食净出口国,一度被誉为"尼罗河粮仓"。由于人口急剧增长,从 70 年代开始成为粮食净进口国,现已成为世界上最大的食品进口国之一,每年需进口小麦约 900 万吨。埃及是非洲最大的产棉国,并以其绒长(长度达 3.81 厘米)、光洁闻名于世,素有"白金"之美誉,是埃及主要的出口农产品。此外,埃及是第一大甘蔗生产国。

(2) 旅游业。埃及历史悠久、文化灿烂,是举世闻名的四大文明古国之一,名胜古迹众多,素有"世界名胜古迹博物馆"之称,具有发展旅游业的良好条件。主要旅游点有金字塔、狮身人面像、爱资哈尔清真寺、古城堡、希腊罗马博物馆、卡特巴城堡、蒙塔扎宫、卢克索神庙、卡纳克神庙、国王谷、阿斯旺水坝等。埃及政府非常重视发展旅游业。旅游业收入曾居埃四大外汇收入之首。但由于近年埃及社会局势不稳,旅游收入大幅减少。

(3) 侨汇。埃及的侨汇收入是埃及经济发展的重要因素,侨汇收入提高了埃及人的生活水平,大大缓解了埃及的失业问题,同时也为劳动力输入国的经济发展做出了贡献。自 1973 年十月战争后,随着石油价格大幅上涨和阿拉伯劳务市场向埃及开放,侨汇收入成为埃及的重要外汇来源,其中,来自美国的汇款占侨汇总收入的 37%;来自沙特阿拉伯的汇款占侨汇总收入的 21.3%[①]。埃及的侨汇收入约占埃及国内生产总值的 6.5%[②]。

(4) 航运(苏伊士运河)。苏伊士运河位于埃及东北部,扼欧、亚、非三洲交通要冲,沟通红海和地中海、大西洋和印度洋,大大缩短了东西方航程,每年承担着全世界 14% 的海运贸易,具有重要的战略意义和经济意义。苏伊士运河是埃及外汇收入的主要来源之一,是埃及仅次于旅游和侨汇的第三大外汇收入来源。据运河管理局公布的年度报告,2012 年苏伊士运河收入为 51.3 亿美元,是巴拿马运河收入的 5 倍。

(5) 石油天然气。埃及已探明的石油储量为 42 亿桶,天然气储量为 21 714 亿立方米。埃及的石油天然气产区分为苏伊士湾产区、西奈半岛产区、西部沙漠和东部沙漠产区。其中,以苏伊士产区的产量最大,占埃及石油总产量的 78%;西奈半岛占 5%;沙漠地区共占 17%。石油工业产值占 GDP 的 10% 以上,石油及天然气约占出口总额的 50%。

---

① 《金字塔报》2005 年 11 月 6 日。
② 摘自中国驻埃及大使馆网站经商参处子站。

（三）对外贸易

1. 外贸规模

埃及作为 WTO 成员国,自 1995 年以来积极推行贸易自由化政策,减少关税和非关税壁垒措施、逐步取消进口限制,并推行私有化、取消外汇管制等措施,使埃及的对外贸易规模快速增长。2011~2012 财年,埃及对外贸易额为 856 亿美元,其中,出口 269 亿美元,进口 587 亿美元,逆差 318 亿美元。由于埃及国内工业发展的需要,进口增速加快,导致埃及对外贸易长期处于逆差状态。

2. 进出口商品结构

埃及出口商品以原材料和初级加工产品为主,主要是石油及成品油、天然气、棉花、水泥、碳等。在埃及的出口产品中,原油及其制成品约占其出口总额的近 50%,棉花、纺织品及服装约占 30%,大米、土豆、蔬菜水果等农副产品约占 10%,其他出口产品还有铝材、钢材、磷酸盐、日用品等。在埃及进口商品中,机电产品及工业原材料约占 60%,粮食和食品约占 30%。主要进口产品包括机电设备、汽车及零部件和金属制品及材料,占进口总额的 1/3 左右;小麦及面粉、玉米、食油、奶、糖、蔬菜、肉类等食品,占进口总额近 1/4;化工品及原料、木材、纸张,占进口总额近 1/5;还有纺织原料、建材和轻工产品等。

3. 主要贸易伙伴

埃及的主要贸易伙伴是美国、德国、英国、意大利、法国等欧美国家,与这些国家的贸易额约占其贸易总额的 75% 以上。此外,还有沙特阿拉伯、中国、印度、俄罗斯和日本等国家。其中,欧盟是埃及的第一大贸易伙伴,埃及与欧盟的贸易总额占埃及对外贸易总额的 40%。近年来,埃及与中国的贸易增长较快,并将取代美国,成为埃及第一大贸易伙伴。

（四）埃、中经贸关系

1956 年 5 月,埃及与中国建交,成为第一个承认新中国的阿拉伯国家和非洲国家。进入 21 世纪后,两国双边贸易发展迅速。2003 年,双边贸易额首次突破 10 亿美元大关。据中国海关统计,2011 年,埃中贸易额为 87.9 亿美元,2012 年,埃中贸易增至 95 亿美元,2013 年,埃中贸易额达 102.1 亿美元,其中,埃及向中国出口 18.5 亿美元,增长 40.2%,进口 83.6 亿美元,增长 1.7%,逆差 65.1 亿美元。

埃及向中国出口的主要商品有原油及其产品、机械、运输设备、化工产品、纺织品、牲畜及畜产品、棉花、大米、洋葱、棉籽油和磷酸盐等;从中国进口的主要商品有机电产品、纺织品和服装、轻工产品、化工产品、食品等。

此外,埃中双向投资也是两国重要的合作领域。据埃及投资部统计,截至 2010 年年底,中国在埃及投资合作企业累计超过 900 家,投资额超过 8 亿美元。

中国对埃及投资以成熟产业技术转移为特点。例如,中国的奇瑞、华晨汽车已在埃及进行汽车组装。中国巨石集团投资2.23亿美元,在埃及建成年产8万吨的玻璃纤维生产线,产品销往欧亚市场。近年来,埃及社会动乱对双边投资有一定影响。

(五) 主要贸易口岸

1. 达米埃塔(Damietta)

达米埃塔是杜姆亚特省首府。达米埃塔港位于尼罗河三角洲东北部,濒临地中海,距杜姆亚特河口13千米,塞德港以西70千米处。达米埃塔现为非洲第一大港,拥有最先进的设备,全部为电子化运作,是埃及第一座电子化运作的港口,也是埃及最大的出口港。

2. 塞德港(Port Said)

塞德港位于埃及东北沿海苏伊士运河北口,濒临地中海北岸,是埃及第二大港,也是世界最大的煤炭和石油储存港之一,也是尼罗河三角洲东部所产棉花及稻谷的输出港。该港属亚热带地中海式气候,年平均气温最高37℃度,最低约7℃。冬季清晨港口沿岸有持续数小时的晨雾,全年平均降雨量约150毫米。港区平均潮差约1.3米,最大水深13.7米。港内辟有自由工业区。

3. 亚历山大港(Port Alexandria)

亚历山大港始建于公元前332年,以亚历山大大帝命名。该港分东、西港,港外有两道防波堤和狭长的法罗斯岛作屏障。西港为深水良港,港区主要码头有60个,最大水深为10.6米,拥有煤炭、粮食、木材及石油等专用码头。港区仓库容量达3万吨。码头最大可停靠4万载重吨的船舶。大船锚地在外港区,最大水深达19.8米。本港的自由工业区始建于1974年,面积达600平方千米。

二、利比亚

全称:利比亚国(State of Libya)。

面积:1 759 540平方千米。

人口:715万(2014年)。

首都:的黎波里(Tripoli)。

货币:利比亚第纳尔(LYD)。

国花:石榴。

节日:伊斯兰教历1月1日为伊历新年,伊历1月10日为阿舒拉节,伊历3月12日为伊斯兰教创始人穆罕迈德生日,伊历9月为斋月,伊历10

月1日至3日为开斋节,伊历12月9日至11日为宰牲节。

(一) 自然条件

1. 地理位置

利比亚位于非洲北部,东部与埃及交界,东南与苏丹为邻,南部同乍得和尼日尔毗连,西部与阿尔及利亚和突尼斯接壤,北临地中海。典型的沙漠国家,撒哈拉沙漠约占全境98%的面积。北部沿海和东北部内陆区是海拔200米以下的平原,由北向南逐渐升高形成宽阔的利比亚高原以及内陆盆地。

2. 自然资源

(1) 能源资源。利比亚拥有丰富的石油和天然气,是欧佩克成员国之一。2011年,利比亚的石油储量居世界第九位和非洲第一位,天然气储量居非洲第四位。产量方面,石油和天然气产量分别居非洲第五位和第二位[1]。

(2) 矿产资源。利比亚资源丰富,拥有钾、锰、磷灰石、钨、硫、铜等矿产资源。

(3) 水资源。利比亚海岸线长约1 900余千米。井泉为主要水源。利比亚拥有丰富的地下水资源,南部沙漠地区地下水探明储量达250亿立方米,目前正在实施的世界上最大的水利项目——利比亚人工河,通过总长4 200千米的管网每日向全国输送620万立方米的生产生活用水。

(4) 生物资源。沿海拥有丰富的海洋生物资源,如白鱼、金枪鱼、沙丁鱼、海绵、珊瑚、海藻等。

3. 气候特征

北部沿海属亚热带地中海型气候,冬暖多雨,夏热干燥。内陆广大地区属热带沙漠气候,干热少雨,季节和昼夜温差均较大。中部的塞卜哈是世界上最干燥的地区,内陆中的沙漠甚至连续几年无雨。

4. 种族与语言

利比亚主要民族为阿拉伯人,约占总人口的83.8%,其他为埃及人、突尼斯人、柏柏尔人。阿拉伯语为国语,在主要城市也讲英语和意大利语。

5. 宗教与习俗

(1) 宗教。97%的居民信仰伊斯兰教,其中的绝大多数为逊尼派。

(2) 习俗。商务活动多用阿拉伯语、意大利语和法语。商务活动最好于11月至次年4月前往。拜会交谈时,勿涉及政治、宗教、战争或诸如此类易引起争论的话题。商业往来报价宜用CIF或CFR到岸价。初次交易应要求对方用不

---

[1] 周韦慧:"利比亚油气工业现状及投资环境分析",载《当代石油石化》2008年第6期。

可撤回的信用证付款,避免收受见票即付的汇票。利比亚人平时以吃面食为主,喜食甜辣风味食品。有饮茶和喝咖啡的习惯。吃饭不用刀叉,只用右手抓。利比亚人喜欢绿色,忌讳黑色。此外,猪、猫以及女性人体均属禁忌图案。猪肉类食品和酒禁止食用。

(二) 经济概况

1. 经济规模

利比亚原是一个落后的农业国。1969年"9·1革命"后,利比亚利用丰富的石油资源推动经济迅速发展,一跃成为世界上主要的石油生产国和出口国,使昔日贫穷落后的农牧业国家发展为非洲最富有的国家之一。2013年,GDP达到976.4亿美元,人均GDP达14 761美元,为非洲第二位。

2. 产业结构

利比亚经济结构单一。农业落后,粮食大量依靠进口;工业较薄弱,主要工业部门有石油开采、炼油、食品加工、石化、化工、建材、发电、采矿、纺织业等。其中,石油出口是利比亚国家收入的主要来源,占外汇收入的95%和政府收入的75%以上。

利比亚的主要支柱产业是石油、天然气产业。利比亚的石油探明储量一直保持增长态势。2011年石油探明储量达到61亿吨,排名世界第九位。利比亚的天然气探明储量也快速增长,居世界第21位。

(三) 对外贸易

1. 贸易规模

对外贸易在利比亚国民经济中占有重要地位。近十年来,受原油价格和国内政局变化的影响,利比亚进出口贸易额大起大落。2006年,利比亚外贸总额达538亿美元,其中,出口393亿美元,进口145亿美元[①]。2010年,利比亚外贸总额约为709亿美元,其中,出口463亿美元,进口246亿美元。2011年爆发战争,外贸一度停滞。

2. 商品结构

(1) 出口。利比亚主要出口产品是石油、燃料油、尿素、甲醇、合成氨等。利比亚是世界主要的石油生产及出口国之一,2009年石油出口319亿美元,主要出口到意大利、德国、西班牙和法国。2011年战乱使石油生产和出口受到严重影响。利比亚利用资源优势,以天然气为原料,生产甲醇、氨气、尿素和液化气等化工产品,除少数用于国内消费外,其余均以出口为主。

(2) 进口。主要有粮食、食品、机械、建材、化工、运输工具、电器设备、武器

---

① http://www.ccpit.org/Contents/Channel_352/2008/0409/106208/content_106208.htm.

装备、轻工产品、农业用品、畜产品等。其中,机械设备和交通工具所占比重最大,其次为各类工业制成品、粮食、活畜、原材料、电器、化工以及武器装备等。

3. 主要贸易伙伴

利比亚的主要贸易对象国家是意大利、德国、西班牙、法国、日本、土耳其、韩国、中国、印度及非洲和阿拉伯联盟国家。利比亚出口原油中的90%以上销往欧洲,意大利、德国和西班牙三国从利进口的石油占利比亚出口石油的四分之三。2013年,利比亚向其最大市场欧盟28国出口石油230亿欧元,从欧盟进口79亿欧元[①]。

(四) 利、中经贸关系

中国与利比亚双边经贸合作从1978年建交至2003年联合国解除对利比亚航空、军贸、外交制裁期间,整体规模不大。2007年,双边贸易额已上升到24.08亿美元,其中,中国出口8.61亿美元,进口15.47亿美元。2012年,利中双边贸易额为87.7亿美元,同比增长215.1%,其中,利对华出口63.9亿美元,增长209.5%,从中国进口23.8亿美元,增长230.9%。利比亚已经成为中国在非洲的第五大贸易伙伴。

中国对利比亚出口主要商品开始是大米、茶叶、服装等,现在逐渐向机电、通讯设备、建材及汽车等高附加值商品转化。利比亚对中国出口石油从2003年的12.89万吨猛增至2007年的290万吨。此外,中、利双方在投资、工程承包和劳务等领域也在进行合作,但受利比亚国内治安问题影响,总体规模不大。

(五) 主要贸易口岸

1. 的黎波里(Tripoli)

的黎波里是利比亚的首都和最大港口,位于利比亚的西北部、地中海南岸,北距马耳他瓦莱塔港194海里,东距班加西355海里,西距突尼斯港318海里,港内有顺岸和突堤码头,水深3米以上的泊位约40~50个,码头线总长3 760米,水深6.8~8.4米。该港口年吞吐量超过500万吨。

2. 班加西(Benghazi)

班加西是利比亚第二大城市和重要港口,是全国经济和交通中心之一,也是冬季旅游和疗养胜地。该港位于利比亚东北部,西临地中海苏尔特湾,属地中海气候。港口入口宽213.36米,水深10.36米。该港有新、旧两港,新港有4个泊位,水深9.14米;旧港有3个泊位,水深5.86米。班加西港干货船最大吃水8.53米,油船最大吃水7.01米。潮差约0.61米。

[①] 商务部驻利比亚经商参处:欧盟公布2013年与利比亚进出口贸易额,2014-04-09。

三、阿尔及利亚

全称:阿尔及利亚民主人民共和国(The People's Democratic Republic of Algeria)。

面积:约 238.17 万平方千米。

人口:约 3 810 万(2013 年)。

首都:阿尔及尔(Alger)。

货币:阿尔及利亚第纳尔(DZD)。

国花:夹竹桃。

国家格言:民治和民享。

节日:1 月 7 日全国卫生日,2 月 18 日全国烈士日,2 月 24 日工人总联合会成立日,3 月 8 日国际妇女节,3 月 14 日全国残疾人日,3 月 19 日胜利节,3 月 21 日植树节,4 月 16 日科学节,4 月 24 日国际青年反帝日,5 月 19 日全国大学生日,6 月 17 日土地革命日,7 月 5 日独立日及青年节,7 月 22 日警察节,8 月 20 日圣战者日,10 月 17 日移民日,11 月 1 日国庆日。

(一) 自然条件

1. 地理位置

阿尔及利亚北临地中海,东邻突尼斯、利比亚,南与尼日尔、马里和毛里塔尼亚接壤,西与摩洛哥、西撒哈拉交界。阿全境大致分为地中海沿岸的滨海平原与丘陵、中部高原和南部撒哈拉沙漠三部分。地中海岸的滨海平原是全国最富庶的经济作物产区;中部高原地为主要畜牧区;南部的撒哈拉大沙漠约占全国面积的 85%。

2. 自然资源

(1) 能源资源。能源资源有石油、天然气。石油探明可采储量约 12.55 亿吨,居世界第 15 位,主要是撒哈拉轻质油,油质较高;天然气储量 4.6 万亿立方米,占世界总储量的 3%。

(2) 矿产资源。矿产资源主要有铁、铅锌、铀、铜、金、磷酸盐等。其中,铁矿储量为 30 亿~50 亿吨,主要分布在东部的乌昂扎矿和布哈德拉矿。铅锌矿储量估计为 1.5 亿吨,铀矿 2.4 万~5 万吨,磷酸盐 20 亿吨,黄金 100 吨。

(3) 森林资源。森林面积为 367 万公顷,其中,软木林 46 万公顷,年产木材 20 万立方米,软木产量居世界第三位。

3. 气候特点

阿尔及利亚沿海地区属地中海气候,4~6 月和 9~10 月的气候最为温和宜人。阿高原地区属大陆性气候,干燥少雨,冬冷夏热;撒哈拉地区为热带沙漠气候,5~9 月异常炎热,最高温度可达 55℃,昼夜温差较大。沙漠绿洲、高原和沙漠中的盐湖地带自成小气候。11 月至次年 3 月为雨季,6~9 月为旱季。

4. 民族与语言

阿尔及利亚大多数是阿拉伯人,约占总人口的 80%,其次是柏柏尔人(约 700 万),少数民族有姆扎布族和图阿雷格族。官方语言为阿拉伯语和柏柏尔语,法语为通用语言。

5. 宗教与习俗

(1) 宗教。伊斯兰教是国教,穆斯林占总人口的 99.9%,全部属逊尼派。此外,还有少量的天主教徒。

(2) 习俗。阿尔及利亚人性格豪爽,勇敢无畏,待人热情大方。与阿尔及利亚人见面时应问好,通行握手礼。握手、吃饭、递给别人东西时要用右手,因为伊斯兰教认为左手是不洁的。阿尔及利亚人大多数为阿拉伯人,他们的饮食习惯与其他阿拉伯国家几乎完全相同。伊斯兰教禁止饮酒,不要将酒作为礼品相送。用手抓饭吃,甚至用手在汤中捞菜吃,是当地人的饮食习惯。阿尔及利亚商人的时间观念一般不强。如同他们约会,最好在预定时间前的一小时再通过电话确定一下。伊斯兰教对阿尔及利亚人的生活风俗影响颇大,每年伊斯兰教历的九月要过传统的祭礼月——斋月。阿尔及利亚忌用猪和类似猪形状的动物(如熊猫等)做广告图案。

(二) 经济概况

1. 经济规模

阿尔及利亚是非洲第二大国,经济规模在非洲居第三位,仅次于南非和埃及,是所谓"清醒四国"之一[①]。石油和天然气是阿经济主要支柱,其出口收入占国家外汇收入的 90% 以上。进入 21 世纪以来,国际油价不断走高,

---

① "清醒四国(SANE)"是非洲开发银行发展研究部在 2007 年银行集团年会上提出的概念,用来代表南非(South Africa)、阿尔及利亚(Algeria)、尼日利亚(Nigeria)和埃及(Egypt)四个非洲国家,并将其称为非洲发展的"支点"。

带动阿经济有所好转。2012年,阿国内生产总值2 114亿美元,人均国民收入达5 253美元。

由于阿独立后长期实行高度集中的计划经济,重工轻农,阿经济体系脆弱,产业结构单一,国民经济过分依赖于碳化氢工业。国民经济发展易受国际市场原油价格波动的影响,存在很大的不确定和不稳定性。

2. 产业结构

阿尔及利亚素有"北非油桶"之称。蕴藏着大量的石油和天然气,是OPEC成员国之一。石油和天然气工业是阿尔及利亚的支柱产业,阿尔及利亚探明石油储量约120亿桶,可开采约40年。天然气储量4.54万亿立方米,可开采储量占世界总量的3%,产量占世界的3.5%,消费量占世界的1%,出口量占世界的10%。其中,液化天然气(LNG)出口量占世界总量的20%。阿尔及利亚出口的原油大约90%输往西欧。阿碳化氢工业产值占国内生产总值的45%,出口占到国家出口总额的98%,石油出口收入成为阿主要建设资金来源。

(三) 对外贸易

1. 外贸规模

1991年3月,阿尔及利亚宣布放开对外贸易。2013年,阿进出口贸易总额为1 207.7亿美元,其中,出口659.2亿美元,进口548.5亿美元。阿进出口一直呈顺差态势,2013年顺差达110.7亿美元。从阿国内经济结构分析,阿外贸以及顺差的快速上升,主要是因为阿国内鼓励石油及天然气产业的出口所致。阿顺差主要来自美国、意大利、荷兰、加拿大和西班牙等石油进口国家。

2. 进出口商品结构

阿尔及利亚出口结构单一,主要出口产品为矿物燃料及沥青。2013年,此类商品出口收入648.2亿美元,占阿出口贸易总额的98%以上。

阿尔及利亚主要进口产品为机械、车辆、燃料、粮食和机电产品等。2013年,这几类商品的进口总额分别占进口总额的15.3%、14.1%、7.9%、5.9%和7.4%,合占阿进口总额的51.5%。

3. 主要贸易伙伴

阿尔及利亚的主要贸易伙伴有美国、意大利、法国、西班牙、德国、土耳其、加拿大、荷兰、英国、中国、日本、韩国、巴西、阿根廷、印度等国家。

2013年,阿尔及利亚主要进出口贸易伙伴及进出口额见表8-1-1。

表 8-1-1　阿尔及利亚(2013 年)主要贸易伙伴及进出口额　　单位:亿美元

主要出口去向				主要进口来源			
排名	国家/地区	金额	占比(%)	排名	国家/地区	金额	占比(%)
	总　值	659.2	100		总　值	548.5	100
1	西班牙	103.3	15.7	1	中　国	68.2	12.4
2	意大利	90.1	13.7	2	法　国	62.5	11.4
3	英　国	71.9	10.9	3	意大利	56.4	10.3
4	法　国	67.4	10.2	4	西班牙	50.8	9.3
5	美　国	53.3	8.1	5	德　国	28.6	5.2
6	荷　兰	48.2	7.3	6	美　国	23.5	4.3
7	加拿大	30.5	4.6	7	土耳其	20.7	3.8
8	巴　西	26.6	4.0	8	阿根廷	17.4	3.2
9	土耳其	26.6	4.0	9	巴　西	13.2	2.4
10	中　国	21.8	3.3	10	印　度	13.1	2.4

资料来源:根据商务部:《对外贸易·国别报告·阿尔及利亚》数据编制,2014-03-25。

(四) 阿、中经贸关系

1958 年 12 月 20 日,阿尔及利亚与中国建立外交关系。建交后至 1990 年代,双方经贸往来一般。2000 年后,随着阿国趋于稳定和经济振兴计划的实施,两国经贸关系快速发展。

2013 年,阿中双边贸易额为 90 亿美元,其中,阿对华出口 21.8 亿美元,占阿总出口的 3.3%,自中国进口 68.2 亿美元,占阿总进口的 12.4%,逆差 46.4 亿美元。中国在阿出口中居第十位,在阿进口中占第一位。中国向阿出口的产品也从传统的轻工、纺织、粮油食品等扩展到汽车、工程机械、家用电器、电讯等产品。中国从阿国进口的产品主要是原油、液化石油气、废金属等。

(五) 主要贸易口岸

1. 阿尔及尔(Alger)

阿尔及尔是阿尔及利亚最大商港。该港位于地中海岸中段,距瓦赫兰港 200 海里、直布罗陀港 412 海里,北至马赛港 410 海里。港区最大吃水 13 米,潮差 0.3 米。盛行西北风。须强制引航。全港总计有 54 个泊位,入港船舶最长 200 米,能允许 2.5 万吨级船随时进港。港外还有两个油轮泊位,沿边水深

11.50 米,油轮不允许夜间停泊。有 24 个杂货和散装货泊位,吃水 2.5~13 米。可停靠滚装船和集装箱船。5 个油轮泊位吃水 8.75~13 米。

2. 奥兰(Oran)

奥兰是阿尔及利亚第二大城市,又称瓦赫兰。奥兰港位于地中海瓦赫兰湾南岸、阿尔及尔西南 43 千米处。港口输气管道通哈西鲁迈勒气田和哈西迈斯欧德油田。该港最大水深 11.58 米。港区无潮差,无盛行风。入港航道宽 150 米,水深 24 米,有 20 个杂货和散装货泊位,水深 6.1~10 米;两个油轮泊位的水深分别为 10.06 米和 11.58 米。

3. 安纳巴(Annaba)

安纳巴港位于地中海沿岸。最大吃水 13 米,港区水的载重密度为 1 025,潮差 0.3 米。盛行西北风。须强制引航。入港船舶最长 200 米。油轮不允许在夜间停泊。有 24 个杂货、散装货泊位和 5 个油轮泊位,可以停靠滚装船和集装箱船。

4. 贝贾亚(Béjaia)

位于地中海东部。最大吃水 13 米(油轮)和 9 米(其他船舶)。无潮汐变化,无盛行风向。须强制引航。进港船长不能超过 260 米。油轮和液化气船不允许在夜间抛锚。港区有杂货和散货船泊位 23 个,水深 5.5~13 米,可停泊滚装船和集装箱船。有油轮和液化气船泊位 4 个,水深 11.5~13 米。

【专栏】 卡萨布兰卡与磷酸盐王国

卡萨布兰卡(Casablanca,简称卡萨,又名达尔贝达),西班牙语为"白色的房子",是西北非洲国家摩洛哥第一大城市和非洲第四大港口。英格丽·褒曼主演的奥斯卡获奖影片《卡萨布兰卡》让这座白色之城闻名于世;以卡萨布兰卡为背景的英文歌曲竟达 40 多首!卡萨港码头岸线绵延 7.6 千米,水深 6~12 米,泊位达 35 个,最大的东港码头有集装箱运输码头、杂货码头、柑橘蔬菜装卸码头、磷酸盐及燃料等矿产品运输码头。

摩洛哥属于非洲中等发展水平国家。2012 年 GDP 为 992.4 亿美元,人均 GDP 3 083 美元。在摩洛哥的矿产资源中,磷酸盐为主要资源,储量 1 100 亿吨,占世界储量的 75%。摩也是世界渔业储量最大的国家之一,其中,沙丁鱼产量居世界首位。斋月期间,外国人在摩洛哥吃东西时应避开摩洛哥人,以示对伊斯兰教的尊重。若应邀到摩洛哥人家中做客,多半不让家眷与客人见面。晚餐后,喝完第三杯薄荷茶后,客人应该起身告退。进入清真寺和摩洛哥人家中须脱鞋。摩洛哥人喜欢绿、红、黑色,忌白色。喜爱鸽子、骆驼、孔雀图案,而禁忌六角星、猫头鹰图案和数字 13。

第二节　东非主要国家

一、苏　　丹

全称：苏丹共和国（The Republic of Sudan）[①]。
面积：188.6万平方千米。
人口：3 420万（2013年）。
首都：喀土穆（Khartoum）。
货币：苏丹镑（SDP）
国花：扶桑花。
国家格言：胜利属于我们。
节日：独立日1月1日，救国革命6月30日。

（一）自然条件

1. 地理位置

苏丹位于非洲东北部，红海西岸，西接利比亚、乍得、中非共和国，南毗刚果（金）、乌干达、肯尼亚，东邻埃塞俄比亚、厄立特里亚，东北濒临红海，是非洲面积第三大的国家。苏丹境内大部分为盆地，南高北低。中部为苏丹盆地；北部为沙漠台地，尼罗河东西两边均为沙漠；西部是高原；东部为东非高原和埃塞俄比亚高原的西斜坡。南部的基涅提山海拔3 187米，为全国最高峰。

2. 自然资源

（1）能源资源。自1999年7月苏丹的石油主出口管线建成后，苏丹作为非洲一个新兴的重要石油生产国及出口国的地位已经确立。在红海沿岸、苏丹西部和南部地区不断探出高质量的石油，地质储量为1 800亿桶，仅次于沙特阿拉伯。天然气地质储量为300亿立方英尺。

（2）矿产资源。苏丹拥有铁、银、铬、铜、锰、金、铝、铅、铀、锌、钨、石棉、石膏、云母、滑石、钻石等多种矿产资源。其中，锰、铜、金、食盐、石棉等主要分布在红海省东部的近海山区，铜矿储量约1 000万吨以上，银矿储量9 000吨；铁分布在苏丹港附近和南部的高原区，储量约3亿吨以上；铬分布在青尼罗省的山区，储量70万吨；云母分布在北部尼罗河东岸的舍赖克地区。

---

① 中国驻苏丹共和国大使馆经济商务参赞处子站，http://sd.mofcom.gov.cn/ddgk/ddgk.html。

(3) 水资源。苏丹海岸线长约 720 千米,尼罗河谷纵贯中部,水流湍急,水力资源丰富。此外,苏丹境内还有 200 万公顷淡水水域。

(4) 森林资源。苏丹森林面积约 6 400 万公顷,占全国面积的 23.3%。盛产阿拉伯树胶,其产量和出口量均居世界之首,苏丹因此也被誉为"树胶王国"。

(5) 生物资源。苏丹有丰富的野生动物资源。有狮、豹、象、长颈鹿、斑马、河马、黑猩猩和羚羊。北纬 12°以南有能传播昏睡病的舌蝇(采采蝇)。

3. 气候特征

苏丹位于赤道和北回归线之间,全境受太阳直射,是世界最热的国家之一。全国可分为三个气候区:南部为闷热潮湿的热带雨林气候区;中部为夏季炎热少雨、冬季温暖干燥的热带草原气候区;北部则是高温少雨的热带沙漠气候区。全国气候差异很大,最热季节气温可达 50℃,常年干旱,年平均降雨量不足 100 毫米,7 月份常有沙暴。

4. 民族与语言

苏丹共有 19 个种族、597 个部落。其中,黑人占 52%,阿拉伯人占 39%。阿拉伯语为官方语言,使用者占总人口的 60%,通用英语。

5. 宗教与习俗

(1) 宗教。苏丹 70%以上的居民信奉伊斯兰教,多属逊尼派,主要居住在北方;南方居民多信奉原始部落宗教及拜物教,仅有 5%的人信奉基督教,多居住在南方和首都喀土穆。

(2) 习俗。苏丹阿拉伯人问候的礼节十分讲究。男人相遇,一般是握手问候,若是久别重逢就要热情拥抱;妇女间问候,是互吻对方面颊;妇女问候自己近亲男性时,吻对方的手,让对方吻自己的头部;老年妇女问候男性时,吻对方的头,但对方不回吻;城市中男女见面先握手,然后互相拍对方的背。苏丹黑人问候的礼节是互相握手,有的把手贴在对方脸上,有的向客人掌心吐唾沫或做出吐的样子,这是比较隆重的欢迎。

(二) 经济概况

1. 经济规模

苏丹是联合国宣布的世界最不发达和最不安定的国家之一,2013 年的 GDP 为 473.4 亿美元,人均 GDP 为 1 472 美元[①]。苏丹经济结构单一,以农牧业为主,工业落后,基础薄弱,对自然及外援依赖性强。

2. 产业结构

(1) 农业。农业是苏丹经济的主导产业,其出口创汇能力仅次于石油和石化产品。农业人口占全国总人口的 80%。农作物主要有高粱、谷子、玉米和小

---

① IMF(国际货币基金组织)"2013 年世界 GDP 排名"。

麦。经济作物占农产品出口额的66%，主要有棉花、花生、芝麻和阿拉伯胶。苏丹长绒棉产量仅次于埃及，居世界第二；花生产量居阿拉伯国家之首，在世界上仅次于美国、印度和阿根廷；芝麻产量在阿拉伯和非洲国家中居第一位，出口量占世界的一半；阿拉伯胶年均产量约3万吨，占世界总产量的75%左右。苏丹畜产品资源在阿拉伯国家中名列第一，在非洲国家中名列第二，活畜出口较大。

(2) 加工制造业。苏丹工业基础薄弱，主要有纺织、制糖、制革、食品加工、制麻、烟草和水泥等。近年来，苏政府积极调整工业结构，重点发展石油、纺织、制糖等工业。

(3) 石油。1999年，苏丹石油开发取得较大进展，成为石油出口国。2013年，苏丹日产原油约18万桶，大大低于2009年的60万桶日产量，主要是战乱及南苏丹的分裂所致。

(三) 对外贸易

1. 贸易规模

对外贸易在苏丹国民经济中占有重要地位。2010年，苏丹进出口总额为219.2亿美元，同比增长25.1%，其中，进口100.45亿美元，出口118.75亿美元。2011年7月9日南苏丹独立后，苏丹共和国(北苏丹)的外贸总额缩至100.86亿美元，其中，出口41.45亿美元，进口59.41亿美元。

2. 商品结构

石油产品、阿拉伯树胶和棉花是苏丹最重要的出口商品。其中，石油是苏丹外汇收入的主要来源，原油出口占苏丹出口总额的90.69%。此外，主要出口产品还有芝麻、花生、牲畜、肉类、皮革、黄金等。主要进口商品有布匹、轻工家电、车辆、机械设备、运输工具等。

3. 贸易伙伴

中国是苏丹第一大贸易伙伴，其次是阿联酋、印度、沙特、日本和埃及等。从出口国别看，2010年，苏丹对中国出口额为84亿美元，占苏出口总额的71.4%。从进口国别看，中国是苏丹最大的进口来源国，2010年，从中国进口20.83亿美元，占苏丹进口总额的20.7%，其次为阿联酋，占9.4%；埃及占6.9%；沙特占5.8%。

(四) 苏、中经贸关系

中、苏两国于1959年2月4日建交。中国对苏主要出口产品为机电产品、纺织服装、鞋类、五金、陶瓷、塑料等。中国从苏丹进口商品主要为石油、芝麻、棉花、铬矿等。

此外，中国在苏丹投资域较广，主要包括石油、地质勘探、建筑、路桥、农业、纺织、医疗和教育等。

(五) 主要贸易口岸——苏丹港(Port Sudan)

位于苏丹东北沿海的中部，濒临红海的西侧，全国有90%以上的进出口货物经此运往世界各地。该港属热带沙漠气候,年平均气温约29℃,最高达40℃～50℃。每年5～7月常有来自于沙漠的大风暴。无潮差,水位高低相差仅0.6米。港区主要码头泊位有14个,最大水深12米。码头最大可靠泊3.5万载重吨的油船。装卸效率为原油每小时装1 000吨,每小时卸2 800吨。大船锚地水深达25米。年货物吞吐量约800万吨。

二、埃塞俄比亚

全称:埃塞俄比亚联邦民主共和国(The Federal Democratic Republic of Ethiopia)[①]。
面积:110.43万平方千米。
人口:9 881万(2013年)。
首都:亚的斯亚贝巴(Addis Ababa)。
货币:比尔(BIR)。
国花:马蹄莲(天南星科)。
节日:阿杜瓦大捷纪念日3月2日;埃塞俄比亚人民革命民主阵线执政纪念日5月28日;埃历新年9月11日。

(一)自然条件

1. 地理位置

埃塞俄比亚位于非洲之角的中心,东与吉布提、索马里毗邻,西北和苏丹交界,北接厄立特里亚,南和肯尼亚接壤。全国平均海拔2 500～3 000米,最低在海平面以下120米,最高达4 620米。境内多高原,占全国面积的2/3,素有"非洲屋脊"之称;低地沙漠占全国面积1/4左右。

2. 自然资源

(1) 能源资源。埃塞俄比亚地热资源丰富。此外,在四个沉积盆地(欧加登、甘贝拉、青尼罗河和南方大裂谷盆地)有巨大的石油和天然气资源。

(2) 矿产资源。埃塞俄比亚已探明矿藏有黄金、铂、镍、铜、铁、煤、钽、硅、钾盐、宝石、磷酸盐、大理石、石灰石等。

(3) 水资源。埃塞俄比亚系青尼罗河发源地之一,水资源丰富,有"东北非水塔"之称。境内多湖泊、河流,全国湖面面积7 400平方千米。埃境内拥有丰

[①] 中国驻埃塞俄比亚民主联邦共和国大使馆经参处子站,http://et.mofcom.gov.cn/index.shtml。

富的优质矿泉水资源。

（4）森林资源。埃塞俄比亚森林植物非常复杂，几乎可以涵盖全部非洲的各种森林类型，有热带常绿雨林、山地针叶林、桧树林、热带稀树草原林、竹林、多刺灌木草原林等。

（5）生物资源。埃塞俄比亚横跨撒哈拉沙漠和沙漠以南的非洲地区，加上跨度巨大的海拔高度，裂谷湖、高山、森林、半沙漠地带和低地的草原造就了多样化的自然生态区。埃塞俄比亚的地区性野生动物包括31种哺乳动物、28种鸟类、10种爬行动物、30种两栖动物以及4种埃塞俄比亚所特有的鱼类。

3. 气候特征

埃塞俄比亚由于纬度跨度和海拔高度差距较大，虽地处热带，但各地温度冷热不均。每年6～9月为大雨季，10～1月为旱季，2～5月为小雨季。

4. 民族与语言

埃塞俄比亚全国共有80多个民族，主要有奥罗莫族（约占总人口的40%）、阿姆哈拉族（约占总人口的20%）、提格雷族（约占总人口的8%）、索马里族（约占总人口的6%）、锡达莫族（约占总人口的4%）。阿姆哈拉语为联邦工作语言，通用英语，主要民族语言有奥罗莫语、提格雷语等。

5. 宗教与习俗

（1）宗教。埃居民中的45%信奉埃塞正教，40%～45%信奉伊斯兰教，5%信奉新教，其余信奉原始宗教。

（2）习俗。埃塞俄比亚人相互问候时，在许多情况下都要鞠躬行礼。问候一般达一两分钟甚至更长，主要询问彼此的健康、家庭成员、家畜、收成情况等，然后才开始谈实质问题。同辈人见面一般握手问候，直到问候结束才把手放开。久别或亲朋好友见面，则互吻面颊，次数无规定，越亲密者次数越多。上层人士或神甫见面只能互吻肩部。一般老百姓见了官员或下级见了上级，则鞠躬表示敬意。在接受礼物时，受礼者应伸出双手表示高兴接受，若只伸出一只手，则表示勉强接受。埃塞俄比亚人喜欢鲜艳明亮的颜色，禁忌黑色，也禁忌宗教象征图案，出门做客时忌穿淡黄色服装。

（二）经济概况

1. 经济规模

埃塞俄比亚属世界上最不发达的国家之一。经济以农业为主，工业基础薄弱，基础设施落后。2005年以来，政府加大农业投入，大力发展新兴及出口创汇型产业、旅游业和航空业，积极吸引外资，经济增长率保持在8%以上。2013年，埃塞俄比亚国内生产总值为481.45亿美元，同比增长9.7%；人均约360美元。

2. 产业结构

埃塞俄比亚农业和服务业占GDP的比重分别为44%和42%，制造业仅占18%。

(1) 农业。农业是国民经济和出口创汇的支柱,产值约占国内生产总值的43%,出口创汇占全国出口总额的85%。主要农产品为苔麸、玉米、小麦、高粱、大麦、粟、燕麦等,主要经济作物有咖啡、恰特草(Chat)、鲜花、蔬菜、油料作物等。埃塞俄比亚是咖啡的原产地,年产量约20万吨,居世界第七、非洲第一,主要出口德国、沙特、日本、美国和荷兰。埃塞俄比亚鲜花种植和出口居非洲第二,鲜花以花朵大、花期长、花茎长而受到国际市场的青睐。

(2) 工业。工业基础薄弱,门类不齐全,结构不合理,工业产值只占国内生产总值不到20%,主要为纺织、皮革加工、食品饮料、金属加工、家具制造、轮胎制造、建筑材料以及矿业等。黄金和钽是埃塞俄比亚主要的出口矿产品,占到埃塞俄比亚出口总额的3.5%。近年来,埃塞俄比亚也开始出口少量的石材和宝石。石材的主要品种有大理石、花岗岩、闪岩和石灰石。宝石的主要品种有猫眼石、蛋白石、玉石、绿宝石、橄榄石、石榴石、红宝石、蓝宝石及钻石等。

(3) 旅游业。埃塞俄比亚境内古迹众多,但服务基础设施落后,旅游收入较低。政府已采取扩建机场、简化签证手续等措施促进旅游业发展,计划到2020年使埃塞俄比亚成为非洲十大旅游国之一。

【专栏】 东南非共同市场

东南非共同市场(COMESA)成立于1993年12月。是一个有20个成员国和近4亿人口的地区性组织。东南非共同市场旨在分阶段实现经济一体化。第一阶段是成立自由贸易区,取消各成员国之间的关税,使之融合成为一个更大规模的内部市场。2000年10月,非洲第一个自由贸易区——东南非共同市场自由贸易区宣布启动。至2006年,已经有12个成员国加入自由贸易区。受自由贸易区带动,东南非共同市场各成员国之间的贸易总额也从2001年的40亿美元增加到2005年的90亿美元。2008年年底前成立关税同盟,并将统一对外关税税率确定为:原材料和资本货物免税,半成品10%,制成品25%。东南非共同市场的最终目标是到2025年实现货币同盟,采用统一货币。

(摘自新华网)

(三) 对外贸易

1. 贸易规模

埃塞俄比亚经济落后,国内生产和生活的需求基本上通过进口来实现,属于进口依赖型国家。由于埃塞俄比亚工业基础薄弱,出口创汇能力低,加之长期对进口的依赖,导致贸易长期逆差。2011~2012财年,埃塞俄比亚的外贸总额约135亿美元,其中,出口45亿美元,进口92亿美元。

2. 商品结构

埃塞俄比亚主要出口商品有咖啡(占35%)、豆类和油籽、皮革和皮革产品、花卉、黄金、水果和蔬菜、糖及糖蜜、肉制品、畜产品等；主要进口商品有石油产品、工程机械、农业机械、五金制品、电子产品、通讯设备、纺织服装、橡胶制品、医药、纸制品、化工产品、玻璃制品、洗涤用品、粮食、化肥等。

3. 贸易伙伴

埃塞俄比亚的主要贸易伙伴有中国、德国、日本、意大利、美国、法国、英国、沙特阿拉伯、阿联酋、印度、韩国、吉布提、肯尼亚、埃及、南非等。

（四）埃、中经贸关系

1971年，埃、中两国正式建交。1991年后，双边贸易发展较快。1991年至2001年，双边贸易额年均增长率一直平稳地保持在30%左右。之后，双边贸易进入快速发展期，2001～2010年十年间，埃中双边贸易增长20%。2013年，埃中贸易额为21.9亿美元。

埃中经贸往来主要包括商品贸易、投资及工程承包等。埃塞俄比亚对中国主要出口商品为芝麻、皮革、咖啡、天然胶、油籽、豆类等产品；从中国进口的主要商品为机电产品、轻纺产品、贱金属及其制品、高新技术产品等。

（五）主要贸易口岸

吉布提港（Djibouti）是东非优良海港之一，拥有15个泊位，其中，13个为远洋深水泊位，港口外有5个加油、加水泊位，港内可停靠大型船15艘。其航运、停泊和装卸条件完全符合国际标准。埃塞俄比亚对外贸易的3/4经亚的斯亚贝巴—吉布提铁路转运，只有很少部分经肯尼亚的马萨瓦港转口。

【专栏】 非洲之角——索马里

索马里是联合国公布的最不发达的国家之一。2007年，索马里国内生产总值仅5.57亿美元，人均GDP不到60美元。由于连年内乱，工农业生产和基础设施遭到严重破坏，经济全面崩溃，每年需大量的国际援助，才能解决人口的生存问题。由于生活贫困，政府失控，沿海地区近年来海盗活动猖獗，已引起国际社会严重关注。索马里特产乳香、阿拉伯树胶和没药。乳香年产600吨，没药年产200吨，各占世界产量的一半。

索马里约80%人口以畜牧业和半农半牧业为生，畜牧业是索马里主要经济支柱，产值约占GDP的40%。主要养殖牛、羊、骆驼等，是世界骆驼最多的国家。索马里拥有非洲大陆最长的海岸线，渔业资源丰富，年捕捞量可达18万吨，但受捕捞方式落后等因素限制，目前年捕捞量仅2万吨。由于索长期处于无政府状态，外国渔船在索领海偷捕现象严重。

首都摩加迪沙（Mogadishu）是全国最大商港，位于该国南部，临印度洋。北距亚丁港1 122海里、柏塔拉1 129海里，南距基斯马尤港226海里、蒙巴萨港499海里，东距科伦坡港2 094海里。港区水深8～10米。港区西南离岸还有一离岸浮筒石油泊位，可系泊吃水12米的油轮。

三、坦桑尼亚

全称:坦桑尼亚联合共和国(The United Republic of Tanzania)[①]。
面积:945 087平方千米。
人口:4 493万(2012年)。
首都:多多马(Dodoma)。
货币:坦桑尼亚先令(TZS)。
国花:丁香花。
国家格言:自由与团结。
节日:桑给巴尔革命节1月12日;坦、桑联合日4月26日;"萨巴"节7月7日;坦噶尼喀独立日12月9日。

(一) 自然条件

1. 地理位置

坦桑尼亚东临印度洋,南连赞比亚、马拉维和莫桑比克,北邻肯尼亚和乌干达,西北与布隆迪、卢旺达接壤,西面同刚果(金)相邻,西南与赞比亚和马拉维相接,并与莫桑比克以鲁伏马河为界。东部沿海为低地,西部内陆高原面积占内陆总面积的一半以上,东非大裂谷从马拉维湖分东、西两支纵贯南北。

2. 自然资源

(1) 能源资源。坦桑尼亚能源资源主要集中在石油、煤炭、水力及潮汐等领域。坦桑蕴藏有丰富的石油资源,但仍在勘探阶段,天然气已开发待运。煤炭开发始于1970年,首家煤矿由中国政府援建。水电开发潜力较大。

(2) 矿产资源。坦桑尼亚矿产资源丰富,有8个绿岩带,地层大多属太古代岩石,历史上曾生产过近百吨黄金。已探明的主要矿产及储量为:钻石250万吨(含量6.5克拉/吨),金矿80万吨,煤3.24亿吨,铁1.3亿吨,磷酸盐1 000万吨,天然气450亿立方米。大陆、桑给巴尔岛及附近海域存在若干储油前景良好的区域。

(3) 水资源。坦桑尼亚有世界第二深水湖坦噶尼喀湖,水深1 435米。有世界第二大淡水湖维多利亚湖,总面积6.7万平方千米。内陆水系流域总面积

[①] 中国驻坦桑尼亚联合共和国经济商务代表处网子站,http://tz.mofcom.gov.cn/aarticle/ddgk/zwjingji。

221 445平方千米,占国土总面积的24.8%。坦桑尼亚水力资源丰富,发电潜力为4.78亿千瓦。

(4) 森林资源。坦桑尼亚森林和林地面积约4 400万公顷,占国土面积的45%,蓄木量约13亿立方米,主要树种有檀木、桃花心木、柚木、乌木等。

(5) 生物资源。坦桑尼亚生物资源丰富。七分之一的国土都是国家公园和野生动物保护区,有大量各种各样的野生植物和动物,包括狮子、非洲水牛、花豹、大象和犀牛等非洲五大野生动物。此外,坦桑尼亚森林植物丰富,有21.9%类的种植物可用作草药,非洲药用植物中有13种(占总数的3.2%)仅坦桑尼亚独有。

3. 气候特征

坦噶尼喀属热带草原气候,终年温热,全年温差较小,无明显四季分别。年平均温度在21℃~26℃,每年12月至次年3~4月气候相对较热,6~9月则比较凉爽。全国雨量偏少,80%的地区年降水量不足1 000毫米。

桑给巴尔岛邻近赤道,气候终年温热,全年气候分为凉、热两季,12~3月为热季,平均温度一般25℃~28℃;6~10月为凉季,平均温度23℃~25℃。桑给巴尔雨水丰沛,4~5月为大雨季,11~12月为小雨季。

4. 民族与语言

坦桑尼亚分属126个民族。主要部族有苏库马、马孔德、查加、哈亚、尼亚姆韦齐等。斯瓦希里语(SWAHILI)为国语;英语为官方语言,用于官方文件、行政、商业、高等教育;阿拉伯语在桑给巴尔岛应用广泛。

5. 宗教与习俗

(1) 宗教。坦噶尼喀(大陆)居民中的35%信奉天主教和基督教,45%信奉伊斯兰教,其余信奉原始拜物教;桑给巴尔99%的居民信奉伊斯兰教。

(2) 习俗。坦桑尼亚的马赛人在迎接重要宾客时,都要踩高跷,以表达他们对客人的热情尊重。当地人一般都吃牛、羊肉,爱喝咖啡,忌食猪肉、动物内脏、海鲜以及奇形怪状的食物,如鱿鱼、海参、甲鱼等。坦桑尼亚人一般以玉米、大米、甜薯为主食,口味较重,不怕油腻,喜食辣味的食品(味道近似中国川菜)。上层人士一般都爱吃英式西菜。

(二) 经济概况

1. 经济规模

2013年,坦桑尼亚国内生产总值约为306.6亿美元,人均GDP为663美元。坦桑尼亚经济以农牧业为主,基础薄弱,主要依靠矿业、旅游业和农牧业,易受国际市场价格波动的冲击、自然灾害和国际政治形势变化的影响。制造业和加工工业发展滞后,服务业发展缓慢。基础设施比较薄弱,水、电、通讯等费用高,且供应不稳定。走私猖獗,政府部门办事效率低。属重债贫穷国和世界上最不发达的国家[①]。

2. 产业结构

(1) 农业。坦桑尼亚以种养殖业、林业、渔业、牧业为主体,农业产值占国民生产总值的50%左右,系第一大产业。盛产剑麻、咖啡、棉花、茶、除虫菊、腰果、丁香和椰子。玉米、高粱、小麦和木薯为主要粮食作物。该国的桑给巴尔岛上种有丁香树500万株,丁香产量占世界总产量的80%以上。全国剑麻种植面积为28万~30万公顷,年产量24万吨左右,主要用于出口,坦桑尼亚被誉为"世界剑麻生产中心"。

(2) 工业。工业系坦桑尼亚经济的重要部分,大陆制造业以农产品加工和进口替代型轻工业为主,包括纺织、食品加工、皮革、制鞋、轧钢、铝材加工、水泥、造纸、轮胎、化肥、炼油、汽车装配、农具制造等。桑给巴尔工业主要是农产品加工业。

(3) 旅游业。坦桑尼亚旅游资源非常丰富。全国范围内自然景观众多,拥有国家公园12个,面积38 920平方千米;野生动物园17个,面积近10万平方千米。还有50个野生动物保护区、1个生态保护区和1个海洋公园。

(三) 对外贸易

1. 贸易规模

坦桑尼亚系农业国,对外贸易以出口农产品、进口工业品为主。但目前拥有一个自由的贸易体系,进口限制基本取消,程序简化。2006年进出口总额已上升至59.68亿美元,其中,出口额为18.98亿美元,进口额为40.7亿美元,贸易逆差已数年高达10亿~20亿美元。2011年,坦桑尼亚货物与服务出口额为73.9亿美元,同比增长19.9%;同期货物与服务进口126.3亿美元,同比增长32.3%。

2. 商品结构

受国民经济结构制约,坦桑尼亚出口商品构成仍以经济作物等初级农产品为主。咖啡、腰果、烟草、棉花、茶叶、剑麻、丁香等七大出口经济作物出口占出口总额的80%以上。工矿业出口产品主要有钻石、黄金、纺织品、服装、皮革制品、鞋、树胶、铝制品等。近年来,还增加了少量的宝石和黄金等矿产品的出口。

在进口方面,坦桑尼亚是贫油国家,没有现代工业生产体系,粮食自给不足,多数设备类产品和石油产品也依赖进口。进口以工业生产资料和工业品为主,主要有仪器、饮料、机械设备、金属制品、交通运输工具、石油等。

---

① 中国驻坦桑尼亚联合共和国经济商务代表处。

3. 贸易伙伴

坦桑尼亚的主要贸易伙伴有印度、德国、英国、日本、沙特阿拉伯、荷兰、意大利、新加坡、肯尼亚和中国等。

出口主要集中在欧美、东南非等周边国家、中东、南亚及远东几大地区。欧美及南亚的印度、巴基斯坦与坦有传统贸易关系,对上述地区出口占坦出口总值的60%左右。肯尼亚、乌干达、南非等周边地区已成为坦重要的出口市场。近年来,在坦桑尼亚政府"东向政策"的引导下,对远东地区出口增长势头强劲。

坦桑尼亚进口主要来源地为南非、肯尼亚等周边国家和欧美、中东、南亚地区及远东的日本等国。

(四) 坦、中经贸关系

坦桑尼亚是中国在非洲的最大受援国。随着坦桑尼亚推行改革和实施经济自由化政策,自1990年代以来,两国贸易稳步增长。2007年,双边贸易额7.94亿美元,同比增长48.2%,其中,中国对坦出口5.94亿美元,中国自坦进口2.0亿美元。2012年,双边贸易额增至24.7亿美元,同比增长15.2%。

中国向坦主要出口机电产品及轻纺产品等;主要进口铜矿砂及其精矿等。在对坦桑尼亚出口的中国商品中,机电产品约占40%,其他各种日用品和服装鞋帽等中国的长项出口产品也在坦桑尼亚有良好的销路。

(五) 主要贸易口岸

1. 达累斯萨拉姆港(Dar Es Salaam)

位于坦桑尼亚东部沿海的达累斯萨拉姆湾内,濒临印度洋的西侧,东北距桑给巴尔岛约35海里,是坦桑尼亚最大的海港,也是东非著名港口之一。港区水域开阔,港内避风浪条件良好,外口强风大浪对港内无大影响。港区主要码头泊位11个,最大水深为10米。散装码头可靠泊3万载重吨的散货船,油船突堤码头可泊3.6万载重吨的油船。大船锚地水深达15米。

2. 坦噶(Tanga)

位于坦桑尼亚东北印度洋岸,允许进港船只最大吃水6.4~10米。大潮潮差3.2米。盛行东北季风和东南季风。进港时须强制引航。有11个安全锚地。内港可为最长213米、吃水6.4~9.5米的海轮提供7个锚地,外港有吃水9.45米的3个锚地。拉斯卡佐东侧的一个突码头有1个泊位,可停靠载重20 000吨的船只,可卸散装货和液化氨。

3. 姆特瓦拉(Mtwara)

位于坦桑尼亚东南印度洋,允许进港船只最大吃水9.75米,潮差3.51米。港区位于姆特瓦拉河口,入口水深23.77米,锚地水深2~18米。深水码头靠泊深低潮时9.75米。所有装卸货物均须用船上传动装置。

4. 桑给巴尔(Zanzibar)

位于坦桑尼亚大陆岸外的温古贾岛西岸,进港船只最大吃水 9.14 米,潮差 3.05 米。该港可在任何气候条件下为各种船只提供优良的锚地。南进港口水深 11 米,北进港口水深 12.8 米,货物装卸大都用过驳。

【专栏】 最"牛"的国家——马达加斯加

马达加斯加位于南半球非洲大陆的东南、印度洋西南,为世界第四大岛(前三大岛是北美洲的格陵兰岛、大洋洲的新几内亚岛、亚洲的加里曼丹岛)。周围分布有科摩罗群岛和塞舌尔群岛、毛里求斯岛和留尼汪岛。塔马塔夫港(Tamatave)是马最大商港,也是世界有名的"香料港",水深 6.2~10.3 米,可靠泊 2 万吨级货轮和 5 万载重吨的油轮。

马达加斯加矿藏丰富,珍贵宝石有钻石、祖母绿、红宝石、蓝宝石、碧玉、绿柱石和石榴红等;工业宝石有石英、水晶、石墨、石膏、长石岩、大理石、花岗岩和碧玉等;有色金属主要有金、铁、铬、铀、钛和铜等;石墨储量居非洲首位。马达加斯加代表性的树种是西部的猴面包树以及纤维植物龙舌兰,稀有的红木和香木等。

马达加斯加是世界上最不发达国家之一,也是重债穷国。2012 年的 GDP 仅为 105 亿美元,人均 GDP 为 949 美元;进出口总额约 40 亿美元。中国是马最大的贸易伙伴。

马达加斯加四面环海,风景优美,旅游资源丰富。鱼、虾、香料(香英兰、丁香)、棉针织品等是重要出口商品。其中,丁香产量及出口量居世界首位。马达加斯加盛产驼峰牛,是非洲七个拥有 1 000 万头牛的国家之一,因牛存栏数超过本国人口数,故有"牛国"之称。

第三节 中西非主要国家

一、尼 日 利 亚

全称:尼日利亚联邦共和国(The Federal Republic of Nigeria)[①]。

面积:923 768 平方千米。

人口:1.7 亿(2013 年)。

首都:阿布贾(Abuja)。

货币:奈拉(NGN)。

国花:长绒棉。

---

① 参见中国驻尼日利亚联邦共和国大使馆经济商务参赞处子站,http://nigeria.mofcom.gov.cn/index.shtml。

国家格言:团结和信仰,和平和进步。

节日:民主日5月29日;国庆节10月1日。

(一) 自然条件

1. 地理位置

尼日利亚南濒大西洋几内亚湾,北邻尼日尔,西接贝宁,东靠喀麦隆,东北方隔乍得湖与乍得相望。

2. 自然资源

(1) 能源资源。尼日利亚有石油、天然气、褐煤等能源资源。尼日利亚是非洲最大的石油生产国、世界第五大石油出口国、OPEC成员国。迄今已探明石油储量358亿桶,居世界第九位和非洲第一位,储量约占非洲总储量的33%。天然气探明储量达5.15万亿立方米,居世界第五位和非洲第一位。尼日尔河流域有大量褐煤,具有低硫、低灰分、环保、富含沥青等特点,已探明储量为6亿多吨。

(2) 矿产资源。尼日利亚矿产资源丰富,已探明矿藏有30多种。金属矿产主要包括钽铁矿、铌铁矿、铅、锌、锡和锂等矿产。铁矿石资源约有30多亿吨,铅锌矿大约有1 000万吨储量,锡储量约为14万吨,铌铁矿储量约2万吨。非金属矿产主要包括石膏、滑石、岩盐、宝石、高岭土、重晶石等。岩盐储量为150亿吨,滑石储量估计超过1亿吨,石膏储量为10亿吨左右,优质高岭土储量约为30亿吨(其中,340万吨高岭土的纯度达90%以上)。

(3) 水资源。尼日利亚水系发达,是多河流国家。除东北部河流属乍得湖水系和南部平原部分小河流独流入海外,其余均属尼日尔河水系。尼日尔河全长4 197千米,在尼境内的河段长1 400千米,占河段总长的三分之一。

(4) 森林资源。尼日利亚森林覆盖率为17%,林地面积约1 090万公顷,包括天然林、红树林和人工林,大部分木材产于南方低地。柚木产量位居世界前列,有20万立方米的柚木成材林可供采伐[①]。

3. 气候特征

尼日利亚全境均属热带季风气候,总体高温多雨,年均温度约为26℃~27℃。全年分为雨季和旱季,5~10月西南季风盛行时为雨季,11月至次年4月东北信风盛行时为旱季。雨季湿度较大,气温较低。由于受撒哈拉沙漠影响,12月至次年1月为哈马丹风季节,常有沙雾。

4. 民族与语言文字

全国有250多个部族,其中最大的有4个分别是豪萨族(HAUSA)、富拉尼

---

① "尼日利亚农业现状、存在问题及形势分析",世贸人才网驻拉各斯经济商务室,2006年11月15日。

族(FULANI)、约鲁巴族(YORUBA)和伊博族(IBO)。英语为官方用语。尼日利亚全国约有300多种部族语言,最主要的3种分别为豪萨语、约鲁巴语和伊博语,分别在尼北部、西部和东部地区通用,这3种语言都有自己的文字。

5. 宗教与习俗

(1) 宗教。居民中信奉伊斯兰教的占50%,基督教占40%,其他占10%。

(2) 习俗。尼日利亚人在交谈中,从不盯视对方,也忌讳对方盯视自己,认为是不尊重人的举止。忌讳左手传递东西或食物,忌讳数字"13"。尼日利亚伊萨人认为食指是不祥之物,无论谁用右手的食指指向他人,都是一种挑衅的举动;若是有人伸出手,对着他人张开五指,则是侮辱人的粗暴手势,相当于辱骂祖宗。

(二) 经济概况

1. 经济规模

尼日利亚已超越南非,成为非洲第一大经济体。2013年的国内生产总值约为5 090亿美元,人均GDP 2 688美元。

尼日利亚原为农业国,棉花、花生等许多农产品在世界上居领先地位。1970年代,随着石油工业的兴起,农业逐渐萎缩,石油出口成为该国最主要的经济来源。1999年,政府积极推行自由化和私有化改革,大力扶持农业,加强石油、天然气、矿业等产业的发展和基础设施建设,积极争取外资、外援和债务减免。2006年,尼日利亚成为第一个全部偿还完巴黎俱乐部贷款的非洲国家。尼日利亚已列入新兴市场国家,凭借丰富的资源、良好的金融、通讯和交通,正迅速接近中等收入国家标准。

2. 产业结构

(1) 石油业。石油工业是尼日利亚国民经济的支柱。尼日利亚外汇收入的98%、联邦政府财政收入的83%、国内生产总值的40%来源于石油行业。

(2) 农业。农业占尼日利亚GDP比重的40%左右,粮食不能自给,每年需大量进口。出口的农产品主要有可可、棕榈油、椰子、花生、皮革和柑橘等。

(三) 对外贸易

1. 外贸规模

独立后,尼对外贸易有较大的发展。自1981年起,尼日利亚每年在拉各斯举办国际贸易展览会,促进外贸发展。2006年,对外贸易总额达818.5亿美元,对外贸易依存度达57.5%。2012年,尼进出口总额约1 530亿美元,其中,出口约950亿美元;进口约580亿美元,同比增长64.2%;实现贸易顺差370亿美元。

2. 进出口商品结构

尼日利亚进口产品主要是机械设备及配件、运输工具及其零配件、化工设备和消费品等,主要出口产品为石油、可可、橡胶、棕榈仁等。出口产品结构基本保持在石油占 90.5%,农产品占 6%,制造业占 2%。

3. 贸易伙伴

尼日利亚的主要贸易伙伴为美国、印度、巴西、西班牙、德国、法国和中国。其中,美国、法国、英国等国家为尼主要石油贸易伙伴。近年来,中国成为尼日利亚重要的石油贸易伙伴。

(四) 尼、中经贸关系

1971 年 2 月 10 日,尼、中正式建立外交关系。尼日利亚是中国在非洲仅次于南非的第二大贸易伙伴、第二大出口市场和主要投资目的地。2007 年,双边贸易额为 43.3 亿美元。2013 年,尼中双边贸易增至 135.9 亿美元,同比增长 28.6%。其中,尼对华出口 15.4 亿美元,自中国进口 120.5 亿美元。逆差主要是因尼日利亚适合中国需要的商品少等所致。

中国对尼出口商品主要有机电产品、高新技术产品、纺织服装和汽车等;从尼进口的主要商品有原油和液化石油气。此外,尼日利亚是中国在非洲直接投资最多的国家。截至 2012 年年底,中国企业累计对尼直接投资 154.2 亿美元。

(五) 主要贸易口岸

1. 拉各斯港 (Lagos)

位于尼日利亚西南海岸的拉各斯湖口,南距开普敦 2 570 海里,至洛美港 131 海里、特马港 213 海里、阿比让港 47 海里。阿帕帕 (APAPA) 港区有 19 个杂货泊位,有两个散货和谷物泊位、6 个集装箱泊位和 7 个石油等油料泊位,前沿水深 9.5~10 米。阿特拉斯湾码头有两个泊位,码头水深分别为 10.7 米和 6.3 米。还有 9 个系泊浮筒。码头线总长 7.6 千米,是西非最大的商港之一,集装箱吞吐量约 20 万 TEU,居西非第二,仅次于阿比让港。

2. 哈科特港 (Harcourt)

位于尼日尔河三角洲东侧,最大吃水为 7.6 米。江中最大吃水为 7.6 米,泊位前沿水深 5.2~7.9 米。油船泊位水深 7.3 米,长 243.2 米,有 1 条水上管道可向岸上卸油;杂货船泊位共 3 个,水深 8.2 米;散装棕榈油泊位 2 个,水深 8.2 米;煤炭泊位水深 6.9 米;木材泊位水深 6.9 米。

【专栏】 肯尼亚与蒙巴萨港

肯尼亚是撒哈拉以南非洲经济基础较好但发展水平最低的国家之一。2013 年 GDP 约 370.2 亿美元,人均 GDP 1 020 美元。农业、服务业和工业是经济三大支柱,茶叶、咖啡和花卉是其农业三大创汇产品。肯尼亚是非洲最大的鲜花出口国,占欧盟 25% 的市场份额。旅游业较发达,GDP 的近六成来自旅游业。除虫菊产量占世界总产量的 80%。

蒙巴萨港(Mombasa)位于肯尼亚东南沿海的蒙巴萨岛上,有铁路桥和海堤与大陆相连,濒临印度洋西侧,是肯尼亚的最大港口,也是东非最大港口之一。港区主要码头泊位有 16 个,最大水深 13.4 米。码头最大可靠泊 6.5 万载重吨的船舶。

二、刚 果(布)

全称:刚果共和国(The Republic of Congo)[①]。
面积:34.2 万平方千米。
人口:436.6 万(2012 年)。
首都:布拉柴维尔(Brazzaville)。
货币:非洲法郎(CFA)。
国花:香桃花心木。
国家格言:团结,工作,进步。
节日:6 月 10 日民族和解日;8 月 15 日国庆节。

(一)自然条件

1. 地理位置

刚果(布)位于非洲中西部,赤道横贯中部,北同喀麦隆和中非共和国接壤,西邻加蓬,南同安哥拉的卡奔达相连,东与刚果民主共和国[即刚果(金),原扎伊尔]为邻,西南面向大西洋[②]。

[①] 非洲有两个刚果,分别为刚果共和国和刚果民主共和国。刚果共和国简称"刚果(布)";刚果民主共和国简称"刚果(金)",英文为 The Democratic Republic of Congo。为简称时相互区别,"刚果共和国"加冠以首都"布"(布拉柴维尔);"刚果民主共和国"加冠首都"金"(金沙萨)。后者曾一度改名"扎伊尔",直至 1997 年恢复现名。
[②] 中国驻刚果(布)大使馆经济商务参赞处子站,http://cg.mofcom.gov.cn/ddgk/ddgk.html。

2. 自然资源

(1) 能源资源。刚果(布)石油、天然气丰富,是非洲次撒哈拉地区第三大石油生产国,位于尼日利亚、安哥拉和加蓬之后,探明石油储量为 190 亿桶,主要在海上进行大规模开采。刚果(布)天然气储量约 1 000 亿立方米,在非洲次撒哈拉地区位居第三,仅次于尼日利亚和喀麦隆。

(2) 矿产资源。刚果(布)已探明的铁矿储量为 10 亿吨、钾盐矿储量约数十亿吨、磷酸盐矿 600 万吨。此外,还有钾、磷、锌、铅、铜、锰、金、铀和钻石等。

(3) 森林资源。刚果(布)是世界上林业资源最丰富的国家之一,森林面积 2 200 万公顷,占国土面积的 60%,约占非洲大陆森林面积的 10%。大部分林区尚处于原始状态。刚果(布)盛产乌木、黑檀木等贵重木材,主要出产树种为桉树,是继巴西之后世界第二大桉树原木出口国,还出产诸如桃花心木、沙皮栎、四宝栎、奥库梅、伦巴木和松树等 30 多个树种。

(4) 生物资源。刚果(布)拥有仅次于亚马孙河盆地的世界第二大热带雨林,被称为地球最大的物种基因库之一,汇聚了极其丰富的物种,包括 1 万多种植物、400 多种哺乳动物、1 000 多种鸟和 200 多种爬行动物。

3. 气候特征

刚果(布)南部属热带草原气候,中部、北部为热带雨林气候,气温高,湿度大。年降水量 1 200～1 600 毫米,年平均气温在 24℃～28℃。

4. 民族与语言

刚果(布)有 56 个民族,南方的刚果族约占总人口的 52%;中部特克凯族占 24%;北方的姆博希族占 16%;北方原始森林里还生活着少数俾格米人。官方语言为法语,民族语言南方为刚果语、莫努库图巴语,北方为林加拉语。

5. 宗教与习俗

(1) 宗教。刚果(布)居民中一半以上信奉原始宗教,26% 信奉天主教,10% 信奉基督教,3% 信奉伊斯兰教。

(2) 习俗。刚果(布)居民见面时,双方互相伸出手,躬下身子吹几口气,算是最高礼节。部分居民忌讳数字 13 和星期五,少数人不喜欢熊猫。有半数以上人有原始图腾崇拜的习俗,人们一般不愿谈及这些习俗的由来及其在生活中的影响。

【专栏】"铜国"习俗

赞比亚是世界第四大铜生产国,铜蕴藏量9亿多吨,约占世界铜总蕴藏量的6%,素有"铜矿之国"之称。钴是铜的伴生矿,储量约35万吨,居世界第二位。此外,还有铅、镉、硒、镍、铁、金、银、锌、锡、铀、绿宝石、水晶、钒、石墨、云母等矿物,铜和钴出口是赞的主要外汇来源。赞比亚全国约30%的人信奉基督教或天主教,农村居民大多信奉原始宗教。赞比亚人与客人打招呼乐于加尊称,最好是加上职务或头衔。当地人喜欢用鲜羊肝盛情待客,以表示敬重和欢迎——在客人到来之际,从刚宰的羊体内取出鲜血淋淋的羊肝并迅速切成片,整齐地码放在瓷盆里,撒上辣椒末和香料,随即上桌待客。赞比亚人对铜有至高无上的崇敬,把用铜制的器具待客看成是对客人的最高待遇。

(二)经济概况

1. 经济规模

刚果(布)自1997年内战以来,经济发展大致经历了1999~2001年战后恢复阶段、2002~2004年经济恢复性增长阶段和2005年以来较高速增长阶段。2013年,刚果(布)GDP约144.39亿美元,人均GDP为3 631美元。刚果(布)国内几乎没有民族工业,经济总体落后,南方较北方相对好些。石油和木材是其两大经济支柱。

2. 产业结构

(1) 采矿业。刚果(布)的采矿业主要开采石油、钾盐、金刚石、金、铅、锌、铜矿,还有铁、铝土、煤等矿藏。受国际油价上涨带动,2013年刚果(布)石油产量达到1亿桶,产值占GDP的65%。

(2) 林业。森林面积2 200万公顷,可开采木材达300多种,产量居非洲第十位,最高年产量为188万立方米,出口收入约7亿美元,主要品种有铁木、刺果美等。

(3) 农业。农业产值仅为GDP的6.3%。蔬菜、肉类不能自给。粮食主产木薯、稻米、玉米,经济作物有甘蔗、花生、烟草、油棕、咖啡、可可等。粮食不能自给,每年需进口约20万吨。

(4) 工业。刚果(布)工业基础薄弱,主要是加工制造业,包括食品、纺织、皮革、化工等工业,主要集中在南方的黑角、布拉柴维尔和恩卡伊三个城市,企业基本上是外国独资或控股。

(三)对外贸易

刚果(布)实行多边自由开放的贸易政策,国家只垄断大米及部分生活用品的进口和销售。刚果(布)主要进口商品有运输设备、车辆、机车、电机、仪表、金属制品、粮食、纺织原料、罐头食品和轻工产品;主要出口商品有原油、木材、可可、咖啡、钻石、糖等,其中,原油占整个出口收入的92.6%,木材占出口总额的4%左右。刚果(布)主要进口国家是法国、巴西、日本、美国、德国等;主要出口国家是美国、中国、法国和印度等。

(四) 刚、中经贸关系

中国和刚果(布)于1964年2月22日建交。建交以来,中国承担了刚果(布)体育场、广播电台、议会大厦、纺织厂、医院、水电站、城市供水等成套项目。2011年,中刚双边贸易额约54亿美元,其中,刚对华出口48.8亿美元,自华进口4.98亿美元。对华主要出口原油、木材等;主要进口中国的机电产品、鞋类、纺织服装、医药品和轻工产品等。

(五) 主要贸易口岸——黑角港(Pointe Noire)

黑角位于国境西南端大西洋岸同名岬角上,为刚果(布)第二大城市和最大海港。该港为深水港,位于大西洋非洲沿岸航线上,还转运乍得、中非共和国和加蓬等邻国部分进出口物资。现拥有13个7.3～13.2米的深水码头和现代化石油专用码头,可泊万吨巨轮;有货场、仓库、冷藏库等设施,有直径为152.4～304.8毫米的输油管供装卸使用。码头最大可泊6.5万载重吨的船舶。另有海上泊位可泊12万载重吨的油船。

【专栏】 藏有2亿克拉钻石的最不发达国家

刚果(金)是联合国公布的世界最不发达国家之一,2010年GDP仅为131.25亿美元,人均GDP为186美元。刚果(金)并不像刚果(布)那样有丰富的石油储藏,但其矿产资源非常丰富,被称为世界地质博物馆,素有"世界原料仓库"、"中非宝石"和"地质奇迹"之称。其境内蕴藏有铁、锰、铬、钨、铜、钴、锌、锡、镍、金、银、铌、钽、锗、镉等金属矿产和金刚石、硫、石材等非金属矿产,其中,铜、钴、金刚石、锡、铌、钽等矿产在世界上占有重要地位;钴储量约占世界总储量的2/3;钻石(天然金刚石)储量近2亿克拉,居世界第二位;铜储量为7 500万吨,居世界第六位。

刚果(金)森林覆盖率高达53%,面积约1.25亿公顷,占非洲热带森林面积的一半,其中的8 000万公顷可供开采,木材年均可伐量600万立方米,但目前仅开采62万公顷。盛产乌木、红木、花梨木、黄漆木等22种贵重木材。

刚果(金)有1.1万种植物、400多种哺乳类动物和700多种鸟类,猩猩、大象、狮子、长颈鹿、斑马、犀牛、羚羊、河马、鳄鱼是珍品。这里的黑猩猩寿命长达50～60岁,且非常聪明,会用石头砸坚果取仁吃,这在其他非洲国家非常罕见。

三、科特迪瓦

全称:科特迪瓦共和国(The Republic of Cote d'Ivoire)。
面积:322 463平方千米。
人口:2 330万(2013年)。
首都:亚穆苏克罗(Yamoussoukro)。
货币:非洲金融共同体法郎,简称西非法郎(FCFA)。
国树:棕榈树。
国家格言:团结,纪律,劳动。
节日:1月1日新年;2月21日开斋节;4月5日耶稣受难日;4月8日复活节后星期一;4月29日宰牲节;5月1日劳动节;5月16日耶稣升天日;8月7日国庆日;8月15日圣母升天节;11月1日万圣节;12月7日独立日;12月25日圣诞节。

(一) 自然条件

1. 地理位置

科特迪瓦旧称"象牙海岸",因带有掠夺非洲象牙的殖民地色彩而改现名。科特迪瓦东邻加纳,西接几内亚和利比里亚,北连马里、布基纳法索,南濒大西洋几内亚湾。南部多森林,中北部为热带草原,西部、西北部为高山。

2. 自然资源

(1) 能源资源。科特迪瓦拥有石油、天然气资源。已探明石油储量约250亿桶,天然气储量1.1万亿立方米,石油、天然气主要分布在科特迪瓦沿海的几内亚湾。

(2) 矿产资源。矿物资源较丰富,主要有钻石、黄金、锰、镍、铀和铁。其中,铁储量约30亿吨,镍储量约4.4亿吨,铝矾土储量12亿吨,锰储量3 500万吨,钻石储量约21万克拉,黄金储量约415吨。

(3) 森林资源。盛产非洲红木树、檀香木树、伊罗科树、阿佐贝树、马科雷树、弗腊米雷树和阿沃迪雷树等珍贵树种。

(6) 生物资源。科特迪瓦有550千米的海岸线、15万公顷的泻湖和约35万公顷的江河湖泊,渔业资源丰富。在沿海水域中有金枪鱼、沙丁鱼、鳗鱼、鲷鱼、鳐鱼、鲭鱼等海鱼,在泻湖、江河湖泊中有梭子鱼、冬穴鱼和鲤鱼等淡水鱼。

3. 气候特点

科特迪瓦全国分为两大气候带：南部和沿海地区为赤道气候带，炎热、潮湿、多雨，5~7月为大雨季，9月中旬至11月底为小雨季，其余时间为旱季。中、北部为热带草原气候带，炎热干燥，6~9月为雨季，其余时间为旱季。

4. 民族与语言

科特迪瓦全国有60多个部族，主要分为四大族系：阿康族系约占42%，曼迪族系约占27%，克鲁族系约占15%，沃尔特族系约占16%。科特迪瓦各族均有自己的语言。大部分地区通用迪乌拉语。官方语言为法语。

5. 宗教与习俗

(1) 宗教。科特迪瓦38.6%的居民信奉伊斯兰教，30.4%信奉基督教，16.7%无宗教信仰，其余信奉原始宗教等。

(2) 习俗。科特迪瓦人一般不劝酒，但敬酒的方法比较特殊。主人开启瓶盖后，往酒杯里斟入八分满的酒，先将酒杯递给客人，然后将酒瓶放在客人的旁边，说声"请"。随后，主人回到自己的位置上，启开另一瓶酒，也往酒杯里斟八分满的酒，坐下来，说声"请！干杯"。宾主边饮酒边进行友好地交谈。在饮酒过程中，没有你给我倒、我给你斟的场面，而是把一瓶酒全交给客人，由客人自饮自斟，客人喝多喝少全由自己定。如果喝的是加冰块或者加凉水的酒，客人不必自己动手做。若客人自己动手，是一种失礼的举动。

(二) 经济概况

1. 经济规模

科特迪瓦进入战后重建和平发展阶段后，经济生产开始增长，2013年的GDP为260亿美元①，人均GDP约1 116美元。科特迪瓦的经济增长主要得益于可可、咖啡、橡胶等传统经济作物国际市场价格上涨和石油产业的提升。

2. 产业结构

科特迪瓦系农业国，主要生产腰果、水稻、玉米、杂粮和棉花、咖啡、可可及橡胶，盛产香蕉、菠萝、木瓜等热带水果。可可和咖啡等经济作物占重要地位，种植面积占全国可耕地面积的60%。可可产量稳居世界第一；咖啡产量居世界第四、非洲第一。

科特迪瓦工业基础薄弱，除了外国公司独资或合资建设的一些炼油、榨油、食品、饮料、原料加工工厂外，没有本国的规模性工业设施。2011年的工业产值约占GDP的29%。食品加工业是主要工业部门，其次是棉纺织业、炼油、化工、建材和木材加工工业。

---

① 参见非洲投资网，http://www.invest.net.cn/country/news/content.asp?newsid=2368&news。

(三) 对外贸易

1. 贸易规模

科特迪瓦是西非地区最大的进出口贸易国。2005年、2006年因战乱等原因,贸易额有所下降,2007年局势好转,贸易额明显上升。2010年,科特迪瓦进出口总额为174.8亿美元,其中,出口104.7亿美元,进口70.14美元,顺差34.56亿美元。科特迪瓦基本上是贸易顺差国[①]。

2. 商品结构

科特迪瓦出口产品主要是农业经济作物产品、石油产品,包括可可、咖啡、棕榈油、棉花、橡胶、木材等;而进口品种主要是粮食类、日用消费品、建筑材料和机械设备类商品。

3. 贸易伙伴

科特迪瓦出口伙伴主要是尼日利亚、法国、荷兰、德国、中国和意大利。科特迪瓦进口商品主要来自尼日利亚、法国、中国、泰国、美国。

(四) 科、中经贸关系

1983年3月2日,中、科建交。两国的双边贸易具有很强的互补性。科特迪瓦是各种资源比较丰富的国家,特别是农业、水产品、森林、石油和矿产产品是中国经济建设所需或比较紧缺的原料产品。中国商品价廉物美,适合科特迪瓦国情,市场容量空间很大。2012年,科中双边贸易额9.46亿美元。其中,科特迪瓦对华出口1.42亿美元,主要商品是棉花、可可、锰矿等;自华进口8.04亿美元,主要产品为机电产品、大米、高新技术产品、纺织品。

目前,中国在科特迪瓦从事贸易活动的企业多从事贸易和投资组装加工型贸易业务。主要从事农机具、汽车、药品、纸品、纺织品、保健品、医疗器械及假发的加工、组装销售。

(五) 主要贸易口岸——阿比让港(Abidjan)

阿比让港是西非最大的天然良港,是非洲大陆最大的集装箱港口之一,也是布基纳法索、马里等西非内陆国家的主要出海口和进出口货物的集散地。港区最大水深为12.5米,主要码头泊位为26个,集装箱堆场达6万平方米,设计年吞吐量为2 000万吨,可同时停泊60多艘船只,年装卸集装箱7万只,还有直径为100~609.6毫米的输油管供装卸使用。

[①] "中国科特迪瓦贸易现状、问题及建议",中国国际电子商务网。

【专栏】 非洲最大的人造港——特马港

加纳的特马港(Tema)是非洲最大人造海港,位于几内亚湾北岸加纳首都阿克拉之东27千米,东至洛美港91海里,距拉各斯港213海里,西至阿比让港264海里,南至开普敦港2 586海里。港口第一码头是大陆顺岸,有7个泊位;第二码头为东南伸展的突堤,有5个泊位,泊位水深7.6~10米,年吞吐量约500多万吨。

加纳在20世纪90年代以前被联合国列为最不发达的国家之一。后经政府实行经济结构调整,经济持续增长,于1994年被联合国取消最不发达国家称谓,被誉为非洲国家经济结构调整的"样板"。加纳的外贸收入约占GDP的40%,年进出口额80亿美元左右。可可豆、黄金、木材及其制品是加纳的三大经济支柱,也是三大传统出口商品,曾一度占出口的90%。现在增加了锰、钻石、铝矾土以及渣油等矿产资源类产品的出口。

2013年,加纳GDP约426亿美元,人均GDP 1 698美元。2012年,中加双边贸易额54.43亿美元,其中,中国出口47.9亿美元,进口6.43亿美元。中国对加纳主要出口产品为机电产品、纺织品、鞋类、电池、茶叶等;从加纳进口可可、木材、锰矿砂和废铜等。

本章小结

1. 非洲国家自然资源较为丰富,其中,利比亚、阿尔及利亚、尼日利亚、埃及等国家的石油、天然气资源丰富,是世界石油主要生产和出口国。非洲总体经济发展水平不高且具有较大的不均衡性。

2. 非洲国家对外贸易具有较强的资源禀赋特征,基本上属于资源导向型。富饶的资源和落后的工业体系促成了非洲特有的国际分工与贸易模式。主要出口商品基本上集中在石油、天然气等碳化氢产品、农产品以及其他资源类产品;进口产品主要是工业制成品。同时,对进口产品的高度依赖使大部分国家外贸长期处于逆差。

3. 非洲国家与中国经济结构有较强的互补性。中国主要向非洲出口机电产品、纺织品和服装、轻工产品、化工产品、食品等;从非洲进口的主要商品有原油及其制品、矿产品、化工产品、农产品以及其他原料等。

思考题

1. 结合非洲的资源禀赋及经济发展状况,试分析非洲国家地理资源与国际贸易模式之间的内在联系。

2. 非洲丰富的自然资源并没有带来整个非洲经济的快速发展,请结合中国外向型经济发展的历程,针对非洲贫穷落后的经济现实提出对策建议。

3. 什么是决定一国对外贸易产业结构的关键因素?请对非洲国家的出口结构和进口结

构的现状进行分析并预测其未来的发展方向。
4. 分析中国和非洲国家的经贸数额、结构及发展趋势,阐述中国应从哪些方面着手开拓中非贸易的新局面,以促进中非经贸的深入合作与全面发展。
5. 中国向非洲国家提出的"三网"建设有哪些现实和长远意义?有何障碍?前景如何?

第九章 中南美洲主要国家

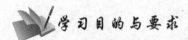学习目的与要求

> 1. 熟悉中南美洲主要国家的地理位置、自然资源及社会发展状况；
> 2. 了解中南美洲主要国家的经济总量、产业结构及支柱产业；
> 3. 掌握中南美洲主要国家的对外贸易及发展态势；
> 4. 掌握中南美洲主要国家对华经贸往来的现状及发展前景；
> 5. 熟悉中南美洲主要国家的主要贸易口岸。

【开篇案例】 拉美国家缘何纷纷对华反倾销？[①]

近年来，拉美地区十几个国家对中国发起上百起反倾销、保障措施和特保调查，占全球对中国反倾销国家的1/3。受影响的中国商品达7 000多种。贸易摩擦已成为影响中国和拉美关系的最大问题。

中国和拉美贸易摩擦的原因是多方面的。一是双方经济贸易往来迅速增长。早在2007年，双边贸易额就突破1 000亿美元大关。二是越来越多的中资企业纷纷在拉美国家投资建厂，挤占了拉美企业的市场份额。三是中拉贸易的同质性造成产品的相互排斥。例如，中国输往拉美的多集中在纺织品、服装、玩具、餐具等劳动密集型产品，而这些也往往是拉美的主要产业，容易产生摩擦。四是中国一些企业钻了拉美国家对进口的监管尚不完善的空子，采取低价报关等手段，大批廉价商品涌进拉美市场，因而激起拉美国家群起而攻之，发起反倾

[①] 摘自中国社科院网（http://sym2005.cass.cn/file），"中拉贸易摩擦及其应对"，2007年3月6日。

销。五是中国企业放弃应诉助长了反倾销行为。由于涉案金额普遍较小,又存在文化、语言、法律等方面的障碍,中国企业应诉率相对较低,审理机构依据本国反倾销申请方提供的资料,对中国产品施加过高的反倾销税。六是西方制造的"中国威胁论"的影响。有些舆论把中国对拉美贸易和在拉美的投资说成是中国在拉美"掠夺资源"和搞"殖民主义",使当地人士和团体对中国产生了一些误解。七是拉美国家民族主义和贸易保护主义抬头,其政府采取的一些保护措施和国有化政策影响到中方部分产品的出口和在相关国家中资企业的利益。八是其他地区对华出口的限制对拉美国家产生示范和连锁效应。

总体上说,中拉贸易摩擦涉及的贸易量占双方贸易总额的比重毕竟很小,不足以影响中国对外贸易的大局。中国应严格按照世贸协议的规定,通过谈判协商解决或者交由世贸组织仲裁。中国企业也应调整出口产品的结构,还应加大对外宣传的力度,化解和消除"中国威胁论"在拉美的不良影响。

第一节 墨 西 哥

全称:墨西哥合众国(The United States of Mexico)。
面积:196.4万平方千米。
人口:1.18亿(2013年)。
首都:墨西哥城。
货币:墨西哥比索(MXN)。
国花:仙人掌、大丽菊。
节日:固定假日:独立宣言日(1月11日),劳动节(5月1日),国王登基日(7月30日),EDDAHAB WADI回归日(8月14日),国王与人民革命日(8月20日),青年节(国王生日,8月21日),绿色进军节(11月6日),独立日(11月8日)。回历节日:回历新年,开斋节,宰牲节和先知生日(回历节日按回历计算,每年有所不同)。每年8月前后为摩休假期,摩政府等公职部门、企业职员陆续休假。

一、自然条件

1. 地理位置

墨西哥位于北美洲南部、拉丁美洲西北端,是南美洲、北美洲陆路交通的必经之地,素称"陆上桥梁"。北邻美国,南接危地马拉和伯利兹,东濒墨西哥湾和加勒比海，西临太平洋和加利福尼亚湾。著名的特万特佩克地峡将北美洲和中美洲连成一片①。墨西哥是拉美第三大国、中美洲最大的国家。

2. 自然资源

(1) 能源资源。能源资源主要是石油、天然气，还有部分煤炭资源。截至2012年年底，已探明石油储量205亿桶，居世界第13位；已探明天然气储量3 597亿立方米，也居世界第13位②。

(2) 矿产资源。矿业资源丰富，主要有金、银、铜、铅、锌、砷、铋、汞、镉、锑、钼、磷灰石、石墨、天青石、硫黄、萤石、重晶石等。其中，白银产量居世界第一，素有"白银王国"之称；天青石、铋、萤石产量居世界第二位；砷、镉产量居世界第三位；硅灰石产量居世界第四位；石墨产量居世界第五位；锌、铅、钼、重晶石产量居世界第六位。金年产量140万盎司，铜35.8万吨，锌45.6万吨，铅13.4万吨，钢1 700万吨，钼1 400万磅。

(3) 水资源。水资源较丰富。水力发电资源约1 000万千瓦。水力发电约占全国发电总量的40%③。

(4) 森林资源。森林覆盖面积为4 500万公顷，约占领土总面积的1/4。木材开发潜力很大，长期可采储量达6 000万～7 000万立方米。

(5) 生物资源。墨西哥生物资源多样，最著名的是蜂蜜、剑麻、仙人掌及海产。墨西哥是世界蜂蜜主产国，年产量达6 000万千克，居世界第四位，蜂蜜90%用于出口；墨西哥也是剑麻的主产国；墨西哥是仙人掌的故乡，世界2 000多种仙人掌有一半以上在墨西哥，故有"仙人掌王国"的美誉。海产主要有对虾、金枪鱼、沙丁鱼、鲍鱼等，其中，对虾和鲍鱼是传统的出口产品。

3. 气候特点

墨西哥气候复杂多样。沿海和东南部平原属热带气候，年平均气温为25℃～27.7℃；墨西哥高原终年气候温和，山间盆地为24℃，地势较高地区17℃左右；西北内陆为大陆性气候。大部分地区全年分旱、雨两季，雨季集中了全年75%的降水量。墨境内多为高原地形，冬无严寒，夏无酷暑，四季万木常青，故享有"高原明珠"的美称。

4. 民族与语言

墨西哥人口在拉美仅次于巴西，居第二位，位居世界第11位。其中，印欧混血种人占90%，印第安人占10%，还有白种人等。官方语言为西班牙语，有8%的人讲印第安语。墨西哥许多商人都会说英语，但与当地人交谈

---

①② 中国驻墨西哥大使馆经商参赞处网站。
③ 竺仙如主编：《国际贸易地理》，中国对外经济贸易出版社2003年版。

时最好是说西班牙语,特别是收到对方用西班牙文写来的信函后,最好也用西班牙文回复。

5. 宗教与习俗

(1) 宗教。居民中92.6%信奉天主教,3.3%信奉基督教新教。

(2) 习俗。墨西哥人热情友好、宽厚随和。墨西哥人通常的问候方式是微笑和握手,在亲朋好友之间也施亲吻礼和拥抱礼,但忌讳不熟悉的男女之间互相亲吻。墨西哥人不惧怕骷髅,认为它是公正的象征。墨西哥人喜食仙人掌,并用它配制成各种家常菜肴。墨西哥也是全球食用昆虫消耗量最大的国家。送花忌黄、红、紫色,因为黄花暗示死亡,红花表示诅咒,紫花是不祥之色,白花则可驱邪,故最受欢迎。墨西哥人认为蝙蝠是一种吸血鬼,所以,他们忌讳蝙蝠图案,同时忌讳13和星期五。

二、经济概况

1. 经济规模

墨西哥是拉美第二大经济体,仅次于巴西。2013年,墨西哥国内生产总值为1.26万亿美元,人均GDP 10 659美元。进入21世纪以来,墨经济之所以能保持平稳运行,一方面是世界经济的发展给开放型的墨西哥经济提供了较好的国际经济环境;另一方面主要得益于北美自由贸易协定和国际市场原油价格不断攀升,为墨经济的提升注入了源源不断的能量。

2. 产业结构

(1) 农牧业。墨西哥是拉丁美洲的农业大国,农业门类齐全,产品繁杂。种植业的比重约为农业总值的60%[①]。粮食作物主要有玉米、小麦、水稻、高粱、菜豆等,经济作物主要有咖啡、棉花、甘蔗、大豆、番红花等。其中,玉米是墨西哥人世代相传的主要粮食。畜牧业约占农业产值的35.8%[②]。主要牲畜有牛、猪、家禽等。墨西哥渔业资源丰富,主要有金枪鱼、牡蛎、沙丁鱼等。

(2) 工矿业。墨西哥工矿业包括采矿业、制造业和电力工业等。采矿业是墨西哥传统工业部门,主要是各种金属及非金属矿产开采及石油开采。墨西哥以银矿开采著称于世,400多年来一直保持着世界首位,另外,铅、锑、汞、镉产量均居世界前列,还有金矿、硫黄、萤石矿等。石油开采是墨西哥的经济支柱,石油收入约占国家外汇收入的一半。

(3) 制造业。墨西哥是较早全面实施进口替代工业政策的发展中国家,建

[①②] 竺仙如主编:《国际贸易地理》,中国商务出版社2010年版。

立了规模庞大、体系完整、较为发达的制造业部门。制造业为经济和社会的发展做出了巨大贡献。20世纪80年代，墨西哥放弃了进口替代工业的发展模式，转而采取新自由主义的发展模式，墨西哥制造业部门进行了艰巨的结构调整。制造业主要有钢铁、汽车、食品、纺织、化学、橡胶等部门。自1994年加入北美自由贸易区并开放市场以来，墨西哥已成为世界第六大汽车生产国[①]，仅居中国、日本、美国、欧盟15国和加拿大等国家和地区之后。

（4）服务业。墨西哥服务业发展较快。服务业产值占国内生产总值的58.4%，从业人员占总劳动力的40.64%。墨是世界第九大旅游国，是继美国、加拿大之后的美洲第三大旅游地。玛雅古迹、月亮金字塔、杜伦古城等历史名胜蜚声世界。居拉美第一的旅游业已成为墨西哥主要创汇来源之一。

> 【专栏】 龙舌兰酒与"虫虫菜"
>
> 　　龙舌兰是一种生长在墨西哥的硕大的兰科植物。龙舌兰叶可以造纸，而龙舌兰的花朵十分尖锐，土著人曾用来当作武器。龙舌兰最重要的作用是制造龙舌兰酒（Tequila）。龙舌兰酒的度数很高，有一种辣而香甜的感觉缠绵于喉。墨西哥菜肴是与法国、印度、中国和意大利菜齐名的世界五大菜系之一。墨西哥菜肴的特色是口味浓厚、色彩绚丽，以辣为主（墨西哥是辣椒的发源地，全球约一半辣椒产自墨西哥）。墨西哥最具代表性的昆虫是"查普林"蝗虫，是比牛肉都贵的"虫虫菜"哦！"湖米尔"大水蚁、"埃斯卡莫尔"蚂蚁卵等都是墨西哥人的美味佳肴。墨西哥可食用的虫类达450多种，主要有"查普林"蝗虫、蜻蜓、蝴蝶、毛虫、蚊子、果蝇、蚂蚁、黄蜂等。
>
> （根据百度百科、维基百科等相关资料编辑）

三、对外贸易

1. 外贸规模

墨西哥作为拉美第一大贸易国，与44个国家和地区签署了自由贸易协定。2013年，墨西哥进出口额达到7 613.1亿美元，其中，出口3 801亿美元，进口3 812.1亿美元。

墨西哥外贸依存度较高，从2000年至今，外贸依存度均保持在50%以上，2013年高达62%，这一方面说明墨西哥经济的开放程度较高，另一方面也反映了墨西哥经济对国际市场（尤其是美国）的较高依赖性。

---

① 中国驻墨西哥大使馆经济商务参赞处。

2. 进出口商品结构

（1）出口。墨西哥主要出口商品为机电产品、车辆和矿产品，分别占其总出口的 34.7%、21.2% 和 14.1%。出口依赖美国的格局没有改变。

（2）进口。墨西哥主要进口商品为汽车材料、电器、化工产品、食品、饮料、纸浆、纺织、石化产品。排前三位的依然是机电产品、车辆和矿产品，分别占其进口总额的 38.3%、9.2% 和 9%。

3. 主要贸易伙伴

墨西哥的主要贸易伙伴为美国、加拿大、欧盟、日本及拉美国家等。其中，主要出口市场为美国、加拿大、西班牙和德国，主要进口来源地为美国、中国、日本、韩国、德国和加拿大。

表 9-1-1 墨西哥对主要贸易伙伴出口额　　　　　　　　单位：亿美元

年份	2013		2012		2011		2010		2009	
排名	国家	金额	国家	金额	国家	金额	国家	金额	国家	金额
1	美国	2 996.0	美国	2 878.0	美国	2 747.0	美国	2 385.0	美国	1 849.0
2	加拿大	104.5	加拿大	109.4	加拿大	106.7	加拿大	106.2	加拿大	83.7
3	西班牙	73.2	西班牙	71.6	中国	59.6	中国	41.9	德国	32.2
4	中国	64.6	中国	57.2	哥伦比亚	56.3	巴西	37.8	哥伦比亚	25.0
5	巴西	53.8	哥伦比亚	55.9	巴西	48.9	哥伦比亚	37.6	巴西	24.5
6	哥伦比亚	47.4	巴西	55.7	西班牙	48.2	西班牙	36.8	西班牙	23.9
7	德国	37.9	德国	44.9	德国	43.4	德国	35.7	中国	22.2
8	印度	32.5	印度	33.4	日本	22.5	日本	19.3	日本	16.2
9	日本	22.4	日本	26.2	英国	21.6	智利	18.7	荷兰	15.4
10	委内瑞拉	21.6	英国	26.0	荷兰	20.8	荷兰	18.5	委内瑞拉	14.2

资料来源：商务部："对外贸易：国别报告·墨西哥"，http://countryreport.mofcom.gov.cn/default.asp。

美国是墨西哥最主要的贸易伙伴，对美国的贸易状况直接决定墨西哥整体贸易发展。美国是墨西哥最大的出口目的地，同时也是墨西哥最重要的进口来源地。在其他主要贸易伙伴中，中国、日本是墨西哥第二和第三大进口贸易伙伴。此外，墨西哥从韩国的进口增长最为迅猛，2006年，韩国超过德国成为墨西哥第四大进口贸易伙伴。

墨西哥贸易逆差主要来源于中国、日本和韩国，贸易顺差主要来源于美国。

表 9-1-2 墨西哥自主要贸易伙伴进口额　　　　　单位:亿美元

年份	2013		2012		2011		2010		2009	
排名	国家/地区	金额	国家/地区	金额	国家/地区	金额	国家/地区	金额	国家/地区	金额
1	美国	1 873.0	美国	1 851.0	美国	1 744.0	美国	1 450.0	美国	1 124.0
2	中国	613.2	中国	569.4	中国	522.5	中国	456.1	中国	325.3
3	日本	170.7	日本	176.5	日本	164.5	日本	150.2	日本	113.9
4	韩国	134.9	德国	135.1	韩国	136.6	韩国	127.3	韩国	109.5
5	德国	134.6	韩国	133.4	德国	128.6	德国	110.8	德国	97.3
6	加拿大	98.5	加拿大	98.9	加拿大	96.6	加拿大	86.1	加拿大	73.1
7	中国台湾	66.9	中国台湾	61.8	中国台湾	57.7	中国台湾	56.2	中国台湾	45.9
8	意大利	56.2	意大利	54.6	马来西亚	56.1	马来西亚	52.7	马来西亚	40.4
9	马来西亚	53.8	马来西亚	47.4	意大利	49.8	巴西	43.3	巴西	34.9
10	巴西	44.2	巴西	44.9	巴西	45.6	意大利	39.9	意大利	31.5

资料来源:商务部:"对外贸易:国别报告·墨西哥",http://countryreport.mofcom.gov.cn/default.asp。

四、墨、中经贸关系

墨西哥和中国于 1972 年 2 月 14 日建交,是中国在拉美的第二大出口市场。

1. 贸易总量

中国为墨西哥第四大出口目的地和第二大进口来源地,墨西哥也成为中国在拉美继巴西之后的第二大贸易伙伴,2013 年,中墨双边贸易额为 677.9 亿美元,其中,墨西哥对中国出口 64.7 亿美元,增长 7.1%;自中国进口 613.2 亿美元,增长 7.7%。

2. 贸易商品结构

(1) 出口商品结构。墨西哥对中国的出口商品主要包括矿砂、矿渣及矿灰、车辆、机电产品、机械产品、铜及其制品、钢铁及钢铁制品、有机化学品、化学纤维及短纤、塑料及其制品、光学、照相、医疗等设备及零部件、饮料、酒及腊肉等。从 2013 年墨西哥对中国出口十大商品可以发现,占前三位的是矿产品、运输设备和机电产品,这三类产品占墨对华总出口的 79%。

(2) 进口商品结构。墨西哥从中国进口的商品主要有电机、电器、音像设备及其零附件、核反应堆、锅炉、机械器具及零件、玩具、游戏或运动用品及其零附件、光学、照相、医疗等设备及零附件、塑料及其制品、车辆及其零附件(铁道车辆除外)、钢铁及其制品、家具、寝具、灯具和活动房、有机化学品、贱金属杂项制品、皮革制品、旅行箱包和动物肠线制品、橡胶及其制品、玻璃及其制品等。其中,机电产品占其自中国进口总额的 67%。机电产品的主要竞争对手是美、韩、日、德。在墨西哥家具、玩具进口市场上,中国产品有较强竞争力。

3. 墨中贸易不平衡问题

在墨中贸易中,尽管墨西哥对中国出口增长速度很快,但墨西哥从中国进口额远远超过其对中国出口额。2003 年,中国超过日本成为墨西哥最大的贸易逆差来源国,此后,墨中贸易一直处于高逆差状态,且逆差额增长很快,2013 年,墨方逆差高达 548 亿美元。正是来自中国的巨额贸易逆差使墨、中两国贸易摩擦接连不断。墨西哥已成为对中国实行反倾销制裁最多的发展中国家之一,而且对中国的反倾销制裁存在着征收范围广、征税比率高的特点。贸易逆差扩大导致墨西哥国内"中国经济威胁论"不断升温,这些都不利于中、墨两国经贸关系的长期稳定发展。

从 2013 年的墨中贸易来看,墨贸易逆差主要集中在机电产品、家具、玩具、游戏或运动用品及其零附件和光学、照相、医疗等设备及零附件的贸易逆差上。

解决墨中双边贸易不平衡的问题,除了优化产品出口结构、中国适当增加从墨西哥的进口以外,还可以考虑墨中两国签订双边自由贸易协定,以此来应对各种贸易保护措施,并带动墨中双边投资和经济合作的发展。

五、主要贸易口岸

1. 马萨特兰(Mazatlan)

马萨特兰位于墨西哥西部加利福尼亚湾南口东岸、奥拉斯阿尔塔斯湾内的一个小半岛上,是墨西哥西部太平洋沿岸最大港口和游览胜地。北至洛杉矶港 1 011 海里,南至马萨尼略港 297 海里,至萨利纳克鲁斯港 870 海里。该港沿半岛伸展,气候夏热冬暖,尤以沙滩优美著称,平均最高气温 25℃～32℃,平均最低气温 14℃～24℃,全年无冰冻,为冬季休养胜地。马萨特兰是墨西哥著名的太平洋商港。入港航道宽约 70 米,水深 9～11 米。港内有 10 座码头,沿边水深 10 米;滚装船码头 2 个泊位,沿边水深达 10 米;石油码头长 80 米,宽 38 米,水深 10 米。此港主要输出矿石、皮革、烟草、龙舌兰酒及龙舌兰纤维和海虾等。

2. 韦拉克鲁斯(Veracruz)

韦拉克鲁斯是墨西哥东岸的最大港口,素有墨西哥"东方门户"之美称,是全国工商业中心,也是墨西哥东岸的农产品集散地。该港位于墨西哥东南沿海坎佩切(Campeche)湾的西南岸,濒临墨西哥湾的西南侧。该港是东部的重要铁路枢纽,公路及铁路四通八达,还是一个重要的国际航空站。港区有两条防波堤,主要码头泊位有 25 个,最大水深 11 米。有直径为 203～304.8 毫米的输油管供装卸使用。石油和天然气管道可直达产地。装卸效率为谷物每小时装 400 吨、每小时卸 250 吨,糖每小时装 800 吨。大船锚地水深达 25 米。

3. 坦皮科(Tampico)

坦皮科是墨西哥最大石油港和最现代化的港口。该港位于墨西哥东海岸北段帕努科(Panuco)河下游左岸,距墨西哥湾 13 千米,至休斯敦港 517 海里,东至哈瓦那港 864 海里,至巴拿马运河北口克里斯托巴尔港 1 493 海里。

该港周围 160 千米内有四大油田,是全国最大的石油开采和加工中心之一。全港总计 6 座码头,17 个泊位,包括 5 个石油泊位在内。主要港区自由港码头(Fiscal Quay)距河口 15 千米,入港航道长 19.3 千米、宽 100 米,水深 9 米,码头在叉河道下游的帕科河左岸,前沿水深 10.5 米,主要用于杂货。该码头上下游北岸有矿产和金属码头、水泥码头、石油码头等,水深可达 7.4～10.67 米。

第二节 委内瑞拉

全称:委内瑞拉玻利瓦尔共和国(Bolivarian Republic of Venezuela)。
面积:91.6 万平方千米(包括加勒比海中的 72 座岛屿)。
人口:3 219.6 万(2013 年)。
首都:加拉加斯(Caracas)。
货币:玻利瓦尔(BLV)。
国花:五月兰。
国家格言:主和联邦。
节日:1 月 1 日元旦,4 月 19 日独立日,5 月 1 日劳动节,6 月 24 日卡拉沃沃
  战役纪念日,7 月 5 日国庆节,7 月 24 日解放者(玻利瓦尔)诞辰日,
  10 月 12 日种族节(现改为印第安人反抗日),12 月 25 日圣诞节,狂
  欢节(每年日期不同),圣周(每年日期不同)。

一、自然条件

1. 地理位置

委内瑞拉位于南美洲北部,东与圭亚那交界,南与巴西接壤,西与哥伦比亚为邻,北临加勒比海。玻利瓦尔峰为境内最高峰(海拔 5 007 米)。马拉开波湖为南美洲最大湖泊(南部水淡,北部微咸),湖区周围沼泽地下蕴藏着世界最丰富

的石油带。卡罗尼河中游有世界落差最大的安赫尔瀑布(979米)。

2. 自然资源

(1) 能源资源。能源有石油、天然气、煤、水力资源。石油和天然气储量占南美洲首位。委内瑞拉已探明常规石油储量2 965亿桶(约465亿吨),储量居全球第一[1]。委天然气储量也很丰富,约5.5万亿立方米,居全球第九位。在马拉开波湖西北岸等地区储有大量的煤,全国煤储量约7.8亿吨。

(2) 矿产资源。铁矿蕴藏量36多亿吨,还有金刚石、金、铜、铝矾土、煤等矿藏。铝矾土储量13亿吨,镍矿49万吨,黄金储量4 353吨。

(3) 水资源。水力资源丰富。委全国有1 059条河流。最大的奥里诺科河全长2 200千米,其中的1 670千米可以通航,是南美洲的第三大河。第二大河是卡罗尼河,该河全长640千米,上游至下游的落差近1 000米,有丰富的水力资源,装机容量超过2 600万千瓦。

(4) 森林资源。委内瑞拉地处热带,森林面积约占全国面积的56%。南部亚马逊地区、瓜亚纳高原南部、奥里诺科河三角洲及周围地区为热带雨林;沿海山脉、安第斯山区地区是热带云杉林,此外,还有分布更为广泛的热带落叶林。

(5) 生物资源。生物种类繁多,有323种哺乳动物、283种爬行动物、202种两栖动物和1 360种鸟类,是南美鸟类最多的国家,有很多珍奇的鸟类。马拉开波湖和沿海地区水产丰富。东北沿海地带盛产珍珠。

3. 气候特征

除山地外,大部分地区属热带草原气候,年平均气温24℃~27℃,有明显的干季和雨季。北部沿海地区为干旱、半干旱气候;圭亚那高原南部、马拉开波低地和阿马库罗三角洲为热带雨林气候。此外,还有其他气候类型,如热带高地温和气候、冻原气候、极地气候、沙漠气候等。

4. 民族与语言

印欧混血种人占人口的一半以上,其余为白人、黑人和印第安人等。具体比例为:印欧混血种人占58%,白人占29%,黑人占11%,印第安人占2%。

官方语言为西班牙语,但委内瑞拉的西班牙语与西班牙本土正统的西班牙语差别较大。此外,印第安语也是印第安人使用的正式语言。

5. 宗教与习俗

(1) 宗教。委内瑞拉宪法规定宗教和信仰自由。目前,委内瑞拉98%的居民信奉天主教,1.5%的居民信奉基督教。

(2) 习俗。委内瑞拉人在社交场合与客人见面时以握手为礼。男士之间见

---

[1] 中华人民共和国驻委内瑞拉玻利瓦尔共和国大使馆经济商务参赞处资料。

面,习惯施拥抱礼;妇女之间相见,不但惯施拥抱礼,并还要吻面颊。拜访委内瑞拉人或公司,需要先通知对方。与委内瑞拉商人谈生意最好直截了当。到委内瑞拉从事商务活动,若去加拉加斯,以1~6月和9~11月最适宜,去马拉开波则以3~6月最适宜。圣诞节与复活节前后两周不宜前往。此外,应避免在2月份嘉年华周到访。和委内瑞拉人打交道,最好要用西班牙语,英语是行不通的。

委内瑞拉以西餐为主,人们普遍爱吃牛肉和各种蔬菜,也喜欢品尝中国风味菜肴。喜欢饮酒,但不像欧洲人那样挑剔酒的品种,而是各种酒都能喝,一般饮酒量也偏大。委内瑞拉人忌讳"13"和星期五;他们厌恶孔雀,认为它会给人们带来不幸;忌以刀剑为礼相赠,因为这意味着友谊的割断;不爱吃牛油点心;不喜欢吃鸭梨。

二、经济概况

1. 经济规模

委内瑞拉是拉美经济较发达的国家之一。2013年,委内瑞拉GDP达3 495.6亿美元,人均GDP为11 527美元。石油业为国民经济的命脉,是世界原油出口大国,也是石油输出国组织成员中唯一的拉美国家。

2. 产业结构

(1) 石油产业。委内瑞拉是以石油生产为主的国家,石油产量在拉美国家中居第一。石油行业是委内瑞拉国民经济中最重要的支柱产业,产值占国内总收入的70%以上。近年来,委内瑞拉石油收入大幅攀升。2013年,日产石油325万桶,占全球石油总产量的4%,石油年收入约1 000亿美元,成为带动经济增长的主要推动力。

(2) 服务业。金融、通讯、商业和运输等服务业占委内瑞拉GDP的1/4,是仅次于石油业的第二大支柱产业。

(3) 制造业。工业部门有铁矿、建筑、炼钢、炼铝、电力、汽车装配、化学制品、建材、纺织、食品加工、烟草、橡胶、木材等,其中,钢铁工业较发达。委内瑞拉生产直接还原铁,产量居世界第二位。

(4) 农业。委内瑞拉农业发展缓慢,在经济中所占比重较小,粮食不能自给,主要农产品有甘蔗、棉花、大米、高粱、咖啡、可可等。

(5) 旅游业。旅游业收入在国民经济中占重要地位,主要旅游地区是安赫尔瀑布、玛格丽塔岛和马拉开波湖等。

> **【专栏】"石油湖"**
>
> 位于委内瑞拉境内西北部的马拉开波湖是拉美地区最大的湖泊。湖南北长155千米,东西宽95千米,面积达1.43万平方千米,与委内瑞拉海湾相连。马拉开波湖是世界上产量最高、开采最悠久的"石油湖"。湖区储油量超过50亿桶。由于储量大,原油源源不断地从湖畔的裂缝中溢出,浮在水面上。湖区周围的沼泽地为世界著名的石油产区。从湖的东西两岸眺望湖面,只见井架林立、油管密布、油塔成群,景色十分壮观。湖上大桥是南美洲跨度最大的桥梁之一。湖畔建有许多石油城镇。
>
> （根据维基百科相关资料整理）

三、对外贸易

1. 外贸规模

委内瑞拉1990年加入"关税及贸易总协定"（WTO前身）。依托石油出口,对外贸易迅速发展。2013年,委内瑞拉进出口总额1 483亿美元,其中,出口743亿美元,进口740亿美元。

2003年以来,委内瑞拉贸易一直处于顺差。由于非石油商品进口的大幅增加,委内瑞拉的贸易顺差呈逐年减少趋势。

2. 进出口商品结构

委内瑞拉主要出口产品为石油及其副产品、铁矿砂、铝矾土、钢材、化工产品和农产品,其中,石油出口呈逐年上升势态,2010年到2012年石油出口分别占总出口的92.4%、95.2%和96.3%。进口产品主要有机器、工业原料、运输设备、化工产品、食物等。

3. 主要贸易伙伴

美国是委内瑞拉的第一大贸易伙伴和最大投资国,同时,委内瑞拉也是美国在拉美地区的第三大贸易伙伴。委内瑞拉石油出口的第一大目的国是美国,拉美国家、欧洲、亚洲分别是委石油的第二至第四大市场。委内瑞拉非石油商品主要出口目的国为美国、哥伦比亚、墨西哥、厄瓜多尔、西班牙、加拿大、日本、巴西、秘鲁、安第列群岛、中国、意大利等。委内瑞拉主要进口来源国有美国、哥伦比亚、意大利、德国和巴西。

四、委、中经贸关系

1974年,委内瑞拉同中国建交。2012年,委中双边贸易额为230亿美元,

2013年,双边贸易降至192.4亿美元,同比下降19.3%。其中,委对华出口131.8亿美元,从中国进口60.6亿美元,顺差71.2亿美元。委内瑞拉对中国出口原油、氧化铝、乳化油、钢材、乙烯和铁矿砂等;委内瑞拉从中国进口产品包括纺织品、轻工产品、五金交电、玩具、节日灯、搪瓷、自行车及其零部件、手工工具、汽车零部件、医疗器械、食品以及机电产品等。

中国在委投资不断扩大,主要经济合作项目包括石油开采、航道疏浚、石油技术服务、住房建设、铁路改建、输水管道建设等。其中,石油已经成为中国企业在委投资的重要领域。

五、主要贸易口岸

1. 拉瓜伊拉港(La Guaira)

拉瓜伊拉港建于1577年,为委内瑞拉最现代化的海港。该港位于委内瑞拉北部加拉加斯城西北郊,北临加勒比海,南距加拉加斯仅11千米,东距克鲁斯港138海里,距特立尼达首都西班牙港328海里,西至卡贝略港68海里,至巴兰基利亚港533海里,至巴拿马运河北口克里斯托巴尔港841海里。

港口由顺岸码头和突堤组成。西突堤水深8.2～9.75米;东突堤沿边水深8.8米。东西突堤之间是顺岸码头,有6个泊位,前沿水深8.5～9.45米。东北堤突有7个滚装、谷物和集装箱泊位,前沿水深8.5～10.95米,拉瓜伊拉港共有25个泊位,年吞吐1 000万吨以上,全国有一半以上的物资经此进出。

2. 卡贝略港(Puerto Cabello)

卡贝略港建于1589年,濒临加勒比海南岸,位于卡拉沃沃州北部,南距巴伦西亚30千米。该港是委内瑞拉的第一大港,全国七成的进出口货物在这里集散。在拉美和加勒比地区的港口中列第七位。

卡贝略港有26个水深9～12米的码头,货场可以容纳1.4万个集装箱。

该港最大吃水9.45米,潮汐变化0.3米。港口由港务长管理,须强制引航。工作时间一天24小时。卡贝略港是一个石油输出终端港,有6个油船泊位:1号和2号泊位吃水11.89米,4.5万载重吨,仅装卸原油;3号和4号泊位吃水10.36米,2.3万载重吨,装卸原油和丙烷;5号和6号泊位吃水12.19米,11万载重吨,仅装卸原油。

第三节 阿 根 廷

全称:阿根廷共和国(Republic of Argentina)。
面积:278万平方千米。
人口:4 365万(2013年)。
首都:布宜诺斯艾利斯(Buenos Aires)。
货币:阿根廷比索(ARS)。
国花:赛波花。
国家格言:处在自由与和平中。
节日:实行双休日(周六、周日),每年最热的一月份基本上是休假时间。全国性节日主要有1月1日元旦、5月1日国际劳动节、5月25日国庆日、6月10日重申马岛主权日、6月20日国旗日、7月9日独立日、8月17日圣马丁将军逝世纪念日、12月25日圣诞节。宗教节日有复活节(按犹太历确定,一般在3月底)、圣母受孕日(12月8日)和狂欢节(按犹太历确定)。

一、自然条件

1. 地理位置

阿根廷东濒大西洋,西同智利以安第斯山脉为界,南与南极洲隔海相望,北与玻利维亚、巴拉圭交界,东北与乌拉圭和巴西接壤。阿根廷面积仅次于巴西,为拉美第二大国。

2. 自然资源

(1) 能源资源。有石油、天然气、煤炭及水电和核电。现已探明石油蕴藏量25亿桶,天然气7 635亿立方米,煤炭6亿吨。阿根廷充分利用其水力资源丰富的特点发展水电,同时积极利用原子能发电,是拉美国家中第一个拥有核电的国家[1]。

(2) 矿产资源。阿根廷国内有较为丰富的铁、银、锌、铍、铜、铀、铅、锡、石膏、硫黄等矿产资源。其中,稀有金属铍的蕴藏量仅次于巴西,居世界第二位,铁矿藏量3亿吨;铀矿资源丰富,已探明储量达2.94万吨,在拉美居首位。

---

[1] 王珏筱、郭品芳:《国际贸易地理》,中国物质出版社2006年版,第335页。

(3) 水资源。国内有较为丰富的河流和湖泊。巴拉那河是阿国内最重要的河流,全长4 700千米,流域面积达35 000平方千米,为南美第二大河。阿根廷有湖泊400多个,最大湖泊是阿根廷湖。可通航河流主要是拉普拉塔河及其上游的各河流,可通航里程约3 200多千米。

(4) 森林资源。森林覆盖面积约为6 300万公顷,占全国面积的32%。阿根廷有很多经济林木和名贵林木,如西洋杉、智利杉、月桂、橡树、丝柏、掬树、松树、桐树、爱神木、野樱桃等。

(5) 生物资源。阿根廷动物种类很多。在草原区有安第斯山火烈鸟、小羊驼、原驼、美洲豹、赤狐、臭鼬、安第斯秃鹰等。在森林和沼泽区,生活着非洲野猪、吼猴、貘、蚁熊、蜜熊等。水鸟有白鹤、草鹭、白琵鹭、黑颈鹤和野鸭等。沿海渔业资源丰富。根据世界自然保护联盟2004年4月公布的统计数字,阿根廷有476个物种濒临灭绝,形势严峻。

3. 气候特征

阿根廷气候多样,四季分明。北部属热带气候,中部属亚热带气候,南部为温带气候。年平均气温北部为24℃,南部为5.5℃。

由于阿根廷地处南半球,季节与地处北半球的中国恰好相反。这种地理位置和气候为阿根廷的旅游业发展提供了优越条件。同时,也给国际贸易中的反季节商品进出口提供了很好的市场机会。

4. 民族与语言

阿根廷白种人占95%,多属意大利和西班牙后裔。印第安人占2%。

官方语言为西班牙语。在阿根廷,西班牙语由于受到意大利语的影响,吸纳了很多意大利语的词汇,语音也受到影响。因此,阿根廷人讲西班牙语时,听起来语调要更硬一些。少数印第安人保留着自己的语言。

5. 宗教与习俗

(1) 宗教。阿根廷人口以拉丁语系民族的移民为主,天主教占据主要地位。全国90%的居民信奉天主教。德国、英国、美国和北欧国家的移民也带来了基督教新教和犹太教。阿根廷是拉美国家中犹太教徒人数最多的国家。

(2) 习俗。重视礼节、爱面子是阿根廷人的习惯。凡到当地公司访问或到客商家做客,都须西装革履。1~3月为阿根廷的"暑假",因此,5~11月是最适宜到访的时间,圣诞节与复活节前后两周不宜访问。在阿根廷,拜访务必事先约定。阿国商界流行以握手为礼,交换名片频繁。一般而言,谈生意应保守谨慎的态度,给人以较佳印象。阿根廷商人多会说英语,意大利语和德语也较常用。

或许是天性使然,阿根廷人有"三漫(慢)"的绰号,即办事缓慢,作息散漫,举止浪漫。阿根廷官方机构办事拖沓,人们已习以为常。

阿根廷人习惯吃欧式西菜,以吃牛、羊和猪肉为主。阿根廷商人喜欢邀请客人至家中做客,餐桌上少不了正宗烤牛肉。到阿根廷人家里做客,可给女主人送上一束鲜花或一些糖果。阿根廷人久别相见,男人互相拥抱,女人则握住对方双手并亲面颊。送礼勿送衬衫、领带之类贴身用的物品。闲聊可以谈谈体育,特别是足球以及当地的公园,避免谈论有争议的宗教、领土和政治问题。

二、经济概况

1. 经济规模

阿根廷是拉美国家中综合国力较强的国家。2013年,阿根廷GDP为6 114亿美元,在拉美国家中继巴西和墨西哥之后居第三位,属于新兴市场国家,人均GDP为14 487美元,在拉美国家中名列前茅。阿根廷各经济部门基础较好,经济结构渐趋合理化。

【专栏】 拉美化陷阱

"拉美化陷阱"是指拉美经济社会发展中的失调现象。具体表现为六个方面:

1. 经济发展过程不公。拉美贫富差距巨大举世闻名。许多拉美国家遵循的是先增长后分配,认为蛋糕做大后,分配自然会实现公正。事实表明,收入分配并没有改善。

2. 城市农村发展失衡。超越发展阶段的城市化使拉美付出沉重代价。大城市中的摩天大楼旁却是无数贫民窟。此外,城市人口的快速增长使城市管理的难度增加。

3. 人类与自然不和谐。地大物博的拉美面临着生态环境恶化的问题。由于生态环境发生不利变化,拉美地区几乎所有国家都遇到过严重的自然灾害,损失惨重。

4. 社会治安状况恶化。拉美国家的谋杀率一般为8‰,是世界上最高的。十年前这一比率上升到13‰,是除了非洲以外所有其他国家的4倍。

5. 教育事业发展不快。拉美的入学率虽然较高,但并不能使儿童完成学业,更不用说进入中学。因此,受教育的平均年限低于世界平均水平。教育事业的落后,一定程度上加剧了社会的两极分化。

6. 未掌握开放与保护。拉美在参与全球化进程中,大幅度削减关税,使外国产品轻而易举地进入本国市场。20世纪90年代以来,失业率居高不下,与大量中小企业在外来竞争中倒闭无疑有着密切关系。

(中国社会科学院拉美所郑秉文:"中国应谨防'拉美化'",http://www.tecn.cn/data/detail.php? id=5889)

2. 产业结构

(1) 农牧业。阿根廷农业对国民经济具有重要的贡献。阿根廷每年的粮食产量(含小麦、玉米、高粱等)达 4 000 多万吨,主要农产品还有油料、果仁、柑橘类的植物以及蜂蜜、葡萄酒、牛肉、猪肉、家禽、牛奶和羊毛等。农牧业在 GDP 中所占比例虽然不高,但是国家第一大出口部门,占全部出口的 60% 左右[1]。阿根廷是世界粮食和肉类的主要生产国和出口国,素有"世界粮仓肉库"之称。畜牧业占农牧业总产值的 40%。主要种植大豆、小麦、玉米、高粱、葵花籽等。渔业资源也非常丰富。主要渔业产品为鳕鱼、鱿鱼、对虾等。农畜产品年出口值近240 亿美元,是世界最大的豆粉、豆油、葵花籽油、蜂蜜、梨和柠檬出口国,是玉米和高粱的第二大出口国,是大豆的第三大出口国,是小麦和牛肉的第五大出口国。因此,农业仍然是阿根廷国民经济中的一个重要出口部门,农牧渔业(包括谷物)出口依然是外汇收入的主要来源。

【专栏】 南方共同市场(SCM)

南方共同市场是南美地区最大的经济一体化组织,也是世界上第一个完全由发展中国家组成的共同市场。1991 年 3 月 26 日,阿根廷、巴西、乌拉圭和巴拉圭 4 国总统在巴拉圭首都亚松森签署《亚松森条约》(条约于同年 11 月 29 日生效),宣布建立南方共同市场。1995 年 1 月 1 日,南方共同市场正式启动,关税联盟开始生效。此后,南共市先后接纳智利(1996 年 10 月)、玻利维亚(1997 年)、秘鲁(2003 年)、厄瓜多尔(2004 年 12 月)和哥伦比亚(2004 年 12 月)等国为其联系国。该组织的宗旨是通过有效利用资源和保护环境,协调宏观经济政策,加强经济互补,促进成员国科技进步,最终实现经济政治一体化。

(2) 制造业。阿根廷的制造业占国内生产总值的 40%,主要有钢铁、电力、汽车、石油、化工、纺织、机械、食品等。

① 肉品加工业。由于阿根廷发达的农牧业,食品加工业从就业和产值方面都列在工业部门前列。一般占工业产值的 15%,吸收 30 多万人就业,主要有肉类加工、乳制品、粮食加工、水果加工、酿酒等行业。

② 化学工业。燃料工业主要是石油和天然气工业。阿根廷石油和天然气蕴藏丰富,石油和石油产品一跃成为最大的非传统出口项目。阿根廷出口商品中,能源产品占整个出口总额的 20%。

③ 汽车和钢铁业。阿根廷是拉美重要的汽车生产和出口国。产钢能力在拉丁美洲居第 3 位,仅次于巴西和墨西哥[2],但尚不能满足国内市场的需要,需要大量进口。

此外,阿根廷核工业发展水平居拉美前列,现拥有多座核电站。钢铁产量居

---

[1][2] 宋晓平:《列国志·阿根廷》,社会科学文献出版社 2005 年版。

拉美前列。机器制造业具有相当水平,生产的飞机已打入国际市场。食品工业较发达,主要有肉类加工、乳制品、粮食加工、水果加工和酿酒等行业。阿是世界四大葡萄酒生产国之一,葡萄酒年产量超过20亿升,其中的28%供出口。

(3) 服务业。服务业主要集中在旅游、交通运输等方面。其中,海运在阿根廷外贸运输中占有重要地位,外贸货物的90%通过海运。阿根廷是拉美第二大旅游国家,凭借丰富多彩的自然与文化及地理气候特色,尤其是最接近南极半岛的特殊位置,2013年接待外国游客671万多人次,创汇61.7亿美元,是仅次于农业和石油业的第三大创汇产业。

旅游业已成为阿根廷经济中的支柱产业之一。阿根廷有世界自然和文化遗产8处。伊瓜苏瀑布为世界上最宽的瀑布,阿空加瓜山是世界最高的死火山,乌斯怀亚是世界最南端的城市,被称为"世界尽头"和前往南极的"桥头堡"。首都布宜诺斯艾利斯是南半球最大的城市,也是商港和全国放射状铁路中心及旅游度假胜地。

三、对外贸易

1. 外贸规模

对外贸易在阿根廷国民经济中占有重要地位。阿根廷对外贸易呈现几个重要特点:一是贸易额不断扩大。2013年,阿根廷进出口额为1 483亿美元,其中,出口743亿美元,进口740亿美元。二是商品贸易顺差越来越大,服务贸易还是保持逆差。出现这一现象的原因主要是,阿根廷比较有竞争力的出口产品主要是农牧业产品及部分制成品,而处于第三产业的服务业除了旅游业之外,其他行业出口优势尚不明显。三是外贸依存度呈逐年上升趋势。

2. 进出口商品结构

阿农牧业加工产品出口占整个出口比重较大,其次是工业制成品,能源和其他初级产品。2013年,阿根廷食品饮料(包括红、白葡萄酒等)出口155.8亿美元,占出口总额的21%,为阿第一大类出口商品。此外,机械设备、动物产品出口分别达102.3亿美元和50.5亿美元,占总出口的14%和6.8%。粮食、化工、动植物油和矿产品占比分别为20%、7%、6.9%和6.7%。上述六大类产品合计占阿根廷出口总额的61.7%。

阿根廷是世界两大牛肉生产国之一,也出产品质优良的羊毛。阿根廷是世界上马黛茶产量和出口量最多的国家。马黛茶不仅仅是一种饮料,还是一种纯天然的绿色保健饮品,是阿根廷旅游消费的主要商品之一。此外,阿根廷探戈、足球、烤肉同马黛茶一样,早已成为阿根廷的一种标志文化。

在阿根廷进口商品中,机电产品、运输设备和矿产品为三大主要产品,2013年的进口额分别为188.9亿美元、154.4亿美元和120.4亿美元,分别占进口总额的25.5%、20.9%和16.3%。此外,化工产品进口增加,金额为101.4亿美元,占进口总额的13.7%。

3. 主要贸易伙伴

主要贸易伙伴为巴西、美国、欧盟、中国、墨西哥、智利等。主要贸易伙伴中的区域经济组织有亚太经合组织、南方共同市场、欧盟15国、北美自由贸易区、安第斯共同体、东盟10国以及中东欧自由贸易区等。

巴西是阿根廷最大的贸易伙伴。2013年对巴西出口158.3亿美元。占阿总出口的21.3%;自巴西进口192.9亿美元,占阿总进口的26.1%。阿根廷主要向巴西出口石油及其制品、废油、铜矿砂及其精矿等,从巴西进口产品主要有载人机动车辆及配件。

中国和美国为阿第二、第三大贸易伙伴。2013年阿根廷对两国出口分别为55亿美元和38亿美元,合计占阿总出口的12.5%;自两国进口113.6亿美元和80.6亿美元,合计占阿总进口的26.3%。

智利是阿根廷最大的贸易顺差国,2013年顺差额为27.9亿美元。委内瑞拉和阿尔及利亚也是阿的顺差来源国。

四、阿、中经贸关系

阿根廷与中国的贸易在20世纪90年代发展较快。1996年,中国与阿根廷贸易额超过日本,成为阿根廷在亚洲最大的贸易伙伴。据阿根廷统计局统计,2013年,中阿双边贸易额为168.6亿美元,增长12.7%。其中,阿根廷对中国出口55亿美元,占阿根廷出口总额的7.4%;自中国进口113.6亿美元,占阿根廷进口总额的15.4%。中国为阿根廷第二大贸易伙伴、第二大出口市场和第二大进口来源国。

阿中两国经贸合作互补性较强。阿根廷主要向中国出口食用油、羊毛和皮革、钢铁、机械和运输设备等。从中国进口的主要商品有机械产品、化工产品、服装和纺织品等。

植物产品是阿根廷对中国出口最多的商品。2013年,阿对华油籽出口32.6亿美元,增长19.3%,占阿根廷对中国出口总额的59.3%。矿产品是第二大类出口商品,对华出口7.3亿美元,占出口总额的13.3%。动植物油脂是第三大类出口商品,对华出口6.5亿美元,占出口总额的11.8%。

在2013年阿根廷自中国进口的主要产品中,第一大类是机电产品,进口

64.7亿美元,占阿根廷自中国进口总额的56.9%。第二大类进口商品是化工产品,进口额为13.1亿美元,占进口总额的11.5%。运输设备是第三大类进口商品,进口额为9.6亿美元,占进口总额的8.5%。家具、玩具等进口5亿美元,占进口总额的4.4%。

五、主要贸易口岸

1. 布宜诺斯艾利斯(Buenos Aires)

布宜诺斯艾利斯是阿根廷的首都和政治、经济、文化中心,有"南美洲巴黎"的美誉,是南半球仅次于圣保罗的第二大城市。布宜诺斯艾利斯在西班牙语中意为"好空气"。是南美洲最大港口之一,是阿最大的贸易港,约占全国进出口货物的58.8%[1]。港口东连拉普拉塔河与大西洋相通。布宜诺斯艾利斯港口系统包括巴拉那河入海口的几个港口,分为3个区:一区包括外部码头,用于大规模装卸石油和天然气;二区为里亚丘埃罗河南岸区,为小规模装卸物品的码头;三区为南达科港区,为45米宽的船坞,可驶入油轮和煤轮等。港口有23个轮船泊位,轮船长度可在180米以上。备有谷物运送终端和5个普通存货终端。

布宜诺斯艾利斯港口为不冻港。该港系统中的拉普拉塔河港是沟通南方共同体市场的潜力港。港口系统中的戈肯港位于大戈肯河入海口处,入港通道宽120米,水深46英尺。75米以上的轮船需要牵引进港。

2. 布兰卡港(Bahia Blanca)

布兰卡港为人工港,也是南美洲最大港口之一。全国出口货物的38%和进口货物的59%在布港装卸,是阿根廷最大的小麦输出港。该港是阿根廷唯一的深水港,可直接出大西洋,适合停靠大的谷物运输船只和油轮。该港属亚热带季风气候,冬季不冻。平均潮差为1.9米。港区有散、杂货码头泊位12个,最大水深12.19米;有油码头泊位3个,最大水深12.19米。有直径为300毫米的输油管供装卸使用。在节假日中如果需要,可以安排作业,但须付200%的附加费。

---

[1] 潘宏、袁志彦:《国际贸易地理教程》,对外经济贸易大学出版社2006年版。

【专栏】 "世界糖罐"与古巴雪茄

古巴是西印度群岛中最大的岛国,由4 195个岛屿组成,有"墨西哥湾钥匙"和"加勒比海绿鳄鱼"之称。古巴铁矿储量居世界第四位;镍矿储量也名列世界前茅;露天开采的铬矿是古巴最为珍贵的矿产;近年来不断发现新油田。古巴有13 000多种动物和8 000多种植物,其中,各种鱼类900多种,贝壳类甲壳类1 700多种,故有"博物学家乐园"的称号。古巴还享有"加勒比明珠"的美誉,是世界一流的旅游和疗养胜地。

古巴的甘蔗种植占全国耕地面积的55%以上,以其为原料的蔗糖生产及出口是古巴经济的支柱,古巴年产蔗糖逾400万吨①,故有"世界糖罐"的美誉。

全世界最好的烟草出自古巴,尤以雪茄(Cigar)为最。雪茄是由经过发酵的烟叶卷成的香烟,主产自古巴、巴西、喀麦隆、多米尼加、洪都拉斯、印度尼西亚、墨西哥、尼加拉瓜和美国,古巴雪茄被认为是其中极品。古巴雪茄的优势在于下布埃尔塔(Vuelta Abajo)地区适宜烟草生长的温润小气候,也归功于当地雪茄制作人的精湛而灵巧的手工艺。

与古巴商人做生意,须有恒心、毅力和耐心。古巴商人还价很厉害。商务谈判时,避免涉及业务以外的事务,也勿向对方送礼,这会被视为非法行贿。

本章小结

1. 墨西哥是中美洲最大的国家、北美自由贸易区成员之一。主要贸易伙伴为美国、加拿大、欧盟、日本及拉美国家等。中国是墨西哥第九大出口目的地和第二大进口来源地。中国的巨额贸易逆差使墨、中两国贸易摩擦接连不断。墨西哥已成为对中国实行反倾销制裁最多的发展中国家之一。

2. 委内瑞拉是拉美经济较发达的国家之一。石油和天然气储量占南美洲首位,石油业为国民经济的命脉,是世界第五大原油出口国,也是石油输出国组织成员中唯一的拉美国家。美国是委内瑞拉的第一大贸易伙伴和最大投资国。主要港口有拉瓜伊拉港(La Guaira)、卡贝略港(Puerto Cabello)等。

3. 阿根廷为拉美第二大国,是拉美国家中综合国力较强的国家。阿根廷是世界粮食和肉类重要生产国和出口国,素有"粮仓肉库"之称。主要贸易伙伴为巴西、美国、欧盟、中国、墨西哥、智利等。中国是阿根廷第二大贸易伙伴、第二大出口市场和第二大进口来源国。阿主要港口有布宜诺斯艾利斯(Buenos Aires)、布兰卡港(Bahia Blanca)等。

4. 古巴是西印度群岛中最大的岛国,旅游业发达,出口以镍矿产品、原糖和烟草等为主。近年来,医药和生物技术等非传统产品的出口也在不断增加。主

---

① 刘宏:"古巴关了一半糖厂",载《环球时报》2002年9月26日第18版。

要贸易伙伴是委内瑞拉、中国、西班牙、加拿大、荷兰、美国、德国、巴西等。古巴是中国在拉美地区重要的经贸合作伙伴之一，也是中国在加勒比地区的第一大贸易伙伴。哈瓦那是其主要港口。

思考题

1. 分析墨西哥的进出口商品结构和墨中贸易结构，阐述墨中贸易不平衡的主要原因。
2. 委内瑞拉的资源禀赋决定了其经济结构和贸易结构，试分析委中经济贸易与合作的前景。
3. 结合阿根廷资源丰富、人口稀少、市场狭小的国内实际情况，试分析近年来阿根廷经济快速发展的秘方是什么？对中国经济发展有何启示？
4. 请结合古巴和中国的实际情况，谈谈中国经济发展实践对古巴有何借鉴意义？
5. 何谓"拉美化陷阱"？中国经济发展过程中哪些现象与之相似？你认为解决的办法有哪些？

第十章 国际石油和天然气贸易

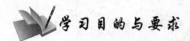学习目的与要求

> 1. 掌握世界石油、天然气资源的分布特征；
> 2. 熟悉世界石油、天然气的主产国及其产量变动趋势；
> 3. 了解世界石油、天然气贸易格局的变迁；
> 4. 熟悉世界石油、天然气的主要出口国与进口国；
> 5. 了解国际原油期货市场在原油价格形成机制中的特殊地位和作用。

【开篇案例】 石油何时枯竭？

数亿年前深埋在地下的动植物怎么也想不到，自从1859年在美国被挖出来之后，它们竟摇身一变，成了人类现代化不可或缺的"工业血液"。这种黏糊糊的黑褐色液体，有比煤更好的可燃性、更高的热值、更少的污染和更广的用途，它不仅成为全球最重要的能源，而且还是有机化工的重要原料。试想，今天人们的衣食住行，哪一样离得开石油？从第二次世界大战前到1973年第一次中东石油危机，石油在世界能源结构中的比重从14%上升到45%。此后，虽然经历多次石油危机的磨难，人们也试图开发各种节能技术与替代能源来减少对石油的依赖，然而，石油在世界能源消耗中的比重始终高达35%左右①。问题是：这种宝贵的地下资源还能为我们人类服务多久？

据能源情报显示，目前，全球已经探明的石油储量约为16 879亿桶，而每年消耗石油280亿桶。以目前的开采速度和消费量计算，即便考虑新增开采量和消耗量，地球上的石油储量也仅够满足全世界石油消费需求53.3年②。国际专

---

① 根据《BP世界能源统计2013》(www.bp.com/statisticalreview)资料计算，与国际能源署资料口径略有出入。《BP世界能源统计》是能源经济领域备受关注且最富权威性的出版物之一，每年6月发表。
② 《今日美国报》网站2014-06-28：世界石油储量可开采53.3年。

家学者一致认同,全球石油产量在2010年左右见顶,其前后偏差(包括人为因素、减产、提价)不超过5~10年。而能代替石油的能源中,以天然气最为接近,而天然气产量见顶之后呢?

遗憾的是,人类至今还未找到一种新能源,可以完全取代石油的地位!因为,石油所提供的单位热值、机动性、安全系数及多元化特性,是绝大多数其他能源望尘莫及的。面对日益枯竭的油气资源,人类社会将如何应对?

第一节 世界石油和天然气生产

一、世界石油和天然气主产国

《BP世界能源统计2013》报告披露,截至2012年年底,世界原油探明储量[①]为2 358亿吨(16 526亿桶),尚可开采56年。从全球原油的分布上看,约3/4的石油资源和生产集中在东半球和北半球,例如,波斯湾、墨西哥湾和北非油田带集中了世界51.3%的石油储量;著名的北海油田、俄罗斯伏尔加及西伯利亚油田和阿拉斯加湾油区则占石油资源与产出的24%。天然气常与石油相伴而生,世界天然气资源分布与产出比石油更加集中,北半球集中了世界90%以上的天然气探明储量。2012年,世界天然气已探明储量为209万亿立方米,是仅次于煤炭与石油的世界第三大不可再生能源,尚可开采55年。俄罗斯、伊朗、卡塔尔三国的储量总和即占了世界探明储量的55.3%,俄罗斯、美国、加拿大就占了世界天然气总产量的45.6%。

(一)世界石油的主要开采国家

1. 世界石油开采业的变迁

石油的工业化开采起始于1957年,20世纪50年代初至70年代中期,西亚、前苏联以及亚太、非洲和墨西哥湾的石油被迅速开发,世界石油生产进入迅速增长时期。1950年,世界原油产量为5.38亿吨,到1970年已突破30亿吨。其后,受石油危机的冲击和经济危机影响,石油市场开始萎缩,但到1980年代中期,原油生产已恢复并稳定在31亿吨左右的水平。90年代中期以后,随着世界经济的持续增长,原油的生产和消费也随之稳步增长,1997年,世界原油产量达到34.80亿吨,到2013年进一步上升到42.4亿吨。

---

① 原油已探明储量是指,在现有经济与作业条件下,将来可从已知储藏中采出的石油储量,但不包括油砂。

在目前的世界石油生产格局中,主要的石油储藏地(国)已在国际原油开采业中占据了举足轻重的地位,其中,石油输出国组织(OPEC)的作用虽然有所下降,但仍不可小觑。目前,委内瑞拉的石油储量已超过沙特阿拉伯,达465亿吨,占世界石油储量的17.8%;加拿大、伊朗、伊拉克分列第三、第四和第五位。

2. 世界主要石油生产国

根据《BP世界能源统计》的数据,2013年,世界十大石油生产国的年产量如表10-1-1所示。

表10-1-1　1997~2012年世界十大石油生产国　　单位:百万吨

排名	国家	1997年	2002年	2007年	2012年	2012年占总量比例(%)
1	沙特阿拉伯	454.5	425.3	493.1	547.2	15.2
2	俄罗斯	307.4	379.6	491.3	526.8	14.6
3	美国	380.0	346.8	311.5	395.2	10.9
4	中国	160.1	166.9	186.7	205.0	5.7
5	加拿大	120.7	135.0	158.9	159.2	4.4
6	科威特	105.1	98.2	129.6	151.1	4.2
7	委内瑞拉	171.4	148.8	133.9	144.2	4.0
8	伊朗	187.0	172.7	212.1	134.9	3.7
9	阿联酋	120.1	108.4	135.9	131.7	3.6
10	墨西哥	169.7	178.4	173.0	125.8	3.5
世界总计		3 479.9	3 575.3	3 905.9	3 600.0	69.8

资料来源:部分数据根据日产量桶折算,产量包括原油、页岩油、油砂与天然气液体。

在世界主要石油生产国中,美国石油产量在1970年达到顶峰以后就持续下降,1997年,美国年产石油3.8亿吨,到2012年就已下降到3.5亿吨。墨西哥的石油产量在2004年达到高峰(1.91亿吨/年)后,到2012年已下降到1.25亿吨;北欧的挪威从2001年的1.62亿吨下降到2011年的0.93亿吨。英国在1999年达到1.37亿吨的高峰,至2011年则降至0.52亿吨,两国均跌出前十位。

在这些传统产油大国的石油产量节节下降之际,另一些国家的石油产量则获得了较大的增长。其中,最引人注目的是俄罗斯,其石油产量从1999年的3.05亿吨上升到2012年的5.27亿吨。科威特从0.98亿吨上升到1.51亿吨,伊拉克更是从2003年的0.66亿吨上升到1.37亿吨。另外,中国的石油产量也从1997年的1.6亿吨上升到2.04亿吨;巴西更是从1997年的0.43亿吨增加到1.14亿吨,增长了一倍以上。

【专栏】 哈伯特曲线与石油生产峰值

20世纪50年代，为壳牌石油公司工作的美国地质学家哈伯特(M. King Hubbert)发现，尽管单个油井的产量有上升期、稳产期和衰竭期，且产能各不相同，但如果将单个油井的每日产量数据画在同一张图上，整个产区的产量就相当接近于一个钟形曲线，其顶部就是峰值。一旦过了顶部，整个产区的产量衰退就不可避免。这曲线后来被称为哈伯特曲线(Hubbert Curve)。

1956年，哈伯特利用该曲线预测，美国本土48州的石油产量将于1965到1971年间达到峰值。事实上，自1970年1月美国本土48州的石油生产达到峰值后，美国的石油生产商就再也没有生产出这么多的油。

哈伯特后期的研究将视野放到了全球，他预测全球石油峰值将出现于1995到2000年之间。若非20世纪70年代的石油危机减缓了石油消费，哈伯特的预测会又一次被验证。

多年后，哈伯特的峰值理论开始受到重视。著名科学家科林·坎贝尔(Colin Campbell)在石油与天然气峰值研究会(Association for the Study of Peak Oil and Gas, ASPO)上指出，据最新模型显示：世界常规石油已于2005年达到峰值。如果考虑到重质油、深海、极地和液化天然气的开采和使用，则石油峰值预计为2010年左右。

在世界上产油最多的65个国家中，已有54个过了石油生产的峰值点。其中，美国在1970年，印度尼西亚在1997年，澳大利亚在2000年，南非在2001年，墨西哥在2004年。

另外，数据显示，全球常规石油的发现量早在1960年就已达到峰值。而1980年后，发现量持续低于生产量，且差距越拉越大，人类遭遇石油生产的峰值已是不可避免。

需要注意的是，虽然使用哈伯特的方法和其他各种方法预测的世界石油生产峰值点各不相同，有的认为峰值点已过，有的则认为还有时日，但即使是非常乐观的预测也认为，世界石油峰值点最晚不会超过2035年！

(摘自《科学时报》，2007年12月17日)

(二) 世界天然气主要生产国

虽然天然气用作燃料已有很久的历史，但其生产规模一直很小，第二次世界大战前的产量记录一直空白。

第二次世界大战后，由于天然气经济效益好、环境污染少的优点，使天然气的开发利用日益受到重视，产量也由1950年的1 851亿立方米增加到1995年的2.28万亿立方米，到2011年又进一步上升到3.28万亿立方米，是发展最快的能源部门。

美国是世界上最早采集利用天然气的国家，直到1960年，其产量仍占世界的80%以上，此后，前苏联、荷兰、英国、挪威等相继迅速发展了自己的天然气工业。尤其是随着石油储量的日益减少和人们对环境问题的关注，天然气的用途越来越广泛,其消费增长速度也比原油增加得更快。中国是居美国之后全球天然气消费量增长第二大的国家。

与石油生产一样,目前,世界天然气的主要生产国也集中在天然气资源的主要储存地(如俄罗斯、伊朗、沙特等国)和部分消费大国(如中国、美国等)。

二、石油输出国组织

石油输出国组织(Organization of Petroleum Exporting Countries,简称 OPEC,汉语简称为欧佩克)是世界主要石油出口国为共同对付西方石油公司和维护石油出口收入,于1960年9月由伊朗、伊拉克、科威特、沙特阿拉伯和委内瑞拉在巴格达宣告成立。其后,随着成员的增加,欧佩克发展成为由亚洲、非洲和拉丁美洲一些主要石油生产国和出口国组成的国际性石油组织,总部设在维也纳。

1. 欧佩克的宗旨

石油输出国组织的宗旨是:协调和统一各成员国的石油政策和价格,确定以最适宜的手段来维护它们各自和共同的利益;策划有效的方法措施来确保国际石油市场价格的稳定,借以消除有害和不必要的市场波动;给予产油国适度的尊重和必不可少且稳定的收入;给予石油消费国有效、经济而稳定的供应;给予石油工业投资者公平的回报。

2. 欧佩克成员国

欧佩克的成员国分为创始成员国、正式(全权)成员国和准成员国三种。根据规定,符合以下条件的所有国家均可申请加入欧佩克,成为全权成员国:①必须是事实上的原油净出口国;②必须经全权成员国的三分之二多数接纳,并为所有创始成员国一致接纳。

2014年,OPEC成员国为12个,分别为(括号内为加入时间):沙特阿拉伯(1960年)、伊朗(1960年)、伊拉克(1960年)、科威特(1960年)、委内瑞拉(1960年)、卡塔尔(1961年)、阿联酋(1967年)、阿尔及利亚(1969年)、利比亚(1962年)、尼日利亚(1971年)、加蓬(1975)和安哥拉(2007年)。

印度尼西亚于1962年加入欧佩克,曾经是亚太地区唯一的成员国。2008年5月6日,印尼宣布由于其不再是石油净出口国,且最近5年内的原油生产都没有满足配额要求(日产130万桶),因此,印度尼西亚已于2008年底成员国身份到期后退出欧佩克。

3. 欧佩克发挥影响的途径

2012年底,欧佩克国家的石油探明储量占世界总量的77%,产量占世界石油产量的40%。因此,虽然国际原油市场上价格决定因素复杂,并不完全取决于供需状况,但由于 OPEC 国家的石油出口占了世界石油贸易量的 50% 以上,因此,仍可以通过增加或减少石油产量来对国际石油市场施加实质性的影响。

欧佩克使石油市场稳定与繁荣的主要手段之一就是实行石油生产配额制。这样,欧佩克既可以通过增加石油产量来防止石油价格飙升,也可以通过减少石油产量来防止价格下滑。例如,1990 年海湾危机期间,欧佩克大幅度增加了石油产量,以弥补伊拉克遭经济制裁后国际石油市场上出现的每天 300 万桶的缺口。此外,还有众所周知的导致 70 年代石油危机的石油禁运等。

【专栏】 页岩气革命

页岩气是指以通过过低温裂解化学技术,可将地下页岩中的可燃气体挤压提取出的天然气。而用同样技术将油页岩中的油母质转换为合成的原油则成为页岩油。页岩气和页岩油的大规模产业化,引发史上第二次化石能源革命,它不但成为带动美国石油业乃至整个国家工业复兴的最新里程碑,而且可能改变整个世界能源的供求格局。

美国的原油产量自 1970 年达到高峰后开始下降。但从 2008 年起,由于页岩油、页岩气的开发,美国的原油和天然气产量重又高速增长。国际能源署(IEA)预测,美国很快会取代沙特阿拉伯成为全球最大的石油生产国,并在未来 5 年,从原油最大进口国变为原油净出口国,全球新增原油供应的 1/3 将来自美国。而美国页岩气的产量则从 2010 年的 5 万亿立方英尺(占其国产天然气总量的 23%),增至 2035 年的 13.6 万亿立方英尺(占其国产天然气的 49%)。美国的能源不但将完全自给自足,而且将以管道天然气和液化天然气(LPG)方式出口。

第二节 国际石油和天然气贸易

一、国际石油和天然气贸易规模

目前,国际石油和天然气的主要消费国是以美国为代表的发达国家以及以中国、印度为代表的发展中大国。随着世界经济一体化的深入发展和世界平均消费水平的提高,国际上对石油及其产品的需求持续增长。而受资源储量的限制以及石油生产国产量在达到生产峰值后的回落,全球对石油的需求越来越集中于中东、西非、俄罗斯等石油储量丰富的国家和地区。供求区域的不平衡分布导致巨量贸易的发生,使石油成为全球排名第一的大宗贸易商品。值得注意的是,2009 年,世界以石油和天然气为代表的一次能源消费量首次下降。

1. 国际石油贸易规模

20世纪70年代,世界石油贸易量维持在15亿~18亿吨。1979~1980年的第二次石油涨价,导致市场萎缩,至1982年,世界石油贸易量跌至11亿吨以下。1986年以后,随着世界经济的逐步复苏,世界石油需求又呈升势,石油贸易也渐趋活跃。2007年,世界石油贸易量突破27亿吨后开始逐年下降,至2012年的石油贸易量为25.6亿吨。下降的原因除了金融危机对需求的影响外,主要是美国大规模开发页岩油气从而替代了石油的进口以及风能等新能源的推广应用。

2. 国际天然气贸易规模

目前,由于天然气生产主要分布于发达国家,故天然气贸易也主要在发达国家之间进行。如加拿大输往美国和俄罗斯输往西欧、荷兰以及挪威输往邻近国家等。

天然气有经济效益好、环境污染少的优点,因此,不光是发达国家,一些发展中国家近年来也加大了对天然气的开发利用力度。同时,由于天然气的储藏和生产的集中度比石油还高,因此,就导致了世界天然气贸易量的持续增长,根据OPEC的统计数据,1979年,世界天然气的出口量只有1 860.3亿立方米,到2012年,世界天然气出口量进一步增长到10 334亿立方米,33年增长了555.5%。

二、国际石油贸易格局

(一) 国际石油贸易的地区格局

1. 国际石油贸易主要进口地区的变迁

世界石油工业历经近150年的发展,目前已形成了以北美、亚太、西欧为主要消费区,以欧佩克、俄罗斯等为主要产油区的区域构成格局。尤其是近年来随着国际分工深化带来的产业转移,以中国为代表的亚太地区已成为世界工厂,与此相对应,以前发达国家的部分石油消费也随着产业转移相应转到了中国、印度等新兴工业化国家。在产业转移效应的基础上,再加上经济增长导致的消费增加,更加强化了中国、印度等国进口石油的步伐,这也是为何近年来美国等发达国家的石油消费增长缓慢甚至负增长,而中国、印度等国家的石油进口量快速上升的原因所在。

在世界原油进口格局中,北美、西欧及亚太地区的进口量占了世界总量的85%以上。2002年以来,随着经济增长和消费增加,世界原油的贸易量稳步上升,但北美和西欧的原油进口量占世界进口总量的比例却在不断地降低,其中,北美的绝对进口量从2005年开始就不断减少,西欧更是从2004年起就不断降低。亚太地区的进口量占世界总量的比重却不断增加,充分反映了世界石油消费和进口格局的巨大变迁。

2. 国际石油贸易主要出口地区的变迁

由于世界原油储藏地相对集中,因此,主要石油出口地区的变化远不如进口地区的变化明显。从图10-2-1可以发现,近20年来,虽然OPEC组织的出口份额在1991年达到62.8%的高度后就不断下降,但直到2013年,原油出口量仍然占了世界总出口量的53.6%。

2000年以来,俄罗斯及前苏联的中亚地区的石油产量和出口量都稳步增长。苏联解体后的1991年,前苏东地区的出口量只占世界总量的4.4%;到2000年,该地区原油出口占世界出口总量的比例已重新超过了10%;到2012年,该比例进一步增加到将近20%,成为国际原油市场上一支主要的力量。

除此以外,非洲的原油出口量占世界总出口量的比重约为10%,非洲(尼日利亚等主要的产油国属于OPEC成员)与前苏东地区的增产填补了中东地区原油出口量的下降。

（二）国际石油贸易的主要国家

1. 世界主要石油出口国

在上述主要石油出口国中,虽然沙特阿拉伯的石油产量和出口量在2005年以后就不断降低,但巨大的石油储量和生产能力还是使沙特阿拉伯保持了世界原油出口的头把交椅地位。

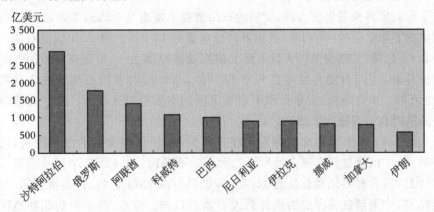

图10-2-1　2013年世界主要石油出口国出口额

俄罗斯的石油产量仅次于沙特阿拉伯而排名世界第二。俄罗斯、阿塞拜疆、哈萨克斯坦三国的产量就占了前苏联地区产量的96.5%,其中,仅俄罗斯一国就占了78.7%,同时,根据俄罗斯的相关新闻报道,2013年,俄罗斯出口原油2.6亿吨,约占其产量的51%左右,因此,俄罗斯应是当之无愧的世界第二大石油出口国。更重要的是,在世界石油的主要供应大国中,俄罗斯是为数不多的产量和出口量都有增长潜力的国家(据俄罗斯自己测算,其石油开采的峰值应在2020

年出现),加上其世界排名第一的天然气储量和产量,在未来的世界能源贸易格局中,俄罗斯的地位将是举足轻重的。

在主要的原油出口国中,北非和加拿大近年来增长较快。如非洲的安哥拉、阿尔及利亚、利比亚及中南美洲的委内瑞拉等,这充分反映了非洲在未来世界石油供应中的重要地位。

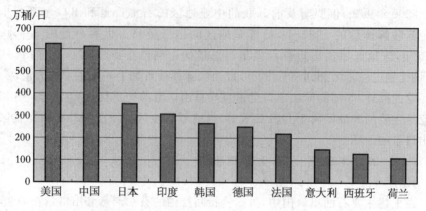

图 10-2-2 2012 年世界十大石油进口国净进口量

2. 世界主要石油进口国

作为世界头号经济大国,美国的石油消费无疑也是全球最大的,2012 年,美国消费了 8.2 亿吨①的石油,占世界消费总量的 19.8%。同年,美国的石油产量为 3.95 亿吨,虽然美国仍为世界最大的石油进口国之一,但凭借页岩油气的大规模开发,美国石油自给率已升至 65.4%。2013 年,美国石油日进口量降至 649 万桶。中南美洲、加拿大和中东是美国的主要进口来源地。西非和墨西哥是其第四和第五进口来源地。

自 1993 年中国首次成为石油净进口国后,1996 年又成为原油净进口国。2002 年,中国超过日本成为世界第二大石油消费国。2012 年,中国共消费石油 4.84 亿吨(占世界消费总量的 11.7%),进口石油 2.71 亿吨,排名世界第二位;2013 年,中国超过美国成为世界最大石油进口国。中东、西非和前苏联地区是中国的前三大石油进口来源地,其中,中东地区占 40.7%。

日本作为世界第三大经济体,对石油的需求也是十分巨大的。2012 年,日本共消费了 2.78 亿吨的石油,占世界消费总量的 5.8%,当年日本的石油进口量达 2.35 亿吨,排名世界第三。自中东进口的石油占进口总量的 74.9%。

2012 年,印度的原油进口量排名世界第四。印度的情况与中国非常类似,

---

① 以下美国、日本、中国等国的石油进口数量来源于《BP 世界能源统计 2013》。

但由于印度国内原油产量较少,其原油需求的对外依存度同中国相比更高。由于地域相近,印度的原油进口主要来源于中东,在其原油进口总量中的比重一度超过70%以上。

韩国、法国、德国、意大利等OECD国家也是主要的原油进口国。尤其是西欧国家,作为一个整体,其石油消费量和进口量都与美国不相上下,其主要的石油进口来源地是前苏联地区和中东地区。在主要原油进口国中,新加坡虽然原油进口总量大,但由于其大部分用于提炼成品油出口,因此,其石油净进口量并不太高。

三、国际天然气贸易格局

(一)国际天然气贸易的地区格局

1. 世界天然气出口的地区格局

在天然气出口领域,曾占了世界石油出口50%以上的OPEC地区风光不再,其出口量不到世界出口总量的1/4。与世界石油出口格局不同的是,世界天然气的出口地区分布要更加分散一些,以俄罗斯为首的前苏联地区、北美洲(主要是加拿大)和以挪威、荷兰为首的西欧以及非洲和亚太等地区在世界天然气出口市场都有一定的位置。反而是石油出口重地中东的天然气出口量尚不到10%。世界天然气贸易中,管道天然气贸易量占总量的68.3%,液化天然气占31.7%[①]。

在主要的天然气出口地区中,北美洲的绝对出口量近年内虽然不断上升,从2003年的1 184.4亿立方米上升到2011年的1 354亿立方米,但其占世界总量的比重已从21世纪初的21%左右降低到12.6%。另一个重要的天然气出口地前苏联的情况也与北美类似,虽然绝对出口量增加,但占世界总出口的比重却从20世纪80年代的30%以上降低到目前的只有20%左右。

而中东(大部分出口国属于OPEC成员)和非洲的出口则呈现出明显的上升趋势。鉴于中东地区巨大的天然气储备和近年不断增加的生产投入,可以预见,在世界天然气出口领域,中东地区的重要性将日益显现。

2. 世界天然气进口的地区格局

与石油进口的地区格局类似,世界天然气的主要进口地也集中在北美、西欧和亚太三个地区,而且三个地区的进口量同样基本占了世界进口总量的90%左右。但与石油进口不同的是,在天然气进口领域,西欧的份额占了世界总量的50%左右,一方面反映了西欧经济发达对天然气的消费数量较高;另一方面,由

---

① BP公司 *Statistical Review of World Energy*;中国天然气工业网:2002~2012年天然气国际贸易量。

于天然气相比石油更为清洁的特性,因此,更加倾向于进口(消费)天然气的特点也反映了西欧相比美国更注重环保的一面。

另外,在天然气进口领域,各地区间在进口量和占世界总量的比重上的消长关系也不如在石油进口领域那样明显。亚太地区增长的速度比西欧和北美地区要快,没有像原油进口那样出现进口总量持续减少的现象,这也从另外一个方面诠释了发达国家近年来在能源消费领域逐渐增加天然气消费比例的事实。

(二) 世界天然气贸易的主要国家

1. 世界天然气主要出口国

由于储量占了世界储量的1/4左右,加上2013年的产量也占了世界总产量近20%,因此,俄罗斯成为当仁不让的世界头号天然气出口大国。据俄罗斯能源工业部的统计[①],2013年,俄罗斯向独联体以外国家出口的天然气达到1 393亿立方米,向独联体国家出口656亿立方米,合计将近2 094亿立方米,同比增长10%。由于乌克兰局势导致的俄欧关系紧张,俄罗斯已将天然气出口重心东移,尤其是中俄输气管道协议的签署,预计至2025年,俄罗斯向亚洲的输气量可达1 000亿立方米。

表 10-2-1 世界天然气主要出口国   单位:百万立方米

年份 国家	2007	2008	2009	2010	2013	2013 占比 (%)
俄罗斯	180 000	147 940	167 130	185 200	204 911	19.1
加拿大	107 300	103 200	92 240	93 611	92 718	8.4
挪 威	86 100	95 230	98 850	100 600	98 305	9.2
荷 兰	49 500	55 000	48 060	57 751	54 797	5.1
卡塔尔	39 300	56 780	63 535	107 000	113 700	10.6
印度尼西亚	32 600	36 170	36 500	41 250	46 200	4.3
马来西亚	31 600	30 580	30 730	31 990	36 469	3.4
美 国	23 200	27 290	30 320	32 170	42 650	4.0
尼日利亚	21 200	20 550	15 990	23 650	25 941	2.4
澳大利亚	21 000	20 240	24 240	25 350	25 524	2.4
世界总计	774 909	971 780	904 565	1 019 418	1 073 323	100

资料来源:根据 OPEC *Annual Statistical Bulletin* 数据编制。

在世界主要天然气出口国中,俄罗斯和加拿大合计占世界出口市场的1/4

---

① 与 OPEC 统计数据不一致,在出口数据中,对独联体国家的出口单独计算,并同时计入总出口中。

以上,而且从表 10-2-1 还可以看出,两国的天然气出口量近年来还是处于小幅增长状态。卡塔尔增长的天然气出口更远高于同期世界天然气出口的增长幅度。

在主要天然气出口国中,美国的情况最值得关注。作为世界最大的天然气消费国和进口国,2013 年,美国的天然气产量仅次于俄罗斯,排名世界第二。在其 426.5 亿立方米的天然气出口中,输往加拿大的数量占其出口总量的 60%。

2. 世界天然气主要进口国

作为全世界最大的经济体,美国的天然气消费量也位居世界第一。2013 年,美国的天然气消费量达 7 306 亿立方米,占世界消费总量的 23%,其中,48% 用于发电。由于页岩气的开发,美国天然气产量增加迅速,且有部分出口,但因需求量大,每年仍需大量进口天然气。不过,从表 10-2-2 可以看出,2013 年,美国已被日本所超,成为世界第二大天然气进口国。美国天然气进口量下降,页岩气革命功不可没。

表 10-2-2 世界天然气主要进口国　　　　单位:百万立方米

年份 国家	2007	2008	2009	2010	2013	2013 占比(%)
美 国	130 550	114 350	105 000	105 925	98 836	9.2
日 本	88 800	92 250	85 900	98 015	10 9947	10.2
德 国	83 700	87 100	88 820	92 751	91 157	8.8
意大利	73 900	76 870	69 310	75 348	70 367	6.6
中 国	4 078	4 671	7 740	16 732	53 020	4.9
法 国	46 700	49 250	49 060	46 199	47 041	4.4
韩 国	34 440	36 550	34 320	43 579	46 833	4.3
土耳其	36 500	36 850	33 180	38 037	43 905	4.1
西班牙	35 100	39 060	35 430	36 716	35 489	3.3
比利时	22 500	20 740	21 000	19 323	15 949	1.5
世界总计	774 909	971 800	904 526	1 019 419	1 073 323	100

资料来源:根据 OPEC *Annual Statistical Bulletin* 数据编制。

在 2013 年的世界十大天然气进口国中,除中国和土耳其外,其余全是发达国家,其中,日本、德国和意大利三国的进口量就占了世界进口总量的 1/4。在这些国家中,日本作为资源稀缺的国家,国内消费基本全部依赖进口,其主要进口来源为澳大利亚、马来西亚、印度尼西亚及卡塔尔等国。

四、国际原油期货市场

发端于 2008 年的美国金融危机严重影响了国际游资的流动。2008 年 7 月 11 日,随着纽约商品交易所的轻质原油期货价格与伦敦国际石油交易所的北海布伦特原油期货价格在盘中双双突破每桶 147 美元,分别创下每桶 147.27 美元与 147.50 美元的历史最高纪录,疯狂的原油价格也日益牵动人心。

在国际上目前通用的原油价格形成机制中,油价并不是由供求双方直接决定,而是在签订供货合同时确定某种计价公式,而计价公式的基准价格一般又与原油期货市场上的价格直接或间接相连。由于基本供需关系、地缘政治、突发事件、投机炒作等都将体现在原油期货的价格中,因此,一定意义上来说,国际原油价格主要是靠期货来寻找未来走势的,这也是为什么原油期货基本上主宰了国际原油价格话语权的真正原因所在。

全球原油期货市场体系复杂,大小交易所林立。其中,纽约商品交易所(NYMEX)与伦敦国际石油交易所(IPE)占据着主导地位,其次则是新加坡交易所、日本交易所等。在具体的期货合约上,纽约商品交易所的轻质低硫原油(即西德克萨斯中质油)期货合约、高硫原油期货合约,伦敦国际石油交易所的布伦特原油期货合约,新加坡交易所(SGX)的迪拜酸性原油期货合约则是国际上最重要的原油期货和约。

1. 伦敦国际石油交易所

(1) 历史沿革

伦敦国际石油交易所(International Petroleum Exchange,简称 IPE)是欧洲乃至世界最重要的能源期货和期权交易场所之一。由一批能源与期货公司牵头于 1980 年成立,属非营利性机构。1981 年 4 月,IPE 推出重柴油(Gas Oil)期货交易,1988 年 6 月,推出国际三种基准原油之一的布伦特原油期货合约。

(2) 与现货市值关系

布伦特原油期货合约特别设计用以满足石油工业对国际原油期货合约的需求,是一个高度灵活的规避风险及进行交易的工具。IPE 的布伦特原油期货合约上市后取得了巨大成功,迅速成为该交易所最活跃的合约,而北海布伦特原油期货价格也成为国际油价的基准之一。现在,布伦特原油期货合约是布伦特原油定价体系的一部分,包括现货及远期合约市场。该价格体系涵盖了世界原油交易量的 65%,成为观察国际市场油价走向的一个晴雨表。

(3) 交易方式革新

2000 年 4 月,IPE 完成改制,成为一家营利性公司。2001 年 6 月,IPE 被总部位于美国亚特兰大的电子交易集团——洲际交易所(Intercontinental

Exchange,Inc.)收购,成为该集团的全资子公司。

面对世界石油供求关系的变化以及国际市场石油价格走势的不确定,同时也为了迎接 NYMEX 的竞争,2004 年 11 月,IPE 进行了初步改革:上午 10 时到下午 2 时仅为电子交易,下午 2 时到晚间 7 时 30 分则为场内喊价和电子同步交易。2005 年 4 月,IPE 结束了一个长达 25 年的"光荣"传统——公开叫价交易,全面转向 24 小时电子交易。但鉴于电子交易争议巨大,其优势也尚未充分显现,因此,洲际交易所允许 IPE 继续租借使用其位于伦敦的场内交易大厅。

2. 纽约商品交易所

(1) 历史沿革

纽约商品交易所(New York Mercantile Exchange Inc,简称 NYMEX)是目前世界上最大的商品期货交易所。世界市场上的能源、贵金属、铜以及铝的现货和期货价格主要以 NYMEX 的价格为参照,所以,纽约商品交易所在世界能源及贵金属市场中占据重要地位。

纽约商品交易所起源于 1872 年由 62 个黄油及奶酪商联合成立的纽约黄油及奶酪交易所(Butter and Cheese Exchange of New York),经过 5 次变更,最终确立了现在的名称。目前的纽约商品交易所是于 1994 年由当时的 NYMEX 与 COMEX(纽约商品期货交易所)合并而成的。COMEX 于 1933 年大萧条时期由当时的国家金属交易所(the National Metal Exchange)、纽约橡胶交易所(the Rubber Exchange of New York)、国家丝绸原料交易所(the National Raw Silk Exchange)及纽约皮革原料交易所(the New York Raw Hide Exchange)合并而成,而 COMEX 的历史最早可以追溯到 1883 年成立的纽约金属交易所。

(2) 纽约商品交易所的交易品种

1994 年两所合并之后,NYMEX 分部负责能源、铂金及钯金交易,主要的交易对象有轻质低硫原油、布伦特原油、取暖油、无铅汽油、天然气和铂的期货及期权合约[1]以及丙烷、钯、煤以及电力的期货合约,还有取暖油及原油间的炼油毛利期权合约以及汽油和原油间的炼油毛利期权合约;2001 年,引进了基于布伦特原油和西德克萨斯中质原油间的差价期权合约[2]。COMEX 分部则挂牌交易黄金、银、铜和铝的期货及期权合约,COMEX 被认为是世界上黄金和银的主要交易市场,也是北美地区铜的主要交易市场,它的黄金交易往往可以主导全球金价的走向。

---

[1] 期权合约(Contract for Options):期权的买方向卖方支付一定数额的权利金后所获得的权利,即拥有在一定时间内以一定的价格(执行价格)出售或购买一定数量的标的物(实物商品、证券或期货合约)的权利。

[2] 差价合约(Contract for Difference):泛指不涉及实物商品或证券的交换,仅以结算价格与合约价格的差额做现金结算的交易方式。

虽然纽约商品交易所的交易对象涉及能源和稀有金属两大类产品，但能源产品交易大大超过其他产品的交易，同时，期货交易量也远远超过期权交易量。

在纽约商品交易所的期货合约中，轻质低硫原油期货合约是目前世界上商品期货中交投最活跃、流动性最大的原油交易平台，也是目前世界上成交量最大的商品期货品种之一。其流动性良好且价格透明，该合约价格已成为全球原油定价的基准价格。

（3）纽约商品交易所的革新

1993年，纽约商品交易所推出了名为NYMEX ACCESS的非工作时间内电子交易系统，自2001年9月始，NYMEX ACCESS在互联网上提供该项服务。这就使得在交易场地关闭的18个小时里，NYMEX分部和COMEX分部的能源和金属合约可以通过建立在互联网上的NYMEX ACCESS电子交易系统来进行交易，这样就可以使日本、新加坡、中国香港、伦敦以及瑞士的参与者在他们的正常工作时间内参与到能源和金属期货市场。

目前，纽约商品交易所的全部交易都通过交易所清算，并通过票据交换所的保证金制度，减轻市场参与者在交易所进行交易时交易双方的信誉风险。

（4）纽约商品交易所的扩张

2004年11月，纽约商品交易所首座海外交易厅在爱尔兰首都都柏林正式开始运营，主要交易品种是布伦特原油。都柏林交易所实行的是"喊价＋电子"交易模式，该模式得到了欧洲交易商们的大力支持。

在欧洲实行扩张的同时，纽约商品交易所与新加坡交易所、东京工业品交易所以及中国的期货交易所都有联系。由于时差关系，目前亚洲交易员只能通过纽约商品交易所的电子交易系统进行场外交易。纽约商品交易所与新加坡合建的交易所将可以在美国营业时间以外向亚洲交易员提供石油期货交易。

为了夺回对高硫重质原油的定价权，2007年6月，纽约商品交易所联合迪拜控股公司的子公司Tatweer以及阿曼投资基金，共同成立了中东首个国际能源期货与商品交易所——迪拜商品交易所。全球70％的石油为高硫重质原油，也是中东地区特产的原油。高硫重质原油的代表就是迪拜原油。

虽然目前关于两种交易模式（电子交易和公开喊价）的竞争还没有定论，但从长远看，随着纽约商品交易所在全球期货市场的不断扩张，全球石油期货交易市场将发生根本性的变化。其他市场也许将不得不跟着NYMEX走，毕竟，NYMEX的交易品种更为丰富，全球影响力更大。

3. 新加坡交易所

新加坡交易所（Singapore Echange，简称SGX）成立于1999年12月1日，由新加坡股票交易所（SES）和新加坡国际金融交易所（SIMEX）两家金融机构合并而成，是亚太地区第一家非会员制、综合证券和期货业务的交易所。

新加坡交易所(SGX)于2002年11月正式推出中东迪拜石油期货合约,该合约是中东原油的重要合约和定价基准。此外,新加坡交易所另一主要交易品种是燃料油期货,该期货合约在全球燃料油期货市场具有一席之地,特别是对亚洲市场拥有强大的辐射力量。

SGX还与美国芝加哥商品交易所(CME)合作开发了世界第一个共同冲销交易系统(MOS),它容许使用者在一个交易所建立头寸而在另一个交易所平仓,或者在一个交易所开仓而在另一个交易所交割。这样,交易者就可以在两个交易所进行交易,而在保证金问题上则只需面对一个交易所。同时,由于合约由交易所进行结算并提供担保,因此,它也减少了交易对手风险(Counterparty Risks)方面的顾虑。

新加坡交易所与普拉兹达成了授权协议,利用其对中东原油的评估来进行相关期货合约的结算。新加坡交易所中东原油期货合约推出后,与东京商品交易所及亚太地区场外石油交易市场中的类似交易相辅相成,日益发展成为一个重要的国际原油期货交易品种。

顺便一提,中国的油价调整幅度主要参照的正是纽约、伦敦和新加坡交易所的油价行情波幅。

【专栏】 世界主要原油期货合约

轻质低硫原油期货合约(Light, Sweet Crude Oil Futures)

NYMEX的轻质低硫原油期货合约始于1983年3月30日,该合约下的主要交割品种为西德克萨斯中质油(WTI),所以,也被称为WTI期货合约。由于美国这个超级原油买家的实力,加上NYMEX本身的影响力,轻质低硫原油期货合约推出后很快就成为全球交易量最大的原油期货合约之一,该原油期货合约具有良好的流动性及很高的价格透明度,是世界原油市场上的三大基准价格之一。

布伦特原油期货合约(Brent Crude Oil Futures)

1988年6月23日,伦敦国际石油交易所推出以轻质低硫的北海布伦特(Brent)原油为基准油作价的布伦特原油期货合约。该合约特别设计用以满足石油工业对于国际原油期货合约的需求,是一个高度灵活的规避风险及进行交易的工具。合约上市后取得了巨大成功,布伦特原油期货及现货市场所构成的布伦特原油定价体系,最多时竟涵盖了世界原油交易量的80%,即使在纽约原油价格日益重要的今天,全球仍有约65%的原油交易量是以北海布伦特原油为基准油作价。

中东迪拜石油期货合约(MECO)

中东迪拜石油期货合约由新加坡交易所(SGX)于2002年11月在东京工业品交易所(TOCOM)帮助下正式推出,该合约以中东生产的高硫原油为定价基准,是中东原油的重要合约和定价基础。

本章小结

1. 世界石油资源储量是非常丰富的,截至2012年年底,世界原油探明储量为2 358亿吨(16 879亿桶),尚可开采53年,但原油的分布从总体上来看则极不平衡。沙特阿拉伯、伊朗、伊拉克三国的储量就占了世界探明储量的40%以上。常与石油相伴而生的天然气资源的分布与前者有很高的一致性,只是天然气资源的分布更加集中,俄罗斯、伊朗、卡塔尔三国的储量占了世界探明储量的55.3%,其中,俄罗斯一国就占了世界总储量的四分之一以上。

2. 世界石油的主要生产国除沙特阿拉伯、俄罗斯、伊朗等原油资源储藏国外,还有美国、中国等石油消费大国。墨西哥、挪威、英国和世界最大的产油国——沙特阿拉伯的石油产量已在节节下降;而俄罗斯、巴西、伊朗、利比亚、苏丹等国的石油产量却获得了较大的增长。特别是俄罗斯,目前已上升为世界第二大产油国。美国凭借页岩油气的大规模开发,未来有可能取代俄罗斯和沙特阿拉伯,成为世界最大的石油生产国。

3. 世界石油工业历经近150年的发展,目前已形成了以北美、亚太、西欧为主要消费区,以欧佩克、俄罗斯等为主要产油区的区域构成格局。2012年,OPEC原油出口量占了世界总出口量的50%,俄罗斯则占了19%。在石油进口方面,由于产业转移导致的消费转移效应以及经济增长导致的消费增加,中国、印度等国的石油进口量迅速增加。2014年,中国超过美国、日本,成世界第一大石油进口国,印度也超过韩国,成为世界第四大石油进口国。

思考题

1. 世界石油和天然气资源主要生产国分别在哪些国家和地区?
2. 什么是石油生产的峰值?到目前为止,都有哪些国家的石油生产已经过了其生产峰值?它对石油生产国以及石油国际贸易格局的影响主要有哪些?
3. 世界主要石油进口国和出口国有哪些,它们是否是主要石油生产国和消费国?
4. 试分析美国页岩气革命对其国内产业和世界能源格局的影响。

第十一章 国际农产品贸易

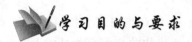

1. 掌握国际农产品生产和贸易的基本特点；
2. 了解生物燃料项目对国际农产品的深远影响；
3. 清楚玉米、小麦、大豆等主要农产品的主产地及贸易流向；
4. 了解国际粮商巨头对国际农产品贸易及对相关国家利益的影响；
5. 了解农产品期货市场对国际农产品贸易的影响渠道及方法。

【开篇案例】 多哈回合①

2008年7月29日,在世界贸易组织(WTO)多哈回合小范围的磋商中,美国、欧盟、日本、澳大利亚、印度、巴西和中国等7个世贸组织重要成员未能解决有关发展中国家"农产品特殊保障机制"等方面的分歧,谈判宣告破裂。

所谓农产品特殊保障机制(SSM),是指世贸组织发展中成员在农产品进口激增的情况下,可以采取提高特别关税等特殊保障措施,以保护本国农业免受进口廉价农产品的冲击。以印度为代表的发展中成员希望,能在低于提案中进口额增幅水平下启动SSM,以保护本国相对脆弱的农业生产,维护粮食安全,免使国内数百万贫困农民陷入饥荒。但印度的建议遭到粮食出口大国美国的反对。而在棉花贸易问题上,美国既不愿意大幅削减巨额农业补贴,又要求发展中成员取消棉花进口关税。欧盟则以多哈回合失败为由,拒绝签署与拉美国家已经达成的降低欧盟香蕉进口关税的协定。此次多哈回合失败意味着,在经历了长达

---

① 摘自法新社2008年7月29日电,新华网 http://www.xinhuanet.com.2008年7月30日。

7年的谈判后,多哈回合谈判的再次启动很可能要被无限期耽搁下去。

第一节 国际农产品贸易概况

一、国际农产品贸易状况

1. 农产品贸易总量及其在世界贸易中的地位

在农产品贸易领域,自20世纪60年代初以来,农业出口名义价值增长了10倍,但其在世界商品贸易总额中的比例却从60年代初的25%开始持续下降。

第二次世界大战后,关贸总协定(WTO的前身)的签订及后续的多轮谈判有效地降低了世界工业制成品的关税,使工业品贸易迅速增长。但由于农业的战略地位以及农产品贸易的复杂性,使国际农产品贸易的自由化进程远远落后于工业品。一个明显的例子是在1950~2000年期间,制成品的平均关税率从40%降至4%,而农产品的关税率仍维持在40%~50%。高税率和各种非关税壁垒的实施极大地限制了农产品贸易的发展,增长率长期低于工业制成品。

2002年开始,随着石油、铁矿石等大宗商品市场行情相继走强,农产品价格虽然也有明显上升,但相对于大幅上扬的有色金属和能源价格,则相对疲软。2012年,农产品贸易占全球货物贸易的比重为9.2%,同期燃料和矿产品占世界货物贸易的比重则为23.1%,与农产品形成了鲜明的对比[1]。

2. 农产品贸易的结构变迁

伴随着农产品贸易重要性的逐渐降低,国际农产品的贸易结构也发生了重大变化。

首先,随着世界各国经济发展和人均收入的增加,世界农产品贸易逐渐向营养性品种倾斜。这主要表现为对主粮的需求量趋于减少,对动物性高蛋白产品和水果的需求量则趋于增加。同时,由原料性食品向高附加值、适于远洋运输的加工食品发展。从而导致了曾经在国际农产品贸易中占据主要地位的粮食等大宗、低值农产品所占比重呈缓慢而稳定的下降趋势,目前,谷物进口占发展中国家农产品进口的份额已不足50%,发达国家更降至1/3以下。然而,与此同时,食用油、水果、水产品及花卉、坚果等非基本生活必需的农产品所占比重则稳中有升。反映了世界农产品贸易的多样化发展趋势。

---

[1] WTO公布的Documents and resources: *International trade statistics* 2013.

其次,世界农产品的净流向也发生了转移。1960年代初,发展中国家总体农产品贸易每年尚有约70亿美元的盈余,但至90年代,发展中国家已成为农产品净进口国。欧盟、美国、加拿大等经济发达国家和地区以及部分新兴经济体(如巴西和阿根廷)反而成了农产品的主要输出国。2013年,欧盟超过美国成为世界最大的农产品和食品出口地,欧盟28国出口了1 630亿美元的农产品,占全球谷物贸易增量的2/3,占全球农产品贸易的10.4%(剔除欧盟内部贸易)[①],美国占世界农产品贸易的9.8%,退居次席。

3. 发达国家在农产品贸易领域的优势

(1) 高额的农业补贴。西方发达国家对国内农业的支持和补贴额历来很高。其中,仅美国、欧盟及日本的农业补贴就占了世界总额的80%左右。例如,日本农业仅占其GDP的1.0%,但政府农业补贴却达到GDP的1.4%;美国2008年通过《新农业法案》的规定,在10年内提供农业补贴2 900亿美元。

(2) 先进的农业科技。目前,发达国家的农业科技进步贡献率已达到75%以上,以色列更高达90%以上。美国的研究投入占其农业部总预算的2%~4%,以色列政府每年对农业科研经费的投入约占其农业产值的3%,世界平均水平约为1%,而中国仅为0.2%左右。投入的低下直接导致了发展中国家对发达国家产生很强的技术依赖,同时,高昂的技术转让费用也增加了农业生产成本,降低了农产品的国际竞争力。

(3) 垄断性的农业知识产权。由于大部分品种权和专利等农产品知识产权由发达国家注册,因此,以美国和日本为代表的主要发达国家,便借由《与贸易有关的知识产权协议》(TRIPS)来推动更高水平的农业领域知识产权保护制度,试图独占技术优势,扩大国际市场份额。例如,根据《保护植物新品种国际公约》联盟(UPOV联盟)的统计,在57个成员共计66 772件有效的植物新品种中,22个发达成员就拥有52 939件,占了总量的79%,居于绝对领先地位。

4. 农产品贸易壁垒的转变

在WTO机制约束下,与其他国际贸易品一样,农产品的关税壁垒和各种数量性限制措施也逐渐向隐蔽性更强的新贸易保护主义手段转移。技术标准、质量认证、检验程序、环境保护、国民健康标准等手段越来越频繁地得以应用。

(1) 主要技术性壁垒。近年来,WTO成员有关农产品的技术性贸易壁垒措施(TBT)和卫生与植物卫生措施(SPS)的通报数量呈逐年增加且增速加快的趋势。其中,发达成员的TBT/SPS措施往往具有一定的超前性,而发展中成员受限于科技发展水平,所制定的措施在深度、广度及措施间的内在联系等方面均难

---

① WTO网,*International Trade Statistical* 2013。

以与发达成员相比。特别是在差异性大、技术复杂的 SPS 领域,发达成员仍占有绝对优势。

(2)技术性壁垒的影响。较高的技术标准一方面增加了发展中国家农产品的成本,另一方面使达不到标准的产品只能出口到技术要求相对较低但市场价格也较低的市场,贸易条件恶化,利益受损。但从长远看,技术壁垒对发展中国家而言也是一把双刃剑,其积极的一面是可以成为发展中国家改变农产品生产方式、提升自控能力和监测水平、催生绿色农业、开拓新的国际市场的外在推动力。例如,日本 2006 年 5 月 29 日开始实施《食品中残留农业化学品肯定列表制度》("肯定列表制度"),6 月份,中国对日农产品出口就骤降 18%,部分大宗优势农产品出口降幅甚至达 50%。但随后几个月里,由于中方的努力,影响程度逐步减弱,至 2006 年第 4 季度,已逐步恢复到制度实施前的水平。

二、国际农产品贸易前景

1. 农业产量的长期预期

农业用水占世界用水量的 75%,在许多发展中国家甚至高达 95%。同时,由于人口增长、城市扩大和工业用水增加,世界用水量自 1961 年以来不断增加。目前,有 12 亿以上的人口居住在水资源匮乏的地区[①],到 2025 年,将有 30 多亿人很可能遭遇缺水。在已经或将要缺水的地区,水资源匮乏限制了灌溉的扩大,成为农业增长和发展的最严重障碍。

根据联合国粮农组织的预计,世界农业产量的年增长率预计在今后几十年将下降至 1.5%(1961 年以来是 2.3%),在 2050 年前的 20 年中下降至 0.9%。所有主要商品部门(奶类部门除外)预计都属于增长减速的范畴之内,其中,谷物将继续成为增长最慢的主要商品。

2. 影响粮食价格的因素

(1)天气因素。天气因素是影响粮食生产的最大外部因素。农业生产技术再先进,粮食种植仍然是靠天吃饭的行业。干旱、洪涝、霜冻、台风等日渐频繁的极端恶劣气候,再加上日益严重的温室效应,对人类的粮食生产带来了极大影响。虽然关于气候变化将在何时、何地以及如何影响农业生产和粮食安全还存在着大量的不确定因素。但普遍认同的是,热带地区农业所受的影响将高于温带地区;而温带地区发生洪水和旱灾频率也在加强。基于模型的情形预测,全球潜在的农作物产量将会因天气因素呈略微至缓慢的下降。

---

① 联合国粮农组织:《农业用水管理综合评估,2007》。

(2) 汽车争粮。2006年以来,国际市场农产品价格大幅上涨,除了气候异常等原因外,另一个重要因素是越来越多的粮食和油料作物用于生产生物燃料。全球油/油脂总消费量的10%以上用于生产生物燃料。美国每年玉米产量的37%用于乙醇生产,到2020年将增至360亿加仑。粮食能源化这一新需求不仅推高了玉米、油料等直接生产生物能源的农产品价格,还导致其他农作物的种植面积减少,价格上涨,引发连锁反应。

(3) 饲料争粮。虽然国际粮价节节攀升,但在期货市场逐利者们的眼中,这个价格还不够高。瑞信(亚洲)首席经济学家罗杰斯认为,粮食短缺是工业化中一个不可逆的变化,随着新兴市场对蛋白质需求的提高和美国乙醇需求的增加,农产品将进入长期大牛市。他甚至认为10年内粮食价格将持续上涨。尽管如此,大部分粮食专家并不认可高粮价会持续10年的观点。他们认为,除非能源价格持续上涨,同时粮食需求的增长超过技术进步的贡献,否则,粮食价格很难持续涨下去。

(3) 政府干预。政府"有形之手"无疑也是粮食市场价格产生波动的重要因素之一。具体表现为:印度最先于2007年10月宣布对其大米出口施加限制;接着,阿根廷于2007年11月宣布将大豆的出口关税从原先的27.5%提高到35%,小麦和玉米的出口关税从20%分别提高至28%和25%(一个月后阿根廷宣布将无限期地暂停小麦出口登记工作);然后,俄罗斯也于2007年12月31日宣布将小麦的出口关税从10%提高到40%,并持续到2008年4月30日。

中国政府从2008年起取消了小麦、稻谷、大米、玉米、大豆等原粮及其制粉的出口退税,并从2008年1月1日至12月31日,对小麦、玉米、稻谷、大豆、大米等原粮及其制粉共57个8位税目产品征收5%~25%不等的出口暂定关税。同时,从2008年1月1日起对小麦粉、玉米粉、大米粉等粮食制粉实行出口配额许可证管理。

在纷纷出台限制出口措施的同时,鼓励进口的政策也相继出炉。例如,2007年12月,当时的欧盟27国表示将暂停征收大部分谷物的进口关税。但问题在于,当印度、阿根廷、俄罗斯、乌克兰甚至澳大利亚等这些全球主要产粮国都在禁止出口时,再优惠的进口政策又能去哪里进口粮食呢?因此,有人感慨:"世界农产品贸易可能陷入停滞,农产品自由贸易体系将面临崩溃"。由此也不难理解为什么WTO多哈回合谈判一次又一次地陷入破裂境地了。

【专栏】 富国补贴　穷国遭殃

美国和欧盟等发达国家对农业大量补贴一直是世界农业和粮食问题的主要症结之一。美国每年对农业的补贴高达数百亿美元。富国的高额农业补贴造成对发展中国家农业生产的巨大冲击，恶化了它们的贸易条件，使穷国越来越穷。以亚洲为例，亚洲国家曾盛产大豆、花生、葵花籽等油料作物。1995年以来，美国农场主依靠政府巨额补贴，廉价出口大豆，使国际市场大豆价格不断走低。这种不公平的竞争导致亚洲国家大豆生产萎缩，一些大豆出口国变成进口国。全球大豆生产的中心也由亚洲转移到以美国、巴西和阿根廷为主的美洲地区。WTO总干事拉米在谈及粮食危机时也承认，富国的农业补贴扭曲了农产品贸易价格，伤害了发展中国家的粮食生产。

（摘自谭树森"追溯全球粮食危机根源"，《参考消息》"经济视点"2005年5月1日）

第二节　世界大宗农产品贸易

一、玉米

在世界三大粮食作物中，玉米的用途最为广泛，它不仅可供人类食用，而且还可作为饲料用于养殖业，同时，它还是部分工业（如生产淀粉、生物乙醇等）的重要原料。另外，从单位面积产量来看，玉米也远高于大米和小麦。以2012/2013年度[①]为例，世界玉米的平均单产达到了6.73吨/公顷，而大米和小麦分别只有2.71吨/公顷和2.70吨/公顷。由此，玉米成了近半个世纪来产量增长最快的谷物品种，世界玉米产量已从1961/1962年度的2.05亿吨增加到2012/2013年度的9.6亿吨。目前，玉米已超过小麦，成为全球产量最大的谷物品种。

1. 玉米主产地和主要生产国

世界玉米生产相对比较集中，2012/2013年度，世界排名前五的美国、中国、巴西、阿根廷和乌克兰的种植面积占了世界总种植面积的53.7%，但其产量却占了世界总产量的72.2%。美国的玉米产量一直占世界总产量的40%左右。根据联合国粮农组织的统计，2012/2013年度，世界玉米总产量为8.4亿吨，其中，美国为2.72亿吨，占比约40%。

中国是仅次于美国的世界第二大玉米生产国，玉米产量占世界总量的比重在20%左右。中国的玉米种植面积相当于美国的94.3%，排名世界第二，但产

---

① 因南北半球地理纬度的不同，农作物收获季节有很大差异。联合国粮农组织（FAO）在统计农作物产量时规定，将当年10月至次年9月为一农业年度。

量只有美国的54.4%,即单产水平还不及美国的60%。甚至比阿根廷还要逊色,这反映出中国玉米生产条件和生产技术尚很落后。

在欧盟国家中,玉米产量最大的国家是法国和意大利。另外,印度、南非也是重要的玉米生产国,2012/2013年度产量高于加拿大而排名世界第八和第九。

2. 玉米主要出口国

美国曾经是世界第一大玉米出口国。近年来,美国国内的玉米需求由于乙醇生产的需求明显增加,玉米出口逐年下降。2012/2013年度,美国玉米出口仅2 400万吨,比2006/2007年度的6 000万吨减少60%。美国玉米的主要流向是亚洲,其中,日本就占了美国玉米出口的33%,韩国、中国台湾、埃及等国家和地区也是美国玉米的主要出口地。

目前,巴西已取代美国成为世界第一大玉米出口国,2012/2013年度玉米出口量达2 450万吨,与美国合计占了世界玉米出口总量的80%以上。但巴西的玉米出口不太稳定,国际玉米市场行情的波动仍在很大程度上受美国玉米出口的影响。美国、加拿大和南美地区的玉米以转基因品种为主。中国在20世纪80年代中期开始出口玉米,但各年间出口量以及在世界总出口中的比重却变化剧烈,在出口数量高的年份可以达到700万~1 500万吨,而自2012年起,由于受到国外廉价转基因玉米的冲击,中国已由玉米净出口国变为玉米净进口国。

3. 玉米主要进口国

欧盟(当时称欧共体)曾是世界最大的玉米进口地区,进口量曾占世界进口总量的70%。从20世纪70年代开始,欧盟的进口量就持续下降,到90年代,其占世界总量的份额就已不足10%。日本现为最大的玉米进口国,欧盟、墨西哥、韩国年均进口量都逾千万吨。中国自2012年开始进口玉米。2014年约进口700万吨,并呈逐年递增之势,预计至2020年将超过日本,成为世界第一玉米进口大国。

世界玉米进口量虽然逐年增长,但进口国家和地区结构却变动较大,而且进口国的市场集中度要远远小于出口国,属于典型的卖方寡头垄断市场。另外,各国对转基因玉米的进口政策各不相同。中国农业部严禁进口美国MIR162转基因成分的玉米,2013年,从美国进口的玉米有30%因此被退运。

二、小麦

1. 小麦主产地和主要生产国家

小麦是全世界分布范围最广、种植面积最大、产量最高、贸易额最多的粮食作物之一,世界上约有40%的人以小麦为主食。在三大粮食作物中,小麦产量所占的比重在1992年之前一直领先于水稻和玉米,小麦贸易额占世界谷物贸易的比重也长期稳定在40%左右。

小麦产地主要集中在亚洲,种植面积约占世界小麦种植面积的45%;其次是欧洲,占25%;北美洲则占了世界小麦种植面积的15%。

在欧盟27国中,小麦产量较大的国家是法国、德国和英国。在单个国家中,中国是全球小麦产量和消费量最大的国家。小麦作为中国最重要的粮食作物之一,常年播种面积和产量分别占粮食总量的37%和22%左右,仅次于水稻,在商品粮构成中占有重要地位。中国的小麦年产量超过1亿吨。

2. 小麦的主要出口国

小麦的国际贸易开始于19世纪中叶,其贸易量自1981年超过1亿吨。此后由于一些传统小麦进口国的自给率提高,降低了进口量,因此使世界小麦的贸易量受到制约,近十几年来一直在0.9亿～1.2亿吨之间徘徊。

小麦的出口主要以北美和欧洲为主,主要出口国也十分集中。20世纪90年代,美国、法国、加拿大、澳大利亚和阿根廷这5个国家的出口量在世界总出口量中的比例一直高达80%以上,出口量常年维持在8 000万吨上下。2000年以后,由于俄联邦和乌克兰等国出口迅速增长,使上述五国所占的份额略有下降,但仍高达68%。如果加上俄罗斯,则世界上小麦出口量最多的6个国家仍然占了世界出口总量的80%左右。

除俄罗斯以外,上述5个小麦出口量最大的国家大部分年份的出口量均超过国内产量的50%,澳大利亚和加拿大有些年份的比例更接近80%。这些国家中,美国和加拿大都属于农地资源丰富的国家;法国和澳大利亚则主要是国内对小麦的需求不足,生产严重过剩,并且这些国家在种植小麦上都具有技术和经验优势。因此,从近期来看,世界小麦主要出口国的分布格局和出口数量不会有太大变化,在很大程度上是现有主要出口国之间的竞争。

3. 小麦主要进口国

世界小麦进口国相对于出口国来说较为分散,2013年,仅亚洲地区进口量超过100万吨的国家或地区就有14个。巴西、埃及、意大利、西班牙、阿尔及利亚、日本、墨西哥等国都是世界小麦的主要进口国,世界上前十大小麦进口国和地区(包括欧盟27国)的小麦进口总量尚不及国际进口总量的50%,与小麦出口的高度集中形成了鲜明的对比。

20世纪90年代中期之前,中国大陆小麦长期供不应求,是世界最大的小麦进口国之一,常年进口小麦在1 000万吨左右,约占世界小麦进口总量的10%。90年代中期后,由于国内小麦产量增加,小麦进口数量开始减少。同时,随着国内农业结构战略调整的展开,适合制作面包、批萨的强筋小麦[1]和适合制作饼干、糕点的弱筋小麦[2]的种植面积在1998年以后迅速增加,到2006年,全国专用小麦种植面积已占全国小麦种植总面积的46.8%,在一定程度上也抑制了小麦的进口。

2002/2003年度,中国一度成为小麦净出口国,但从2003/2004年度起,又成为净进口国。2013/2014年度,由于中国国产小麦的品质问题,进口小麦大增,达500万吨,其中,70%来自美国。

三、大米

1. 主产地和主要出口国

大米(稻米)是仅次于小麦的世界第二大粮食作物,2013年,全球大米产量为7.45亿吨。大米在全球种植范围比较广泛,共有110多个国家种植水稻。由于亚洲大多数国家以大米为主食,因此,亚洲大米的种植面积和产量均占世界总量的90%左右,以至于大米被冠以"亚洲的粮食"之称。

在世界前十大稻米生产国中,除巴西外,均为亚洲国家。其中,中国是世界上唯一年产量过亿吨的国家,中国大米的产量占了世界总量的30%左右。印度是世界大米的第二大生产国。近年来,印度与中国产量之和一直占了世界总产量的50%以上。此外,印度尼西亚、越南、泰国、缅甸等国的大米产量也在千万吨级以上。

美国的大米单产是全球最高的,每公顷产量达到7.69吨。其次是日本和中国,单产分别达到了6.34吨/公顷和6.23吨/公顷。另外,印度尼西亚和越南的单产也超过了4吨/公顷。

由于大米以就地消费为主,因此,虽然其产量仅次于小麦,但其贸易量则是三大粮食作物(小麦、玉米、大米)中最少的。与小麦动辄过亿吨的贸易规模相比,大米的年贸易规模仅3 000万吨左右,尚不及同期小麦贸易量的30%;同时,与小麦出口量一样,大米出口量近年来也呈持续下降态势。

在大米主要出口国中,印度、泰国、越南、美国、巴基斯坦五国2013年的出口量就占了世界总量的80%以上,其中,印度出口950万吨,占31.7%,泰国出口

---

[1] 强筋小麦(Strong Gluten Wheat)的角质率不低于70%,加工成的小麦粉筋力强,适合于制作面包、拉面、饺子皮等食品。北方优质强筋小麦占中国优质小麦产量的90%左右。

[2] 弱筋小麦(Weak Gluten Wheat)的粉质率不低于70%,加工成的小麦粉筋力弱,适合于制作蛋糕和酥性饼干等食品。湿面筋含量等于或小于22%。

860万吨,占29%,越南出口720万吨,占24%[①]。排名世界前十位的大米出口国还有埃及、乌拉圭、阿根廷、柬埔寨四国。这些国家的出口量之和已超过世界总量的95%以上。

> **【专栏】 小麦大米产量未来十年将下降**
>
> 经合组织和联合国粮农组织发展"2014~2023年展望报告"指出,未来十年世界小麦和稻米的产量将减少,用于生物燃料和动物饲料的粗粒谷物产量将增加,肉、奶、鱼的价格将上涨。报告称,乙醇和生物燃料的价格从2011年达到高峰后持续下跌,这是供应量充足的结果。报告预计,禽肉将超越猪肉,成为全世界消费量最大的肉类产品。印度将取代欧盟成为全球最大的奶制品生产国。
>
> (埃菲社罗马2014年7月11日电)

2. 大米主要进口国

与世界谷物进口主要集中于发展中国家一致,大米的主要进口国绝大部分也是发展中国家;而且与大米出口国相比,世界大米进口国的分布相当分散。

根据联合国粮农组织(FAO)预计,2014年,中国、菲律宾、印度尼西亚仍将位居世界大米进口的前三位,进口量分别占世界总量的11%、4%和3.7%。尽管剔除欧盟后的世界前十大大米进口国的进口量占世界总量的比重超过了40%,集中度有所上升,但与世界前五位大米出口国80%以上的市场占有率相比,还是不可同日而语,这充分体现了大米进口市场的高度分散性特征。

四、大豆

大豆俗称黄豆。两千多年前,大豆从中国传入朝鲜继而又传播到日本。至于欧美各国则大约是在19世纪后期才从中国传入。20世纪30年代,大豆栽培已遍及世界各国。

大豆是一种重要的粮油兼用农产品。作为食品,它的脂肪、蛋白质、碳水化合物、粗纤维的组成比例非常接近肉类食品。作为油料作物,大豆是世界上最主要的植物油和蛋白饼粕的提供者。因此,联合国粮农组织极力主张发展大豆食品,以解决目前发展中国家蛋白质资源不足的现状。目前,大豆已成为重要的粮油兼备物资和战略资源,在维护全球粮食安全中发挥着重要作用。

---

① 越南:《海关报》"2014年越南将保持世界第三大米出口国地位",2014-04-24。

1. 大豆主要产地和生产国

大豆以美洲和亚洲的种植面积最大。1994年,美国孟山都公司推出的转基因抗除草剂大豆成为最早获准推广的转基因大豆品种。2001年,全球大豆种植总面积中有46%是转基因品种。美国、阿根廷是转基因大豆主产区,产量很高;中国种植的则是非转基因大豆,产量较低。

目前,全世界大豆播种面积在11.3万公顷左右,产量超过2.8亿吨。美国、巴西、阿根廷和中国是世界主要的大豆生产国,四国产量占了世界总产量的近90%。2012/2013年度,美国的大豆产量为8 750万吨,占全球总产量的31%。

进入21世纪后,南美洲地区的大豆产量已超过美国。巴西的大豆播种面积年均增长8.01%。2012/2013年度,巴西的大豆产量达到了8 620万吨,占全球大豆产量的31%。

阿根廷是世界第三的大豆生产国,阿根廷的大豆播种面积占世界总播种面积的17%,产量占全球总产量的20%。

中国曾是全球第四的大豆生产国。但从1995年后,受进口廉价大豆的冲击,中国大豆产量开始回落,至2012/2013年度,中国大豆产量低于1 000万吨,占世界总产量的比例则下降到3.5%。大豆产量减少的原因是种植成本提高,生产效率低下,但最主要的原因是受到国外廉价转基因大豆的冲击。

2. 大豆主要出口国

大豆是世界第三大的农产品贸易物资,贸易量近年来迅速增长,1995/1996年度,世界大豆的贸易量为3 196.6万吨,到2012/2013年度,大豆的出口量已达到1.12亿吨,是18年前的3.5倍。目前,世界大豆总产量中有近三分之一用于出口。

美国、巴西和阿根廷是最主要的大豆出口国。2013/2014年度,三国的大豆出口量达到了世界总量的90%。其中,美国的大豆出口一直以来都位居世界首位,1995/1996年度甚至达到了创纪录的72.7%。此后,随着南美大豆出口增加的影响,美国大豆的出口量虽然也有所增加,但其占世界出口总量的比重却在不断下降,到2012/2013年度,已降至38%,世界大豆出口第一的位置被巴西取代。

1995年以来,巴西的大豆出口迅速增长。巴西大豆出口量占世界总量的比重从1995/1996年度的10.8%上升到2012/2013年度的40%。欧盟和中国是巴西大豆最主要的流入国。有趣的是,作为大豆第二大出口国的美国,也开始进口廉价的巴西大豆。

阿根廷的大豆出口与巴西一样,也是从20世纪90年代中期以后开始迅速增长。阿根廷的大豆出口量已占世界大豆出口总量的约10%。

除以上三国外,大豆出口量在100万吨以上的国家还有巴拉圭和加拿大,分别排名世界第四和第五。

3. 大豆主要进口国

美国、中国、巴西、阿根廷和欧盟是世界最大的五个大豆消费国(地区),其消费量占了世界总量的80%以上。其中,由于美国、巴西和阿根廷国内大豆产量充足而且大量出口,因此,进口量极少。中国和欧盟则成了世界最大的大豆进口国(地区)。2012/2013年度,两个国家(地区)的进口量就占了世界总量的64%。

20年来,中国大豆进口量已从1995/1996年度的79.5万吨(占当年度世界进口总量的2.5%)增长到2012/2013年度的约8 000万吨(占当年度世界进口总量的比重也上升到了41.8%)。预计今后中国的大豆进口量随着需求量的升高还将进一步上升。

欧盟区内大豆年产量只有100万吨左右,与中国一样,其巨大的需求也只能依靠进口来获得保障。但由于欧盟的社会发展水平相对较高,大豆消费较早就进入了相对稳定期,因此,其消费量和进口量的变化并不是十分剧烈。2012/2013年度,欧盟地区大豆进口量为1 390万吨,仅为中国同期6 900万吨进口量的20%。

除中国内地和欧盟外,日本、墨西哥、中国台湾、韩国等也是世界上主要的大豆进口国(地区),但与中国和欧盟相比,这些国家和地区的进口量都比较小,排名世界第三的日本的进口量都不超过300万吨,但非转基因大豆占50%。与国际小麦和玉米进口市场的地区结构相比,大豆市场集中度还是相对较高的。

【案例】 跨国粮商的下一个掠夺目标是什么?

2007年,受益于国际农产品市场的价格大涨,美国农场的年度纯利润达到了870亿美元,比10年前上涨了50%。但阿根廷、巴西等其他农产品出口大国因美元大幅度贬值导致生产资料价格上涨,成本上升,加上贸易权被控制,与世界大多数生产商只能望利兴叹。

以国际四大粮商之一的邦吉为例,2007年,邦吉的交易规模只增加了15%,但其净利润却增长了227%。何以至此?

美国前国务卿基辛格博士曾断言:控制了粮食,就控制了人类。而对此做出完美诠释的则是简称为"ABCD"的国际四大粮商(美国ADM、美国邦吉(Bunge)、美国嘉吉(Cargill)和法国路易·达孚(Louis Dreyfus))。它们垄断了世界粮食交易量的80%,操纵着全世界粮食的进出口买卖和食品的制造与包装,是包括大豆等大宗农产品的定价者。

它们是如何控制世界市场,攫取超额利润的?从中国大豆市场的遭遇或可窥见一斑。

20世纪90年代,美国粮商打着"帮助贫穷国发展农业"的旗号,主动向拥有大量土地但资金稀缺的南美大农场主提供巨额商业贷款,抗病力强的转基因大豆很快疯长于美国、巴西、阿根廷,一举成就了世界大豆三巨头。中国则自1996年起成为大豆净进口国。

2001年,中国正式加入WTO,在入世谈判时,对大豆等农产品贸易领域中方做出了包括降低关税到3％等诸多让步,为廉价的转基因大豆顺利进入中国市场铺平道路。2003年,中国进口大豆历史性地突破2 000万吨大关(约占世界大豆贸易量的1/3),超过国产大豆500多万吨。大豆的原产国和出口国竟然成了世界最大的大豆进口国!

中国大豆进口量的剧增极大地改变了世界大豆市场的预期。COBT(芝加哥期货交易所)的大豆期货价格由此进入上涨通道。2003年3月,代表国内1 000多家大豆压榨企业的"中国大豆采购代表团"将前往美国集体采购,国际投机资金趁机哄抬价格,致使3、4月份的COBT大豆期货价从先前的220美元/吨暴涨到391美元/吨,创下16年来的新高。而国内的榨油企业为获取高额的压榨利润,竟纷纷心甘情愿地签下了高价进口合同。

然而,当中国代表团离美后,美方发布报告:由于南美大豆丰收和美国大豆播种面积大幅度增加,下一年度世界大豆产量将大增。结果短短三个月,国际大豆期货价格暴跌50％。

反观中国国内市场,先是遭遇紧缩信贷的宏观调控,接着禽流感爆发又导致饲料市场需求下降,中国绝大多数榨油企业被迫放弃履约,或赔付定金低价把货回售给供应商,亏损高达60亿元!中国大豆压榨行业从此一蹶不振。

第一轮屠杀过后,跨国粮商又"趁火打劫",开始大规模并购幸存的中国大豆压榨企业,致使1 000多家内榨油企业组成的"中国大豆军团"瞬间烟消云散,仅剩的90多家榨油企业中,有64家已被外资控制(它们控制了中国85％的实际加工总量)。至此,中国市场上与大豆相关的各种产品或原料价格成了跨国巨头手中玩弄的"魔方"。

2004年之后,国内大豆市场的"怪事"就逐渐增多。

怪象一:国内油、蛋、肉等消费量的节节上升,引发了对大豆和豆饼原料的需求激增,但奇怪的却是豆价不涨反跌,进入了一个长期大"熊市",致使2006/2007年度种植面积迅速减少,但豆价却在2006年年底突然上升。

怪象二:外商在中国境内投资的榨油企业的利润率普遍很低,大部分企业因长期亏损而免缴所得税,但生意却一直做得"红红火火"。

怪象三:外资压榨企业的资产负债率普遍很高,而且多以参股的形式进入。同时,虽然参股的比例不高(多数为10％～25％),但鲜有不把购买外资企业大豆作为参股条件的。

怪象四:国际粮商控制的油脂企业改变传统的利用点价进口大豆的方式(即利用CBOT的大豆期货价格加合理的升贴水),而热衷于采用直接报价方式进口南美和美国大豆。

为什么会出现这样的"奇怪"现象?业内人士描绘了这样的图画:跨国粮商先将其控制的美国和南美大豆低价卖给自己的贸易公司(注册地一般在英属维尔京群岛或在新加坡等避税地),然后再高价卖到中国的榨油企业。相当于跨国公司一方面将生产利润转让到贸易环节,避开了大豆出口国的税;另一方面将加工利润也转移到了贸易环节,又避了进口国(中国)的税。中国从而成了国际粮商庞大的全球战略布局中最可怜的一环。

> 因此,以参股换取采购权和改变报价方式就成了转移加工利润到贸易环节的关键。而少量参股和高比例负债则是为了最大限度地利用中国国内资金,提高自有资金的报酬率。至于2006年岁末大豆价格的上涨,也许是市场本身规律使然(种植面积减少势必造成产量降低,价格升高),也许是跨国粮商觉得已完全控制了国内大豆产业,可以对大豆、豆油、豆饼等各种产品随意提价以增加利润了,或许两者兼而有之!
>
> 中国人需要关心的是,本国大豆市场全面陷落之后,跨国粮商的下一个目标是什么?

五、农产品期货

1. 农产品期货的发展

从历史的视角来看,国际大宗农产品交易方式和定价机制经历了即期现货交易—远期现货交易—交易所期货交易—场外期货(多种形式的衍生品)交易的发展历程。19世纪初,为解决谷物的及时买卖和避免价格波动的风险,美国的西部农场主和东部加工商之间开始以远期合同形式进行商品交易。随着谷物交易的不断集中和远期交易方式的发展,1848年,由82位谷物交易商发起组建了芝加哥商品交易所(CBOT),1865年,该交易所用标准的期货合约取代了远期合同,并实行了保证金制度,场内交易开始发展。

20世纪70年代,场外衍生品市场交易也随之出现,并出现了期权、互换等多种合约形式。经过长期的演变,国际大宗农产品交易形成了以期货交易为主、多种交易方式并存的国际贸易体系和国际市场体系。其中,农产品期货品种作为最早推出的期货种类在各类商品期货中占有较大比重。农产品类期货合约交易规模最大,且增长稳定,长期占据商品类期货交易总量的43%左右,远远高于能源和金属类商品期货的交易规模。

2. 大宗农产品贸易的定价方式

目前,全球大宗商品贸易的定价方式主要有两种:一种是以作为全球定价中心的国际期货市场的期货合约价格为基准来确定国际贸易的现货价格,另一种是由国际市场上的主要供需双方直接进行商业谈判来确定交易价格。

由于期货价格能提前反映供求变化,引领现货价格,具有较强的预期性,因此,在很多大宗商品贸易(如农产品、铜、铝、棉花)中,期货价格都被作为现货的基准价格。农产品作为国际上主要的大宗贸易商品,由于其产量受气候、病虫灾害等自然条件的影响极大,因此,天然地需要期货市场来执行价格发现功能并为市场参与者提供避险的工具。目前,在国际贸易领域,绝大部分的农产品贸易采用的都是期货定价、现货贸易的模式。在这一贸易模式下:

$$现货价格 = 期货价格 + 基差$$

基差是指在某一特定时间销往特定地点的现货价格与期货价格之差,主要受运输成本的影响。一般来讲,靠近销区的基差多为正值,而靠近生产地的基差往往为负值。

3. 芝加哥商品交易所(CBOT)

美国是世界上最大的农产品出口国,加上它的农产品期货交易历史悠久,因此,美国的期货市场价格不仅是美国农产品价格制定的基础,也为全世界农产品市场提供了价格参考标准。如 CBOT 的玉米、大豆、小麦、棉花等品种的期货价格,不仅是美国现货价格的重要参考依据,同时也以其市场影响力主导着全球谷物、大豆等主要农产品价格的形成。

美国芝加哥商品交易所是世界上历史最为悠久的期货市场,也是目前世界上规模最大的谷物期货市场,它引导着世界范围的谷物生产、贸易和消费,发挥着谷物市场价格"风向标"和谷物企业经营"避风港"的作用。CBOT 的存在对芝加哥跻身全球主要的金融中心之一具有决定性意义,而该交易所之所以长盛不衰,正是因为其始终根据社会经济发展的需要,由农产品起步,循序渐进地发展期货品种。

在 CBOT 的各类农产品合约中,玉米期货的数量最大,而且增长最快。大豆是 CBOT 的第二大交易品种,但增速稍慢。除了玉米和大豆外,CBOT 的重要农产品期货品种还包括小麦、燕麦、糙米、豆油等,近年来均呈现增长态势。

2006 年 10 月,成立于 1898 年的芝加哥商业交易所(CME)宣布并购 CBOT,合并成立 CME 集团有限公司,2007 年 7 月正式完成合并。新公司市值高达 250 亿美元,成为全球涵盖面最广、产品最为丰富的衍生品交易市场。其产品除传统的农产品、金属期货、期权外,还包括了美元利率收益率曲线期货、股票指数期货、外汇期货、天气期货以及房地产指数期货等品种,日交易量达 900 万份合约,交易金额逾 5 万亿美元/天。2009 年,CME 入股马来西亚衍生品交易所 25% 股权。

4. 中国农产品期货的发展

中国农产品期货市场从 20 世纪 90 年代建立以来,经过多年发展,已初步涵盖了粮、棉、油、糖四大系列农产品期货和化工、焦炭、金属、橡胶等工业原料期货的 24 个品种体系。目前,中国有郑州、大连和上海共三家商品交易所。交易单位为"手",交易保证金为合约价值的 5%。

表 11-2-1 中国期货交易所及交易品种

上海期货交易所	大连期货交易所	郑州期货交易所	包头稀土期交所
铜	玉米	强筋小麦	氧化铈
铝	大豆1号	普通小麦	氧化镨钕
锌	大豆2号	棉花	氧化铕
铅	豆粕	白糖	
黄金	豆油	精对苯二甲酸	
白银	棕榈油	菜籽油	
线材	鸡蛋	早籼稻	
螺纹钢	胶合板	甲醇	
热轧卷板	纤维板	玻璃	
燃料油	聚乙烯	油菜籽	
石油沥青	聚氯乙烯	菜籽粕	
天然橡胶	聚丙烯	动力煤	
	焦炭	粳稻	
	焦煤		
	铁矿石		

资料来源：中国期货信息网，2014-05-23。

中国期货市场虽然起步较晚，品种相对于国际成熟市场也比较单一（如美国有关农产品的期货、期权品种就达 50 多个），市场参与者中机构投资者较少，国际上影响力十分有限，只有少数的品种（如郑商所的小麦）在国际上有一定的影响力，但近年来中国期货市场发展很快，期货价格的走势将越来越受到国际投资者的关注。

【专栏】 投机扭曲农产品价格

日本京都大学教授佐泊启思认为，当前世界经济正在从"实物经济"向运用投机资本致富的"金融经济"转型。在房地产泡沫之后，过剩的全球化资本把目标转向资源和粮食为主的商品。仅 2008 年一季度，就有 700 亿美元的新增资金流入包括农产品、石油和金属在内的大宗商品市场。涵盖 26 种农矿产品的大宗商品指数上涨了 20%，而同期包括 500 家成分股的标准普尔指数则下跌了 7%。由此可见大宗商品市场具有明显的"高收益率"。

投机资金通常借助于一些题材疯狂炒作，不达极致不罢休。2008 年 2 月，在美国农业部连续数月预测小麦库存将降至 60 年来新低时，小麦期货价格曾出现连续 11 个交易日涨停的"壮观"行情；在某年中国春节前后遭遇雪灾的背景下，芝加哥大豆期货屡创新高！

美国作为世界玉米、小麦和大豆的最大出口国，其产值的一半被农产品期货买家持有。可以说，华尔街的投机家正是世界上最大的粮食囤积居奇者。

第三节 其他国际农产品贸易

一、天然橡胶

1. 天然橡胶的主产国

天然橡胶是多年生树木,市场供应结构具有较大的稳定性。橡胶树生长需高温多雨的环境,年平均气温26~32℃、年均降雨量2 000毫米以上的热带地区最适宜种植,其产地多分布于南北纬10°以内。目前,东南亚地区是世界最大的天然橡胶产地,泰国、印度尼西亚和越南的天然橡胶产量占了世界总产量的约70%。

(1) 泰国。泰国是世界第一大天然橡胶生产国,种植面积仅次于印度尼西亚排名世界第二。泰国传统的橡胶种植区主要分布在南部和中部,近年来逐渐开始在北部和东北部扩大种植,因此,其产量也不断增长。2013年,泰国天然橡胶产量为386万吨。

(2) 印度尼西亚。印度尼西亚是世界上橡胶种植面积最大的国家,但产量却低于泰国,位居世界第二。1961年,印度尼西亚天然胶产量占世界总产量的比例为32.2%。至2013年,印度尼西亚天然橡胶的产量为280万吨,占世界总产量的比重也上升至28.3%。

(3) 越南。越南天然橡胶的产量近年来增长迅猛。2013年,越南取代马来西亚和印度,成为世界第三大产胶国,年产104.3万吨,同比增长20.8%。

(4) 中国。1904年橡胶树被引进中国。到1951年,中国的干胶产量尚不足200吨。20世纪50~60年代,为了突破国际上的对华封锁和禁运,中国开始在云南大面积种植。50多年,来中国不但打破了橡胶不能在北纬17°以北种植的"神话"(云南南部位于北纬21°~25°),而且平均单产已达世界第四。中国已形成海南、云南、广东三大种植区域。2013年,中国天然橡胶产量83.6万吨,仅够满足1/4的国内需求量。

(5) 马来西亚。马来西亚曾是全球第三大天然橡胶生产国。20世纪90年代初期产量曾占世界产量的1/4左右。其后,马来西亚的橡胶种植面积不断萎缩,2013年,马来西亚的天然橡胶产量已降至82万吨,低于印度和中国,位列第六。

(6) 印度。2013年,印度的天然橡胶产量为84.9万吨。

上述六国天然橡胶产量之和占世界总产量的93%。

2. 天然橡胶主要出口国

世界天然橡胶产量的70%以上用于国际贸易。在世界主要橡胶生产国中，除中国因国内消费巨大需大量进口和印度也因国内消费较大而出口极其有限外，其余四国皆是世界最主要的天然橡胶出口国。2013年，四国的出口量之和占世界出口总量的比重达89%。

(1) 泰国。泰国是世界第一大天然橡胶出口国，80%以上的橡胶供出口，占世界出口总量常年维持在40%～45%。近两年来，随着印度尼西亚等国出口量的上升，这一比例有所降低。2013年，泰国出口橡胶约319万吨，占其国内产量的86.7%，占世界总出口量的比例为28.8%。中国是泰国最大的橡胶出口目的地，占其出口总量的50%左右，此外，日本、马来西亚、美国、韩国也是其主要出口地，输往上述五国的天然橡胶已占泰国出口总量的70%以上。

(2) 印度尼西亚。印度尼西亚是世界第二大天然橡胶出口国，其国内橡胶产量的80%以上(个别年份甚至达90%以上)用于出口。北美国家是印度尼西亚的主要出口目的地。到2010年，印度尼西亚出口到北美的天然橡胶已占其出口总量的45%。2013年，印度尼西亚出口天然橡胶232万吨，占其当年产量的82.6%。

(3) 越南。越南的橡胶出口位居世界第三，占世界出口总量的比重也不超过10%，但其增长速度却是主要橡胶出口国中最快的。2013年，越南出口天然橡胶91.3万吨，占国内产量的87.5%，占世界总出口量的8%。

(4) 马来西亚。马来西亚是世界第四大天然橡胶出口国。20世纪90年代初，马来西亚天然橡胶在国际出口市场曾占有30%的份额，但目前这一比例已下降至不到8%。与泰国和印度尼西亚不同，出口占马来西亚天然橡胶产量的比重不到60%。马来西亚的主要出口目的地依次为中国、德国、美国和韩国。

3. 天然橡胶主要进口国

轮胎是天然橡胶最主要的用途之一，全球60%以上的天然橡胶用于轮胎生产。目前，中国轮胎生产中天然橡胶的比例为50%，日本轮胎业合成橡胶的比例也仅达到43%。在其他橡胶制品(非轮胎)中，天然橡胶的比重2000年为29%，2013年已下降到22%。因此，轮胎行业是拉动天然橡胶需求的主要动力。

中国是一个橡胶生产大国，但随着近年来中国汽车产量的迅速增加，对天然橡胶的需求也迅速攀升。2003年，中国超越美国，成为世界上最大的天然橡胶进口国，中国天然橡胶的对外依存度也从2002年的62%上升到2013年的294%。当年中国进口天然橡胶247万吨[①]，进口合成橡胶153万吨。2000年，

[①] 按中国海关统计数字，2014年中国进口天然橡胶达到247万吨，同比增长13.5%。

中国天然橡胶进口量占世界总量的比重只有15.1%,到2013年,该比重已超过20%,成为拉动世界天然橡胶消费的主要力量。

作为车轮上的国家,美国历来是天然橡胶的进口大国,每年进口的天然橡胶维持在100万吨左右。同样,作为世界上主要的汽车生产大国,日本对天然橡胶的需求也十分巨大,2013年,日本天然橡胶进口量约75.8万吨。2013年,中、美、日三国的天然橡胶进口量占了世界总量的40%。

除中、美、日外,韩国和印度也是天然橡胶的主要消费国。尤其是印度,受其国内汽车工业每年增长10%~15%的带动,印度已成为世界第五大橡胶消费国。

二、棉花

棉花是关系国计民生的战略物资,也是仅次于粮食的第二大农作物,并且也是涉及农业和纺织工业两大产业的商品,对国民经济的发展起着重要作用。

1. 棉花主产地

棉花是一种重要的天然植物纤维,它原产于热带干燥的草原地区,后来逐步引种到亚热带和温带的湿润地区。目前,由于育种和栽培技术的进步,棉花的种植范围已有较大扩展,在北纬45°到南纬35°的范围内都有种植。中国、美国、中亚是世界上三大主要产棉地。

(1) 中国。中国是世界上最大的棉花生产国。中国的三大产棉区域是新疆、黄淮流域和长江流域。目前,中国还是世界上棉花单产最高的国家之一,仅次于巴西。2012/2013年,全国棉花总产686万吨(2008年棉花产量达到790万吨,是中国历史上的高产年景)。中国棉花生产面临的问题是品种多、乱、杂现象严重,纤维一致性差,同时在进口棉的冲击下,棉花种植面积出现下降。

(2) 印度。印度作为后起之秀,其棉花产量在2006/2007年度超过美国,成为世界第二大产棉国,并且至今仍保持继续增产的趋势。2012/2013年度,印度棉花产量达555万吨。

(3) 美国。美国是世界上重要的棉花生产国。由于采用大规模机械化生产,劳动生产率很高,加上其地理位置优越、气候适宜,使美国棉花产量长期处于世界前列。由于美国国内的纺织工业在大量廉价进口品的冲击下已极度收缩,因此,美国对棉花的需求并不旺盛。2012/2013年度,美国棉花产量已从2005/2006年度的520万吨下降到380万吨左右。

此外,巴基斯坦、巴西、乌兹别克斯坦、澳大利亚等国也是世界主要的产棉国。尤其是乌兹别克斯坦,近150多年以来,棉花产业一直是乌国的支柱产业,素有"白金之国"的美称。独立以来,乌兹别克斯坦籽棉产量维持在每年300万~360万吨左右,约占世界棉花总产量的5%,在世界上排名第五至六位(依每年巴西棉产量的大小而略有变动)。

2. 棉花主要出口国

世界棉花的出口格局较为集中,目前,美国、澳大利亚、巴西、印度和乌兹别克斯坦五国占了世界棉花出口的71%左右(表11-3-1)。其中,美国是世界上最大的棉花出口国,由于其产地广、品种细分,可选择性强,尤其是美国棉花机械化生产不含异性纤维的特点,对纺织企业有很强的吸引力。由于国内需求量下降,美国棉花出口比重已上升到70%以上。在世界范围内,纺织品配额的取消使得以中国为代表的发展中国家的纺织工业取得了快速的增长,由此也刺激了美国以外的国家产棉量和出口量逐年增长,使得美国的棉花出口从占世界总出口量的40%以上降低到目前的35%左右。

近几年来,在中国巨大需求的带动下,澳大利亚、巴西、乌兹别克斯坦、希腊和西非的布基纳法索的棉花出口直线上升。

表11-3-1　国际棉花主要出口国和地区　　　　　单位:万吨

出口国	2009/2010	2010/2011	2011/2012	2012/2013	2012/2013占比(%)
美　国	262	313	255	253	31.7
澳大利亚	46	55	101	93	11.6
巴　西	43	44	104	87	10.9
印　度	143	109	241	76	9.6
乌兹别克斯坦	83	58	54	59	7.4
希　腊	19	16	22	22	2.7
布基纳法索	17	15	132	17	2.2
世界合计	775	774	998	797	

资料来源:根据美国农业部网站(www.fas.usda.gov/psdonline)相关数据编制。

3. 国际棉花主要进口国

棉花的消费主要集中在纺织服装领域,在产业国际转移的影响下,目前,发展中国家在世界纺织品生产领域占有绝对的优势,由此也造成了世界范围内对棉花的需求主要集中在以中国、印度、巴基斯坦为代表的纺织业发达的亚洲国家的现实。2012/2013年度,亚洲地区的棉花消费量占全球用棉总量的75%,其中,仅中国的棉花需求量就超过1170万吨,占世界总需求量的40%以上。世界棉花需求的67%将集中在中国、印度和巴基斯坦三个国家。此外,土耳其、巴西、孟加拉、印度尼西亚、泰国等传统纺织业大国也是棉花的主要需求方。

表 11-3-2 国际棉花主要进口国和地区　　　　　　　　　　　　　　单位：千吨

进口国/地区	2009/2010	2010/2011	2011/2012	2012/2013	2012/2013 占比（%）
中　国	2 374	2 608	5 341	2 395	28.68
巴基斯坦	849	806	686	795	9.52
土耳其	957	729	519	762	9.12
孟加拉	343	370	218	523	6.26
印度尼西亚	479	457	430	501	6.00
越　南	369	342	354	414	4.96
中国台湾	393	381	275	365	4.37
世界合计	7 283	9 667	8 153	8 352	

资料来源：根据美国农业部网站（www.fas.usda.gov/psdonline）相关数据编制。

由于世界棉花产量的 2/3 左右集中在中国、印度和美国三个国家，因此，就使得除该三国外的几乎所有棉花需求国都成了世界棉花的主要进口国。其中，棉花产量世界第一的中国，由于强大的国内需求和加工贸易需求，使得其同时也成为世界最大的棉花进口国，国内棉花产量的高低会直接影响国际棉花行情。

此外，俄罗斯、墨西哥、越南等国也是世界主要的棉花进口国，但由于每年的进口数量较小，因此，对世界市场的影响比较有限。

三、棕榈油

棕榈油系从油棕树上的棕榈果中榨取而来，作为一种主要的食用植物油，棕榈油的使用已超过五千年的历史。由于油棕是一种四季开花结果全年都有收成的农作物，通常两、三年即开始开花结果，商业性生产最长可达 25 年，因此，它是世界上生产效率最高的产油植物。棕榈油以其独特的营养成分和相对低廉的市场价格为众多行业所青睐，广泛应用于食品及油脂化工领域（图 11-3-1）。

1. 棕榈油主产地

棕榈树原产于西非，18 世纪末传到马来西亚，逐渐在东南亚地区广泛种植。目前，全球棕榈油生产主要集中在马来西亚、印度尼西亚等少数国家，此外，南美洲、非洲的许多国家也开始广泛种植。

1989 年以前，世界棕榈油产量不足 1 000 万吨/年。1998 年起，随着东南亚棕榈油产量的快速增长，世界棕榈油产量出现飞跃式增长。2012/2013 年度，全

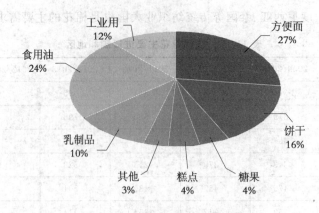

图 11-3-1　世界棕榈油用途分布

球棕榈油产量超过 5 330 万吨/年。

东南亚国家全年高温,雨水丰沛,非常适合油棕的规模化种植。过去十多年来,印度尼西亚和马来西亚的油棕产量稳步增长,目前,这两个国家的棕榈油产量已占全球总产量的 87% 以上。2005 年以前,马来西亚一直是世界上最大的棕榈油生产国,但从 2006 年开始,印度尼西亚超过马来西亚,棕榈油产量跃居世界第一。2012/2013 年度,印度尼西亚棕榈油产量达到 2 830 万吨,占世界棕榈油总产量的比重达 52.5%;马来西亚的产量为 1 850 万吨,占世界总产量的比重为 34.7%。当年棕榈油产量排名世界前五的国家还有泰国、哥伦比亚和尼日利亚三国,但总产量根本无法与上述两国相比。

2. 棕榈油主要出口国

在世界油脂消费中,植物油占了总量的 80% 左右,其余由黄油、猪油、牛油和羊油等构成。尽管近年来油脂总产量在不断增加,但动物油脂的产量基本维持不变,产量的增长主要来自于植物油脂,其中,以棕榈油 10 年来的增长最快。

20 世纪 60 年代,棕榈油在世界油脂贸易中并不占主要地位,当时的贸易对象主要是豆油和动物油脂。进入 70 年代后,棕榈油的贸易量占世界油脂贸易的比重从 1970 年的 10% 迅速增长到 2006 年的 50%。

目前,马来西亚和印度尼西亚几乎垄断了世界棕榈油的出口,它们的出口量之和已超过世界出口总量的 90%。其中,1985 年以前,马来西亚几乎控制着整个棕榈油的出口市场。1986 年,马来西亚的棕榈油产量占了世界总产量的 60%,出口量则占了世界总量的 68%。但是,近 10 年来,随着印度尼西亚棕榈油产量和出口量的不断增加,马来西亚的出口量下降到占世界总量的 50% 左右。

2012/2013 年度,马来西亚棕榈油出口量约为 1 666 万吨,占世界总出口量的 38%;当年印度尼西亚出口量为 1 910 万吨,约占世界出口总量的 43.1%。

2009年，印度尼西亚的棕榈油出口超过马来西亚，成为世界第一。但由于印度尼西亚强制推行生物柴油政策，出口大幅下降。

除上述两国外，世界棕榈油出口国还有泰国、巴布亚新几内亚、约旦等国，其中，泰国的棕榈油出口近年来增速迅猛，已超过巴布亚新几内亚成为世界第三大棕榈油出口国。

3. 棕榈油主要进口国

与棕榈油的生产和出口高度集中不同，棕榈油的消费区则非常广泛。目前，主要的消费国包括印度尼西亚、欧盟27国、印度、中国、马来西亚等。在世界棕榈油主要消费国（地区）中，除印度尼西亚、马来西亚、尼日利亚等国以外，其他的国家和地区基本没有棕榈油生产，所有的消费几乎都要进口。

目前，印度已是世界上最大的棕榈油消费国，同时也是最大的进口国。2012/2013年度，印度进口量达到770万吨，欧盟27国达640万吨，中国进口量为540万吨。中国从马来西亚进口的棕榈油占总进口量的88%，来自印度尼西亚的棕榈油占11%。

其他如美国、埃及、越南等国的进口量虽然也位列世界前十，但总量都不超过100万吨，重要性较低。

【专栏】 棕榈油与新能源

新能源的开发和使用，使粮油消费不再局限于食用，而是延伸到工业领域。除了玉米和甘蔗可以提炼为车用乙醇燃料，将棕榈油加工成生物柴油，按10%的比例掺入普通柴油中，也成为部分替代汽柴油的一种新能源，而且既能提高棕榈油的附加值，还有可再生和环保的好处。近年来，棕榈油生产大国（印度尼西亚和马来西亚）将越来越多的棕榈油转化为生物柴油，以替代石油进口。理论上，任何植物油均可以转化为生物柴油。据测算，当原油价格超过70美元/桶时，生物能源便有利可图；当原油价格超过90美元/桶时，生物能源的需求将快速增加，这也在某种程度上抑制了原油价格的上涨。

四、原糖

原糖又名粗糖或离心糖（Centrifugal Sugar），是指以甘蔗或甜菜等为原料经压榨取汁，然后糖汁再经过清净处理、煮炼结晶、离心分蜜等工序制成的带有一层糖蜜，主要供精炼糖厂再加工用的原料糖，其糖度不低于97%。原糖不具备食用卫生条件，不能直接食用或用作食品加工业的原、辅料。由于原糖适于保存，一般为3~5年，甚至更长。而白砂糖由于易变质，不适于长时间保存，因此，世界食糖贸易的标的物主要是原糖。

1. 世界主要糖产地

近年来,全球食糖产量逐渐增长到1.85亿吨。世界主要的产糖国(地区)有巴西、印度、泰国、墨西哥、中国、美国、澳大利亚、巴基斯坦、俄罗斯等,这些国家(地区)的食糖产量约占全球总产量的70%以上。巴西、印度和泰国是世界上仅有的三个原糖产量超过千万吨的国家,其中,仅巴西和印度就占了世界原糖总产量的1/3以上。

(1) 巴西是世界第一大产糖国,产量约占世界总量的20%左右,糖业在巴西国民经济中占有重要地位。巴西的产品主要为原糖,品质较好,生产成本在全球产糖国中比较低。2012/2013年度,巴西甘蔗产量为5.89亿吨,原糖产量达3 835万吨。

(2) 印度是世界第二大产糖国,其食糖产量最高时曾超过世界总量的20%,目前,由于其他地区产量的增加和印度本身产量的波动,其占全球产量的比重徘徊于15%左右。2012/2013榨季,印度食糖产量为2 460万吨。由于印度的食糖(原糖)产量将下滑至不足2 500万吨,因此,需进口450万吨以满足国内需求。

(3) 中国是仅次于巴西、印度的世界第三大产糖国。中国有18个省区产糖,南方主要是甘蔗糖,北方则主要为甜菜糖,其中,甘蔗糖产量已占全国食糖总产量的80%以上。2012/2013榨季,中国食糖总产量达1 050万吨。中国食糖产量呈现周期性波动的特征,不足以满足国内需求。

(4) 其他产糖国中,泰国食糖产量为1 050万吨,占世界糖产量的5.6%;墨西哥为585万吨,占3.2%;俄罗斯为420万吨,占2.3%;欧盟27国中,多数国家均有食糖生产,以德国、法国、英国、意大利和波兰为主,主要的制糖原料是甜菜。

2. 食糖主要出口国

世界食糖贸易中约1/3受政府双边协议支配,其余2/3则是自由贸易。在世界食糖出口市场上,巴西、泰国、澳大利亚三国的出口量就占了世界食糖出口总量的60%左右,市场集中度较高。同时,由于食糖产量受气候等因素的影响较大,因此,市场供应波动较大,由此导致在食糖的国际贸易中普遍采取双边协议的形式稳定贸易关系,形成了食糖商品率高但贸易量小的局面,因此,当市场供给(需求)增减时,糖价在短期内就会暴涨暴跌。

巴西是世界第一大食糖出口国,其食糖产量的60%以上出口到国际市场,主要目的地有东欧、俄罗斯、北美和中东地区。2012/2013榨季,巴西原糖出口2 525万吨,占世界原糖出口总量的43.3%。

泰国是亚洲最大的食糖出口国,也是世界第二大食糖出口国。近年来,出口的原糖数量不断上升,2012/2013年度达930万吨。泰国政府对本国糖业实行配额管理,泰国是亚洲主要的原糖供应国,其出口对象主要为亚洲国家、俄罗斯及美国。

澳大利亚是世界主要糖出口国之一,产品以原糖为主、食糖为辅。政府对糖业基本无补贴,但实行配额管理,主要出口对象为韩国、马来西亚、日本及加拿大,亚洲国家占60%左右。

此外,危地马拉、欧盟、印度、南非、古巴等也是传统的食糖出口国(地区),尤其是古巴,曾是世界第一的食糖出口国。近年来,这些国家(地区)的食糖出口或者停滞不前,或者日渐减少,对世界市场的影响力日益减少。

3. 食糖主要进口国

(1) 食糖主要消费国。世界食糖消费大国(地区)依次是印度、欧盟、中国、巴西、美国和俄罗斯、印度尼西亚等。从各国的人均食糖消费量来看,其与人均GDP之间没有明显的相关关系,但与各个国家(地区)的饮食习惯有很大关系。从长期发展趋势来看(纵向比较),人均食糖消费量则会随着人均GDP的增长而增加。因此,发展中国家的食糖消费将会随着人口增长和生活水平的提高有较快增长,而发达国家的消费则长期停滞或稍有下降。

(2) 食糖主要进口国。在主要食糖消费国中,除巴西因国内产量巨大而成为世界主要食糖(净)出口国以外,其他的消费大国基本都需要进口食糖以满足国内需要。其中,印度尼西亚是世界上头号食糖进口国。印度尼西亚每年的食糖进口量约320万吨。

表 11-3-3 世界主要食糖进出口国　　　　　　　　　单位:千吨

出口国	2010/2011	2011/2012	2012/2013	2012/2013占比(%)	进口国	2010/2011	2011/2012	2012/2013	2012/2013占比(%)
巴　西	25 800	24 650	25 250	43.29	欧盟27国	3 755	3 800	3 300	6.72
泰　国	6 642	7 500	9 300	15.94	印度尼西亚	3 082	3 027	3 200	6.52
澳大利亚	2 750	2 850	3 000	5.14	美　国	3 391	3 294	2 595	5.28
印　度	3 903	3 499	2 500	4.29	中　国	2 143	4 190	2 500	5.09
危地马拉	1 544	1 675	1 725	2.96	阿尔及利亚	1 605	1 600	2 150	4.38
欧盟27国	1 113	2 388	1 500	2.57	阿联酋	1 957	1 718	2 000	4.07
墨西哥	1 558	985	1 024	1.76	伊　朗	1 237	1 268	1 950	3.97
哥伦比亚	814	876	880	1.51	马来西亚	1 715	1 799	1 870	3.81
阿联酋	1 126	717	1 775	3.04	韩　国	1 684	1 662	1 700	3.46
世界合计	55 585	56 140	58 326		世界合计	50 399	50 266	49 105	

资料来源:根据美国农业部网站(www.fas.usda.gov/psdonline)相关数据编制。

欧盟是世界上最大的食糖进口地区。先前,欧盟的食糖补贴制度使欧盟国家的食糖价格虚高于国际食糖价格,并对出口的食糖给予高额补贴以鼓励区内食糖工业的发展。这一政策遭到了巴西、泰国、澳大利亚等产糖大国的强烈反对,2006年,欧盟不得不对其糖业制度进行改革,最终决定把食糖补贴大幅削减36%。目前,欧盟每年的食糖需求约2 000万吨,而其产量却不超过1 700万吨,因此,每年需净进口食糖330万吨,并且进口还将进一步增加。

中国食糖长期处于供不应求的状态,一直依靠进口来弥补缺口,因而成为世界食糖进口大国。2012/2013年度,消费需求已达1 320万吨,当年度食糖进口也达到250万吨,约占世界进口量的5%左右。

本章小结

1. 世界农业总产值自1961年以来按实际价格几乎增长了3倍,远远超过了全球人口增长。农产品贸易在世界商品贸易总额中的比例从20世纪60年代初的25%降到目前的8%左右。由于全球对主粮需求趋于减少,对动物性高蛋白产品和水果的需求趋于增加。农产品贸易由原料性食品向高附加值、适于远洋运输的加工食品发展。

2. 农产品作为国际上主要的大宗贸易商品,由于其产量受气候、病虫灾害等自然条件的影响极大,因此,天然地需要期货市场来执行价格发现功能并为市场参与者提供避险的工具。目前,在国际贸易领域,绝大部分的农产品贸易采用的都是期货定价、现货贸易的模式。

3. 国际上主要大宗农产品贸易集中在小麦、玉米、大豆、大米这四种产品上,其中,小麦是唯一贸易量超过1亿吨的农产品,而大米由于消费地区主要集中在亚洲,贸易量还不到小麦的一半。在主要的大宗农产品贸易中,四大跨国粮商依靠对商品的垄断而取得了较大的优势。

4. 除小麦、玉米等大宗粮食作物外,棕榈油、棉花、天然橡胶和食糖由于其对人类生产、生活的巨大影响从而在国际农产品贸易领域也占有重要地位。

思考题

1. 国际农产品生产和贸易中存在哪些特点?
2. 试析国际农产品贸易的发展趋势及原因。
3. 简要分析中国大豆进口及压榨市场的现状及其成因,试提出保障中国大豆压榨市场稳定有序运行的政策建议。
4. 简要分析国际小麦贸易和玉米贸易的主要特点。
5. 简要分析农产品期货在大宗农产品国际贸易中的作用。
6. 简要说明天然橡胶的用途,并说明天然橡胶国际贸易的主要参与方与发展前景。

第十二章 国际矿产品贸易

学习目的与要求

1. 了解国际铁矿石贸易的主要出口方和进口方及其变化趋势；
2. 掌握国际铁矿石的定价机制以及供需双方的力量对比；
3. 熟悉国际煤炭有哪些主要出口国和进口国及其变化情况；
4. 把握国际煤炭进出口贸易的发展趋势。

第一节 国际铁矿石贸易

铁矿石是钢铁工业的主要原料。世界铁矿石资源储量丰富，据美国地质调查局（USGS）2014年的数据显示，截至2013年年底，世界铁矿石储量为1 500亿吨，基础储量[①]为3 400亿吨；矿山铁（Iron Content）（即铁矿石中所含的金属铁）储量为800亿吨，基础储量为1 711亿吨。按2013年的铁矿石生产水平，世界铁矿石资源的保证年限在100年以上。

---

① 基础储量（Reserve Base）是指符合当前开采和生产实践中最低水平的特定物理和化学指标（包括等级、品质、浓度等）的资源，它包括目前有经济意义的储量（即储量）、有边缘经济意义的储量（边际储量，Marginal Reserves）和当前没有经济意义的储量（Sub-Economic Resources），与地质储量不是一个体系的指标。储量（Reserve）是指那些在现有经济技术条件下可被经济有效地提取或开采的资源。边际储量则指那些处于经济开采的边缘，当给定的经济、技术条件变化时即具有经济开采可能性的资源，其本质特点是经济上存在不确定性。

一、铁矿石主产国

1. 世界铁矿石储量

世界铁矿石储量最多的五个国家分别是澳大利亚、巴西、俄罗斯、中国和印度,2013年年底,五国的铁矿石储量合计达到了1 200亿吨,占世界总储量的70%。此外,美国、加拿大、乌克兰、委内瑞拉和瑞典的铁矿资源也比较丰富,五国的铁矿石储量合计达到了267亿吨,占世界铁矿石总储量的15.7%。2013年,以上十国的铁矿石储量占世界总储量的比重高达85.7%,这充分显示世界铁矿石资源分布极不平衡。

由于矿山铁储量和基础储量最能代表一国铁矿资源的丰富程度,因此,俄罗斯和澳大利亚事实上是世界铁矿资源最丰富的国家,而乌克兰和中国虽然铁矿石储量很大,但贫矿多、富矿少,矿石含铁量低,两国铁矿石的含铁量平均只有30%左右,不仅远低于俄罗斯56%、澳大利亚62.5%、巴西55.6%的平均含铁量,而且也低于世界铁矿石平均48.67%的含铁量水平。

2. 世界铁矿石主要生产国

与2002年开始旺盛的世界钢铁需求和产量增长相对应,全球铁矿石产量也开启了一个迅速增长的时期。从2002年开始,世界铁矿石产量经历了连续14年的增长。2013年,世界铁矿石产量达22.21亿吨,比2002年增长124%。

世界上大约有50多个国家生产铁矿石,但受储量和生产条件限制,世界铁矿石产量的大部分集中在少数几个国家,主要是巴西、澳大利亚、中国、印度、俄罗斯、乌克兰等。2013年,铁矿石产量过亿吨的国家依次是巴西、中国、澳大利亚、印度和俄罗斯,其中,中国的铁矿石产量增长最快,该五国的铁矿石产量占世界总产量的比重达到81.03%,市场集中度较2002年上升了11个百分点。除此以外,乌克兰、美国、南非、加拿大和瑞典的铁矿石产量紧随上述五国排名世界前十,2013年,这10个国家的铁矿石产量占了世界总产量的92.33%。

二、国际铁矿石贸易状况

在20世纪30年代,世界主要产钢国的铁矿石基本上都由本国供应。例如,1937年,美国、德国、法国、英国、意大利和比利时六国的钢产量合计占世界总产量的67%,同年,该六国的铁矿石产量之和也达到了世界总产量的62%,基本上自给自足。然而,第二次世界大战后,由于战后重建带来的巨大需求和西方各国重化工业的迅猛发展,各主要钢铁生产国的国内铁矿石产量已无法满足日益增长的钢铁产量的需求。

世界范围内的找矿热潮从1950年代起便如火如荼地展开,同时,全球铁矿石贸易也随之兴起。到1960年,世界铁矿石进口贸易量已超过1.5亿吨,1972年突破3亿吨。仍以上述美、德、法、英等六国为例,1972年,六国的钢铁产量占世界总产量的比重下降到40%,但同年该六国铁矿石产量的份额已下降到不足20%。此后,随着两次石油危机的冲击,战后世界经济的黄金发展期结束,世界铁矿石贸易也进入缓慢发展时期。

2000年后,由于中国需求高涨的推动,世界铁矿石贸易进入加速发展时期,当年全球进口量突破5亿吨。2013年,世界铁矿石进口量就突破12亿吨,当年世界铁矿石产量达到22.21亿吨,相当于全球产量的54%的铁矿石都用于国际贸易了。

1. 铁矿石主要出口国

与世界铁矿石储量的高度集中相对应,世界铁矿石出口同样集中在少数几个国家。澳大利亚、巴西、加拿大、印度等都是世界重要的铁矿石出口国。其中,澳大利亚和巴西是世界最大的两个铁矿石出口国,占全球出口的66%。

表12-1-1 世界铁矿石主要出口国　　　　　单位:百万吨

年份 国家	2001	2002	2003	2004	2005	2006	2007	2008	2009	2010
澳大利亚	157.1	165.6	186.1	210.5	238.8	248.1	268.6	308.9	380.5	427.4
巴　西	155.7	170.0	184.4	236.8	225.1	246.6	269.4	281.7	266.0	310.9
印　度	36.6	54.9	57.3	62.7	89.6	86.8	93.7	101.4	90.7	95.9
南　非	23.5	24.3	23.4	24.7	27.4	26.2	30.3	31.6	44.6	48.0
乌克兰	18.1	18.7	20.2	18.1	19.6	20.2	20.7	22.8	27.6	32.7
加拿大	22.0	25.6	27.1	22.5	27.3	27.5	28.2	28.1	31.1	32.5
荷　兰	0	0.041	1.8	6.6	20.9	25.5	25.9	24.8	16.3	25.0
瑞　典	13.6	14.2	15.9	17.3	18.4	19.0	17.6	16.1	20.7	
俄罗斯	23.3	13.0	16.2	17.0	17.5	23.7	31.8	24.6	20.3	19.9
哈萨克斯坦	8.7	9.7	10.8	11.3	9.9	15.0	13.2	15.2	15.9	18.0
世界合计	493.3	541.1	590.0	681.6	749.7	788.0	859.5	915.6	959.5	1 116.2

资料来源:International Iron and Steel Institute (IISI), *Steel Statistical Yearbook* 2012。

2. 世界主要铁矿石进口国(地区)

在钢铁产量迅速增长的带动下,目前,中国已经成为世界最大的钢铁生产国、铁矿石消费国和进口国。虽然中国铁矿石储量居世界第三,但由于中国储量的80%以上是贫矿,含铁量平均仅33%左右,而且大多数矿藏采选成本较高,因此,出于成本考虑,国内钢铁企业便大量进口铁矿石(表12-1-2)。

表12-1-2 世界铁矿石主要进口国/地区　　　　　　　　　单位:百万吨

年份 国家/地区	2001	2002	2003	2004	2005	2006	2007	2008	2009	2010	占比(%)
中　国	92.4	111.4	148.1	208.1	275.3	326.3	383.1	444.0	628.2	618.6	57.72
日　本	126.3	129.1	132.1	134.9	132.3	134.3	138.9	140.4	105.5	134.3	12.53
韩　国	45.9	43.3	43.1	44.2	42.3	42.8	43.7	49.5	42.1	56.3	5.25
德　国	40.1	44.3	33.9	38.9	39.1	44.9	46.2	44.3	28.8	43.1	4.02
荷　兰	7.7	7.4	14.7	30.3	37.6	33.6	31.5	32.6	21.6	33.9	3.16
中国台湾	15.6	15.2	15.6	15.7	14.6	15.5	16.0	15.6	11.9	18.9	1.76
法　国	16.7	19.0	17.1	20.8	19.5	19.0	18.4	16.6	10.0	15.2	1.42
意大利	15.8	14.9	15.2	16.7	17.6	17.8	17.1	16.3	8.2	10.9	1.02
英　国	15.4	13.3	16.1	15.3	16.2	16.4	17.4	15.3	9.2	10.6	0.99
加拿大	6.2	6.8	6.6	8.0	9.6	7.6	7.3	9.1	3.1	8.1	0.76
世界合计	506.7	531.3	583.0	672.1	754.1	804.3	860.9	933.4	985.4	1 071.7	

资料来源:International Iron and Steel Institute (IISI), *Steel Statistical Yearbook* 2012。

(1) 中国。1997年,中国铁矿石的进口量只有5 511万吨,占当年世界铁矿石进口总量的11.6%。1998年,受东南亚经济危机的影响,中国铁矿石进口量降了近6个百分点。进入2000年以后,中国铁矿石进口量开始飞速增长。当年铁矿石进口量达到6 997万吨。2003年,中国超过日本成为世界进口铁矿石最多的国家(见表12-1-2)。据中国海关统计,2013年,中国铁矿石进口量达到8.19亿吨,是1997年进口量的14.86倍。

中国铁矿石的进口来源国主要有澳大利亚、印度、巴西、南非等,2013年,来源于上述四国的进口量已占到中国铁矿石进口总量的80%。

(2) 日本。2003年以前,日本一直是世界最大的铁矿石进口国,进口量长年维持在1亿吨以上。目前,日本是世界上除中国外,唯一粗钢产量超过1亿吨的国家。2013年,日本粗钢和生铁产量分别为1.07亿吨和8 427万吨,位居中国之后排名世界第二。由于日本国内的铁矿石消费几乎全部依靠进口,因此,历史上日本一直是世界铁矿石市场上最主要的买家之一。2013年,日本的进口量增长到1.34亿吨,但占世界铁矿石进口总量的比重却下降到12.5%。

(3) 其他国家和地区。排名世界第三的德国铁矿石年进口量约4 500万吨,占进口总量的 5.6%。其他铁矿石进口大国还有韩国、荷兰、法国、英国、意大利等。

> **【专栏】 世界铁矿石市场的中国因素**
>
> 在全球主要铁矿石生产国中,中国因素对近年来世界铁矿石市场的持续繁荣作用巨大。目前,由于大部分发达国家已基本完成了工业化,因此,其钢铁需求和产量已基本稳定。另外,由于这些国家钢铁保有量大,因此,用于炼钢的废钢数量也相当可观,部分替代了对铁矿石的需求,这也是美国、加拿大等发达国家近十年来铁矿石产量徘徊不前甚至略有下降的重要原因。而中国近年来在宏观经济快速增长以及重化工业比重不断上升的共同影响下,对钢铁的需求迅速增加,加上国内钢铁存量有限,大部分的粗钢必须经由生铁冶炼而成,就直接导致了中国对铁矿石的需求长期居高不下,持续增长。截至 2013 年,中国的铁矿石产量已达到 14.5 亿吨,相对于 1997 年增长了 630%,是同期世界铁矿石产量增速的 10.5 倍。正由于中国的巨大需求,世界铁矿石价格连年大幅攀升,并且呈国际铁矿石价格随中国经济形势波动的态势。

三、国际铁矿石海运市场状况

在目前的世界铁矿石贸易中,90%以上依靠海运完成,而海运市场的垄断格局对铁矿石贸易的影响越来越突出。世界海运市场价格一直为日本、欧洲等发达国家的几个大型船运公司所控制。

1. 大型干散货船运力猛增

2002~2013 年,中国对铁矿石的需求大幅增长,不仅推动了全球铁矿石价格大幅度上涨,而且拉动了全球铁矿石贸易量和海运量的同步增长。2002~2013 年,铁矿石海运贸易的年平均增长率达到了 9.65%,2013 年,铁矿石的全球海运贸易量为 11.15 亿吨,同比增长了 9.5%。铁矿石贸易量的迅速增长对担负运输任务的世界干散货船队也提出了严峻挑战。

市场的持续景气使船运公司加大了投入力度。2004 年,有 920 万载重吨的好望角型(是运送铁矿石的主力船型)新增运力下水,到 2005 年,好望角型船舶运力为 11 640 万吨,占干散货船队运力的 34.07%,2006 年 4 月底,吨位在 8 万吨以上的好望角型船舶数量已达 760 艘,运力达 12 051 万吨,运力出现严重过剩。

2. 国际海运市场价格暴涨与暴跌

尽管世界干散货船队的运力不断增长,但在高涨的需求冲击下,国际海运市场价格一再突破历史高点,船舶期租也成倍增长。尤其是 2006 年下半年以后,铁矿石运费开始持续上涨，2007年年底达到令人咋舌的历史顶峰，这也极大地增加了中国钢铁业的生产成本。进入2008年后，铁矿石海运价格从2007年创下的高点处开始回落，2008年7月美国爆发金融海啸，国际海运费涨势才告一段落，并一路下跌。

3. 海运价涨跌的原因分析

2006年7月至2008年7月这两年国际铁矿石海运费以及铁矿石到岸价高企的原因，既有全球油价飙升的影响，也有远洋运力相对紧张的因素，但根本的原因，还在于中国钢铁行业的盲目扩张，致使国内对进口铁矿石依存度的不断扩大，从而导致既在铁矿石国际价格谈判中缺乏话语权，又因为国内海运业发展滞后以及众多钢铁企业缺乏与国外船运公司长期合作而强化了中国在国际海运定价权方面的弱势地位。自2008年下半年起，国际海运市场迅速萧条，但中国钢铁产业已为此付出了巨大的代价，并殃及国内房地产成本居高难下。

四、中国铁矿石贸易前景

1. 钢铁消费饱和点

世界发达国家的经验表明，钢铁消费达到饱和点需要达到三个基本条件，即基本实现工业化、产业结构发生根本性变化、第三产业达50％以上。2013年，中国的第三产业比重提高至46.1％，由于正处于重化工业加速发展的工业化中期阶段，基础设施建设规模较大，同时，加上国际产业结构转移带来的需求转移，中国已接近钢材消费饱和的条件。

另外，从工业化完成所需钢材的积蓄量来看，从1901年到2013年，日本的钢材积蓄量为45亿吨，美国为77亿吨，中国接近70亿吨。从产业结构、发展阶段、人均钢产量、人均钢积蓄量和人均消费量来看，中国尚未真正达到发达国家工业化峰值时的水平。

2. 世界铁矿石的供应前景

从铁矿石的供应前景看，在利润大增的刺激下，各国铁矿投资热潮空前，铁矿建设如火如荼。据瑞典原材料小组（RMG）统计，世界铁矿石投资已由2002年的30亿美元增长到2012年的840亿美元，10年增长52倍多。仅三大铁矿公司——巴西淡水河谷公司、澳大利亚必和必拓公司和力拓公司产能已增长4亿吨左右。其中，巴西淡水河谷公司2012年年底已达4.5亿吨。必和必拓公司计划在2015年以前，将年产量从1.5亿吨提高至3亿吨。力拓公司也计划加大投资，把1.15亿吨的产能扩大到3亿吨。

除此以外，俄罗斯、哈萨克斯坦、乌克兰、南非等国家也在加紧扩大开采，

RMG 指出,到 2010 年,新增矿石产能已超过需求的增长,全球铁矿石供应紧张的状况得到有效的缓解。

【案例】 全球铁矿石价格谈判

与石油和农产品国际贸易领域实行的期货市场定价机制不同,在铁矿石国际贸易中实行的是集体谈判议价机制。现行国际铁矿石价格谈判机制始于 1981 年,至今已形成一套较为严格的规则。即以离岸价作为结算价格,由国际铁矿石的主要供给方和需求方以"交叉捉对"方式展开谈判,在谈判中,任何一对谈判对手率先达成协议,其他各方均须无条件地接受此结果。目前,已形成"三对三"的谈判格局,即巴西淡水河谷和澳大利亚必和必拓、力拓代表供方,需方代表则是中国宝钢、日本新日铁和德国蒂森克虏伯。

虽然中国的铁矿石进口量从 2000 年即开始迅速增长,但直到 2003 年以前,中国基本上还是国际铁矿石谈判的旁观者。2003 年,宝钢作为国内最大的铁矿石进口企业,与日本企业组成亚太军团参与了国际铁矿石价格谈判。这次谈判宝钢接受了新日铁公司与主要铁矿石供应商达成的基准价格上涨 18.6% 协议。

2004 年 11 月,中国成为全球第一大铁矿石进口国,宝钢作为中国 16 家大型钢铁企业的代表,首度全面参与谈判。不料,新日铁公司率先与巴西淡水河谷(CVRD)公司达成 2005 年度价格同比上涨 71.5% 的"首发价格",宝钢最终无奈地接受了这一结果,业界普遍认为中国遭了日本人的暗算,因为,新日铁既是 CVRD 的大客户,也是其大股东之一!

2006 年度,巴西淡水河谷公司和德国蒂森克虏伯公司达成的首发价格涨幅为 19%。宝钢集团最终还是"被迫追随"。

2007 年度,中国终于拿到了第一个首发定价权。2006 年 12 月 21 日,宝钢宣布与 CVRD 达成 2007 年度国际铁矿石基准价格将同比上涨 9.5% 的协议。这是迄今为止中国取得的"最大的谈判胜利成果"。

然而,到 2008 年 2 月 18 日,日本新日铁公司和韩国浦项公司与巴西淡水河谷公司达成协议,后者将两种粉矿基准价格分别上涨 65% 和 71%。2 月 22 日,中国也拟确认这一价格。但是两大澳矿企业——力拓、必和必拓却咬住巴西与澳大利亚至中国航线的巨大海运费差不放,提出以 CIF 到岸价格进行交易,非要从海运费中再分一杯羹。6 月 23 日,宝钢无奈与力拓公司签署粉矿和块矿分别上涨 79.88% 和 96.5% 的协议。

至此,亚洲市场第一次出现了同类铁矿石品质不同、涨幅不同以及同类同品质铁矿石地域不同,涨幅不同的现象。实施了 20 多年的"首发—追随"定价机制也被打破。另外,2007 年 10 月底,必和必拓宣布正在考虑引入铁矿石指数系统,以改变目前"长期协议基准定价体系"。2008 年 5 月,境外资讯机构普氏(Platts)和《金属导报》(*Metal Bulletin*)也宣布,计划推出铁矿石价格指数,每周发布一次。该指数的推出,将使现行的国际铁矿石价格谈判机制面临全面瓦解的风险,这对中方更加不利,因为现货市场波动更大,更难控制。

> 2008年，中国进口铁矿石总量将达4.33亿吨，占世界进口总量的50%以上。为何手握如此巨大的购买力却在价格谈判中毫无还价能力且频频遭遇别人的"暗算"？
>
> 首先，与三大供应商掌握世界贸易量75%以上的份额且可灵活调整产量以适应需求不同，中国的铁矿石进口需求虽然总量巨大，但厂家却极为分散。高度分散的产业结构无法在谈判中形成"一致对外"的整体议价能力。
>
> 其次，盲目扩张的产能也导致了中国对进口铁矿石的刚性需求。2013年，中国实际炼钢产能达6亿吨。而目前国内的钢铁消费量仅在4亿吨左右，供求严重失衡。
>
> 再次，目前，澳大利亚24家主要铁矿中，8家有日本公司作为重要股东，其余16家铁矿也都有日资参股。另外，在巴西、加拿大、智利乃至印度，日本企业同样直接或间接地拥有大量当地铁矿石企业的权益。日本企业在一定程度上可以无视铁矿石涨价的影响，甚至成为铁矿石涨价的受益者。而中国，除了中铝拥有力拓12%的股权，鞍钢、首钢等少数大型企业在国外矿山有投资外，大量中小型无矿钢铁企业只有望矿兴叹了。
>
> （摘自黄希："集体议价程序与铁矿石价格谈判失利"，http://www.studa.net/jingji，2008年9月11日）

第二节 国际煤炭贸易

作为世界上储量最多、分布最广的常规能源，煤炭对世界工业经济的发展做出过卓越的贡献。20世纪初，在世界一次能源消费中，煤炭的份额占到了95%，处于绝对的垄断地位。然而，随着石油时代的到来，煤炭的地位迅速退居石油之后。其后，随着石油价格的大幅波动，煤炭的重要性也时起时伏，成为高油价时代人们最容易想到的也是最便捷的替代品。

据《BP世界能源统计2014》的资料显示，随着油价的高涨，到2014年，煤炭已连续12年成为世界消费增长最快的主要燃料。煤炭在世界一次能源消费中的比重当年也达到了30.3%，仅次于石油33.1%的比例，位列世界第二。

一、世界煤炭储量和煤炭贸易规模

1. 世界煤炭储量

（1）煤炭储量的洲际分布。世界煤炭资源非常丰富，各洲都有煤炭资源。地球上含煤地层的面积约占陆地总面积的15%，按地质储量计，全球含煤地层内的平均含煤密度为每平方千米200万吨，其中，北半球最为丰富，占全球地质储量的92.2%。亚洲、北美、欧洲含煤密度均较高，其所占全球地质储量分别为

57%、29%和8%。南半球资源较少,其中,澳洲所占全球地质储量为6%,非洲和南美洲合计仅占1.8%。尤其是在北半球的中高纬度地带(北纬30°~70°),从中国北部向西横贯独联体、波兰、英国至北美中部,形成一个世界最丰富的含煤带,其资源储藏量约占世界总量的70%以上。

(2)煤炭储量的国别分布。截至2011年年底,世界煤炭探明储量[1]为8 690亿吨,其中,热值较高的烟煤和无烟煤储量为4 048亿吨,占世界探明储量总量的46.6%。从国别看,世界煤炭探明储量的70%集中在美国(27.6%)、俄罗斯(18.2%)、中国(13.3%)和澳大利亚(8.9%)四国。从硬煤(烟煤和无烟煤)的储量来看,75%以上的硬煤探明储量集中在美国(26.8%)、中国(15.4%)、印度(13.9%)、俄罗斯(12.1%)和澳大利亚(9.2%),另外,南非和哈萨克斯坦的硬煤储量也比较丰富,分别占世界总量的7.5%和5.3%,以上七国合计占了世界硬煤探明储量的90%以上。

(3)煤炭储产比。世界煤炭资源储量虽然相比石油和天然气来讲相对丰富,但随着近年来煤炭需求和开采量的增加,现有煤炭资源可供开采的年限则不断降低。2002年,世界煤炭探明储量的平均储产比尚有204年,到2014年即已跌至只剩下109年。在世界主要煤炭储藏国和生产国中,中国煤炭的储产比是最低的,到2014年年底只有30年,形势不容乐观。

2. 世界煤炭贸易规模

(1)煤炭贸易格局。由于资源禀赋存在的差异,煤作为国际能源商品与石油之间存在着较大的差别。石油主要在发展中国家生产,其中,只有少部分用于国内消费,其余大部分都用于国际贸易;而从世界煤炭贸易看,世界大多数产煤国的煤炭产品以内销为主。世界煤炭贸易主要集中于亚太和欧洲两大煤炭市场,形成"东进西出、南进北出"的格局,总体上处于供大于求的局面。国际煤炭贸易的对象主要是热值较高的硬煤。

(2)煤炭贸易规模。在20世纪70年代以前,世界煤炭贸易量很少。1950年,世界煤炭贸易量为6 400万吨,60年代初仅1亿吨左右,贸产比[2]约为4%。1973~1974年和1979~1980年,欧佩克组织两次提高石油价格,致使各国控制石油消费,从而促进了煤炭贸易量的增长。1975~1980年,煤炭贸易量由1.9亿吨上升到2.5亿吨。2002年,世界煤炭贸易量为5.95亿吨,到2013年达

---

[1] 煤的探明储量通常是指通过地质与工程信息以合理的肯定性表明在现有的经济与作业条件下将来可从已知煤层采出的煤炭储量。

[2] 指世界贸易量占总产量的比率。贸产比仅以硬煤(烟煤、无烟煤)计算,褐煤热值低,基本无国际贸易。

11.7亿吨。

（3）煤炭运输方式。国际煤炭贸易大多是依靠海洋运输来完成的，据世界煤炭协会（WCI）统计，海运贸易占世界煤炭贸易总量的90%左右。2013年，世界煤炭海运量达10.57亿吨，占当年世界煤炭贸易量的90.3%。

（4）煤炭贸易流向。在国际煤炭贸易中，由于运输成本占相当的比例，所以，国际煤炭贸易自然分成太平洋和大西洋两个板块。大西洋板块进口国主要是西欧各国，特别是英国、德国和西班牙等，主要流向是从美国东海岸横渡大西洋流向欧洲。太平洋板块主要由亚洲煤炭进口国和地区组成，尤其是日本、韩国和中国台湾，其主要流向是从澳大利亚东海岸运往日本、韩国、东南亚等；另一主要航线则是从美国东部向西横渡太平洋流向东北亚和东南亚。目前，太平洋市场约占全球煤炭贸易的60%。此外，由南非越印度洋向亚洲或由澳大利亚向西至欧洲以及波罗的海和欧洲北海沿岸也有少量海运。

二、世界煤炭的主要进口国和输出国

1. 世界煤炭主要出口国

（1）世界煤炭市场由垄断到解体。1930年代，英、德、美三国占世界煤炭总出口量的90%，几乎垄断了全球的煤炭出口。第二次世界大战后初期，由于英国和德国煤炭业衰落，美国煤炭出口独占国际煤炭市场的80%。20世纪后半期，美国煤炭迫于成本压力，出口量不断减少，在世界市场上的比重随之下降。同时，大批新兴煤炭出口国崛起，美国独家垄断国际煤炭市场的格局已不复存在，澳大利亚、南非、印度尼西亚、波兰、加拿大、中国等国家先后加入煤炭出口大国行列。到1999年底，澳大利亚、印度尼西亚、俄罗斯已先后超过美国成为世界排名前三的煤炭出口国，三国的出口量占世界出口总量的比重67%，其中，仅澳大利亚和印度尼西亚两国的出口量已占世界出口总量的57%。此外，加拿大、哥伦比亚、波兰、越南四国的出口量也都在千万吨级以上。

（2）世界煤炭出口流向。2013年，世界煤炭（硬煤）出口总量已达到10.33亿吨，8年内增加了将近60%。其间，澳大利亚、印尼、俄罗斯和哥伦比亚的出口量都取得了显著增长，尤其是印尼和俄罗斯，出口量几乎是翻了两番。越南煤炭出口则迅速增加，成为世界重要的煤炭出口国，其煤炭出口的90%以上销往中国。

借助于丰富的资源储量，澳大利亚已连续十多年位居世界煤炭出口第一。澳洲煤炭的主要出口地是亚太地区，日本、韩国、中国以及中国台湾等亚太地区是其主要贸易伙伴。按照目前的开采量，澳大利亚煤炭储量还可开采近200年，资源保障程度非常高。

美国是传统的煤炭出口大国,2013年,美国出口煤炭680万吨。欧洲和北美是美国煤炭的主要出口地,出口到两个地区的数量分别占其出口总量的45%和30%。

中国不仅是世界上最大的煤炭生产国和消费国,也有少量煤炭出口。2013年,中国煤炭生产量为37亿吨,位居世界第一,出口量731万吨,占国际市场的2%。然而,2009年,中国已从煤炭净出口国变为净进口国。

在其他主要煤炭出口国中,俄罗斯、南非的资源储量都十分丰富,但南非由于距离出口地距离较远,其出口量受国际煤价和海运费的制约较大。俄罗斯不仅探明储量仅次于美国和中国,而且煤炭品种比较齐全,各类煤炭均有。俄罗斯的煤炭年出口量已增长到逾1亿吨。俄罗斯煤炭资源的最大缺陷在于地区分布极不平衡,46.5%的储量在俄罗斯中部,出口受运输瓶颈的制约。

2. 世界主要煤炭进口国和地区

东亚和西欧是世界煤炭的主要进口地,世界煤炭前十大进口国和地区中除美国外基本都位于这两个地区。但与国际煤炭出口市场的高度集中相比,煤炭进口市场的集中度则相对较低。

(1) 中国。2013年,中国超过日本,成为最大的煤炭进口国,进口量达2.9亿吨,约占世界进口总量的45%,且多为从印度尼西亚和越南进口的有烟劣质煤,容易对环境造成严重污染。中国北方地区冬季严重的雾霾天气与大量进口这种廉价有烟煤不无关系。

(2) 日本。日本是世界第二大的煤炭进口国。日本的煤炭探明储量仅3亿多吨,煤炭产量只有140万吨,几乎可以忽略不计。但在需求方面,由于国内经济发达,而且钢铁产量也位居世界前列,因此,对煤炭的需求量较大。

(3) 韩国及中国台湾。韩国与中国台湾分列世界煤炭进口第三和第四位。以出口为主导的外向型经济辅以发达的钢铁产业(主要是韩国)以及微小的资源储量,使这两个经济体的煤炭需求只能依靠进口来满足。韩国和中国台湾的煤炭进口分别9 000万和6 000万吨左右。煤炭进口一半以上来源于澳大利亚,其次是中国内地、南非、印尼等地。

(4) 美国。美国作为世界第六大煤炭进口国(少于印度),同时又是第四大煤炭出口国。2007年以来,美国进口煤炭持续下降,从当年的3 630万吨降至2013年的770万吨。美国进口煤炭的主要来源地是哥伦比亚,其次为印度尼西亚、委内瑞拉和加拿大。美国进口煤炭以发电为主(出口则以炼焦煤为主)。由于公用事业更多转向天然气,而且美国的煤炭需求较为稳定,资源储量又极其丰富,因此,美国成为煤炭净进口国的概率不大。

(5) 其他主要煤炭进口国和地区。西欧的英国、德国和西班牙等国由于经济发展程度较高,经济结构稳定,而且欧盟国家又十分注重环保和经济的可持续发展,能源利用效率不断提高,因此,对能源的需求相对稳定(有些国家近年来对一次能源的需求甚至出现了下降趋势)。在欧洲的四个主要煤炭进口国中,除经济稍欠发达的意大利外,其余三国近十年来的煤炭需求并没有太大变化。由此可以预见,随着东亚国家(尤其是中国、印度)进口量的不断升高,欧洲国家在国际煤炭进口市场上的重要性将不断降低。

今后,对全球煤炭贸易市场影响最大的国家将是中国和印度。中国虽然一直是世界主要的煤炭出口国之一,但自 2003 年中国煤炭出口达到高峰以后,出口量开始下降。2009 年,中国成为煤炭净进口国。根据 IEA 的预测(在参考情景下),到 2030 年,中国动力煤净进口将达到 9 500 万吨标准煤(而炼焦煤方面中国凭借高品质的国内资源,无需大量进口炼焦煤)。届时,中国煤炭的净进口量将达到 9 200 万吨标准煤,仅占国内煤炭总需求的 3%,但将占地区间贸易的 9%。随着经济发展的巨大需求,印度已成为超过美国的第五大煤炭进口国。

在世界范围内,硬煤的国际地区间贸易预计将从 2008 年的 9.3 亿吨标准煤增加到 2030 年的 13.54 亿吨标准煤。其中,动力煤将占到硬煤贸易增长的绝大部分。经合组织(OECD)亚洲地区仍然是最大的煤炭净进口地区,而印度则赶上了经合组织欧洲地区的进口量。

本章小结

1. 世界铁矿石资源储量丰富,据美国地质调查局(USGS)2014 年的数据显示,世界铁矿石储量为 1 500 亿吨,储采比在 100 年以上,其中,乌克兰、俄罗斯、中国、澳大利亚和巴西五国的铁矿石储量占了世界总储量的 72%。

2. 与铁矿石储量的高度集中相对应,铁矿石出口同样集中在少数几个国家。澳大利亚、巴西、加拿大、印度等都是世界重要的铁矿石出口国,其中,澳大利亚和巴西的铁矿石出口占了全球铁矿石出口总量的 66%。

3. 中国和日本是世界最大的铁矿石进口国,两国的进口量约占世界进口总量的 60%。此外,韩国、印度等亚太国家和地区也是世界煤炭进口的重要市场。

4. 在铁矿石国际贸易中,价格是通过双方谈判达成的,自 2003 年起,中国参与了每年的铁矿石价格谈判,但收效甚微。

5. 煤炭已连续多年成为世界消费增长最快的主要燃料。世界煤炭探明储量为 8 690 亿吨,其中的 70% 集中在美国(27.6%)、俄罗斯(18.2%)、中国(13.3%)和澳大利亚(8.9%)四国。

6. 出于资源限制和环保方面的考虑,经济发达国家的煤炭消费量总体呈现下降趋势,但以中国为首的发展中国家的消费量则高速增长。中国作为世界最大的煤炭生产国、消费国和净进口国,煤炭进口量占世界总量的45%,其中,大多是从印度尼西亚和越南进口的劣质有烟煤,易对环境造成严重污染。

7. 澳大利亚、印度尼西亚、俄罗斯三国的煤炭出口约占了世界总出口量的60%。

1. 铁矿石需求与一国经济发展状况和钢铁产量之间有什么样的内在联系?
2. 国际铁矿石资源的分布有什么样的特征?它对国际铁矿石贸易产生了什么样的影响?
3. 什么是国际铁矿石价格谈判机制?铁矿石供需双方在该机制中的地位如何?
4. 试述中国铁矿石进口需求的发展历程以及中国参与国际铁矿石价格谈判的经验教训,浅析中国如何才能在今后的铁矿石贸易谈判中取得优势地位。
5. 国际煤炭贸易的发展趋势及其主要特点是什么?
6. 一国煤炭储量与消费量之间有无必然的联系?煤炭储量与开采量和出口量之间的关系是怎样的?
7. 中国是世界第一大煤炭生产国、消费国和进口国,为何中国主要从印度尼西亚和越南进口煤炭?由此造成的污染问题如何解决?

第十三章　国际工业品贸易

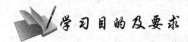

> 1. 熟悉国际纺织品、成衣贸易的规模和主要进出口国情况；
> 2. 了解鞋类、玩具进出口的规模、流向及摩擦产生的原因；
> 3. 掌握主要机电产品的贸易规模及进出口流向；
> 4. 了解化工产品贸易的主要出口国和进口国的基本状况。

【开篇故事】　全球保护主义阴影笼罩"中国制造"[①]

2009年2月，美国国会为摆脱金融危机而通过的"7 870亿美元经济刺激方案"中，"购买美国货(Buy America)"条款赫然在目。"购买美国货"条款共有两条：一是使用该经济刺激计划资金的公共项目工程必须使用美国产的钢铁；二是凡涉及美国国土安全部之用，必须购买美国制造的纺织品和相关配件。在"国家安全"这面大旗下，即使"中国制造"的纺织品物美价廉，美国也只算"政治账"。许多美国政客声称，"中国制造"大量涌入美国，冲击了美国人的就业，2008年，美国政府1 680亿美元刺激计划中返给民众的退税很多都被用在购买"中国产的电视机和韩国产的冰箱"上。

当华盛顿的"购买美国货"条款引起全球一片哗然时，欧盟则开始对中国工业品采取十多项反倾销措施或调查。比利时学者许尔克·范登布舍的一项研究显示，反倾销措施在很大程度上成为关税壁垒等传统贸易保护措施的替代品，而新兴经济体则成为重点打击对象。法国阿尔斯通公司运输部门总裁表示，西方国家应该对中国制造的高铁关闭自己的市场。印度则在密集发起对中国出口的化工产品和纺织品实施进口限制措施后，又进一步宣布禁止从中国进口玩具，为

[①] 摘自《参考消息》驻华盛顿、布鲁塞尔、新德里、布宜诺斯艾利斯记者2009年2月12日综合报道。

期6个月。阿根廷则开始采取一系列针对服装、纺织品、鞋类制品、皮革制品、玩具、汽车和摩托车配件等产品的进口限制措施,例如,海关设立"参考价格",当进口产品的报价低于"参考价格"时即展开调查,中国和巴西受到的影响最大。

第一节 国际轻纺产品贸易

国际轻纺产品贸易主要以纺织面料、成衣、鞋类和玩具等为大宗。

纺织品生产是既古老又年轻的产业。而纺织品贸易的历史则可以追溯到公元前200多年前横跨亚欧大陆的古代"丝绸之路"。第一次工业革命时期,英国凭借繁荣的纺织业而被誉为"世界工厂"和"世界贸易中心"。进入20世纪以后,日本在30年代成为世界上最大的纺织品生产国。由于轻纺行业进入门槛较低,技术上几乎没有长期垄断者,国家和地区间的差距主要体现在生产规模、劳动力和土地、厂房租金的比较成本优势上。从20世纪60年代至21世纪,纺织、服装、制鞋、玩具业重心从韩国、中国香港等国家和地区,转向中国内地、印度、巴基斯坦、越南、巴西和墨西哥等亚洲及拉美地区。

一、纺织品

1. 主产国和出口国

国际贸易中的纺织品以面料为大宗。面料可分为棉花、苎麻、羊毛、蚕丝、化纤及混纺等种类。纺织面料生产和出口总量主要集中在中国、美国和韩国。

(1) 中国。中国是亚洲纺织业经济圈的中心,与190多个国家和地区有面料贸易关系。亚洲是纺织面料的主要出口市场,约占全球纺织面料出口总额的65%。中国有31个省份生产和出口纺织面料,11个主产区集中在东中部。鉴于沿海地区成本逐渐升高的压力,产业布局正呈现资源向西部集中和转移的趋势。

(2) 美国。美国平原面积广阔,土地肥沃,灌溉充足,有着棉花生产最理想的机械化操作条件。北卡罗来纳州和佐治亚州是美国面料生产的主要地区。美国是世界上唯一使用本国棉花原料大力发展棉纺织工业的发达国家。美国的纺织面料工业技术先进,产品以棉、毛、化纤为核心,年产量和出口量居世界前列,面料年出口额约6 000万美元。

(3) 韩国。韩国以其先进的纺织技术和优越的产品质量著称,曾连续约20年在纺织品贸易上有超过100亿美元的顺差。其中,又以对中国内地、香港及整个东南亚市场出口份额最大。随着韩国劳动力价格相对周边国家上升,纺织品出口结构正从以服装为主转向布匹生产。韩国将把面料纤维和面料后处理产业作为重点扶持对象,并拟建高水准的数字印染工厂。韩国纺织工业主要聚集在东南部沿海地区,以蔚山和丽水为中心。首尔则是该国纺织、服装较为集中的轻工业产区。

近年来,越南、孟加拉国、印度尼西亚以及中东的阿联酋在面料出口市场异军突起,贸易额逼近美国和韩国。

【专栏】 世界四大纺织品类

棉类

棉类面料是以棉花为原料织成的布匹。

中国是世界第一大产棉国,年产量达3 150万包。中国南疆等地气候干燥,灌溉水源充足,为种植棉花提供了有利条件。特别是新疆的长绒棉和彩棉颇受各国纺织商追捧。中国的棉类面料主要出口到美国、欧盟、日本。

印度和美国是第二、第三大棉花生产国。每年棉花产量分别为2 550万包和1 750万包。美国新墨西哥州、亚利桑那州、加利福尼亚州和密西西比河下游三角洲地域土地平整,机械化程度高。这些产棉区的棉类面料主要销往中国及欧盟。

麻类

麻类面料主要是苎麻、黄麻类纺织品,麻质面料性质结实、透气、耐久。

中国丘陵平原上麻类资源丰富,是苎麻、红麻、黄麻、剑麻、大麻、野生罗布麻的生产大国。中国苎麻种植占世界总量的90%以上。苎麻在日本称为"南京草",欧美地区又称其为"中国芽",足见中国悠久的苎麻种植历史。

孟加拉国位于南亚次大陆东北部、恒河和布拉马普特拉河冲击而成的三角洲地带,孟加拉国拥有广阔的平原,地势低,更适合黄麻的成长。该国每年黄麻及制品产值高达10亿美元。绝大部分织成麻类面料后供出口,通过吉大港运抵日本、新加坡、美国、德国等地。孟加拉国有超过500万国民从事麻类生产,黄麻和棉花是该国最赚钱的经济作物。

羊毛

羊毛面料属中高档纺织品面料,保暖、有弹性。羊毛织物的生产原料是羊毛。

澳大利亚被誉为"骑在羊背上的国家",以美利奴羊毛最为著名,其羊毛产量和出口量均居世界首位。澳大利亚的羊毛产量占世界总额的1/4,其中,80%供出口。澳大利亚羊毛主要出口中国、日本、印度、意大利和捷克等国。

中国具有羊毛进口多、出口也多的特点。中国羊毛产量超过新西兰,成为仅次于澳大利亚的第二大羊毛生产国和出口国,占世界出口总量的15%。

新西兰位于南极洲和赤道之间,是南太平洋上的一个岛国,多火山、温泉、湖泊,气候、水草情况良好,畜牧业发达。新西兰羊毛产量占世界12%,以粗羊毛(30微米)为主,用作编织地毯和室内纺织产品。中国是新西兰羊毛的最大进口国,其他主要进口国还有英国和澳大利亚。

丝绸

丝绸面料主要是桑蚕生丝的织成品,材质轻盈、柔软爽滑,制成服装穿着舒适。

中国是丝绸生产大国和出口大国,占世界总产量的70%,出口量占全球市场的80%。丝类是中国为数不多的、具有绝对垄断地位的工业品。中国浙江是丝绸的最大产区。

印度是全球第二大生丝生产国和第三大出口国。由于地处热带,印度全年皆可养蚕,桑园面积达32万公顷,生丝年产量超过3万吨。加尔各答和位于浦那工业区的孟买是全球知名的纺织工业区。近年来,印度加大对蚕丝面料的技术革新,创造了一系列具有地域色彩的佳品。例如,在印度东北部生产的姆王加蚕丝织品,价格为普通丝面料的3倍,属印度特色资源。

巴西现在是生丝第三大生产国和第二大出口国,以高品质见长。巴西生丝产业始于圣保罗州,巴西每个养蚕户可使用50亩桑园。每个养蚕车间面积300平方米左右。日本是巴西生丝织物最大的出口市场,年出口量均在300吨以上。越南纺织业风生水起,对纺织原材料需求猛增,已成为巴西最新的生丝贸易伙伴。

2. 纺织面料主要进口市场

面料的进口需求主要来自亚洲。2013年,以日本、韩国、中国台湾、中国香港为首的亚太地区的面料进口额约占世界面料贸易总额的90%。

日本是面料进口较多的国家,大多从包括中国在内的东亚、东南亚国家进口。日本受海岛所困,地少人多,资源匮乏,国内实行的经济体制又属资源消耗型,故日本主要工业用原料(如棉、毛、丝)很大程度上依赖进口。日本的棉花、羊毛进口居世界第一、第二位,生丝进口占世界贸易总量的1/3。

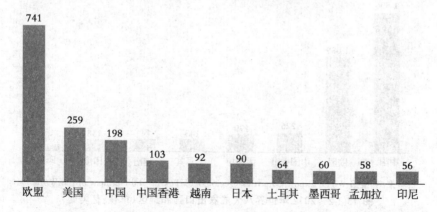

资料来源:WTO"Import Countries (regions) of Textile and Garment in the World"。

图13-1-1 2012年世界十大纺织品进口国和地区(单位:亿美元)

二、成衣

1. 世界成衣主产地和主要出口国

成衣包括童装、运动装、外衣、套装、裙装、休闲装等。全球成衣前三大出口经济体依序为中国内地及香港、意大利、土耳其。

(1) 中国。中国是世界上最大的纺服生产国和出口国。有一个形象的说法：中国每年为全球每个人至少生产一件成衣。2012年，中国成衣出口达1 596亿美元，出口金额已占世界成衣贸易总额的37.7%。

中国的成衣出口市场主要集中在香港和日本。输往香港的成衣绝大部分转口到美国等地。欧盟是中国纺织品/服装的第三大市场。鉴于中国纺服大量涌入欧盟，对欧盟同业构成威胁，欧盟于2007年6月起开始实施REACH法案①，意在抑制中国纺服的强大攻势。

(2) 意大利。意大利纺织工业独具特色，擅长从精选原料、纺纱、织布、印染到制衣的链式操作。但由于国内天然纺织原料稀少，必须从国际市场上大量购买原纱，使得意大利成为原料纱线的最大买家。意大利每年都从中国进口几乎100%的羊绒和真丝纱。

纺织服装业是意大利的传统工业部门。目前，意大利服装生产已经超过法国，成为欧盟最大的纺织服装类生产国和出口国。意大利尤以制作高档时装闻名于世。时装业占全国工业总产值的12%。

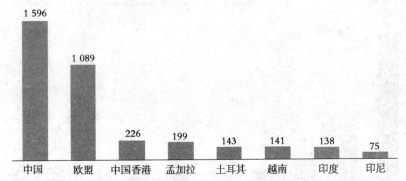

资料来源：根据WTO"Export Countries (regions) of Textile and Garment in the World"编制。

图13-1-2　2012年世界八大成衣出口国和地区（单位：亿美元）

---

① REACH法案全称《关于化学品注册、评估、许可和限制法案》，是欧盟制定的旨在保护欧洲公民安全、限制使用对人类有危害的化学品的一项法案。该法案于2007年6月1日生效，它使中国对欧盟出口的纺织、服装、鞋业、家电、玩具、轻工、电子、汽车、制药等均将受到影响。

位于亚平宁半岛北部的普拉托是意大利最大的纺织中心。毛纺工业集中在以米兰为核心的伦巴地区和皮埃尔蒙特区。服装生产则以罗马为中心。

【专栏】 意大利十大成衣品牌

- ARMANI(阿玛尼)创立于1975年,注册地:米兰。品牌风格:高雅洒脱,含蓄内敛,做工考究。
- PRADA(普拉达)创立于1913年,注册地:米兰。品牌风格:成熟庄重,古典优雅,简约精致,将现代美学发挥到极致。
- GUCCI(古奇)创立于1923年,注册地:佛罗伦萨。品牌风格:高档、豪华、性感,身份的象征。
- D&G(杜嘉班纳)创立于1985年,注册地:米兰。品牌风格:黑色为主,配饰华丽,曲线性感。D&G (字符间有空格)为高级系列;D&G(字符间无空格)乃同一品牌下的另一成衣系列。品牌下的皮具和鞋类则标DG。
- VERSACE(范思哲)创立于1978年,注册地:米兰。品牌风格:华丽鲜明,坚柔相济,设计讲究。
- VALENTINO(华伦天奴)创立于1960年,注册地:罗马。品牌风格:精美绝伦,华贵奢侈,美艳灼人。
- FENDI(芬迪)创立于1925年,注册地:罗马。品牌风格:性感多变,品味非凡,高贵精致的皮草时装。FF是拉格菲尔德与芬迪继CC(法国夏奈尔)和GG(意大利古奇)后的又一合作品牌。
- MAX MARA(麦丝玛拉)创立于1951年,注册地:雷焦艾米利亚。品牌风格:高品质的驼色大衣和粉色套装,线条简洁,融合意大利和法国风格,适合热爱自由的年轻女性。
- BOTTEGA(宝缇嘉)创立于1966年,注册地:维琴察。品牌风格:矜贵经典,出神入化的独家皮革梭织法,有意大利爱马仕之称。
- MISSONI(米索尼)创立于1953年,注册地:瓦雷泽。品牌风格:鲜亮色彩+抽象条纹+针织面料。

(摘自"储谨毅:风情万种西西里:意大利十大服装品牌,《品牌世家》第三期,2011-09")

---

(3) 土耳其。土耳其地处亚欧十字路口,服装业发达。出口多运至欧盟和美国,同时也是俄罗斯—高加索—中东—北非环带的主要成衣供应国。其中,欧盟成员国之一的德国是土耳其成衣出口的主导市场,土耳其每年有1/4的成衣出口到德国,总值超过30亿美元。

近年来,土耳其对美国的成衣出口出现下降,原因是土耳其里拉升值迅猛,导致成衣在美国市场的份额缩减,转而被中国、印度、印度尼西亚和越南的产品替代。土耳其正试图运用高价值与高品质策略维持成衣出口市场。

2. 成衣主要进口市场

全球成衣的主要进口市场为美国、欧盟、日本及中国香港。

(1) 欧盟。欧盟成员国之一的意大利年进口成衣超过 3 000 万欧元,中国是其最大的供应商,德国第二。近年来,意大利从巴基斯坦、印度的成衣进口也显著增长。

欧盟另一成员国德国的 30% 的服装进口来自亚洲,又以从中国进口最多。10% 来自横跨亚欧的土耳其,另有 13% 来自波兰、捷克、罗马尼亚和匈牙利 4 个中东欧国家。

(2) 香港。香港是亚洲及太平洋地区最引人注目的金融、交通、轻纺、通讯中心之一。制造业以纺织、制衣、服饰为最大,是全世界重要的服装贸易区。

香港的纺织业兴起于 20 世纪 50 年代。虽以出口导向型经济为主,但作为中国内地的转口贸易大港和各地经港间贸易转口的销售市场也积极进口服装。

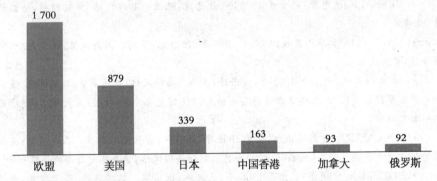

资料来源:根据 WTO"Import Countries (regions) of Textile and Garment in the World"编制。

图 13-1-3 2012 年世界六大成衣进口国和地区(单位:亿美元)

纺织品及成衣的进口主流国集中在欧洲及美、日等国,围成一条环太平洋弧线。进口地区虽然不像出口国那样"百家争鸣",但由于其相对集中的进口地范围,大大节省了贸易运输成本,且由于地界毗邻,这些国家每年都会举行盛大的面料服装展,如国际纺织品博览会(INTER TEXTILE),因而吸引了大批周边的国家和地区。

三、鞋类

1. 鞋类主产国及其出口市场

制鞋业属于"候鸟经济"特征明显的劳动密集型产业。从全球看,该行业产能总是朝劳动力成本最低的国家和地区迁移。从历史上看,世界制鞋经历了两次大规模的产业转移,第一次是从意大利、西班牙转移到日本、韩国和中国台湾,第二次是转移至中国大陆。现正开始第三次转移,从中国大陆向越南、印度、巴基斯坦等劳动成本更低的国家转移。鞋的种类根据制作材料的不同通常可以分为草葛、布帛和皮革三种。以下是全球鞋类的主产地和出口国情况。

(1) 中国。中国是全球最大的制鞋中心,鞋产量占世界总产量的60%以上。中国鞋类出口遍及五大洲190多个国家和地区。中国鞋类出口的三大传统市场是美国、欧盟和日本。其他出口市场还有俄罗斯、哈萨克斯坦、韩国、加拿大、阿联酋、南非、巴拿马等。

中国还是国际名牌鞋类的主要加工生产国。鞋业巨头(如耐克、锐步、阿迪达斯、爱吉力士等)均在华设有加工网点。产品直销成为全球鞋业贸易的重要方式。中国制鞋工业在广州、东莞、中山等地已成体系,温州、晋江、浦田周边集群还形成了颇具规模的"鞋城",广东制鞋业的产量已接近中国全部产量的一半。

(2) 印度。印度凭借劳动力成本低的优势,现已成为全球第二大鞋类生产国,全球每七双皮鞋中就有一双产自印度。印度每年出口成品鞋超过8 000万双,通过阿拉伯海和孟加拉湾销往欧盟和美国。

(3) 意大利。意大利是世界高端皮鞋产业大国。没有哪个国家像意大利那样,在地图上一眼就能被认出来!它的版图形状特别,就像一只高跟长靴。也许这纯属巧合,早在中世纪,皮和鞋的加工就已成为意大利的传统工艺。意大利制鞋工业化发展起始于20世纪50年代。意大利鞋凭借品质和时尚享誉世界。

德国、美国、荷兰、瑞士、比利时是意大利鞋类的五大出口市场。该五国的市场份额占据了意大利鞋类产品出口总量的一半。

意大利每年生产各种档次的皮鞋近6亿双。70%以上供出口[①]。维杰瓦诺市素有"皮鞋城"的美称。值得一提的是,集中在意大利北部的制鞋工业园区,从威尼托大区沿亚得里亚海岸线一直延伸到普里亚,这里是意大利品质精良的鞋子的诞生地。制鞋业强有力地带动了这些园区的经济发展。加上各种"意大利制造"的服装、鞋类、珠宝、眼镜支撑着该国的出口产业,拓宽了意大利工业品的贸易范围。

(4) 西班牙。西班牙是欧洲第二大鞋产国。鞋产量占全欧洲的24.5%。西班牙在20世纪70年代曾是西欧一个较为落后的国家,经过30多年的转型和发展,西班牙已成功步入发达国家之列。这当中,制鞋业不仅是西班牙的"开国功臣",而且现在仍然是该国一个具有国际竞争力的强势产业。

西班牙制鞋产业地理集中,瓦伦西亚、卡斯蒂利亚-拉曼查、拉里哈、巴利阿

---

① 中税网,http://www.taxchina.cn/gjmy。

里、阿拉贡、穆尔西亚安达卢西亚均有分布。约 2/3 的制鞋企业集中在东部的瓦伦西亚自治区。西班牙工业城市埃尔切享有"欧洲鞋都"的美誉。

> 【专栏】 西班牙烧鞋风波
>
> 　　西班牙制鞋业也并非一帆风顺。就在几年前，面对亚洲市场廉价进口鞋的竞争，西班牙中小型鞋类产商纷纷倒闭，大批制鞋工人失业。2006 年 8 月，仅在维那罗普区就有 15 家企业裁减员工，200 多人被裁。
> 　　鞋厂的倒闭和越来越多的制鞋工人失业，激起西班牙民众的不满情绪，他们在工业城市埃尔切集中焚毁了进口的中国鞋子。幸好西班牙制鞋工业联合会及时与政府沟通，并加强与亚洲制鞋商的谈判磋商。西班牙人逐渐地明白了这样一个道理：如果把意大利设计的鞋样在中国进行加工，转而在西班牙查验、打蜡、包装，那么，鞋子的附加值仍会增加，这可以为他们带来丰厚的利润。可见，中国人即便今天是竞争对手，明天也可能成为意大利产品的买主。合作双赢，在那场烧鞋风波之后，体现在中国与西班牙鞋商之间的关系和结果，竟也能如此地和谐与成功。

　　(5) 越南。越南是亚洲制鞋业的后起之秀。越南现有 800 多条鞋类生产线，每年的鞋类产量达到 5.7 亿双左右，年出口额约 80 亿美元。越南目前已成为全球第四大鞋类出口国，主要出口市场是欧盟和美国。制鞋业的崛起已使越南成为最具投资潜力的国家之一。包括制鞋产业在内的巴地头顿省、平阳省、同奈省和胡志明市，已位居越南吸收外资工业区排行榜的前列。

　　(6) 其他鞋类出口国。除上述鞋类出口大国外，其他主要制鞋国还有俄罗斯、捷克、巴西、印度尼西亚、韩国和葡萄牙等。

　　俄罗斯鞋业近年来呈增长趋势，年销售额达 60 亿～65 亿美元。但俄罗斯鞋业发展极不均衡，全国 50 家大鞋厂所生产的鞋约占俄罗斯鞋业生产总量的 90%。捷克是中东欧地区的传统制鞋国，以制鞋、啤酒、纺织闻名于世，每年的鞋类出口约 20 亿美元。捷克制鞋企业主要集中在南莫拉维亚地区，以生产高档鞋类为主，捷克制鞋业协会便位于该地区的兹林市。捷克鞋类最大的三个贸易伙伴国依次为德国、意大利和中国。

2. 鞋类主要进口市场

　　美国、欧盟、日本、加拿大是鞋类进口的主要地区。美、日、西欧等发达国家或地区早在 30 多年前就相继从鞋类生产出口国转为进口消费国；而像中国香港、中国台湾等地区自 1990 年代起也转向进口或转口贸易。

　　(1) 美国。美国人认为日行 7 000 步以上才是健康的生活水平，跑步等健身运动已成为日常生活的一部分。美国人均年鞋类消费量约为 7.21 双。在美国销售的鞋类仅 5% 在本土生产，其余 95% 依靠进口，其中，有七成来自中国，其他进口排名靠前的国家还有意大利、巴西、印度尼西亚和越南。

(2) 欧盟。欧盟鞋产品进口额每年约 200 亿美元,主要从中国、越南、罗马尼亚、印度、突尼斯、匈牙利等国进口,其中,中国占进口总额的 23%。

欧盟向来对鞋类进口有数量限制,其间又不断征收反倾销税,加上以德国为首的各成员国凭借经济优势,制定了严格的技术、环保标准,对鞋类进口加以抵制。如此强烈的本土保护意识,使得向欧盟出口鞋类的国家困难重重。

(3) 日本。日本人口 1.27 亿,年消费鞋 6.2 亿双,人均年消费达 4.87 双,是继美国之后全球第二大鞋产品消费国。据日本海关统计,日本鞋类进口额排在前十位的国家和地区分别为中国内地、意大利、印度尼西亚、越南、韩国、柬埔寨、泰国、西班牙、中国台湾、英国。

日本多从亚洲进口成品鞋,这主要是因为地理靠近,进口批量多,运输成本便宜。其中,中国占日本鞋类进口总额的 65%,并呈逐年递增趋势。

(4) 中国台湾和中国香港。台湾的制鞋业约 70% 已迁至中国内地,并在广东、福建一带建立生产厂,规模不断扩充。至于香港,其鞋业制造 90% 以上转移至中国内地,并发展成经销商。香港已成为世界鞋类产品最大的转口基地。

(5) 其他国家和地区。鞋类另一些进口主体是人口密集的国家和地区,如中国内地、印度、印度尼西亚、巴西等。这些国家在大量生产和出口鞋类的同时,随着消费水平提高,也成了高档鞋类最具潜力的新兴市场。特别是自 2008 年全球金融海啸后,欧美市场急剧萎缩,世界鞋类消费重心开始从欧美转向亚洲。据预计,未来 10 年,亚洲人均鞋类年消费量将突破 3 双,总量约 100 多亿双。特别是中国,每年消费鞋类将近 23 亿双,超过美国,居世界之首。

四、玩具

玩具按材料可分为布艺玩具、绒毛玩具、塑料玩具、金属玩具、陶瓷玩具、竹木玩具和复合材料玩具等;按对象可分为幼儿玩具、少年儿童玩具和成人玩具等。玩具在国际轻工产品贸易中占有重要地位,也是最容易因质量、标准、安全等因素发生贸易摩擦的领域之一。

1. 玩具主产国及其出口市场

(1) 中国。中国是世界第一大玩具出口国,玩具出口金额约占全球的 30%,出口数量约占全球的 60%。2013 年,中国玩具出口额已超过 100 亿美元。从成本角度来看,中国工人的工资不到 2 欧元/小时,远低于欧洲 22 欧元/小时的标准。低成本意味着有较高的竞争力,较高的竞争力促进了多出口。

中国玩具的出口市场主要集中在美国、日本和欧盟,其中,美国占30%,日本和英国分别占5.4%。中国对欧盟的玩具出口近年来有所下滑,原因在于欧盟不断提高市场门槛,对报废的电动玩具征收高额回收费,使出口成本猛增4倍多。

除了欧盟和美国,中国也是印度玩具最大的进口来源国,目前,中国玩具占了印度玩具市场60%左右的份额。在南美洲,中国玩具也有较大的影响力。以秘鲁为例,中国是秘鲁的玩具第一大进口来源国。中国玩具占秘鲁玩具进口总量的75%。

当然,中国玩具出口也面临着美国、欧盟以及其他国家集体抵制的问题。印度曾一度宣布禁止进口中国玩具,为期6个月。拉美国家也加入到抵制中国玩具进口的阵营中。中国玩具遭遇国外抵制的原因很多,既有贸易保护主义作祟,也有因玩具设计的盗版行为和产品质量安全问题带来的麻烦。

(2) 德国。德国玩具生产多年来一直稳定发展,生产总值达12亿欧元。全德国玩具制造行业为1.3万人提供了工作岗位。"德国制造"以塑料玩具、铁路模型、精致瓷玩偶、长毛绒玩具和拼图游戏居多。德国玩具80%出口到欧盟其他成员国,主要市场是法国(20%)、英国(14%)、荷兰(10%)、奥地利(9%)和捷克(4%)。

(3) 其他玩具出口国及其市场。童话王国丹麦的玩具制造业也分得了国际玩具市场的一杯羹。世界知名的丹麦玩具制造商戴高乐,每年有5亿克朗左右的盈余。其他玩具出口国还有奥地利、比利时和意大利等。

可以看出,同纺织业不同,中国的玩具竞争对手不再是亚洲各国,而是要面对实力不俗的大部分欧洲同行。

2. 玩具主要进口市场

世界玩具市场的主要进口国家和区域有中国、美国、英国、法国、加拿大、新西兰、澳大利亚和欧盟。

(1) 中国。虽然全球近75%的玩具是由中国制造,但中国现已成为全球最大的玩具进口国。中国12岁以下的少年儿童每月玩具消费额超过35亿元,市场潜力巨大。

前些年出现的婴儿潮以及中国人育儿观念的更新,使中高档玩具成为新宠。如今的年轻父母更倾向于购买美国的迪斯尼、孩之宝等品牌,认为这才是孩子喜爱的安全和高档的玩具。逐渐成长的中国玩具市场正被国外越来越多的竞争者看好。

(2) 美国。美国向来是玩具的主要进口国,多从中国内地、中国台湾、中国香港、日本、加拿大、墨西哥、德国进口。进口种类有长毛绒玩具、积木、拼图板和乐器玩具等。中国仍是其最大的供货国，几年来的市场占有率一直在 80% 以上。

（3）法国。法国玩具进口集中在亚洲和欧洲。其中，有将近 2/3 的产品来自亚洲，中国占法国玩具市场 60% 以上。近年来，法国外贸逆差显著，玩具是逆差的成因之一，而中国是法国玩具贸易逆差的最大来源国。因此，法国政府在制定新的外贸政策时，不可避免地把矛头对准中国产品。

在欧元区各成员国中，除法国是进口玩具的最大市场外，德国排名第二位，其余各国份额相对平均。

【案例】 玩具贸易摩擦

美国是世界最大的玩具进口国，在美国进口商品中，86% 的玩具和游戏用品来自中国。

2007 年 8 月 2 日，全球最大的玩具经销商——美国美泰公司提出召回 96.7 万件产自中国的塑胶玩具，美国环保组织称"回收的这批玩具表漆含铅，对儿童的脑部发育会造成很大影响"。美泰同时披露了中国制造商的名字——佛山市利达玩具有限公司。

8 月 14 日，美泰公司再次宣布，由于存在安全隐患，该公司将在全球范围内召回 2 180 万件玩具，这是美泰历史上召回数量最大的一次。9 月 4 日，美泰又宣布，召回约 84.8 万件铅含量可能超标的中国产玩具包括 8 种芭比宠物及家具玩具以及 3 款费雪玩具。

9 月 12 日，美国参议院就中国产玩具安全问题举行听证会，要求中国政府严查玩具出口存在的严重安全问题，并指出，如果产品安全问题不妥善解决，将全面抵制中国玩具。

中国商务部调查了广东等地区的玩具生产商，将美国玩具公司大规模召回所涉及的 2 100 万件玩具分为两类情况：一类是属于所用的涂料和油漆含铅超标的问题，这一类约占 300 万件，为召回数量的 14%。造成铅含量超标的原因，一是厂家在购买和使用原材料中存在漏洞，品牌经销商在验收环节把关不严；二是因为当年 5 月份美国材料测试协会公布了一项针对玩具材料使用的新标准，玩具经销商根据新的标准自愿召回 1 820 万件中国产的玩具。"这些玩具主要是 2007 年以前生产和销售的符合当时美国标准的玩具。就这类产品来说，玩具的产地和质量并无直接关系。"

实际上，中国玩具质量问题主要出现在磁铁、毛绒吸附等不达标上，但最大的安全问题是油漆含铅。国际上对于铅含量的检测有众多标准，其中，最严格的是美国玩具业标准，其次是美国消费者产品安全委员会含铅量标准，而美泰公司也有自己的公司检测标准。

由于原材料、人工、企业经营等各项成本都在提高，而中国的玩具企业大多只是来料加工、来样加工，这一环节并没有多大的利润空间。于是，有些厂家便选择廉价油漆以达到缩减成本、维持利润的目的。结果导致出口玩具含铅量屡屡超标和被召回的情况发生。

第二节　国际机电产品及钢铁贸易

一、机电产品主产国和出口国

机电产品包括海、陆、空交通运输工具,机械设备,电器产品,仪表及各种零部件以及军工产品,是机电一体化的核心体现。

1. 运输工具

(1) 乘用车。目前,全球乘用车年产量超过 200 万辆的前十名国家为中国、美国、日本、德国、韩国、印度、巴西、墨西哥、泰国和加拿大。中国在 2013 年以 2 211.68 万辆的单产独占鳌头,是 10 年来汽车产量增速最快的国家。

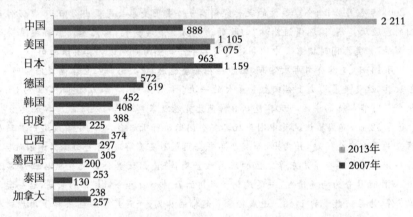

资料来源:根据"World's Automotive Yearbook" 2007、2013 年数据编制。

图 13-2-1　世界十大汽车生产国产量排行(单位:万辆)

乘用车按类型可分为大中型客车、轿车、SUV①、MPV②、轻型客车、微型客车和摩托车。

- ① 大中型客车。中国、韩国、巴西是目前全球大中型客车的三大出口国。

中国的汽车工业从 20 世纪 80 年代开始进入开放阶段。通过积极引进、消化德国、日本、美国及韩国的先进制造技术,产品结构不断调整和优化。经过 30 多年的努力,中国已经能生产出各种类型的现代化大中小客车。客车生产地主

---

① Sports Utility Vehicle,运动型多功能车,是一种兼具轿车舒适性和越野车越野性的厢式车。
② Multi Purpose Vehicle,多功能用途汽车,是集轿车、旅行车和商务车于一身的车型。

要集中在上海、长春、北京、天津、广州、武汉、重庆、丹东等地。

韩国大宇集团生产的"大宇"系列大型客车享誉世界。出于降低成本的考虑,韩国汽车企业纷纷将生产线转移至中国等生产要素较低的地区,成立合资企业,使国内大客车的出口明显减少。

巴西是另一个客车生产大国。近年来,巴西生产的大中型客车年增长率最高时达22.6%。2013年,巴西大客车产量达4万辆,居拉美首位,并大宗地销往国内外市场。巴西汽车工业分布在圣保罗附近及里约热内卢地区。

② 轿车。轿车又称小汽车,一直是竞争最激烈的市场。众多国家分食小汽车市场这块诱人的大蛋糕。产量主宰排位变化,销量每年此消彼长。小汽车贸易可谓国际制造业的巅峰较量。

美国:汽车是美国200年文明的承载者,美国被誉为"汽车轮子上的国家"。从20世纪初延续至今,美国汽车产销量数一数二。2004～2005年,产量达历史之最,几近突破1 200万辆。但在1980～1993年和2006～2009年,世界汽车老大的位置曾两次被日本取代。2010年起中国取代美国和日本,成为世界第一汽车生产大国。

位于美国北部密歇根州的底特律是世界闻名的汽车城。底特律分布着四大美国汽车商——通用、福特、克莱斯勒和阿加美的制造工厂,它们坐落在西南的迪尔伯恩、西北的庞蒂亚克和福林特等卫星城镇。2008年,美国暴发金融危机,三大汽车公司几乎破产,近年稍有起色。2013年,纯电动的"特斯拉"在加州诞生,迅速兴起全球范围的新能源汽车热。

日本:日本的第一大出口商品是汽车。日本小汽车的优越性能、节能特性和合理的价格使之具备与美国抗衡的能力。特别是在1980～1992年的13年间,日本曾超过美国成为汽车产量第一的国家。丰田、本田、日产、三菱、马自达是日本汽车的龙头企业,掌控着日本汽车总产量的80%以上。

日本汽车的主要市场是美国、中国、泰国、马来西亚和菲律宾,由于通过"10+3"能享受东盟自由贸易区低关税待遇,日本汽车每年可从亚洲出口市场捞取大量利润。日本小汽车的其他出口市场还包括西欧、非洲和澳洲等地。

德国:德国是世界主要的汽车净出口国之一,汽车业是销售额最大的部门,约3/5的汽车供出口。近40年来,汽车在德国出口商品中一直占有重要地位。2013年,德国汽车出口420万辆,占德外贸顺差的80%。目前,德国汽车年均产量超过550万辆,仅次于中国、日本、美国,居世界第四位。德国所产小汽车和载重汽车的50%以上供出口。

德国三家汽车业巨头是梅塞德斯-奔驰、大众和巴伐利亚汽车公司(宝马)。它们的总部分别设在斯图加特、沃尔夫斯堡和慕尼黑。

韩国：韩国的汽车贸易连年顺差，是带动韩国工业增长的引擎。韩国 2013 年汽车产量为 452 万辆，出口 308 万辆。除了整车出口外，韩国还向中国、美国、欧盟、俄罗斯和东南亚国家大量出口汽车发动机和零部件。韩国是近年汽车产量与出口量增长最快的国家。

(2) 工业用车。工业用车可分为重型卡车、中型卡车、轻型卡车和微型载货汽车。主要满足工农业运输的需要。

日本每年中、重型载货汽车产量有 70 万辆。中国次之，年均保持在 50 万辆以上。美国的载货型汽车产量增幅最快，年增长率接近 20%。美国三大汽车公司更多依赖于卡车业务，卡车占到福特和通用汽车总销量的 30% 左右。

德国也是主要的重型载货车出产国，出口量与小汽车平分秋色，两者合计有 70% 出口。

德国的三大汽车生产企业所在地斯图加特、沃尔夫斯堡、慕尼黑，加上曼海姆，是德国工业用车的核心技术基地。

显而易见，发达国家仍是汽车出口的中坚地区。然而，进入 21 世纪以来，新兴汽车生产基地不断涌现，如产量增长最快的所谓"金砖国家"——中国、巴西、印度和俄罗斯已成为新兴的汽车工业国，其中，尤以中国为最。

【专栏】 国外养车要花多少钱？

美国：月薪能养两辆车

美国政府为了鼓励民众消费汽油，以支持作为国民经济支柱之一的汽车工业，长期维持较低的燃油税率。以 2014 年 5 月 10 日的 92 号汽油为例，每加仑包含燃油税、养路费和通行费的油价约 3.2 美元（约合每升 5.16 元人民币。美制 1 加仑 = 3.785 升）。美国能源部资料显示，在其油价构成中，原油价占 73%，炼油费占 10%，运输销售费用占 6%，燃油税占 11%。一个中等收入家庭一般拥有两辆车，每年养车共花费约 4 500 美元（包括各 1 000 美元的保险费），大致相当于 1 个人 1 个月的工资。

日本：月薪能养一部车

日本车价较便宜，但养车比较麻烦。购车须有停车证明，且公交系统发达，抑制了部分人的购车欲望。在日本，当前油价为每升 160 日元（约合 9.8 元人民币），一部车每年要缴 5 万日元的车辆使用税、8 万日元的保险费、两年 10 万～12 万的车检费、6 万～7 万日元的交强险及每月 2 万多日元的停车费，每月平均 9 000 日元的汽油费（含 43% 燃油税），平均 1 年养车成本约 60 万日元，占中等家庭收入的 10%，约合一个多月的工资。

俄国：3 个月工资养一部车

俄罗斯是产油大国，油费每升 26 卢布（约合 6 元人民币）。莫斯科劳动者平均月薪 3 万卢布（合 7 500 元人民币），普通家庭一辆车的油费开销为每月 4 000 卢布左右，含交强险的保险费每月 5 000 卢布以上，交通税每年 700～2 000 卢布，年检 600 卢布，停车每月不到 2 000 卢布,不缴养路费、过桥费、高速公路费,一年养车费用可控制在 9 万卢布(约合 2.25 万元人民币)左右,相当于平均年薪的 1/4。俄罗斯平均每个家庭有一部车。

印度:4 个多月工资养一部车

印度无需缴纳养路费,也很少收路桥费。养车的主要成本就是汽油费(受到政府补贴)。油价包含燃油税,每升 50.52 卢比(约合 7.24 元人民币)。一辆每天用于上下班及周末郊游的 1.8 排量斯柯达轿车,每月油费在 3 000 卢比左右(约合人民币 430 元)。印度中产阶级的年均收入在 10 万卢比上下,一年的养车费约 3.6 万,相当于 4 个多月的薪水。

(摘自《参考消息》驻海外记者的调查报告)

2. 铁路车辆

(1) 德国。1835 年,在巴伐利亚州首次建成了德国的第一条铁路,同期制造出第一台机车。德国的机车工业由此开始起步。之后的 100 多年时间里,德国成立了唯一的官方运输机构——德国铁路公司(Dentsche BahnAG),铺设了总长为 5.5 万千米的铁路轨道,并加盟到由欧共体 12 国和瑞士及奥地利组成的欧洲铁路联合会(ERUC)。

德国的高速轮轨列车[①]技术相当先进,德国人称之为 ICE(Inter City Express)。从 1979 年制成第一辆 ICE 到 1985 年首次试车,短短 6 年,ICE 就以时速 317 千米打破德国火车 150 年来的纪录。目前,德国已建成 11 条高速轮轨系统,总长 1 000 多千米。境内供日常行驶的 ICE 列车(1 台机车带 13 节车厢)时速设定为 310 千米,运行于汉堡、法兰克福、斯图加特和慕尼黑等城镇之间。

磁悬浮列车[②]是德国铁路技术的又一亮点。磁悬浮技术一向被德国视为创新和工业制造的骄傲,在该领域的研究耗资已达 30 多亿马克。2001～2003 年间,德国与中国合作,在上海建造了世界上第一条长 30 多千米的商业运营磁悬浮列车系统,时速高达 430 千米。磁悬浮技术在中国上海的应用也使德国认识到开辟商业化线路的重要性。

德国还开展了雄心勃勃的发展大计,先后与中国、蒙古、俄罗斯、波兰建立货运、机车贸易。西门子公司曾向中国北车集团转让了部分高铁技术。

(2) 日本。日本是当今世界高速机车技术发展水平最高的国家之一。世界上最早的高速铁路——"新干线"于 1964 年诞生在日本,使日本铁路一举扭亏为盈。现在,日本"新干线"最高时速为 300 千米。日本的磁悬浮技术实验速度更

---

① 高速轮轨列车:一种高速铁路双动力列车组,简称"高铁"或"动车",时速最高可达 400 多千米。
② 磁悬浮列车:利用磁铁间的相互排斥力悬浮于车底部与轨道之间,通过减少摩擦力来提高车速,时速可达 400 千米～550 千米。

是达到每小时550千米。由于研制时间早,日本的高速机车覆盖里程长,并有一定的价格优势。日本曾于2000年向中国台湾出口高速列车,是当时日本唯一输出海外的铁路机车。日本川崎重工曾向中国南车集团出口部分高铁技术。

(3) 法国。法国高速火车称TGV(Traina Grande Vitesse,在法文中译为超高速)。法国国家铁路局(SNCF)从1950年展开高速火车技术研究,实际运营则始于1967年。法国国铁注重创新,使TGV的速度屡创新高。1981年,一列七节车厢组成的TGV创下了火车时刻表时速380千米的新纪录。1990年,第二代TGV列车火车时速达到515.3千米。

如今,TGV已成为法国人出行交通工具的首选。法国国内的铁路线时速均在250千米以上。其一为巴黎东南线,由巴黎至里昂。其二为大西洋线,由巴黎通往大西洋彼岸。境外路线可穿越英吉利海峡进入英国,或有支线到布鲁塞尔,并延伸至阿姆斯特丹、科隆、法兰克福。法国的阿尔斯通公司曾向中国北车集团出口部分高铁技术。

(4) 美国。美国是世界上铁路机车消费的大国,也是生产铁路机车的强国。美国现有200余条铁路网、2 000多台货运机车和8 900多列客运机车及动车组。但两大铁路机车制造公司——底特曼和约翰斯通在开发新型和制造舒适车辆方面显然已落后于德国、日本、法国。

(5) 中国。中国列车工业起步较晚,但发展较快。20世纪60~70年代,中国曾出口少量铁路机车到亚洲和非洲,均属于友好援助性质。2000年,中国铁路机车首次出口到发达国家,共有94节车辆在上海港装船运往澳大利亚。此后,中国又引进欧洲和日本的高速机车技术,在此基础上还开发出具有自主知识产权的"和谐号"动车组,时速为200千米~350千米,并开始向国外出口。

3. 船舶

从20世纪初英国造船业的巅峰到如今世界造船业的新格局——中国、韩国和日本三国争雄的态势,世界造船业的中心向东亚转移已成为不争的事实。

远洋运输船舶通常有三大主力船型,分别是集装箱轮、干散货船和油轮。据海关税则细分,还有客轮、拖轮、滚装船和军用船舶等。

(1) 集装箱轮。2008年起,受国际油价上涨和全球金融危机影响,贸易及航运急剧萎缩。2005年,全球集装箱轮的订单为1 137艘,载重吨位为5 163万吨,占世界船舶市场的22.9%。其中,向韩国订购的集装箱船单数每年都占50%以上;中国位居第二,占14.1%;日本排名第三,份额低于10%。而到2013年,受世界经济不振和国际航运萎缩的影响,全球集装箱轮订单降至180艘。

(2) 干散货船。目前,干散货船订单占世界船舶市场份额的32.6%。其中,日本接到的订单量最多,占世界总量的64.4%,中国以23.6%的份额位居第二。

日本是全球海岸线最长的国家之一。由东京湾、大阪湾、伊势湾和濑户内海组成的"三湾一海"是日本的主要产业圈,那些港湾受黑潮暖流影响,均为不冻港,为造船业的发展提供了先天保障。

未来的干散货船将朝大型化和专业化方向发展。2010年后,每年驶经好望角的船次达35万艘,经过巴拿马运河的船次为66万艘。而到2015年,经过这两处的船次将分别达40万艘和80万艘。

(3) 油船。韩国占全球油船市场的48%,日本、中国分别排名第二和第三。三大造船国总计占世界油轮市场份额的95.7%。基于效益优先原则,30万吨的VLCC[①]油轮因性价比高而备受市场青睐。

中国的船舶业制造不像韩国和日本那样有着明显的船型偏好。中国采用三管齐下的战略,三种主力船型的制造数量基本上齐头并进。中国拥有漫长的海岸线和世界上最易航行的河流——长江。诸多造船中心星罗棋布地分布在沿海和长江入海口一带,著名的造船基地有大连、天津、上海(崇明岛)等。

(4) 客轮。大型客轮又称邮轮或游轮,西欧国家在巨型客轮生产方面一直处于国际垄断地位。制船工业主要集中在四大船厂,分别是法国大西洋船厂、意大利芬坎帝尼船厂、德国麦尔船厂、芬兰瓦纳马萨船厂。它们倾力打造世界顶级的豪华游轮,以满足奢侈市场的消费需求。

亚洲国家由于技术工艺上不够成熟,奢华性能低,质量不够稳定,在国际客轮市场上的份额微乎其微。

(5) 军用舰船。军用船舶集巡逻、护航、侦查、保卫、战斗、反潜等功能于一身。

美国在军舰生产方面优势明显。航空母舰是美国维持制海和制空权的重要力量。特别是核动力航母,在国际上占有绝对领先地位。但航母耗资巨大,主要满足美国的国际战略需要。其他类型的军舰和潜艇有部分出口。

俄罗斯的柴电潜艇技术世界领先。以色列是俄军用舰船的主要贸易伙伴之一,曾多次订购AIP潜艇,用于发射巡航导弹。印度和印度尼西亚是俄罗斯另两大主顾。潜艇出口是俄罗斯军事船舶业的大宗买卖。

另外,日本、韩国、英国、法国、意大利都是研制驱逐舰的军事大国。

除上述船舶出口国,世界前十位的造船国还有德国、克罗地亚、波兰、丹麦、土耳其、罗马尼亚。尤其是德国的造船业,其发展水平居于欧洲领先位置,现已成为世界第四大船舶出口国,其汉堡和不来梅船厂每年的订单量常常紧随韩国、

---

① VLCC是超大型油轮"Very Large Crude Carrier"的英文缩写,载重量一般为20万至30万吨,相当于200万桶原油的装运量。全世界现有400多条。

日本和中国之后,与中国香港并驾齐驱。

> **【专栏】 国际军火贸易**
>
> 　　瑞典斯德哥尔摩国际和平研究所(SIPRI)发布全球军火交易报告,近五年(2009~2013)全球军火交易额达1339.3亿美元,比上个五年(2004~2008年)增长了14%。报告指出,全球有55个武器出口国,其中,美国占全球军火出口额的29%,俄罗斯占27%,德国占6.6%,中国占5.5%,法国占5.4%,英国占4.1%。美国军火出口市场遍及90多个国家和地区,主要出口市场是澳大利亚、韩国、阿联首,以作战飞机、导弹防御系统为主。俄罗斯军火的最大买家是印度、中国和阿尔及利亚,以作战飞机为主;中国军火的出口对象主要是巴基斯坦、孟加拉和缅甸,也以作战飞机和导弹及防空系统为主。北约成员国土耳其已签约购买中国的导弹防御系统,却被美国"搅黄"。印度是世界第一大军火进口国,占全球武器进口额的14%,分别是其对手、世界第二和第三大军火进口国中国和巴基斯坦的近3倍。拉美的主要军火进口国是委内瑞拉和巴西,后者从法国进口潜艇、从瑞典进口战斗机。非洲的主要进口国是阿尔及利亚、摩洛哥和苏丹。SIPRI的武器交易数据不包括小型常规武器、战斗装备和配套服务,数据均来自各国的公开报告,以5年为周期是为了消除某一年签署大订单引起的数据波动。
>
> 　　　　　　　　　　　　　　　　　　(德新社斯德哥尔摩2014年3月17日电)

4. 钢铁

　　钢铁是现代工业的基础。据总部设在布鲁塞尔的国际钢铁协会(IISI)公布的统计数据显示,2013年,全球67个主要产钢国家和地区粗钢总产量为16亿吨,其中,中国钢铁产量为7.8亿吨,占全球产量的48.7%,遥遥领先于其他各国。位于上海的宝钢是中国最负盛名的钢铁生产企业。

　　日本凭借进口的铁矿石原料,大力发展钢铁工业。日本的钢约占世界总量的1/7。每年日本有110百万吨的钢铁出口,主要输往东南亚、北美、中东、西北欧、拉美、非洲等地。故被誉为没有铁矿石的"钢铁王国"。日本钢铁工业分布在阪神、京滨、濑户内海沿岸。

　　美国的钢铁产业曾经是其四大支柱产业之一,但因廉价进口钢铁的影响,国内钢铁产量和在GDP中所占地位已大不如前。2013年,美国钢产量为8 700万吨,不足以满足国内需求。

　　俄罗斯的钢铁产业历史悠久,钢铁业在沙俄时期就是优先发展的产业。俄罗斯幅员辽阔,有着丰富的铁矿石储量和良好的水资源,非常有利于钢铁业的发展。2013年,俄罗斯的钢产量为6 940万吨。仅乌拉尔、中央区和西西伯利亚这三大产钢基地,每年的钢产量就达6 000万吨。

　　韩国钢铁起步较晚,在1962~1972年的10年间才逐渐意识到工业化过程中大力发展钢铁的必要。与日本合作,建立了国内最大的浦项工厂。2013年,韩国产钢量达6 600万吨,钢铁产量超过德国,居世界第六位,韩国产钢工业主要位于东海岸的浦项、南部的光阳湾以及西海岸的唐津地区。

二、机电产品主要进口国

1. 汽车

(1) 美国是世界最大的汽车进口国。美国的国鸟——白头鹰充分体现了美利坚合众国的双重性格——既可爱又傲慢。这种双重性格也表现在美国的汽车消费上:既喜欢价廉物美兼省油的进口小汽车,又不肯放弃豪华费油的国产大车——SUV、MPV和皮卡。美国兼有世界汽车出口和进口冠军的双头衔。喜欢求奇追新的美国人,早已不满足国内的汽车品牌,而是乐于购买性价比更高的进口汽车,例如,日本丰田或德国宝马汽车在美国颇受青睐。美国人平均5~6年换一部新车。

(2) 英国60%的汽车来自进口。英国汽车业曾经名噪一时,诞生了劳斯莱斯、宾利、捷豹、路虎、罗孚等著名品牌。第二次世界大战后,英国的汽车业在美、德、日轮番围攻下,国际市场不断缩水。劳斯莱斯和宾利被德国大众买下品牌使用权,捷豹和路虎被印度塔塔集团收购;罗孚品牌被德国宝马买断,技术和生产线被上海汽车收购。英国汽车风光不再。虽说集中于伯明翰和利物浦的英国汽车生产基地年产量超过100万辆(其中包括外资品牌),但根本不足以满足国内240多万辆的内需,所以,英国每年进口汽车约145万辆。

(3) 由马来西亚、泰国、菲律宾、印度尼西亚组成的东南亚市场对汽车的需求迅速上升。从2004年的170万辆增加到2014年的300万辆。其中,印尼车市更有90%的份额来自国际各大汽车企业。这几个国家将成为全球汽车出口的主要流向。例如,日本在2005年6月与马来西亚签署了双边自由贸易(FTA)后,立即展开"汽车外交",成功地在马来西亚市场上占得先机。

(4) BRICS(金砖五国)。从2000年起,全球汽车新增需求量的64%聚集于此。俄罗斯、中国、巴西、印度、南非正在成长为炙手可热的汽车销售市场。2013年,中国进口汽车120万辆,主要来自欧盟和日本、韩国、美国,车型以大排量越野车和高档小汽车为主。

2. 船舶

进入21世纪后,欧洲船东的地位再次突显,欧洲一些国家(如希腊、丹麦等)的航运公司成为亚洲船厂每年大笔订单的主要买家。

日本既是造船大国,又是船舶进口大户。每年船舶进口金额高达

4亿至5亿美元,进口船型以集装箱轮、大型干散货船和客轮为主。

荷兰曾是17、18世纪的海上霸主,一度拥有世界3/4的商船队。如今虽然优势不再,但荷兰仍是欧亚海运商品的集散中心,作为支柱产业的远洋航运,使荷兰保持着世界第二大船舶进口国的地位。

3. 钢铁

国际钢铁进口的集团特征十分明显。欧盟25国是全球最大的钢铁消费市场,钢铁原材料多从东亚的日本、韩国和中国进口。北美自由贸易区的美国、加拿大和墨西哥每年进口的钢铁数量也非常可观。虽然美国的钢产量位居世界第三,但因为汽车、机械、航空、航天、军工等行业需要的钢铁数量巨大,每年必须进口以补内需。2013年,中国在出口6 234万吨钢材的同时,进口钢材1 408万吨[1],主要来自欧盟、日本、韩国、独联体、北美、南美等地区。

非洲经济建设和工业发展需要大量钢铁,然而,当地本身钢铁工业基础薄弱,根本不能满足对钢铁的需求,因此,非洲成为世界第三大钢铁进口市场。其他主要依赖进口钢铁的市场还有中东及亚洲部分国家和地区。

第三节 国际化学产品贸易

一、化学品主产国和出口国

化学产品是以煤、石油、天然气等为原料进行合成、提炼和加工制成的工业原材料和制成品。国际贸易中的化学品以乙烯、药品、化肥等为大宗。

1. 乙烯

乙烯是各种塑料及纺织品的最重要、最常用的原材料,它的产量和消费量是衡量一国工业水平的重要指标之一。

(1)美国的乙烯产量居世界首位。墨西哥湾沿岸因靠近海上油田和海岸化工厂,因此是美国大型石油化工企业最集中的地区,主要生产包括塑料、合成橡胶、化纤在内的各类工业品。此外,在美国东北部的大西洋沿岸及五大湖地区,以煤炭为原料发展起来的传统基础化工产业,在纽约、费城一带发展起来的高级化学品产业,都是美国相对集中的化工产业基地。纽约已成为美国香料、染料、化妆品和医药的生产中心,并且是化工巨头杜邦公司的发源地。美国是全球乙烯等化工产品的出口大国。

---

[1] 2013年主要钢铁产品进出口情况分析,http://www.govinfo.so/news_info.php?id=31610。

(2) 日本的乙烯产量仅次于美国,位列世界第二。由乙烯带动的塑料、化纤、橡胶产量均居世界前列。日本整体化工产值也跻身全球前三甲,居美国之后、德国之前。化工业主要集中在沿岸带状地区,如川崎、鹿岛、千叶、市原。

(3) 英国是西欧化学工业品(特别是乙烯)的第二大生产国和出口国。第二次世界大战后,英国的塑料产量世界领先,其中,聚氯乙烯及聚炳乙烯的产量居欧洲之首。英国化学工业均主要分布在沿海地区(如威尔斯岛等地区),以便于原料和产品的运输。

2. 药品

医药关系到人民的健康,与日常生活息息相关。进入 21 世纪,面对各种不期而至的疾病,如癌症、疟疾、SARS、禽流感及甲型 H1N1 流感等,各国医药科研人员孜孜探求,为全人类的福祉不断奋斗。目前,在医药领域有突出贡献的国家当数美国、英国、法国、印度这四个有代表性的医药研究基地。

全球药品的主要出口国有:

(1) 美国出口产品中的 60% 为化学制品,化工产品中又以医药居多。美国已成为世界化学药品最大的出口国,约占全球药品市场份额的 50%。

(2) 英国仅次于美国,为世界药品第二大出口国,约占 12%。目前,英国着力发展具有高新技术含量的制药产业,拥有 300 多家制药厂和医药科研公司,产品主要向西欧、北美和日本出口。

(3) 德国是世界第三大医药市场。德国整体药业规模总值在 260 亿欧元左右。据德国统计局数字显示,德国药品有 30% 出口至比利时,12% 运往美国,另有 8% 销售至瑞士。近年来,德国医药市场业绩出现下滑,主要是缺乏创新及受到国外廉价进口药品的冲击所致。

(4) 法国药品的产量自 1990 年以来连续以年均 30% 的速度递增。包括药品、香水、清洁剂在内的化工业产值约占法国工业总产值的 8%。同英国一样,法国注重研制新药,每年投放市场的抗癌药物不仅份额名列世界前茅,而且药效也居全球领先水平。

(5) 印度。印度制药业规模超过 50 亿美元。在第三世界国家中,印度药品无论是在质量上还是在技术上都遥遥领先。印度制药业采用的是"内严外放"的政策。对内,制药业得益于印度政府严格的控制和监督。对外,印度一是有强大的医药技术人才库,甚至能延伸到美国——据悉,美国的生物技术和制药领域 15% 的科学家是印裔;二是大量病例可进行国际性临床试验;三是印度允许 100% 外资的制药企业进驻国内。凭借以上优势,印度制药业发展迅猛,大有后来居上之势。另外,印度医药行业一直保持着与美国、欧盟和中国药品市场的密切联系,这三大地区均是化学药品的主要出口市场。

药品的主要进口国和地区有:

(1) 印度尼西亚。亚洲金融危机后,印度尼西亚的制药业一直处于疲软状态。主要原因在于过分依赖进口原料、消费者购买能力下降、印尼盾对美元大幅贬值以及贷款债务过重等的制约。印度尼西亚制药公司纷纷减产,生产严重不足,致使很多私营公司寻求合并,以简化销售系统,降低营销成本。近年来,印度尼西亚的成药进口有较大幅度增长,连中式成药的销路也一路走高(中药的年销售额达960亿印尼盾)。

(2) 中国。拥有近14亿人口的中国,正成为外国制药企业趋之若鹜的巨大市场。美国人年均消费300美元的药品,欧洲地区每人每年消费30~40美元药品,而中国人均消费量不到10美元。因此,中国药品市场的潜力极大。中国现在是全球第二大药品市场。

(3) 非洲。非洲聚集着世界上最多的发展中国家。由于贫困和战乱,这里的大部分国家缺医少药,医药产业极不发达。因此,外国药品进入非洲的渠道十分宽泛。长期以来,非洲市场上进口药品的数量已占据大半壁江山。他们也非常欢迎外国投资者前去投资建厂,中国医药企业已在马里、科特迪瓦、肯尼亚、埃及、苏丹等国家建立了多家药厂。在东非的坦桑尼亚,尽管中国药品的数量很少,但影响很广,这主要与中国政府30多年来一直对坦桑尼亚大量的医疗援助有关。

(4) 其他药品进口国。爱尔兰拥有稳定健康的保险系统。在此系统下,爱尔兰药品消费市场稳定。但爱尔兰人口与地区相对较少,内需刺激的成长有限,不得不靠跨国制药公司投资。爱尔兰位于欧洲及美洲的中枢位置,开辟有自由港和出口加工区,非常有利于药品的生产和转口贸易。至今,已有多家外国医药企业入驻当地。爱尔兰主要从英国进口药品,药品进口额占其总进口额的23.3%;美国是其第二大药品进口来源地,占进口份额的21.3%;日本是爱尔兰药品的第三大进口来源国,占总份额的10.4%。爱尔兰也大量从欧盟进口成药,约占进口总额的57.9%,每年约20亿美元。

3. 化肥

(1) 美国。美国化工原料丰富,化工生产与原料结合密切。美钾盐、磷酸盐、硫黄等矿物储量居世界前列,为有效的化肥供给打下物质基础。

(2) 俄罗斯。俄罗斯的硫黄、烧碱、苏打、化肥产量处世界领先水平,以出口化肥最多。化肥的产量与制作化肥的原料息息相关。故俄罗斯化肥工业区主要分布在石油天然气产区、乌拉尔地区及硫酸产区。俄罗斯在乌拉尔地区着力制碱,在涅瓦和沃斯克烈先斯克的酸产区则建有大型硫酸厂。

(3) 德国。德国东部是世界钾肥的主产地,伴之以皮斯特里茨氮肥厂,再加上分布在法兰克福、埃森的酸碱工业,为德国化肥工业提供有力保障。

(4) 法国。法国化学产业规模在欧洲仅次于德国。第二次世界大战前,法国利用丰富的钾盐、磷、岩盐和黄铁矿等,发展了以生产 H_2SO_4、$NaOH$ 等为基础的化肥产业。第二次世界大战后,法国大力发展有机合成化肥产业。化肥业产值居美、日、德之后,列全球第四位。

法国境内的洛林地区盛产磷肥,而阿尔萨斯又以钾盐著称,比利牛斯山区蕴藏着丰富的黄铁矿,均为法国化肥生产提供持续的原料供应。

4. 日用化学品

日用化学品包括肥皂、洗涤剂、化妆品、精油、香料等。从WTO统计数据来看,清洁用品、化妆品及精油的出口以亚洲居多。中国香港的日用化学品出口稳居世界第一,位居其后的有中国台湾、日本、新加坡、柬埔寨、缅甸等,产品多出口到欧美。日化产品出口对象的选择主要与进口国产业形态有关。例如,大宗清洁产品主要销往美国市场,这多半是因为美国的酒店楼宇服务业、汽车制造业、旅游休闲观光业高度发达,对清洁消毒用品有着巨大需求;而大宗精油(香柠檬油、橙油、柑橘油、薄荷油等)则销往英国、德国、意大利等欧洲国家,这与地域餐饮文化的带动有所关联。

日用化学品中的一大项即为香料。香料是法国工业的强项之一,法国生产的香料有1/4供出口。因为在国内外均拥有稳定的市场,故香料工业很少受到经济危机或其他行业衰退的冲击。格拉斯、里昂和巴黎是法国三大香料中心,那儿专门辟有大片的地方种植玫瑰、茉莉、水仙、熏衣草、紫罗兰以及各种提炼香精的原材料。在国际上享有盛誉的法国香水有香奈尔(Chanel)、克里斯蒂安·迪奥(Christian Dior)、伊夫·圣·洛朗(Yves Saint-Laurent)、尼娜里奇(NiNa Rica)等。

【专栏】 法国香料、香水工业

法国香水及化妆品业举世闻名,它和法国时装、法国葡萄酒并列为法国三大精品产业,是法国人的骄傲。法国人使用香水和化妆品始于13世纪前后,主要是贵族社会使用。法国第一家香精香料生产公司于1730年诞生在格拉斯市,最多时发展到上百家。现在,这些公司已合并成三家规模较大的香精香料生产集团。格拉斯市一直是为法国名牌香水公司提炼和配制香精的业务中心,而名牌香水公司最多只是在此香精里按比例调入中性酒精和蒸馏水,并加上包装而已。在法国,从提炼香精到生产香水全部过程依靠自己的名牌香水公司可谓很少。

法国香水最初使用的均为本地的天然原料,如花(玫瑰、茉莉)、水果(柠檬、柑橘)、球茎植物(晚香玉)等。后来,因人工及土地成本上升,加上供应量也远远满足不了需求,如今,格拉斯地区只种植部分花卉植物,大部分香精原料已依赖从非洲等地区进口。香精的天然原料造价极高,例如,600千克茉莉花只可提纯1千克的茉莉香精。由于化学工业的发展,20世纪初,已开始采用合成的方式生产香水和化妆品。人们可能很难想象,那些精美昂贵的名牌香水,绝大多数竟然是用又黑又黏的煤焦油或石油提炼的"香精"做成的!正是由于化学工业催生的香料领域的重大变革,才使得香水的香型层出不穷、变化万千,不但弥补了天然原料的不足,而且大大丰富了当下靓女俊男们的挑选范围。

本章小结

1. 从20世纪50年代至本世纪初,纺织、服装、制鞋和玩具业已从日本、韩国、中国香港等国家和地区转向中国内地、印度、巴基斯坦、越南、巴西和墨西哥等亚洲及拉美地区。

2. 中国是亚洲纺织服装业的中心,产品出口到193个国家和地区。亚洲是纺织面料的主要出口市场,年出口额超过110亿美元,占全球纺织面料出口总额的65%。

3. 美国是世界上唯一使用本国棉花原料大力发展棉纺织工业的发达国家。美国的纺织面料工业技术先进,产品以棉、毛、化纤为核心,年产量和出口量居世界前列。

4. 中国是全球最大的成衣出口国。成衣出口市场主要集中在中国香港、日本和欧盟。输往香港的成衣绝大部分转口到美国等地。欧盟是中国纺织品/服装的第三大市场。全球成衣主要的进口市场为美国、欧盟、日本及中国香港。

5. 中国是全球最大的制鞋中心,鞋产量占世界总产量的60%以上。中国鞋类的四大传统出口市场是美国、欧盟、日本和俄罗斯。意大利是世界第三大鞋类生产国和出口国,以高档皮鞋著称,每年生产各种档次的皮鞋近6亿双。70%以上供出口。

6. 中国是世界第一大玩具出口国,玩具出口金额约占全球的30%,出口数量约占全球的60%。中国玩具出口频遭外国抵制的原因,既有贸易保护主义作祟,也有因玩具设计的盗版行为和产品质量安全问题带来的麻烦。

7. 世界汽车工业格局可分为以中、日、韩为代表的亚洲生产区、以美国为首的北美洲生产区和以德、法为中心的西欧生产区。近年来,包括捷克、斯洛伐克、匈牙利、波兰、罗马尼亚在内的世界第四大汽车生产基地——东欧生产区崭露头角。全球乘用车产量超过100万辆的前十名国家为中国、美国、日本、德国、韩国、墨西哥、印度、巴西、泰国和加拿大。美国、英国、俄罗斯是世界汽车三大进口国家。

8. 世界造船业的中心向东亚转移已成为不争的事实,世界造船业现已形成韩、中、日三国争雄的新格局。

9. 中国是全球最大的钢铁生产国和出口国。日本、韩国也是世界钢铁生产和出口大国。美国虽然是第三大钢产国,但也是世界最大的钢铁进口国。

10. 美国、日本、英国、德国和法国是世界主要化学品、药品和化肥的生产国和出口国。中国内地、日本、新加坡等东南亚国家和地区是日用化学产品的主要出口地。

思考题

1. 国际贸易中常见的纺织品分成哪几大类？主产国和出口国分别是哪些？
2. 国际成衣贸易的主要出口国和进口国是哪些？中国成衣出口应注意哪些问题？
3. 中国作为全球鞋类的最大出口国,与意大利的鞋类相比有什么差距？如何解决？
4. 国际汽车贸易的五大出口国和进口国是哪些？为何说中国只是汽车生产大国而非汽车生产强国？
5. 韩、中、日三大造船国各在什么船型上占有优势？为什么？
6. 工业产品中哪几大类容易发生贸易摩擦？试举一类商品说明原因何在。

第十四章 自由贸易区

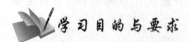学习目的与要求

1. 了解自由贸易区的基本类型和各自特点;
2. 明白关税同盟的经济效应;
3. 熟悉欧盟、北美自由贸易区和亚太经合组织;
4. 关注自由贸易区和区域一体化发展的状况。

【开篇案例】 香农自由贸易区①

香农镇(Shannon Town)位于爱尔兰西部香农河入海口北岸的香农湾,面向大西洋。香农原本是一个小村庄,由于诞生了世界上第一个免税工业区和第一个自由贸易区,现已发展成颇具规模的新兴城市。

香农自由贸易区占地 600 英亩,区内基础设施先进,毗邻香农国际机场,陆运与海运交通便利;光纤通信与宽带网络连接欧、美主要大城市;完善的办公场所与生产厂房等设施可供租赁或购买,水、电等能源供应充足;周边的 Limerick 大学、Limerick 工学院等高校有着良好的科研与实业相结合的传统;熟练技术工人充足,整体劳动力素质较高;区内提供优惠的鼓励投资的税收、融资、财政等方面经济支持,有着健全高效的配套服务业。

香农出口加工区带动了整个香农地区的发展。面积 10 000 平方千米的香农地区,人口约 40.7 万,现有 610 多家本土公司、120 家外商投资制造业企业及国际服务业企业,雇员总数超过 8 000 人,年出口值达 20 亿美元,进口总值为 10 亿美元。该区现已成为欧洲最具吸引力的国际商业区之一。

---

① 摘编自《欧罗巴外贸论坛》2007 年 5 月 23 日。

第一节　自由贸易区概况

一、自由港

1. 自由港的概念

自由港(Free Port)是指全部或绝大多数外国商品可以免税进出的港口,划在一国的关税国境(即关境)以外。自由港在不同国家和地区也被称为自由口岸、自由贸易区、对外贸易区。这类港口划在一国关境之外,外国商品进出港口时,除免交关税外,还可在港内自由改装、加工、长期储存或销售。但区内的机构和人员必须遵守所在国的有关政策和法令。

自由港最早产生于欧洲,法国马赛港在13世纪就开辟了自由贸易区。1547年,意大利正式将热那亚湾的里南那港(又译为雷格亨港 Leghoyn)定名为世界上第一个自由港。随后,意大利的威尼斯(1661年)、法国的马赛(1669年)、西班牙的直布罗陀(1705年)等自由港或自由贸易区相继辟建。如今,在欧盟地区,最具代表性的自由港是汉堡港和不来梅港。随着世界经济和贸易的发展,自由港的数量越来越多,目前,世界上的自由港、区已达130多个。

2. 自由港的功能与分类

自由港主要从事转口贸易。有些自由港与非自由港区域划分明显,但有些划分不明显。一些不处于港口地区的自由贸易区,除转口贸易外,还从事加工、旅游、服务等行业。开辟自由港可以扩大转口贸易,并从中获得各种服务费用,扩大外汇收入。

自由港绝大部分位于沿海港口,也可位于内陆地区(如内陆国瑞士就有20个自由港)。绝大部分凭借其优越的地理位置、良好的港口和先进的装卸设备,以豁免货物进出口关税和海关监督的优惠,以及开展货物储存、分级挑选、改装等业务便利,通过吸引外国货船、扩大转口贸易,发挥商品集散中心作用,以达到赚取外汇收入的目的而发展起来。自由港与保税区相似,其不同在于贸易优惠措施的空间范围不同而已。

(1) 完全自由港和有限自由港

按限制程度,自由港可分为完全自由港和有限自由港。前者对外国商品一律免征关税,目前,世界上的完全自由港已为数不多;后者仅对少数指定出口商品征收关税或实施不同程度的贸易限制,其他商品可享受免税待遇,世界绝大部分自由港均属此类,如直布罗陀、汉堡、香港、新加坡、槟榔屿、吉布提等。

(2) 自由港市和自由港区

按其范围大小,自由港还可分为自由港市和自由港区。前者包括港口及所在城市全部地区,均被划为非关税区,外商可自由居留及从事有关业务,所有居民和旅客均享受关税优惠,如新加坡和中国香港。后者仅包括港口及所在城市的一部分,不允许外商自由居留,如汉堡、哥本哈根等。

3. 自由港的主要作用

自由港对一个地区甚至一个国家外向型经济的发展有以下重要作用:

(1) 提高对船东、货主的吸引力,扩大港口吞吐量,提高港口的中转功能;

(2) 自由港的发展会促进港口向综合性、多功能方向发展,使港口成为外向型经济中心,同时促进港口所在地区外向型经济发展;

(3) 最大限度地适应国际贸易灵活性的要求,提高贸易中各方的经济效益;

(4) 促进自由港及毗邻地区的就业和第三产业的繁荣。

4. 自由港对港口发展的利弊

(1) 优势。自由港能够享受到进口保税政策,客户可以根据自己的生产或者交易需要,每次只针对小批量的货物进行报关和提货,降低客户的物流成本。客户进入港内即视为出境,不仅可以办理出口退税,还可以通过合同洽谈提前收汇,提高了客户资金的流动速度,降低了客户的资金成本。有利于推动转口贸易的发展,即贸易企业从境外进口货物存放于自由港内,不需交纳任何关税,而是根据交易情况,从港内向境外其他地区分拨,有利于推动国际物流分拨中心的建设,即贸易企业将货物卖给收货人后,既可收到货款,而收货人不必将货物集中运输到某一地区,而是根据需要,向世界其他地区进行分拨运输。

(2) 劣势。由于自由港是境内关外概念,凡进入港区的货物则视为出境,必须办理相关的海关手续,内贸货物无法进行操作。另外,进入港区的货物需要办理出境的有关手续,一方面,一些铁路散货或者公路散货发运的货物,在贸易没有完成时,无法进入自由港内进行仓储,无法满足口岸的多种需求;另一方面,已进入港区的货物,如果退关重新"入境"不是十分便利。在自由港内,海关基本上不予以监管,这也存在一定的安全隐患;另外,自由港还有可能成为"避税天堂",对政府税收有一定影响。因此,荷兰的鹿特丹和比利时的安特卫普港均未开辟自由港[①]。

因此,一个港口是否设立自由港,应根据国家和地区发展目标及港口条件进行权衡分析,最终作出最有利的慎重选择。

---

① 张迈:"欧洲自由港的启示",《中国水运》,2009年1月8日。

二、自由贸易区

1. 自由贸易区及其分类

自由贸易区又称自由区、出口自由区、自由关税、免税贸易区、免税区、自由贸易港、自由市、自由工业区、投资促进区及对外贸易区等,是指在主权国家或地区的关境以外,划出特定区域,准许外国商品豁免关税自由进出。实质上是采取自由港政策的关税隔离区。狭义的自由贸易区仅指提供区内加工出口所需原料等货物的进口豁免关税的地区,类似于出口加工区。广义的自由贸易区是指两个或以上国家就某些甚至全部相互间贸易商品所做的互免关税的安排。

自由贸易区按类型分为商业自由区和工业自由区。前者不允许货物进行拆包零售和加工制造;后者允许免税进口原料、元件和辅料,并可以在指定加工作业区加工制造。贸易性是自由贸易区的鲜明特点。为充分利用其位于或邻近国际贸易地区通道的优势,发展转口贸易,规定只要是主权国家允许进出口的商品,均可进入区内,并可免交关税,也不必办理海关手续;商品进区后,可储存、拆散、分级、分类、重新包装、重新标签、与外国或国内商品混合和再出口等。除对这类商品进入所在国其他地区限制较严外,对进出自由港区的活动不加限制。

2. 自由贸易区与自由港

狭义的自由贸易区是从自由港发展而来的,通常设在港口的港区或邻近港口的地区,尤以经济发达国家居多,例如,美国有对外贸易区92个。早在20世纪50年代初,美国就明确提出,可在自由贸易区发展以出口加工为主的制造业。60年代后期,一些发展中国家也开始利用这一形式,并将它建成为特殊的工业区,逐步发展成为出口加工区。80年代后,许多国家的自由贸易区积极向高技术、知识和资本密集型发展,形成"科技型自由贸易区"。

广义的自由贸易区除了具有自由港的大部分特点外,还可以吸引外资设厂、发展出口加工企业以及允许和鼓励外资设立大的商业企业、金融机构等,以促进区内经济综合、全面地发展。自由贸易区的局限在于,它会导致商品流向的扭曲和避税。如果没有其他措施作为补充,第三国很可能将货物先运进一体化组织中实行较低关税或贸易壁垒较低的成员国,然后再将货物转运到实行高贸易壁垒的成员国。为了避免出现这种商品流向的扭曲,自由贸易区组织均制定了"原产地原则",规定只有自由贸易区成员国的"原产地产品"才能享受成员国之间给予的自由贸易待遇。理论上,凡是制成品在成员国境内生产的价值占产品价值总额50%以上时,该产品应视为原产地产品。原产地原则的含义表明自由贸易区对非成员国的某种排他性。现实中比较典型的广义自由贸易区是北美自由贸易区(North America Free Trade Area)。

3. 设置自由贸易区的作用

(1) 利用其作为商品集散中心的地位,扩大出口贸易和转口贸易,提高设置国家和地区在国际贸易中的地位,增加外汇收入;

(2) 有利于吸引外资,引进国外先进技术与管理经验;

(3) 有利于扩大劳动就业;

(4) 在港口、交通枢纽和边境地区设区,可起到繁荣港口、刺激所在国交通运输业发展和促进边区经济发展的目的;

(5) 广义的自由贸易区可以消除贸易障碍,降低生产成本,扩大贸易机会,提高劳动生产率和经济发展水平。

【专栏】 汉堡和不来梅港

汉堡港是世界上最大的自由港和欧洲第二大集装箱港,拥有港口、拼装、加工等功能;不来梅港拥有港口、拆装作业、汽车滚装等功能。自由港内进口保税,没有滞报期概念。

汉堡自由港的海关监管模式是:通过围网实行封闭管理,海关监管的重点是避免走私、毒品交易等,查验率较低,不到1%;对于港内的企业行为,如货物的交易及位移等,海关不进行监管,只有当货物进出自由港时,海关才进行相应的监管。

汉堡港的货物构成是:65%～70%的货物来自于腹地,30%～35%的货物来自于中转,即其他国家经汉堡港、不来梅港中转到波罗的海、东欧等地的货物。受自由港"境内关外"的条件限制,汉堡自由港内不允许运作内贸货物。铁路货物进入自由港之前,必须向海关提供详细的数据及报关单证,取得海关批准后才可以进入自由港。在相距不远的不来梅港,铁路场站设在自由港外,整列火车可以在铁路场站内拆解后再进入港内。

汉堡港与不来梅港为了避免竞争带来的不利影响,采取相互参股的方式进行规避。

(摘自张迈"欧洲自由港的启示",《中国水运》,2009年1月8日)

三、关税同盟

1. 关税同盟及其特征

关税同盟(Customs Union)是指两个或两个以上国家缔结协定,建立统一的关境,在统一关境内缔约国相互间减让或取消关税,对从关境以外的国家或地区进口的商品则实行共同的关税税率和外贸政策。

关税同盟的主要特征是:成员国相互之间不仅取消了贸易壁垒,实行自由贸易,还建立了共同对外关税。也就是说,关税同盟的成员除相互同意消除彼此的贸易障碍之外,还采取共同对外的关税及贸易政策。GATT规定,关税同盟如果不是立即成立,而是经过一段期间逐步完成,则应在合理期限内完成,这个期限一般不超过10年。

2. 关税同盟的排他性保护措施

(1) 减低直至取消同盟内部的关税。为达到这一目的,同盟往往规定成员国在同盟内部必须在一定期限内分阶段、逐步地从各自现行的对外关税税率过渡到同盟所规定的统一关税税率,直至最后取消成员国彼此间的关税。

(2) 制定统一的对外贸易政策和对外关税税率。同盟国成员必须在规定时间内,分别调高或调低各自原有的对外关税税率,最终建立共同的对外关税税率;并且逐步统一各自的对外贸易政策,如对外歧视政策、进口数量限制等。

(3) 对从同盟外进口的商品,根据商品的种类和提供国的不同,征收共同的差别关税,如特惠税率、协定国税率、最惠国税率、普通优惠税率、普通税率等。

(4) 制定统一的保护性措施,如进口限额、卫生防疫标准等。

3. 关税同盟的分类

关税同盟大体可分为两类:一类是发达国家间建立的,如欧洲经济共同体的关税同盟,其目的在于确保西欧国家的市场,抵制美国产品对欧洲市场的冲击,促进内部贸易的发展,推进欧洲经济一体化的进程;另一类是发展中国家建立的关税同盟,其目的主要是为了维护本地区各国的民族利益,促进区内的经济合作和共同发展,如中非关税同盟与经济联盟、安第斯条约组织、加勒比共同体和共同市场、西非国家经济共同体、大湖国家经济共同体、中非国家经济共同体等。

4. 关税同盟的经济效应

关税同盟从欧洲开始,是经济一体化的组织形式之一。对内倡导减免关税和贸易限制,商品自由流动;对外实行统一的关税和对外贸易政策。关税同盟有静态效应和动态效应两种经济效应。

(1) 关税同盟的静态效应

关税同盟的静态效应包括贸易创造效应和贸易转移效应。贸易创造效应是指产品由生产成本较高的国内生产转向成本较低的贸易对象国生产,本国从其他成员国进口产品所带来的利益。贸易转移效应是指产品过去从生产成本较低的非成员国进口,后来转向从成本较高的成员国进口的损失。这两种效应都是参加关税同盟的好处和代价。当贸易创造效应大于贸易转移效应时,参加关税同盟给成员国带来的综合效应就是净效应,这意味着成员国经济福利水平的提高;反之,则为净损失和经济福利水平的下降。

(2) 关税同盟的动态效应

关税同盟不仅会给参加国带来静态影响,还会带来某些动态影响。有时,这种动态效应比其静态效应更为重要,对成员国经济增长有促进作用。

① 规模经济效应。关税同盟的第一个动态效应就是大市场效应(即规模经济效应)。关税同盟建立以后,为成员国之间产品的相互出口创造了良好的条件。这种市场范围的扩大,促进了企业生产的发展,使生产者可以不断扩大生产规模,降低成本,享受到规模经济的利益,并且可进一步增强同盟内的企业对外(特别是对非成员国同类企业)的竞争能力。因此,关税同盟所创造的大市场效应引发了企业规模经济的实现。

② 竞争效应。关税同盟的建立促进了成员国之间企业的竞争。在各成员国组成关税同盟以前,许多部门已经形成了国内的垄断,几家企业长期占据国内市场,获取超额垄断利润。因而不利于各国的资源配置和技术进步。组成关税同盟后,由于各国市场相互开放,各国企业面临着来自其他成员国同类企业的竞争。结果,各企业为了在竞争中取得有利地位,必然会纷纷改善生产经营效率,增加研究与开发投入,增强采用新技术的意识,不断降低生产成本,从而在同盟内营造一种浓烈的竞争气氛,提高生产效率,促进技术进步。

③ 吸引外资效应。关税同盟的建立,意味着对来自非成员产品的排斥,同盟外的国家为了抵消这种不利影响,可能会将生产点转移到关税同盟内的一些国家,在当地直接生产并销售,以便绕过统一的关税和非关税壁垒。这样,客观上便产生了一种伴随生产转移而生的资本流入,吸引了大量的外国直接投资。

(3) 关税同盟的动态劣势

关税同盟的形成也会带来以下动态劣势:

① 关税同盟促成了新的垄断的形成,如果关税同盟的对外排他性很强,那么,这种保护所形成的新垄断又会成为技术进步的严重障碍。除非关税同盟不断有新的成员国加入,从而不断有新的刺激,否则,由此产生的技术进步缓慢现象就不容忽视。

② 关税同盟可能会拉大成员国不同地区之间经济发展水平的差距。关税同盟建立以后,资本逐步向投资环境比较好的地区流动,如果没有促进地区平衡发展的政策,一些国家中的落后地区与先进地区的差距将逐步拉大。

5. 关税同盟与自由贸易区

关税同盟和广义的自由贸易区是经济一体化的两种形式,也是第二次世界大战后世界经济发展的一种重要现象。

根据《关贸总协定》第二十四条第 8 款(甲)项规定:"关税同盟应理解为以一个单独的关税领土代替两个或两个以上的关税领土,因此,①对同盟的组成领土之间的贸易,或至少对这些领土产品的所有贸易,实质上已取消关税和其他贸易限制……②同盟的每个成员对于同盟以外领土的贸易,已实施实质上同样的关税或其他贸易规章。"根据这个定义,关税同盟内取消一切内部关税壁垒和关税措施,同盟成员采取统一对外的关税壁垒和非关税壁垒。

根据《关贸总协定》第二十四条第8款(乙)项规定:"自由贸易区应理解为由两个或两个以上的关税领土所组成的集团,对原产于这些组成领土的产品的贸易,已实质上取消关税或其他贸易限制的集团……"可见,广义的自由贸易区有两个特点:一方面,在该集团内成员相互之间取消关税或其他贸易限制;另一方面,各个成员又各自独立地保留自己的对外贸易政策,尤其是关税政策。所以,有人把广义的自由贸易区称为半关税同盟。

【专栏】 关税同盟为何比自由贸易区更具排他性?

广义的自由贸易区,是指两个或两个以上的国家或地区或单独关税区组成的区内取消关税和其他非关税限制、区外实行保护贸易的特殊经济区域或经济集团,如北美自由贸易区。自由贸易区有两个特点:一方面,在该集团内成员相互之间取消关税或其他贸易限制;另一方面,各个成员又各自独立地保留自己的对外贸易政策,尤其是关税政策。因此,有人把自由贸易区称为半关税同盟。

关税同盟是指两个或两个以上的国家缔结协定,建立统一的关境,在统一关境内缔约国相互间减让或取消关税,对从关境以外的国家或地区的商品进口则实行共同的关税税率和外贸政策。关税同盟的主要特征是:成员国相互之间不仅取消了贸易壁垒,实行自由贸易,还建立了共同对外关税。

也就是说,关税同盟的成员除相互同意消除彼此的贸易障碍之外,还采取共同对外的关税及贸易政策。它避免了自由贸易区需要以原产地原则作为补充以保持商品正常流动的问题。代替原产地原则的是筑起共同的"对外壁垒",从这个意义上看,关税同盟比自由贸易区的排他性更强一些。所以,其抵御外来风险的能力也更强!

(摘自 http://zhidao.baidu.com/question/27765486.html)

四、经济共同体

经济共同体是由几个国家组成的一体化组织,具有某些超国家机制和职能。典型的经济共同体主要有欧洲经济共同体(European Communities, EC)和西非经济共同体(Economic Community of West African States, ECOWAS)。

1. 欧洲经济共同体

欧洲经济共同体是西欧国家推行欧洲经济、政治一体化并具有一定超国家机制和职能的国际组织,是欧洲煤钢共同体、欧洲原子能共同体和欧洲经济共同体的总称,又称欧洲共同市场,简称欧共体。

(1)成立和发展。欧洲统一思潮存在已久,第二次世界大战后进入高潮。

1950年5月9日,法国外长R·舒曼提出欧洲煤钢共同体计划(即舒曼计划),旨在约束德国。1951年4月18日,法、意、联邦德国、荷、比、卢六国签订了为期50年的《关于建立欧洲煤钢共同体的条约》(又称《巴黎条约》)。1955年6月1日,参加欧洲煤钢共同体的六国外长在意大利墨西拿举行会议,建议将煤钢共同体的原则推广到其他经济领域,并建立共同市场。1957年3月25日,六国外长在罗马签订了建立欧洲经济共同体与欧洲原子能共同体的两个条约,即《罗马条约》,于1958年1月1日生效。1965年4月8日,六国签订了《布鲁塞尔条约》,决定将欧洲煤钢共同体、欧洲原子能共同体和欧洲经济共同体统一起来,统称欧洲共同体。条约于1967年7月1日生效。欧共体总部设在比利时的布鲁塞尔。1991年12月11日,欧共体马斯特里赫特首脑会议通过了建立欧洲经济货币联盟和欧洲政治联盟的《欧洲联盟条约》(通称《马斯特里赫特条约》,简称《马约》)。1992年2月1日,各国外长正式签署《马约》。经欧共体各成员国批准,《马约》于1993年11月1日正式生效,欧共体开始向欧洲联盟过渡。

(2) 成员国。欧共体创始国为法国、联邦德国、意大利、荷兰、比利时和卢森堡六国。1973年,丹麦、爱尔兰和英国加入欧共体,1981年,希腊加入欧共体。1986年,西班牙和葡萄牙加入欧共体。1995年奥地利、瑞典、芬兰与挪威加入欧共体。

(3) 宗旨和组织机构。欧洲共同体的基础文件《罗马条约》规定其宗旨是:在欧洲各国人民之间建立愈益密切的、联合的基础,清除分裂欧洲的壁垒,保证各国经济和社会的进步,不断改善人民生活和就业的条件,并通过共同贸易政策促进国际交换。在修改《罗马条约》的《欧洲单一文件》中强调:欧共体及欧洲合作旨在共同切实促进欧洲团结地发展,共同为维护世界和平与安全做出应有的贡献。欧共体下设:

① 理事会。包括欧洲联盟理事会和欧洲理事会。欧洲联盟理事会原称部长理事会,是欧共体的决策机构,拥有欧共体的绝大部分立法权。欧洲联盟理事会分为总务理事会和专门理事会,前者由各国外长参加,后者由各国其他部长参加。欧洲理事会(即欧共体成员国首脑会议)为欧共体内部建设和对外关系制定大政方针。自1975年起,使首脑会议制度化,并正式称为欧洲理事会。1987年7月生效的《欧洲单一文件》中规定,欧洲理事会由各成员国国家元首或政府首脑以及欧洲共同体委员会主席组成,每年至少举行两次会议。《马约》则明确规定了欧洲理事会在欧洲联盟中的中心地位。理事会主席由各成员国轮流担任,任期半年。顺序基本按本国文字书写的国名字母排列。

② 委员会。欧共体委员会是常设执行机构。负责实施欧共体条约和欧共体理事会作出的决定,向理事会和欧洲议会提出报告和建议,处理欧共体日常事

务,代表欧共体进行对外联系和贸易等方面的谈判。委员会的组成方式是:法国、德国、英国、意大利、西班牙各两人,其他成员国各1人。主席由首脑会议任命,任期两年;委员由部长理事会任命,任期4年。

③ 欧洲议会。欧共体的监督、咨询机构。欧洲议会有部分预算决定权,并可以2/3多数弹劾委员会,迫其集体辞职。议员共有518名,法国、德国、英国、意大利各81名,西班牙60名,荷兰25名,比利时、希腊、葡萄牙各24名,丹麦16名,爱尔兰15名,卢森堡6名。议长任期两年半,议员任期5年。议会秘书处设在卢森堡。每月一次的议会例行全体会议在法国斯特拉斯堡举行,特别全体会议和各党团、委员会会议在布鲁塞尔举行。

④ 欧洲法院。欧共体的仲裁机构。负责审理和裁决在执行欧共体条约和有关规定中发生的各种争执。

⑤ 审计院。欧共体审计院成立于1977年10月,由12人组成,均由理事会在征得欧洲议会同意后予以任命。审计院负责审计欧共体及其各机构的账目,审查欧共体收支状况,并确保对欧共体财政进行正常管理。其所在地为卢森堡。

此外,欧共体还设有经济和社会委员会、欧洲煤钢共同体咨询委员会、欧洲投资银行等机构。

2. 西非国家经济共同体

(1) 成立和发展。1975年5月28日,在尼日利亚和多哥元首的倡议下,15个西非国家和政府的代表在尼日利亚的拉各斯召开首脑会议,签订了《西非国家经济共同体条约》,正式成立了西非国家经济共同体,简称西共体。

(2) 成员国。西共体是非洲最大的区域性经济合作组织,其成员国总面积达511万平方千米,超过非洲总面积的六分之一,人口近2.3亿,约为非洲人口总数的三分之一。西共体现有15个成员国,分别是贝宁、布基纳法索、多哥、佛得角、冈比亚、几内亚、几内亚比绍、加纳、科特迪瓦、利比里亚、马里、尼日尔、尼日利亚、塞拉利昂和塞内加尔。

(3) 西共体关税同盟与统一货币。西共体自成立以来,一直致力于协调成员国经济发展,推动地区经济一体化进程。2003年2月,西共体投资与发展银行宣布成立,总部设在多哥首都洛美。

2008年,建立西共体关税同盟,并宣布将启动冈比亚等五国组成的第二货币区,于2007年发行第一套西非地区单一货币。

(4) 西共体统一护照。为加快西非地区经济一体化进程,从2004年1月起,西共体开始实行统一护照。各成员国公民持统一护照不需事先获得签证,便可前往西共体任何国家旅行、工作和定居,完全实现了成员国间人员的自由流动。这一举措使西非地区成为非洲大陆目前唯一公民可自由流动的地区。

五、经济一体化

1. 经济一体化的定义

经济一体化(Economic Integration)是指两个或两个以上国家在现有生产力发展水平和国际分工的基础上,由政府间通过协商缔结条约,建立多国经济联盟。在这个多国经济联盟的区域内,商品、资本和劳务能够自由流动,没有任何贸易壁垒,并有一个统一的机构来监督条约的执行和实施共同的政策及措施。

广义的经济一体化即世界经济一体化,是指世界各国经济之间彼此相互开放,形成相互联系、相互依赖的有机体。

狭义的经济一体化即地区经济一体化,是指区域内两个或两个以上国家或地区,在一个由政府授权组成的并具有超国家性的共同机构下,通过制定统一的对内、对外经济政策、财政与金融政策等,消除国家之间阻碍经济贸易发展的障碍,实现区域内互利互惠、协调发展和资源优化配置,最终形成一个政治经济高度协调统一的有机体的过程。

2. 经济一体化的四种形式

根据各参加国的具体情况和条件以及它们的目标要求,经济一体化可分为自由贸易区、关税同盟、共同市场和经济联盟四种形式。

(1) 自由贸易区。自由贸易区是指由签订自由贸易协定的国家组成的贸易区。成员国之间免征关税和取消其他贸易限制。

(2) 关税同盟。关税同盟是指两个或两个以上国家为了取消彼此之间的关税或各种贸易壁垒,建立共同的对外关税而缔结的同盟。在同盟内部,商品自由流通和自由竞争。关税同盟在一体化程度上比自由贸易区进了一步。

(3) 共同市场。共同市场指在关税同盟基础上实现生产要素的自由流动,在同盟内建立关税、贸易和市场一体化。其最终目标是要实现完全的经济联盟。

(4) 经济联盟。经济联盟是经济一体化的最终发展目标和最高级的形式。它要求其成员国在实现关税、贸易和市场一体化的基础上,建立一个超国家的管理机构,在国际经济决策中采取同一立场,实行统一的货币制度和组建统一的银行机构,进而在经济、财政、货币、关税、贸易和市场等方面实现全面的经济一体化。

第二节 欧　　盟

一、欧盟的由来

欧洲联盟(European Union,EU),简称欧盟,是由欧洲共同体(European Communities)发展而来的,是一个集政治实体和经济实体于一身、在世界上具有重要影响的区域一体化组织。1991年12月,欧洲共同体马斯特里赫特首脑会议通过《欧洲联盟条约》,通称《马斯特里赫特条约》(简称《马约》)。1993年11月1日,《马约》正式生效,欧盟正式诞生。总部设在比利时首都布鲁塞尔。

欧盟成立后,经济快速发展,人均国内生产总值由1997年的1.9万美元上升到2013年的3.51万美元。欧盟的经济总量从1993年的约6.7万亿美元增长到2013年的17.5万亿美元。

二、欧盟东扩

2002年,欧盟15国外长会议决定邀请塞浦路斯、匈牙利、捷克、爱沙尼亚、拉脱维亚、立陶宛、马耳他、波兰、斯洛伐克和斯洛文尼亚10个中东欧国家入盟。2004年5月,这10个国家正式成为欧盟的成员国。这是欧盟历史上的第五次扩大,也是规模最大的一次扩大。2007年1月,罗马尼亚和保加利亚两国加入欧盟。2013年,克罗地亚入盟。欧盟经历了七次扩大,成为一个涵盖28个国家、总人口超过5亿、"国内生产总值"高达17.5万亿美元的当今世界上经济实力最强、一体化程度最高的国家联合体。

截至2014年1月,欧盟已共有28个成员国,它们是法国、德国、意大利、荷兰、比利时、卢森堡、英国、丹麦、爱尔兰、希腊、葡萄牙、西班牙、奥地利、瑞典、芬兰、马耳他、塞浦路斯、波兰、匈牙利、捷克、斯洛伐克、斯洛文尼亚、爱沙尼亚、拉脱维亚、立陶宛、罗马尼亚和保加利亚。

三、欧盟的组织结构

欧盟的主要组织机构有欧洲理事会(European Council)、欧盟理事会(Council of European Union)、欧盟委员会(Commission of European Union)、欧洲议会(European Parliament)、欧洲法院(European Court of Justice)和欧洲

审计院(European Court of Auditors)。

1. 欧洲理事会

欧洲理事会即欧盟首脑会议,是欧盟的最高决策机构。它由欧盟成员国国家元首或政府首脑及欧盟委员会主席组成,理事会主席由各成员国轮流担任,任期半年。顺序基本按本国文字书写的国名字母排列。欧盟首脑会议主要负责制定"总的政治指导原则",其决策采取协商一致的原则。目前,欧盟首脑会议为每半年举行两次,必要时举行特别会议。

2. 欧盟理事会

欧盟理事会又称欧盟各国部长理事会,是欧盟的决策机构,由欧盟首脑会议和部长理事会组成。理事会实行轮值主席国制,每个国家任期半年。对外实行"三驾马车"代表制,由现任主席国、下任主席国以及欧盟机构代表组成。欧盟首脑会议是欧盟最高决策机构,负责确定大政方针,由成员国国家元首或政府首脑组成,每任主席国期间举行一次首脑会议,并视情况召开一次特别首脑会议。欧盟部长理事会负责日常决策并拥有欧盟立法权,由成员国外长或专业部长组成。其中,外长理事会称为"总务理事会",处理对外关系和总体政策,每月召开一次会议。

3. 欧盟委员会

欧盟委员会是欧盟的执行机构,负责实施欧盟条约和理事会决定、向理事会提出立法动议、监督欧盟法规的实施、代表欧盟负责对外联系及经贸谈判、对外派驻使团。实行集体领导和多数表决制。委员会由1位主席、5位副主席、28位委员组成。委员由成员国政府推荐,并征得欧洲议会同意,任期5年。委员会下设37个总司。总部设在比利时首都布鲁塞尔法律大街200号一座十字形的大厦内。

4. 欧洲议会

欧洲议会是欧盟的立法、监督和咨询机构,其地位和作用及参与决策的权力正在逐步扩大。议会大厦设在法国斯特拉斯堡,议会秘书处设在卢森堡;自1979年起,欧洲议会议员由成员国直接普选产生,任期5年。

5. 欧洲法院

欧洲法院是欧盟的仲裁机构,负责审理和裁决在执行欧盟条约和有关规定中发生的各种争执。法官和检察官由成员国政府共同任命。

6. 欧洲审计院

欧洲审计院负责欧盟的审计和财政管理。

四、欧元区

1. 统一货币政策的提出

1992年,《马斯特里赫特条约》签署后,决定在1999年1月1日开始实行单一货币欧元和在实行欧元的国家实施统一货币政策。1999年1月1日,欧盟当时15个成员国中的12个成员国奥地利、比利时、芬兰、法国、德国、希腊、爱尔兰、意大利、卢森堡、荷兰、葡萄牙和西班牙达到了《欧洲联盟条约》在1992年确立的欧洲经济一体化并向欧元过渡的四项统一标准,因此,欧元成为这12国的单一货币。

2. 欧洲央行成立与欧元发行

1998年6月,欧洲中央银行于法兰克福正式成立。1999年1月,欧元进入国际金融市场,并允许银行和证券交易所进行欧元交易。欧元纸币和硬币于2002年1月才正式流通;2002年7月,欧元区成员国货币退出流通,欧元成为欧元区唯一的合法货币。

3. 欧元区成员

目前,使用欧元的国家有德国、法国、意大利、荷兰、比利时、卢森堡、爱尔兰、希腊、西班牙、葡萄牙、奥地利、芬兰、斯洛文尼亚、塞浦路斯、马耳他、斯洛伐克、爱沙尼亚、拉脱维亚,共18个成员国、3.3亿人口。

4. 加入欧元区的资格

欧盟成员国要加入欧元区,必须达到下列标准:第一,每个成员国的政府开支削减至不超过GDP的3%;第二,国债必须保持在GDP的60%以下或正在快速接近这一水平;第三,通货膨胀率不能超过3个最佳成员国上年平均通货膨胀率的1.5%;第四,该国货币至少在两年内必须维持在欧洲货币体系的正常波动幅度以内。欧盟对成员国加入欧元区的时间并没有固定的要求,每一个成员国将根据各自国家的情况,按照自己的时间表申请加入。

第三节　北美自由贸易区

一、全球第一个跨国自由贸易区

1. 成员

北美自由贸易区(North American Free Trade Area,NAFTA)由美国、加拿

大和墨西哥三国组成。1992年8月12日,三国就《北美自由贸易协定》达成一致意见,并于同年12月17日由三国领导人分别在各自国家正式签署。1994年1月1日,协定正式生效,北美自由贸易区宣布成立。

2. 宗旨

协定的宗旨是:取消贸易壁垒;创造公平的条件,增加投资机会;保护知识产权;建立执行协定和解决贸易争端的有效机制,促进三边和多边合作。

北美自由贸易区的组织机构体系包括自由贸易委员会、秘书处、专门委员会、工作组、专家组、环境合作委员会、劳工合作委员会、各国行政办事处、北美发展银行和边境环境委员会。

3. 影响

《北美自由贸易协定》的签订,对北美各国乃至世界经济都产生了重大影响。

(1) 积极影响。对美国而言,第一,制造业和高科技部门将增加对加拿大、墨西哥的出口。第二,美国西部投资的扩大。第三,由于生产和贸易结构的调整结果,将会出现大量劳动力投入到那些关键工业部门。第四,协定对墨西哥向美国的移民问题将起到制约作用。

(2) 消极影响。一是技术性不强的消费品工业对美国不利;二是为改善墨西哥与美国边境环境条件,美国要付出60亿~100亿美元的经济和社会费用;三是关税削减使美国减少大笔收入,加重了美国的财政压力。协定对加拿大、墨西哥两国的财政收入同样有很大的影响。

(3) 对国际贸易和资本流动的影响。北美自由贸易区的建立,一方面扩大了区域内贸易;但另一方面,使区域外一些国家担心贸易保护主义抬头,对向美国出口构成威胁。

二、北美自由贸易区的建立步骤

1. 美加自由贸易区的建立

1985年3月,加拿大总理马尔罗尼在与美国总统里根会晤时,首次正式提出美、加两国加强经济合作、实行自由贸易的主张。由于两国经济发展水平及文化、生活习俗相近,交通运输便利,经济上的互相依赖程度很高,所以,自1986年5月开始经过一年多的协商与谈判,于1987年10月达成了协议。次年1月2日,双方正式签署了《美加自由贸易协定》。经美国国会和加拿大联邦议会批准,该协定于1989年1月生效。

《美加自由贸易协定》规定在10年内逐步取消商品进口(包括农产品)关税和非关税壁垒,取消对服务业的关税限制和汽车进出口的管制,开展公平、自由的能源贸易。在投资方面,两国将提供国民待遇,并建立一套共同监督的有效程序和解决相互间贸易纠纷的机制。另外,为防止转口逃税,还确定了原产地原则。美、加自由贸易区是一种类似于共同市场的区域经济一体化组织,标志着北美自由贸易区的萌芽。

2. 北美自由贸易区的成立

由于区域经济一体化的蓬勃发展和《美加自由贸易协定》的签署,墨西哥开始把与美国建立自由贸易区的问题列上议事日程。1986年8月,两国领导人提出双边的框架协定计划,并于1987年11月签订了一项有关磋商两国间贸易和投资的框架原则和程序的协议。在此基础上,两国进行多次谈判,于1990年7月正式达成了《美墨贸易与投资协定》(也称"谅解"协议)。同年9月,加拿大宣布将参与谈判。三国于1991年6月12日在加拿大的多伦多举行首轮谈判,经过14个月的磋商,终于在1992年8月12日达成了《北美自由贸易协定》。该协定于1994年1月1日正式生效,北美自由贸易区宣告成立。

三、北美自由贸易区的显著特征

北美自由贸易区是典型的南北双方为共同发展与繁荣而组建的区域经济一体化组织,南北合作和大国主导是其最显著的特征。具体表现为以下四个方面。

1. 南北合作

北美自由贸易区既有经济实力强大的发达国家(如美国),也有经济发展水平较低的发展中国家,区内成员国的综合国力和市场成熟程度差距很大,经济上的互补性较强。各成员国在发挥各自比较优势的同时,通过自由的贸易和投资,推动区内产业结构的调整,促进区内发展中国家的经济发展,从而减少与发达国家的差距。

2. 大国主导

北美自由贸易区是以美国为主导的自由贸易区。由于美国在世界上经济发展水平最高、综合实力最强;加拿大虽是发达国家,但其GDP仅为美国的7.9%(1996年数据),经济实力远不如美国;墨西哥是发展中国家,对美国经济的依赖性很强,因此,北美自由贸易区的运行方向与进程在很大程度上体现了美国的意愿。

3. 减免关税的不同步性

由于墨西哥与美国、加拿大的经济发展水平差距较大,而且在经济体制、经济结构和国家竞争力等方面存在较大的差别,因此,自《美加自由贸易协定》生效以来,美国对墨西哥的产品进口关税平均下降84%,而墨西哥对美国的产品进口关税只下降43%;墨西哥在肉、奶制品、玉米等竞争力较弱的产品方面有较长的过渡期。同时,一些缺乏竞争力的产业部门有10~15年的缓冲期。

4. 战略的过渡性

美国积极倡导建立的北美自由贸易区,实际上只是美国战略构想的一个前奏,其最终目的是为了在整个美洲建立自由贸易区。美国试图通过北美自由贸易区来主导整个美洲,一来为美国提供巨大的潜在市场,促进其经济的持续增长;二来为美国扩大其在亚太地区的势力,与欧洲争夺世界的主导权。1990年6月27日,美国总统布什在国会提出了开创"美洲事业倡议",随后,美国于1994年9月正式提出"美洲自由贸易区"计划。同年12月,在美国迈阿密举行了由北美、南美和加勒比海所有国家(古巴除外)共34个国家参加的"美洲首脑会议",会议决定于2005年建成美洲自由贸易区。

【专栏】 墨西哥的麻烦在于:离天堂太远,离美国太近

墨西哥从1994年加入北美自由贸易区至2004年10年间,GDP的年平均增长不到2%。这同以前良好的(可以作为发展中国家样板的)经济增长率形成了对照。墨西哥一直都是自由经济思想最严格的实验场,经受着不同思想流派间好勇斗狠的压力。混合着亲美情调的萨利纳斯式的经济自由主义,总要提防来自民粹主义的冷箭。但是,10年的经济疲乏是一种有力的反证:墨西哥对美国的恋曲浅浅逝去,新的民族主义加紧复活。

墨西哥是个古怪的国度。古怪在于,它改革的激进程度是惊人的。但它改革的暗角也是惊人的,也就是说,它改革的某一方面特别深入和积极,但应该被改革的另外一方面却纹丝不动。受过美国自由学派训练的专家执掌着墨西哥的经济权力,他们在1987年削去了大部分关税和贸易壁垒(除了农业),墨西哥变得开放而灵活。我们可以从1985年到2000年的出口和贸易数据来大体感受到这种剧烈的变动:非石油类的出口在1985年是120亿美元,到了2000年则上升至1 500亿美元。贸易额占GDP的比例从1985年的26%上升到2000年的64%。

但是,自由贸易并没有推动GDP的增长。墨西哥最迅猛的经济自由化阶段(即1988~1999年)的GDP增长率不到1%。那些半拉子经济自由化国家,如智利、韩国和泰国,在这期间,普遍的经济增长率都在3%左右。墨西哥是自由经济学说最听话的学生,而考试成绩却很糟糕:从2001年一季度到2003年二季度,GDP没有任何增长(也许是下降的)。甚至连墨西哥最为自豪的出口,也在2001年逐渐萎缩,非石油类出口以每年1%的速度递减。

GDP下降、出口遭遇问题、保护主义抬头、对北美自由贸易区的憎恨,这些已经构成了墨西哥人心理的一个维度。

(摘自唐学鹏"绕不开的墨西哥往事",《北望经济学园》,2004年11月15日)

第四节 亚太经济合作组织

亚太经济合作组织(Asia-Pacific Economic Cooperation)简称亚太经合组织(APEC)。亚太经合组织成立之初,是一个区域性经济论坛和磋商机构,经过十几年的发展,已逐渐演变为亚太地区重要的经济合作论坛,也是亚太地区最高级别的政府间经济合作机制。它在推动区域贸易投资自由化、加强成员间经济技术合作等方面发挥了越来越大的作用。

一、APEC的诞生

1. 时代背景

亚太经合组织诞生于全球冷战结束的年代。20世纪80年代末,随着冷战的结束,国际形势日趋缓和,经济全球化、贸易投资自由化和区域集团化的趋势渐成潮流。同时,亚洲地区在世界经济中的比重也明显上升。在此背景下,1989年1月,澳大利亚总理霍克提出召开亚太地区部长级会议,讨论加强相互间经济合作。1989年11月,亚太经合组织第一届部长级会议在澳大利亚首都堪培拉举行,标志着亚太经合组织的正式成立。1991年11月,亚太经合组织第三届部长级会议在韩国首都汉城(现称首尔)举行。会议通过的《汉城宣言》正式确立该组织的宗旨和目标为:"为本地区人民的共同利益保持经济的增长与发展;促进成员间经济的相互依存;加强开放的多边贸易体制;减少区域贸易和投资壁垒。"

2. 组织机构

亚太经济合作组织(APEC)成立之初,是一个区域性经济论坛和磋商机构。经过十几年的发展,已逐渐演变为亚太地区重要的经济合作论坛。亚太经合组织的组织机构包括领导人非正式会议、部长级会议、高官会、委员会和专题工作组等。其中,领导人非正式会议是亚太经合组织最高级别的会议。会议形成的领导人宣言是指导亚太经合组织各项工作的重要纲领性文件。亚太经合组织的正式工作语言是英语。

3. 组织成员

1991年11月,中国以主权国家身份,中国台北和香港(1997年7月1日起改为中国香港)以地区经济体名义正式加入亚太经合组织。截至2007年9月,亚太经合组织共有21个成员,分别是澳大利亚、文莱、加拿大、智利、中国、中国香港、印度尼西亚、日本、韩国、马来西亚、墨西哥、新西兰、巴布亚新几内亚、秘鲁、菲律宾、俄罗斯、新加坡、中国台北、泰国、美国和越南。东盟秘书处、太平洋经济合作理事会和太平洋岛国论坛为该组织观察员,可参加亚太经合组织部长级及其以下各层次的会议和活动。APEC 接纳新成员须全部成员的协商一致。1997 年温哥华领导人会议宣布 APEC 进入 10 年巩固期,暂不接纳新成员。

亚太经合组织总人口达 26 亿,约占世界人口的 40%;国内生产总值之和超过 19 万亿美元,约占世界的 56%;贸易额约占世界总量的 48%。这一组织在全球经济活动中具有举足轻重的地位。

二、APEC 会议主要任务

1. APEC 会议议题

APEC 主要讨论与全球及区域经济有关的议题,如促进全球多边贸易体制、实施亚太地区贸易投资自由化和便利化、推动金融稳定和改革、开展经济技术合作和能力建设等。近年来,APEC 也开始介入一些与经济相关的其他议题,如人类安全(包括反恐、卫生和能源)、反腐败、防灾和文化合作等。

2. APEC 的大家庭精神

APEC 的大家庭精神是在 1993 年西雅图领导人非正式会议宣言中提出的。即:为本地区人民创造稳定和繁荣的未来,建立亚太经济的大家庭,在这个大家庭中要深化开放和伙伴精神,为世界经济做出贡献并支持开放的国际贸易体制。

在围绕亚太经济合作的基本方针所展开的讨论中,开放、渐进、自愿、协商、发展、互利与共同利益被称为反映 APEC 精神的 7 个关键词,在历次会议上出现的频率最高。

3. 建立亚太自由贸易区

1994 年在印度尼西亚茂物举行 APEC 的第二次领导人非正式会议上,确定了贸易和投资自由化的时间进程表。会议发表的《APEC 经济领导人共同决心宣言》(即《茂物宣言》)具体确定了地区贸易投资自由化的长远计划,即"不迟于 2020 年在亚太地区实现自由、开放贸易和投资目标"。鉴于亚太经合组织成员的经济发展水平不同,宣言提出发达成员和发展中成员分别不迟于 2010 年和 2020 年实现上述目标。为了如期实现这一目标,宣言要求亚太经合组织成员从现在起便"进一步减少相互间的贸易和投资壁垒,促进货物、服务和资本的自由流通"。

1999 年 9 月,在新西兰奥克兰领导人非正式会议期间,新西兰与新加坡、新加坡与墨西哥单独讨论了双边自由贸易问题;美国与智利、澳大利亚、新西兰和新加坡共同提出了太平洋多国自由贸易区的设想。

第五节 TPP与TTIP

一、TPP

跨太平洋伙伴关系(The Trans-Pacific Partnership,简称 TPP)全称跨太平洋战略经济伙伴关系协议(Trans-Pacific Strategic Economic Partnership Agreement),也译为泛太平洋战略经济伙伴关系协定。这是由亚太经济合作会议成员国发起的一个多边自由贸易协定,旨在促进亚太地区的贸易自由化。

(1) 背景。2005年6月,文莱、智利、新西兰及新加坡四国协议发起建立泛太平洋伙伴关系。2008年,美国加入谈判并起主导作用。澳大利亚、马来西亚、秘鲁及越南于2010年加入谈判。9国于2011年11月宣布跨太平洋伙伴关系协议纲要,重申泛太平洋伙伴关系将汇集整个太平洋地区的各经济体,包括发达国家和发展中国家都能成为一个统一的贸易体。加拿大、墨西哥和日本分别于2012年和2003年加入TPP谈判。

(2) 内容。TPP是一个综合性的自由贸易协定,包括典型的自由贸易协定的主要内容:消除货物贸易关税,规范原产地规则、贸易救济措施、卫生和植物卫生措施、技术性贸易壁垒、服务贸易、知识产权、政府采购和竞争政策等。

(3) 影响。TPP除了能够降低关税,促进国际贸易之外,也赋予跨国企业侵犯消费者和劳工权益以及破坏环境的力量。TPP含有极具争议性的ISDS(Investor-state dispute settlement)机制,该机制确保外国投资者与被投资国土地所有者产生争端时,须交由第三方国际仲裁机构(而非地主司法体系)进行仲裁。这可能导致仲裁机构偏向投资者与财团利益,否决东道国的法律乃至立法,通过裁决来阻挠东道国人民健康、环保法规的立法与施行。

需要指出的是,由美国主导的TPP实际上对中国产生排挤效应,其"围堵中国大陆"的态势与中国推进的涵盖"东盟＋6(中国、日本、韩国、澳大利亚、新西兰、印度)"的《区域全面经济伙伴关系协定》(RCEP)相抗衡,形成一场中美两国拉拢亚太经贸实体的角力战(尽管美国声称TPP并不排斥中国)。

二、TTIP

跨大西洋贸易与投资伙伴关系协议(Transatlantic Trade and Investment Partnership,简称 TTIP)。

(1) 背景。2013年3月1日,美国总统奥巴马向国会提交贸易政策议程报告,提出建立具有全球竞争力并惠及几代美国中产阶级经济目标的驱动力以及5年出口翻番计划。同月,在八国集团(G8)峰会期间,美国总统奥巴马向欧盟领导人提出"跨大西洋贸易与投资伙伴关系协定"(TTIP)谈判。3月12日,欧盟委员会宣布,正式授权展开"欧盟-美国跨大西洋贸易与投资伙伴关系协定"谈判。2013年6月,美国与欧盟正式宣布启动TTIP的谈判,并计划于2014年年底前完成谈判。

(2) 内容。TTIP一旦达成,将成为全球最大的区域自由贸易协定,美欧间的货物贸易关税降至零。TTIP可以覆盖世界贸易量的1/3、全球GDP的1/2和3.7万亿美元的跨国投资。美欧将在知识产权、劳工标准等方面制定新的规则。TTIP的内容包括:一是将产品关税从目前的平均3%～5%降至零;二是在服务和采购上扩大市场准入;三是处理双方市场内部的监管和国内标准;四是将食品安全、转基因生物、音像制品等行业问题上观念的差别消弭或达成一致。

(3) 影响。虽然欧美平均关税率只有3%～5%,但TTIP取消关税的作用仍然巨大。取消关税不仅简化通关程序,而且可以开放公共采购市场,刺激经济。TTIP生效后,欧盟对美国出口总体上将增长28%,欧盟每年将从中受益1190亿欧元,欧盟每个4口之家每年将增加545欧元的可支配收入,同时也将为世界带来1000亿美元的GDP增长。

由于TTIP具有对内开放、对外限制的特征,因此,在美欧之间贸易壁垒降低的同时,对区外经济体则构成更高的壁垒,会产生贸易转移的效果。这意味着金砖地区等区外国家对美出口将面临欧盟的竞争压力,对欧盟出口将面临来自美国的竞争压力。另外,TTIP将在很大程度上改变世界贸易规则、产业行业标准,挑战新兴国家,尤其是金砖国家间的准贸易联盟。

美国通过TTIP和TPP,拉拢欧盟和日本另起炉灶,创建两个超越WTO的全面经贸自由化网络,意在重新掌握全球地缘经济与政治优势。而中国、俄罗斯等新兴工业国将重新成为规则的被动接受者,因为任何由美欧采纳的技术和法规标准都将可能成为未来双边、多边和地区间贸易谈判的参考标准,从而进一步巩固美国在全球贸易规则制定方面的垄断地位和话语权。

本章小结

1. 狭义的自由贸易区除了具有自由港的大部分特点外,还可以吸引外资设厂,发展出口加工企业,允许和鼓励外资设立大的商业企业、金融机构等促进区内经济综合、全面地发展。广义的自由贸易区是两个或两个以上关税领土组成的集团,相互取消部分或全部进出口商品的关税或非关税限制,但保留各自的外贸政策。

2. 关税同盟从欧洲开始,是经济一体化的组织形式之一。对内倡导减免关税和贸易限制,商品自由流动;对外实行统一的关税和对外贸易政策。关税同盟有静态效应和动态效应两种经济效应。关税同盟的静态效应包括贸易创造效应和贸易转移效应;关税同盟的动态效应是规模经济效应、竞争效应和投资效应。

3. 典型的经济共同体主要有欧洲经济共同体(European Communities)和西非经济共同体。

4. 根据各参加国的具体情况和条件以及它们的目标要求,经济一体化有自由贸易区、关税同盟、共同市场和经济联盟四种形式。

5. 目前,世界上较具代表性的区域一体化组织有欧洲联盟、北美自由贸易区和亚太经济合作组织。欧盟是一体化程度最高的区域组织。

6. APEC是亚太地区重要的经济合作论坛,也是该地区最高级别的政府间经济合作机制。TPP是由美国主导的"跨太平洋战略经济伙伴关系协议",旨在促进亚太地区的贸易自由化,但将中国排除在外。TTIP是由美国和欧盟建立的"跨大西洋贸易与投资伙伴协议",在货物和服务贸易、知识产权及劳工标准实行统一规则,成为最大的区域自由贸易协定,刺激区内经济发展,但对新兴国家构成挑战。

思考题

1. 经济贸易特区主要有哪些方式?各自有什么特点?
2. 举例阐述和分析关税同盟的经济效应。
3. 欧盟发展经历了哪些阶段?对"10+1"有何启示?
4. 你认为北美自由贸易区模式首发成功是否实现了"多赢"目标?为什么?
5. 你认为APEC提出的"在2010年之前实现亚太区内发达成员之间实现自由贸易的目标,发展中成员在2020年前实现自由、开放贸易和投资目标"能否达到?为什么?
6. TPP与TTIP对中国意味着什么?

第十五章 国际货物流通

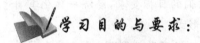

学习目的与要求：

1. 熟悉世界主要海运枢纽港、海峡、运河及世界大洋航线；
2. 了解国际陆路运输的主要形式和特点；
3. 掌握国际航空运输的主要航线和枢纽空港的分布；
4. 了解国际内河运输、管道运输、邮政运输和多式联运的概况。

第一节 国际海洋运输

【开篇案例】 BDI：世界经济的晴雨表

2008年12月5日，路透社在伦敦发出一则令国际贸易界黯然的电讯：波罗的海指数（BDI）当天下挫至663点，为9年来的最低点，全球经济衰退疑虑及金融信贷紧缩遏制了国际贸易活动。

波罗的海指数全称波罗的海干散货指数（Baltic Dry Index，缩写为BDI），是国际航运业景气指标，也是全球贸易的"晴雨表"。BDI为巴拿马型（Panamax）、海岬型（Capesize）、轻便型（Handysize）各占权重1/3的海上干散货运输价格综合指数，分别表示以运输焦煤、燃煤、铁矿砂、磷矿石、铝矾土等工业原料为主的8万吨以上；以运输民生物资及谷物等大宗物资为主的5万～8万吨；以运输磷肥、碳酸钾、木屑、水泥等为主的5万吨级以下的船舶货运价格指数。该指数虽然以波罗的海作名字，但管理这个指数的波罗的海交易所却在英国的伦敦。

波罗的海指数是由几条主要航线的即期运费（Spot Rate）加权计算而成。因此，运费的高低影响指数的涨跌。当原料现货需求增加，意味着各国对货轮运输的需求相应提高，若运费涨幅大于船用油价成本涨幅，航运可维持获利，于是，

BDI 会上涨；若原料现货运输需求出现下降或增加有限，但货轮供给数量增加而船舶市场呈现供大于求现象，BDI 就会下降。远洋运输公司的股价也往往随之下跌。

BDI 运费指数是散装船运价格综合指数，散装船运以运输钢材、纸浆、谷物、煤、矿砂、磷矿石、铝矾土等民生物资及工业原料为主。而散装航运业营运状况与全球经济景气兴衰、全球铁矿及煤矿运输需求量、全球谷物运输需求量、全球船吨数供给量、国际船用燃油平均油价、战争及自然灾害等因素息息相关。因此，波罗的海指数可视为世界经济好坏的领先指标。这也就难怪当 BDI 跌至低点时，国际航运及贸易界普遍对下一年度的世界经济状况感到担忧了。

一、世界主要枢纽港

枢纽港（Hub Ports）是指那些港口条件优越并在所处地区和航线起重要作用的港口。国际枢纽港具有较强的集散功能和影响力。为了与大型船舶配套，世界各地港口趋向深水方向发展。鉴于第五代、第六代集装箱船的结构吃水在 14.5 米左右，国际海运枢纽港的航道和泊位水深必须在 15 米以上。近年来，新一代超特级集装箱船的吃水多为 17～18 米，这就要求港口航道和泊位水深应在 18.5 米以上，方可适应这类船舶的进出和停泊。

1. 东亚枢纽港

（1）上海。上海（Shanghai）港实际由黄浦江、外高桥、金山等多个港区组成，尤其是自 2004 年开辟洋山深水港后，上海港突破了原先受制于黄浦江航道水深不足（仅 7～9 米）及泊位数量的掣肘，水深可以满足第五代和第六代大型集装箱船的靠泊，吞吐量先后超过鹿特丹、香港和新加坡，跃居世界第一大港（参见本书第二章）。

（2）新加坡。新加坡（Singapore）早在 20 世纪 90 年代就已超过欧洲的鹿特丹，与香港交替成为数一数二的世界大港，直至 2007 年被上海所超过。新加坡港是全球最早应用 EDI（无纸化电子数据交换系统）的港口，有 200 多条航线通往世界各主要港口，港区可同时停靠 30 多艘巨轮，并拥有多个 30 万～40 万吨级的巨型干船坞，可修理世界上最大型的超级油轮，是亚洲最大的修船基地（参见本书第七章）。

（3）香港。香港（Hong Kong）是世界最大的转口贸易港之一，并数度夺得世界第一大港的位置。香港的维多利亚港可以泊靠世界上任何级别的巨型船舶，装卸效率乃世界之最（参见本书第二章）。

> **【专栏】 维多利亚知多少**
>
> **1. 香港的维多利亚**
>
> 香港岛和九龙半岛之间的海域叫维多利亚港,这个世界著名的深水天然良港是中国第三大、世界第四大集装箱港(详见本书第二章)。
>
> **2. 加拿大的维多利亚**
>
> 加拿大不列颠哥伦比亚(British Columbia)省会也叫维多利亚,位于加拿大西南温哥华岛南端,是温哥华岛上最大的城市和距亚洲最近的不冻港。一月平均气温为4℃~5℃。有两个深水港:市区为内外贸易的商港;西郊为加拿大太平洋海军基地。
>
> **3. 巴西的维多利亚**
>
> 巴西圣埃斯皮里图州首府叫维多利亚,位于巴西东部圣埃斯皮里图湾维多利亚岛西南部,有两座大桥与大陆相连。老港是巴西最大的铁矿石输出港,新港图巴朗可泊25万吨级海轮,主要输出咖啡、木材等。
>
> **4. 塞舌尔的维多利亚**
>
> 塞舌尔首都和唯一的港口也叫维多利亚,位于马埃岛东北岸,是印度洋海运的重要停泊港和中继站、渔港。港湾条件优良,有2.5平方千米的深水区可停泊大型船舰。是椰子、肉桂、香草、腌鱼集散地。
>
> **5. 西班牙的维多利亚**
>
> 西班牙阿拉瓦省首府叫维多利亚,位于萨杜那河畔。工业有家具、自行车、农机、甜菜糖和纸牌等制造业。19世纪初,英、西、葡联军在此战败法军,结束了拿破仑在西班牙的统治,故命此名。
>
> **6. 澳大利亚的维多利亚**
>
> 澳大利亚东南部的一个州名叫维多利亚。维多利亚州东濒太平洋塔斯曼海,西南临印度洋,首府墨尔本。农牧业、工业、服务业均很发达。
>
> (根据维基百科、百度百科相关内容编辑)

(4) 釜山。釜山(Pusan)港地处东海通往日本海的航运要冲,是韩国第一大港。港口地势险要而隐蔽,是条件极佳的天然良港。港区可同时停靠近百艘万吨巨轮,海、陆、空交通条件极为便利,与世界上主要港口有固定班轮往来(详见本书第六章)。

(5) 巴生。巴生(Kelang)港位于马来半岛西部、马六甲海峡东侧,是马来西亚首都吉隆坡的外港。正在建设的西港作为容纳第五代和第六代集装箱船的港区,可泊靠6万吨级的船舶,将成为亚洲的主要转口港之一,并将成为新加坡港的强劲竞争对手(详见本书第七章)。

(6) 横滨。横滨(Yokohama)港是日本第一大集装箱港口和世界亿吨大港之一,位列世界十大集装箱港口之一。横滨港是日本最大的对外贸易港,也是日本距离美国最近的海港(详见本书第三章)。

2. 印度洋枢纽港

(1) 科伦坡。科伦坡(Colombo)是斯里兰卡的首都。科伦坡素有"亚洲门户"和"东方十字路口"之称,拥有世界上最长人工港湾之一,海岸线长 16 千米。身为印度洋上的交通枢纽,科伦坡是欧洲、远东、澳洲航线的重要转口港,港宽水深(9~11 米)。由于地处赤道附近,属热带气候,全年大部分时间气候温和而潮湿。作为欧、亚、非各国和太平洋地区航运的必经之地,科伦坡自 17 世纪以来就已成为国际贸易重要枢纽港,现在的科伦坡港设有自由贸易区,港口设施也较发达。

(2) 迪拜。迪拜(Dubai)港地处亚、欧、非三大洲的交汇点,它不仅是阿联酋最大的港口,也是中东地区最大的自由贸易港和集装箱大港之一,尤以转口贸易发达而著称。该港还是波斯湾南岸的商业中心,有全球规模最大的国际机场,每天有定期航班飞往世界各地。该港属热带沙漠气候,盛行西北风,12 月至次年 2 月雨量最多,约占 2/3。港区平均潮高为高潮 2 米,低潮 0.8 米。港区主要码头现有泊位 18 个,最大水深 13.5 米。

(3) 亚丁。亚丁(Aden)是也门最大的城市,位于阿拉伯半岛的西南端,扼守红海(Red Sea)通向印度洋的出入口,自古为东西方贸易的重要中途站,素有欧、亚、非三洲海上交通要冲之称,是世界著名的枢纽港之一。亚丁港距红海南口曼德海峡约 160 千米,地理位置非常重要。亚丁港是一个主要从事转口贸易的港口,并有世界第二大加油港之称,是供应国际远洋船舶燃料的重要基地之一。该港属热带沙漠气候,盛行西南风,炎热干燥,最高曾达 45.7℃。5~8 月会出现沙暴,能见度极差。全年平均降雨量约 300 毫米,平均高潮 2 米,低潮 0.5 米。港区水深 11~12.5 米;大船锚地水深达 16.5 米。港内设有自由贸易区。亚丁港在节假日期间照常装卸作业。

(4) 路易港。路易港(Port Louis)位于毛里求斯共和国(The Republic of Mauritius)西北沿海,是毛里求斯首都和最大、也是唯一的进出口贸易港、自由港。毛里求斯是非洲东南印度洋上的一个岛国。该港地处南大西洋和印度洋之间的航运要冲,西距马达加斯加岛 485 海里。该港是全国政治、经济、文化、交通的中心,也是全国的制糖中心,所产蔗糖绝大部分供出口,人均蔗糖出口量占世界第二位。仅次于古巴,故有"甜岛"之美称。该港的制糖、出口加工和旅游业已成为毛里求斯国民经济的三大支柱。港区主要码头泊位有 8 个,最大水深 11 米,码头最大可靠 4 万载重吨的船舶,大船锚地水深达 37 米。

3. 非洲枢纽港

(1) 塞德港。塞德港(Port Said)是埃及第二大港口,位于苏伊士运河北端地中海沿岸,扼守印度洋、大西洋、地中海和黑海沿岸各国航路的要冲,为重要转口港。设施完善,以供应原油为主,同时也是尼罗河三角洲东部棉花、稻米、毛皮等的出口港。(详见本书第八章)。

(2) 开普敦。开普敦(Cape Town)位于非洲南端,距好望角(Cape of Good Hope)52千米,是欧洲沿非洲西海岸通往印度洋及太平洋的必经之路(详见本书第六章)。

(3) 黑角。黑角(Pointe-Noire)是刚果最大海港和第二大城市,黑角港位于非洲西端、大西洋东岸。1934年,刚果—大西洋铁路修通至此后迅速兴起。后修建人工港,港口设施逐渐完善。现有10多个深水码头,可泊万吨巨轮,是刚果及乍得、加蓬等国部分物资的进出口门户,也是大西洋航线上重要的枢纽港之一。

> 【专栏】 地中海的两个"的黎波里"港
>
> 　　的黎波里(Tarabulus)是利比亚的首都和该国最大的港口,位于非洲西北部、地中海南岸,的黎波里自古以来就是重要的贸易中心和战略要地。港口位于城市的北部。当地气候属于典型的地中海气候,夏天干燥酷热,冬天时有冷雨。
> 　　黎巴嫩的第二大港市、北黎巴嫩省省会也叫的黎波里,它位于地中海东岸阿里河口,也属于地中海式气候。黎巴嫩的的黎波里港规模小于利比亚的的黎波里港,但它是来自伊拉克基尔库克油田油管的终点站之一,也是地中海东岸的重要外贸港口。
> 　　　　　　　　　　　　　　　　　　　　　　(根据维基百科相关内容编辑)

(4) 达喀尔。塞内加尔首都达喀尔(Dakar)位于非洲大陆最西部,佛得角半岛顶端,濒临大西洋,地理位置重要,居大西洋航线要冲和西非重要门户,是欧洲至南美、南部非洲至北美间来往船舶的重要中途站,现为西非第二大港口,每年入港船只达5 000余艘。马里、毛里塔尼亚等国家的部分进出口货物均由此转运。17世纪初,达喀尔曾为奴隶贸易中心。达喀尔港水深港阔,设备较好,可泊10万吨级船只,码头总长约8 000米,可同时停靠40多艘海轮,有大型渔业码头。新建的集装箱码头在港口北部。

4. 欧洲枢纽港

(1) 鹿特丹。鹿特丹(Rotterdam)是荷兰第二大城市,是世界最大的港口之一,它是连接欧、美、亚、非、澳五大洲的重要港口,素有"欧洲门户"之称。港口位于欧洲莱茵河与马斯河汇合处。港区水域深广,万吨巨轮在内河可通行无阻,外港深水码头能停泊巨型货轮和超级油轮(详见本书第六章)。

(2)汉堡港。汉堡(Hamburg)港是德国最大的港口,也是欧洲第二大集装箱港。现已发展成为世界上最大的自由港,是欧洲最重要的枢纽港之一(详见本书第三章)。

(3)安特卫普港。安特卫普港(Port Antwerp)是比利时最大的海港和欧洲第三大港。港区岸线总长99千米,货物吞吐量逾亿吨,排名仅次于鹿特丹港和马赛港。比利时海上贸易的70%经该港进出。安特卫普港以腹地广阔著称。除本国外,还有法国北部马尔萨斯和洛林、卢森堡、德国萨尔州、莱茵-美茵河流域、鲁尔河流域及荷兰的一部分。现有港区主要分布在斯海尔德河右岸,码头泊位半数多为挖入式港池,港池间以运河相沟通并设船闸与斯海尔德河隔开,以免受北海潮汐影响,高潮时水深可达17.5米,能过15万吨海船,是世界最大海船闸。

(4)费利克斯托。费利克斯托(Felixstowe)位于英国东南海岸,是英国最大的集装箱港口。该港是英国大西洋航线集装箱船的装卸码头,每天有集装箱支线与赫尔、格拉斯哥、利物浦、曼彻斯特、加的夫、南安普敦、伦敦等港往来,在欧洲名列第四位(鹿特丹第一,汉堡第二,安特卫普第三)。

(5)直布罗陀。直布罗陀(Gibraltar)位于直布罗陀海峡西端的北岸,南对非洲的摩洛哥,是大西洋通往地中海的交通要道,也是欧洲伊比利亚半岛南端的重要港口。1704年被英国占为殖民地。1869年苏伊士运河通航后,直布罗陀港的战略地位加强。站在直布罗陀最南端的欧罗巴角灯塔上,每当天气晴好时,可以望见对岸的非洲大陆。

5.北美洲枢纽港

(1)纽约港。纽约港(Port New York)位于北美东岸,是美国最大的海港,也是世界最大海港之一,年吞吐量在1亿吨以上。纽约港是世界著名的天然深水港之一(详见本书第三章)。

(2)洛杉矶港。洛杉矶港位于北美西岸加利福尼亚州西南沿海圣佩德罗(San Pedro)湾、太平洋东侧,是美国第二大集装箱港,也是北美大陆桥的西桥头堡之一(详见本书第三章)。

6.中南美洲枢纽港

(1)巴拿马城。巴拿马城(Panama City)是巴拿马的首都,是最主要国际航运的枢纽港之一。自1914年巴拿马运河开通后,迅速发展成为全国经济中心。运河及其相关服务业是该国的重要经济支柱。港区建有停泊远洋巨轮的深水码头,铁路、公路可达运河北口的科隆港,并有泛美公路连接南、北美洲。

> 【专栏】 巴拿马的科隆与德国的科隆
>
> 　　巴拿马的科隆港(Port Cologne)位于巴拿马运河北口,是太平洋通往大西洋航线上的重要国际航运枢纽之一;而德国的科隆(Cologne)则位于莱茵河畔,是德国第四大城市和重工业城市,也是德国水陆交通枢纽和重要的河港之一。德国科隆有三宝,即大教堂、花露水和狂欢节。高逾153米的科隆大教堂为世界上最高的双塔教堂,是科隆市的象征和旅游名胜。在科隆大教堂的广场旁,坐落着世界著名的4711牌香水专卖店。每年11月11日11点11分,科隆便进入德国人戏称为"第五季"的狂欢季节,各种民间团体开始筹备庆祝活动,最高潮是从新年除夕(12月31日)到来年2、3月份狂欢节大游行这段时间,要举办各种欢庆晚会和化装舞会500多场次,每天都吸引着无数国内外游客慕名而来,在这里度过令人一生难忘的狂欢节。
>
> (根据维基百科相关内容编辑)

　　(2) 卡亚俄。卡亚俄(Callao)是秘鲁第二大城市利马-卡亚俄大都市区的一部分。卡亚俄港位于卡亚俄湾内、里马克河口南岸,外有圣洛伦索岛和长岬为屏障,并有人造防波堤保护,为南美洲优良海港。对外贸易占全国进口的3/4和出口的1/4。工业有造船、鱼类加工、机械、酿酒,并有一大型炼油厂。港外的圣洛伦索岛为秘鲁重要海军基地。

　　(3) 布宜诺斯艾利斯。布宜诺斯艾利斯(Buenos Aires)位于南美洲东南海岸,是阿根廷最大港口、南美洲最大港口之一(详见本书第九章)。

　　(4) 里约热内卢。里约热内卢(Rio de Janeiro)是巴西最大海港,港口位于南美洲东部,南临大西洋。港区腹宽口窄,可泊巨轮,年吞吐量5 000万吨以上(详见本书第六章)。

　　(5) 累西腓。累西腓(Recife)位于巴西东北部、南美大陆东端的布朗库角南部。累西腓为现代化优良海港,港务区坐落在半岛上,有珊瑚礁为屏障,可停泊远洋巨轮。累西腓气候炎热潮湿,年均降水量1 760毫米,且集中于3~8月。累西腓还是巴西重要的海、空军基地。

　　7. 大洋洲枢纽港

　　(1) 悉尼。悉尼(Sydney)是澳大利亚新南威尔士州首府、澳大利亚最大城市和港口(详见本书第四章)。

【专栏】 加拿大也有一个悉尼！

加拿大的悉尼与澳大利亚的悉尼名称完全一样，也叫"Sydney"，但却位于加拿大东南沿海布雷顿角(Cape Breton)东岸，濒临大西洋西北侧，是加拿大的煤炭及铁矿石进出口港和全国钢铁工业中心之一。该港属温带大陆性气候，1月平均气温约-8℃，7月平均气温约20℃。港内1~3月为结冰期，但有破冰船队专为通过圣劳伦斯(St. Lawrence)河的船只提供服务，并不影响航行。全年平均降雨量约1 000毫米，平均潮差为1.5米。加拿大的悉尼港区主要码头泊位有12个，岸线长2 421米，最大水深为12.4米。主要进出口货物为煤、铁矿石、石油及钢材等。有趣的是，在加拿大的悉尼，也有一座悉尼港大桥，在桥上可以尽赏北美洲悉尼港景色！

(根据维基百科相关内容编辑)

(2) 弗里曼特尔。弗里曼特尔(Fremantle)位于澳大利亚西南部天鹅河的入海口，是珀斯市的卫星城和重要港口。港口有巨型船坞和机械化小麦装载设备，也为重要矿石出口港(详见本书第五章)。

(3) 苏瓦。苏瓦(Suva)是斐济的首都和主要港口，位于太平洋中部斐济群岛东南部。苏瓦三面环水，一面靠山，港阔水深，设备现代化，可泊4万多吨级船只。苏瓦虽远离欧亚大陆，但却是南太平洋的交通中心。

(4) 帕皮提。帕皮提(Papeete)位于太平洋东南部，是法属波利尼西亚的首府，港口在塔希提岛西北岸，临太平洋马塔维湾，港内可泊靠3.5万吨级船只。是南太平洋重要的国际贸易中转港和国际航运补给港之一。

(5) 惠灵顿。惠灵顿(Wellington)地处新西兰北岛的南部，扼库克海峡咽喉，是往来南北二岛的交通枢纽。惠灵顿也是世界最佳深水港之一，并且是欧亚远洋船只的重要补给站，港区三面青山环绕，一面临海，因濒临海湾，加之地势较高，时常受到海风的侵袭，一年之中大部分日子都刮风，因而有"风城"之称。

二、世界主要海峡和运河

1. 主要国际航运海峡

(1) 马六甲海峡。马六甲海峡(Malacca Strait)(马来语:Selat Melaka)位于马来半岛与苏门答腊岛之间，呈东南—西北走向，是一条连接安达曼海(印度洋)和南海(太平洋)的水道。马六甲海峡西岸是印度尼西亚的苏门答腊岛，东岸是西马来西亚和泰国南部。海峡全长约1 080千米，西北部最宽达370千米，东南部最窄处只有37千米，水深25~113米，是连接沟通太平洋与印度洋的国际水道，也是亚洲与大洋洲的十字路口。海峡处于赤道无风带，一年中绝大部分时间风力微小，4～5 月和 10～11 月可能出现猛烈的暴风雨，但一般不超过数十分钟，对船舶航行影响不大，世人称马六甲海峡是风平浪静的航行海峡。

马六甲海峡因在马来西亚海岸上的贸易港口马六甲而得名，该城是 16 和 17 世纪时的重要港埠。1971 年 11 月，新加坡、马来西亚和印度尼西亚三国签订了关于马六甲海峡的公约，宣布马六甲海峡并非国际水道，为维护领海主权，海峡事务由三国共管。

马六甲海峡是环球航线的重要环节，海峡东端有世界大港新加坡，海运繁忙。每天平均通过海峡的船只近 300 艘，每年通过约 10 万艘，20 万吨以下巨轮可以通行无阻，成为仅次于多佛尔—英吉利海峡的世界最繁忙海峡之一。日本、中国和韩国等从中东购买的石油大都经此运往国内。由于海峡宽度较窄，其中还有沙滩和沙洲，浅于 23 米的地方就有 37 处，再加上过去的沉船等有碍巨型油轮通行，因而不断发生巨轮搁浅事件，载重 20 万吨以上油轮不得不绕道印度尼西亚的龙目海峡，需多航行 2 000 多千米。同时，海峡两岸泥沙不断向峡底淤积，海岸线每年大约向前伸展 60～500 米。若按此淤积速度，马六甲海峡 1 000 年内就会消失。因此，加强航道疏浚和综合治理任务艰巨。

(2) 曼德海峡。曼德海峡(Strait of Mande 或 Mandab)位于阿拉伯半岛和非洲之间，连接红海、亚丁湾及印度洋。丕林(Perim)岛将海峡分为两部分。西水道宽 26 千米，水深 311 米；东水道宽 3.2 千米，深约 29 米。苏伊士运河建成后，该海峡成为大西洋通往印度洋最短航线上的必经航道，也是欧、亚、非三洲间海上交通贸易的重要航道，战略和经济重要性大增，因此，曼德海峡被世人称为连接欧、亚、非三大洲的"水上走廊"，西方也有人称它是世界战略心脏。

海峡名称来自阿拉伯语 Bab El-Mande，其中 Bab 意为"门"，Mande 意为"流泪"，合在一起意思是"泪之门"。因海峡风大浪高，狭窄礁多，航船常倾覆于此，令船员及其家属惊恐流泪，故得此名。海峡地区在副热带高压控制下形成热带沙漠气候，终年炎热高温，8 月份海峡表层水温可达 27℃～32℃，是世界上最暖的热带海峡之一。高温增强了海水蒸发，但降水稀少，周围很少河水补给，以致海峡中海水的盐度在 38‰以上，是世界上盐度最大的海峡。尽管曼德海峡被称为"泪之门"，但因为是往返两大洋的捷径，故仍然是世界最重要和最繁忙的海峡之一，每年约有两万艘船只通过。

(3) 霍尔木兹海峡。霍尔木兹海峡(Hormuz Strait)位于亚洲西南部，介于伊朗与阿拉伯半岛之间，东接阿曼湾，西连海湾(伊朗人称之为波斯湾，阿拉伯人称之为阿拉伯湾)，呈人字形，东西长约 150 千米，宽 55～95 千米，最窄处仅 48.3 千米。海峡中多岛屿、礁石和浅滩，平均水深 70 米，最深处 219 米，最浅处 10.5 米。全年水温 24℃～32℃，海湾进口处盐度为 37‰～38‰，波斯湾盐度达 38‰

~41‰。

霍尔木兹海峡是往来波斯湾各港的油轮以及海湾与印度洋之间航行的必经之地,故有"海湾咽喉"之称,战略和航运地位十分重要。又因为海湾沿岸产油国的石油绝大部分通过该海峡输往西欧、澳、日、中、美等国家和地区,霍尔木兹海峡承担着东西方石油消费国约60%的供应量,每天有400万吨石油通过海峡运往世界各地,约占世界石油出口量的1/3,平均每8~10分钟就有1艘海轮驶过海峡,西方国家因此将霍尔木兹海峡视为"能源生命线"。

(4) 直布罗陀海峡。直布罗陀海峡(Strait of Gibraltar,拉丁语为 Fretum Herculeum)位于西班牙最南部和非洲西北部之间,是一条沟通地中海与大西洋的海峡。海峡长58千米,最窄处在西班牙的马罗基(Marroqui)角和摩洛哥的西雷斯(Cires)角之间,宽仅13千米;海峡西端在北部的特拉法加尔(Trafalgar)角与南部的斯帕特尔(Spartel)角之间,宽43千米;海峡东端在北部的直布罗陀岩赫丘利斯柱与南部的休达(西班牙在摩洛哥的飞地)正东的阿科(Acho)山之间,宽23千米。

直布罗陀海峡是北非阿特拉斯山与西班牙高原之间弧状构造带的一个缺口,海峡东深西浅,最浅处水深301米,最深处水深1 181米。海峡风向多为东风或西风,从北方进入西地中海的浅冷气团往往成为低层高速东风穿过,当地称为累凡特(Levanter)风。从大西洋有流速为2节的表面洋流向东经过海峡流入地中海,流量大于地中海122米深处的西向洋流(含有较咸和较重的海水),因此保证了地中海水量的稳定,使其避免成为一个萎缩的盐湖。由于直布罗陀海峡表层海水的流向永远从西向东流,底层海水永远从东往西流,所以,轮船从大西洋驶往地中海,经过直布罗陀海峡时,总是顺水航行。

直布罗陀海峡扼地中海和大西洋航道的咽喉,和地中海一起构成了欧洲和非洲之间的天然分界线。海峡的北岸是英属直布罗陀和西班牙,南岸是摩洛哥。直布罗陀的赫丘利斯柱是古代世界西端的象征。海峡两岸山势雄伟,景色优美。4~5月份,因地中海和大西洋水面温差和上空的暖湿气流汇聚会产生大片雾区,笼罩整个直布罗陀海峡,对穿越海峡的船舶十分危险,须小心航行。海峡沿岸有直布罗陀、阿耳赫西拉斯和休达等著名港口。

(5) 英吉利海峡。英吉利海峡(English Channel)与多佛尔海峡统称为拉芒什海峡,是隔离英国与欧洲大陆之间的一条著名海峡。英吉利海峡和多佛尔海峡总长约600千米,大致以法国的塞纳河口到英国南岸的朴次茅斯为界。英吉利海峡东窄西宽,平均宽约180千米,最宽处达220千米;多佛尔海峡(法国称加莱海峡)最窄处为英国多佛尔(Dover)到法国加来(Calais)以西的灰鼻岬,仅33千米,历史上在此曾发生多次军事冲突和海战。英吉利海峡平均深度为60米,最深处 172 米；多佛尔海峡的平均深度为 30 米，最浅处仅 24 米。海峡两岸许多港口有定期渡轮（主要是气垫船）往来。1994 年建成连接英国福克斯顿和法国加莱的海底双线铁路隧道，高速电气列车使伦敦和巴黎间的交通时间缩短至 2 小时 20 分钟。

英吉利海峡和多佛尔海峡是世界上海洋运输最繁忙的海峡，每年通过该海峡的船舶超过 12 万艘，居世界各海峡之冠。因历史上英吉利海峡和多佛尔海峡对西、北欧各资本主义国家的经济发展曾起过巨大作用，欧洲人把这两个海峡的水道称为"银色航道"。

(6) 多佛尔海峡（Dover Channel，参见"英吉利海峡"）

(7) 麦哲伦海峡。麦哲伦海峡（Strait of Magellan）是南美洲大陆南端同火地岛等岛屿之间的一条海峡。因葡萄牙航海家麦哲伦于 1520 年 10 月 21 日至 11 月 28 日在该海峡航行，并由此进入太平洋，完成了人类的第一次环球航行，故名。

麦哲伦海峡是沟通南大西洋和南太平洋的通道，东端与阿根廷相接，其余全在智利领海内。海峡全长 563 千米，最窄处仅 3 000 多米。海峡西段两侧岩岸陡峭，冬季巨大冰川悬挂在岩壁上，景象壮观。每逢崩落的冰块掉入海中，会发出雷鸣般巨响并威胁船只航行；东段开阔水浅，航道最浅处仅为 20 米，两岸是绿草如茵的草原景观。海峡水道曲折迂回，并处在南纬 50 多度的西风带，强劲而饱含水汽的西风不仅给海峡地区带来低温、多雨和浓雾，而且风大浪急，是世界闻名的猛烈风浪海峡，不利于航运发展，但在巴拿马运河开通前，它是南大西洋和南太平洋间的重要的国际大洋航道。

通过整个海峡航程为一天左右，其中，强制引航段航行约 10~12 个小时；若船舶只申请强制引航段引航，需提前两天预定；如申请全程引航，东行船舶须提前 3~4 天提交申请。吃水超过 13.7 米的船舶经过东部第一狭水道航段时，必须获得海事当局的许可。海峡主要港口阿雷纳斯（Arenas）角在伯伦瑞克半岛，为智利羊肉集运港。

(8) 土耳其海峡。土耳其海峡（Strait of Turkey，又称黑海海峡）是连接黑海与地中海的唯一通道，包括博斯普鲁斯海峡（又称伊斯坦布尔海峡）和达达尼尔海峡（又称恰纳卡莱海峡）以及马尔马拉海三部分，古往今来皆为兵家必争之地，战略地位十分重要。

土耳其海峡呈东北—西南走向。东北端为博斯普鲁斯海峡，西南端为达达尼尔海峡，两海峡之间是土耳其内海马尔马拉海。博斯普鲁斯海峡全长 31.5 千米，最宽处 2.4 千米、最窄处 750 米；平均深度 62 米，最深处约 80 米、最浅处仅 27.5 米。达达尼尔海峡长 65 千米，宽 1.3~7.5 千米，水深 57~70 米。马尔马拉海东西长 250 千米,南北宽 70 千米,最深处 1 330 米。海峡中央有一股由黑海流向马尔马拉海的急流,水下则有一股逆流把含盐的海水从马尔马拉海带到黑海。由于鱼群季节性地通过海峡往返黑海,海峡地区渔业颇盛。位于海峡南端的金角湾是世界上最大的天然海港之一。金角湾是淡水湾,因向四面山坡反射金色阳光而得名。

建于 1973 年、全长 1 074 米的博斯普鲁斯斜拉桥和建于 1988 年、全长 1 090 米的征服者苏丹迈赫迈特斜拉桥横跨海峡,构成连接亚、欧大陆之间的最重要陆上通道。另外,一条全长 8 千米以 BOT 模式①兴建的海底隧道可以贯通土耳其首都安卡拉至欧洲的高速公路。

(9) 日本海峡。日本海峡(Strait of Japan)包括对马海峡、津轻海峡和宗谷海峡。

• 对马海峡。对马海峡(Tsushima Kaikyo;Tsushima Strait)是日本海进出太平洋的"南大门"。狭义的对马海峡位于日本九州西北部对马岛和壹岐岛之间的东水道,海峡长 222 千米,宽约 50 千米,中部水深超过 100 米。海峡呈东北—西南走向,最窄处宽 41.6 千米,深度 50～100 米,最深处 131 米。从东海北上向东北方向流的对马暖流,年均水温 20℃～24℃,使这一带形成世界上著名的渔场。海峡两侧有福冈、下关、严原和长崎等重要港口。由于海峡向西过济州海峡与黄海相通,向西南直抵东海,向东穿过关门海峡、濑户内海入太平洋,向北与日本海相连,因此被称为进出日本海的"咽喉",而对马岛则是"咽喉"上的一把锁。

• 津轻海峡。津轻海峡(Tsugaru Kaikyo;Tsugaru Strait)位于日本北海道与本州岛之间,东连太平洋,西濒日本海,往北可达鄂霍次克海及阿留申群岛,往南可至夏威夷群岛,是日本海到太平洋的主要通道之一,也是日本列岛重要的海上门户之一。海峡东西长约 130 千米;进出口狭窄,中部宽阔,中部宽 55 千米,最窄处为 18.52 千米。航道一般水深 200 米,最深处为 521 米。津轻海峡岸线曲折,多岬角和港湾。峡底地形复杂,海盆和海谷纵横起伏。因对马暖流的一部分由此通过,故为日本北部重要的全年不冻海区。津轻海峡下面还建有自青森到函馆的海底铁路隧道,全长 53.85 千米,是世界上最长的海底隧道。

• 宗谷海峡。宗谷海峡(Soya Kaikyo;Soya Strait)是日本与俄罗斯之间的

---

① BOT (Build—Operate—Transfer)即"建设—经营—转让",是指政府通过契约授予本地或外国私营企业以一定期限的特许专营权,允许企业融资建设和经营特定的公用基础设施,并准许其通过向用户收取费用或出售产品以清偿贷款、回收投资并赚取利润;特许权期限届满时,该基础设施无偿移交给政府。BOT 模式广泛应用于高速公路、大型桥梁等公用基础设施上。

国际水道（俄罗斯称拉彼鲁兹海峡），也是进出日本海的北大门。"宗谷"的日语意为"有岩石的镇"。海峡位于俄罗斯萨哈林岛南端与日本北海道西北端之间，全长 101 千米，最窄处（萨哈林岛南端克里利昂角到北海道最北端宗谷岬）45 千米，水深 50～118 米。海峡冬季多流冰，冬春多大风，夏季有浓雾，航行条件较差，但海峡西宗谷湾内的稚内为不冻港。海峡北部的科尔萨科夫是俄罗斯的远东地区天然良港之一。宗谷海峡是日、俄两国交通运输的最短航道。海峡附近主要水产有鲱鱼、海带等。

（10）圣劳伦斯水道。圣劳伦斯水道（St. Lawrence Canal）位于加拿大东部的圣劳伦斯河，从美国和加拿大交界的五大湖注入大西洋，经人工疏浚而成。包括数段人工运河及 13 座船闸。水道全长 4 344 千米，主航道水深 8.2 米，可通过 2.5 万吨级船舶，是五大湖区通往大西洋的重要航道。但该水道冬季有长达 4 个月的封冻期。该水道经五大湖区还与密西西比河相通，使海、河、湖相连。

2. 三大国际物流运河

（1）苏伊士运河。苏伊士运河（Suez Canal）位于埃及境内，是连通欧、亚、非三大洲的主要国际海运航道。苏伊士运河沟通了红海与地中海，使大西洋、地中海与印度洋联结起来。比起绕道非洲好望角，对欧洲大西洋沿岸各国到印度洋的航程，可缩短 5 500～8 009 千米；对从地中海各国到印度洋，可缩短 8 000～10 000 千米；对从黑海沿岸港口绕经南非，可缩短 12 000 千米！苏伊士运河每年承担着全世界 14% 的海运贸易，因此堪称是一条有重要战略意义的国际海运航道。

苏伊士运河全长 172.5 千米，河面宽 160～200 米，平均深度为 13 米。苏伊士运河从 1859 年开凿到 1869 年竣工。运河开通后，英、法两国占有苏伊士运河公司 96% 的股份，每年获利巨大。1956 年 7 月 26 日，埃及将苏伊士运河公司收归国有。经过 1980 年和 1983 年两次扩建，苏伊士运河通航船只的吃水深度增至 21.98 米，载重量 25 万吨的货轮可通行无阻。

表 15-1-1　世界三大国际运河

名称	地理位置	连通水域	开通	长度（千米）	宽度（米）	平均水深（米）
苏伊士运河	西亚与非洲间	印度洋—地中海	1869 年	172.5	160～200	13
巴拿马运河	中美洲	太平洋—大西洋	1914 年	81.3	150～304	20
基尔运河	德国北部	北海—波罗的海	1895 年	98.7	103	11.3

资料来源：刘念主编：《物流地利》，机械工业出版社 2008 年版。

1980年10月25日,埃及第一条苏伊士运河海底隧道通车,从而大大缩短了埃及本土与西奈半岛之间的距离。这条长5.9千米的隧道是经过苏伊士运河海底连接亚洲和非洲的第一条陆地通道。

(2) 巴拿马运河。巴拿马运河(Panama Canal)是连通南北美洲的咽喉,被称为"世界桥梁"、"宇宙心脏"。巴拿马运河是沟通太平洋和大西洋的重要航运要道,被誉为世界七大工程奇迹之一。运河位于巴拿马共和国中部,在大西洋一侧科隆(Colon)的入口向南通过加通水闸(Gatun Locks)进到加通湖最宽处;然后急转向东,横穿巴拿马地峡,沿一条向东南的航道到达太平洋一侧的巴拿马湾。运河全长81.3千米,河宽150~304米,水深13.5~26.5米。

巴拿马运河是一条水闸式运河。运河的一半利用巴拿马地峡上的加通湖,而加通湖水位高出两大洋26米,因此,从海上进入运河的船只必须逐级升高26米才能进入加通湖;而在湖的另一端,必须逐级降低26米方能驶离运河。运河两端分别设有3个巨型船闸,日通过能力为48艘,每艘船舶通过运河一般需要9个小时左右,可以通航7.6万吨级以下的轮船(被称为巴拿马型船)。运河的通航使两大洋通航比绕道南美洲的麦哲伦海峡或合恩角(Cape Horn)可缩短航程5 000~15 000千米,因此,具有重要的经济和战略意义。巴拿马运河与苏伊士运河并称为"世界上最重要的捷径"。每年约有1.4万艘次船舶、载运1.6亿吨货物通过巴拿马运河,货运量占世界海运量的5%。

巴拿马运河1913年由美国投资建成,是世界上最具有战略意义的两条人工水道之一。运河自1914年通航至1979年间一直由美国掌控。1979年运河的控制权转交给巴拿马运河委员会(由美国和巴拿马共和国共同组成的一个联合机构),并于1999年12月31日正式将全部控制权交给巴拿马。向来往船只征收过河费是巴拿马政府的重要收入来源之一,每年的过河费收入约15亿美元。目前,巴拿马运河允许通过船只的最大吨位为17万吨。但随着船只吨位越来越大、过河的船只越来越多,巴拿马政府正开始扩建运河。

2013年,香港一中资公司与尼加拉瓜政府签约,于2014年底开建一条比巴拿马运河更短、更宽的运河,连接加勒比海和太平洋,同时还将建设一条铁路、输油管道、两个深水港、免税区和两个机场。

【专栏】 巴拿马型船、超巴拿马型船、苏伊士级船

巴拿马型(Panamax)船:在满载情况下可以通过巴拿马运河的最大型散货船和集装箱船,船舶总长不超过274.32米,船宽不超过32.30米。巴拿马型散货船(Panamax Bulk Carrier)载重量一般在6万~7.5万吨,巴拿马型集装箱船(Panamax Containership)为载箱能力在4 000标准箱(TEU)以下的集装箱船。

> 超巴拿马型船：指载重和载箱能力突破巴拿马运河宽度限制的巨型船舶。一艘可载 6 000TEU 的第六代超巴拿马型集装箱船的单位运输成本比载 4 000TEU 的第四代巴拿马型船降低 20%，因此，超巴拿马型船现已开始成为当今国际干线航运的主流船型。
>
> 苏伊士级（Suezmax）集装箱船：是指船体宽度约为 50 米，正好可以通过苏伊士运河的超巨型集装箱运输船，可装载 1.25 万 TEU。在未来 10 年中，甚至会出现 1.5 万 TEU 的超大型集装箱船，其满载吃水都为 14~14.5 米，唯有水深超过 15 米的深水港才能靠泊该级别的集装箱巨轮。
>
> （根据维基百科等相关资料编辑）

（3）基尔运河。基尔运河（Kieler Kanal）又称北海——波罗的海运河（Nord-Ostsee-Kanal）。运河位于德国北部，从北海沿岸的易北河口向东延伸，在基尔港与波罗的海贯通。运河全长 98.7 千米，河宽 103 米，深 11 米，有 7 座高桥（约 43 米高），使基尔运河成为北海和波罗的海之间最短和最经济的航运路线。

基尔运河有船闸 6 座，可容吃水 9 米、载重 2 万吨、宽 40 米的海轮日夜通航，最大通航船舶为 3.5 万吨级，运河年均通过商船 6.5 万余艘（其中的 60% 属德国船只），数量上远远超过巴拿马运河和苏伊士运河，是世界上通行船只最多的国际运河。通过运河的船舶以运送煤、钢铁、石油、矿石为大宗。

【专栏】 "寂静的运河"

由于经过苏伊士运河的每艘集装箱船通行费平均高达 60 万美元，加上出入亚丁湾的商船时常遭遇海盗攻击，船公司为此平均要另外支付高达 2 万美元/艘的保险费。受金融危机影响，国际油价大幅下跌，马士基、达飞、地中海航运、大联盟（GA）和长荣五家经营亚欧航线的班轮公司或航运联盟，不惜舍近求远，让船绕道好望角。尽管整个亚欧航程将因此由 8 周延长至 9 周，即多耗费 7~10 天，但去除额外增加的 9 000 千米油耗，每个航次还可节省 20 万~30 万美元。苏伊士运河的船舶通过量却因此从每月 1 640 艘（4.14 亿美元）降至 1 313 艘（3.32 亿美元），埃及财政受到严重打击。苏伊士运河货流量占到全球海运贸易量的 14%、石油运输量的 30%，是埃及最重要收入来源之一，仅 2008 年运河就为埃及政府带来超过 50 亿美元收益。

巴拿马运河的处境更为尴尬——该运河正在进行一项高达 52 亿美元的扩建计划——是通过涨价追加投资还是暂时放弃扩建？随着全球金融危机导致贸易量飞速下滑，迫使马士基等海运公司考虑将原先东亚经巴拿马运河到美国东海岸的航线改走南美洲最南端的合恩角。虽然往来美国东西海岸的船只通过巴拿马运河比绕道合恩角缩短航程约 1.5 万千米，从北美洲一侧海岸至南美洲另一侧港口也可节省航程 6 500 千米，但是，一艘满载或空柜的 4 000TEU 仓位的货轮通过费都是 25 万美元。在四大国际海运组织——波罗的海国际海事公会（BIMCO）、国际干散货轮协会（Intercargo）、国际油轮船东协会(Intertanko)和国际海运公会(International Chamber of Shipping)的联名要求下,巴拿马运河管理局不得不取消涨价计划,并将运河通过费降至最低 1 万美元以下,但往来船舶仍很稀少。

两条全球最繁忙的人工水道,习惯了"海上咽喉"流金淌银的生活,在金融危机波及航运业的情况下,均成了船公司避之唯恐不及的难兄难弟。

(摘自师琰"寂静的运河",《21 世纪经济报道》,2009 年 2 月 24 日)

三、世界大洋航线

船舶在港口之间的航行线路称为航线。世界大洋航线是指连通一个或多个大洋的洲际航线,包括太平洋航线(Pacific Shipping Line)、大西洋航线(Atlantic Shipping Line)、印度洋航线(Indian Shipping Line)、环球航线以及通过苏伊士运河和巴拿马运河的航线。

1. 太平洋航线

(1) 远东—北美西海岸航线。此航线包括从中国、日本、韩国、朝鲜、俄罗斯远东海港到美国、加拿大、墨西哥等北美西海岸各港口的运输航线。就中国而言,从东南部沿海各港口出发,经大隅海峡出东海,进入太平洋;从东北部沿海各港口出发,经对马海峡,穿过日本海及津轻海峡,进入太平洋;或走更北的航道,经过宗谷海峡,穿过鄂霍次克海,进入北太平洋。

(2) 远东—加勒比、北美东海岸航线。从远东诸港出发横穿太平洋,经夏威夷群岛南北至巴拿马运河后到达。就中国而言,上海及以北沿海各港口出发的船舶,大多经大隅海峡或琉球庵美大岛出东海,穿越北太平洋后南下至巴拿马。

(3) 远东—南美西海岸航线。从中国沿海诸港出发,南方的直接穿越琉球群岛之南,北方则大多经琉球庵美大岛、硫黄列岛、威克岛、夏威夷群岛之南的莱恩群岛,穿过赤道进入南太平洋,到达南美西海岸各港。

(4) 远东—东南亚航线。此航线是中国、日本、韩国、朝鲜及俄罗斯远东诸港出发前往东南亚各港口以及经马六甲海峡往印度洋、大西洋沿岸各港口的主要航线,航线非常繁忙。东海、台湾海峡、巴士海峡、南海是此航线船舶必经之路。

(5) 远东—澳大利亚、新西兰航线。至澳大利亚东南海岸港口的航线分两条:一是经琉球久米岛、加罗林群岛的雅浦岛,进入所罗门海、珊瑚海;二是在香港加载或转船后,经南海、苏拉威西海、班达海、阿拉弗拉海后,经托雷斯海峡进入珊瑚海。

(6) 澳、新—北美东西海岸航线。由澳大利亚、新西兰至北美海岸诸港的船舶多经苏瓦、火奴鲁鲁等太平洋重要航站抵达；至北美东海岸则取道社会群岛中的帕皮提，经巴拿马运河后到达。

2. 大西洋航线

(1) 西北欧—北美东海岸航线。此航线乃西欧、北美地区之间的燃料、原材料和产品交换的运输线，航线极为繁忙。船舶大多走偏北大圆航线。该航线冬季风浪大，多浓雾、冰山，对航行安全有一定威胁。

(2) 西北欧、北美东海岸—加勒比航线。西北欧—加勒比航线大多经英吉利海峡后穿越北大西洋。与北美诸港出发的船舶相汇，多经过莫纳、向风海峡进入加勒比海；也可经巴拿马运河到达美洲太平洋沿岸诸港。

(3) 西北欧、北美东海岸—地中海—苏伊士运河—亚太航线。此航线是北美、西北欧与亚太及海湾地区之间的航运捷径，为世界最繁忙的航段。航线一般会途经亚速尔、马德拉群岛的航站。

(4) 西北欧、地中海—南美东海岸航线。此航线大多经过西非大西洋岛屿，加纳利及佛得角群岛的航站。

(5) 西北欧、北美东海岸—好望角、远东航线。此航线多为巨型油轮所用。船舶途中停靠补给的主要航站在佛得角群岛和加纳利群岛。

(6) 南美东海岸—好望角—远东航线。此航线是一条主要运输石油、矿石的运输线。航线处于西风漂流海域，风大浪高。为安全起见，通常西航偏北行，东航偏南行。

3. 印度洋航线

(1) 波斯湾—东南亚—远东航线。从波斯湾出发，20万载重吨以下的船舶可经马六甲海峡，20万载重吨以上的巨型油轮须经龙目、望加锡海峡，抵达中、日、韩诸港。航线以运输石油为主。

(2) 波斯湾—苏伊士运河—地中海—西欧航线。此航线由波斯湾出发，可通行载重吨为30万吨级的超级油轮。

(3) 波斯湾—好望角—西欧、北美航线。此航线主要航行超级油轮，是世界上最重要的海上石油运输线。

(4) 远东—东南亚—地中海—西欧航线。

(5) 远东—东南亚—东非航线。这条航线所途经的马六甲、索马里、亚丁，以及西非的尼日利亚、加勒比等海域，常有海盗出没。

(6) 远东—东南亚—好望角—西非、南美航线。

(7) 澳、新—地中海—西北欧航线。

(8) 印度洋北部—欧洲航线。

【专栏】 非洲之角——世界最危险的海域

2008年9月25日,一艘运送军火的乌克兰货轮FINA号在索马里海域遭到一伙海盗劫持,船上运载着33辆T-72坦克、枪榴弹发射器等武器弹药,21名船员被扣为人质。美、法等6艘外国军舰和直升机立即将该船包围在索马里中部外海,以防海盗将军火转运上岸。海盗提出2 000万美元的赎金。10月1日,索马里政府授权外国政府对海盗动用武力。而在2008年上半年,法国突击队队员曾使用夜视装备和直升机,进行过两次成功的武装夺船行动,数名海盗被打死或者被俘获。

英国皇家国际问题研究所发表题为"威胁全球贸易,支持局部战争"报告以数据说明,海盗每劫持一艘船只,勒索到的赎金为50万~300万美元不等。2008年,索马里附近海域有80多艘船舶遭打劫,海盗已索得数千万美元赎金。报告指出:"赎金高涨使海盗活动成为非常有利可图的事,全球贸易正遭受威胁"。海盗活动将迫使该航线的船舶绕道航行,时间和成本将因此增加。

索马里海盗猖獗的原因,一是经济疲弱使该地区政府无暇且无力顾及海上航道安全;二是相关国家担心国际合作打击海盗会损害其主权。唯有建立国际合作体制,派遣军舰护航,帮助当地脱贫,才是有效打击海盗犯罪的标本兼治之道。

虽然FINA号军火船已于2009年2月5日缴纳了320万美元赎金后获释,但由于索马里长期战乱,国家内政混乱,沿海地区海盗活动仍很猖獗,国际海事局已将索马里沿海及亚丁湾的国际航区宣布为世界上最危险的海域之一。

(根据CNN、CCTV 2008年9月26日~2009年2月6日相关报道编辑)

4. 国际集装箱航线

集装箱运输以其便捷、快速、安全、准时的特点已成为工业制成品国际大洋运输的主流发展方向。目前,全球三大主力集装箱航线是亚洲—美洲航线,亚洲—欧洲航线,美洲—欧洲航线,占世界集装箱总运力的60%左右。国际集装箱航线具体可细分为:

- 远东—北美航线;
- 北美—欧洲、地中海航线;
- 欧洲、地中海—远东航线;
- 远东—澳、新航线;北美—澳、新航线;
- 欧洲、地中海—西非、南非航线。

国际集装箱航线已呈网络化发展趋势,在船舶大型化、港口深水化的推动下,以赤道环球航线为主干、南北支持航线为辅助、区域航线为基础的全球集装箱航线网络正改变着传统的三大航线布局。

亚太区集装箱枢纽港有上海、新加坡、香港、深圳、高雄、神户、釜山、长滩、洛杉矶(表15-1-2)。

大西洋集装箱枢纽港有鹿特丹、汉堡、安特卫普、阿姆斯特丹、纽约、里约热内卢。

表 15-1-2　2013 年世界集装箱港口前 15 名　　　　　单位：万 TEU

排名	所在国家/地区	港口	2013 年吞吐量	2012 年吞吐量	同比增长(%)
1	中国	上海	3 361	3 252	3.3
2	新加坡	新加坡	3 260	3 166	2.9
3	中国	深圳	2 327	2 294	1.4
4	中国	香港	2 228	2 311	−3.6
5	韩国	釜山	1 765	1 703	3.7
6	中国	宁波—舟山	1 732	1 617	7.1
7	中国	青岛	1 552	1 450	7.0
8	中国	广州	1 530	1 474	3.8
9	阿联酋	迪拜	1 363	1 327	2.7
10	中国	天津	1 300	1 230	5.6
11	荷兰	鹿特丹	1 167	1 187	−1.7
12	中国	大连	991	806	22.9
13	中国	厦门	800	720	11.2
14	中国	连云港	548	502	9.3
15	中国	营口	530	485	9.3

资料来源：航运在线，http://www.sol.com.cn。

5. 国际大宗货物运输航线

（1）石油运输航线。石油及成品油运输占国际货物贸易运输量的 50% 以上，其中，波斯湾出发的航线占石油运输量的绝大部分。石油航线有：

- 波斯湾—好望角—西欧、北美航线；
- 波斯湾—龙目海峡、望加锡海峡—中国、日本航线；
- 波斯湾—苏伊士运河—地中海—西欧、北美航线；
- 波斯湾—澳、新航线；
- 墨西哥—日本北太平洋航线；
- 西非—北美、南美航线；
- 西非—好望角—中国航线；
- 北非—西欧航线；
- 里海—地中海航线；
- 阿拉斯加—美国东西海岸航线；
- 墨西哥湾—加勒比海航线。

(2) 铁矿石运输航线。铁矿石海运量仅次于石油,约占全球海运总量的10%左右,居散货运输首位。铁矿石航线有:
- 澳大利亚、巴西、印度—中国、日本、韩国航线;
- 南非、南美西海岸—中国、日本航线;
- 巴西—美国东海岸航线;
- 加拿大—美国大湖区航线;
- 巴西、南非、西非、北欧—西欧航线。

(3) 粮食运输航线。粮食占世界大洋运输总量的6%,是仅次于铁矿石的第二大国际散装货物运输商品。美国、加拿大、澳大利亚、阿根廷、巴西、法国占全球粮食出口量的90%。国际主要粮食航线有:
- 美国、加拿大—远东;
- 美国、加拿大—欧洲;
- 阿根廷、巴西—欧洲;
- 阿根廷、巴西—远东;
- 澳大利亚—远东。

(4) 煤炭运输航线。煤炭是全球储藏量最大的化石能源。世界上已探明的煤炭资源58%在亚洲,30%在北美,欧洲只有8%,非洲、澳洲和南美总共约占4%。其中,中国、俄罗斯和美国的煤炭资源最为丰富,美国和俄罗斯是世界煤炭出口大国,中国的煤炭以自用为主。在国际高煤价吸引下,中国也有少量煤出口,但要缴纳10%的出口关税。总的来说,中国是煤炭净进口国。此外,澳大利亚和南非也有部分煤炭出口。国际主要煤炭航线有:
- 北美—远东航线;
- 北美—西欧航线;
- 澳大利亚—日本、中国航线;
- 澳大利亚—西欧航线;
- 南非—西欧航线。

第二节 国际陆上运输

一、国际陆桥运输

国际陆桥运输是国际多式联运的方式之一。确切地说,陆桥运输(Land Bridge Transport)是一种海陆联运形式。它以横贯大陆的铁路为"桥梁",以铁路两端的海港为"桥头堡",实现"海—陆—海"连接运输。随着陆桥运输的发展,大陆桥两端的集散点也在不断扩散,增加了航空、公路、河运、管道等多种运输方式。国际陆桥运输诞生于20世纪50年代(北美大陆桥),正式开展于1967年(亚欧大陆桥)。

1. 亚欧大陆桥(远东—波罗的海沿岸港口)

亚欧大陆桥(Asian-Europe Land Bridge)又称西伯利亚大陆桥(Siberian Land Bridge,简称SLB),是世界上最长的陆桥运输线。用国际标准集装箱装载的货物由远东诸港运至俄罗斯东部的港口后,经跨越亚欧大陆的西伯利亚铁路运至北欧波罗的海沿岸港口,如爱沙尼亚的塔林或者是拉脱维亚的里加,然后再通过海运、铁路、公路最终运抵欧洲各地。亚欧大陆桥年货运量为20万标准集装箱(TEU),客户以日本、中国和欧洲各国的货运代理公司为主。其中,日本出口欧洲工业品等杂货的1/3、欧洲出口亚洲工业品的1/5经该陆桥运输。在亚欧国际贸易中占有非常重要的地位。

亚欧大陆桥包括海—铁—铁、海—铁—海和海—公—空三种运输方式。俄罗斯过境运输总公司(SOJUZTRANSIT)为总营运商,签发统一的全程联运提单,承担全程运输责任。参加联运的各区段则以接力方式完成全程联运业务。

亚欧大陆桥大大缩短了从日本、远东及东南亚诸国和大洋洲到欧洲的运输距离,时间比海运节省1/2~1/3,费用可节省20%~30%。由于港口装卸能力和铁路装载车辆的不足、冬季寒冷气候及经营管理的问题,亚欧大陆桥的发展受到一定程度的影响。新亚欧大陆桥已对其构成竞争。

2. 北美大陆桥

(1) 北美大陆桥(North American Landbridge)。用北美大铁路完成从远东至欧洲的"海—陆—海"联运。北美大陆桥包括美国两个大陆桥和加拿大大陆桥。美国的两个分别为西部太平洋沿岸至东部大西洋沿岸的铁路及公路运输线及西部太平洋沿岸至东南部墨西哥湾沿岸的铁路和公路运输线。加拿大大陆桥是将经海运抵达西部温哥华的货物经铁路运至东部的蒙特利尔或哈利法克斯,再与大西洋海运相接。

北美大陆桥以历史最悠久、服务范围最广而著称。大陆桥50%以上的货物以双层列车进行运输,效率极高。时间比全程海运快1~2周。在北美三条陆桥成功运用的带动下,墨西哥陆桥(Mexican Land Bridge)于1982年正式开通运营。此陆桥跨越特万特佩克地峡(Isthmus Tehuantepec),连接太平洋沿岸的港口萨利纳克鲁斯与墨西哥湾沿岸的港口夸察夸尔科斯。

(2) 北美小陆桥(North American Minibridge)。运输操作方式与大陆桥相同,也是采用一份海运提单,内陆铁路及公路运费由海运公司承担。但与大陆桥

"海—铁—海"不同,仅为"海—铁"或"铁—海"(也是由海运公司签发提单)形式,目的地仅为沿海港口。主要是日本货物经北美太平洋沿岸港口,到大西洋、墨西哥湾沿岸港口的铁路运输。

(3) 北美微桥(North American Microbridge)。微桥运输比小陆桥的距离更短,只用部分陆桥,交货地点均在内陆地区,因此也称半陆桥运输(Semi Landbridge)。即经北美东西海岸及墨西哥沿岸港口到美国、加拿大、墨西哥内陆的联运服务。好处是:一份海运提单到底(北美内陆运费由海运承运人支付),既节省时间,也节约费用(可以避免双重港口收费)。

由于北美大陆桥的广泛应用,越来越多的承运人开始建造不受巴拿马运河尺寸限制的"超级巴拿马型船"(Post-Panama Ship),从而放弃使用巴拿马运河,使巴拿马运河处于越来越不利的竞争地位。

3. 新亚欧大陆桥(连云港—鹿特丹)

1990年9月,随着中国兰新铁路与哈萨克斯坦土西铁路接轨,第二座亚欧大陆桥正式贯通。1993年,新亚欧大陆桥正式投入运营。新亚欧大陆桥东起中国连云港,最西至荷兰鹿特丹,途经哈萨克斯坦、乌兹别克斯坦、吉尔吉斯斯坦、塔吉克斯坦、俄罗斯、白俄罗斯、波兰、德国、荷兰等国,全长10 900千米,比西伯利亚大陆桥缩短运距2 700~3 300千米;比经苏伊士运河全程海运缩短运距8 000千米;比经巴拿马运河缩短运距11 000千米。

有了新亚欧大陆桥,亚太地区运往欧洲、中近东地区的货物,可海运至中国的连云港上大陆桥,出新疆阿拉山口,进入哈萨克斯坦边境站换装,经东欧铁路运至各国的边境站、港,再通过公路、铁路、海运至欧洲和中近东各国。反之,欧洲和中近东的货物可经东欧铁路进入中国,在阿拉山口换装,经中国铁路运抵连云港,再转船继续运往日本、韩国、中国香港、中国台湾和东南亚地区。

二、国际铁路运输

国际铁路运输量仅次于国际海运量,是国际贸易的第二大运输方式。铁路运输的特点是速度快、风险小、准点率高。国际海运的起点和终点也往往是铁路运输的集散地。

1. 国际铁路运输概况

世界第一条铁路诞生于1825年的英国。目前,世界上的铁路总里程超过150万千米。亚洲与欧洲及北非国家,欧洲各国与西非洲国家以及北美洲各国之间均有国际铁路相连(含跨海铁路轮渡)。国际铁路绝大部分已内燃机化和电气化。西欧国家及日本的电气化铁路超过80%,货运列车的时速一般在100千米/小时左右(客车时速最高已超过300千米/小时)。2020年之前,欧洲将出现时速高达500千米的"飞火车"。

> **【专栏】 标轨,宽轨和窄轨**
>
> 世界各国铁路采用的轨距不尽相同。大多数国家和地区采用1 435毫米的轨距,称标准轨距;大于标准轨距的为宽轨铁路,轨宽轨距为1 520毫米和1 524毫米;小于标准轨距的称为窄轨铁路,有1 067毫米和1 000毫米两种。中国采用的是标准轨距铁路,俄罗斯、蒙古用的是宽轨铁路,越南采用的是窄轨铁路。

2. 国际铁路货物运输公约

国际铁路货物运输有两个公约:一个是1951年在波兰华沙签署的《国际铁路货物联运协定》(简称《国际货协》),另一个是1961年在瑞士伯尔尼签署的《关于铁路货物运输的国际公约》(简称《国际货约》)。《国际货协》(CMIC)的成员包括俄罗斯、中国、蒙古、朝鲜、越南及东欧共12个国家。《国际货约》(CIM)成员包括法、德、比、意、西、瑞典、瑞士、东欧、伊朗、伊拉克、叙利亚及西北非的阿尔及利亚、摩洛哥、突尼斯等28国。

由于《国际货协》的东欧成员国又是《国际货约》的成员国,因此,凡进出《国际货协》国家的货物,也可以通过铁路转运到《国际货约》成员国,这就为国际铁路货物运输提供了极为便利的条件。例如,中国中西部的出口货物完全可以通过铁路,经《国际货协》和《国际货约》国家,转运至南欧甚至西北非国家。

3. 国际贸易铁路运输主要干线

(1) 亚洲干线。中俄铁路、中蒙铁路、中越铁路、中哈铁路、俄蒙铁路、土库曼斯坦—乌兹别克斯坦—哈萨克斯坦铁路、科威特—伊拉克铁路、巴基斯坦—印度—孟加拉铁路、土耳其—伊朗、伊拉克铁路。

(2) 欧洲干线。俄芬铁路、俄乌铁路、荷德铁路、葡西铁路、法瑞意铁路、意捷奥铁路、南欧铁路。

(3) 北美洲干线。加拿大东西海岸铁路、加拿大西海岸—美国西海岸铁路、加拿大中南部—美国中北部铁路、美国东部—加拿大东部铁路。

(4) 南美洲干线。智利—玻利维亚铁路、阿根廷—玻利维亚铁路、巴西—玻利维亚铁路、阿根廷—巴拉圭铁路。

(5) 非洲干线。坦赞铁路、安哥拉—赞比亚铁路、南非—博茨瓦纳—冈比亚—马里铁路、吉布提—埃塞俄比亚铁路。

三、国际公路运输

国际公路运输(International Road Transportation)是国际陆上运输的主要方式之一。是通过国际公路或国际高速公路,以单车或车队完成国际贸易货物运输的过程。公路运输量虽然在国际贸易中远不如海运,也逊于铁路运输,但在边境贸易中往往占有重要地位。在部分欧美发达国家,公路的运输量甚至超过铁路运输量。

目前,全世界公路网约 3 000 万千米,其中,高速公路通车里程约 40 万千米,遍及 80 多个国家和地区。美国曾是世界上拥有高速公路最多的国家,拥有高速公路超过 9 万千米;中国高速公路后来居上,2013 年达 10 万千米,居世界第一[①];加拿大(2 万千米)、德国(1.1 万千米)、法国(1 万千米)分别居世界第三、第四和五位。

1. 国际公路货运公约与协定

1956 年,联合国所属欧洲经济委员会制定的《国际公路货物运输合同公约》(简称 CMR)正式实施,17 个国家成为首批成员国。《公约》对适用范围、承运人责任、合同签订与履行、索赔与诉讼以及连续承运人履行合同等均有详细规定。

1956 年,为确保集装箱跨国运输原封不动和完好无损的"关于集装箱的关税协定"在欧洲经济委员会签订,包括 21 个欧洲国家在内的 28 个国家为该协定的签字国,并缔结了《国际公路车辆运输规定》(*Transport International Routier*,简称 TIR),其正式名称为《根据 TIR 手册进行国际货物运输的有关关税协定》,于 1960 年正式实施。协定规定:凡持有 TIR 手册的集装箱公路承运人,允许在发运地海关铅封后,从发运地至目的地,中途可免受检查、免缴关税和押金。

2003 年,中国成为国际公路运输联盟正式成员。国际公路运输联盟成立于 1948 年,有 69 个正式成员和 100 多个联系成员。

2. 国际公路运输方式

国际公路运输有以下优点:一是便捷快速,灵活机动,适于中小批量、中短距离的货物运输;二是投资规模可以由小到大,但收效很快;三是能与其他运输方式相结合,是唯一可以实现"门到门"运输的方式。国际公路运输的缺点有:一是运量有限;二是易破损丢失;三是易受自然灾害和所经地区安全的影响。

公路运输的组织形式通常有以下几种。

---

① 中国高速公路网,2014 年 3 月。

(1) 专线运输(Liner Carrier)。又称公共运输,经营固定线路,分定期(类似海运班轮)和不定期两种。费率基本固定。

(2) 契约运输(Contract Carrier)。承托双方按商定的运输合同运送货物。一种为长期性合约,适用于运量大、数量稳定、契约期限长的货物。一种为一次性或短期合约,适用于应急性强的大宗货物。前者运费要低于后者。

(3) 自营运送(Private Carrier)。企业用自置的车辆运送货物至国外客户,运费虽省,但养车成本很高。

3. 运费

公路运输计算单位整批货按"吨·千米"计。费率分为3吨以上的货物按整车(FCL)和3吨以下的货物按零担(LCL)两种核定,前者比后者低30%~50%。

零担货物按"千克·千米"计算。每千克体积不超过4立方米的货物按实重计,每千克体积超过4立方米的货物为轻泡货,按每4立方米折合1千克计。运费计算公式:

(1) 以吨·千米(或千克·千米)计:

(货物计费重量×计费里程×每吨或千克千米运价)×(1+加成率)

(2) 以吨计:

(货物计费重量×运价)×(1+加成率)

特种货物分长、大笨重、危险、贵重、鲜活四类。长、大笨重货物还可细分为3级,危险货物则可细分为2级。每件货物重量250千克或以上为超重货物;长度7米及以上为超长货物。除运费外,若返程空驶和等待装卸,还要计收落空费和延滞费。

第三节 国际航空运输

航空货运尽管只占国际贸易货运量的2%,但货物价值却超过全球货运总值的40%。伴随着航空市场竞争的加剧及航空运费的走低,空运日益受到国际企业的重视。因此,国际航空运输在国际贸易中扮演着越来越重要的角色。国际航空运输协会(IATA)称,2013年,全球航空货运量达到4 160万吨,亚太地区占世界航空货运量总量的35.9%;北美洲占33.3%;欧洲占24.2%;中东/非洲占6.8%;拉丁美洲/加勒比海地区占2.2%[①]。

---

① 国际航空货运协会(IATA)公布的2014年统计数据。

一、航空货运的特点

（1）快速。航空运输是最快的运输方式，适合运送小批量、价值高和赶时间的急件货物。

（2）安全。航空运输管理严格，且是空中直线飞行，一般不易发生海运或陆运过程中受潮、受热、碰损、盗抢、短量等情况。尤其适宜运送价值昂贵的物品。

（3）保鲜。航空货运非常适合运送鲜活的动植物或冷冻的食品，如活鱼虾蟹、动物、鲜花和速冻蔬菜瓜果等，既可保证货物鲜活度，又能提高商品竞争力。

（4）节省。航空运输所花费的时间是其他运输方式的几分之一甚至几十分之一，因此，可以节省资金占用利息、保险费、仓储费等，对量小价贵的物品颇具性价比。

（5）昂贵。尽管航空运输有上述诸多优点，但不菲的运费还是限制了绝大部分大宗国际贸易货物使用此种方式。

（6）局限。对当地没有机场或收货地点远离机场的不太适用，或者必须结合其他运输方式方可实施，这不但会增加费用和时间，还会增加转运中的不确定性，从而抵消了航空运输的优势。

二、国际空运航线的分布

1. 北太平洋航线

北太平洋航线是连接亚洲和北美之间的重要航线。航线穿越太平洋以及北美大陆，是世界上最长的航空线。航线西起亚洲东部的北京、上海、香港、首尔、东京、曼谷、马尼拉等城市，飞越太平洋，途中有火奴鲁鲁（檀香山）等中继站，东到北美大陆西海岸的温哥华、西雅图、旧金山、洛杉矶等地，横穿北美大陆后，到达东海岸的蒙特利尔、纽约、华盛顿等地。北太平洋航线已超过北大西洋航线，成为世界上最繁忙的国际空中走廊[①]。航线两端连接的城市有：

---

① 刘念：《物流地理》，机械工业出版社2008年版。

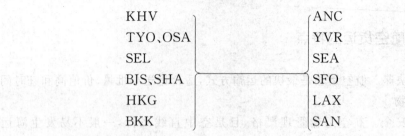

2. 北大西洋航线

北大西洋航线是连接北美与欧洲之间的重要国际航线。集中分布于北大西洋上空,来往于北美的纽约、费城、波士顿、蒙特利尔和欧洲的伦敦、巴黎、法兰克福、马德里、里斯本等主要国际机场之间,是目前世界上最繁忙的国际航线之一。

航线连接两端的城市为:

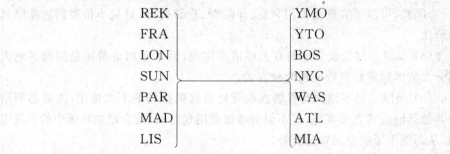

3. 欧亚航线

欧亚航线横穿欧亚大陆,是连接大陆东、西两岸的重要航线,又称西欧—中东—远东航线。该航线对东亚、南亚、中东和欧洲各国之间的经贸联系起到重要作用。其航空货运量仅次于北大西洋航线,繁忙程度居世界第三位。分北、中、南1、南2线。

北线:LON—AMS—SXF—MOW—IKT—KHV

中线:LON—FRA—BUH—THR—URC—PEK

南1线:LON—PAR—ROM—CAI—KHI—PEK

南2线:LON—ROM—CAI—CCU—RGN—BKK

4. 欧非航线

欧非航线是纵贯欧洲与非洲大陆之间的国际航线,分西、中、东三条。

西线:LON—PAR—DAR—ABJ—LOS

中线:PAR—ALG—FIH—CAP

东线:MOW—ROM—CAI—KRT—NBO—DAR

5. 欧拉航线

欧拉航线是斜跨大西洋、连接欧洲大陆到拉丁美洲之间的航线,分东、西两条。

西线:LON—PAR—LIS—CCS—LIM

东线:LON—PAR—LIS—RIO—BUE

6. 北美—拉美航线

北美—拉美航线是一条纵贯北美洲与南美洲之间的重要航线。分西、中、东三条。

西线:SFO—LAX—MEX—PTY—LIM—SCL

中线:YMQ—NYC—MIA—PTY—LIM—SCL

东线:YMQ—NYC—CCS—RIO—BUE

7. 北美—非洲航线

北美—非洲航线是一条斜跨大西洋的国际航线。航线主要连接城市有:NYC—DLR—LOS—KRT

8. 北美—大洋洲航线

北美—大洋洲航线是一条斜跨太平洋、连接北美与南半球的大洋洲之间的国际航线。航线连接的主要城市有:SFO(LAX)—HNL—NAN—SYD

9. 亚洲—大洋洲航线

亚洲—大洋洲航线是连接东亚、东南亚、南亚与大洋洲之间的主要航线。分西、中1、中2、东四条。

西线:BKK—SIN—JKT—SYD

中1:PEK—CAN—MNL—MEL—SYD

中2:TYO—HKG/TPE—MNL—SYD—MEL

东线:TYO—GUM—BNE—SYD

10. 北极航线

北极航线是连接北太平洋航线城市和欧亚航线城市、穿越北极上空的重要航线,它能节省飞行时间和航空油耗。航线所连接的城市有:

$$\left.\begin{array}{l}\text{TYO}\\\text{OSA}\\\text{SEL}\end{array}\right\}-\text{ANC}-\left\{\begin{array}{l}\text{STO}\\\text{LON}\\\text{PAR}\end{array}\right.$$

三、国际航空港的分布

航空港的狭义概念是指机场。广义的航空港则泛指机场所依托的城市。一个广义的空港可以包括若干个狭义的空港(机场)。例如,伦敦(LON)实际上包括5个机场:希思罗机场(Heathrow Airport),机场代码 LHR;伦敦卢顿机场

(London-Luton Airport)，机场代码 LTN；盖特威克机场(Gatwick Airport)，机场代码 LGW；伦敦斯坦斯特机场(London Stansted Airport)，机场代码 STN；伦敦城市机场(London City Airport)，机场代码 LCY。全球的大小机场数以万计，但与国际经贸联系紧密的往往是指那些商业性的和枢纽型的国际空港。

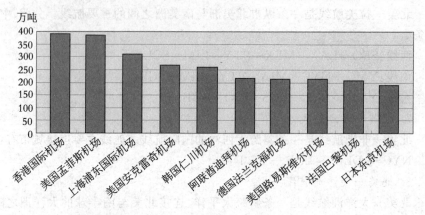

资料来源：根据国际机场协会(ACI)2013 公布的数据编制。

图 15-3-1 2012 年全球航空货运量前十大国际机场

1. 国际航空港的类型

(1) 商业性空港。商业性国际航空港多为与国际商务活动密切相关的中心城市。最常见的是那些有国际博览会、商品交易所、国际贸易中心、国际金融中心、商品交易会、国际拍卖市场等所在的知名商业城市，如伦敦、纽约、法兰克福、慕尼黑、东京、香港、上海等。

(2) 枢纽型空港。枢纽型的国际航空港是指那些有着天然地理优势，并处在重要国际航线上的城市。如亚洲的曼谷、仰光、新加坡、马尼拉、雅加达、孟买、德里、卡拉奇、科伦坡、沙迦、迪拜、巴林、德黑兰以及非洲的亚丁、开罗、阿比让、亚的斯亚贝巴、阿尔及尔、突尼斯、毛里求斯，拉美的金斯敦、加拉加斯、里约热内卢、波哥大和北美的温哥华、安克雷奇及太平洋上的檀香山、楠迪、帕皮提等。

2. 国际航空港的分布

美国是全球航空业最发达的国家，也是航空港最多的国家。美国有空港设施的城市 1 300 多个，有些大城市甚至拥有好几座空港，每个空港可能有多个航站楼。凡到这些城市从事经贸活动，必须事先弄清楚在哪个城市、哪个机场、那座航站楼起飞或到达。欧洲的国际空港数量仅次于美国，亚洲紧随其后，然后是拉美、非洲和大洋洲。

按货运量计算，2012 年全球十大机场中，香港国际机场排名第一，美国占了

3个，分别是孟菲斯机场、安克雷奇机场、路易斯维尔机场；上海浦东机场从2006年的第六位升至第三位（见图15-3-1）。

按客运量计算，全球十大机场中，美国占了3个。2013年美国亚特兰大机场以9 600万人次的客运量蝉联世界第一大客运机场，迪拜机场及伦敦希思罗机场保持第二及第三位，分别为6 730万人次和6 690万人次，香港机场以5 990万人次名列第四位。

法国巴黎的戴高乐机场拥有7座航站楼、4条跑道，是欧洲规模最大的国际机场。德国的法兰克福机场是欧亚航线上中转旅客最多的国际机场之一。

最现代化的国际机场要数2010年落成的阿联酋迪拜国际机场和北京首都机场3号航站楼以及部分建成的美国的新丹佛国际机场（2020年全部完成后，将拥有12条跑道，年运送旅客1.1亿人次）。

香港国际机场以优质高效和温馨周到的服务连续10年被国际航空荣誉机构授予"全球最受旅客欢迎的十大国际机场冠军"称号。

【专栏】 沙漠奇迹

迪拜出身低微，起初只是旅客的补给站。对于阿拉伯半岛角落的这个不毛之地，原先没人愿意在此逗留。而今，迪拜机场已超越伦敦希思罗机场，一跃成为世界最繁忙的国际航空旅行枢纽。

迪拜自然资源匮乏，5～9月平均气温超过38℃，尽管如此，迪拜仍然决定冒险一搏。有道是"上帝关上一扇门，会另外打开一扇窗"。被气候亏欠的迪拜，在地理方面得到了补偿。由于距离世界2/3的人口都不超过8个飞行时数，迪拜得以建成一个只需一站就可连接世界上任何两个城市的全球航空枢纽。20世纪80年代，迪拜当局决定将这座沙漠城市变成旅游胜地，于是开始大兴土木，工程包括两项世界最大建筑工程——828米高的哈利法塔和可以从外太空看到的棕榈树状的人工岛。与之相配套的是投资330亿美元建设一座超大型的世界中心国际机场。海湾问题专家吉姆·克兰说："航空公司是迪拜成功的关键。迪拜经济完全依赖国际航空旅行。"2010年，阿勒马克图姆国际机场机场一期工程完工。根据国际机场理事会的数据，过去的一年，迪拜接待旅客6 730万人次，超过希思罗机场的6 690万人次和香港机场的5 990万人次，仅低于美国亚特兰大机场的9 500万人次，但后者多为国内旅客。迪拜航空业已占阿联酋经济总量的28%，在经济发展中举足轻重。

阿勒马克图姆国际机场位于迪拜世界中心的心脏地带，并计划于2020年前扩建成世界上最大的航空客运和货运枢纽，面积比原先的迪拜国际机场大10倍，拥有5条4.5千米的跑道，可同时起降4架A380型飞机，届时，新机场将可承接1.2亿人次的客运量和1 200万吨的货运量，成为世界最大的客货航空枢纽。

（《纽约时报》网站，2014年6月19日）

四、国际民航组织

1. IATA(国际航空运输协会)

国际航空运输协会(International Air Transport Association)简称国际航协(IATA),成立于1945年,其前身是1919年成立的国际航空业务协会。该协会是全球航空企业的行业联盟,属非官方性质,但由于世界大多数国家的航空公司为政府所有,即使非国有的航空公司也受到所属国政府的强力干预或控制,因此,IATA实际上是一个半官方组织。凡国际民航组织成员国的任何空运企业,经其政府许可都可以成为会员。从事国际飞行的空运企业为正式会员,只经营国内航班业务的为准会员。IATA的基本职能包括:国际航空运输规则的统一、业务代理、空运企业间的财务结算、技术上合作、参与机场活动、协调国际航空客货运价、航空法律工作、帮助发展中国家航空公司培训高级和专门人员。IATA目前有会员300多个。总部设在加拿大蒙特利尔,执行总部设在瑞士日内瓦,在安曼、北京、布鲁塞尔、达喀尔、伦敦、迈阿密、内罗毕、新加坡和华盛顿特区等地设有办事处。

2. IFATA(国际货物转运商协会联合会)

国际货物转运商协会联合会(International Federation of Freight Forwarders Associations)简称国际货协(IFATA),是全球性的各国代理人协会及货运代理人的联合组织,1929年在维也纳成立。FIATA是一个非营利性的行业组织,旨在保护代理人的利益,总部设在瑞士苏黎世,现拥有97个国家级会员和近5 000名个体会员,代表了144个国家和地区的4万多家货运代理公司和1 000多万名从业人员,具有广泛的国际影响。

1995年起,FIATA向全球货运代理人推出世界统一的资格认证——FIATA证书。证书采用国际规范的培训教材,依照全球统一的考核标准,签发相同资格证书。根据FIATA规定,欲取得该证书的申请人必须参加FIATA授权的国家级货运代理协会举行的专门培训,并通过书面考试、复试和面试,成绩全部合格者,方能获得FIATA证书。许多国家已把FIATA证书持有数作为审核货运代理企业的一项硬指标。

3. ICAO(国际民用航空组织)

国际民用航空组织(International Civil Aviation Organization)是协调世界各国政府在民用航空领域内各种经济和法律事务、制定航空技术国际标准的重要组织。1944年,52个国家在美国芝加哥签订了《国际民用航空公约》(简称《芝加哥公约》)。1947年4月4日,《芝加哥公约》生效,国际民用航空组织正式成立,同年5月13日成为联合国的一个专门机构。总部设在加拿大的蒙特利尔。

ICAO 的宗旨是：制定国际空中航行原则，发展国际空中航行技术，促进国际航行运输的发展，以保证国际民航的安全和增长；促进和平用途的航行器的设计和操作技术；鼓励用于国际民航的航路、航站和航行设备的发展；保证缔约各国的权利受到尊重和拥有国际航线的均等机会等。中国政府是该组织的创始成员国之一。1974 年 2 月，中国承认《国际民用航空公约》，并自该月起参加该组织的活动。

第四节　国际内河运输

国际内河运输(International Waterway Transportation)是指经过连通内陆国家之间或内陆国家与沿海国家之间的天然河流或人工水道的一种国际贸易运输方式。虽然内河运输在国际货物运输中所占比重不大，但也是国际贸易运输的重要组成部分。

一、国际内河运输的特点

1. 运量大

目前，内河运输普遍采用拖带方式，一个现代化顶推船队的运量相当于十几个列车车皮或数千辆卡车的运量，因而不可小觑。例如，横穿 6 个国家的欧洲莱茵河、连接美国与加拿大的密西西比河—五大湖区—圣劳伦斯水道，每年的货运量均在 6 亿吨左右，相当于几万艘万吨级远洋巨轮的运输量！

2. 成本低

内河航运利用的是天然河道或人工水道，比修建铁路或公路节省土地和养护开支，运输费用也比铁路、公路低廉得多。

3. 时间长

耗时较长是水上运输的共同缺点。内河航运往往要耗费比公路运输或铁路运输多出几倍甚至一二十倍的时间，因此，对那些需要赶时间、保鲜活的货物不太适合。

二、世界主要国际内河运输

1. 莱茵河

莱茵河是欧洲一条重要的国际河流。它发源于瑞士中南部阿尔卑斯山脉，向北偏西流经列支敦士登、奥地利、法国、德国，在荷兰的鹿特丹附近流入北海。全长 1 320 千米，所经地区为欧洲最发达的国家，是世界最繁忙的国际河流之一,每年货物吞吐量超过 5 亿吨。万吨级海轮可沿河到达德国科隆,3 000 吨驳船可达瑞士巴塞尔。并有人工运河将莱茵河与多瑙河、易北河连通,形成一个庞大的海河运输网络。

2. 多瑙河

多瑙河是欧洲第二大河,流经 10 个国家,是世界上干流流经国家最多的国际河流。多瑙河源自德国南西部的黑林山,自西向东流经奥地利、斯洛伐克、匈牙利、克罗地亚、塞尔维亚、保加利亚、罗马尼亚、摩尔多瓦、乌克兰,在乌克兰中南部注入黑海。支流延伸至瑞士、波兰、意大利、波斯尼亚—黑塞哥维那、捷克以及斯洛文尼亚、摩尔多瓦等 7 国,最后在罗马尼亚东部的苏利纳注入黑海,全长 2 850 千米。第二次世界大战后,开辟了"多瑙—黑海运河"和"美因—多瑙运河",前者提供了一条自罗马尼亚的切尔纳沃德至黑海的更直接、更便利的航道;后者连接多瑙河至莱茵河,并通至北海。两条运河对中西欧国家进出口运输意义重大。

【专栏】 八色多瑙河

奥地利音乐家小约翰·施特劳斯的圆舞曲《蓝色多瑙河》令人陶醉,是每年维也纳新年音乐会必演的保留曲目。实际上,多瑙河之所以美,除了它流经诸多风情万种的欧洲国家,还因为它的颜色变化万端。有人做过统计,它的河水在一年中要变幻 8 种颜色;6 天是棕色的,55 天是浊黄色的,38 天是浊绿色的,49 天是鲜绿色的,47 天是草绿色的,24 天是铁青色的,109 天是宝石绿色的,37 天是深绿色的,但没有一天是蓝色的!

(摘自百度百科相关资料)

---

3. 易北河

易北河发源于捷克和波兰交界的苏台德山脉,向南进入捷克,再流成一个弧形转向西北流入德国,经汉堡流入北海,全长 1 150 千米,是中欧地区的主要航运河道。汉堡以下河宽达 14.5 千米,海轮可以经过宽阔的河道航行 109 千米直接到达汉堡,通过中德运河向西到达鲁尔工业区,向东到达柏林。700 吨的货轮可以上溯到捷克,较小的船可以经由其支流到达布拉格。

欧洲能通航的内河还有伏尔加河、顿河、泰晤士河、法国南方大运河、德国基尔运河等。欧洲全部内河通航里程约 20 千米。

4. 密西西比河—五大湖区—圣劳伦斯水道

密西西比河(意思是"大河"或"老人河")为世界第四长河,也是北美流程最长、流域面积最广、水量最大的河流。位于北美洲中南部,流域北起五大湖附近,南达墨西哥湾,全长 3 950 千米,通航里程达 3 万千米,年货运量 6 亿吨。密西西比河北端流入五大湖区,并通过圣劳伦斯水道与大西洋相通,在美国和加拿大内河航运中占有举足轻重的地位。

5. 尼罗河

尼罗河是世界第二大河,全长 6 650 千米,发源于埃塞俄比亚高原的青尼罗河是尼罗河下游大多数水量和营养的来源;而白尼罗河则是两条支流中最长的,源于非洲中部大湖地区,最远可追溯至卢旺达。青、白尼罗河在苏丹首都喀土穆附近相汇,形成尼罗河。尼罗河被称为苏丹和埃及的母亲河。在苏丹境内第三瀑布以北和埃及境内河段均可通航。

6. 亚马孙河

亚马孙河位于南美洲,是世界流量最大、流域最广、支流最多的河流,河流量比其他三条大河——尼罗河、长江、密西西比河的总和还大,占世界河流流量的20%,流域面积达 691.5 万平方千米,占南美洲面积的40%,支流数超过 1.5 万条,亚马孙河是世界第一长河,长达 6 800 千米(以秘鲁南端为源头)。可通航里程达 2.5 万千米,7 000 吨级海轮可抵达巴西的马瑙斯港,3 000 吨级驳船可直通巴西的巴塞罗斯和圣安东尼奥港。

7. 拉普拉塔河

拉普拉塔河是拉美第二大河,西班牙语意为"白银之河",位于南美洲东南部阿根廷和乌拉圭之间,东西长 290 千米,其宽度从西端两河汇集处的 48 千米逐渐扩大至东部与大西洋相交处的 220 千米。阿根廷首都布宜诺斯艾利斯位于拉普拉塔河西南岸,乌拉圭首都蒙得维的亚则位于东北岸处。万吨级海轮可直达阿根廷的罗萨里奥港。

【专栏】 中国的内河运输

中国可供通航的内陆河乃世界之最,是美国的 2.4 倍和西欧的 4 倍。长江是中国货运量最大的内河,占全国内河运量的 80%。近年来,长江干线货运量不断攀升,从 2000 年的 4 亿吨持续攀升到目前的约 18 亿吨(其中,外贸吞吐量约 2 亿多吨),先后超过欧洲的莱茵河和美国的密西西比河,跃居世界第一。2011 年,长江干线货运量达 16.6 亿吨,连续 5 年刷新了世界内河航运纪录[①]。南京港以下常年可通航 2.5 万吨级海轮和由 2 000~5 000 吨级驳船组成的 2 万~4 万吨级船队;南京至安庆水深达到 6 米,可通航 5 000~10 000 吨级海轮或由 2 000 吨级驳船组成的 2 万~4 万吨级船队;安庆至武汉水深 4.5 米,可较大幅度地延长 5 000 吨级海船的通航期;武汉至城陵矶水深 3.7 米,可通航由 3 500 吨级油驳组成的万吨级油运船队,利用自然水深可通航 3 000 吨级海轮;重庆至宜宾水深 2.7 米,可通航千吨级船舶。

中国与邻国相通的内河有:黑龙江、松花江、乌苏里江与俄罗斯相连;伊犁河与俄罗斯、哈萨克斯坦相连;澜沧江与缅甸、老挝、泰国、柬埔寨及越南相连。

---

① "中国长江干线货运量连续 5 年刷新世界纪录",中国新闻网,2012-01-07。

第五节　国际管道运输

国际管道运输(International Pipeline Transportation)是国际贸易的一种特殊运输方式。与其他运输方式最大的不同在于,它是货物在管道内借助高压气泵的压力被输往境外目的地的一种运输方式。

一、管道运输的特点

1. 运输工具与运输通道合而为一

作为运输工具的本身就是运输通道,只是这种运输工具是固定不动的,它所承载的物体在管道内移动从而被输送至目的地。

2. 单方向输送

管道运输只能将货物从一端运送至另一端,因此,不存在回空运输的问题,且一旦铺设完毕,很难更改。

3. 前期固定投资大,后期运输成本低

初期因长距离跨境铺设管道,需要大笔投资。一旦建成,优势明显:不受地面气候影响,可连续不断运输,不易发生货损货差,无需包装费用,管理方便简单,运输成本较低。

4. 运输手段专业化,用途越来越广泛

管道运输的原理是利用压缩空气或高温压缩空气将管内货物从管道的一端"吹"至另一端,长距离的管道需要分段加压加温输送,以保障管内物体的移动速度。国际管道运输已不仅仅适用于液体和气体货物的进出口,现代化的管道甚至可以运送固体货物,如煤粉、矿砂、水泥、面粉、邮件和单证文件等。

5. 有一定不确定性

国际管道运输存在被人为或意外事故中断的可能性。例如,2009年初,俄罗斯曾因价格问题中断了向乌克兰输送天然气;乌克兰则截留过境输往西欧的天然气,殃及欧盟诸国。另外,凿管偷窃、爆炸、山火、地震、洪水等人为破坏或自然灾害也会危及管道安全。

二、管道运输的类型

1. 按管道内被运输的对象划分

(1) 气体管道。主要运送天然气、煤气或化学气体。

(2) 液体管道。主要运送石油、液化气、水等。
(3) 压缩空气管道。主要运送邮件、包裹、单证、文件等。
(4) 浆粉管道。主要用于运送矿砂、煤粉、面粉等细颗粒货物。

2. 按铺设位置划分

(1) 地面管道。直接把管道铺于地面,好处是节省投资,缺点是易受损坏和偷盗。

(2) 架空管道。将管道架离地面一定高度,好处是能降低遭破坏的几率,投资成本虽高于地面管道,但少于地下管道。

(3) 地下管道。将输送管道埋于地下。好处是能大大减少遭损坏的程度,缺点是投资较大。出于安全考虑,国际贸易管道运输多采取这种方式,而且口径越来越大,距离越来越长,可完成上万千米的运送。

(4) 系泊管道。管道从海港到海上浮筒的那一段因漂浮于水面而被称为系泊管道。它可以将油、气等货品从油田、矿山、炼油厂直接输送到靠泊于海上浮筒边的油轮或货轮上,或通过系泊管,从运输船上将油、气等物品抽送至陆上。

目前,使用管道运输最多的仍然是石油和天然气。相对于传统的油罐车、油轮、气罐车、船等,管道运输具有运量大、输送快、费用省的诸多优势。目前,全球上已建成的各种运输管道长达数百万千米,遍及北美、欧洲、非洲、亚洲、南美和大洋洲。国际管道运输已成为国际贸易的重要运输方式之一。

三、管道运输的经营管理

管道运输投资巨大,专业性很强,维护保养虽然节省人力,但技术要求较高,跨国运输更涉及产、供、销各个环节和领域,因此,国际管道运输具有以下特征。

1. 垄断性强

因先期投资额巨大,国际管道运输往往被几家大的石油巨头所垄断,把持着从开采、输送到分销等各环节,例如,美国70%以上的油气管道就被十大石油巨头垄断;而在像中国、俄罗斯这样的新兴经济体,铺设和经营管道运输则是100%被国有大集团所控制。

2. 对传统方式构成竞争

管道运输因量大和快速及安全等诸多优点,抢占了许多传统运输方式的市场份额,尤其对石油海运和铁路槽罐车运输构成巨大压力。2009年6月,中国石油天然气集团与缅甸联邦能源部签署协议,由中石油投资铺设一条从缅甸马德岛至中国西南境内的原油输送管道,年输送能力2 200万吨。建成后,将使中国目前80%经马六甲海峡船运的油气进口量降至60%,费用和风险也大为

3. 计价货币及计量单位

国际石油、天然气的管道运输通常以美元计价。按照油品的种类和数量规定不同的费率，计算标准一般以桶为单位，也有以吨为单位来计算运输量的。例如，2009年2月，中国石油天然气集团公司与俄罗斯石油公司、俄罗斯管道公司分别签署长期原油供销协议，俄罗斯的石油公司将以20年3亿吨的长期原油供应换取中方250亿美元贷款，便是以吨为单位计价的。

第六节 国际邮政运输与快递服务

国际邮政运输（International Parcel Post Transport）是指通过国家开办的邮政局寄交进出口货物的一种运输方式。邮政运输十分简便，卖方只要根据买卖合同中双方约定的条件和邮局的相关规定，向邮局办理寄送包裹手续，付清邮费，取得收据，即告完成交货任务。国际快递服务的开办机构一般为私营快捷运送包裹公司，国与国之间的运输全部采用飞机空运完成，收件及交件采用汽车或摩托车上门收缴，费用高于邮政运输。

一、国际邮政运输与快递服务的特点

1. "区到区"与"门到门"服务

邮政运输的最大特点是方便。通过遍布世界各地的邮政网络，可以将邮件包裹送达世界任何一个角落，手续简便，收费不高，可实现"区到区"服务（一般是在附近地区邮局寄收）。邮递过程完全由相关国家邮政网络系统交接，邮件到达目的地后，收件人可凭邮局通知和收据到邮局提取。而国际快递服务则可以完全做到"门到门"服务，只要拨一个电话，快递公司就会派人上门收件，发件人填妥收寄件人的姓名、地址、通讯方式，按规定费率缴纳相应的快递费，即可完成发货任务。国外收件人会先接到快递公司的电话查询，只等快递公司上门将包裹交到手中，在回执上签字，即告完成收货过程。中间的报关、保险等环节由邮局或快递公司负责办理，省去诸多麻烦。

2. 多式联运

国际邮政运输与国际快递服务均采取多种运输工具联合运送的方式，以便快速、安全地将物品送达收货人手中。不同的是，国际邮政运输主要以海运、公路和铁路运送为基础，航空运输则要加付航空附加费。而国际快递服务除了在

当地接件和国外交件时采用汽车、摩托车等短距离快速交通工具外,跨国运送则完全以飞机完成。

3. 快速安全

无论采用国际邮政运输还是国际快递服务,均能在规定时间内送达,并可查询追踪中间各环节过程。国际邮政到达的时间视投递国家的距离远近和距中心城市的便捷程度而定,一般在一周至30天不等,采用航空邮递,时间会缩短至两三天,一般不超过一周。采用国际快递,费用会高一些,但时间则较有保证。例如,利用某国际快递服务从北京或上海快递样品到德国汉堡或英国伦敦,通常24小时即可送达。万一发生延误,可要求快递公司通过其租用的GPS国际卫星网络,即刻查询到问题出在哪个环节。国际邮政和国际快递均有保价服务,被保价的货物一旦发生丢失,一般可以按规定得到赔偿。

4. 有局限性

国际邮政与国际快递虽然有快速便捷的优点,但毕竟只能运送体积和重量在规定范围之内的小件包裹。例如,每件包裹长度不能超过1米,重量不能超过20千克。国际快递物品有一种只按固定尺寸的"标准盒子"计件收费的服务,费率比按重量计费的方式便宜很多,只要货物体积能装进这种盒子,不论重量多少,均按照固定费率计收;若数量超过一只盒子的体积,快递公司则会建议再用一只,但须加付另一只盒子的快递费,以此类推。因此,国际邮政和国际快递只适合数量少、体积小、时间紧、比较昂贵的货物,如有时间要求的货样、文件材料、急救药品等。

二、国际邮政和国际快递的封装和限制要求

邮政局对投寄的邮件封装视内容有不同的规定。一般要求能保护邮件不致破损、丢失。对于保价货物,除按普通包裹封装外,还需在封口处加盖火漆或铅质封志,火漆封志要盖有寄件人的印章或专用标记。

易碎物品应使用坚硬厚实的材料做包装箱,并以泡沫塑料或海绵作衬垫填塞,以确保在运送途中不致被碰撞摔坏。

无论是国际邮政方式还是国际快递服务,所运送的物品必须符合出口国和进口国的海关监管规定,例如,严禁寄送易燃、易爆、腐蚀、有毒、酸性、放射性等危险物品以及麻醉品、军火、本国及外国货币、金、银、珍贵文物古玩和涉及国家机密的文件、手稿,受管制的无线电器材等。

三、邮件、资费和单证

1. 邮件

国际邮件按性质分为函件及包裹两大类。函件是指用纸或塑胶袋包装的信件、文件或其他印刷品。包裹则分成以下三类。

(1) 普通包裹。凡适于递送的小件物品,只要符合相关规定,都可以作为包裹投递。包裹内不得夹寄信件,但可以在包裹内附寄包裹物品清单、发票、发件人其他联系方式等签条。

(2) 保价包裹。凡投寄金银首饰、珠宝、工业品等贵重物品,可以采用保价方式。寄件人应申报物品价值,万一发生递送的物品丢失或损坏,邮政局或快递公司按申报价值承担补偿责任。

(3) 脆弱包裹。凡装有易碎物品,如玻璃、瓷器、古玩等,在包裹外面加盖特别标记,按脆弱包裹办理,所负责任仍与普通包裹相同。脆弱包裹只限递往同意接受的国家和地区。

2. 资费

邮递资费是邮政局提供邮寄服务所收取的报酬。按《万国邮政公约》规定,国际邮资应以与金法郎接近的等价,折合本国货币制定。金法郎是 UPU 规定的在其范围内使用的标准货币,每一金法郎重 10/31 克,含金量为 90%。各国可结合本国国情在此基础上加以增减,最高可增加 70%,最低可减少 50%[①]。

国际邮资依照重量分级作为计算标准。资费包括基本邮资和特别邮资。基本邮资按照不同邮件种类和不同国家或地区制定,特别邮资是因某项附加的手续或责任而另外收取的资费,如挂号费、保价费、回执费等。保价费按申报价值的一定比率收取。

3. 单证

邮政运输的主要单证是邮政收据(Post Receipt)。邮政收据是邮局收到寄件人委托的物品后所签发的一式多份的单证,它既是给予寄件人的接货凭证,又是收货人凭以提取邮件的凭证,也是万一发生邮件丢失或损坏时,持单人向邮局索赔的凭证。

---

① 百度百科:金法郎。

【专栏】 万国邮政联盟

万国邮政联盟(Universal Postal Union)简称邮联(UPU)。是1874年由22个国家在瑞士伯尔尼会议所签署的国际邮政公约而成立的。当时称邮政总联盟。1878年,在巴黎举行第二次会议时将公约改为《万国邮政公约》(Universal Convention of Post),机构则改为现名。总部设在伯尔尼,现有170多个会员,属于联合国的一个专门机构。UPU的宗旨是:组成一个国际邮政领域,相互交换邮件,组织和改善国际邮政业务,有利于国际邮政的发展,推广先进经验,给予会员国邮政技术帮助。

国际邮政与国际快递形成竞争与互补的关系。在国际快递进入市场之前,国际包裹和信函递送基本上被国际邮政垄断。虽然国际邮政的资费不高,但毕竟属于政府公营性质,在效率和服务上很难满足全球化时代瞬息万变的市场需求,于是,国际私营快递服务开始分切国际小件包裹递送这块市场大蛋糕。凭借快速和标准化的投递服务,几家大型国际快递公司迅速占领了各国速递业务市场。美国的联合包裹服务公司(UPS)、联邦快递(FedEx)、德国的敦豪快递(DHL)、日本的佐川急便等均是国际著名的跨国速递公司。像UPS这样成立于1907年、资产高达497亿美元、在全球200多个国家和地区有分支机构的跨国公司,早已突破了快递和包裹的国际速递业务,现已发展为集物流、信息流、资金流的电子商务服务商。中国邮政系统的EMS国际速递业务正快速崭露头角。这些公营的国际邮政与市场化的国际快递服务丰富了国际货物运输手段的选择,有力地推动了国际贸易的发展。

第七节 国际多式联运

一、国际多式联运的特点

国际多式联运(International Multimodal Transport, or International Combined Transport, or International Intermodal Transport)是指以集装箱为运输单元,将陆、海、空等不同运输方式有机地组合在一起,形成连续的、综合性的一体化货物运输方式。通过一次托运、一次计费、一份单证、一次保险,由各运输区段的承运人共同完成货物的全程运输。其优越性表现为:缩短运输时间、减少库存、降低货损货差事故、提高货运质量,以确保货物安全、迅速、准确、及时地运至目的地。

1. 集装箱运输

集装箱(Container)又称货柜,是一种能反复使用、便于快速机械化装卸和运输的标准化大型货物容器。由于其外表像一只箱子,并能将各类货物集中放入,故名集装箱。由于集装箱统一了规格,有利于提高装卸及运输效率,提高运输质量并减少差错,能减少包装成本及运输成本,有助于简化货运手续,提高周转效率,最大的好处是可以利用各种运输工具进行成组运输,极大地促进了国际多式联运的发展。

国际标准化组织规定了集装箱的几种标准尺寸。最常使用的集装箱有:

20英尺×8英尺×8英尺,简称20呎货柜(TUE);

40英尺×8英尺×8英尺,简称40呎货柜(2TUE);

40英尺×8英尺×9英尺,简称40呎高柜(同上)。

按制箱材料可分为铝合金集装箱、钢板集装箱、纤维板集装箱、玻璃钢集装箱。按用途可分为干集装箱(Dry Container)、冷冻集装箱(Refrigerated Container)、挂衣集装箱(Dress Hanger Container)、开顶集装箱(Open Top Container)、框架集装箱(Flat Rack Container)、罐式集装箱(Tank Container)和散货集装箱(Bulk Container)。

2. 多种运输方式

1980年5月通过的《联合国国际多式联运公约》规定:"国际多式联运是指按照国际多式联运合同,以至少两种不同的运输方式,由多式联运经营人将货物从一国境内接管货物的地点运至另一国境内指定交货的地点。"由于有了统一规格的集装箱,可以非常方便地放置在火车、卡车、轮船和飞机上运输。

【专栏】 集装箱的容积和载重

20呎集装箱(TUE)内容积:5.69米×2.13米×2.18米,配货毛重一般为17.5吨,体积为24~26立方米。

40呎箱内容积:11.8米×2.13米×2.18米,配货毛重一般为22吨,体积为54立方米。

40呎高箱内容积:11.8米×2.13米×2.72米。配货毛重一般为22吨,体积为68立方米。

45呎高箱内容积:13.58米×2.34米×2.71米,配货毛重一般为29吨,体积为86立方米。

20呎开顶柜内容积:5.89米×2.32米×2.31米,配货毛重为20吨,体积为31.5立方米。

40呎开顶柜内容积:12.01米×2.33米×2.15米,配货毛重为30.4吨,体积为65立方米。

20呎平底箱内容积:5.85米×2.23米×2.15米,配货毛重为23吨,体积为28立方米。

40呎平底箱内容积:12.05米×2.12米×1.96米,配货毛重为36吨,体积为50立方米。

---

3. 一票到底

国际多式联运可以由联运承运人对货物托运人订立一个全程负责的运输合

同,然后统一组织全程运输,实现一次托运、一单到底、一次收费、统一理赔。

4. 门到门服务

正因为可以在产地工厂或仓库将货物直接装箱、铅封,然后通过陆、海、空多种交通工具接力运输,直至最终将货物送到国外客户门前,国际多式联运真正实现了"门到门"运输(Door to Door)的运输服务,大大便利了出口方和进口方的工作。货主在货交第一承运人后即可凭单结汇,加速了资金周转,减少了贷款成本,并能省下包装费,也简化了制单结算手续。

二、国际多式联运单据

1. 国际多式联运单据的概念

国际多式联运单据是由多式联运承运人与发货人订立的使用两种以上运输方式的国际运输合同,它既是托运人的交货凭证,也是多式联运承运人收到货物的收据,还是收货人的提货凭证。承运人对货物负有运输和保管责任。

2. 国际多式联运单据的正副本

多式联运单据的正本和副本份数没有统一规定,可视货主的需要而定。签发一份以上的正本单据,主要目的是为防止空难、盗窃或遗失,发货人可以通过多种方式向收货人递送。当收货人凭其中的一份正本单据提货后,其他正本单据即告失效。单据副本没有法律效力,主要用于应付业务中其他方面的需要。

3. 国际多式联运单据的种类

国际多式联运单据分两种背书转让形式:一种是空白背书,一种是记名背书。前者为向持票人交付的单据,无须背书即可转让;后者为按指示交付的单据,在转让时要经过背书手续。若托运人要求多式联运的承运人签发"不可转让"的多式联运单据时,须在单据的"收货人"一栏里注明具体的收货人姓名。货抵目的地后,唯单据记名者方可提取货物。

三、国际多式联运的交接

国际多式联运是把海运、空运、卡车运输、江河运输、铁路运输等方式结合起来,提供了"门到门"运输的可能。但国际多式联运也可以是"门到港"、"港到门"运输。所谓"门",大多是指发货人工厂、仓库,也可以是内地的集装箱货运站CFS(Container Freight Station);所谓"港",既可以是海港,也可以是空港、河港。

国际多式联运的交接完全按贸易合同约定的地点进行。但采用"门到门"集装箱方式运输,则有以下规定：

1. 整箱装/整箱拆(Full Container Load and Full Container Load，FCL/FCL)

是指发货人的"门"→装运港的集装箱堆场(Container Yard，CY)→卸货港集装箱堆场→收货人的"门",从而实现了"门到门"运输。承运人接、交货均在发货人和收货人的工厂或仓库,装、卸箱完全由发货人和收货人自理。

2. 整箱装/拼箱拆(Full Container Load and Less Container Load，FCL/LCL)

从发货人的"门"→装运港堆场(CY)→卸货港堆场→联运人的集装箱货运站(CFS)→收货人(甲、乙、丙、丁……)。这种方式是发货人在自己的工厂或仓库将货物装箱,然后由联运人接走;交货地点在国外目的地联运人的集装箱货运站,拆箱后以散件形式分拨给各个收货人自提。

3. 拼箱装/整箱拆(Less Container Load and Full Container Load，LCL/FCL)

发货人(甲、乙、丙、丁……)→联运人集装箱货运站(CFS)→装运港堆场(CY)→卸货港堆场(CY)→收货人的"门"。这种方式是发货人将零散货物交至联运人的集装箱货运站(CFS),联运人将零散货物拼成整箱后运往国外;国外收货人的接货地点在自己的工厂或仓库门口。

4. 拼箱装/拼箱拆(Less Container Load and Less Container Load，LCL/LCL)

发货人(甲、乙、丙、丁……)→联运人集货站(CFS)→装运港堆场(CY)→卸货港堆场(CY)→联运人集货站(CFS)→各收货人(戊、己、庚、辛……)。这种方式的交、接货均在联运人的集装箱货运站(CFS),即"拼箱集运、拼箱分拨"。

在实际业务中,多式联运承运人往往会在不违反国际惯例的前提下,尽量变通满足发货人或收货人的要求,协助其装、拆箱或者开箱后送货上门,直至仓库。

四、国际集装箱多式联运的主要承运机构

1. 马士基(Mearsk)

马士基集团成立于1904年,总部设在丹麦哥本哈根,在全球100多个国家设有数百间办事机构,雇员逾6万名。马士基海陆公司作为集团的集装箱海运分支,是全球最大的集装箱承运人,服务网络遍及六大洲,提供各种一站式的服务。

马士基航运公司(Mearsk Line)是世界上最大的集装箱航运公司,目前,占世界集装箱航运市场的17%,拥有500多艘集装箱船以及150万只集装箱(TEU)。

马士基物流公司(Mearsk Logistics)是专门经营国际多式联运的物流公司,提供多式联运服务,包括出口物流、仓储、分拨、空运代理、海运代理、报关代理和

拖车服务,还能根据客户的具体要求,定制各种如贴标签、条形码、取货包装、货物特殊处理、挂衣仓储、客户管理及其他高附加值服务。

马士基集装箱码头公司(APM Terminal)主营集装箱码头建设和运营。

马士基集装箱工业公司(Mearsk Container Industry)专门生产冷藏集装箱及其他各种集装箱。马士基物流在1980年代末进入中国,总部设在广州,在中国各口岸和重要城市有16个办事机构。

2. 达飞集团(CMA CGM)

总部设在马赛的法国达飞集团始建于1978年,是法国最大的集装箱班轮及国际多式联运公司,名列当今全球第五大船公司。1996年、1999年成功并购了法国最大的国营船公司——法国国家航运公司(CGM)和澳大利亚国家航运公司(ANL),正式更名为CMA CGM。2005年,达飞海运集团又兼并了达贸轮船/安达西非航运/森特马,成为法国第一、世界第三的集装箱全球承运人。目前,达飞集团在全球运营集装箱船舶244艘,装载力为50万TEU,在全球126个国家和地区设立了420家分公司和办事机构,其航迹遍及全球216个港口。1992年,达飞进入中国。目前,在中国主营3条欧洲航线、1条地中海航线、1条中东航线、2条美洲航线和2条澳洲航线。达飞在上海经营的航线有上海—欧洲航线(每周二)、上海—地中海航线(每周六)、上海—美国西岸及陆桥(每周六)、上海—美/加航线(每周日)、上海—美东岸航线(每周一)、上海—中东快航(每周一)和上海—澳洲航线(每周五)。

3. 地中海航运(MSC)

地中海航运公司(Mediterranean Shipping Company S. A.)的总部位于瑞士日内瓦。MSC建立于1970年。2007年成为世界第二大集装箱运力和集装箱船数量的航运公司。MSC目前在全世界有350个机构、255艘集装箱船、88万TEU的运力,在全球五大洲215个码头停靠,提供175条直航和多式联运服务。MSC的船名以女性名居多,如洛丽塔、法米娅等。MSC的船型较大,运价颇具竞争性,基本采用自有集装箱。地中海航运在上海设有分公司,主营上海、宁波口岸至欧洲航线、地中海航线、黑海航线、北非航线、西非航线、南/东非航线、加勒比海航线、南美东航线和包括欧洲、地中海内陆点的多式联运。

4. 大联盟(GA)

大联盟(Grand Alliance)成立于1998年。现由赫伯罗特、马来西亚国际、日本邮船、东方海外四家大型集装箱公司组成,是全球第一个由国际班轮公司自发组织的联盟。这种以运费概念为基础的松散型组织,原本是取代传统带有约束力的船公会组织,但为了生存和应对其他大集团的挑战,以互惠互利、优势互补、扬长避短的方式合作,显示出旺盛的生命力。大联盟的四家船公司目前有集装箱舱位 125.5 万 TEU，运力占全球总运力的 11.1%。大联盟的船舶合计约 140 多艘，每艘船只配载 2 700~9 000TEU 不等，提供 20 多项国际多式联运服务，主要来往东、西主干航线。在中欧贸易航线上每周有 6 个航班，其中，4 班直接停靠英国南安普敦港和香港维多利亚港，两班停靠台湾高雄港。周班停靠的中国内地主要港口包括上海、青岛、盐田和蛇口。

5. 长荣海运(EVERGREEN)

长荣海运公司(Evergreen Marine Corp)于 1968 年 9 月在台湾创立，目前是世界最大的航运公司之一，集装箱运输航线遍及亚洲、美洲、欧洲、中南美洲及红海、地中海等地。集团旗下包括长荣国际、长荣海运、长荣航空、长荣空运仓储、立荣航空、长荣国际储运、长荣航太、长荣航勤等子公司，业务包括集装箱运输、货柜码头、国际仓储物流、航空航天科技、酒店、再保公司等。集装箱承运能力 43 万 TEU，拥有 145 艘集装箱船，在 80 多个国家的 240 多处有 CFS 服务站点。旗下的长荣航空拥有 45 架客货飞机。长荣除在洛杉矶、鹿特丹、巴拿马、宁波等地投资了 8 座集装箱码头外，在上海、大连、天津、青岛、南京、宁波、福州、厦门、广州、深圳、中山、武汉、重庆等设有办事处。

6. 中海集运(CSC)

中海集装箱运输上海有限公司(简称中海集运)是中国海运(集团)旗下成员，成立于 2003 年，主营集装箱运输代理业务，并集国内外集装箱揽货、船舶代理、集装箱代理于一身，口岸基地在上海、宁波和温州，内外贸集装箱量为 125 万 TEU，船队以 4 000TEU 以上箱位船舶为主，业务范围覆盖中国华东及长江三角洲等六个省和两个直辖市。中海集运的船舶可在世界超过 30 多个国家和地区的 100 多个港口挂靠，通过中远集团(COSCO)在欧、美、亚、非、澳五大洲拥有 400 多个代理站。

7. 美国总统轮船(APL)

美国总统轮船(American President Lines)的前身为始创于 1848 年的太平洋邮船公司，1997 年被新加坡东方海皇集团(NOL)吞并，但仍沿用 APL 的牌子。1997 年进入中国，APL 在中国主打美国航线，南区总部设在香港，负责宁波以南的所有港口；北区总部设在上海，管辖宁波及以北的所有港口。APL 的特点是快船多、效率高，运价也略高。从上海到新加坡为 7 天，从新加坡到迪拜仅需 6 天，从上海到南安普敦需 22 天。

8. 日本邮船(NYK)

日本邮船公司于 1885 年成立，NYK 重点是转运、内陆运输、仓储和联运服务。2000 年进入中国，总部设在上海，在中国有 5 家分公司(广州、福州、厦门、青岛和天津)及 6 个办事处(大连、无锡、苏州、南京、宁波和武汉)，提供中国/日本—美西、中国—美东、中国—地中海、中国—欧洲、中国—中南美/加勒比海、中国—非洲、中国—澳洲等航线服务。旗下的日本邮船集团物流公司(UWDC)提供"横跨码头体系"服务,使集装箱货物经过海上运输至洛杉矶后,再转运到码头或仓库,按不同顾客分门别类,连接内陆运输,能把货物直接发送到美国任何地方的客户。

本章小结

1. 东亚主要枢纽港有上海、香港、新加坡、釜山、巴生、横滨等;印度洋主要枢纽港有科伦坡、迪拜、路易港等;非洲沿岸主要枢纽港有塞德港、开普敦、黑角、达喀尔等;欧洲沿岸主要枢纽港有鹿特丹、汉堡、安特卫普、费利克斯托、直布罗陀等;北美东西岸主要枢纽港有纽约、洛杉矶等;南美东西岸主要枢纽港有巴拿马城、卡亚俄、布宜诺斯艾利斯、里约热内卢、累西腓;大洋洲主要枢纽港有悉尼、弗里曼特尔、苏瓦、帕皮提、惠灵顿等。

2. 世界主要海峡有马六甲海峡、曼德海峡、霍尔木兹海峡、直布罗陀海峡、英吉利海峡、多佛尔海峡、麦哲伦海峡、博斯普鲁斯海峡和达达尼尔海峡、对马海峡、津轻海峡和宗谷海峡以及圣劳伦斯水道。

3. 世界三大运河是苏伊士运河、巴拿马运河和基尔运河。

4. 世界大洋航线按区域可分为太平洋航线、大西洋航线和印度洋航线;按运载物可分为集装箱航线和大宗货物航线。

5. 国际陆桥运输是国际多式联运的方式之一。它以横贯大陆的铁路为"桥梁",以铁路两端的海港为"桥头堡",实现"海—陆—海"连接运输。

6. 国际铁路运输量仅次于国际海运量,是国际贸易的第二大运输方式。铁路运输的特点是速度快、风险小、准点率高。国际海运的起点和终点也往往是铁路运输的集散地。

7. 国际公路运输是通过国际公路或国际高速公路,以单车或车队完成国际运输过程。国际公路运输量虽然不如海运和铁路运输,但在边境贸易中占有重要地位。在部分欧美发达国家,公路运输量甚至超过铁路运输量。

8. 国际航空货运尽管只占国际贸易货运量的2%,但其货物价值却超过全球货运总值的40%。其特点是快速、安全、保鲜、节省资金占用费等,但运价昂贵,且有局限性。

9. 国际内河运输是指经过连通内陆国家之间或内陆国家与沿海国家之间的天然河流或人工水道的一种国际贸易运输方式。虽然内河运输在国际货物运输中所占比重不大,但长江、易北河、多瑙河、圣劳伦斯水道等在国际贸易运输中占重要地位。

10. 国际管道运输是把运输工具与运输通道合二为一,将物体在管道内被单方向输送至目的地。管道铺设前期固定投资大,后期运输成本低,运输手段专业化,用途越来越广泛,并对海运等其他运输方式构成挑战。

11. 国际邮政运输是通过国家开办的邮局寄交进出口货物的一种运输方式;国际快递是通过国际包裹快递公司以汽车和飞机相结合的手段,将货物快速送达国外客户的运输方式。国际邮政和国际快递运输均十分简便,后者费用高于前者,但也快于前者。

12. 国际多式联运是以集装箱为运输单元,将陆、海、空等不同运输方式相结合,通过一次托运、一次计费、一份单证、一次保险,由各运输区段的承运人共同完成货物的全程运输。

思考题

1. 枢纽港在国际大洋航线上起什么作用?
2. 国际大洋航线中的大宗货物航线包括哪些?走向如何?有何特点?
3. 为什么航空运输越来越受到国际企业的重视?
4. 上网查询各商业性及枢纽型航空港的英文代码并熟记。
5. 集装箱运输有何特点?为什么集装箱船会越造越大?它会受到什么限制?

参考文献

傅海龙,《国际贸易地理》,对外经济贸易大学出版社,2013年
袁志彦、高密来,《新编国际贸易地理》,对外经济贸易大学出版社,2010年
于志达,《国际贸易地理》,清华大学出版社,2010年
李慧光、陈晓霞,《国际贸易地理(第二版)》,对外经济贸易大学出版社,2011年
顾晓燕、陶应虎,《实用国际贸易地理》,清华大学出版社,2009年
竺仙如,《国际贸易地理》,中国商务出版社,2010年
何云魁、于志达,《国际贸易地理概论》,南开大学出版社,2010年
吕向生、孟庆超,《国际贸易地理》,对外经济贸易大学出版社,2011年
高茜、李保民,《世界经济贸易地理》,中国人民大学出版社,2013年
黄森才、杨青、余世明,《国际贸易地理》,暨南大学出版社,2012年
柴庆春,《国际物流管理》,北京大学出版社,2011年
李泉斌,《国际经贸地理》,立信会计出版社,2011年
俞坤一、马翠媛,《新编世界经济贸易地理》,首都经济贸易大学出版社,2012年
金正昆,《现代商务礼仪》,中国人民大学出版社,2008年
多丽丝·普瑟、张玲,《商务礼仪》,科学出版社,2014年
史兴松,《国际商务礼仪(英文版)》,对外经济贸易大学出版社,2012年
蒋佩蓉、李佩仪,《商务礼仪和沟通》,中华工商联合出版社,2012年
吕红军、蔡德林、梁爽,《国际贸易运输地理》,中国商务出版社,2009年
中国地图出版社,《新编实用世界地图册》,中国地图出版社,2014年
陈宝森、王荣军、罗振兴,《当代美国经济》,社会科学文献出版社,2011年
池田信夫、胡文静,《失去的二十年:日本经济长期停滞的真正原因》,机械工业出版社,2012年
罗兰贝格管理咨询公司,《体系的力量——从体系看德国经济的成功》,中信出版社,2014年
郭振玺,《金砖之国:一部新兴市场的成长传奇》,中信出版社,2012年
陈丙先、庄国土,《东盟研究》,世界知识出版社,2014年

上海发展研究院,《全球 100 个自由贸易区概览》,上海财经大学出版社,2014 年
约翰·平德、戴炳然,《欧盟概览》,外语教学与研究出版社,2013 年
杜平,《中国与世界经济发展报告(2014 版)》,社会科学文献出版社,2013 年
周松兰,《中日韩制造业竞争力比较研究》,武汉大学出版社,2013 年
张淑梅,《世界各国国花国树》,重庆出版社,2012 年

图书在版编目(CIP)数据

国际贸易地理/窦然主编.—2版.—上海:复旦大学出版社,2014.9(2020.8重印)
(复旦卓越·21世纪国际经济与贸易专业教材新系)
ISBN 978-7-309-10930-6

Ⅰ.国… Ⅱ.窦… Ⅲ.国际贸易-商业地理-高等学校-教材 Ⅳ.F742

中国版本图书馆 CIP 数据核字(2014)第 188670 号

国际贸易地理(第二版)
窦 然 主编 潘 辉 副主编
责任编辑/王联合

复旦大学出版社有限公司出版发行
上海市国权路 579 号 邮编:200433
网址:fupnet@fudanpress.com http://www.fudanpress.com
门市零售:86-21-65102580 团体订购:86-21-65104505
外埠邮购:86-21-65642846 出版部电话:86-21-65642845
上海春秋印刷厂

开本 787×960 1/16 印张 29 字数 509 千
2020 年 8 月第 2 版第 4 次印刷

ISBN 978-7-309-10930-6/F·2072
定价:46.00 元

如有印装质量问题,请向复旦大学出版社有限公司出版部调换。
版权所有 侵权必究